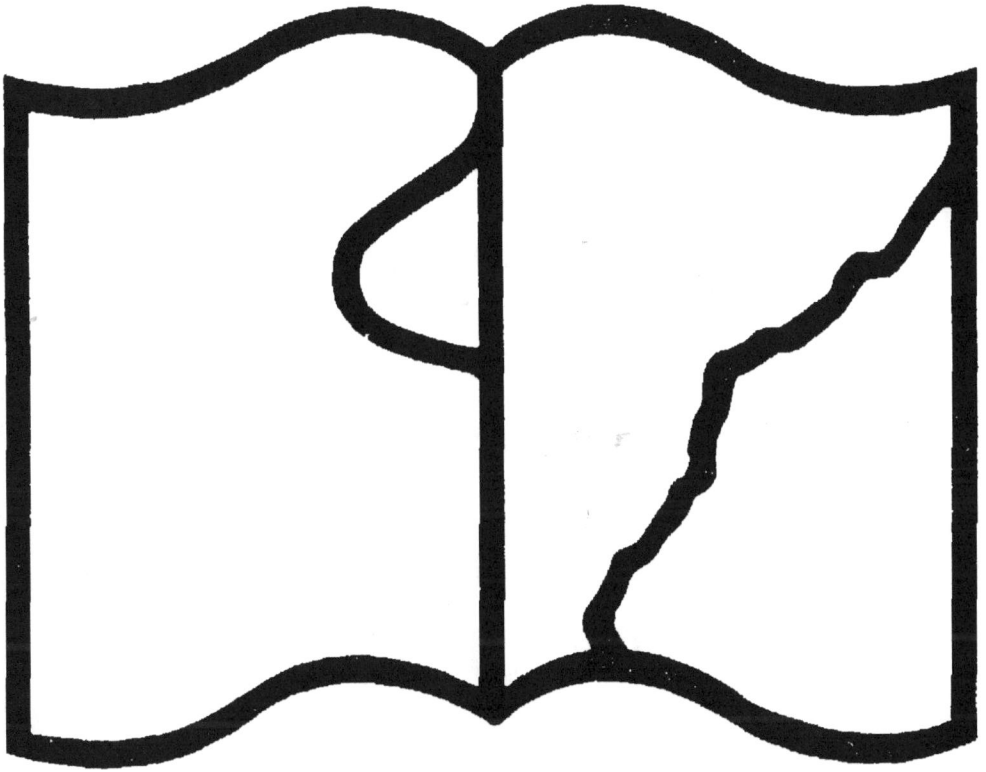

RECUEIL COMPLET

DES

TRAVAUX PRÉPARATOIRES

DU

CODE CIVIL.

IMPRIMERIE D'HIPPOLYTE TILLIARD,

RUE SAINT-HYACINTHE-SAINT-MICHEL, Nº 30.

RECUEIL COMPLET

DES

TRAVAUX PRÉPARATOIRES

DU

CODE CIVIL,

COMPRENANT SANS MORCELLEMENT; 1° LE TEXTE DES DIVERS PROJETS;
2° CELUI DES OBSERVATIONS DU TRIBUNAL DE CASSATION ET DES TRIBUNAUX
D'APPEL; 3° TOUTES LES DISCUSSIONS PUISÉES LITTÉRALEMENT TANT DANS LES
PROCÈS-VERBAUX DU CONSEIL-D'ÉTAT QUE DANS CEUX DU TRIBUNAT, ET
4° LES EXPOSÉS DE MOTIFS, RAPPORTS, OPINIONS ET DISCOURS TELS QU'ILS
ONT ÉTÉ PRONONCÉS AU CORPS LÉGISLATIF ET AU TRIBUNAT;

Par P. A. FENET,

AVOCAT A LA COUR ROYALE DE PARIS.

TOME DEUXIÈME.

PARIS,

VIDECOQ, LIBRAIRE, PLACE DU PANTHÉON, 6,
PRÈS L'ÉCOLE DE DROIT.

1836.

PROJET
DE L'AN VIII,

ET

OBSERVATIONS

DU TRIBUNAL DE CASSATION.

RECUEIL COMPLET

DES

TRAVAUX PRÉPARATOIRES

DU

CODE CIVIL.

•••

PROJET DE L'AN VIII,

ET OBSERVATIONS DU TRIBUNAL DE CASSATION.

————————

PROJET

De la Commission du Gouvernement,

Présenté le 24 thermidor an VIII.

LIVRE PRÉLIMINAIRE.

DU DROIT ET DES LOIS.

TITRE Ier.

Définitions générales.

ARTICLE Ier. Il existe un droit universel et immuable, source de toutes les lois positives : il n'est que la raison naturelle, en tant qu'elle gouverne tous les hommes.

2. Tout peuple reconnaît un droit extérieur ou des gens, et il a un droit intérieur qui lui est propre.

3. Le droit extérieur ou des gens, est la réunion des

1.

règles qui sont observées par les diverses nations, les unes envers les autres.

Dans le nombre de ces règles, les unes sont uniquement fondées sur les principes de l'équité générale; les autres sont fixées par des usages reçus ou par des traités.

Les premières forment le droit des gens naturel; les secondes, le droit des gens positif.

4. Le droit intérieur ou particulier de chaque peuple se compose en partie du droit universel, en partie des lois qui lui sont propres, et en partie de ses coutumes ou usages, qui sont le supplément des lois.

5. La coutume résulte d'une longue suite d'actes constamment répétés, qui ont acquis la force d'une convention tacite et commune.

6. La loi, chez tous les peuples est une déclaration solennelle du pouvoir législatif sur un objet de régime intérieur et d'intérêt commun.

7. Elle ordonne, elle permet, elle défend, elle annonce des récompenses et des peines.

Elle ne statue point sur des faits individuels; elle est présumée disposer, non sur des cas rares ou singuliers, mais sur ce qui se passe dans le cours ordinaire des choses.

Elle se rapporte aux personnes ou aux biens, et aux biens pour l'utilité commune des personnes.

TITRE II.

Division des lois.

ART. 1er. Il est diverses espèces de lois.

Les unes règlent les rapports de ceux qui gouvernent avec ceux qui sont gouvernés, et les rapports de chaque membre de la cité avec tous : ce sont les lois constitutionnelles et politiques.

Les autres règlent les rapports des citoyens entre eux : ce sont les lois civiles.

Les troisièmes règlent les rapports de l'homme avec la loi.

Cette partie de la législation est la garantie et la sanction de toutes les lois : elle se compose des lois relatives à l'ordre judiciaire, des lois criminelles, des lois concernant la police, et de toutes celles qui ont directement les mœurs ou la paix publique pour objet.

Les quatrièmes disposent sur des objets qui n'appartiennent exclusivement à aucune des divisions précédentes : ce sont les lois fiscales, les lois commerciales, les lois maritimes, les lois militaires, les lois rurales.

2. Les lois, de quelque nature qu'elles soient, intéressent à la fois, et le public et les particuliers. Celles qui intéressent plus immédiatement la société que les individus, forment le droit public d'une nation.

Dans le droit privé sont celles qui intéressent plus immédiatement les individus que la société.

3. Les lois diffèrent des réglemens : les réglemens sont variables ; la perpétuité est dans le vœu des lois.

TITRE III.

De la publication des lois.

ART. 1er. Les lois sont adressées aux autorités chargées de les exécuter ou de les appliquer.

2. Les lois dont l'application appartient aux tribunaux, sont exécutoires dans chaque partie du territoire de la république, du jour de leur publication, par les tribunaux d'appel.

3. Cette publication doit être faite, à peine de forfaiture, à l'audience qui suit immédiatement le jour de la réception, par la section qui est de service. Le greffier en dresse procès-verbal sur un registre particulier.

4. Les lois dont l'exécution et l'application appartiendraient à la fois aux tribunaux et à d'autres autorités, leur sont respectivement adressées ; et elles sont exécutoires en ce qui est relatif à la compétence de chaque autorité, du jour de la publication par l'autorité compétente.

TITRE IV.

Des effets de la loi.

ART. 1er. Le premier effet de la loi est de terminer tous les raisonnemens, et de fixer toutes les incertitudes sur les points qu'elle règle.

2   2. La loi ne dispose que pour l'avenir : elle n'a point d'effet rétroactif.

ap. 2   3. Néanmoins, une loi explicative d'une autre loi précédente règle même le passé, sans préjudice des jugemens en dernier ressort, des transactions et décisions arbitrales passées en force de chose jugée.

3   4. La loi oblige indistinctement ceux qui habitent le territoire : l'étranger y est soumis pour les biens qu'il y possède, et pour sa personne pendant sa résidence.

ib.   5. Le Français résidant en pays étranger, continue d'être soumis aux lois françaises pour ses biens situés en France, et pour tout ce qui touche à son état et à la capacité de sa personne.

Son mobilier est réglé par la loi française comme sa personne.

6. La forme des actes est réglée par les lois du lieu dans lequel ils sont faits ou passés.

6   7. On ne peut, par des conventions, déroger aux lois qui appartiennent au droit public.

8. La loi règle les actions; elle ne scrute pas les pensées; elle répute licite tout ce qu'elle ne défend pas. Néanmoins ce qui n'est pas contraire à la loi, n'est pas toujours honnête.

9. Les lois prohibitives emportent peine de nullité, quoique cette peine n'y soit pas formellement exprimée.

TITRE V.

De l'application et de l'interprétation des lois.

ART. 1er. Le ministère du juge est d'appliquer les lois avec discernement et fidélité.

2. Il est souvent nécessaire d'interpréter les lois.

Il y a deux sortes d'interprétation ; celle par voie de doctrine, et celle par voie d'autorité. L'interprétation par voie de doctrine consiste à saisir le véritable sens d'une loi, dans son application à un cas particulier. L'interprétation par voie d'autorité consiste à résoudre les doutes par forme de disposition générale et de commandement.

3. Le pouvoir de prononcer par forme de disposition générale, est interdit aux juges.

4. L'application de chaque loi doit se faire à l'ordre des choses sur lesquelles elle statue. Les objets qui sont d'un ordre différent ne peuvent être décidés par les mêmes lois.

5. Quand une loi est claire, il ne faut point en éluder la lettre sous prétexte d'en pénétrer l'esprit ; et dans l'application d'une loi obscure, on doit préférer le sens le plus naturel et celui qui est le moins défectueux dans l'exécution.

6. Pour fixer le vrai sens d'une partie de la loi, il faut en combiner et en réunir toutes les dispositions.

7. La présomption du juge ne doit pas être mise à la place de la présomption de la loi : il n'est pas permis de distinguer lorsque la loi ne distingue pas ; et les exceptions qui ne sont point dans la loi, ne doivent point être suppléées.

8. On ne doit raisonner d'un cas à un autre, que lorsqu'il y a même motif de décider.

9. Lorsque, par la crainte de quelque fraude, la loi déclare nuls certains actes, ses dispositions ne peuvent être éludées sur le fondement que l'on aurait rapporté la preuve que ces actes ne sont point frauduleux.

10. La distinction des lois odieuses et des lois favorables, faite dans l'objet d'étendre ou de restreindre leurs dispositions, est abusive.

11. Dans les matières civiles, le juge, à défaut de loi précise, est un ministre d'équité. L'équité est le retour à la loi naturelle, ou aux usages reçus dans le silence de la loi positive.

4   12. Le juge qui refuse ou qui diffère de juger sous prétexte du silence, de l'obscurité ou de l'insuffisance de la loi, se rend coupable d'abus de pouvoir ou de déni de justice.

13. Dans les matières criminelles, le juge ne peut, en aucun cas, suppléer à la loi.

TITRE VI.

De l'abrogation des lois.

Art. 1er. Les lois ne devant point être changées, modifiées ou abrogées sans de grandes considérations, leur abrogation ne se présume pas.

2. Les lois sont abrogées, en tout ou en partie, par d'autres lois.

3. L'abrogation est expresse ou tacite.

Elle est expresse quand elle est littéralement prononcée par la loi nouvelle.

Elle est tacite si la nouvelle loi renferme des dispositions contraires à celles des lois antérieures.

LIVRE PREMIER.

DES PERSONNES.

TITRE PREMIER.

Des personnes qui jouissent des droits civils, et de celles qui n'en jouissent pas.

CHAPITRE Ier.

DISPOSITIONS GÉNÉRALES.

8   Art. 1er. Toute personne née d'un Français et en France, jouit de tous les droits résultant de la loi civile française, à moins qu'il n'en ait perdu l'exercice par les causes ci-après expliquées.

10   2. Tout enfant né en pays étranger, d'un Français qui n'avait point abdiqué sa patrie, est Français.

ib.   3. Celui né en pays étranger, d'un Français qui avait abdiqué sa patrie, peut toujours reprendre sa qualité de Français, en faisant sa déclaration qu'il entend y fixer son domicile.

Cette déclaration doit être faite sur le registre de la commune où il revient s'établir.

4. L'exercice des droits civils est indépendant de la qualité de *citoyen*, laquelle ne s'acquiert et ne se conserve que conformément à la loi constitutionnelle. 7

CHAPITRE II.
DES ÉTRANGERS.

SECTION PREMIÈRE.
Des étrangers en général.

ART. 5. Les étrangers jouissent en France de tous les avantages du droit naturel, du droit des gens et du droit civil proprement dit, sauf les modifications établies par les lois politiques qui les concernent. 11—13

6. Si un Français se marie avec une étrangère, elle suit la condition de son mari. 12

7. L'étranger peut être traduit dans les tribunaux de France, pour l'exécution des obligations par lui contractées en France avec un Français. 14

8. Un Français peut être traduit devant un tribunal de France, pour l'exécution d'actes permis aux étrangers, quoiqu'ils aient été consentis en pays étranger. 15

SECTION II.
Des étrangers revêtus d'un caractère représentatif de leur nation.

tit 1er.
fin du
ch. 1er.

9. Les étrangers revêtus d'un caractère représentatif de leur nation, en qualité d'ambassadeurs, de ministres, d'envoyés, ou sous telle autre dénomination que ce soit, ne sont point assujétis aux lois civiles de la nation chez laquelle ils résident avec ce caractère.

Il en est de même de ceux qui composent leur famille, et de ceux qui sont de leur suite.

10. Ils ne peuvent être traduits, ni en matière civile, ni en matière criminelle, devant les tribunaux de France.

CHAPITRE III.

DE LA [PERTE DES DROITS CIVILS.

SECTION PREMIÈRE.

De la perte des droits civils par abdication volontaire.

17   11. La loi politique règle les cas dans lesquels un Français doit être regardé comme ayant abdiqué cette·qualité et les droits de citoyen.

18   12. Celui qui a perdu les droits de Français et de citoyen, ne conserve en France que l'exercice des droits civils appartenant aux membres de la nation dont il fait partie.

ap. 18   13. L'abdication volontaire des droits de Français et de citoyen ne se présume point, et doit être prouvée par celui qui l'allègue.

19   14. Une femme française qui se marie avec un étranger, suit la condition de son mari.

ib.   15. Si, lorsqu'elle est devenue veuve, elle rentre en France, elle y recouvre tous les droits civils, du jour qu'elle a fait sa déclaration de vouloir s'y fixer.

SECTION II.

De la perte des droits civils par une condamnation judiciaire.

§. Iᵉʳ. — Des condamnations qui causent la mort civile.

23—24   16. Les peines qui emportent la mort civile, sont celles de la mort naturelle, et les seules peines afflictives ou infamantes qui s'étendent à toute la durée de la vie.

ap. 24   17. Une condamnation prononcée contre un Français en pays étranger, et pour un crime qui y a été commis, n'emporte pas la mort civile.

26   18. Dans le cas où une condamnation emportant mort

civile a été prononcée par un jugement contradictoire, si, après que ce jugement a été annullé par le tribunal de cassation, le tribunal auquel le procès est renvoyé ne prononce pas de condamnation à une peine emportant mort civile, le prévenu est considéré comme n'ayant jamais perdu ses droits civils.

19. Si le prévenu décède, soit avant que le jugement ait été annullé par le tribunal de cassation, soit avant que le dernier jugement ait été prononcé, il meurt dans l'intégrité de ses droits. *ap. 26*

20. Dans le cas où le prévenu, ayant été condamné par contumace, aurait été arrêté, ou se serait représenté dans le délai prescrit par la loi pour purger la contumace, si, par le jugement contradictoire, il n'y a pas de condamnation à une peine emportant mort civile, le prévenu est considéré comme n'ayant jamais perdu ses droits civils. *29*

21. Si le condamné par contumace décède avant l'expiration du délai prescrit pour purger la contumace, il meurt dans l'intégrité de ses droits. *31*

22. Il en est de même dans le cas où le condamné, soit contradictoirement, soit par contumace, à une peine emportant mort civile, serait décédé avant l'exécution réelle ou par effigie du jugement : il meurt dans l'intégrité de ses droits. *ap. 26 et 27*

23. Le condamné à une peine emportant mort civile, qui s'est évadé, et celui qui, après avoir été jugé par contumace, ne s'est point représenté ou n'a point été arrêté dans le délai de la loi, n'est point réintégré dans les droits civils par l'effet de la prescription de la peine. *32*

§. II. Du temps auquel commence la mort civile.

24. La mort civile ne commence que du jour de l'exécution du jugement, sauf les explications ci-après. *26*

25. Dans le cas où la condamnation à une peine emportant mort civile, a été prononcée par un jugement contra- *ap. 26*

dictoire, la mort civile n'est point encourue du jour de ce jugement, s'il est annullé par le tribunal de cassation.

Elle ne commence que du jour de l'exécution du jugement rendu par le tribunal auquel le procès est renvoyé, si ce jugement, contre lequel on ne se sera point pourvu, ou qui n'aura pas été annullé, prononce la même condamnation, ou une autre emportant mort civile.

av. 27   26. Lorsque la condamnation a été prononcée par contumace, le temps auquel la mort civile commence, dépend de la distinction établie dans les deux articles suivans.

27   27. Si le condamné n'a point été arrêté, ou ne n'est point représenté dans le délai prescrit pour purger la contumace, la mort civile est encourue du jour de l'exécution par effigie du jugement de condamnation.

29   28. Si le condamné a été arrêté, ou se représente dans le délai, le jugement de contumace est anéanti de plein droit, et la mort civile n'est encourue que du jour du jugement contradictoire qui prononcerait la même condamnation, ou toute autre emportant mort civile.

§. III. Des effets de la mort civile.

23   29. Ceux qui ayant été condamnés à la peine de mort, se sont soustraits à l'exécution du jugement, sont réputés
25   morts par la loi; et ils sont en conséquence privés, pendant qu'ils existent, des avantages de tous les droits civils.

ib.   30. Ceux qui ont été condamnés à une autre peine emportant mort civile, sont privés des avantages du droit civil proprement dit. Ainsi, par exemple, leur contrat civil du mariage est dissous : ils sont incapables d'en contracter un nouveau; d'exercer les droits de la puissance paternelle; de recueillir aucune succession; de transmettre à ce titre les biens qu'ils laissent à leur décès; de faire aucune disposition à cause de mort, d'être tuteur, ou de concourir à une tutelle; de rendre témoignage en justice; ainsi que le tout est expliqué dans les diverses parties du présent code relatives à ces actes du droit civil.

31. Ils demeurent capables de tous les actes qui sont du droit naturel et du droit des gens. Ainsi, par exemple, ils peuvent faire toutes transactions commerciales, acheter, vendre, donner entre vifs, échanger; faire tous baux à rentes, ferme ou loyer; emprunter; poursuivre une injure ou un délit. 25

32. Ils sont néanmoins incapables de recevoir par donation entre vifs, à moins que la donation n'ait pour objet des choses mobiliaires de peu de valeur, ou une pension alimentaire. ib.

33. Ils ne peuvent ester en jugement que sous le nom et la diligence d'un curateur nommé à cet effet, en la forme prescrite par le code judiciaire. ib.

34. Celui qui intente contre eux une action, soit civile, soit criminelle, n'est point tenu de les faire pourvoir de ce curateur; mais celui qui est mort civilement, ne peut, avant qu'il en ait été pourvu, être admis même à se défendre. ib.

35. La confiscation n'est point au nombre des effets résultant de la condamnation à une peine emportant mort civile. ap. 25

Elle n'a lieu que dans le cas où elle est prononcée par la loi politique, qui alors en règle les conditions et les effets.

TITRE II.

Des actes destinés à constater l'état civil.

DISPOSITIONS GÉNÉRALES.

Art. 1er. On nomme actes de l'état civil, ceux destinés à constater les naissances, mariages, divorces et décès. av. 34

2. Les actes de l'état civil doivent contenir les déclarations qui sont déterminées pour chaque espèce de ces actes. ib.

3. Il est défendu aux officiers de l'état civil par qui ces actes sont reçus, d'y rien insérer, soit par note, soit par 35

énonciation quelconque, que ce qui doit être déclaré par les comparans.

36   4. Les parties peuvent faire leurs déclarations, ou donner leur consentement par elles-mêmes ou par un fondé de procuration spéciale.

34   5. On exprime dans les actes de l'état civil, l'année, le jour et l'heure où ils sont reçus ; les prénoms, noms, âges, professions et domiciles de tous ceux qui y sont dénommés.

37   6. Les témoins en présence desquels les actes de l'état civil doivent être faits et inscrits sur les registres publics, sont du sexe masculin, âgés de vingt-un ans au moins, et choisis par les déclarans.

39   7. Ces actes sont signés par l'officier de l'état civil, et par toutes les parties comparantes, ou mention est faite de la cause qui les empêche de signer.

38   8. L'officier de l'état civil en donne lecture aux parties comparantes ou à leurs fondés de procuration, et aux témoins. Il y est fait mention de l'accomplissement de cette formalité.

40   9. Il y a dans chaque commune trois registres séparés, l'un pour l'inscription des actes de naissance; le second pour les actes de mariage et de divorce, et le troisième pour les actes de décès.

42   10. Les actes sont inscrits sur ces registres, de suite, sans aucun blanc, et conformément aux modèles.

50   11. Toute contravention aux articles 2, 3 et 10 ci-dessus, de la part des officiers de l'état civil, est punie d'une amende qui ne peut excéder 100 fr.

52   Toute altération ou faux dans les actes de l'état civil, est puni des peines portées au code pénal.

av. 40   12. Les registres sont tenus dans chaque commune par un ou plusieurs officiers de l'état civil désignés par la loi.

40   13. Les registres énoncés en l'article 11, sont tenus triples et sur papier timbré.

41   Ils sont cotés par premier et dernier, et paraphés sur

chaque feuille, sans frais, par le président ou par un des juges du tribunal de première instance dans le territoire duquel il doivent servir.

14. De chacun de ces registres triples, l'un demeure entre les mains de l'officier de l'état civil pendant qu'il est en exercice, et en cas de changement par démission, mort ou autrement, il est transmis à ses successeurs par lui ou par ses héritiers. 43

Le second est déposé au greffe du tribunal civil de l'arrondissement, dans les vingt jours qui suivent l'expiration de l'année. ib,

Le troisième, au chef-lieu de l'administration départementale, dans le même délai.

Tous ces registres sont clos et arrêtés par l'officier de l'état civil, à la fin de chaque année. ib.

15. Les procurations et les autres pièces dont la représentation est exigée pour la rédaction des actes de l'état civil, demeurent annexées au registre qui doit être déposé au greffe du tribunal, après qu'elles ont été paraphées de la personne qui les produit et de l'officier de l'état civil. 44

16. Toute personne est autorisée à se faire délivrer des extraits des actes inscrits sur les registres de l'état civil. 45

17. Ces extraits sont sur papier timbré, et peuvent être délivrés tant par l'officier de l'état civil, que par le greffier du tribunal, et par le secrétaire de l'administration départementale. ib.

18. Les actes inscrits sur les registres publics, et les extraits qui en sont délivrés conformes auxdits registres, font foi jusqu'à inscription de faux. ib.

19. Si les registres sont perdus, ou qu'il n'y en ait jamais eu, la preuve en est reçue tant par titres que par témoins; et en l'un ou l'autre cas, les mariages, naissances et décès peuvent être justifiés tant par les registres ou papiers domestiques des pères et mères décédés, que par témoins, sauf à la partie de vérifier le contraire. 46

47   20. Les actes de l'état civil des Français et des étrangers font foi entière, si, ayant été reçus en pays étranger, ils ont été rédigés dans les formes qui y sont usitées.

SECTION PREMIÈRE.

Règles particulières aux actes de naissance.

55   21. Les déclarations de naissance sont faites dans les vingt-quatre heures à l'officier de l'état civil du lieu de l'accouchement.

56   22. Les actes de naissance doivent être faits en présence de deux témoins, lesquels doivent signer; et, en cas qu'ils déclarent ne savoir ou ne pouvoir signer, il en est fait mention expresse.

57   23. Dans l'acte de naissance, on exprime le jour, l'heure et le lieu de la naissance, le sexe et le prénom de l'enfant, les prénoms, noms, profession et domicile des père et mère, et des témoins.

55   L'enfant est présenté à l'officier public, qui en vérifie le sexe.

56   24. La naissance de l'enfant doit être déclarée par le père légitime, ou, à défaut du père, par les officiers de santé ou autres personnes qui ont assisté à l'accouchement, ou par la personne qui commande dans la maison, lorsque la mère est accouchée hors de son propre domicile.

59—60   25. Si l'enfant naît pendant un voyage de mer, il en est
—61   dressé, dans les vingt-quatre heures, un double acte, dont un sur le livre-journal du bâtiment, et l'autre sur une feuille particulière.

Ces doubles sont signés par le capitaine ou maître, par deux personnes de l'équipage ou passagers, s'il y en a qui sachent ou qui puissent signer, sinon il en est fait mention; et par le père, s'il est présent.

Le double, écrit sur une feuille particulière, reste dans les mains du maître, lequel est tenu de le remettre, dans les vingt-quatre heures de l'arrivée du navire en France, à

l'officier de l'état civil du lieu où le navire aborde. Il est inscrit le même jour sur le registre de l'état civil; et cette inscription est souscrite par celui qui se trouve être le maître
du bâtiment dans le temps de l'arrivée, et par l'officier de
l'état civil.

26. Si la mère n'est point mariée, le père ne sera point av. 62
dénommé dans l'acte, à moins qu'il ne soit présent, et qu'il
ne fasse sa déclaration, signée de lui. Cette déclaration peut
être faite par un fondé de procuration spéciale et authentique.

27. Le père qui n'aurait point fait, dans l'acte de nais- 62
sance de l'enfant, la déclaration de le reconnaître, est toujours à temps de la faire, par un acte séparé, devant l'officier de l'état civil du lieu de la naissance de l'enfant, ou du
domicile du père.

Si la reconnaissance de l'enfant est faite par acte devant
l'officier de l'état civil du domicile du père, une expédition
doit en être envoyée à l'officier de l'état civil du lieu de la
naissance, qui, dans le jour de la réception, doit la transcrire sur les registres, à l'un desquels cette déclaration reste
annexée.

Soit que l'acte ait été dressé par l'officier de l'état civil du
lieu de la naissance, soit qu'il l'ait été par celui du domicile
du père, il est fait mention de cet acte en marge de celui de
naissance.

28. L'acte de reconnaissance d'un enfant non encore né, ap. 62
est reçu par l'officier de l'état civil du domicile de celui qui
s'en déclare le père.

Cet acte doit être, après la naissance de l'enfant, reporté
sur les registres du lieu où il est né; et il en doit être fait
mention en marge de l'acte de naissance.

29. Dans le cas où la reconnaissance déjà faite par le père ib.
est ensuite avouée par la mère, la déclaration de cet aveu,
signée par la mère, par deux témoins et par l'officier de l'état
civil, est inscrite en marge de l'acte de reconnaissance de la
paternité.

II.

58   30. Quiconque trouve exposé un enfant nouveau-né, est tenu de le remettre à l'officier de l'état civil du lieu où il est trouvé : celui dresse sur les registres de naissance, acte de la remise de cet enfant, de son âge apparent, de son sexe, du nom qu'il lui donne.

Il renvoie cet enfant, avec une expédition du procès-verbal, à l'officier de police chargé par la loi de recevoir les déclarations des personnes qui peuvent lui donner des renseignemens sur l'origine de l'enfant et sur ceux qui l'ont exposé, et de faire porter l'enfant à l'hospice le plus prochain.

SECTION II.

Règles particulières aux actes de mariage.

63   31. Les publications prescrites au titre du mariage, et qui doivent en précéder la célébration, sont faites par l'officier de l'état civil, les jours de décadi, dans le lieu et à l'heure des séances municipales.

ib.   32. L'officier de l'état civil proclame, dans ces publications, les prénoms, noms, profession et domicile des futurs époux, ceux de leurs pères et mères.

ib.   33. Il dresse un acte de ces publications, contenant les jour, lieu et heure où elles ont été faites, et les mêmes prénoms, noms, profession et domicile.

ib.   34. Ces actes de publication sont dressés par l'officier de l'état civil, sur un registre à ce destiné : il n'est pas tenu double ; il est déposé, lorsqu'il est fini, au greffe du tribunal de première instance.

64   35. Un extrait de l'acte de publication est affiché à la porte du lieu de la séance de la commune, pendant les dix jours d'intervalle de l'une à l'autre publication. Le mariage ne peut être célébré que huit jours après la seconde.

66   36. Les actes d'opposition, lorsqu'il en est formé dans les cas et par les personnes que la loi autorise, doivent être signés, sur l'original et sur la copie, par les opposans ou

par leur fondé de procuration spéciale. La copie de la procuration est donnée en tête de celle de l'opposition.

37. L'acte d'opposition est signifié au domicile des parties et à l'officier de l'état civil : celui-ci met son *visa* sur l'original. 66

38. Il est fait une mention sommaire des oppositions, par l'officier de l'état civil, sur le registre des publications. 67

39. Une expédition des jugemens de main-levée est remise à l'officier de l'état civil qui en fait mention sur le registre, en marge de celle des oppositions. ib.

40. Lorsqu'il a été formé des oppositions dans les cas que la loi indique et par les personnes qu'elle y autorise, l'officier de l'état civil est tenu de s'en faire représenter la main-levée avant de procéder au mariage, sous peine de destitution, de 300 fr. d'amende, et de tous dommages et intérêts. 68

Ces peines sont prononcées par le tribunal de première instance dans le ressort duquel est la commune où se célèbre le mariage, soit à la requête des opposans, soit sur le réquisitoire du commissaire du gouvernement près ce tribunal. ap. 68

41. S'il n'y a point d'opposition, il en est fait mention dans l'acte de mariage; et, dans le cas où les publications auraient été faites dans plusieurs communes, les parties doivent remettre à l'officier de l'état civil du lieu où se célèbre le mariage, un certificat délivré par l'officier de l'état civil de chaque commune, de ce qu'il n'y a point d'opposition. 69

42. Celui qui est dans l'impossibilité de se procurer son acte de naissance, est admis à se marier en remplissant les formalités suivantes. 70

43. Le juge de paix du lieu de sa résidence actuelle lui délivre un acte de notoriété, sur la déclaration de sept témoins, parens ou autres, qui signent avec le juge de paix; et s'il en est qui ne puissent signer, il en est fait mention. ib. et 71

44. L'acte de notoriété doit porter la déclaration par les témoins, des prénoms, noms, profession et demeure du futur époux et de ses père et mère; le lieu et le temps de sa ib.

naissance, au moins quant à l'année; et les causes qui empêchent de se procurer l'acte de naissance.

72   45. Cet acte de notoriété est joint à une requête, et présenté au tribunal de première instance du lieu où se célèbre le mariage. Ce tribunal, après avoir entendu le commissaire du gouvernement, donne ou refuse son homologation, selon qu'il trouve suffisantes ou insuffisantes les causes qui empêchent de se procurer l'acte de naissance.

73   46. L'acte du consentement des père et mère doit contenir leurs noms, prénoms, profession et demeure, et ceux de leur enfant futur époux.

ib.   47. Dans le consentement de la famille, doivent être énoncés les prénoms, noms, professions et demeures de ceux qui y auront concouru et du futur époux, et à quel degré ils sont parens.

74   48. Le mariage est célébré par l'officier de l'état civil du domicile de l'une des parties, dans le lieu et à l'heure ordinaire des séances municipales, les portes ouvertes.

75   49. Le jour où les parties veulent contracter leur mariage, après le délai fixé depuis les publications, est par elles désigné à l'officier de l'état civil.

ib.   50. Les parties se rendent, au jour indiqué, avec quatre témoins du sexe masculin, majeurs, parens ou non parens, sachant signer, s'il peut s'en trouver aisément dans le lieu qui sachent signer.

ib.   51. Il est fait lecture, par l'officier de l'état civil, en présence des parties et des témoins, des pièces mentionnées ci-dessus, et relatives à l'état des parties et aux formalités du mariage.

ib.   52. L'officier de l'état civil ayant reçu de chaque partie l'une après l'autre, et en présence des quatre témoins, la déclaration qu'elles veulent se prendre pour mari et femme, prononce, au nom de la loi, qu'elles sont unies par le mariage, et en dresse acte sur-le-champ.

76   53. Dans cet acte sont énoncés,

1º. Les prénoms, noms, âges, lieux de naissance, professions et domiciles des époux;

2º. Les prénoms, noms, professions et demeures des pères et mères;

3º. Le consentement des pères et mères et celui de la famille, dans le cas où ils sont requis;

4º. Les publications dans les divers domiciles;

5º. Les oppositions, s'il y en a eu; leur main-levée, ou la mention qu'il n'y a point eu d'opposition;

6º. La déclaration des contractans de se prendre pour époux, et la prononciation de leur union par l'officier public;

7º. Les prénoms, noms, âges, professions et demeures des témoins, et leur déclaration s'ils sont parens ou alliés des parties, de quel côté et à quel degré.

54. L'officier de l'état civil qui, au lieu d'inscrire sur les registres publics un acte de mariage, se serait borné à le dresser sur une feuille volante, sera poursuivi criminellement, à la diligence, soit du ministère public, soit des époux, et condamné à une peine afflictive qui ne pourra excéder cinq ans d'emprisonnement, ni être au-dessous de trois ans, et en outre condamné aux dommages et intérêts envers les époux, s'il y a lieu. tit. 2
fin du
ch. 3
et 52

SECTION III.

Règles particulières aux actes de divorce. ap. le
ch. 3

55. Les jugemens qui prononceront les divorces doivent être transcrits, sur les registres des mariages, par l'officier de l'état civil du domicile du mari. La mention doit être faite en marge de l'acte de célébration, le jour même que l'expédition lui en est présentée par la partie intéressée, à peine de tous dépens, dommages et intérêts.

SECTION IV.

Des règles particulières aux actes de décès.

77-78   56. La déclaration du décès est faite dans les vingt-quatre heures, à l'officier de l'état civil du lieu où la personne est décédée, par deux des plus proches parens ou voisins de la personne décédée, ou par la personne qui commande dans la maison et par un témoin, parent ou autre, lorsque le défunt n'est pas décédé dans son propre domicile.

77   57. L'officier, avant de dresser l'acte, est obligé de se transporter auprès du cadavre, à l'effet de s'assurer du décès.

Aucune inhumation ne peut être faite sans son ordonnance, qu'il ne doit délivrer que vingt-quatre heures après le décès.

79   58. L'acte de décès contient les prénoms, noms, âge, profession et domicile du décédé; les prénoms et noms de sa femme, s'il était marié ou veuf; les prénoms, noms, âge, profession et domicile des déclarans; et au cas qu'ils soient parens, leur degré de parenté.

Le même acte contient de plus, autant qu'on peut le savoir, les prénoms, noms, profession et domicile des père et mère du décédé, et le lieu de sa naissance.

80   59. En cas de décès dans les hopitaux militaires ou autres maisons publiques, les supérieurs, directeurs, administrateurs et maîtres de ces maisons, sont tenus d'en donner avis, dans les vingt-quatre heures, à l'officier de l'état civil, qui dresse l'acte de décès sur les déclarations qui lui auront été faites, et sur les renseignemens qu'il aura pris, concernant les mentions à faire dans l'acte de décès, suivant l'article précédent.

Il sera tenu, dans les hôpitaux, des registres destinés à inscrire ces déclarations et ces renseignemens.

81   60. Les corps de ceux qui ont été trouvés morts avec des signes ou indices de mort violente, ou autres circonstances qui donnent lieu de le soupçonner, ne peuvent être inhumés qu'après qu'un officier de police judiciaire a dressé procès-

verbal de l'état du cadavre et des circonstances y relatives, ainsi que des renseignemens qu'il aura pu découvrir, touchant les nom, prénoms, âge, profession, lieu de naissance et domicile du décédé.

61. L'officier de police judiciaire est tenu de transmettre 82 sur-le-champ une expédition de ce procès-verbal à l'officier de l'état civil du lieu le plus prochain, qui l'inscrit sur les registres des décès.

62. Les décès des militaires qui sont morts dans les camps, tit. 2 dans les combats ou hors la France, est constaté de la ma- ch. 5 nière réglée par le code militaire.

63. Le décès de ceux qui décèdent dans les armées na- ib. vales, est constaté de la manière prescrite par le code militaire maritime.

64. Lorsque quelqu'un meurt dans un voyage de mer, 86 il en est dressé, dans les vingt-quatre heures, un double acte, dont l'un sur le livre-journal du bâtiment, et l'autre sur une feuille particulière.

Ces deux doubles sont signés par le capitaine ou maître, et par deux personnes faisant partie de l'équipage ou simplement passagers, s'il y en a qui sachent ou puissent signer, sinon il en est fait mention.

Le double, écrit sur une feuille particulière, reste dans la 87 main du maître, lequel est tenu de le remettre, dans les vingt-quatre heures de l'arrivée du navire en France, à l'officier de l'état civil du lieu où le navire aborde. Il est inscrit le même jour sur les registres de l'état civil; et cette inscription est souscrite par celui qui se trouve être le maître du bâtiment au temps de l'arrivée, et par l'officier de l'état civil.

65. Les greffiers criminels sont tenus d'envoyer, dans les 83 vingt-quatre heures de l'exécution des jugemens portant peine de mort, une expédition du procès-verbal d'exécution, à l'officier de l'état civil du lieu où le condamné a été exécuté. Ce procès-verbal doit être inscrit, dans le même jour, sur les registres de l'état civil.

84   66. Les concierges des prisons doivent faire mention sur le registre d'écroux, du décès des détenus, et envoyer, dans les vingt-quatre heures, un extrait de ce registre à l'officier de l'état civil dans l'arrondissement duquel est la prison; et celui-ci est tenu de l'inscrire, dans le même jour, sur les registres de l'état civil.

tit. 2
ch. 6

SECTION V.

De la rectification des actes de l'état civil.

42   67. Les renvois et les ratures doivent être approuvés et signés de la même manière que le corps de l'acte. Rien n'y doit être écrit par abréviation, ni aucune date mise en chiffres. On n'a point égard aux renvois et aux ratures non-approuvés; ils ne vicient point le surplus de l'acte. On a tel égard que de raison aux abréviations et dates mises en chiffres.

51   68. L'officier de l'état civil est responsable des altérations qui peuvent survenir aux registres pendant qu'ils sont en sa possession.

53   69. Le commissaire du gouvernement près le tribunal où se fait le dépôt de l'un des doubles des registres, est tenu, lors de ce dépôt, d'en vérifier l'état.

ap. 53   70. S'il y a des nullités, il en dresse procès-verbal, et requiert que les parties et les témoins qui ont souscrit les actes nuls, soient tenus de comparaître devant le même officier de l'état civil pour rédiger un nouvel acte; ce qui est ordonné par le président du tribunal, et exécuté dans les huit jours par l'officier de l'état civil.

Si les témoins ne peuvent comparaître à cause de leur mort, de leur absence ou d'autres empêchemens, ils sont remplacés par d'autres témoins.

L'effet du dernier acte se rapporte à la date du premier, à la marge duquel il en est fait mention.

53   71. Le commissaire du gouvernement, près le même tribunal, doit aussi dénoncer les contraventions commises par les officiers de l'état civil, et requérir leur condamnation

aux amendes énoncées aux articles ci-dessus ; sauf, en cas de faux ou altération, à les poursuivre criminellement.

72. Les rectifications sur les registres peuvent aussi être demandées par les parties intéressées. **99**

La demande se fait par une requête signée d'un avoué, et présentée au tribunal de première instance, lequel prononce la rectification, s'il y a lieu, sur les conclusions du commissaire du gouvernement.

73. Les personnes intéressées à la rectification, qui l'auraient requise ou qui y auraient été appelées, peuvent se pourvoir par appel de ce jugement. Cet appel doit être interjeté dans les dix jours à compter de celui où il a été rendu, et jugé dans le mois suivant. **ib.**

Les parties intéressées qui n'auraient point requis la rectification, ou qui n'y auraient point été appelées, sont toujours recevables à se pourvoir par tierce opposition au jugement de rectification. **100**

74. Les jugemens de rectification rendus en dernier ressort ou passés en force de chose jugée, sont inscrits sur les registres publics dans le jour où ils sont remis à l'officier de l'état civil, et mention en est faite en marge de l'article réformé. **101**

MODÈLES

fin du
tit. 2

Des Actes de naissance, mariage, divorce et décès.

ACTE DE NAISSANCE.

tit. 2
fin du
ch. 2

« Mairie d..........

» Arrondissement communal d........

Du............ jour du mois de............ l'an............ de la république française.

» Acte de naissance de........... né le........... à...........
» heure....... du....... fils de....... (*Il faut énoncer les noms*

» et prénoms du père et de la mère, la profession du père et son
» domicile, et s'ils sont mariés. Si l'enfant est naturel, on énonce
» les nom et prénoms de la mère, s'ils sont déclarés, en ajoutant
» non mariée, et celui du père dans le cas seulement où il est
» présent pour reconnaître l'enfant, et en ajoutant que les père
» et mère ne sont pas mariés. On indique par qui est faite la
» déclaration. Si l'enfant a été exposé, on dresse l'acte de la
» remise de l'enfant, de son âge apparent, et du nom que lui
» donne l'officier de l'état civil.)

  » Le sexe de l'enfant a été reconnu être........

  » Premier témoin.........

  » Second témoin. (Il faut énoncer les noms, prénoms, âge,
» profession et domicile des témoins, qui doivent être ma-
» jeurs.)

  » Sur la réquisition à nous faite par (La réquisition doit
» être faite par le père, ou, à son défaut, par le chirurgien ou
» la sage-femme, ou par la personne qui commande dans la
» maison, si la femme est accouchée hors de son domicile.)

  » Et ont signé (Si aucun des témoins ou déclarans ne sait
» signer, il en sera fait mention.)

  » Constaté suivant la loi, par moi........ faisant les fonc-
» tions d'officier de l'état civil. »

ACTE DE MARIAGE.

tit. 2
fin du
ch. 3

Du............ jour du mois de............ l'an............ de la
république française.

  « ACTE de mariage de........ âgé de....... ans, né à.......
» département d........ le........ du mois de....... an........
» profession de.......... demeurant à........... département
» d.......... fils de........ demeurant à......... département
» d........... et de........... (Il faut énoncer si le père et la
» mère sont vivans, ou si l'un des deux ou tous les deux sont
» décédés.) et de........ âgée de.......... ans, née à.........
» département d........ le......... du mois de....... an.......

» demeurant à......... département d......... fille (*Il faut*
» *énoncer si les époux sont majeurs ou mineurs de vingt-cinq*
» *ans.*) de........ demeurant à.......... département d........
» et de...........

  » Les actes préliminaires sont extraits des registres des
» publications de mariage faites à......... (*Les publications*
» *doivent être faites pour les majeurs dans leur domicile ac-*
» *tuel; pour les mineurs, au domicile de leurs père et mère,*
» *ou, s'ils sont morts ou interdits, au domicile de leur tuteur.*
» *On doit relater la date de tous les actes énoncés. Si les*
» *époux sont mineurs, ou seulement l'un d'eux, il faut le*
» *consentement du père, s'il est vivant; de la mère, s'il est*
» *mort ou interdit; d'une assemblée de famille tenue selon la*
» *loi, s'il n'y a ni père ni mère. Les actes de consentement*
» *doivent être énoncés; ils peuvent être donnés par le père ou*
» *la mère présens, ou par un fondé de procuration spéciale*
» *et authentique. Il faut énoncer l'acte ou jugement de main-*
» *levée, s'il y a eu opposition; ou, s'il n'y a point eu d'op-*
» *position, en faire mention*), et affichées aux termes de la
» loi, et (*Des actes de naissance des époux, ou des actes*
» *de notoriété dûment homologués.*) le tout en forme ; de
» tous lesquels actes il a été donné lecture par moi, officier
» de l'état civil, aux termes de la loi.

  » Lesdits époux présens ont déclaré prendre en mariage,
» l'un........ l'autre........ en présence de......... demeurant
» à........ département d...... profession de...... âgé de......
» de.......; et de...... (*Ainsi des trois autres témoins. Il faut*
» *énoncer si les témoins sont parens, dequel côté et à quel degré.*)

  » Après quoi, moi....... faisant les fonctions d'officier de
» l'état civil, ai prononcé, qu'au nom de la loi, lesdits époux
» sont unis en mariage. Et ont, lesdits époux et témoins (*Il*
» *sera fait mention si les époux et témoins ont signé, ou s'ils*
» *ne le savent pas. Si les père et mère sont présens et savent*
» *signer, ils signeront; s'ils ne le savent pas, il en sera fait*
» *mention.*), signé avec moi. »

ACTE DE PUBLICATION DE MARIAGE.

« LE...... jour du mois de...... l'an....... de la république
» française, à......... heure,

» Je........ faisant les fonctions d'officier de l'état civil de
» la commune d...... canton d....... département d....... ai
» publié à haute voix, devant la porte extérieure et princi-
» pale de la maison commune dudit lieu, qu'il y a promesse
» de mariage entre (*Les noms et prénoms des futurs époux,*
» *leur âge, leur profession, leur domicile, les noms et prénoms*
» *de leurs père et mère, la profession et le domicile du père*);
» lesquels (*Répéter les noms et prénoms des futurs époux*) se
» proposent de contracter mariage conformément à la loi.

» Fait à....... les jour, heure, mois et an ci-dessus. »

(*Cet acte est inscrit sur le registre des publications, et
affiché par extrait à la principale porte de la maison commune, pendant le temps prescrit par la loi.*)

ACTE DE DÉCÈS.

*Du........... jour du mois de............ l'an.............. de la
république française.*

« ACTE de décès de...... décédé le...... à....... heure......
» du...... profession de....... âgé de....... ans, né à........
» département d...... demeurant à........ (*Il faut énoncer si*
» *la personne décédée est mariée, veuve ou célibataire; et si*
» *elle a été mariée, les nom et prénoms du survivant ou du pré-*
» *décédé, sa profession si c'est le mari; et, s'il est possible de*
» *les savoir, les noms de ses père et mère*) fils de..... et de....
» sur la déclaration à moi faite par le citoyen (*On mettra*
» *les noms, prénoms, profession, âge et domicile des témoins,*
» *et s'ils sont parens, voisins ou amis*), demeurant à........
» profession de...... qui a dit être....... d....... défunt, et
» par le citoyen....... demeurant à........ profession de......
» qui a dit être........ d......... défunt, et ont signé. »

(*Si les déclarans ne savent signer, il en sera fait mention. Si le décès a été constaté, à la suite d'un accident, par un officier de police, il en sera fait mention, et le procès-verbal sera relaté.*)

« Constaté par moi.......... faisant les fonctions d'officier » de l'état civil. »

TITRE III.
Du domicile.

Art. 1ᵉʳ. Le domicile diffère de la simple habitation. Un citoyen peut avoir plusieurs résidences : la loi ne lui reconnaît qu'un seul domicile. com. du tit.3

2. Le domicile se considère sous deux rapports différens : 1°. relativement aux droits et aux obligations politiques du citoyen ; 2°. relativement à ses droits et à ses actes purement civils. ib.

Sous le premier rapport, la constitution en règle les conditions et les effets ; la loi civile, sous le second.

3. Le domicile du citoyen est, sous tous les rapports, le lieu où il peut exercer ses droits politiques. 102

4. Le domicile des autres individus, tels que les personnes du sexe non mariées ou veuves, et les personnes qui ne jouissent point des droits politiques de citoyen, est le lieu où l'individu a fixé son établissement principal. ib.— et 108

5. Il se forme par l'intention jointe au fait d'une habitation réelle. ap. 102

Il se conserve par la seule intention.

Il ne change que par une intention contraire jointe au fait de l'habitation. 103

6. Le domicile du mineur non émancipé est celui de ses père et mère ou de son tuteur. 108

7. Le domicile du majeur interdit est celui de son tuteur. ib.

8. Le domicile des majeurs attachés au service d'un autre in- 109

dividu, ou qui travaillent chez un artiste ou chez un commerçant, est celui de la personne qu'ils servent, ou chez laquelle
ils travaillent, lorsqu'ils demeurent dans la même maison.

106—
*107   9. Le citoyen appelé à une fonction publique exigeant
résidence, soit que cette fonction lui ait été conférée à vie,
soit qu'elle soit temporaire ou révocable, lorsqu'il a conservé le domicile par lui précédemment élu pour l'exercice
de ses droits politiques, peut être cité, pour les actes relatifs à ses droits civils, tant au lieu de son domicile qu'au
lieu où il exerce sa fonction; mais en cas de décès, les actions relatives à sa succession sont portées devant les tribunaux du lieu de son domicile.

fin du
tit. 3   10. Celui qui n'a aucun domicile actuel, peut être cité,
soit à son dernier domicile, soit au lieu de sa résidence de fait.

TITRE IV.
Des absens.
CHAPITRE PREMIER.
De l'absence en général, et de la manière dont elle doit être
constatée.

115   ART. 1er. L'absent est celui qui, après avoir quitté le lieu de
son domicile ou de sa résidence, n'a point reparu depuis cinq
années, et dont on n'a reçu aucune nouvelle depuis ce temps.

116   2. L'absence est constatée par un acte de notoriété reçu
par le juge de paix de l'arrondissement dans lequel il avait
son domicile, et attesté par sept témoins âgés de trente ans
et domiciliés dans la même commune ou dans la distance
de deux myriamètres.

Lorsque l'absent, en qualité de fonctionnaire public, avait
un domicile distinct de sa résidence, il doit être fait un
double acte de notoriété, tant au lieu de son domicile qu'au
lieu de sa résidence.

ib.   3. Les témoins, autant que faire se peut, sont pris parmi
les parens de l'absent; à leur défaut, parmi les plus proches
voisins ou amis.

4. Les dernières nouvelles de l'absent doivent résulter ap.116
d'actes authentiques, ou d'actes privés signés de lui ou
écrits de sa main, et, en cas de contestation, vérifiés par
experts.

5. L'existence à une époque déterminée de l'individu ib.
prétendu absent, peut néanmoins être constatée par témoins,
ou même par la représentation de lettres écrites d'un pays
étranger par des tiers dignes de foi, et dont l'écriture pourrait être vérifiée.

CHAPITRE II.

Des effets de l'absence.

DISPOSITIONS GÉNÉRALES.

6. La loi présume la mort de l'absent après cent ans ré- com.
volus du jour de sa naissance; jusque-là le fait de sa mort du
ou de son existence demeure incertain, et l'effet de l'ab- ch. 3
sence se règle d'après les distinctions ci-après établies.

SECTION PREMIÈRE.

Des effets de l'absence relativement aux propriétés que l'absent
possédait au jour de sa disparition.

7. Quiconque prétend exercer sur les propriétés d'un ab- ch. 3
sent, un droit qui suppose son décès, doit prouver ce fait; com.de
et jusqu'à cette preuve, il doit être déclaré non recevable, sec.1re
quant à présent dans sa demande.

Ainsi le parent qui veut succéder à l'absent, le légataire,
le donataire sous la condition de survie, le propriétaire
dont le fonds est grevé d'usufruit au profit de l'absent, doivent prouver son décès, et, jusqu'à ce, sont non recevables
dans leur action, sauf le droit provisoire dont il sera parlé
ci-après.

8. La loi n'exige point indispensablement la preuve par ib
titre authentique, du décès de l'absent; elle se contente de
présomptions graves, telles que celles qui résultent de la

disparition de l'absent après une bataille, un naufrage, ou tel autre accident qui a pu procurer sa mort, et depuis lequel il s'est écoulé cinq ans sans que l'on ait reçu aucune nouvelle.

120   9. Dans le cas où l'absent n'a point laissé de procuration pour l'administration de ses biens, les parens au degré successif peuvent, après cinq années révolues depuis les dernières nouvelles, se faire envoyer en possession provisoire des biens qui lui appartenaient au jour de son départ.

121   10. Si l'absent a laissé une procuration, ses parens ne peuvent demander l'envoi provisoire qu'après dix années révolues depuis les dernières nouvelles.

125   11. L'envoi en possession provisoire des parens de l'absent, n'est qu'un séquestre et un dépôt qui confie à ses héritiers présomptifs l'administration de ses biens, et qui les rend comptables envers lui, en cas qu'il reparaisse.

126   12. Les héritiers présomptifs de l'absent doivent faire procéder à l'inventaire de son mobilier et de ses titres, en présence du commissaire du gouvernement près le tribunal civil qui a prononcé l'envoi provisoire.

Ils doivent faire vendre le mobilier, et en faire emploi, à moins qu'il ne soit trop modique.

Les fruits et revenus échus à l'époque de l'envoi en possession, sont joints au prix provenant de la vente du mobilier pour l'emploi ci-dessus prescrit.

Les héritiers présomptifs peuvent requérir, pour leur sûreté, qu'il soit procédé par un expert à la visite des immeubles, à l'effet d'en constater l'état. Cet expert est nommé d'office par le tribunal civil; et son rapport est homologué en présence du commissaire du gouvernement. Les frais en sont pris sur les biens de l'absent.

120   Les héritiers présomptifs ne peuvent se mettre en possession qu'après avoir donné caution pour sûreté de leur administration, et des restitutions mobilières dont ils pourraient être tenus.

13. Si l'absent ne reparaît qu'après dix années révolues 127 de l'envoi en possession de ses héritiers présomptifs, ceux-ci sont déchargés de l'obligation de lui rendre compte des fruits échus pendant leur jouissance. Le tribunal peut seulement lui accorder une somme convenable pour subvenir à ses premiers besoins.

14. Les héritiers, tant qu'ils ne jouissent qu'en vertu 125 et de l'envoi provisoire, ne peuvent prescrire la propriété ^{av. 128} des fonds et capitaux dont l'administration leur a été confiée.

Ils ne peuvent aliéner ni hypothéquer ses immeubles : 128— néanmoins, après trente ans révolus, d'après l'envoi pro- 129 visoire, ils peuvent demander l'envoi en possession définitif ; et ils sont rendus propriétaires incommutables en vertu du jugement qui la leur accorde, en présence et du consentement du commissaire du gouvernement.

15. Le délai de trente ans après lequel les héritiers pré- ap. 129 somptifs peuvent demander l'envoi définitif, ne court contre l'absent mineur que du jour où il a atteint sa majorité.

16. Si les enfans et descendans que l'absent avait emme- av. 133 nés avec lui, ou qu'il a eus depuis son départ, se représentent dans les trente années de l'envoi provisoire accordé à ses autres héritiers présomptifs, sans pouvoir justifier de la mort de leur père, ils sont mis en possession provisoire à la place des héritiers, ou concurremment s'ils sont au même degré.

17. Si ces mêmes enfans et descendans de l'absent ne se 133 représentent qu'après que ses autres héritiers présomptifs ont obtenus l'envoi définitif, ils ne sont recevables à réclamer les biens de leur auteur qu'autant qu'ils justifient de sa mort à une époque certaine, et qu'à cette époque ils étaient mineurs.

Audit cas, ils ne sont remis en possession des biens de leur auteur qu'autant qu'en réunissant le temps écoulé depuis leur majorité, il ne se trouve point un laps de trente années

II.   3

révolues qui ait rendu irrévocable l'envoi en possession définitif des autres héritiers présomptifs de l'absent.

129   18. Après les cent années révolues de l'absent pendant
la durée de l'envoi provisoire, il est présumé mort du jour
de sa disparition; et sa succession est irrévocablement acquise à ceux de ses parens qui étaient ses héritiers présomptifs à cette époque, soit que l'envoi en possession ait
été fait à leur profit ou non.

130   19. Si, pendant la durée de l'envoi provisoire, la famille
acquiert la preuve que l'absent n'est décédé que depuis sa
disparition, sa succession n'est déclarée ouverte qu'au profit de ceux qui étaient ses héritiers présomptifs à l'époque
de ce décès; et les parens au profit desquels l'envoi avait
été prononcé, doivent restituer les biens à ces derniers.

ib.   20. Dans les cas des deux articles ci-dessus, les parens
évincés ne doivent point la restitution des fruits que leur
accorde l'article 13 ci-dessus.

123   21. Lorsque les héritiers présomptifs ont obtenu l'envoi
en possession provisoire des biens de l'absent, ses légataires, ses donataires, et tous ceux qui avaient sur ses propriétés des droits suspendus par la condition de son décès,
peuvent les exercer provisoirement, à la charge de donner
caution pour la restitution des choses mobilières qui leur
sont délivrées.

129   Cette caution est déchargée lorsque les héritiers présomptifs de l'absent ont obtenu l'envoi définitif.

134   22. L'absence ne fait aucun obstacle à l'exercice des droits
des créanciers, et de ceux fondés sur un titre onéreux, lesquels peuvent être poursuivis par défaut contre l'absent,
sans qu'il soit nécessaire de lui créer un curateur.

Mais aussitôt que les héritiers présomptifs ont obtenu l'envoi en possession provisoire, ces actions ne peuvent plus être
dirigées que contre eux.

SECTION II.

*Des effets de l'absence, relativement aux droits éventuels qui
peuvent compéter à l'absent.*

23. Quiconque réclame, du chef d'un absent, un droit 135
qui ne lui serait échu que depuis son départ, doit prouver
son existence à l'époque de l'ouverture de ce droit; jusqu'à
cette preuve, il doit être déclaré non recevable, quant à
présent, dans sa demande.

24. S'il s'ouvre une succession à laquelle l'absent soit 136
appelé par la loi, elle est dévolue exclusivement aux séuls
parens avec lesquels il aurait eu droit de concourir, ou aux
parens du degré subséquent.

S'il lui a été fait un legs ou une donation subordonnées av. 136
à une condition de survie, et dans tous les autres cas
semblables, les créanciers, représentans et ayant-cause
sont non recevables à exercer, de son chef, aucun des
droits de cette nature, tant qu'ils ne prouvent pas son
existence.

25. Les dispositions des deux articles précédens ont lieu 137
sans préjudice de l'action en pétition d'hérédité et de toutes
celles qui peuvent résulter des autres droits énoncés ci-dessus, lesquelles compétent à l'absent ou à ses représentans ou ayant-cause, et ne s'éteignent que par le laps de
temps établi pour la prescription.

26. Tant que l'absent ne se représente pas, ou que l'ac- 138
tion n'est point exercée de son chef, les parens qui ont recueilli la succession gagnent les fruits perçus par eux de
bonne foi.

SECTION III.

Des effets de l'absence relativement au mariage.

27. L'absence de l'un des époux, sans que l'on ait reçu tit. 4 —
de ses nouvelles, ne suffit point pour autoriser l'autre à con- ch. 3 —
                                                              com. de
tracter un nouveau mariage; il n'y peut être admis que sur sect. 3

3.

la preuve positive du décès de l'autre époux, à moins que l'absent ne soit parvenu à l'âge de cent ans accomplis.

139   28. Si néanmoins il arrivait qu'il eût été contracté un nouveau mariage, il ne pourrait être dissous sous le seul prétexte de l'incertitude de la vie ou de la mort de l'abent, et tant que l'époux qui avait disparu ne se représente point, ou ne réclame point par un fondé de procuration spéciale muni de la preuve positive de l'existence de cet époux.

140   29. Si l'époux absent n'a point laissé de parens habiles à lui succéder, l'autre époux peut demander le même envoi provisoire que la loi accorde à ses parens.

SECTION IV.

Des effets de l'absence relativement aux enfans mineurs de l'absent.

141   30. Si l'absent laisse des enfans mineurs issus d'un mariage commun, la mère en a la surveillance : elle exerce à leur égard tous les droits que la loi attribue au père ; elle est néanmoins obligée de convoquer le conseil de famille, à l'effet de faire nommer aux enfans un subrogé tuteur.

142   31. Si la mère est décédée lors du départ du père, après six mois d'absence de sa part, la surveillance des enfans est déférée, par le conseil de famille, aux ascendans les plus proches, et, à leur défaut, à un tuteur provisoire, suivant les règles prescrites au titre des tutelles.

Il en est de même si la mère vient à décéder dans le cours des cinq années requises pour déterminer la qualité d'absent.

143   32. Dans le cas où l'un des époux absent laisse des enfans mineurs issus d'un mariage précédent, ces enfans passent sous l'administration de leurs ascendans ou du tuteur provisoire nommé par la famille.

CHAPITRE III.

Des absens pour la défense de la république.

fin du tit. 4

33. Si le citoyen appelé à la défense de la république n'a point laissé de procuration pour la régie de ses biens, l'administration municipale prend les mesures nécessaires pour la conservation et la régie de ses propriétés immobilières.

34. S'il échoit une succession à laquelle cet absent soit appelé, la même administration doit l'en avertir, après avoir fait apposer les scellés.

Elle en instruit pareillement le ministre de la guerre.

35. La procuration que cet absent doit envoyer après cet avertissement, peut être dressée par le conseil de l'administration du corps auquel il appartient.

36. Si, trois mois après l'avertissement présumé reçu, l'absent n'a point envoyé de procuration, il est procédé au partage, dans lequel il est représenté par un fondé de pouvoir de l'administration.

37. Les règles ci-dessus ne sont applicables qu'au cas où l'existence de l'absent est constatée par des nouvelles émanées de lui.

Hors ce cas, toutes les règles ci-dessus établies pour les absens leur deviennent applicables.

TITRE V.

Du mariage.

DISPOSITIONS GÉNÉRALES.

com.- du tit. 5

ART. 1er. La loi ne considère le mariage que sous ses rapports civils et politiques.

2. Elle ne reconnaît que le mariage contracté conformément à ce qu'elle prescrit.

3. Le mariage est un contrat dont la durée est, dans l'intention des époux, celle de la vie de l'un d'eux : ce contrat peut néanmoins être résolu avant la mort de l'un

des époux, dans les cas ou pour les causes déterminés par la loi.

CHAPITRE PREMIER.

Des qualités et conditions requises pour pouvoir contracter mariage.

144   4. L'homme ne peut se marier avant l'âge de quinze ans révolus ; et la femme, avant celui de treize ans aussi révolus.

146   5. Le mariage n'est pas valable, si les deux époux n'y ont pas donné un consentement libre et formel.

Le consentement n'est point libre,

1°. S'il a été donné au ravisseur, à moins qu'il n'ait été donné par la personne ravie après qu'elle a eu recouvré sa pleine liberté ;

2°. S'il est l'effet de la violence ;

3°. S'il y a erreur dans la personne que l'une des parties avait intention d'épouser.

ap. 146   6. L'interdit pour cause de démence ou de fureur, est incapable de contracter mariage.

ib.   7. Les sourds-muets de naissance ne peuvent se marier qu'autant qu'il serait constaté, dans les formes prescrites par la loi, qu'ils sont capables de manifester leur volonté.

147   8. Avant la dissolution légale d'un premier mariage, on ne peut en contracter un second.

ap. 147   9. Toute personne frappée d'une condamnation emportant mort civile, ne peut contracter mariage, même pendant la durée de temps qui lui est accordée pour purger la contumace.

148   10. Les enfans, jusqu'à ce qu'ils aient accompli l'âge de vingt-cinq ans, ne peuvent contracter mariage sans le consentement de leur père et de leur mère ; en cas de dissentiment, le consentement du père suffit.

149   11. Si l'un des deux est mort, ou s'il est dans l'impossibilité de manifester sa volonté, le consentement de l'autre suffit, bien qu'il ait contracté un second mariage.

12. Néanmoins, si l'époux survivant a consenti un second ap.149
mariage après un divorce prononcé contre lui, la famille
sera légalement assemblée, pour délibérer sur le consentement à donner au mariage de l'enfant qui n'a pas l'âge ci-
dessus déterminé.

13. Si le père et la mère sont morts, ou s'ils sont tous 150.
deux dans l'impossibilité de manifester leur volonté, les
aïeul et aïeule les remplacent; s'il y a dissentiment entre
eux, la majorité des voix emporte consentement; s'il y a
égalité de voix, ils sont départagés par une assemblée de
famille.

14. S'il n'y a ni père, ni mère, ni aïeul, ni aïeule, ou 160
s'ils se trouvaient tous dans l'impossibilité de manifester
leur volonté, les personnes qui n'ont pas vingt-cinq ans accomplis ne peuvent se marier qu'après avoir requis le consentement de la famille légalement assemblée.

15. Si la famille refuse son consentement, il est sur- ib.
sis pendant trois mois : après ce délai, la famille est tenue
de se rassembler; et en cas qu'elle persiste dans son refus, et
que celui ou celle qui requiert le consentement persévère
dans sa volonté, et se trouve avoir atteint l'âge de vingt-un
ans, il est passé outre au mariage, sur le vu des deux procès-verbaux de l'assemblée de famille.

Dans les deux cas ci-dessus, la famille est tenue, dans un
mois, à dater du jour de la convocation, de donner ou refuser son consentement, sans être obligée de motiver son
refus.

16. Le fils naturel légalement reconnu, qui n'a pas vingt- 158
cinq ans accomplis, ne peut se marier que du consentement
de ses père et mère, ou du survivant d'eux.

17. Le mariage est prohibé, en ligne directe, entre tous les 161
ascendans et descendans d'eux, et réciproquement; comme
aussi entre lesdits ascendans, et les maris ou les femmes de
leurs descendans.

Il en est de même du père et de la mère à l'égard de l'enfant naturel ou de ses descendans, ainsi qu'à l'égard du mari ou de la femme desdits enfans et descendans.

162   18. En collatérale, le mariage est prohibé entre le frère et la sœur, soit germains, soit consanguins, soit utérins;

Entre le fils légitime et la fille née hors mariage du même père ou de la même mère, et réciproquement;

Entre deux enfans nés hors mariage du même père ou de la même mère.

tit. 5— fin du ch. 1ᵉʳ.   19. Le mariage fait à l'extrémité de la vie est privé des effets civils.

Il est considéré comme tel, lorsqu'un des conjoints se trouve atteint, à l'époque de la célébration, d'une maladie dont il meurt dans les vingt jours qui suivent.

ib.   20. Toute promesse de mariage avec stipulation de payer, à titre de peine ou de dédit, une somme déterminée, n'est obligatoire que jusqu'à concurrence des dommages intérêts qui seront jugés légitimement dus.

CHAPITRE II.

Des formalités relatives à la célébration du mariage.

165   21. Le mariage est nul, s'il n'a été célébré publiquement et dans les formes ci-après prescrites.

ib.   22. Le mariage ne peut être valablement célébré que dans la commune où l'un des deux époux a son domicile.

ap. 165 et 74   Ce domicile, quant au mariage, s'acquiert et s'établit par six mois d'habitation continue dans la même commune.

ap. 165 et 108   23. Le domicile du mineur est celui de son père, ou de sa mère si le père est mort, ou de son tuteur s'il n'a ni père ni mère.

Le mariage du mineur peut néanmoins être célébré dans la commune où il aura acquis un domicile par six mois d'habitation continue, pourvu d'ailleurs qu'il observe les autres conditions et formalités prescrites pour le mariage des mineurs.

av. 166   24. La célébration du mariage doit être précédée de deux publications, faites en la forme prescrite par la loi ou les réglemens.

25. Les publications seront faites dans la commune où chacune des parties contractantes, ou l'une d'elles, serait résidante depuis six mois; et encore dans la commune où chacune d'elles avait précédemment son domicile, soit qu'elles aient quitté, ou qu'elles aient conservé ce premier domicile. 166— 167

Si les parties contractantes ou l'une d'elles, n'ont point accompli leur vingt-cinquième année, les deux publications seront encore faites au domicile du père, ou, à son défaut, de la mère; et, à leur défaut, au domicile des aïeuls ou des aïeules. 168

26. Le mariage doit être célébré devant l'officier civil préposé à cet effet. 165

L'acte doit en être inscrit sur un registre public destiné à cet effet, et non sur feuilles volantes. ap.165 et 52

27. Le mariage contracté en pays étranger entre français, ou entre français et étranger, peut l'être suivant les formes usitées dans le lieu où il a été célébré, après néanmoins qu'il a été précédé des publications prescrites par l'article 25, et pourvu qu'il n'ait point été contracté en contravention aux dispositions contenues au chapitre premier du présent titre. 170

Trois mois après le retour du français dans le territoire de la république, l'acte de célébration du mariage contracté en pays étranger doit être enregistré, à peine du double droit à défaut d'enregistrement. 171

Cet acte doit être encore, dans le même délai, reporté et transcrit sur le registre public des mariages du lieu de son domicile, sous peine, à défaut de ce report, d'une amende proportionnée aux facultés des époux; laquelle ne peut être moindre de 100 francs, ni excéder 1,000 francs.

CHAPITRE III.

Des oppositions au mariage, et des demandes en nullité.

SECTION PREMIÈRE.

Des oppositions au mariage.

173   28. Les père et mère, et à leur défaut les aïeuls et aïeules, peuvent former opposition au mariage de leurs enfans et descendans, encore que ceux-ci aient vingt-cinq ans accomplis.

172   29. Sont encore reçues à former opposition au mariage, les personnes engagées par mariage avec l'une des parties.

174   30. L'oncle ou la tante, le frère ou la sœur, le cousin ou la cousine germains, ne peuvent former opposition que dans deux cas :

1°. Lorsque le consentement de la famille, requis par l'article 14, n'a pas été obtenu ou suppléé conformément à l'article 15 ;

2°. Lorsque l'opposition est fondée sur l'état de démence du parent ; et cette opposition n'est reçue qu'à la charge par l'opposant de provoquer l'interdiction, et d'y faire statuer dans le délai qui sera fixé par le juge.

176   31. Tout opposant est tenu d'élire domicile dans le lieu où le mariage doit être célébré.

L'opposition doit être signifiée aux parties, à leur personne ou domicile ; elle doit être dénoncée à l'officier civil chargé de célébrer le mariage.

177   32. La demande en main-levée de l'opposition est portée devant le juge de paix du lieu où le mariage doit être célébré ; le juge de paix y prononce seul, et doit le faire dans les dix jours, à compter de la citation.

178   La décision du juge de paix est sujette à l'appel, qui doit être interjeté et suivi de citation dans trois jours, à compter de la signification du jugement. L'appel se porte devant le tribunal de première instance, lequel y prononce en dernier ressort dans le mois.

33. Si l'opposition est rejetée, les opposans, autres que 179.
les ascendans, peuvent être condamnés en des dommages et
intérêts.

Des demandes en nullité de mariage.

34. Les époux, ou l'un d'eux, peuvent demander la nul- 184.
lité de leur mariage, s'il a été contracté en contravention
des articles 4, 5, 8 et 9.

35. Dans le cas de l'article 4, ils ne sont pas recevables à 185.
demander la nullité du mariage,

1°. Lorsqu'il s'est écoulé une année depuis la puberté
acquise par le réclamant ;

2°. Lorsque la femme aura conçu avant l'époque de la
réclamation.

36. L'un et l'autre des époux sont encore irrecevables ap.185.
dans le cas de l'article 4, et dans le cas des §§. 2 et 3 de
l'article 5, s'il y a des enfans vivans à l'époque de la demande en nullité ; ou si, quoiqu'il n'y ait point d'enfans,
les époux ont cohabité pendant deux années révolues, à
moins qu'il n'y ait preuve de la continuation de la violence.

37. La loi, dans le cas des articles précédens et sous les ib.
modifications y portées, admet la demande en nullité,
même de la part de celui des époux qui a l'âge requis pour
contracter mariage, sauf les dommages et intérêts qui peuvent être dus à l'autre époux.

38. Les père et mère, aïeuls et aïeuls, dans le cas où 182.
leur consentement au mariage est requis par la loi, peuvent demander la nullité du mariage qui a été célébré sans
ce consentement.

Ils le peuvent également dans le cas où leur consentement n'était pas nécessaire, et où il n'a pas été donné, si le
mariage a été contracté en contravention des articles 6, 7,
8, 9, 17 et 18.

Ils le peuvent encore dans le cas de l'article 4, sous les 184—
185.

exceptions portées dans les articles 34 et 35 qui leur sont
déclarées communes.

187 59. Les héritiers directs ou collatéraux ne sont pas recevables à attaquer de nullité le mariage pendant la vie du
conjoint dont ils sont parens ; et ils ne le peuvent au décès
de ce conjoint, qu'autant qu'ils y ont un intérêt civil et
personnel, et que dans les seuls cas où le mariage a été
contracté en contravention des articles 4, 5, 6, 7, 8, 17
et 18.

ap. 187 Dans les deux cas des articles 4 et 5, les héritiers ne
peuvent attaquer le mariage que sous les exceptions portées
aux articles 34 et 35 ci-dessus.

191—
192—
193. 40. Le mariage auquel on ne peut opposer que l'omission
des formalités prescrites par les articles 21, 22, 23, 24 et
25, ou de quelqu'une de ces formalités, si d'ailleurs il ne
contient aucune contravention aux dispositions contenues
dans le chapitre premier du présent titre, doit être réhabilité, soit à la réquisition des époux, soit à la diligence de
l'officier qui exerce le ministère public près le tribunal de
première instance.

Le défaut de réhabilitation n'autorise pas néanmoins les
époux, ni les tiers, à en demander la nullité. Mais si la réhabilitation n'en est provoquée que par le ministère public,
les parties contractantes, ou leur tuteur si elles étaient mineures, sont condamnées à une amende proportionnée à
leurs facultés, laquelle ne peut être moindre de 100 francs,
et ne peut excéder 1,000 francs.

ap. 193 41. La réhabilitation qui a lieu dans le cas de l'article
précédent, valide le mariage du jour de sa première célébration, tant à l'égard des époux que des enfans issus de ce
mariage.

194 42. Tout mariage prétendu contracté en France, entre
français, ou entre français et étranger, lequel n'a point été
célébré conformément à l'article 26, devant l'officier public, et qui n'est point constaté par un acte transcrit sur le

egistre public, est radicalement nul, et ne produit aucun effet civil, ni aucun lien civil entre les deux époux.

Cette nullité a lieu à l'égard des prétendus époux, no-nobstant la possession dans laquelle ils auraient été de pren-dre cette qualité, encore qu'ils représentassent un contrat de mariage, et nonobstant toute reconnaissance ou déclara-tion émanée d'eux ou de l'un d'eux, sans que la preuve testimoniale de la célébration puisse être admise, si ce n'est dans le cas où il n'y aurait point eu de registres tenus dans le lieu où le mariage aurait dû être célébré, ou dans le cas où ces registres seraient perdus; sauf l'exception portée aux articles 47, 48 et 49 ci-après.

(en marge: 195—194)

43. La nullité prononcée par l'article précédent peut être opposée par les tiers qui y ont intérêt, soit aux deux époux vivans, soit au survivant, nonobstant la possession d'état contraire, qui ne serait point contradictoire avec celui qui oppose la nullité.

(en marge: ap. 195)

44. Les enfans issus de l'union qui a été déclarée nulle vis-à-vis des père et mère vivans, dans le cas des deux ar-ticles précédens, sont déclarés nés hors mariage, et ne peu-vent réclamer que les droits des enfans naturels, s'ils ont été légalement reconnus.

(en marge: 197)

Si les père et mère sont tous deux décédés sans que leur état ait été attaqué, leurs héritiers et les tiers ne peuvent contester la légitimité des enfans issus de leur union, sous le seul prétexte qu'ils ne peuvent point représenter l'acte de célébration du mariage de leurs père et mère, lorsque ceux-ci ont joui publiquement de la qualité d'époux, et lorsque cette possession d'état se trouve constatée, soit à l'égard des père et mère, soit à l'égard des enfans, par des actes authenti-ques, ou lorsque cette possession d'état se trouve prouvée par des actes émanés de ceux qui veulent contester l'état desdits enfans.

45. L'officier qui exerce les fonctions du ministère public près le tribunal de première instance, peut, du vivant même

(en marge: 190)

des prétendus époux, demander la nullité de leur mariage, lorsqu'il a été contracté en contravention des articles 6, 7, 8, 9, 17, et 18 du présent titre, ou faire prononcer l'illégalité de leur union, dans le cas de l'article 42 ci-dessus.

ap. 190   46. Les personnes dont l'union a été déclarée illégale en vertu des articles 26 et 42, peuvent s'unir de nouveau par mariage; mais ce mariage ne produit d'effet civil que du jour de sa célébration. Les enfans nés ou conçus antérieurement, ne sont légitimés par ce mariage, qu'autant que l'on a rempli, à leur égard, les conditions ci-après prescrites au chapitre IV du présent titre.

av. 198 et 52   47. Tout officier public devant lequel un mariage aurait été réellement célébré, et qui n'en aurait rédigé l'acte que sur une feuille volante, sera poursuivi criminellement. S'il est convaincu, il sera condamné aux peines portées par l'article 54 du titre II du livre *des Personnes*, et, en outre, aux dommages et intérêts des parties.

L'action criminelle peut être intentée tant par les époux eux-mêmes que par l'accusateur public.

Elle est dirigée par l'accusateur public, tant contre l'officier public que contre les époux eux-mêmes, si le délit a été commis de concert avec eux, ou contre celui des deux époux qui aurait seul concouru à la fraude; et dans ce dernier cas, l'action peut être intentée contre cet époux par l'autre.

198   48. Dans le cas où la preuve de la célébration du mariage se trouve acquise par l'événement de la procédure criminelle, autorisée par l'article précédent, le jugement ordonne que la célébration sera renouvelée. L'acte qui en est inscrit sur le registre, contient la mention de la date à laquelle il avait été célébré la première fois, et du jugement qui en a ordonné le renouvellement.

Le mariage, ainsi réhabilité, produit tous les effets civils, à compter de sa première date, tant à l'égard des époux qu'à l'égard des enfans.

Il en est de même si la réhabilitation ne peut avoir lieu, 199 parce que la nullité n'a été découverte qu'après le décès de l'un des deux époux.

49. Si c'est par le dol de l'un des deux époux que l'acte ap. 199 de célébration n'a été rédigé que sur une feuille volante, celui qui a été surpris peut faire condamner l'autre à réhabiliter le mariage.

Faute par celui-ci d'exécuter la réhabilitation, il est condamné aux dommages et intérêts envers l'autre, à l'égard duquel, ainsi que des enfans, le mariage, quoique non réhabilité, conserve tous les effets civils.

5o. Tout mariage qui a été déclaré nul, produit néan- 201 moins les effets civils, tant à l'égard des époux qu'à l'égard des enfans, lorsqu'il a été contracté de bonne foi par les deux époux.

Si la bonne foi n'existe que de la part de l'un des deux 202 époux, le mariage ne produit les effets civils qu'en faveur de cet époux et des enfans.

CHAPITRE IV.

Des obligations qui naissent du mariage, et de ses effets civils.

51. Les époux contractent ensemble, par le fait seul du 203 mariage, l'obligation de nourrir, entretenir et élever leurs enfans, selon leurs facultés.

L'enfant n'a point d'action contre ses père et mère pour 204 un établissement par mariage ou autrement.

52. Les enfans doivent des alimens à leurs père et mère 205 qui sont dans le besoin.

53. Les alimens ne sont accordés que dans la proportion 208 du besoin de celui qui les exige, et de la fortune de celui qui les fournit.

54. Celui qui ne peut payer une pension alimentaire, re- 210 çoit dans sa demeure, nourrit et entretient celui auquel il doit des alimens, pourvu que son revenu et son travail suffisent pour fournir de semblables secours.

209   55. Celui qui a été condamné à fournir des alimens, peut en demander la réduction, même s'en faire décharger, lorsqu'il tombe dans un état tel qu'il ne peut plus les donner en tout ou en partie.

fin du ch. 5   56. Les époux contractent aussi solidairement, chacun en ce qui le concerne, par le seul fait du mariage, l'obligation de ne pas disposer, à titre gratuit, de la totalité de leurs biens, au préjudice de leurs enfans. La loi détermine la portion qu'ils doivent leur réserver.

ib.   57. Le mariage donne au père et à la mère, sur les enfans qui en proviennent, une puissance qui est réglée par la loi.

ib.   58. Il soumet la femme aux lois civiles auxquelles le mari est soumis.

ib. — et 331   59. Le mariage, valablement contracté, légitime de plein droit les enfans nés des deux conjoints d'un commerce libre, lorsque ces enfans ont été par eux légalement reconnus avant le mariage.

ib.   60. Les enfans nés et non reconnus avant le mariage, ne sont légitimés qu'autant qu'ils sont reconnus dans l'acte même de célébration.

332   61. Si lesdits enfans nés avant le mariage, sont morts laissant des descendans, ceux-ci son pareillement légitimés dans les deux cas ci-dessus, quoique le mariage subséquent soit postérieur au décès de leur père.

331   62. Le mariage subséquent ne légitime point les enfans adultérins.

tit. 5— fin du ch. 5   63. Le mariage contracté, à l'extrémité de la vie, entre deux personnes qui avaient vécu en concubinage, ne légitime point les enfans qui en seraient nés avant ledit mariage; ces enfans, pourvu qu'ils soient légalement reconnus, peuvent réclamer les droits accordés aux enfans nés hors mariage.

SECTION PREMIÈRE.

Des droits et des devoirs respectifs des époux.

64. La femme est obligée de demeurer avec le mari, 214
et de le suivre partout où il juge à propos de résider. Le
mari est obligé de la recevoir et de lui fournir tout ce qui
est nécessaire pour les besoins de la vie, selon ses facultés
et son état.

L'action de chacun des époux, relativement aux devoirs
réciproques ci-dessus exprimés, est déterminée au titre *du
Divorce.*

Si le mari voulait quitter le sol continental ou colonial
de la république, il ne pourrait contraindre sa femme à
le suivre, si ce n'est dans le cas où il serait chargé par
le gouvernement d'une mission à l'étranger exigeant résidence.

65. La femme ne peut ester en jugement sans l'assistance 215
de son mari, quand bien même elle serait marchande publique, ou non commune ou séparée de biens.

L'assistance du mari n'est pas nécessaire lorsque la femme 216
est poursuivie en matière criminelle ou de police correctionnelle.

66. La femme même non commune ou séparée de biens, 217
ne peut donner, aliéner, accepter une succession ou une donation, sans le consentement par écrit ou le concours du
mari dans l'acte.

Le consentement du mari, quoique postérieur à l'acte,
suffit pour le valider.

67. Si le mari refuse son assistance, le juge peut auto- 218
riser la femme à l'effet d'ester en jugement.

Si le mari refuse son consentement ou son adhésion à 219
l'acte, la femme a la faculté de le citer devant le juge,
qui peut donner ou refuser son autorisation, après avoir
entendu le mari, ou lui dûment appelé, en la chambre du
conseil.

II.

4

220   68. La femme, si elle est marchande publique, peut, sans le consentement de son mari, s'obliger pour ce qui concerne son négoce; et, audit cas, elle oblige aussi son mari, s'il y a communauté entre eux.

Elle n'est pas réputée marchande publique, si elle ne fait que débiter les marchandises dont son mari se mêle; mais seulement quand elle fait un commerce séparé, et autre que celui de son mari.

221   69. Lorsque le mari se trouve frappé d'une condamnation emportant peine afflictive ou infamante, encore qu'elle n'ait été prononcée que par contumace, la femme, même majeure, ne peut ester en jugement, ni contracter qu'après s'être fait autoriser par le juge, qui peut, audit cas, donner l'autorisation, sans que le mari ait été entendu ou appelé.

222   70. Si le mari est interdit pour cause de démence, ou s'il est absent, le juge peut, en connaissance de cause, autoriser la femme, soit pour ester en jugement, soit pour contracter.

223   71. Toute autorisation générale, même stipulée par contrat de mariage, n'est valable que quant à l'administration des biens de la femme, et non quant à l'aliénation desdits biens.

224   72. Si le mari est mineur, l'autorisation du juge est nécessaire à la femme, soit pour ester en jugement, soit pour contracter.

225   73. La nullité fondée sur le défaut d'assistance du mari en jugement, ou de son consentement à l'acte, ou de l'autorisation supplétive du juge, ne peut être opposée que par la femme, par le mari ou par leurs héritiers.

226   74. La femme peut tester sans le consentement ni le concours de son mari.

SECTION II.

Dissolution du mariage.

75. Le mariage se dissout,   227

1°. Par la mort de l'un des époux;

2ᵃ. Par le divorce légalement prononcé ;

5°. Par la condamnation contradictoire ou devenue définitive de l'un des deux époux, à une peine emportant mort
civile.

SECTION III.

Des seconds mariages.

76. La femme ne peut contracter un nouveau mariage,   228
qu'après un an révolu depuis la dissolution du mariage précédent.

77. Les seconds et subséquens mariages ont les mêmes ap.228
effets que le premier.

Ils donnent au mari et à la femme les mêmes droits.

Il en naît les mêmes obligations réciproques entre le mari
et la femme, le père et la mère et les enfans.

TITRE VI.

Du divorce.

CHAPITRE PREMIER.

Des causes du divorce.

ART. 1ᵉʳ. Le lien du mariage ne peut être rompu par le com.da
divorce, que pour des causes autorisées par la loi.   ch. 1ᵉʳ.

2. Ces causes sont,   ib.

Les délits et crimes de l'un des époux envers l'autre.

5. Les délits qui donnent lieu au divorce sont,

Les sévices et mauvais traitemens, et la conduite habi- 231
tuelle de l'un des époux envers l'autre, qui rend à celui-ci
la vie commune insupportable ;

La diffamation publique ;   ap.231

L'abandonnement du mari par la femme, ou de la femme
par le mari ;

4.

L'attentat d'un époux à la vie de l'autre ;

229—
230
L'adultère de la femme, accompagné d'un scandale public, ou prouvé par des écrits émanés d'elle ; celui du mari, qui tient sa concubine dans la maison commune.

CHAPITRE II.

Des formes du divorce.

SECTION PREMIÈRE.

De la poursuite du divorce.

234
4. Le divorce doit être demandé, instruit et prononcé, avec connaissance de cause en justice.

Il ne peut être porté devant des arbitres.

Tout divorce volontaire est prohibé.

ib.—
et 241
5. La demande est portée devant le tribunal de première instance, et jugée, à huis clos, par trois juges au moins, le commissaire du gouvernement préalablement entendu, sur simples procès-verbaux de comparution et des dires des parties, sans aucun autre mémoire que la demande.

236
6. Le demandeur présente au président, ou à celui qui en fait la fonction, une pétition dans laquelle il expose la cause sur laquelle il fonde sa demande, et détaille les faits qui établissent cette cause, et à laquelle il joint les actes qui peuvent concourir à la preuve.

237
La pétition est signée de lui ; s'il ne sait pas ou ne peut pas signer, il en est fait mention dans le procès-verbal qui est rédigé par le juge, et qui reste déposé au greffe.

236
7. Si le demandeur se trouve dans l'impossibilité de présenter lui-même et en personne sa pétition, le juge, sur le certificat de deux officiers de santé, se transporte au lieu de son domicile pour y recevoir sa déclaration.

238
8. Sur la pétition du demandeur, le juge ordonne que les parties comparaîtront devant lui, en personne, au jour et heure par lui indiqués.

239
9. Au jour indiqué, le juge fait aux deux parties compa-

rantes les observations qu'il juge convenables et propres à les rapprocher.

Si le défendeur ne comparaît pas, le juge fait les mêmes observations au demandeur.

10. Si le demandeur persiste, le juge ordonne que la demande et le procès-verbal seront communiqués au commissaire du gouvernement. Le tribunal, après l'avoir entendu, peut accorder au demandeur, ou lui refuser, ou seulement suspendre, la permission de citer le défendeur. ib. — 240

La suspension ne peut pas excéder le terme de deux décades.

11. L'époux admis à suivre la demande, fait citer le défendeur à comparaître en personne devant le tribunal, dans les délais de la loi. 241

12. A l'échéance du délai, soit que le défendeur comparaisse ou non, le demandeur rappelle devant le tribunal les causes de sa demande, représente les actes qui l'appuient, ou indique les témoins qu'il se propose de faire entendre. 242

Si le défendeur comparaît, il propose ses observations, tant sur les faits allégués par le demandeur, que sur les actes par lui produits, et sur les témoins présentés par le demandeur : il indique de son côté les témoins qu'il se propose de faire entendre. 243

Il est dressé procès-verbal des comparutions, dires et observations des parties, ainsi que des aveux que l'une ou l'autre a pu faire : le procès-verbal leur est relu; elles sont exhortées à le signer; et il est fait mention de leur signature, ou de leur déclaration qu'elles ne veulent ou ne peuvent pas signer. 244

Le tribunal ordonne la communication du procès-verbal et des actes y énoncés, au commissaire du gouvernement, commet un rapporteur, et ajourne les parties à comparaître à un jour fixe. 245

Si le défendeur n'a point comparu, le demandeur lui

signifie l'ordonnance, et le cite à comparaître au jour indiqué.

246— _ 13. Au jour indiqué par l'ordonnance ci-dessus, sur le
247 rapport qui est fait par le juge commis, et après avoir ouï le commissaire du gouvernement, le tribunal rend un jugement qui rejette la demande si elle lui paraît non-recevable, ou l'admet si elle se trouve suffisamment justifiée, ou qui admet le demandeur à faire preuve des faits par lui allégués, et le défendeur à la preuve contraire.

249 14. Le jugement qui admet la preuve testimoniale, indique les témoins que chaque partie pourra présenter. Il n'est permis à aucune d'elles d'en produire d'autres, à moins qu'un nouveau jugement ne l'y ait autorisée.

252 Le jugement qui admet la preuve testimoniale, indique le jour et l'heure auxquels les témoins doivent être représentés.

251 15. Les parties peuvent respectivement faire entendre leurs parens, à l'exception de leurs enfans ou descendans, sauf au tribunal d'avoir tel égard que de raison à leurs dépositions.

Elles peuvent aussi faire entendre leurs domestiques.

253— 16. Les dépositions sont reçues en présence de trois juges
254 au moins, et en la présence des parties, lesquelles peuvent faire aux témoins, à la fin de leurs dépositions, telles observations et interpellations qu'elles jugent à propos, sans pouvoir les interrompre dans le cours de leurs dépositions.

255 Il est dressé procès-verbal tant de chaque déposition, que des dires et observations des parties, auxquelles le procès-verbal est relu après sa clôture, avec invitation de le signer. Il est fait mention de leur signature, ou de leur déclaration qu'elles ne veulent ou ne peuvent signer.

256 17. Soit que le défendeur ait comparu ou non à ce procès-verbal, et qu'il y ait présenté ou non ses témoins, après la clôture des deux enquêtes, ou de celle du demandeur seulement, le tribunal indique le jour auquel il sera procédé

au jugement définitif, sur le rapport d'un des juges à ce commis.

Si le défendeur n'a pas comparu, l'ordonnance qui indique le jour du jugement lui est signifiée à la diligence du demandeur, avec citation pour comparaître au jour indiqué.

18. Au jour indiqué pour le jugement, le président fait de nouveau aux parties présentes ou à celle qui comparaît, toutes les observations propres à opérer une réconciliation. 257

19. Si le demandeur persiste, le rapport est fait en présence des parties, ou de la partie comparante, par le juge commis; ce rapport fait, et après que le commissaire du gouvernement a été entendu, les parties se retirent pour laisser les juges délibérer. ib.

20. Le jugement définitif est rendu à huis clos; mais il est prononcé publiquement, et il n'énonce point la cause du divorce qui est admise. 258

21. Si le défendeur interjette appel du jugement, la cause est pareillement jugée à huis clos par le tribunal d'appel, sur le rôle des affaires urgentes, et d'après un simple rapport fait par l'un des juges commis, sans qu'il soit besoin de nouvelle comparution des parties, et sur la simple signification faite à la requête de la partie la plus diligente, de la mise au rôle. 262

22. Si le demandeur a interjeté appel du jugement qui lui a refusé la permission de suivre sa demande, il le dénonce au commissaire du gouvernement près le tribunal d'appel, lequel se fait remettre le jugement et le procès-verbal sur lequel il a été rendu, et doit, dans la huitaine de cette remise, donner ses conclusions par écrit, sur le vu desquelles le tribunal, dans la huitaine suivante, doit prononcer sur le bien ou mal jugé, sans qu'il soit besoin de citer aucune des parties, ni de sa comparution. ib.

Le jugement est signifié au demandeur, à la diligence du commissaire du gouvernement.

ap. 263 23. Si le demandeur en divorce a été autorisé par le tribunal d'appel à reprendre la suite de sa demande, elle est portée devant le tribunal de première instance le plus voisin de celui dont le jugement a été infirmé, et les pièces sont renvoyées à ce tribunal par le commissaire du gouvernement du tribunal d'appel.

ib. 24. Dans tous les actes de l'instruction de première instance sur une demande en divorce, les parties sont tenues de comparaître en personne, sans pouvoir se faire représenter par un fondé de pouvoir, ni par un avoué, sauf dans les cas prévus aux sections III et IV ci-après. Il est défendu dans l'instruction, soit de première instance, soit d'appel, de publier de part ni d'autre aucun mémoire imprimé, à peine de mille livres d'amende, tant contre la partie qui l'aura produit, que contre chacun des signataires, auteurs et imprimeurs.

ib. 25. Tous les procès-verbaux relatifs à l'instruction de la demande en divorce, restent déposés au greffe pour y demeurer secrets; il n'en peut être délivré aucune expédition qu'aux personnes qui y ont été parties, ou à leurs héritiers et ayant-cause, dans les cas où ceux-ci y ont intérêt, et sur une permission spéciale du président du tribunal, le commissaire du gouvernement ouï préalablement.

ib. 26. Tout jugement en dernier ressort, ou passé en force de chose jugée, qui prononce un divorce, est sujet à l'enregistrement et à la publication en la même forme que ceux de séparation de biens.

264 Il doit être en outre reporté sur le registre des mariages, sur lequel il en doit être fait mention en marge de l'acte de célébration.

ib. Ce report doit être fait à la diligence de l'époux qui a obtenu le divorce, dans les deux mois au plus tard de la date du jugement : faute de ce, il est censé s'être désisté du bénéfice dudit jugement, qui demeure nul et comme non avenu.

27. **Q**uelle que soit la nature du délit imputé par le de- ap. 261
mandeur à l'autre époux, le divorce ne peut être poursuivi
que par la voie civile, et en la forme ci-dessus prescrite;
sans préjudice de l'action criminelle, qui peut être intentée
d'office par le ministère public.

Dans ce dernier cas, il est sursis à l'instruction de la demande en divorce jusqu'après le jugement de l'accusation.

Sur la représentation du jugement qui a condamné ou
absous l'époux accusé, le divorce demandé par l'autre époux
est admis ou rejeté.

28. Le divorce causé sur l'abandonnement de la part de ib.
l'autre époux, n'est admis que dans le cas où celui qui s'est
retiré de la maison commune sans cause légitime, a refusé
persévéramment de se réunir à l'autre, et qu'autant que le
refus est constaté en la forme ci-après.

L'absence de l'un des deux époux qui a eu pour principe
une cause légitime, quelqu'en ait été la durée, et quoiqu'il
ne conste d'aucune nouvelle reçue de lui, ne peut autoriser
la demande en divorce, sauf ce qui est statué au titre *de
l'absence.*

29. L'abandonnement imputé à l'un des deux époux, doit ib.
être constaté par trois sommations réitérées, à lui faites de
mois en mois, de se réunir au lieu du domicile matrimonial, et suivies d'un jugement qui l'y ait condamné, et
dont la signification lui ait été réitérée à trois fois de mois
en mois.

Les sommations et les significations lui doivent être faites
au lieu de sa résidence de fait, si elle est connue; sinon,
elles doivent être faites au lieu du domicile matrimonial,
visées par le juge de paix de l'arrondissement, et notifiées
au plus proche de ses parens résidant dans le même arrondissement.

30. Le jugement qui condamne l'époux absent à revenir ib.
dans la maison commune, ne peut être rendu qu'après avoir
entendu ceux de ses parens qui résident dans la même com-

mune, ou, à leur défaut, ses voisins ou ses amis, sur la connaissance de sa retraite.

Les parens, voisins ou amis, sont cités au tribunal, à la diligence du commissaire du gouvernement.

ib.　31. Dans tous les autres cas où le divorce est fondé sur le délit de l'un des deux époux envers l'autre, le fait se constate, par titres ou par témoins, en la forme ci-dessus prescrite.

SECTION II.

Des mesures provisoires auxquelles peut donner lieu la poursuite d'une demande en divorce.

267　32. S'il y a des enfans communs dont chacun des deux époux réclame l'administration provisoire, elle est accordée au mari, soit qu'il soit demandeur ou défendeur.

268　33. Si la femme qui demande le divorce a quitté ou déclaré vouloir quitter le domicile du mari, le tribunal indique la maison dans laquelle elle doit résider pendant la poursuite du divorce.

269　La femme est tenue de justifier de cette résidence toutes les fois qu'elle en est requise : faute d'en justifier, toute poursuite est suspendue.

268　34. Si la femme n'a pas de revenus suffisans pour fournir à ses besoins pendant la poursuite du divorce, le tribunal lui accorde une provision alimentaire, proportionnée aux facultés du mari.

269　Le mari n'est tenu de payer cette pension qu'autant que la femme justifie qu'elle a constamment résidé dans la maison indiquée par le tribunal.

270　35. La femme, commune ou non commune, peut, pour la conservation de ses droits, requérir l'apposition des scellés sur les meubles et effets dont le mari est en possession.

L'apposition des scellés peut avoir lieu, même dans le cas où le tribunal suspend l'admission de la demande en vertu de l'article 10 ci-dessus.

ap. 270　36. Lorsque le mari s'oppose aux scellés, ou lorsqu'il en demande la main-levée, le juge de paix statue, sauf l'appel.

Sa décision est purement provisoire.

L'appel est porté au tribunal civil, qui y statue dans le mois.

37. La main-levée des scellés est toujours accordée, si le mari consent qu'il soit procédé à l'inventaire, et s'il présente une sûreté suffisante dans ses meubles personnels, ou s'il offre une caution suffisante dès droits apparens de la femme. *270*

38. A compter du jour de la demande en divorce, le mari ne peut plus contracter aucune dette à la charge de la communauté, ni disposer des immeubles qui la composent; toute aliénation qu'il en fait est nulle. *271*

CHAPITRE III.

Des fins de non-recevoir contre l'action en divorce, et de l'état des enfans conçus ou nés pendant l'instruction de la demande. ch. 2 sect. 3

39. L'action en divorce est éteinte par la réconciliation des époux, survenue soit après les faits qui auraient pu autoriser cette action, soit après la demande en divorce. *272*

40. Dans le premier cas, le demandeur sera déclaré non-recevable dans son action; dans le second, il sera débouté de sa demande, sans préjudice à lui, dans les deux cas, d'en intenter une nouvelle pour des causes survenues depuis la réconciliation, et de faire même alors usage des anciennes. *273*

41. Si le demandeur en divorce dénie la réconciliation, le défendeur en fera la preuve, soit par écrit, soit par témoins, de la manière indiquée en la section première du chapitre II. *274*

42. La réconciliation est présumée de droit, si la femme est devenue enceinte depuis la demande en divorce, ou depuis le fait sur lequel cette demande est fondée. fin de sect. 3

43. L'enfant né avant le cent quatre-vingt-sixième jour, ib.

à compter de la demande ou du fait qui y a donné lieu, est présumé conçu antérieurement à l'une ou l'autre de ces deux époques.

ib.   44. Si, dans le cas de l'article 42, le divorce avait déjà été prononcé, l'époux défendeur pourra interjeter appel du jugement, s'il est rendu en première instance, ou se pourvoir par requête civile, s'il est en dernier ressort. Le divorce sera annullé; et si l'enfant avait été inscrit sous un autre nom que celui du mari, le tribunal ordonnera la réformation de son inscription sur les registres de naissance.

ib.   45. Si le demandeur en divorce néglige d'opposer l'exception de la réconciliation résultant de la grossesse, tout citoyen, parent ou non des époux, est reçu à la dénoncer au commissaire. Celui-ci peut lui-même, d'office, relever les faits de grossesse ou d'accouchement, faire appel du jugement qui aurait ordonné le divorce, ou se pourvoir en requête civile contre le jugement qui aurait confirmé le premier, ainsi que le défendeur aurait pu le faire.

ib.   Si le tribunal, qui prononce sur la réclamation du commissaire, juge que la demande en divorce n'était que collusoire, et imaginée seulement pour couvrir une séparation volontaire, il condamne les deux époux à une amende qui ne pourra excéder 100 fr., ni être moindre de 3 fr.

ib.   46. Si la femme a recelé sa grossesse ou son accouchement, elle sera condamnée à la même amende.

ib.   47. Si la grossesse est déniée par l'un des époux, il est sursis au jugement pendant le temps nécessaire pour la constater, et pour attendre l'époque de l'accouchement, laquelle doit fixer celle de la conception.

Il est nommé alors un curateur pour veiller à la conservation et à la naissance de l'enfant.

ib.   48. La présomption de la réconciliation, résultant de la grossesse, au cas de l'article 42, ne peut être détruite que par la preuve de l'adultère, ou de la continuation de celui qui aurait donné lieu à la demande en divorce.

49. Quoique l'adultère soit prouvé et le divorce prononcé, **ib.**
l'enfant sera censé appartenir au mari, si les deux époux habitaient ensemble à l'époque de la conception.

Mais s'ils étaient déjà séparés d'habitation, l'enfant n'appartiendra pas au mariage.

CHAPITRE IV.

Des effets du divorce.

50. Pour quelque cause que le divorce ait été prononcé, **295 à 298**
les deux époux ne peuvent contracter un nouveau mariage qu'après une année révolue, depuis la prononciation du divorce.

51. L'époux contre lequel le divorce a été prononcé, est **299**
privé de tous les avantages que l'autre époux lui avait faits, soit par leur contrat de mariage, soit pendant le mariage.

52. L'époux qui a obtenu le divorce, conserve les avan- **300**
tages qui lui avaient été faits par l'autre époux, soit que ces avantages aient été réciproques ou non.

53. Si les époux ne s'étaient fait aucun avantage, ou si **301**
ceux stipulés ne paraissent pas suffisans pour indemniser l'époux qui a obtenu un divorce, le tribunal peut lui accorder une pension alimentaire sur les biens de l'époux défendeur, proportionnée aux facultés de celui-ci.

Cette pension ne peut être moindre du sixième du revenu **ap. 301**
de l'époux qui en est chargé, et ne peut excéder le tiers.

54. Le divorce produit, à l'égard des créanciers des époux, **ib.**
le même effet que les séparations de biens.

55. Dans tous les cas où le divorce est prononcé, les en- **302**
fans sont confiés à celui des époux qui l'a obtenu.

Néanmoins, la famille convoquée, soit par l'un des deux époux, soit par un de ses membres, peut, pour le plus grand avantage des enfans, par une délibération spéciale, confier le gouvernement de tous ou de quelques-uns à l'un ou l'autre des époux, ou même à un tuteur.

56. Si l'époux divorcé, à qui le soin de la personne et **ap. 302**

l'administration des biens des mineurs avaient été confiés, contracte un nouveau mariage, le conseil de famille est nécessairement assemblé, pour décider si les enfans seront confiés à l'autre époux ou à un tuteur.

3o3   57. Soit que les enfans aient été confiés au père seul ou à la mère seule, ou à l'un ou à l'autre, ou à des tierces personnes, le père et la mère contribuent aux frais de leur entretien et éducation, en proportion des facultés de chacun d'eux, et selon qu'il est réglé par le tribunal, d'après l'avis de la famille.

ib.   58. Dans tous ces cas, le père et la mère conservent respectivement le droit de surveillance sur l'entretien et l'éducation de leurs enfans; et ils ont action en justice pour y faire pourvoir.

3o4   59. La dissolution du mariage par divorce, ne prive, dans aucun cas, les enfans nés de ce mariage, des avantages qui leur étaient assurés par les lois ou par les conventions matrimoniales; mais leur droit n'est ouvert que comme il le serait, si leurs père et mère n'avaient pas fait divorce.

ap.3o4   60. Après la mort de celui des époux divorcés à qui avaient été confiés le soin de la personne et l'administration des biens des mineurs, un conseil de famille, légalement convoqué, décide s'il y a lieu de confier les enfans à celui des époux survivans, ou si, pour l'avantage desdits enfans, il doit leur être nommé un autre tuteur.

TITRE VII.

De la paternité et de la filiation.

DISPOSITION GÉNÉRALE.

com.du   ART. 1er. La loi distingue deux sortes de filiations :
ch. 1er.   Celle des enfans nés dans le mariage ;
Celle des enfans nés hors le mariage.

CHAPITRE PREMIER.

Des enfans légitimes ou nés dans le mariage.

3i2   2. L'enfant conçu pendant le mariage, a pour père le mari.

La loi n'admet point l'exception d'adultère de la femme, 313
ni l'allégation de l'impuissance naturelle ou accidentelle du
mari.

3. L'enfant né avant le cent quatre-vingt-sixième jour du 314
mariage, n'est plus présumé l'enfant du mariage.

4. Il en est de même de l'enfant né deux cent quatre- 315
vingt-six jours après la dissolution du mariage.

5. La présomption de paternité résultant du mariage, 312
cesse encore, lorsque l'éloignement des époux est tel, qu'il
y ait impossibilité physique de cohabitation.

6. Dans le cas de l'article 3, le mari ne peut désavouer 314
l'enfant, s'il est prouvé, par des écrits du mari lui-même,
qu'il a eu connaissance de la grossesse avant le mariage.

7. Dans le cas du même article 3, le mari ne peut encore ib.
désavouer l'enfant,

1°. S'il a assisté à l'acte de naissance, et si cet acte est signé de lui, ou s'il contient sa déclaration qu'il ne sait pas
signer;

2°. Si, se trouvant sur les lieux à l'époque de la naissance 316
de l'enfant, il n'a pas réclamé dans les six mois;

3°. Si, en cas d'absence, il n'a pas réclamé dans les huit
mois après son retour.

Il pourra néanmoins réclamer après ces délais, toutes
les fois qu'il justifiera qu'on lui a dérobé la connaissance de
l'accouchement de la femme et de l'existence de l'enfant.

8. Tout acte extrajudiciaire contenant le désaveu de la 318
part du mari, est inutile, s'il n'est suivi d'une action en justice, dirigée contre un tuteur *ad hoc* donné à l'enfant.

9. Si le mari est décédé sans avoir fait le désaveu, mais 317
ayant encore la faculté de le faire aux termes de l'article 7,
la légitimité de l'enfant peut être contestée par tous ceux qui
y ont intérêt.

10. Les enfans nés hors mariage sont légitimés par le fin du
mariage subséquent de leurs père et mère, suivant les règles ch. 1er.
établies au chapitre IV du titre *du mariage.* et 331 8

CHAPITRE II.

Des preuves de la filiation.

319   11. La filiation se prouve par l'extrait du registre civil des naissances.

320   12. Si les registres civils sont perdus, ou s'il n'en a point été tenu, la possession constante de l'état d'enfant né en mariage suffit.

323   A défaut de possession constante de cet état, la preuve de la filiation peut se faire par témoins, s'il y a commencement de preuve par écrit.

ib.   13. Il en est de même si l'enfant a été inscrit sous de faux noms de père et de mère.

ap. 323   14. L'enfant exposé, abandonné, ou dont l'état a été supprimé, n'est admis à réclamer l'état d'enfant né en mariage, que lorsqu'il existe un commencement de preuve par écrit ; et il peut employer comme tel, le registre civil qui constate la naissance d'un enfant conçu durant le mariage, et dont le décès n'est point prouvé.

324   15. Le commencement de preuve par écrit résulte des registres et papiers domestiques du père de famille, ou des actes publics, et même des actes privés, s'ils sont juridiquement reconnus, qui émanent de quelque partie engagée dans la contestation, ou qui y aurait intérêt si elle était vivante.

321   16. La possession d'état résulte d'une chaîne uniforme et non interrompue, de faits qui indiquent le rapport de filiation et de parenté entre un individu et la famille à laquelle il prétend appartenir.

Ces faits sont, que l'individu a toujours porté le nom du père auquel il prétend appartenir ;

Que le père l'a traité comme son enfant, et a pourvu, en cette qualité, à son éducation, à son entretien et à son établissement ;

Qu'il a été reconnu constamment pour tel dans la société;
Qu'il a été reconnu pour tel par la famille.

Le concours de cette dernière circonstance n'est pas toujours indispensablement nécessaire.

17. Nul ne peut réclamer un état contraire à celui que lui 322
donnent son titre de naissance et la possession conforme à
ce titre.

Et réciproquement, nul ne peut contester l'état de celui
qui a une possession conforme aux déclarations faites dans
son acte de naissance.

18. L'enfant qui réclame un état qu'il prétend avoir été 326
supprimé, ne peut se pourvoir que par la voie civile, même
contre les auteurs et complices de cette suppression; sauf au
fonctionnaire chargé de la poursuite des délits publics, à intenter d'office, s'il y a lieu, l'action criminelle.

19. L'action criminelle ne peut même être admise de la 327
part du fonctionnaire public, que sur un commencement de
preuve par écrit; et l'examen de cette preuve est une question préjudicielle sur laquelle il doit être statué préalablement.

Le jugement, soit préjudiciel, soit sur le fond, ne peut
être rendu qu'en la présence des parties qui ont des droits
acquis à l'époque de l'accusation, ou elles dûment appelées.

L'action criminelle intentée d'office suspend toute poursuite commencée au civil.

20. Dans le cas de l'article précédent, le tribunal crimi- ap. 327
nel, en jugeant le fond, se borne à prononcer en même
temps sur l'état de l'enfant, et renvoie, s'il y a lieu, les parties intéressées à se pourvoir, pour leurs droits civils, devant
le tribunal civil compétent.

21. L'action en réclamation d'état est imprescriptible à 328
l'égard de l'enfant.

22. L'action ne peut être intentée par les héritiers de l'en- 329
fant qui n'a pas réclamé, qu'autant qu'il est décédé mineur,
ou dans les cinq années après sa majorité.

II.

330 23. Les héritiers peuvent suivre cette action lorsqu'elle a été commencée et non abandonnée par l'enfant.

ib. 24. L'abandon résulte ou du désistement formel, ou de la cessation des poursuites pendant trois ans, à compter du dernier acte de la procédure.

CHAPITRE III.

Des enfans nés hors du mariage.

340 25. La loi n'admet point la recherche de la paternité non avouée.

341 26. L'enfant méconnu par sa mère a la faculté de prouver contre elle sa filiation.

Cette filiation ne peut résulter que de l'accouchement de la mère, et de l'identité du réclamant avec l'enfant dont la mère est accouchée.

Le réclamant ne peut être admis à la preuve testimoniale de ces faits, s'il n'a un commencement de preuve par écrit, ou une possession constante de la qualité de fils naturel de la mère qu'il réclame.

Le registre de l'état civil, qui constate la naissance d'un enfant né de la mère réclamée, et duquel le décès n'est pas prouvé, peut servir de commencement de preuve par écrit.

336 27. Toute reconnaissance du père seul, non avouée par la mère, est de nul effet, tant à l'égard du père que de la mère; sans préjudice néanmoins de la preuve de la maternité, et de ses effets, contre la mère seulement.

334 —
ap. 334
et 336 28. La reconnaissance du père et l'aveu de la mère sont valables, à quelque époque qu'ils aient été faits.

Néanmoins, la reconnaissance du père est nulle, si elle a été faite dans le cours de la maladie dont il est décédé, et s'il n'a pas survécu vingt jours à l'acte.

av. 337 29. En cas de mariage, celui des époux qui aurait des enfans naturels d'un autre que de son époux, et qui ne les aurait pas encore reconnus, doit en faire la reconnaissance avant la célébration.

3o. La reconnaissance faite, postérieurement audit ma- 337
riage, par l'un des époux, ne peut produire aucun effet à
l'égard de l'autre époux et des enfans de ce mariage.

31. Après la dissolution de ce mariage, et s'il n'en reste ib.
pas d'enfans, l'époux qui aurait omis de reconnaître son enfant avant le mariage, peut en faire la reconnaissance dans
les formes prescrites au titre *de l'état civil*.

32. Toute reconnaissance doit être reportée au registre de ap. 337
l'état civil. et 62

33. Le seul effet de cette reconnaissance est de donner à 338
l'enfant, dans la succession de celui qui l'a reconnu, les
droits qui seront déterminés au titre *des successions*.

34. Le ravisseur qui refuse de reconnaître l'enfant dont 340
la naissance fait concourir l'époque de la conception avec
celle de la durée du rapt, peut être condamné en des dommages et intérêts, au profit de cet enfant, sans que celui-ci
puisse prendre le nom du ravisseur, ni acquérir sur ses biens
les droits d'enfant naturel.

TITRE VIII.

De la puissance paternelle.

DISPOSITION GÉNÉRALE.

Art. 1er. La puissance paternelle est un droit fondé sur la 372
nature et confirmé par la loi, qui donne au père et à la mère
la surveillance de la personne et l'administration des biens
de leurs enfans mineurs et non émancipés par mariage.

CHAPITRE PREMIER.

De l'effet de la puissance paternelle sur la personne des enfans.

2. Le père, ou la mère lorsqu'elle est survivante, qui a 375 et
des sujets de mécontentement très-graves sur la conduite suiv.—
381 et
d'un enfant dont il n'a pu réprimer les écarts, peut le faire suiv.
détenir dans une maison de correction.

373   3. Le père seul, constant le mariage, exerce le droit de détention.

376 à   4. Pour exécuter la détention, le père s'adresse à l'officier
378   de police judiciaire de son domicile, lequel, sur sa simple
      réquisition, doit délivrer l'ordre d'arrestation nécessaire,
      après avoir fait souscrire par le père une soumission de
      payer tous les frais, et de fournir à l'enfant les alimens con-
      venables.

p. 378   L'ordre d'arrestation doit exprimer la durée de la déten-
      tion et le lieu qui sera indiqué par le père.

av. 379 5. La détention ne peut excéder une année.

379   Elle peut être de nouveau provoquée, si l'enfant retombe
      dans les écarts qui l'avaient motivée.

381   6. Le droit de détention ne peut être exercé par la mère
      survivante à son mari, qu'avec l'autorisation d'un conseil
      de famille.

ib.   7. L'assemblée de famille est convoquée par la mère, chez
      le juge de paix : elle y assiste avec voix délibérative.

      L'assemblée de famille est composée au moins de six des
      plus proches parens de l'enfant : s'il n'y a point ce nombre
      de parens, ou si quelques-uns d'eux s'excusent, ils sont rem-
      placés par des amis appelés à cet effet.

ap. 381 8. Si l'assemblée décide qu'il n'y a pas lieu à la détention,
      elle ne peut plus être provoquée qu'autant qu'il survient de
      nouveaux faits.

ib.   9. Si elle juge qu'il y a lieu à détention, sa délibération
      est signée par les parens et par le juge de paix, lequel délivre
      l'ordre d'arrestation, conformément à ce qui est prescrit par
      l'article 4.

378   10. Le procès-verbal de la délibération n'énonce point les
      faits qui l'ont déterminée.

      L'ordre d'arrestation n'est motivé que sur la délibération.

383   11. Tous les articles du présent chapitre sont communs
      aux pères et mères des enfans naturels légalement reconnus.

CHAPITRE II.

De l'effet de la puissance paternelle sur les biens qui adviennent aux enfans non émancipés.

12. Le père, constant le mariage, a, jusqu'à la majorité de ses enfans non émancipés, l'administration et la jouissance des biens qui leur adviennent, autres néanmoins que ceux que ces enfans peuvent acquérir par leur travail et leur industrie hors de la maison paternelle.

13. S'il y a des enfans de divers lits, l'administration et la jouissance sont déférées au père ou à la mère à qui ces enfans appartiennent, à moins qu'il n'y ait communauté entre les deux époux, auquel cas l'administration et la jouissance appartiennent au mari.

14. Ils ne gagnent point les fruits des biens qui auraient été donnés ou légués à leurs enfans, sous la condition expresse que les père et mère ne pourraient en avoir la jouissance.

CHAPITRE III.

De la disposition officieuse.

15. Les père et mère ne peuvent exhéréder leurs enfans ; mais lorsqu'un enfant marié, et qui a des descendans, se livre à une dissipation notoire, le père ou la mère peut, pour l'intérêt même de cet enfant et de sa postérité, léguer, par une disposition officieuse, aux descendans de leur enfant dissipateur, l'entière propriété de sa portion héréditaire, et réduire ce dernier au simple usufruit de ladite portion.

16. La disposition officieuse ne peut être faite que par acte testamentaire.

La cause y doit être spécialement exprimée : elle doit être juste, et encore subsistante à l'époque de la mort du père ou de la mère disposans.

17. La disposition officieuse ne peut être faite qu'au seul profit des descendans de l'enfant dissipateur.

18. Si tous les descendans de l'enfant dissipateur décèdent avant lui, il rentre de plein droit dans la nue propriété dont il avait été privé, quant aux immeubles seulement qui se trouveront exister en nature dans la main du dernier de ces descendans : lesdits descendans ne peuvent disposer à cause de mort, au préjudice de ce droit de retour.

19. L'usufruit, laissé à l'enfant dissipateur, peut être saisi par les créanciers qui lui ont fourni des alimens depuis sa jouissance.

Les autres créanciers, soit antérieurs, soit postérieurs à l'ouverture de la succession, ne peuvent saisir l'usufruit, si ce n'est dans le cas où il excéderait ce qui peut convenablement suffire à la subsistance de l'enfant dissipateur.

20. Les créanciers ne peuvent attaquer la disposition officieuse, qu'autant qu'elle a été faite sans cause légitime ou non exprimée.

21. Dans le cas de l'article 18, les créanciers reprennent l'exercice de leurs droits sur les immeubles dont la nue propriété est revenue à l'enfant dissipateur.

22. La mère, constant le mariage, ne peut frapper l'enfant commun d'une disposition officieuse, sans l'assistance ou le consentement exprès de son mari.

Si elle a des enfans d'un autre lit, elle ne peut faire une disposition officieuse qui les frappe, qu'après y avoir été autorisée par un conseil de famille.

TITRE IX.

De la minorité, de la tutelle et de l'émancipation.

CHAPITRE PREMIER.

Des mineurs.

388   ART. 1er. Le mineur est celui qui n'a point encore atteint l'âge de vingt-un ans accomplis.

ap. 388   2. La minorité se divise en deux époques :

Dans la première le mineur, considéré comme absolument

incapable de se conduire lui-même et de régir ses biens, est placé sous la garde et la direction d'un tuteur ;

Dans la seconde, il recouvre la simple administration de ses biens, et ne peut agir pour le surplus qu'avec l'assistance d'un curateur.

CHAPITRE II.

De la tutelle.

3. Il y a quatre sortes de tutelle : com.du
chap.2
La tutelle naturelle des père et mère ;
La tutelle déférée par le père ou la mère ;
La tutelle légitime des autres ascendans ;
La tutelle déférée par le conseil de famille.

4. La tutelle naturelle a lieu de plein droit, et n'est pas ib. et
art.389 comptable.

Toute autre tutelle doit être confirmée par le conseil de famille, et est comptable.

SECTION PREMIÈRE.

De la tutelle naturelle.

5. Après la dissolution du mariage par le décès de l'un 389 et
390—
384 et
385 des époux, les enfans mineurs et non émancipés demeurent sous la garde du père ou de la mère survivant, auquel appartiennent le gouvernement de leur personne et l'administration de leurs biens, des revenus desquels il jouit, sous la seule charge de fournir aux frais de leur entretien et éducation.

6. S'il échoit depuis auxdits enfans quelques biens par ap. 390
et art
384 succession, donation ou autrement, le père ou la mère a la jouissance des revenus desdits biens.

Cette jouissance, dans le cas de la dissolution du mariage ap. 390
et art.
386 par divorce, appartient à celui des deux époux qui conserve l'administration des biens desdits enfans.

7. Le tuteur naturel est tenu de faire procéder à un in- ap. 390
et art.
451-421 ventaire, et à la nomination d'un subrogé tuteur.

393.   8. Si, lors du décès du mari, la femme se trouve enceinte, il est nommé à l'enfant à naître un curateur, lequel, à la naissance du posthume, est de droit subrogé tuteur.

394   9. La mère n'est point obligée d'accepter la tutelle : elle doit néanmoins en remplir les devoirs jusqu'à ce qu'elle ait fait nommer un tuteur.

av. 395   10. Si le père veut se remarier, il est tenu, avant l'acte du mariage, de convoquer le conseil de famille, qui décide si la tutelle doit lui être conservée.

395.1er   Il en est de même de la mère.

av. 395
2e   11. Si le père n'a pas rempli l'obligation qui lui est imposée par le précédent article, il est privé de plein droit de la jouissance des biens de ses enfans mineurs, et devient comptable, à partir du jour de la célébration de son second mariage.

395.2e   12. Si c'est la mère qui s'est remariée sans avoir rempli la même obligation, la tutelle ne peut lui être conservée, et son nouveau mari est solidairement responsable de la gestion, à dater du jour de l'acte de mariage.

396   13. Le conseil de famille ne peut conserver la tutelle à la mère qui se remarie après avoir rempli l'obligation prescrite par l'article 10, qu'en lui donnant pour co-tuteur ce second mari, qui devient solidairement responsable de la gestion.

ap. 396   14. Lorsque la tutelle n'est pas conservée au père par le conseil de famille, il est privé de la jouissance des biens de son enfant mineur.

Il en est de même de la mère.

SECTION II.

De la tutelle déférée par le père ou la mère.

397   15. Lorsqu'il n'y a point d'ascendant, le dernier mourant des père et mère a le droit de choisir un tuteur.

ap. 397
et art.
400   Ce choix doit être confirmé par le conseil de famille, s'il n'y a pas cause légitime d'exclusion.

398   16. Le survivant des père et mère ne peut choisir un tu-

teur que par acte de dernière volonté, ou par déclaration faite, soit devant le juge de paix de son domicile, soit devant un notaire, en présence de deux témoins.

17. Cette déclaration est, à peine de nullité, signée du juge de paix, de son greffier, du déclarant, du notaire, et de deux témoins. Si le déclarant ne sait pas signer, il en est fait mention; s'il ne peut signer, la cause en est énoncée. ib.

18. Le tuteur peut être révoqué, ou tacitement par la nomination d'un autre tuteur, ou expressément par une déclaration faite dans l'une des formes ci-dessus prescrites. ap. 400

19. Le tuteur élu par le père ou la mère n'est pas tenu d'accepter la tutelle, s'il n'est d'ailleurs dans la classe de ceux à qui le conseil de famille peut la déférer. 401

SECTION III,

De la tutelle légitime.

20. Lorsque l'enfant mineur n'a ni père ni mère, le conseil de famille doit déférer la tutelle à l'ascendant le plus proche. 402—403—404

En cas de concours de deux ascendans au même degré et de sexe différent, la tutelle est déférée au mâle.

En cas de concours de plusieurs ascendans au même degré et de même sexe, le conseil de famille décide quel est celui auquel la tutelle doit être déférée.

21. L'article 10 ci-dessus est commun à l'ascendant tuteur, de l'un et de l'autre sexe; et s'il se remarie sans s'être conformé à la disposition y contenue, il est privé de la tutelle; et soit à la requête du tuteur nommé à sa place, soit à celle du fonctionnaire exerçant le ministère public, il sera condamné, au profit des mineurs, en tels dommages et intérêts qu'il appartiendra. ap. 404

22. Les articles 9 et 13 ci-dessus sont communs aux aïeules. ib.

SECTION IV.

De la tutelle déférée par le conseil de famille.

406   23. Dans tous les cas où il y a lieu de donner un tuteur à un mineur, tous ceux de ses parens qui résident dans l'arrondissement du juge de paix de son domicile, sont tenus de provoquer la convocation de l'assemblée de famille, à l'effet de faire pourvoir à la tutelle; et ce, au plus tard, dans les dix jours de l'événement qui y donne ouverture.

Sont exceptés de la disposition ci-dessus les parens qui sont eux-mêmes mineurs, et les femmes, qui sont exclues de droit de la tutelle.

ap. 406   24. A défaut par lesdits parens d'avoir provoqué la nomination d'un tuteur, ils sont responsables des dommages qu'en aurait éprouvés le mineur.

Cette responsabilité s'exerce contre lesdits parens dans l'ordre de la proximité de leurs degrés, en sorte que ceux du degré le plus éloigné n'en sont tenus qu'en cas d'insolvabilité des parens du degré antérieur. La responsabilité n'est point solidaire entre les parens au même degré.

ib.   25. L'action qui dérive de cette responsabilité ne peut être exercée par le tuteur que dans l'année de sa nomination.

A défaut par le tuteur de l'avoir exercée, il en demeure garant vis-à-vis du mineur.

406   26. Toute personne peut dénoncer au juge de paix le fait qui donne lieu à la nomination d'un tuteur.

Sur cette dénonciation et sur la connaissance quelconque que le juge de paix a acquise du fait, il peut d'office convoquer le conseil de famille, et doit provisoirement apposer les scellés, s'il le juge nécessaire pour l'intérêt du mineur.

406 à 410   27. Celui qui convoque le conseil de famille, prend du juge de paix une cédule qui en indique le jour, l'heure et l'objet.

ib. et 411   Il la fait notifier, cinq jours avant la tenue du conseil, à tous les parens et alliés paternels et maternels, jusqu'au quatrième degré inclusivement, résidant à la distance de six myriamètres du domicile du mineur.

La signification doit en être faite à la personne ou au domicile.

Si le juge de paix avait connaissance que le mineur a des ascendans, ou des oncles, ou des frères, domiciliés ou résidant hors de six myriamètres, lesquels lui paraîtraient propres à remplir la fonction de tuteur, il peut les faire appeler à l'assemblée, en observant un délai suffisant pour qu'ils puissent s'y rendre. 410

28. Les parens et alliés, ainsi convoqués, doivent se rendre en personne, ou se faire représenter par un mandataire spécial. 412

Il est défendu de faire représenter tous les parens et alliés, ou plusieurs, par un seul fondé de pouvoir.

29. Le défaut de notification dans les délais prescrits, rend nulle la convocation et tout ce qui s'en est suivi, à moins que tous ceux à qui la cédule devait être notifiée ne se soient trouvés présens au conseil. ap.411

30. Le conseil s'assemble chez le juge de paix, ou en tout autre lieu que celui-ci jugerait convenable, et qu'il indiquera. 416

Il délibère au nombre de six membres au moins, indépendamment du juge de paix, qui, dans tous les cas, préside le conseil et a voix délibérative; en cas de partage dans les avis, il a voix prépondérante. 415 et 416

31. Lorsque les parens résidant à la distance ci-dessus déterminée, n'atteignent pas ce nombre, il est complété par des amis ou par des voisins que le juge de paix désigne. 409

L'ordonnance du juge de paix est signifiée à chacun des amis ou voisins.

32. Les parens, amis et voisins, dûment appelés, qui ne se rendent pas au conseil, sont remplacés suivant la manière énoncée en l'article précédent. ap. 409

409   33. S'il n'y a pas de parens ou alliés du mineur, au degré et à la distance ci-dessus déterminés, le conseil est composé d'amis et voisins, et il est convoqué d'office par le juge de paix.

Si néanmoins, lors de l'assemblée ainsi convoquée, il était indiqué qu'il existe quelque parent de la qualité de ceux spécifiés dans l'article 27, qui n'ait point été appelé, le juge de paix peut ordonner qu'il sera cité, et proroger l'assemblée.

445   34. Le parent, l'ami ou le voisin qui a été exclu d'une tutelle, ne peut être appelé au conseil : son concours à la délibération en opère la nullité.

406   35. Lorsqu'un mineur est sans tuteur, tout citoyen qui a des droits à exercer contre lui, peut requérir du juge de paix la nomination à la tutelle. Le juge de paix y fera procéder. Le requérant en avance les frais, qu'il répétera contre le tuteur.

420   36. Le conseil de famille nomme toujours au mineur un subrogé tuteur.

Les fonctions du subrogé tuteur consistent à agir pour les intérêts du mineur, lorsqu'ils sont en opposition avec ceux du tuteur.

424   Il ne remplace pas le tuteur, lorsque la tutelle est vacante.

423   Le tuteur n'a point de voix pour la nomination du subrogé tuteur.

424   Lorsqu'il y a lieu au remplacement d'un tuteur, le subrogé tuteur est tenu, sous sa responsabilité, de le provoquer.

425   Ses fonctions cessent à l'émancipation du mineur.

417   37. Lorsqu'une partie des biens du mineur est située dans des départemens trop éloignés de son domicile, le tuteur n'est pas tenu d'accepter l'administration universelle; alors le conseil de famille nomme, pour ces biens, un administrateur particulier.

ib.   38. Lorsque le mineur, domicilié en France, possède des biens dans les colonies, ses parens qui y résident, et, à leur défaut, ses voisins et amis, s'y assemblent en conseil de famille pour procéder au choix d'un tuteur.

Il en est de même à l'égard du mineur, domicilié dans les colonies, qui possède des biens en France; ses parens qui y résident, et, à leur défaut, ses voisins et amis, s'y assemblent en conseil de famille pour procéder au choix d'un tuteur. ib.

39. Dans le cas de l'article précédent, l'administration de la personne du mineur appartient au tuteur du domicile. L'autre n'a que l'administration des biens situés dans les pays où il a été nommé; sauf les droits et actions du mineur contre les personnes domiciliées dans ledit pays, qui peuvent être exercés par le dernier tuteur. ib.

40. Les tuteurs et administrateurs particuliers sont indépendans les uns des autres, chacun d'eux est seulement responsable du fait de son administration. 417

41. Nul ne peut être contraint d'accepter la tutelle ni les fonctions de subrogé tuteur, s'il n'est du nombre de ceux qui ont été assignés pour assister au conseil de famille. 432

42. Le tuteur administre et agit en cette qualité du jour de sa nomination, si elle a été faite en sa présence; sinon, du jour qu'elle lui a été notifiée. 418

43. La tutelle est à sa charge, à compter de l'une ou l'autre de ces époques. ap. 418

44. La notification est faite à personne ou au domicile, à la diligence de celui qui a convoqué le conseil de famille. ib.

45. La tutelle est une charge personnelle, qui ne passe point aux héritiers du tuteur; cependant, si ces héritiers sont majeurs, ils sont tenus de la gestion, et en sont responsables jusqu'à la nomination d'un nouveau tuteur. 419

SECTION V.

Des causes qui dispensent de la tutelle.

46. La loi dispense de la tutelle,

Les membres des autorités établies par les titres II, III et
IV de l'acte constitutionnel ;

Les conseillers d'état ;

Les ministres ;

Les commissaires de la comptabilité nationale ;

Les commissaires à la trésorerie nationale ;

Ceux qui remplissent, hors du territoire de la république,
une mission du gouvernement ;

Les juges du tribunal de Cassation ;

Le commissaire du gouvernement près ce tribunal et ses
substituts ;

Les membres du conseil des prises ;

Les préfets ;

Les commissaires du gouvernement près les tribunaux ;

Les juges de paix.

431   47. Il est pourvu au remplacement des tuteurs qui sont
appelés à remplir l'une des fonctions publiques mentionnées
en l'article précédent ; et la dispense de la tutelle cesse à
l'expiration de ces fonctions.

433   48. Ceux qui, à l'époque de la nomination à la tutelle,
auront atteint soixante-cinq ans, sont dispensés de l'accepter ; mais cet âge survenant pendant l'exercice de la tutelle,
ne peut autoriser à l'abdiquer.

434   49. Le citoyen atteint d'une infirmité grave et dûment
justifiée, est dispensé de la tutelle, et peut s'en faire décharger, si cette infirmité est survenue depuis sa nomination.

Il est procédé à la décharge de la tutelle, dans les mêmes
formes qu'à la nomination.

435   50. Celui qui est chargé de trois tutelles, ou d'une seule
lorsqu'il est époux et père, est dispensé.

Le conseil de famille peut même dispenser celui qui, sans
être époux et père, n'est chargé que d'une tutelle, si elle est
jugée très-importante et onéreuse.

51. Les défenseurs de la république, en activité de ser- 428
vice, sont dispensés de la tutelle.

Ils peuvent s'en faire décharger, excepté dans le cas où 430
ils l'auraient acceptée étant déjà en activité de service.

52. Les pères de famille qui, à l'époque de la tutelle, ont 436
cinq enfans légitimes, sont dispensés de l'accepter.

Ne sont point comptés les enfans conçus et non nés.

Sont comptés pour faire ce nombre, les enfans morts dans
les armées de la république.

Font pareillement nombre, les petits-enfans provenus
d'enfans décédés. Plusieurs enfans d'un fils ou d'une fille, ne
seront comptés que pour un.

La survenance d'enfans pendant la tutelle, ne pourra au- 437
toriser à l'abdiquer.

53. Quand le tuteur nommé est présent, ou représenté 438
par un fondé de pouvoir, les excuses sont proposées et jugées
sur-le-champ par le conseil de famille.

S'il n'est pas présent, elles le sont par un conseil de fa- 439
mille qu'il fait convoquer dans une décade, à compter de la
notification de sa nomination.

L'admission ou le rejet des excuses doit être motivé.   ap. 439

Les excuses ne peuvent plus être proposées après les délais ci-dessus déterminés.

Si néanmoins le tuteur nommé, qui était absent de son
domicile lors de la convocation du conseil de famille, auquel
il n'a point assisté par cette raison, se trouvait encore absent au jour de la notification de sa nomination, il pourra,
dans le délai de quatre décades au plus, convoquer une nouvelle assemblée pour y proposer ses excuses, lesquelles pourront être admises si elles sont légitimes, et en justifiant, par
le tuteur nommé, du fait de son absence.

SECTION VI.

Des exclusions et des destitutions de la tutelle.

54. La loi exclut de la tutelle et du conseil de famille y relatif, 44²

Les mineurs, excepté le père ou la mère;

Les interdits;

Les femmes, autres que la mère, et les aïeules ou bisaïeules;

Tous ceux, même parens, entre lesquels et le mineur il existe un procès où il s'agit de l'état ou de la fortune du mineur, ou d'une partie notable de ses biens.

Il en est de même s'il existe un pareil procès entre les père ou mère, les frère ou sœur de celui qu'on veut appeler à la tutelle.

444—
443
  55. Ne pourront être nommés tuteurs, et pourront être destitués des tutelles auxquelles ils avaient été nommés, ceux dont l'inconduite notoire serait d'une dangereuse influence sur les mœurs du mineur, ou dont la mauvaise gestion attesterait l'incapacité, ou qui auraient été condamnés à une peine afflictive ou infamante.

ap. 444
  56. Ces causes d'exclusion ou de destitution sont applicables à tous les tuteurs, même au père et à la mère.

ib.
  57. La destitution du père ou de la mère emporte de plein droit la déchéance de la jouissance des biens des mineurs.

Le conseil de famille peut leur laisser la surveillance des enfans, si la destitution n'est déterminée que sur la simple incapacité, auquel cas ils conservent la jouissance des biens des mineurs, dont les revenus doivent leur être remis par celui qui les remplace dans la tutelle.

446
  58. Le subrogé tuteur est tenu de poursuivre la destitution contre le tuteur, même contre les père et mère.

Elle peut être aussi provoquée par tout parent du mineur; et, à leur défaut, le juge de paix du domicile du mineur doit dénoncer au conseil de famille, qu'il convoque à cet effet, les causes de destitution qui sont parvenues à sa connaissance.

ap. 446
  59. La destitution du tuteur est prononcée de la même manière qu'il est procédé à sa nomination.

447
  60. Toute délibération du conseil de famille qui pro-

nonce l'exclusion ou la destitution d'un tuteur, doit être motivée.

61. Les délibérations des conseils de famille ne sont su- 448
jettes à aucune homologation; les parties intéressées, peuvent, s'il y a lieu, et à la charge de se pourvoir dans les dix
jours, les faire annuller ou réformer par le tribunal d'appel
du juge de paix, qui juge en dernier ressort.

Ce délai, pour les parties présentes, court à compter de
la date du procès-verbal du conseil de famille, et, pour les
autres, à compter de la notification dudit procès-verbal.

L'effet de la délibération est suspendu pendant l'instance.

62. Le tribunal où est porté l'appel, après avoir entendu 449
l'officier chargé du ministère public, prononce dans le mois,
à compter du jour où la contestation lui a été présentée.

La cause n'est point soumise au tour de rôle; elle doit
être jugée comme affaire urgente et privilégiée.

63. Le tuteur est seul chargé de défendre aux instances 448 et
qui ont pour objet de faire réformer les délibérations du 449
conseil de famille.

Les parens ne doivent pas être mis en cause.

64. Si le tuteur est demandeur; ib.

S'il s'agit de prononcer sur ses excuses, ou sur des causes
d'exclusion ou de destitution, le subrogé tuteur est autorisé à défendre.

SECTION VII.

De l'administration du tuteur.

65. Le tuteur surveille la personne du mineur. 450
Il administre ses biens.

Il ne peut ni les acheter, ni les prendre à ferme, à moins
que le conseil de famille n'autorise le subrogé tuteur à lui en
passer bail.

Il ne peut accepter la cession d'aucun droit ou créance
contre son mineur.

450   66. Le tuteur est tenu d'administrer en bon père de famille. Il répond de tous les dommages qu'une sage administration aurait pu prévenir ou réparer.

451   67. Le tuteur, dans dix jours à compter du jour où sa nomination est devenue définitive, est tenu de requérir la
levée des scellés, s'ils ont été apposés, et de faire procéder
de suite à l'inventaire des biens du mineur, en présence du
subrogé tuteur.

ib.   68. Le tuteur est tenu de déclarer dans l'inventaire ce
qui lui est dû par le mineur, à peine d'être déchu de sa
créance.

452   69. Il est tenu de faire procéder, dans les dix jours de la
clôture de l'inventaire, à la vente des meubles qui y sont
compris, à moins qu'il ne soit autorisé par le conseil de famille à les conserver en tout ou partie.

ib.   70. Tout ce que le conseil de famille n'aura pas jugé à
propos de conserver, sera vendu à la diligence du tuteur,
en présence du subrogé tuteur, par enchères et après des
affiches ou publications, dont le procès-verbal de vente fera
mention.

53   71. Les père et mère auxquels les articles 5 et 6 ci-dessus
accordent la jouissance des biens du mineur, sont dispensés
de vendre les meubles, s'ils aiment mieux les conserver pour
les remettre en nature.

Audit cas, ils sont tenus d'en faire, à leurs frais, une estimation, à juste valeur, par un expert qui sera nommé d'office par le tribunal de première instance; et ils seront tenus
de rendre la valeur estimative de ceux des meubles qu'ils ne
pourraient pas représenter en nature.

ap. 453   Le père ou la mère qui perd la jouissance, d'après les articles 11, 12 et 14 ci-dessus, est obligé de faire vendre les
meubles qu'il avait conservés en nature.

454   72. Aussitôt après l'inventaire, le conseil de famille doit
régler la dépense du mineur, et celle qui est nécessaire pour

l'administration de ses biens; il arrête aussi l'emploi qui doit être fait du prix de la vente des meubles.

Les frais de nourriture, entretien et éducation du mineur ne peuvent excéder ses revenus.

Néanmoins, le conseil de famille peut, suivant les circonstances, autoriser les père et mère et autre tuteur à disposer du mobilier du mineur, en tout ou en partie, tant pour son éducation que pour son établissement.

73. Le tuteur seul gère et administre. Tous les actes se font en son nom, sans le concours du mineur. *ap. 454 et 450*

74. Le tuteur, même le père ou la mère, ne peut aliéner les biens immeubles du mineur, sans y être autorisé par un conseil de famille. *457*

Il ne peut, sans cette autorisation, accepter ni répudier une succession. *461*

75. L'acceptation d'une succession échue au mineur, ne peut se faire que sous le bénéfice d'inventaire. *ib.*

76. La succession qui a été répudiée par le tuteur, avec l'autorisation du conseil de famille, peut être reprise, soit par le tuteur avec pareille autorisation, soit par le mineur devenu majeur, dans le cas seulement où elle n'aurait été acceptée par aucun autre. *462*

Mais la succession ne peut être reprise que dans l'état où elle se trouve lors de la réclamation, sans pouvoir attaquer les ventes et autres actes qui auraient été légalement faits contre des curateurs ou commissaires à la succession, pendant qu'elle aurait été répudiée et vacante.

77. La donation faite au mineur ne peut être acceptée par le tuteur, qu'avec l'autorisation du conseil de famille; et, dans ce cas, elle a, vis-à-vis du mineur, le même effet que contre un majeur. *463*

78. Lorsqu'il est question de procéder à un partage, d'emprunter, de faire emploi sur particuliers de deniers oisifs, ou de soutenir, soit en demandant, soit en défendant, *455 à 457 — 464 et 465*

les droits immobiliers du mineur, le tuteur doit se faire autoriser par le conseil de famille.

465 79. Le tuteur peut défendre à une demande en partage d'une succession indivise avec le mineur; mais il ne peut le provoquer lui-même sans y être spécialement autorisé par un conseil de famille.

466 80. Tout partage dans lequel un mineur est intéressé, doit être fait en justice.

Il doit être précédé d'une estimation par experts nommés en justice, et affirmée devant elle.

L'opération de la division et de la formation des lots doit être faite par les mêmes experts.

Le procès-verbal de partage et de délivrance des lots est fait par-devant notaires.

ib. 81. Le partage fait en la forme ci-dessus est définitif, et a, contre le mineur, tout l'effet de celui consenti entre majeurs.

Tout autre partage ne peut être que provisionnel.

457 82. Les biens immeubles des mineurs ne peuvent être aliénés ni hypothéqués,

Excepté pour l'acquit des dettes onéreuses et exigibles;

Pour des réparations d'une nécessité urgente;

Lorsque la jouissance indivise rend la licitation nécessaire ou forcée;

Lorsque cette aliénation est jugée indispensable pour procurer au mineur une profession ou un établissement avantageux.

Dans tous ces cas, hors celui de la licitation provoquée contre le mineur, le tuteur est tenu de se faire autoriser par un conseil de famille, lequel indique les immeubles qui doivent être vendus de préférence.

Cette autorisation ne peut être donnée par le conseil de famille, qu'après qu'il a été constaté par un compte sommaire présenté par le tuteur, que les deniers, effets mobiliers et revenus du mineur sont insuffisans.

83. Les délibérations du conseil de famille, relatives à l'aliénation des immeubles du mineur, ne peuvent être exécutées qu'après que le tuteur en a demandé et obtenu l'homologation devant le tribunal civil de première instance, où elle ne peut être accordée qu'avec connaissance de cause, en séance publique, et après avoir entendu le commissaire du gouvernement. *458*

84. La vente se fera aux enchères, publiquement, devant un notaire du canton de la situation des biens, en présence du subrogé tuteur, et après trois affiches apposées, de décade en décade, aux lieux accoutumés dans le canton. *459*

L'apposition des affiches sera attestée par le juge de paix de l'arrondissement; chaque apposition d'affiches sera attestée par un certificat particulier.

85. Le conseil de famille, en autorisant la vente, pourra régler les termes du paiement du prix, selon l'exigence des cas, ainsi que la stipulation des intérêts. *457*

86. Le tribunal auquel l'homologation de la délibération du conseil de famille est demandée, peut, sur le vu du procès-verbal, la rejeter, ou la réformer et modifier. *ap. 458*

87. Les créanciers du mineur ne peuvent provoquer l'expropriation forcée de ses immeubles, qu'après avoir discuté son mobilier. *ch. 2 fin de sect. 8 et art. 2206*

88. Cette discussion résulte du compte de tutelle sommairement rendu par le tuteur, ou du compte d'instruction rendu par les père et mère qui auront l'administration des biens de leurs enfans. *ib.*

Ces comptes ou instructions pourront être demandés par les créanciers.

Faute par le père ou la mère, ou autres tuteurs, de les avoir communiqués aux créanciers dans le délai prescrit par le jugement qui les y aura condamnés, l'expropriation des immeubles pourra être poursuivie, sauf le recours des mineurs contre les père et mère et autres tuteurs.

89. Les comptes énoncés dans l'article précédent, seront *ib.*

présentés et discutés, s'il y a lieu, devant le tribunal saisi de la demande du créancier contre les père et mère et autres tuteurs,

SECTION VIII,

Des comptes de tutelle.

469—
470

90. Le tuteur rend compte de sa gestion, chaque année, à deux membres de la famille que le conseil nomme à cet effet, lors de la première assemblée indiquée par l'article 72 ci-dessus, et, tous les trois ans, au conseil de famille.

ap. 470
art. 454
et 455

91. Ceux qui le reçoivent, ou le conseil de famille, en arrêtant ce compte, règlent la dépense du mineur pour l'année suivante, et celle qui est nécessaire pour l'administration de ses biens.

Il ordonne, s'il y a lieu, l'emploi de l'excédant des revenus.

470

92. Si le conseil de famille juge, par la nature de la tutelle ou par son peu d'importance, que les frais d'un compte annuel seraient trop onéreux au mineur, il peut, lors de la nomination du tuteur, fixer les époques auxquelles il rendra compte, et même ne l'y assujétir qu'à l'expiration de la tutelle.

av. 471

93. Le compte que rend le tuteur est composé de trois chapitres :

Le premier est de la recette, qui comprend tout ce que le tuteur a dû recevoir;

Le second, de la dépense ;

Le troisième, de la reprise, qui consiste dans les objets qui n'auront pu être recouvrés par le tuteur.

455

94. Si le tuteur n'a pas fait l'emploi qui a été ordonné lors du compte annuel, il est tenu des intérêts de la somme qui devait être employée, et ces intérêts produisent de nouveaux intérêts, lorsqu'ils s'élèvent à la somme de 3,000 francs.

456

95. Dans le cas où le tuteur n'a pas été assujetti à un compte annuel, il est tenu de faire emploi des deniers oi-

sifs, aussitôt qu'il s'élèvent à la somme de 1,000 francs;
faute par lui de le faire dans le délai de trois mois, il en
doit les intérêts; et ces intérêts produisent de nouveaux intérêts, lorsqu'ils s'élèvent à pareille somme de 1,000 francs.

96. Il n'est alloué au tuteur que les dépenses justifiées 471
par pièces estimées probantes par la famille.

97. Les dépenses d'administration des biens et d'entre- ib.
tien du mineur, non arrêtées par le conseil de famille, ne
sont allouées au tuteur que dans le cas où elles seraient jugées imprévues et utiles.

Il n'est alloué au tuteur que les simples déboursés pour
les voyages qu'auraient exigés les affaires du mineur;

Sauf au conseil de famille à régler les frais de voyage auxquels il aurait été nécessaire d'employer d'autres personnes
que le tuteur.

98. Le compte tutélaire est rendu aux dépens du mineur; ib.
le tuteur en avance les frais.

99. La somme à laquelle est fixée le reliquat dû par le 474
tuteur, porte intérêt sans demande, à compter de la clôture
du compte.

Les intérêts de ce qui sera dû au tuteur par le mineur, ne
courent que du jour de la notification du jugement d'apurement, portant sommation de payer.

100. A l'expiration de la tutelle, le tuteur rend, devant 471—
le juge de paix, un compte général formé sur les comptes 473
annuels qu'il a rendus. Ce compte est arrêté par le juge de
paix, qui en fixe le résultat par un jugement qui est susceptible d'appel.

Cet appel est porté au tribunal civil de première instance,
qui y statue en dernier ressort, et peut prononcer incidem-
ment sur les difficultés qui résultent des arrêtés relatifs aux
comptes annuels.

101. Tout traité sur la libération du tuteur, fait amiable- 472
ment, n'est valable qu'autant qu'il est passé avec le mineur
devenu majeur, sur un compte rendu en la forme ci-dessus.

Ce traité est nul, nonobstant toutes clauses contenant mention de remises de pièces justificatives ou de paiement de reliquat, ou d'une somme quelconque ; sur la vérité desquelles clauses, le demandeur en compte, en cas de déni, en sera cru à son affirmation.

ap. 419
et av.
475
102. Ceux qui ont concouru aux délibérations prises par le conseil de famille pendant le cours de la tutelle, ou qui ont dû concourir auxdites délibérations, comme y ayant été dûment appelés, sont garans et responsables de l'administration du tuteur, en cas d'insolvabilité seulement, soit que le tuteur fût insolvable au jour de sa nomination, soit qu'il ne le soit devenu que depuis., sauf ce qui est dit au titre *des hypothèques.*

Cette responsabilité n'est pas solidaire ; et elle ne peut être exercée contre les voisins ou amis.

475
103. L'action du mineur contre son tuteur, et celle en garantie établie par l'article précédent, se prescrivent par dix ans, à compter du jour de la majorité.

ap. 475
104. Toute aliénation des immeubles du mineur, toute hypothèque créée sur ses biens, tout emprunt fait par le tuteur sans l'observation des formalités et conditions prescrites à la section VII ci-dessus, sont nuls, et peuvent être attaqués par le mineur, qui n'est tenu que de restituer les deniers qui auront tourné à son profit.

475
Cette action se prescrit par dix ans, à compter de la majorité.

468
105. Le tuteur qui a des sujets de mécontentement graves sur la conduite du mineur, dont il ne peut plus arrêter les écarts ou réprimer les excès, peut porter ses plaintes au conseil de famille, et y provoquer la réclusion du mineur dans une maison de correction, conformément à ce qui est statué à ce sujet au titre *de la puissance paternelle.*

CHAPITRE III.
De l'émancipation.

106. Le mineur est émancipé lorsqu'il atteint l'âge de 476 à dix-huit ans accomplis, ou lorsqu'il se marie. 478.

107. Le mineur émancipé a la pleine administration de 481 ses biens; il peut faire tous les actes qui ne sont que d'administration, passer des baux, recevoir ses revenus, en donner décharge.

Il peut même recevoir et donner décharge d'un capital 482 mobilier.

108. Il ne peut s'engager valablement par promesse ou 483— obligation, que jusqu'à concurrence d'une année de ses 484 revenus.

109. Le mineur émancipé n'est point restituable sur le 481 fondement de la simple lésion ou du défaut d'emploi, contre les actes de pure administration.

Il ne l'est point non plus pour simple lésion ou défaut d'em- 484 ploi, contre les promesses ou obligations purement mobilières qui n'excèdent point une année de revenu.

Si néanmoins il a contracté dans la même année, envers un ou plusieurs créanciers, plusieurs obligations dont chacune n'excède point une année de son revenu, mais qui réunies excèdent cette mesure, il peut se faire restituer contre toutes, s'il n'est pas prouvé que ces obligations ont tourné à son profit.

110. Le mineur émancipé ne peut aliéner, engager et hy- ib. pothéquer ses immeubles, ni disposer de ses biens meubles ou immeubles, par donation entre-vifs, si ce n'est par contrat de mariage en faveur de la personne à laquelle il s'unit.

Il ne peut plaider pour action immobilière, soit en demandant, soit en défendant, sans être autorisé par le conseil de famille, qui lui donne un curateur pour l'assister en jugement.

A tous autres égards, l'émancipé est assimilé au majeur.

487   111. Le mineur, autorisé par un conseil de famille à exercer un art ou métier, ou à faire un commerce, est réputé majeur quant au fait de son commerce.

fin du 112. Le tuteur ne peut se marier avec sa pupille, ni marier sa pupille avec son fils, ou son pupille avec sa fille, avant qu'ils aient vingt-cinq ans accomplis, à moins que le mariage ne soit spécialement autorisé par le conseil de famille, dont le tuteur ni son fils avec lequel le mariage serait projeté, ne seront point membres.

ib.   113. Le conseil de famille ne peut donner l'autorisation énoncée dans l'article précédent, que sur le vu du compte de tutelle préalablement rendu et apuré.

ib.   114. Le mariage fait contre la disposition des deux articles précédens, est nul.

TITRE X.

De la majorité et de l'interdiction.

CHAPITRE PREMIER.

Des majeurs.

488   Art. 1er. La majorité est fixée à vingt-un ans accomplis.

ib.   2. Le majeur est capable de tous les actes de la vie civile, sauf qu'il ne peut contracter mariage avant l'âge de vingt-cinq ans, que conformément à ce qui est prescrit au titre des mariages.

ap.488 3. Il perd cette capacité par l'interdiction, ou en se soumettant volontairement à un conseil judiciaire.

CHAPITRE II.

De l'interdiction.

489   4. Celui qui est dans un état d'imbécillité, de démence ou de fureur, doit être interdit, soit que cet état habituel présente ou non des intervalles lucides.

490   5. Tout parent est admis à provoquer l'interdiction. L'un des époux peut aussi la provoquer à l'égard de l'autre.

6. Si l'époux ou les parens n'agissent pas, l'interdiction 491 doit être provoquée par le juge de paix du domicile de celui dont on poursuit l'interdiction ; et la demande en est formée par le commissaire du gouvernement près le tribunal civil compétent, sur la dénonciation du juge de paix.

7. Toute demande en interdiction doit être portée devant 492 le tribunal civil de première instance.

8. Le tribunal ordonne que le conseil de famille donnera 494 son avis sur l'état de celui qu'on veut interdire.

9. Le conseil de famille est formé selon le mode déter- ib. miné au titre *des tutelles*.

10. Ceux qui ont provoqué l'interdiction, sont admis au 495 conseil de famille pour y exposer leurs motifs ; mais ils n'y ont point voix délibérative.

L'époux ou l'épouse de la personne dont on provoque l'interdiction, est admis au conseil de famille sans voix délibérative.

Il en est de même des enfans, qui peuvent être appelés au conseil de famille, et n'y ont point voix délibérative, encore qu'ils n'aient pas provoqué l'interdiction.

11. Les faits de démence sont articulés par écrit ; ceux 493 qui poursuivent l'interdiction présentent les témoins et les pièces.

12. Avant l'audition des témoins, le défendeur est inter- 495 rogé et examiné, et les témoins sont entendus en présence des parties et du tribunal.

Le défendeur est interrogé de nouveau après l'audition des témoins.

Cet interrogatoire et cet examen peuvent être réitérés, si le tribunal le juge nécessaire.

Les interrogatoires et examens, et l'audition des témoins, se font en la chambre du conseil. Il est dressé procès-verbal par écrit des interrogatoires et des dépositions des témoins.

Le jugement ne peut être rendu qu'à l'audience, et après 498 avoir entendu le commissaire du gouvernement près le tribunal.

496   13. Si celui dont l'interdiction est provoquée ne peut, sans des inconvéniens graves, être transporté au tribunal, l'interrogatoire et l'examen sont faits par un commissaire pris parmi les juges du tribunal et nommé par lui, lequel se transporte au domicile du défendeur, avec le greffier du tribunal ou son commis.

Ce commissaire est tenu de se faire assister par le juge de paix de l'arrondissement et l'un de ses assesseurs, ou par deux assesseurs dudit juge de paix.

497   14. Après le premier interrogatoire et examen, le tribunal commet, s'il y a lieu, pour la conservation du mobilier et l'administration des immeubles, un administrateur provisoire aux biens du défendeur.

ap. 498   15. L'appel du jugement d'interdiction ne peut être interjeté que par celui contre lequel il est intervenu. Nul ne peut interjeter appel du jugement qui a rejeté la demande à fin d'interdiction.

ib.   16. Tout jugement qui prononce une interdiction est exécutoire par provision, nonobstant l'appel.

Il doit être, dans une décade à compter du jour où il est intervenu, notifié par le commissaire du gouvernement près le tribunal civil, en la forme ci-après prescrite en l'article 20.

500   17. En cas d'appel, le tribunal qui en est saisi peut, s'il le juge nécessaire, procéder à un nouvel interrogatoire et examen de celui dont l'interdiction est poursuivie.

ib.   18. Si le défendeur à l'interdiction ne peut être amené devant le tribunal d'appel sans des inconvéniens graves, le tribunal adresse une commission rogatoire au tribunal civil de première instance le plus voisin du domicile de la personne dont l'interdiction est provoquée, autre que celui qui a rendu le jugement dont est appel.

Le tribunal requis commet un commissaire pour procéder

à l'interrogatoire et à l'examen, en la forme prescrite par l'article 13 ci-dessus.

19. Dans le cas de l'article précédent et de l'article 13, ap. 500 les frais du transport sont avancés par celui qui poursuit l'interdiction, et payés au greffier ou à son commis, sur l'état arrêté et signé du commissaire, et sauf à en répéter le remboursement sur les biens de l'interdit, si l'interdiction est prononcée.

Dans le cas où l'interdiction n'est provoquée qu'à la requête du commissaire du gouvernement, les frais de transport sont avancés par le receveur du droit d'enregistrement, du lieu où siége le tribunal, sauf son remboursement sur les biens de la personne dont l'interdiction est provoquée, si cette interdiction est prononcée.

20. Il sera affiché, dans chaque maison commune, un ta- 501 bleau destiné à recevoir la mention des jugemens d'interdiction prononcés contre des citoyens domiciliés dans l'arrondissement municipal.

Il sera affiché, dans le cabinet de chaque notaire public, un tableau pareil, destiné à recevoir la mention des jugemens d'interdiction prononcés contre les citoyens domiciliés dans l'arrondissement dans lequel le notaire a droit d'instrumenter.

Ce tableau sera divisé en quatre colonnes : la première contiendra le nom de la personne contre laquelle sera intervenu le jugement ; la seconde, son domicile ; la troisième, la mention du jugement de première instance ; la quatrième, la mention du jugement qui, sur l'appel, aura confirmé ou infirmé le premier.

Le commissaire du gouvernement est tenu, dans une décade à compter du jour où les jugemens sont intervenus, de les notifier par extrait, tant au maire de la commune du domicile de l'interdit, qu'aux notaires publics ; lesquels, chacun en ce qui le concerne, sont tenus, à peine de tous dommages et intérêts, de porter la mention desdits jugemens sur les tableaux ci-dessus désignés.

ap.5o1   21. La demande en interdiction, une fois rejetée, ne pourra plus être reproduite, s'il n'est allégué de nouveaux faits survenus depuis le jugement.

5o2   22. L'interdiction a son effet du jour de la demande qui l'a provoquée.

ib.   23. Tous les actes passés par l'interdit, dans l'intervalle de la provocation de l'interdiction au jugement définitif qui l'a prononcée, sont nuls.

5o3   24. Les actes antérieurs ne seront annullés qu'autant qu'il résultera de la procédure sur laquelle l'interdiction aura été prononcée, que la cause en existait à l'époque où les actes contestés ont été faits.

5o4   25. Après la mort d'un interdit, les actes par lui faits ne peuvent être attaqués pour cause de démence, qu'autant qu'il y aurait interdiction ou prononcée ou provoquée avant son décès.

5o5   26. Dans le mois à compter de l'expiration du délai dans lequel il aurait dû être interjeté appel du jugement prononçant l'interdiction, ou, s'il y a eu appel dans le mois à compter du jugement confirmatif, le conseil de famille convoqué, sur la réquisition de celui qui a poursuivi l'interdiction, nomme un tuteur et un subrogé tuteur à l'interdit.

ib.   27. Cette nomination se fait en la même forme que la nomination à la tutelle.

Après la nomination à la tutelle, l'administrateur provisoire, s'il n'est pas tuteur, cesse ses fonctions et rend compte au tuteur.

5o6   28. La femme mariée qui est interdite, est, de droit, sous la tutelle du mari. Cependant, il est tenu de faire nommer, par le conseil de famille, un subrogé tuteur, qui représente l'épouse interdite dans toutes les affaires où elle a des intérêts opposés à ceux de son mari, ou qui doivent être constatés avec lui.

5o7   29. La femme peut être nommée tutrice de son mari. En ce cas, le conseil de famille règle la forme et les conditions sous lesquelles l'administration doit être déférée à la femme; le tout conformément aux conventions matrimoniales qui règlent les droits respectifs des deux conjoints.

La femme qui serait lésée par les réglemens du conseil de famille, peut se pourvoir au tribunal de première instance du domicile du mari, pour en demander la réformation.

Le tribunal juge en dernier ressort.

3o. Nul, excepté l'un des époux à l'égard de l'autre, les ascendans respectivement aux descendans, et ceux-ci respectivement aux ascendans, ne peut être tenu de conserver la tutelle d'un interdit au-delà de dix ans. A l'expiration de ce délai, le tuteur pourra demander son remplacement. 5o8

31. L'interdit est assimilé au mineur pour sa personne et pour ses biens; les réglemens pour la tutelle du mineur, concernant le mode d'administration des biens, les dispenses, l'exclusion ou destitution de la tutelle, et le mode de reddition de compte, ont lieu pour la tutelle de l'interdit. 5o9

32. Lorsqu'il est question du mariage de l'un des enfans de l'interdit, la dot, ou l'avancement d'hoirie, sont réglés par le conseil de famille. 511

33. Selon les caractères de la maladie dont l'interdit est atteint, et suivant l'état de sa fortune, le conseil de famille peut arrêter qu'il sera traité dans son domicile, ou qu'il sera placé dans une maison de santé, et même dans un hospice. 510

34. Les revenus de l'interdit doivent être essentiellement employés à adoucir son sort et à accélérer sa guérison. ib.

35. Le maire de la commune du domicile est chargé de veiller à l'exécution du précédent article; et, à cet effet, il doit, tous les trois mois, visiter les interdits de la commune, ou enjoindre aux tuteurs de les lui représenter. ap. 5io

36. Tout demandeur en interdiction, qui succombe, doit être condamné en des dommages et intérêts, s'il n'a agi que par intérêt ou par passion. ap. 511

37. L'interdiction finit avec les causes qui l'avaient dé- 512

terminée. Néanmoins, l'interdit ne peut reprendre l'exercice de ses droits, qu'après le jugement définitif qui prononce la main-levée de l'interdiction.

ib. 38. La main-levée ne peut être prononcée qu'avec les mêmes formes que l'interdiction.

ap.512
et 489 39. La provocation en interdiction n'est point admise contre les mineurs non émancipés; elle l'est contre les mineurs émancipés. Le curateur aux actions immobilières, qui aura été nommé lors de son émancipation, l'assistera dans la défense à la demande en interdiction.

CHAPITRE III.

tit. 11
ch. 3 *Du conseil volontaire.*

513 40. Toute personne qui, sans avoir perdu l'usage total de sa raison, néanmoins, à cause de la faiblesse de son esprit et de ses facultés naturelles, craint de se trouver exposé à des surprises, et de se voir extorquer des actes qui entraîneraient sa ruine et celle de ses enfans, peut demander et obtenir, du tribunal civil de première instance dans l'arrondissement duquel elle est domiciliée, qu'il lui soit nommé un conseil, sans l'assistance duquel elle ne pourra passer aucun acte tendant à l'aliénation de ses immeubles, ou les grever d'aucune hypothèque.

515 Le jugement qui donne un conseil volontaire au majeur, ne peut être rendu qu'après avoir entendu le commissaire du gouvernement près le tribunal civil auquel le conseil est demandé.

514 Le jugement qui nomme ce conseil, doit être inscrit, par extrait, sur les mêmes tableaux destinés à contenir la note des jugemens d'interdiction, et mentionnés en l'article 20 ci-dessus.

LIVRE II.

DES BIENS ET DES DIFFÉRENTES MODIFICATIONS DE LA PROPRIÉTÉ.

TITRE Ier.

De la distinction des biens.

ART 1er. Tous les biens sont meubles ou immeubles.   516

2. Ils appartiennent   ap. 516

Ou à la nation en corps,

Ou à des établissemens publics,

Ou à des communes,

Ou aux particuliers.

CHAPITRE PREMIER.

Des immeubles.

3. Il y a des biens immeubles par leur nature, d'autres 517 par leur destination, d'autres encore par l'objet auquel ils s'appliquent.

4. Sont immeubles par leur nature, les fonds de terre 518 et les bâtimens.

5. Sont réputés immeubles par leur destination, les ob- 524 jets que le propriétaire d'un fonds y a placés pour l'utilité de ce fonds ; savoir :

Les animaux destinés à la culture :

Les pigeons des colombiers ;

Les lapins des garennes ;

Les ruches à miel ;

Les poissons des étangs ;

Les pressoirs, cuves et tonnes ;

Les pailles, foins et engrais ;

Les effets mobiliers que le propriétaire a attachés à ses bâtimens à perpétuelle demeure.

6. Sont réputés immeubles par l'objet sur lequel ils 526 s'exercent,

II.

L'usufruit des choses immobilières;

Les servitudes ou services fonciers;

Les actions qui tendent à revendiquer un immeuble.

519   7. Les moulins à vent et à eau sont immeubles.

Mais les moulins à bras, et ceux assis sur bateau, non fixés sur piliers, et ne faisant point partie de la maison, sont meubles.

520   8. Les récoltes pendantes par racines, et les fruits des arbres non encore recueillis, sont immeubles.

Dès que les grains sont coupés et les fruits détachés, quoique non encore enlevés du fonds, ils sont meubles.

Si une partie seulement de la récolte d'un fonds est coupée, cette partie seule est meuble.

521   9. Il en est de même d'un bois taillis ou d'une futaie mise en coupe réglée; la partie seulement qui se trouve abattue est meuble.

522   10. Les animaux que le propriétaire livre à son métayer pour la culture, estimés ou non, sont censés immeubles, tant qu'ils demeurent attachés au fonds par l'effet du bail.

Ceux qu'il livre à son fermier avec estimation, sont meubles.

Ceux qu'il donne à cheptel à autre que son fermier ou métayer, sont pareillement meubles.

523   11. Le propriétaire est censé avoir attaché à ses bâtimens des effets mobiliers à perpétuelle demeure,

Lorsqu'ils y sont scellés en plâtre, ou à chaux et ciment,

Ou lorsqu'ils ne peuvent en être détachés sans être fracturés et détériorés, ou sans briser et détériorer la partie du bâtiment à laquelle ils sont incorporés.

Tels peuvent être les lambris, boiseries, tableaux, peintures, glaces et trumeaux.

A l'égard des statues placées par le propriétaire dans des niches pratiquées exprès dans les bâtimens, elles sont censées, par cela seul, à perpétuelle demeure.

523   12. Les tuyaux servant à la conduite des eaux dans une

maison ou autre héritage, sont immeubles, et font partie du fonds au service duquel ils sont destinés.

CHAPITRE II.

Des meubles et de l'acception de ce terme.

13. Il y a des biens qui sont meubles par leur nature, et 527 d'autres par la détermination de la loi.

14. Les biens meubles par leur nature, sont ceux qui 528 peuvent se transporter d'un lieu à un autre, soit qu'ils se meuvent par eux-mêmes comme les animaux, soit qu'ils ne puissent être changés de place que par une force étrangère, comme les choses inanimées.

15. Sont réputés meubles par la loi, 529

Les obligations et les actions qui ont pour objet des sommes exigibles ou des effets mobiliers ;

Et les rentes perpétuelles ou viagères, soit sur la république, soit sur des particuliers.

16. Les bateaux, barques et navires, moulins à eau sur 531 bateau sont meubles, quoique l'aliénation de quelques-uns de ces objets, à cause de leur importance, soit soumise à des formes particulières.

17. Les matériaux provenant de la démolition d'un édi- 532 fice, et ceux assemblés pour en construire un nouveau, sont également meubles, jusqu'à ce qu'ils soient mis en place par l'ouvrier.

18. L'expression *biens meubles*, ou celle-ci, *meubles et* 535 *effets mobiliers*, employées dans les dispositions de la loi ou de l'homme, comprennent généralement tout ce qui est censé meuble, d'après les règles ci-dessus expliquées.

19. Le mot *meubles*, sans autre addition ni désignation, 533 ne comprend pas l'argent comptant, les dettes actives, les pierreries, les livres, le linge de corps, ni les chevaux et les équipages, mais bien tout ce qui est autrement mobilier.

20. Par *meubles meublans*, on n'entend que les tapisseries, 534 les lits, les siéges, les glaces, les tableaux, les pendules,

tables et porcelaines, et, en général, ce qui est destiné à l'usage et à l'ornement des appartemens.

535   21. La vente ou le don d'une maison meublée, ne comprend que les meubles meublans.

536   22. Si la vente ou le don sont faits d'une maison avec tout ce qui s'y trouve, tous les effets mobiliers qu'elle contient y sont bien compris, mais non les dettes actives, l'argent comptant et l'argenterie, ni les autres droits dont les titres sont déposés dans cette maison.

CHAPITRE III.

Des biens dans leur rapport avec ceux qui les possèdent.

537   23. Les particuliers ont la libre disposition des biens qui leur appartiennent, sauf les exceptions marquées dans les lois.

Mais ceux de la nation, des établissemens publics et des communes, sont administrés d'après des lois et des réglemens qui leur sont propres. Ce n'est non plus que suivant les formes prescrites par ces lois et ces réglemens, que la nation, les établissemens publics et les communes, peuvent vendre leurs biens, ou en acquérir de nouveaux.

ap.537   24. Le domaine national proprement dit, s'entend de toutes les propriétés foncières et de tous les droits qui appartiennent à la nation, soit qu'elle en ait la jouissance actuelle, soit qu'elle ait seulement le droit d'y rentrer.

538   25. Les chemins publics, les rues et places publiques,

Les fleuves et rivières navigables ou flottables,

Les rivages, lais et relais de la mer,

Les ports, les hâvres, les rades, et généralement toutes les portions du territoire national qui ne sont pas susceptibles d'une propriété privée, sont considérées comme des dépendances du domaine public.

539   26. Tous les biens vacans et sans maîtres, et ceux des personnes qui décèdent sans héritiers, ou dont les successions sont abandonnées, appartiennent à la nation.

27. Les portes, murs, fossés, remparts des places de 540
guerre ou postes militaires, font également partie des domaines nationaux.

28. Il en est de même des anciens murs, fossés et rem- 541
parts de celles qui ne sont plus places fortes; mais les villes,
ou les particuliers qui en ont la jouissance actuelle, y sont
maintenus, s'ils en ont un titre valable, ou s'ils les ont possédés pendant un temps suffisant pour prescrire.

29. Les biens communaux sont ceux à la propriété ou au 542
produit desquels les habitans d'une ou de plusieurs communes concourent.

30. On peut avoir sur les biens différentes espèces de 543
droits :

Les uns en ont la propriété pleine et entière;

D'autres une simple jouissance;

Plusieurs, enfin, n'ont que des services fonciers à exiger.

TITRE II.

De la pleine propriété.

ART. 1er. La pleine propriété donne le droit de jouir et de 544
disposer de sa chose, de la manière la plus absolue, pourvu
qu'on n'en fasse pas un usage prohibé par les lois ou par les
réglemens.

2. Nul ne peut être contraint de céder sa propriété, si ce 545
n'est pour cause d'utilité publique et moyennant une juste
indemnité.

3. Le droit d'*accession* est une suite du droit de propriété. 546

On appelle ainsi le droit que le propriétaire d'une chose
a sur tout ce qu'elle a produit, et sur ce qui s'y unit accessoirement, soit naturellement, soit artificiellement.

SECTION PREMIÈRE.

Du droit d'accession sur ce qui est produit par la chose.

4. Tout ce qui est produit par une chose mobilière ou 547
immobilière, appartient au propriétaire de cette chose.

Tels sont, les fruits naturels ou industriels de la terre,

Les fruits civils,

Les petits des animaux.

548   5. Les fruits produits par la chose appartiennent à son propriétaire, encore qu'ils aient été produits par les labours, travaux et semences faits par un tiers, en lui en remboursant les frais.

549   6. Les produits de la chose n'appartiennent point au simple possesseur, et doivent être restitués, avec la chose, au propriétaire qui la revendique, excepté dans le cas où le détenteur en était possesseur de bonne foi.

550   7. Le possesseur de bonne foi est celui qui a possédé comme propriétaire, en vertu d'un titre translatif de propriété, mais erroné ou vicieux.

SECTION II.

Du droit d'accession sur ce qui s'unit et s'incorpore à la chose.

551   8. Le droit de propriété donne en général, au propriétaire, par droit d'accession, tout ce qui s'unit et s'incorpore à sa chose.

Mais cette règle générale reçoit plusieurs modifications, selon que la chose à laquelle se fait l'union est immobilière ou mobilière, et suivant les diverses manières dont l'union se fait.

DISTINCTION PREMIÈRE.

Du droit d'accession relativement aux choses immobilières.

552   9. La propriété du sol emporte la propriété du dessus et du dessous.

Le propriétaire peut faire au-dessus toutes les plantations et constructions qu'il juge à propos, sauf les exceptions établies au titre IV ci-après *des servitudes*.

Il peut faire au-dessous toutes les constructions et les fouilles qu'il juge à propos, et tirer de ces fouilles tous les profits qu'elles peuvent produire, sauf les modifications résultant des réglemens relatifs aux mines.

10. Toutes les constructions, plantations et ouvrages faits 553 sur le sol ou dans son intérieur, sont présumés faits par le propriétaire et à ses frais, et lui appartenir, si le contraire n'est prouvé.

Néanmoins, un tiers peut acquérir par la seule possession, lorsqu'elle est suffisante pour opérer la prescription, la propriété d'une cave ou autre souterrain sous le bâtiment d'autrui, ou la propriété d'une certaine partie de ce bâtiment.

11. Si le propriétaire du sol y a fait des constructions ou 554 des plantations avec des matériaux qui ne lui appartenaient pas, il a le droit de les retenir, à la charge d'en payer la valeur à leur propriétaire, et des dommages et intérêts s'il y a lieu.

12. Le propriétaire sur le fonds duquel un tiers a fait des 555 plantations ou des constructions, a le droit ou de les retenir, ou d'obliger celui qui les a faites de les retirer ou de les démolir.

Si le propriétaire en demande la suppression, elle est aux frais de celui qui les a faites, sans aucune indemnité.

Si le propriétaire les retient, il ne doit au propriétaire des matériaux que le remboursement de leur valeur et du prix de la main-d'œuvre, encore que le fonds en ait reçu une augmentation de valeur.

Si cependant la dépense de la main-d'œuvre, ou la valeur des matériaux, étaient telles qu'elles excédassent l'augmentation de valeur qu'en a reçu le fonds, le propriétaire de ce fonds ne serait tenu que de rendre la valeur de cette augmentation; si mieux n'aime celui qui a fait la plantation ou la construction, enlever ces matériaux, en remettant les choses au même état dans lequel elles étaient auparavant.

13. La règle précédente reçoit une exception à l'égard ib.

des plantations, qui peuvent être retirées par le propriétaire des arbres, lorsqu'ils n'ont point encore pris racine ; pourvu néanmoins qu'il n'ait fait ces plantations que par erreur et de bonne foi.

555   14. Le propriétaire qui ne conserve point les plantations ou constructions qui ont été faites sur son sol, peut, en outre, répéter contre celui qui les a faites, les dommages et intérêts du préjudice qu'il en a pu souffrir.

556   15. Les atterrissemens et accroissemens qui se forment successivement et imperceptiblement aux fonds riverains d'un fleuve ou d'une rivière, s'appellent *alluvion*.

L'alluvion profite au propriétaire riverain, soit qu'il s'agisse d'un fleuve ou d'une rivière navigable, flottable ou non ; à la charge, dans le premier cas, de laisser le marchepied prescrit par le réglement.

557   16. Il en est de même des relais que forme l'eau courante, qui se retire insensiblement de l'une de ses rives en se portant sur l'autre ; le propriétaire de la rive découverte profite dé l'alluvion, sans que le riverain du côté opposé y puisse venir réclamer le terrain qu'il a perdu.

Ce droit n'a pas lieu à l'égard des relais de la mer.

558   17. L'alluvion n'a pas lieu à l'égard des lacs et étangs, dont le propriétaire conserve toujours le terrain circonscrit et limité que l'eau couvrait ordinairement, lorsque son volume vient à diminuer.

Réciproquement, le propriétaire de l'étang n'acquiert aucun droit sur les terres riveraines que son eau vient à couvrir dans les crues extraordinaires.

559   18. Si le fleuve, ou la rivière navigable ou non, emporte, par une force subite, un morceau considérable et reconnaissable d'un champ riverain, en le portant sur un champ inférieur, ou sur la rive opposée, le propriétaire peut suivre sa propriété, pourvu qu'il fasse sa réclamation dans les trois ans, ou même après ce laps de temps, si celui auquel le champ a été uni n'en a pris aucune possession.

19. Les îles, îlots, atterrissemens qui se forment dans le lit des fleuves, ou des rivières navigables ou flottables, appartiennent à la nation. 560.

Il en est de même des îles flottantes.

20. Les îles et atterrissemens qui se forment dans les rivières non navigables et non flottables, appartiennent aux propriétaires riverains des deux côtés, dans la proportion de la distance à laquelle chacun d'eux se trouve, à partir du fil de l'eau. 561

21. Si la rivière, ou le fleuve, par un bras nouveau qu'elle se forme, coupe et embrasse le champ d'un propriétaire riverain, dont elle forme une île, ce propriétaire conserve la propriété de l'île, encore qu'il s'agisse d'un fleuve, ou d'une rivière navigable ou flottable. 562

22. Si le fleuve, ou la rivière navigable ou flottable, se forme un nouveau cours en abandonnant son ancien lit, les propriétaires des fonds qu'elle a occupés reprennent, à titre d'indemnité, l'ancien lit abandonné, chacun dans la proportion du terrain qui lui a été enlevé. 563

Ils reprennent leur ancienne propriété, si le fleuve ou la rivière vient à reprendre son ancien lit.

23. Si c'est une rivière non navigable ou non flottable qui a changé de lit, le terrain qu'elle abandonne appartient aux propriétaires riverains, et ne peut être réclamé par ceux dont elle a couvert les propriétés. ib.

24. Les pigeons, les lapins, les poissons, qui passent dans un autre colombier, garenne ou étang, appartiennent au propriétaire de ces colombier, garenne ou étang, pourvu qu'ils n'y aient point été attirés par fraude et artifice. 564

DISTINCTION II.

Du droit d'accession relativement aux choses mobilières.

25. Le droit d'accession, quand il a pour objet deux choses mobilières appartenant à deux maîtres différens, est entiè- 565

rement subordonné aux principes de l'équité naturelle.

Les règles suivantes ne doivent servir que d'exemple au juge, pour se déterminer dans les cas non prévus, suivant les circonstances particulières.

566 26. Lorsque deux choses appartenant à différens maîtres, qui ont été unies de manière à former un tout, sont néanmoins séparables, en sorte que l'une puisse subsister sans l'autre, le tout appartient à celui de la chose qui forme la partie principale, à la chargé de payer à l'autre la valeur de la chose qui y a été unie.

567 27. La partie qui est réputée principale, est celle à laquelle l'autre n'a été unie que pour l'usage, l'ornement ou le complément de l'autre.

Ainsi le diamant est la partie principale relativement à l'or dans lequel il a été enchassé;

L'habit, relativement au galon, à la doublure et à la broderie.

568 28. L'équité veut néanmoins que la règle précédente reçoive exception, quand la chose unie est beaucoup plus précieuse que la chose principale, et a été employée à l'insçu du vrai propriétaire, quoiqu'il en puisse résulter quelque dégradation de la chose à laquelle elle a été jointe.

569 29. Si des deux choses unies pour former un seul tout, l'une ne peut point être regardée comme l'accessoire de l'autre, celle-là est réputée principale qui est la plus considérable en valeur, ou en volume, si les valeurs sont à peu près égales.

570 30. Si un artisan, ou une personne quelconque, a employé une matière qui ne lui appartenait point, à former une chose d'une nouvelle espèce, soit que la matière puisse ou non reprendre sa première forme, celui qui en était le propriétaire a le droit de réclamer la chose qui en a été formée, en remboursant le prix de la main-d'œuvre.

571 31. La règle établie dans l'article ci-dessus cesse lorsque la main-d'œuvre est tellement importante qu'elle surpasse

de beaucoup la valeur de la matière employée. L'industrie est alors réputée la partie principale, et donne le droit à l'ouvrier de retenir la chose travaillée, en remboursant le prix de la matière à son propriétaire.

32. Lorsqu'une personne a employé en partie la matière 572 qui lui appartenait, et en partie celle qui ne lui appartenait pas, à former une chose d'une espèce nouvelle, sans que ni l'une ni l'autre des deux matières soient entièrement détruites, mais de manière qu'elles ne puissent pas se séparer sans inconvénient, la chose est commune aux deux propriétaires, en proportion de la matière que chacun d'eux y a.

33. Lorsqu'une chose a été formée par le mélange de 573 plusieurs matières appartenant à différens propriétaires, si les matières peuvent être séparées, celui à l'insçu duquel les matières ont été mélangées, peut en demander la division.

Si les matières ne peuvent plus être séparées sans inconvénient, ils en acquièrent en commun la propriété, dans la proportion de la part qu'ils avaient dans les matières, si elles étaient à peu près égales en valeur, poids et qualité.

Cette règle a lieu, encore que le mélange se soit fait fortuitement, ou ait été fait par l'un des propriétaires à l'insçu de l'autre.

34. La règle contenue dans l'article précédent cesse, si 574 la matière qui appartenait à l'un des deux propriétaires, était de beaucoup supérieure à l'autre par la quantité et le prix. En ce cas, le propriétaire de la matière supérieure en valeur peut réclamer la chose qui est résultée du mélange, en remboursant à l'autre la valeur de sa matière.

35. Dans le cas où la chose reste en commun entre les 575 deux propriétaires avec les matières desquels elle a été formée, elle doit être licitée au profit commun.

36. Dans tous les cas où le propriétaire, dont la matière 576 a été employée à son insçu à former une chose d'une autre espèce, peut réclamer la propriété de cette chose, il a le

choix de se borner à demander la restitution de sa matière en même nature, quantité, poids ou mesure et bonté, ou sa valeur en argent.

TITRE III.

De l'usufruit, de l'usage, et de l'habitation.

CHAPITRE PREMIER.

De l'usufruit.

DISPOSITIONS GÉNÉRALES.

578   ART. 1er. L'usufruit est le droit de jouir des choses dont un autre a la propriété, avec le même avantage que le propriétaire lui-même, mais à la charge d'en conserver la substance.

579   2. L'usufruit est établi par la loi ou par la volonté de l'homme.

580   3. Il peut être établi ou purement, ou à certain jour, ou sous condition.

581   4. Il peut être établi sur toute espèce de biens meubles ou immeubles.

ap. 581   5. Il peut être accordé à tous ceux qui peuvent posséder des biens, même à des communes ou à des établissemens publics.

SECTION PREMIÈRE.

Des droits de l'usufruitier.

582   6. L'usufruitier a le droit de jouir de toutes les espèces de fruits, soit naturels, soit civils, que l'objet dont il a l'usufruit peut produire.

583   7. Les fruits naturels sont ceux que le fonds donne par la culture, ou qui sont le produit spontané de la terre.

Le produit et le croît des animaux sont aussi des fruits naturels.

584   8. Les fruits civils sont, les loyers et prix des baux à ferme;

Les intérêts des sommes exigibles;

Les arrérages de rentes.

9. Tous les fruits pendans par branches ou par racines 585
au moment où l'usufruit est ouvert, appartiennent à l'usufruitier.

Tous ceux qui sont dans le même état au moment où l'u-
sufruit finit, appartiennent au propriétaire,

Sans récompense, de part et d'autre, de labours et de semences.

10. Les fruits civils s'acquièrent jour par jour et à pro- 586
portion de la durée de l'usufruit.

11. Si les biens de l'usufruit sont affermés, le prix du ib.
bail, représentatif de la récolte, appartient à celui, du propriétaire ou de l'usufruitier, qui était en jouissance au moment de cette récolte.

12. Si une partie seulement des fruits du bien affermé ib.
était perçue lorsque l'usufruit a commencé ou a pris fin, il
sera fait une ventilation de cette partie perçue, eu égard
à la totalité des récoltes; et il sera payé à l'usufruitier
ou à ses héritiers, une quotité correspondante du prix de
ferme.

13. Si l'usufruit comprend des choses dont on ne peut 587
faire usage sans les consumer, comme l'argent, les grains et
les liqueurs, l'usufruitier a le droit de s'en servir, mais à la
charge d'en rendre de pareille quantité, qualité et valeur,
ou leur estimation, à la fin de l'usufruit.

14. Si l'usufruit comprend des choses qui, sans se consu- 589
mer de suite, se détériorent peu à peu par l'usage, comme
les meubles meublans, l'usufruitier a également le droit de
s'en servir pour l'usage auquel elles sont destinées, et n'est
obligé de les rendre, à la fin de l'usufruit, que dans l'état
où elles se trouvent, non détériorées par son dol ou par sa
faute.

Si même quelqu'une de ces choses se trouve entièrement
consumée par l'usage à la fin de l'usufruit, l'usufruitier est
dispensé de la représenter.

590　　15. L'usufruit comprend,

Les coupes de bois taillis, à la charge, par l'usufruitier, d'observer le temps et la quotité déterminés pour l'aménagement, ou par l'usage ancien des propriétaires;

Les arbres qu'on peut tirer d'une pépinière sans la dégrader, et à la charge du remplacement;

La glandée.

591　　16. L'usufruitier profite encore, en suivant les époques et l'usage des anciens propriétaires, des parties des bois de haute futaie qu'ils avaient mises en coupe réglée.

592　　17. Hors le cas de l'article précédent, l'usufruitier ne peut toucher aux bois de haute futaie.

Il ne peut pas exiger la valeur de l'accroissement qu'ils ont pendant sa jouissance, ni s'approprier ceux qui sont arrachés ou brisés par accident.

594　　18. Les arbres fruitiers qui meurent appartiennent à l'usufruitier, à la charge de les remplacer par d'autres.

Il n'est pas tenu de remplacer de même ceux qui sont arrachés ou brisés par un accident.

593　　19. Il a le droit de prendre dans les bois des échalas, pour les vignes, suivant l'usage du pays et la coutume des anciens propriétaires.

595　　20. Il peut jouir par lui-même, ou donner à ferme à un autre, ou même vendre ou donner son droit.

596　　21. Si l'objet sujet à l'usufruit s'accroît par alluvion, l'usufruitier jouira de l'augmentation survenue.

597　　22. Il doit jouir de toutes les servitudes dues à l'héritage dont il a l'usufruit; et si cet héritage se trouve enclavé dans les autres possessions de celui qui l'a établi, le passage doit lui être fourni gratuitement par ce dernier.

598　　23. Les mines et carrières ne sont pas comprises dans l'usufruit.

599　　24. Le propriétaire ne peut, par son fait, et en quelque manière que ce soit, nuire aux droits de l'usufruitier.

SECTION II.

Des obligations de l'usufruitier.

25. L'usufruitier est tenu, avant d'entrer en jouissance, 600
de faire dresser, en présence du propriétaire, ou lui dûment
appelé, un inventaire des meubles, et un état des immeubles sujets à l'usufruit.

26. Il doit donner caution de jouir en bon père de famille, 601
excepté qu'il n'en soit dispensé par sa qualité ou par l'acte
constitutif de l'usufruit.

27. Si l'usufruitier ne peut pas trouver de caution, 602
Les immeubles sont donnés à ferme ou mis en séquestre;
Les sommes comprises dans l'usufruit sont placées;
Les denrées sont vendues, et le prix en provenant est pa-
reillement placé;
Et les prix de ferme, ainsi que l'intérêt des sommes
placées, appartiennent à l'usufruitier pendant la durée de
l'usufruit.

A l'égard des meubles qui dépérissent par l'usage, le pro- 603
priétaire a le choix de les faire vendre, et d'en faire placer
le prix comme celui des denrées, ou de dispenser l'usufruitier de donner caution.

28. La demeure de fournir caution ne prive pas l'usu- 604
fruitier des fruits déjà échus; ils lui sont dus du moment où
l'usufruit a été ouvert, conformément aux règles ci-dessus
établies.

29. L'usufruitier doit conserver les bâtimens tels qu'ils ap.604
lui ont été transmis; et il ne peut en changer la forme,
même pour l'améliorer, sans le consentement du propriétaire.

30. L'usufruitier n'est tenu qu'aux réparations d'en- 605
tretien.

Les grosses réparations demeurent à la charge du propriétaire, excepté qu'elles n'aient été occasionnées par le

défaut de réparations d'entretien depuis l'ouverture de l'usufruit, auquel cas l'usufruitier en est aussi tenu.

606   31. Les grosses réparations sont celles de la construction des quatre gros murs et des voûtes, le rétablissement des poutres et des couvertures entières ;

Toutes les autres sont des réparations d'entretien.

607   32. Ni le propriétaire ni l'usufruitier ne sont tenus de rebâtir ce qui est tombé de vétusté, ou a été détruit par cas fortuit.

608   33. L'usufruitier est tenu, pendant sa jouissance, de toutes les charges annuelles de l'héritage, telles que les contributions et autres qui, dans l'usage, sont censées charges des fruits.

609   34. A l'égard des charges qui peuvent être imposées sur la propriété pendant la durée de l'usufruit, l'usufruitier et le propriétaire y contribuent de la manière suivante :

Le propriétaire est obligé de les payer, et l'usufruitier doit lui tenir compte des intérêts. '

Si elles sont avancées par l'usufruitier, il a la répétition du capital à la fin de l'usufruit.

611   35. L'usufruitier à titre particulier n'est pas tenu des dettes dont le fonds est chargé ; et s'il est forcé de les payer, il a son recours contre le propriétaire.

612   36. L'usufruitier à titre universel doit contribuer avec le propriétaire au paiement des dettes.

Pour exécuter cette contribution, on estime la valeur du fonds dont il a l'usufruit, et le capital auquel il doit contribuer à raison de cette valeur ; l'usufruitier a le choix ou d'avancer ce capital, qui lui est restitué à la fin de l'usufruit, ou d'obliger le propriétaire de le payer en lui en servant l'intérêt pendant la durée de l'usufruit.

613   37. L'usufruitier n'est tenu, pendant son usufruit, que des frais des procès qui concernent sa jouissance.

614   38. Si, pendant sa jouissance, un tiers commet quelque usurpation sur le fonds, ou attente autrement aux droits du

propriétaire, l'usufruitier est tenu de le dénoncer à celui-ci; faute de ce, il sera responsable de tout le dommage qui pourra en résulter pour le propriétaire.

SECTION III.

Comment l'usufruit prend fin.

39. L'usufruit s'éteint par la mort naturelle et par la mort civile de l'usufruitier; 617—et 618

Par l'expiration du temps pour lequel il a été accordé;

Par la réunion sur la même tête, des deux qualités d'usufruitier et de propriétaire;

Par la renonciation de l'usufruitier à son droit;

Par l'abus qu'il peut en faire, soit en commettant des dégradations sur l'objet dont il a l'usufruit, soit en le laissant dépérir faute d'entretien;

Par le non-usage de son droit pendant trente ans;

Par la perte totale de la chose sur laquelle l'usufruit est établi.

40. L'usufruit accordé à une commune d'habitans, ou à un établissement public, ne dure que trente ans. 619

41. L'usufruit accordé à quelqu'un jusqu'à ce qu'un autre ait atteint un âge fixe, dure jusqu'au temps auquel ce tiers aurait eu cet âge, quoiqu'il soit mort avant de l'avoir atteint. 620

42. La renonciation de l'usufruitier à son droit est présumée, lorsqu'il consent à la vente de la chose dont il a l'usufruit. 621

43. Si la renonciation est faite en fraude des créanciers de l'usufruitier, ils peuvent la faire annuller. 622

44. Si une partie seulement de la chose soumise à l'usufruit est détruite, l'usufruit se conserve sur ce qui reste. 623

45. Si l'usufruit n'est établi que sur un bâtiment, et que ce bâtiment soit détruit par un incendie ou autre accident, ou s'écroule de vétusté, l'usufruitier n'aura pas le droit de jouir du sol ni des matériaux. 624

II. 8

Mais si ce bâtiment était compris dans un usufruit général de biens, l'usufruitier jouira du sol et des matériaux.

CHAPITRE II.

De l'usage et de l'habitation.

625   46. Les droits d'usage et d'habitation s'établissent et se perdent de la même manière que l'usufruit.

626   47. Ceux qui ont ces droits sont assujétis à donner caution, et à l'état et inventaire des biens, de même que l'usufruitier.

627   48. Ils doivent, comme lui, jouir en bons pères de famille.

628   49. Les droits d'usage et d'habitation se règlent par le titre qui les a établis, et d'après lequel ils reçoivent plus ou moins d'étendue.

629   50. Si le titre qui les constitue ne s'explique point sur cette étendue, et qu'il parle seulement de l'usage en général sans rien préciser, les droits de l'usage seront déterminés par les règles qui suivent.

630   51. Celui qui a l'usage des fruits d'un fonds, ne peut en exiger qu'autant qu'il lui en faut pour ses besoins et ceux de sa famille.

L'étendue de ses besoins se règle d'après l'état où l'usager se trouve à l'époque où l'usage lui a été déféré.

631   52. L'usager d'un fonds ou d'un troupeau ne peut céder ni louer son droit à un autre.

632   53. Celui qui a le droit d'habiter dans une maison, peut y demeurer avec sa famille, quand même il n'aurait pas été marié à l'époque où ce droit lui a été donné.

633   54. Ce droit se restreint à ce qui lui est nécessaire pour son habitation, et le propriétaire doit jouir du surplus, s'il y en a.

634   55. Celui qui n'a que l'habitation dans une maison, ne peut pas louer son droit à un autre.

635   56. Si l'usager absorbe tous les fruits du fonds, ou oc-

cupe la totalité de la maison, il est assujéti aux réparations d'entretien, et au paiement des contributions comme
l'usufruitier.

S'il n'en prend qu'une partie, il contribuera au prorata
de ce dont il jouit.

57. L'usage des bois et forêts est réglé par des lois parti- 636
culières.

TITRE IV.

Des servitudes ou services fonciers.

Art. 1er. Les servitudes dérivent ou de la situation natu- 639
relle des lieux, ou des obligations imposées par la loi, ou
des conventions des hommes.

CHAPITRE PREMIER.

Des servitudes qui dérivent de la situation des lieux.

2. Les fonds inférieurs sont assujétis envers ceux qui 640
sont plus élevés, à recevoir les eaux qui en découlent naturellement sans que la main de l'homme y ait contribué.

Le propriétaire inférieur ne peut point élever de digues
qui empêchent cet écoulement.

Le propriétaire supérieur ne peut rien faire qui aggrave
la servitude naturelle du fonds inférieur.

3. Celui qui a une source dans son fonds, peut en user à 641
sa volonté.

4. Celui qui borde une eau courante qui n'est pas dans 644
le domaine public, peut s'en servir à son passage pour l'irrigation de ses propriétés.

Celui dont cette eau traverse l'héritage, peut même,
dans l'intervalle qu'elle y parcourt, en changer le canal,
mais à la charge de la rendre à la sortie de ses fonds à son
cours ordinaire.

5. L'usage des eaux entre ceux auxquels elles peuvent 645
être utiles, doit être réglé, en cas de contestation, par le
tribunal compétent.

Ce tribunal doit concilier l'intérêt de l'agriculture, avec le respect dû à la propriété.

647   6. Tout propriétaire a le droit de clore son héritage.

646   7. Il peut obliger son voisin au bornage de leurs propriétés contiguës.

Le bornage se fait à frais communs.

CHAPITRE II.

Des servitudes établies par la loi.

649   8. L'établissement de ces servitudes a pour objet l'utilité publique ou communale, ou celle des particuliers.

SECTION PREMIÈRE.

Des servitudes établies par la loi pour l'utilité publique ou communale.

650   9. Ces sortes de servitudes ont pour objet le marche-pied le long des rivières navigables ou flottables, et la construction ou réparation des chemins et autres ouvrages publics ou communaux.

Tout ce qui les concerne est déterminé par des lois ou des réglemens particuliers.

SECTION II.

Des servitudes établies par la loi pour l'utilité des particuliers.

651   10. La loi assujétit les propriétaires à différentes obligations, l'un à l'égard de l'autre, indépendamment de toute convention.

652   11. Plusieurs de ces obligations sont réglées par le Code rural.

Les autres sont relatives, au mur et au fossé mitoyens;

Au cas où il y a lieu à contre-mur;

Aux vues sur la propriété de son voisin;

A l'égout des toits;

Au droit de passage.

§ Ier. Du mur et du fossé mitoyens.

12. Dans les villes, bourgs, villages et hameaux, tout 653
mur servant de séparation entre bâtimens, cours et jardins,
et même entre enclos dans les champs, est présumé mitoyen,
s'il n'y a titre ou marque du contraire.

13. Il y a marque de non-mitoyenneté, lorsque la som- 654
mité du mur est droite et à-plomb de son parement d'un
côté, et présente de l'autre un plan incliné;

Lors encore qu'il n'y a que d'un côté, ou un chaperon, ou
des filets et corbeaux de pierre qui y auraient été mis en
bâtissant le mur.

Dans ces cas, le mur est censé appartenir exclusivement
au propriétaire du côté duquel est l'égout, ou les corbeaux
et filets de pierre.

14. La réparation et la reconstruction du mur mitoyen 655
sont à la charge de tous ceux qui y ont droit, et proportionnellement au droit de chacun.

15. Dans les villes et communes dont la population excède 656
trois mille âmes, les copropriétaires des murs mitoyens ne
peuvent pas se dispenser de contribuer à leurs réparations
en abandonnant leur droit de mitoyenneté.

16. Tout copropriétaire peut faire bâtir contre un mur 657
mitoyen, et y faire placer des poutres ou solives dans toute
l'épaisseur du mur, à deux pouces (54 millimètres) près,
sans préjudice du droit qu'a le voisin de faire réduire à l'é-
bauchoir la poutre jusqu'à la moitié du mur, dans le cas où
il voudrait lui-même asseoir des poutres dans le même lieu,
ou y adosser une cheminée.

17. Tout copropriétaire peut faire exhausser le mur mi- 658
toyen; mais il doit payer seul la dépense de l'exhaussement,
les réparations d'entretien au-dessus de la hauteur de la clôture commune, et, en outre, l'indemnité de la charge, en
raison de l'exhaussement et suivant l'usage.

18. Si le mur mitoyen n'est pas en état de supporter 659

l'exhaussement, celui qui veut l'exhausser doit le faire re-construire en entier à ses frais, et l'excédant d'épaisseur doit se prendre de son côté.

660   19. Le voisin qui n'a pas contribué à l'exhaussement, peut en acquérir la mitoyenneté en payant la moitié de la dépense qu'il a coûtée.

661   20. Tout propriétaire joignant un mur a de même la fa-culté de le rendre mitoyen, en remboursant au maître du mur la moitié de sa valeur et du sol sur lequel il est bâti.

662   21. L'un des voisins ne peut pratiquer dans le corps d'un mur mitoyen, aucun enfoncement, ni y appliquer ou ap-puyer aucun ouvrage, sans le consentement de l'autre, ou sans avoir, à son refus, fait régler, par experts, les moyens nécessaires pour que le nouvel ouvrage ne soit pas nuisible aux droits de l'autre.

663   22. Tout mur de séparation entre voisins, qui sera cons-truit ou rétabli à l'avenir, doit avoir au moins dix pieds (32 décimètres) de hauteur, compris le comble, dans les villes de 50,000 âmes et au-dessus, et huit pieds (26 déci-mètres) dans les autres.

666   23. Tous fossés entre deux héritages sont présumés mi-toyens, s'il n'y a titre ou marque du contraire.

667   24. Il y a marque de non-mitoyenneté, lorsque la levée ou le rejet de la terre se trouve d'un côté seulement du fossé.

668   25. Le fossé est censé appartenir exclusivement à celui du côté duquel le rejet se trouve.

669   26. Le fossé mitoyen doit être entretenu à frais communs.

§. II. De la distance et des ouvrages intermédiaires requis pour certaines constructions.

674   27. Celui qui fait creuser un puits ou un fossé d'aisance près d'un mur mitoyen ou non,

Qui veut y construire une forge, four ou fourneau,

Y adosser une étable,

Ou établir contre ce mur un magasin de sel ou matières salées et corrosives,

Est obligé à laisser la distance ou à faire les ouvrages qui sont prescrits par les réglemens particuliers sur ces objets, pour éviter de nuire au voisin.

§. III. Des vues sur la propriété de son voisin.

28. L'un des voisins ne peut, sans le consentement de l'autre, pratiquer, dans le mur mitoyen, aucune fenêtre ou ouverture pour vue, en quelque manière que ce soit, même à verre dormant. 675

29. Celui qui a un mur à lui propre, joignant immédiatement l'héritage d'autrui, peut pratiquer dans ce mur des jours ou fenêtres à fer maillé et verre dormant. 676

30. Ces fenêtres ou jours ne peuvent être établis qu'à huit pieds (26 décimètres) au-dessus du plancher ou sol de la chambre qu'on veut éclairer, si c'est à rez-de-chaussée; 677

Et à six pieds (19 décimètres) au-dessus du plancher pour les étages supérieurs.

31. On ne peut avoir de vues droites ou fenêtres d'aspect sur l'héritage de son voisin, s'il n'y a six pieds (19 décimètres) de distance entre le mur où on les pratique et ledit héritage. 678

32. On ne peut avoir des vues par côté ou obliques sur le même héritage, s'il n'y a deux pieds (6 décimètres) de distance. 679

33. La distance dont il est parlé dans les deux articles précédens, se compte depuis le parement intérieur du mur où l'ouverture se fait, jusqu'à la moitié du mur opposé de séparation, si ce mur est mitoyen. 680

Si ce dernier mur n'est pas mitoyen, ou si, n'étant pas mitoyen dans le principe, il l'est devenu depuis, l'intervalle doit se compter jusqu'à son parement intérieur.

§. IV. De l'égout des toits.

34. Tout propriétaire doit établir ses toits de manière que les eaux pluviales s'écoulent sur son terrain ou sur la voie publique. 681

Il ne peut les faire verser sur le fonds de son voisin.

§. V. Du droit de passage.

682   35. Le propriétaire dont les fonds sont enclavés, et qui n'a aucune issue sur la voie publique, peut réclamer un passage sur ceux de ses voisins, pour l'exploitation de son héritage, à la charge d'une indemnité proportionnée au dommage qu'il peut occasionner.

683   36. Le passage doit régulièrement être pris du côté où le trajet est le plus court, du fonds enclavé à la voie publique.

684   37. Néanmoins il doit être fixé dans l'endroit le moins dommageable à celui sur le fonds duquel il est accordé.

CHAPITRE III.

Des servitudes établies par le fait de l'homme.

SECTION PREMIÈRE.

Des diverses espèces de servitudes qui peuvent être établies sur les biens.

686   38. Il est permis aux particuliers d'établir sur leurs propriétés, ou en faveur de leurs propriétés, telles servitudes que bon leur semble, pourvu qu'elles ne contrarient point l'intérêt public.

Leur usage et leur étendue se règlent par le titre qui les constitue, et, à défaut de titre ou d'explication dans le titre, par les règles ci-après.

687   39. Toutes les servitudes sont établies pour l'usage des bâtimens ou pour celui des fonds de terre.

Celles de la première espèce s'appellent *urbaines*, soit que les bâtimens auxquels elles sont dues soient situés à la ville ou à la campagne.

Celles de la seconde espèce se nomment *rurales*.

688   40. Toutes les servitudes sont, ou continues ou discontinues.

Les servitudes continues sont celles dont l'usage est ou

peut être continuel, sans avoir besoin du fait actuel de l'homme;

Tels sont, les conduites d'eau, les égouts, les vues et autres de cette espèce.

Les servitudes discontinues sont celles qui ont besoin du fait actuel de l'homme pour être exercées;

Tels sont les droits de passage, puisage, pacage et autres semblables.

41. Les servitudes sont encore ou visibles et apparentes, 689 ou non apparentes.

Les servitudes visibles sont celles qui s'annoncent par un ouvrage extérieur;

Telles qu'une porte, une fenêtre, un aqueduc.

Les servitudes non apparentes sont celles qui n'ont pas de signe extérieur de leur existence.

SECTION II.

Comment s'établissent les servitudes.

42. Les servitudes discontinues et non apparentes ne 691 peuvent s'établir que par titre.

La possession même immémoriale ne suffit pas pour les acquérir.

43. Les servitudes continues peuvent s'acquérir par la 690 possession de trente ans.

44. La destination du père de famille vaut titre à l'égard 692 des servitudes continues et apparentes.

45. Il n'y a destination du père de famille, que lorsqu'il 693 est prouvé que les deux fonds, actuellement divisés, ont appartenu au même propriétaire, et que c'est par lui que les choses ont été mises dans l'état duquel résulte la servitude.

46. Si le propriétaire de deux héritages, entre lesquels il 694 existe un signe apparent de servitude, dispose de l'un des-dits héritages, sans que le contrat contienne aucune con-vention relative à la servitude, elle continue d'exister ac-

tivement ou passivement en faveur du fonds aliéné ou sur le fonds aliéné.

695 47. Le titre constitutif de la servitude, à l'égard de celles qui ne peuvent s'acquérir par la prescription, ne peut être remplacé que par un acte récognitif de la servitude, et émané du propriétaire du fonds asservi.

696 48. Quand on établit une servitude, on est censé accorder tout ce qui est nécessaire pour en user.

Ainsi, la servitude de puiser de l'eau à la fontaine d'autrui, emporte nécessairement le droit de passage pour y arriver.

SECTION III.

Des droits du propriétaire du fonds dominant.

697 49. Celui auquel est due une servitude, a droit de faire tous les ouvrages nécessaires pour en user et la conserver.

698 50. Ces ouvrages doivent être à ses frais, et non à ceux du propriétaire du fonds servant, excepté que le titre d'établissement de la servitude ne dise le contraire.

700 51. Si l'héritage dominant est divisé, la servitude restera due pour chaque portion, néanmoins sans aggraver la condition du fonds servant.

Si, par exemple, il s'agit d'un passage, tous les copropriétaires seront obligés de l'exercer par le même endroit.

701 52. Le propriétaire du fonds servant, ne peut rien faire qui tende à diminuer ou rendre plus incommode l'usage de la servitude.

Ainsi, il ne peut changer l'état des lieux, ni transporter l'exercice de la servitude dans un endroit différent de celui où elle a été primitivement assignée.

Mais si cette assignation primitive était devenue plus onéreuse au propriétaire du fonds servant, ou si elle l'empêchait d'y faire des réparations avantageuses, et qu'il offre au propriétaire du fonds dominant un endroit aussi commode pour l'exercice de ses droits, celui-ci ne peut pas s'y refuser.

53. Celui qui a un droit de servitude, ne peut non plus 702 en user que suivant son titre, sans rien innover ni dans le fonds asservi, ni dans le sien propre, qui puisse aggraver la condition du premier ; il peut seulement l'adoucir.

SECTION IV.

Comment les servitudes s'éteignent.

54. Les servitudes cessent, lorsque les choses se trouvent 703 en tel état qu'on ne peut plus en user.

55. Elles revivent, si, dans les dix ans, les choses sont 704 rétablies de manière à ce qu'on puisse en user.

56. La servitude discontinue et non apparente est censée 705 éteinte, lorsque le fonds dominant et le fonds servant viennent à être réunis sur la même tête.

57. La servitude est censée éteinte par le non usage pen- 706 dant trente ans.

58. Ce temps commence à courir, selon les diverses es- 707 pèces de servitudes, ou du jour où l'on a cessé d'en user, ou du jour où il a été fait un acte contraire à la servitude.

59. Le mode de la servitude peut se prescrire comme la 708 servitude même.

60. Si l'héritage dominant appartient à plusieurs par in- 709 divis, la jouissance de l'un empêche la prescription à l'égard de tous.

61. Si, parmi ces copropriétaires, il s'en trouve un contre 710 lequel la prescription n'ait pu courir, comme un mineur, il aura conservé le droit de tous les autres.

LIVRE III.

DES DIFFÉRENTES MANIÈRES DONT ON ACQUIERT LA PROPRIÉTÉ.

DISPOSITIONS GÉNÉRALES.

Art. 1er. La propriété des biens s'acquiert,

1°. Par la puissance paternelle. Il en a été traité au titre 711 des tutelles;

2°. Par la succession ;

3°. Par les obligations qui naissent des contrats ou conventions ;

4°. Par les obligations qui résultent du seul fait de l'homme sans convention, tels que les quasi-contrats ou quasi-délits ;

712   5°. Par l'accession ou l'incorporation ; il en a été traité en la section II, du titre II du livre II.

ib.   6°. Par la prescription.

av. 713   2. La loi civile ne reconnaît point le droit de simple occupation.

713   Les biens qui n'ont jamais eu de maître, et ceux qui sont vacans comme abandonnés par leurs propriétaires, appartiennent à la nation : nul ne peut les acquérir que par une possession suffisante pour opérer la prescription.

715   La faculté de chasser ou de pêcher est réglée par des lois de police qui lui sont particulières.

717   Il en est de même des effets jetés à la mer,

716   Et de l'invention d'un trésor.

TITRE PREMIER.

Des successions.

CHAPITRE PREMIER.

SECTION PREMIÈRE.

De l'ouverture des successions.

718   ART. 1er. Les successions s'ouvrent par la mort naturelle et par la mort civile.

719   2. Si la condamnation qui emporte la mort civile, n'a été prononcée que par contumace, son effet se détermine d'après les règles et les distinctions suivantes.

ap. 719 et25-27   3. Si l'individu condamné n'a point été arrêté ou ne s'est point représenté dans le délai que la loi lui accorde pour purger la contumace, sa mort civile est encourue du jour de l'exécution du jugement de condamnation; les biens qui avaient été séquestrés au profit de la république, sont res-

titués à ceux de ses parens qui étaient habiles à lui succéder
à l'époque du jugement.

4. Dans le cas où le condamné est arrêté ou se représente ap. 719
dans le délai qui lui est accordé par la loi, le jugement de et 25-27
contumace est anéanti de plein droit; et pour lors, si la
même condamnation, ou toute autre emportant mort civile,
est prononcée contre lui, la mort civile n'est encourue que
du jour de ce jugement contradictoire; sa succession n'est
ouverte que du jour de l'exécution de ce second jugement,
et elle est dévolue à ceux des parens du condamné qui sont
habiles à lui succéder à cette époque.

Si, au contraire, le jugement contradictoire absout le
condamné, ou ne le condamne point à une peine emportant
mort civile, il est rétabli dans tous ses droits de citoyen.

5. Si le condamné par contumace décède avant l'expira- ib.
tion du délai utile, il meurt dans l'intégralité de ses droits,
et sa succession, ouverte par sa mort naturelle, appartient
à ceux qui sont habiles à lui succéder au moment de son
décès.

6. Il n'y a jamais lieu à la restitution des fruits et revenus ib.
que les agens de la république ont été autorisés par la loi à
percevoir pendant la contumace.

7. Si plusieurs individus, respectivement appelés à la 720
succession l'un de l'autre, périssent dans un même événement sans qu'on puisse prouver lequel est décédé le premier,
la présomption de survie est déterminée par les circonstances du fait, et à leur défaut par la force de l'âge ou
du sexe.

8. Si ceux qui ont péri ensemble sont tous impubères, le 721
plus âgé est présumé avoir survécu au plus jeune.

9. S'ils sont tous au-dessus de soixante ans, le plus jeune ib.
est présumé avoir survécu au plus âgé.

10. Dans les deux cas ci-dessus, si les individus qui ont av. 722
péri ensemble sont d'âge à peu près égal et de sexe différent,
la présomption de survie est en faveur du mâle.

722   11. Entre individus qui ont plus de quinze ans, et moins de soixante, s'ils sont de sexe différent, le mâle est présumé avoir survécu; s'ils sont du même sexe, il faut admettre la présomption qui donne ouverture à la succession dans l'ordre de la nature, suivant lequel le plus jeune survit au plus âgé, et est appelé à recueillir sa succession.

SECTION II.

De la saisine légale des héritiers.

723   12. La loi seule défère les successions : elle règle l'ordre de succéder entre ceux qui doivent les recueillir, et y appelle successivement, au défaut les uns des autres,

1°. Les héritiers du sang;

2°. L'époux survivant;

3°. La république.

724   13. A l'instant même de l'ouverture des successions, les héritiers du sang sont saisis, de plein droit, de tous les biens, droits et actions du défunt; et ils sont tenus de toutes les charges de la succession.

ib.   14. Cette saisine légale n'est pas accordée à l'époux survivant ni à la république, ils doivent se faire envoyer en possession de la succession par justice, et dans les formes qui seront déterminées ci-après.

CHAPITRE II.

Des qualités requises pour succéder.

725   15. Sont incapables de succéder,

1°. Celui qui n'est point né ni conçu à l'époque de l'ouverture de la succession;

2°. L'enfant mort-né;

3°. Celui qui n'a pas reçu la forme humaine;

4°. L'enfant né avant cent quatre-vingt-six jours, quand même il aurait donné quelques signes de vie;

5°. Celui qui est mort civilement.

ap. 725   16. Si la condamnation qui emporte la mort civile n'a été
et 26

prononcée que par contumace, son effet se détermine d'après les principes énoncés aux articles 3, 4 et 5 du chapitre Ier.

17. En conséquence, si le condamné n'a point été arrêté, ap.725 ou ne s'est point représenté dans le délai utile, les succes- et 25 sions qui se sont ouvertes dans le cours de ce délai, et aux-quelles le condamné était appelé, appartiennent aux héri-tiers avec lesquels il aurait pu concourir, ou à ceux du degré subséquent.

Néanmoins, ces héritiers, tant que le délai accordé au condamné pour se représenter n'est point expiré, ne sont envoyés en possession de la succession échue, que provisoi-rement, et en donnant caution de restituer au condamné, s'il y a lieu.

18. Si le contumax représenté est condamné contradic- ib. toirement à une peine emportant mort civile, les successions qui lui sont échues avant l'exécution de ce jugement con-tradictoire, peuvent être réclamées par ceux de ses parens qui se trouvent être ses héritiers de droit à l'époque du se-cond jugement, et auxquels elles doivent être restituées par ceux qui en avaient obtenu la possession provisoire.

S'il est absous, ou s'il n'est condamné qu'à une peine qui n'emporte pas mort civile, il reprend ses droits sur toutes les successions ouvertes pendant sa contumace ; et ceux qui en auraient été envoyés en possession, doivent lui restituer tout ce qui lui en appartient.

19. Si le condamné par contumace décède avant l'expira- ib. tion du délai utile, les parens qui ont été envoyés en posses-sion provisoire des successions auxquelles il était appelé, doivent restituer aux héritiers du contumax la part qui lui revenait dans ces successions.

20. Dans aucun cas, le condamné par contumace ni ses ib. héritiers ne peuvent demander la restitution des fruits et revenus échus pendant la contumace; ils sont irrévocable-ment acquis à ceux qui ont été envoyés en possession pro-visoire.

726   21. L'étranger est admis à succéder aux biens que son parent étranger ou français possède dans le territoire de la république. Il y succède même concurremment avec les parens français, et suivant l'ordre ordinaire des successions.

727   22. Sont indignes de succéder, et comme tels exclus des successions,

1°. Celui qui est jugé avoir donné volontairement la mort au défunt;

2°. Celui qui a porté contre le défunt une accusation capitale et qui a été jugée calomnieuse;

3°. L'héritier majeur qui n'a pas dénoncé à la justice le meurtre du défunt.

728   23. L'obligation de dénoncer n'est imposée ni aux descendans contre les ascendans, ni aux ascendans contre les descendans.

729   24. L'héritier exclu de la succession pour cause d'indignité, est tenu de rendre tous les fruits et revenus dont il a eu la jouissance depuis l'ouverture de la succession.

730   25. Les enfans de l'indigne, venant à la succession de leur chef et sans le secours de la représentation, ne sont pas exclus pour la faute de leur père.

CHAPITRE III.

Des divers ordres de succession.

SECTION PREMIÈRE.

DISPOSITIONS GÉNÉRALES.

731   26. Il y a trois espèces de successions pour les parens : la succession qui échoit aux descendans, celle qui échoit aux ascendans, et celle à laquelle sont appelés les parens collatéraux.

732   27. La loi ne considère ni la nature ni l'origine des biens pour en régler la succession.

733   Néanmoins toute succession échue à des ascendans ou à

des collatéraux se divise en deux parts égales, l'une pour les parens de la ligne paternelle, l'autre pour les parens de la ligne maternelle, sauf les deux cas énoncés aux articles 46 et 47 ci-après.

Il ne se fait de dévolution d'une ligne à l'autre, que lorsqu'il ne se trouve aucun ascendant ni collatéral de l'une des deux lignes.

28. Cette première division faite entre les lignes pater- 734 nelle et maternelle, il ne se fait plus de subdivision ou refente entre les diverses branches de chaque ligne.

Ainsi, la portion échue à la ligne paternelle ne se subdivise pas en deux parts, l'une pour la branche de l'aïeul, et l'autre pour la branche de l'aïeule, et réciproquement dans la ligne maternelle; mais dans chacune de ces lignes, la moitié qui lui est dévolue appartient à l'héritier le plus proche en degré, ou aux héritiers en degrés égaux, sauf les cas où la représentation a lieu, ainsi qu'il sera dit ci-après.

29. La proximité de parenté entre deux personnes s'éta- 735 blit par le nombre des générations qui les lient entre elles, et chaque génération s'appelle *degré*.

30. On appelle ligne directe ou collatérale la suite de de- 736 grés ou de générations qui forme la parenté.

31. Dans la ligne ascendante ou descendante, on compte 737 autant de degrés qu'il y a de générations.

Ainsi, le fils est à l'égard du père au premier degré;

Le petit-fils est au second degré à l'égard de l'aïeul; et réciproquement du père et de l'aïeul à l'égard du fils et du petit-fils, ainsi de suite.

32. Pour connaître les degrés de parenté en ligne colla- 738 térale, il faut compter le nombre des générations qu'il y a eu depuis l'un des parens jusqu'à la souche commune d'où ils descendent, et depuis cette souche commune jusqu'à l'autre parent.

Ainsi deux frères sont au second degré:

II.

L'oncle et le neveu du défunt sont au troisième;

Deux cousins germains sont au quatrième; ainsi de suite.

SECTION II.

De la représentation.

739   33. La représentation est une fiction de la loi, dont l'effet est de faire entrer les représentans dans la place, dans le degré et dans les droits du représenté.

740   34. La représentation a lieu à l'infini dans la ligne directe descendante.

Elle y est admise dans tous les cas, soit que les enfans du défunt concourent avec des descendans d'un enfant prédécédé, soit que tous les enfans du défunt étant morts avant lui, les descendans desdits enfans se trouvent entre eux en degrés égaux ou inégaux.

741   35. La représentation n'a pas lieu en faveur des ascendans; le plus proche, dans chacune des deux lignes, exclut toujours le plus éloigné.

742   36. En ligne collatérale, la représentation n'est admise que dans les cas où le défunt laisse des frères ou sœurs, et des neveux ou nièces, enfans du premier degré, de frère ou de sœur.

743   37. Dans tous les cas où la représentation est admise, soit en ligne directe descendante, soit en collatérale, les représentans succèdent par souches.

Si une même souche a produit plusieurs branches, la subdivision se fait aussi par souche dans chaque branche, et les individus de la même branche partagent entre eux par tête.

744   38. On ne représente pas les personnes vivantes, mais seulement celles qui sont mortes naturellement ou civilement.

SECTION III.

De la succession des descendans.

745   39. Les enfans légitimes ou leurs descendans succèdent à

leurs père et mère, aïeuls, aïeules ou autres ascendans, sans distinction entre eux de sexe ni de primogéniture.

Ils leur succèdent par égales portions, et par tête ou par souche, lorsqu'ils viennent par représentations; et ce, encore qu'ils soient issus de différens mariages.

40. Les enfans d'un même père ou d'une même mère qui a convolé à de secondes ou ultérieures noces, succèdent également au retranchement dû don excessif que leur père ou mère a fait aux seconds ou ultérieurs époux, avec les enfans du lit qui ont droit de demander ce retranchement. fin de sect. 3

41. Il en est de même des biens dont la disposition et l'aliénation sont interdites à l'époux qui a convolé à de secondes ou ultérieures noces, par l'article 161 du titre *des donations,* dans le cas où il existe des enfans du mariage qui a occasionné cette réserve. ib.

SECTION IV.

De la succession des ascendans.

42. Les ascendans succèdent diversement à leurs descendans, selon que le défunt a laissé ou n'a pas laissé des frères ou sœurs, ou des descendans de ceux-ci; av. 746

Le tout ainsi qu'il va être expliqué.

§. Ier. De la succession des ascendans, dans le cas où le défunt ne laisse ni frères ni sœurs, ni descendans d'eux.

43. Si le défunt n'a laissé ni frères ni sœurs, ni descendans de ceux-ci, la succession se divise par moitié entre les ascendans de la ligne paternelle et les ascendans de la ligne maternelle. 746

Dans chaque ligne, l'ascendant exclut tous les collatéraux.

L'ascendant qui se trouve au degré le plus proche, exclut le plus éloigné, et recueille l'entière moitié affectée à sa ligne.

S'il n'y a point d'ascendans dans l'une ou l'autre des lignes paternelle ou maternelle, la moitié affectée à cette ligne est dévolue aux collatéraux de la même ligne.

44. Ainsi, lorsque le père et la mère du défunt lui survi- ap. 746

vent, le père recueille la moitié affectée à la ligne paternelle, à l'exclusion de l'aïeul et de l'aïeule; la mère recueille
la moitié affectée à la ligne maternelle, à l'exclusion des ascendans plus éloignés de cette même ligne.

Si le père est prédécédé, la moitié affectée à la ligne paternelle est dévolue à l'aïeul et à l'aïeule paternels, ou à celui
des deux qui survit, à l'exclusion du bisaïeul et de la bisaïeule; et ainsi de suite.

Il en est de même à l'égard de l'aïeul et aïeule maternels,
si c'est la mère qui est prédécédée.

746   45. Les aïeuls de la même ligne succèdent entre eux par
tête, s'ils sont au même degré.

ap.746   Ainsi, dans le cas où le défunt ne laisse ni père ni aïeul,
ni aïeule paternels, s'il existe d'une part un bisaïeul, père de
l'aïeul décédé, et d'autre part un bisaïeul et une bisaïeule
auteurs de l'aïeule parternelle, la moitié affectée à la ligne
paternelle ne se subdivise et ne se refend point en deux parts.

Le bisaïeul père de l'aïeul, et les bisaïeul et bisaïeule,
auteurs de l'aïeul, succèdent par tête; et la portion paternelle se divise en trois parts égales.

§. II. De la succession des ascendans, dans le cas où le défunt laisse des
frères et sœurs, ou des descendans d'eux.

748   46 Lorsque le défunt a laissé des frères ou sœurs, ou des
descendans de ceux-ci, ils excluent tous les ascendans, autres que les père et mère; encore que lesdits frères ou sœurs
ne soient que consanguins ou utérins.

La succession se divise en deux portions égales, dont une
moitié est déférée au père et à la mère, qui la partagent entre
eux également, et l'autre moitié est déférée aux frères ou
sœurs, ou aux descendans de ceux-ci.

749   47. Si le père ou la mère est prédécédé, le quart qui lui
aurait appartenu se réunit à la moitié qui est déférée aux
frères et aux sœurs, ou à leurs descendans, lesquels ont,
en ce cas, les trois quarts de la succession.

48. La moitié ou les trois quarts qui reviennent aux frères ap. 749
et sœurs ou à leurs descendans, se partagent entre eux,
suivant les règles qui seront ci-après prescrites pour les successions collatérales.

SECTION V.

Des successions collatérales.

49. Si le défunt ne laisse ni descendans, ni père, ni 750
mère, la succession est déférée, en premier ordre et en entier, aux frères et sœurs germains survivans, ou aux descendans d'eux, soit de leur chef, soit par représentation, dans
le cas déterminé à la section II *de la représentation.*

50. Le double lien n'a pas le privilège d'exclure : la suc- 752
cession se divisant toujours en deux parts, la moitié pour la
ligne paternelle, l'autre moitié pour la ligne maternelle, les
frères ou sœurs germains prennent leur part dans l'une et
l'autre moitié; les consanguins ou utérins ne la prennent
que dans la moitié attribuée à leur ligne.

51. A défaut de frères ou sœurs, ou descendans d'eux, et 753
d'ascendans dans l'une ou l'autre ligne, la succession est
déférée, en second ordre, par moitié aux parens les plus
proches du défunt dans la ligne paternelle; et pour l'autre
moitié, aux parens les plus proches dans la ligne maternelle.

52. En cas de concours de parens collatéraux au même ib.
degré, ils partagent entre eux et par tête la portion revenant
à chaque ligne.

53. A défaut de parens d'une ligne, les parens de l'autre 755
ligne succèdent pour le tout.

CHAPITRE IV.

Des droits des enfans naturels, et de leur succession.

SECTION Ire

Des droits de l'enfant naturel né de deux personnes libres.

54. L'enfant naturel qui n'a point de parenté civile résul- 756
tant du mariage, n'est point héritier. La portion que la loi

lui accorde sur les biens de ses père et mère, n'est qu'une créance fondée sur l'obligation naturelle qu'ils ont contractée envers lui.

757 55. Cette portion, lorsque le père ou la mère laisse des enfans ou descendans, ou des ascendans légitimes, est, en propriété, d'une valeur égale au tiers de la portion héréditaire que l'enfant naturel aurait eu droit de recueillir dans la succession de son père ou de sa mère, s'il eût été légitime.

Elle est du quart de la succession, lorsque le père ou la mère ne laisse ni descendans légitimes ni ascendans.

Dans ce dernier cas, tous les enfans naturels, en quelque nombre qu'ils soient, ne peuvent prendre ensemble que le quart de la succession.

759 56. Les enfans ou descendans de l'enfant naturel peuvent réclamer la portion fixée par l'article précédent, lorsque leur père ou leur mère est prédécédé avant l'ouverture de la succession.

760 57. L'enfant naturel ou ses descendans ne peuvent réclamer la portion qui lui est accordée par les articles ci-dessus, que lorsque le père ou la mère naturels ne la lui ont point donnée de leur vivant; et il est obligé d'imputer sur cette portion ce qu'il peut avoir reçu de son père ou de sa mère.

761 58. L'enfant naturel est obligé de se contenter de ce que son père ou sa mère lui a donné de son vivant, toutes les fois que ce qu'il a reçu n'est point inférieur aux trois quarts de la portion qui lui est ci-dessus accordée.

ap. 761 59. Cette portion est évaluée eu égard à tout ce qui compose la succession partageable entre les héritiers légitimes, déduction faite des dettes et charges, et des dons, soit entre-vifs, soit par testament, que le père ou la mère a faits conformément à la loi.

ib. 60. Toutes les fois qu'il y a lieu de liquider la portion afférente à l'enfant naturel, l'héritier légitime auquel elle est demandée, doit donner un état estimatif sommaire de l'actif et du passif de la succession, d'après lequel la portion de l'enfant naturel est fixée, et lui offrir la valeur de cette portion en argent ou en fonds.

L'option appartient à l'héritier légitime.

61. En cas de contestation de la part de l'enfant naturel, ap. 761 soit sur la valeur totale de la succession, soit sur la suffisance des offres qui lui sont faites, il est procédé en justice à la liquidation de la masse, ou à l'estimation des objets dont la valeur est contestée.

Les frais de cette liquidation sont avancés par l'enfant naturel, et supportés en définitive par celui qui succombe. Si l'enfant naturel succombe, il est condamné aux frais, qui sont retenus par l'héritier légitime, sur la portion revenant à l'enfant naturel.

Le tribunal saisi de la contestation, peut, suivant les circonstances, accorder une provision à l'enfant naturel.

62. Les droits ci-dessus accordés aux enfans naturels, 756 n'ont lieu qu'à l'égard de ceux qui ont été légalement reconnus.

63. La loi n'accorde à l'enfant naturel aucun droit sur les ib. biens de ses ascendans naturels autres que son père ou sa mère, ni sur les biens des autres parens du père ou de la mère naturels.

SECTION II.

Des droits des enfans naturels, adultérins ou incestueux.

64. L'enfant adultérin ou incestueux ne peut réclamer 762 aucun droit en propriété sur les biens de son père ou de sa mère.

La loi ne lui accorde que de simples alimens viagers.

65. La quotité de ces alimens est fixée par le juge, eu 763 égard aux facultés du père ou de la mère, au nombre et à la qualité des héritiers légitimes.

66. Ces alimens ne peuvent excéder le sixième du revenu ap. 763

net des biens qui composent la succession, ni être moindres du douzième.

764   67. L'enfant adultérin ou incestueux ne peut demander un supplément sur la succession de son père ou de sa mère, toutes les fois que celui-ci lui en a assuré de son vivant, quand même la quotité en serait inférieure au taux fixé par l'article précédent, ou lorsque le père ou la mère lui a fait apprendre un art mécanique.

ap. 764   68. Les dispositions ci-dessus ne s'appliquent qu'au cas où l'enfant adultérin et incestueux a été légalement reconnu, et dans les cas où il peut l'être.

ib.   69. Toutes les règles établies dans la section précédente à l'égard des enfans naturels nés de personnes libres, sont communes aux enfans adultérins et incestueux, en ce qui peut leur en être applicable.

SECTION III.

De la succession aux biens des enfans naturels.

765   70. Le père ou la mère succèdent à leur enfant naturel à l'exclusion de la république, lorsque celui-ci ne laisse aucun enfant ou descendant issu en légitime mariage.

766   71. A défaut de père ou de mère de l'enfant naturel, ses frères et sœurs légitimes lui succèdent à l'exclusion de la république.

Ils lui succèdent chacun dans leur ligne, selon qu'ils sont consanguins ou utérins.

ib.   72. A défaut de frères et sœurs légitimes, les frères ou sœurs naturels succèdent à leur frère ou sœur naturel.

ap. 766   73. Dans les cas des deux articles précédens, les enfans ou descendans des frères ou sœurs légitimes ou naturels prédécédés, succèdent, à l'exclusion de la république, à l'enfant naturel qui a survécu à leur auteur.

ib.   74. Les droits de successibilité ci-dessus établis n'ont lieu que pour la succession de l'enfant naturel qui a été légalement reconnu.

CHAPITRE V.

Des successions irrégulières.

SECTION PREMIÈRE.

De la succession d'un époux à l'autre époux.

75. Lorsque le défunt n'a laissé aucun parent, la succes- 767
sion est déférée pour le tout à son époux survivant.

76. Lorsque le défunt ne laisse aucun des héritiers ci- 768
dessus appelés par la loi, la succession appartient à la république.

77. L'époux survivant qui prétend avoir droit de suc- 770
céder à son époux prédécédé, à défaut de parens connus, doit présenter une pétition au tribunal de première
instance de l'arrondissement dans lequel la succession s'est
ouverte, et y joindre une note des noms et demeures des parens du défunt qui ont assisté à son contrat de mariage, s'il
y en a ; sinon, de ceux desdits parens qu'il a pu connaître.

Sur cette pétition, et d'après les conclusions du commis- 769—
saire du gouvernement, le tribunal rend un jugement qui 771
envoie l'époux survivant en possession de l'hérédité, à la
charge de faire inventaire, si fait n'a été, et de donner caution ou de faire emploi du mobilier, en cas qu'il se représente quelques héritiers dans l'intervalle de trois ans, passé
lequel temps la caution est déchargée.

L'époux qui n'a point rempli les formalités ci-dessus, est 772
condamné envers les héritiers, s'il s'en représente, en des
dommages-intérêts.

SECTION II.

De la succession dévolue à la république.

78. La régie des domaines nationaux, qui réclame, à titre 769—
de déshérence, une succession au nom de la nation, après 770
avoir requis l'apposition des scellés et fait faire inventaire,
présente au tribunal civil de première instance de l'arrondissement dans lequel le défunt avait son domicile, une pé-

tition à l'effet de se faire envoyer en possession de l'hérédité, après trois publications faites, et affiches apposées de quinzaine en quinzaine, contenant que, faute par aucun parent de se présenter et de justifier de sa qualité, la république sera déclarée héritière, et mise en possession de tous les biens et effets du défunt.

CHAPITRE VI.

De l'acceptation des successions, et de la répudiation.

SECTION PREMIÈRE.

De l'acceptation.

775   79. Nul n'est tenu d'accepter la succession qui lui est échue.

776   80. Ceux qui ne sont pas capables de s'obliger, ne peuvent pas valablement accepter une succession.

781   81. Lorsque celui à qui une succession est déférée, est décédé sans s'être expliqué sur l'acceptation ou la répudiation de cette succession, ses héritiers peuvent, de son chef, l'accepter ou la répudier.

782   82. Si ces héritiers ne sont pas d'accord entre eux, on examine, et on adopte ce qui aurait été le plus avantageux au défunt.

778   83. L'acceptation d'une succession peut être expresse ou tacite.

774   Elle peut être faite purement et simplement, ou sous bénéfice d'inventaire.

778   84. L'acceptation est expresse toutes les fois que l'on prend le titre et la qualité d'héritier dans un écrit authentique ou sous signature privée.

ib.   85. L'acceptation est tacite et légalement présumée, toutes les fois que l'héritier fait quelque acte qui suppose nécessairement son intention d'accepter l'hérédité.

779   Les actes purement conservatoires, de surveillance et d'administration provisoire, ne sont pas des actes d'addi-

tion d'hérédité, si l'on n'y a pas pris le titre et la qualité d'héritier.

86. La donation, vente ou transport fait par l'un des hé- 780 ritiers, à tous ou à quelques-uns de ses cohéritiers, emporte acceptation de la succession.

Il en est de même, 1°. de la renonciation, quoique gratuite, que fait l'héritier au profit d'un seul de ses cohéritiers ;

2°. De la renonciation qu'il fait, même au profit de tous ses cohéritiers indistinctement, lorsqu'il reçoit un prix de sa renonciation.

87. Celui contre lequel un créancier de la succession a ap.780 obtenu un jugement contradictoire passé en force de chose jugée, qui le condamne comme héritier, est reputé avoir accepté la succession.

Si le jugement passé en force de chose jugée n'a été rendu que par défaut, la condamnation obtenue par un créancier seul ne profite point aux autres.

88. L'acceptation expresse ou tacite du majeur ne peut 783 être révoquée, même sous le prétexte de lésion ; il ne peut répudier la succession ainsi acceptée, que dans le cas où cette acceptation aurait été la suite d'un dol pratiqué envers lui.

SECTION II.

De la renonciation aux successions.

89. La renonciation à une succession n'est jamais pré- 784 sumée.

Elle doit être faite au greffe du tribunal civil de première instance, dans l'arrondissement duquel la succession s'est ouverte, sur un registre particulier tenu à cet effet, à peine de nullité.

90. L'héritier qui renonce est censé n'avoir jamais été 785 héritier.

91. La part du renonçant accroît à celui ou à ceux qui 786

devaient concourir avec lui; et, s'il est seul, elle est dévolue au degré subséquent.

787 92. On ne vient jamais par représentation de l'héritier renonçant.

Mais si le renonçant est seul héritier dans sa ligne, ou si tous les cohéritiers égaux en degré renoncent, leurs enfans viennent, de leur chef, remplacer ceux dont la renonciation fait vaquer le degré.

788 93. Les créanciers de celui qui renonce en fraude, et au préjudice de leurs droits, peuvent attaquer la renonciation, et se faire autoriser en justice à accepter la succession du chef de leur débiteur, et en son lieu et place.

Dans ce cas, la renonciation n'est annullée qu'en faveur des créanciers, et jusqu'à concurrence seulement du montant de leurs créances; elle ne l'est pas au profit de l'héritier qui a renoncé.

789 94. La faculté d'accepter ou de répudier une succession, ne se prescrit que par le laps de temps requis pour la prescription la plus longue des droits immobiliers.

790 95. Les héritiers qui ont renoncé, ont, pendant le même temps, le droit de reprendre la succession, pourvu toutefois qu'elle n'ait pas encore été acceptée par un autre héritier.

ib. 96. Cette faculté ne nuit pas aux droits ou hypothèques que des tiers pourraient avoir acquis, pendant ce temps, sur les biens de la succession, par prescription, acquisition ou autres actes valablement faits avec le curateur à la succession vacante.

791 97. On ne peut, même par contrat de mariage, renoncer à la succession d'un homme vivant, ni aliéner les droits éventuels qu'on peut y avoir.

SECTION III.

Du bénéfice d'inventaire, de ses effets, et des obligations de l'héritier bénéficiaire.

DISTINCTION PREMIÈRE.

Du bénéfice d'inventaire.

98. Celui qui, n'ayant point encore expressément ou ta- 793
citement accepté la succession, veut se porter héritier bénéficiaire, doit en faire la déclaration au greffe du tribunal
civil de première instance dans l'arrondissement duquel la
succession s'est ouverte.

Cette déclaration est inscrite sur le registre destiné à recevoir les actes de renonciation.

99. Il doit, avant ou après cette déclaration, faire pro- 794
céder à un inventaire fidèle et exact des biens de la succession.

Les formes de l'inventaire, celles des oppositions et de
leur main - levée, sont réglées par le Code de la procédure
civile.

100. L'héritier est déchu du bénéfice d'inventaire, s'il 801
s'est rendu coupable de recelé, ou s'il a omis, sciemment
et de mauvaise foi, de comprendre dans l'inventaire des effets de la succession.

101. L'héritier a trois mois pour faire inventaire, à 795
compter du jour de la succession.

102. L'héritier a, de plus, pour délibérer sur son accep- ib.
tation ou sur sa répudiation, un délai de quarante jours,
qui commence à l'expiration des trois mois fixés pour l'inventaire, ou même du jour de sa clôture, s'il a été terminé
avant les trois mois.

103. Pendant la durée de ces délais, on ne peut pas ob- 797
tenir de condamnation contre l'héritier, ni le contraindre à
prendre qualité; et s'il renonce avant qu'ils soient expirés,
les frais légitimement faits jusqu'à cette époque sont à la
charge de la succession.

800   104. Quoique les délais soient expirés, l'héritier conserve la faculté de faire inventaire et de se porter héritier bénéficiaire, pourvu qu'il n'ait pas fait acte d'héritier, ou qu'il ne soit pas intervenu de jugement contradictoire et passé en force de chose jugée, qui le condamne en qualité d'héritier pur et simple.

798   105. Il peut même, en cas de poursuite dirigée contre lui après l'échéance desdits délais, en demander un nouveau, que le tribunal saisi de la contestation lui accorde selon les circonstances.

799   Mais les frais de ces poursuites, jusques et compris le jugement qui accorde le nouveau délai, sont à la charge de l'héritier, sans répétition contre la succession, lorsque c'est par sa faute et par sa négligence que l'inventaire n'a pas été fait dans les délais accordés par la loi.

ib.   106. Les frais sont à la charge de la succession, si l'héritier justifie qu'il n'avait pas eu connaissance du décès, ou que les délais accordés par la loi étaient insuffisans à raison de la situation des biens ou des contestations et oppositions qui étaient survenues.

ap. 800   107. L'acceptation d'une succession échue au mineur ne peut se faire par son tuteur, ni par le mineur émancipé et assisté de son curateur, que sous bénéfice d'inventaire (1).

DISTINCTION II.

Des effets du bénéfice d'inventaire, et des obligations de l'héritier bénéficiaire.

802   108. L'effet du bénéfice d'inventaire est de donner à l'héritier l'avantage,

1°. De n'être tenu du paiement des dettes de la succession qu'à concurrence de la valeur des biens qu'il a recueillis, et de pouvoir se décharger du paiement des dettes, en abandonnant tous les biens de la succession aux créanciers et aux légataires ;

(1) *Voyez* l'article 461.

2°. De ne pas faire confusion de ses biens personnels avec ceux de la succession, contre laquelle il a le droit de réclamer le paiement de ses créances.

109. L'héritier bénéficiaire est chargé d'administrer les biens de la succession, et de rendre compte des biens de son administration aux créanciers et aux légataires. 803

Il peut être contraint sur ses biens personnels, tant qu'il n'a point présenté son compte : après l'apurement du compte, il ne peut être contraint sur ses biens personnels, que jusqu'à concurrence seulement des sommes dont il se trouve reliquataire.

110. Il n'est tenu que des fautes graves dans l'administration dont il est chargé. 804

111. L'héritier bénéficiaire qui vend les meubles de la succession, est tenu, sous peine de dommages-intérêts envers les créanciers, de les vendre aux enchères, après affiches et publications dans les formes ordinaires. 805

112 Si, ne les ayant pas vendus, il est en état de les représenter en nature, il n'est tenu que de la dépréciation ou détérioration causée par sa négligence. ib.

113. L'héritier bénéficiaire ne peut vendre les immeubles qu'aux enchères, après affiches et publications dans les formes ordinaires. 806

Il est tenu, sous sa responsabilité personnelle, d'en déléguer le prix aux créanciers hypothécaires qui se sont fait connaître.

114. Les créanciers et autres parties intéressées peuvent en outre exiger que l'héritier bénéficiaire donne une caution bonne et solvable, tant de la valeur des meubles compris dans l'inventaire, que de la portion du prix des immeubles excédant les délégations faites aux créanciers hypothécaires. 807

115. Faute par l'héritier bénéficiaire de donner caution, les meubles sont vendus, et leur prix, ainsi que ce qui reste du prix des immeubles en sus des délégations en faveur des créanciers hypothécaires, est déposé pour être employé jus- ib.

qu'à due concurrence au paiement des dettes et des charges de la succession.

808   116. S'il y a plusieurs créanciers opposans, l'héritier bénéficiaire ne peut payer, ou faire payer par le dépositaire, les dettes de la succession, que dans l'ordre qui est réglé par le juge; ce cas excepté, il paie ou fait payer les créanciers et légataires à mesure qu'ils se présentent.

809   117. Dans les cas compris aux trois précédens articles, les créanciers qui ne se présentent qu'après la reddition du compte et le paiement du reliquat, n'ont de recours à exercer que contre les légataires qui auraient été payés à leur préjudice.

ib.   118. Ce recours se prescrit par le laps de trois années, à compter du jour de la demande en délivrance du legs.

810   119. Les frais de l'inventaire, du scellé, s'il a été apposé, et ceux du compte, sont à la charge de la succession.

ch. 5 fin de sect. 3   120. Le bénéfice d'inventaire ne peut pas être opposé à la république par l'héritier d'un comptable; il faut qu'il accepte ou qu'il renonce purement et simplement.

SECTION IV.

Des successions vacantes.

812   121. Lorsqu'une succession est vacante, le juge compétent lui nomme un curateur.

ib.   122. Cette nomination se fait d'office par le juge, ou sur la réquisition du commissaire du gouvernement près le tribunal de première instance de l'arrondissement dans lequel la succession est ouverte, ou sur celle de l'époux survivant ou des créanciers, ou de tous autres ayant droit sur la succession.

ap. 812   123. Dans le cas où il y avait contestation entre le défunt et un tiers, le tribunal saisi de cette contestation peut nommer le curateur.

Si le créancier veut exercer une action nouvelle contre la

succession, le curateur est nommé par le tribunal de première instance du lieu où la succession s'est ouverte.

124. Le curateur à la succession vacante en exerce et poursuit tous les droits. 813

Il répond aux demandes formées contre elle, les conteste ou les approuve, s'il y a lieu.

Il administre et rend compte comme le tuteur, mais sans recourir au conseil de famille.

CHAPITRE VII.

Du partage et des rapports.

SECTION PREMIÈRE.

De l'action en partage, et de sa forme.

125. On ne peut contraindre personne à demeurer dans l'indivision, quel que soit le temps qu'elle ait subsisté. 815

126. Le partage peut être provoqué nonobstant toute prohibition contraire faite par le défunt, ou toute convention faite entre cohéritiers. ib.

Néanmoins ils peuvent convenir de suspendre le partage pendant un temps limité, lequel ne peut excéder le terme de cinq ans.

127. Il y a lieu à l'action en partage dans le cas même où l'un des cohéritiers aurait joui séparément de tout ou de partie des biens de la succession, si ce cohéritier ne rapporte aucun acte de partage, ou s'il n'est en état de justifier d'une possession séparée, paisible et non interrompue, pendant le temps nécessaire pour opérer la prescription. 816

128. L'action en partage à l'égard des cohéritiers mineurs, absens ou interdits, peut être exercée par leurs tuteurs, autorisés spécialement par un conseil de famille, dans lequel les cohéritiers des mineurs, absens ou interdits, ne sont point admis. 817

129. Le mari peut, sans le concours de sa femme, provoquer les cohéritiers de celle-ci au partage des meubles de 818

la succession à elle échue, et des biens meubles et immeubles qui tombent dans la communauté.

818   130. Il ne peut, sans sa femme, provoquer un partage définitif des meubles et immeubles de la succession à elle échue, lorsque lesdits biens ne tombent point en communauté; mais il peut en provoquer un provisionnel, lorsqu'il a le droit de jouir desdits biens.

Les cohéritiers de la femme ne peuvent provoquer le partage définitif, qu'en mettant en cause et la femme et son mari.

819   131. Lorsque les héritiers sont tous présens, tous majeurs, et qu'ils sont d'accord, il n'est pas nécessaire de faire apposer les scellés sur les effets de la succession; ils peuvent opérer entre eux le partage en la forme et par tel acte qu'ils jugent à propos.

ib.   132. S'il y a des héritiers mineurs, absens ou interdits, le scellé doit être apposé dans le plus bref délai, soit à la poursuite des héritiers présens, soit à la diligence du commissaire du gouvernement près le tribunal de première instance.

820   133. Les créanciers ont aussi le droit de faire apposer le scellé en vertu d'un titre exécutoire ou de la permission du juge.

821   134. Quand le scellé a été mis sur la demande des héritiers ou d'un créancier, les autres créanciers peuvent s'opposer au scellé, encore qu'ils n'aient point de titre exécutoire, et sans être obligés de prendre la permission du juge.

Alors on ne peut ni le lever, ni procéder à l'inventaire, sans y appeler tous les opposans.

823   135. Si l'un des cohéritiers refuse de consentir au partage, ou s'il n'est pas d'accord sur sa forme, le tribunal ordonne qu'il y sera procédé, et commet l'un des juges pour les opérations ci-après indiquées.

824   136. L'estimation des immeubles se fait par des experts qui sont choisis à l'amiable par les parties intéressées devant le juge commissaire, sinon, par lui nommés d'office. Il est

dressé procès-verbal du rapport des experts , qui sont tenus de l'affirmer devant le juge-commissaire.

137. Le procès-verbal des experts doit contenir en détail 824 la valeur de l'objet estimé, indiquer s'il peut être commodément partagé, et de quelle manière, fixer enfin, en cas de division, la valeur de chacune des parts qu'on en peut former.

138. L'estimation des meubles , s'il n'y a pas eu de prisée 825 faite dans un inventaire régulier, doit être faite par gens à ce connaissant.

139. Chacun des cohéritiers peut demander à avoir sa 826 part en nature des meubles et des immeubles de la succession.

Néanmoins, s'il y a des créanciers saisissans ou opposans , aucun des cohéritiers ne peut empêcher que les meubles ne soient vendus publiquement en la forme ordinaire.

140. Si, n'y ayant pas de créanciers saisissans et opposans, ib. la vente des meubles est jugée nécessaire pour l'acquittement des dettes et charges de la succession, chacun des cohéritiers peut s'opposer à la vente de sa part dans lesdits meubles , en offrant deniers suffisans pour payer sa portion desdites dettes et charges.

141. Si les immeubles, ou l'un d'eux, ne peuvent pas se 827 partager commodément, le juge-commissaire ordonne qu'il sera procédé à la vente par licitation devant le tribunal , si mieux n'aiment les parties consentir qu'elle soit faite devant un notaire, sur le choix duquel elles s'accordent.

142. La licitation se fait publiquement dans les formes ap. 827 établies par le code judiciaire ; et les étrangers y sont admis si un seul des cohéritiers l'exige.

143. Après que les meubles et les immeubles ont été 828 estimés et vendus, s'il y a lieu, le juge-commissaire renvoie les parties devant un notaire de leur choix, ou par lui nommé d'office si les parties ne s'accordent point sur ce choix, pour être procédé devant lui aux comptes respectifs que les copartageans peuvent se devoir, ou qui peuvent être dus par l'un deux, et pour procéder à la formation de

la masse générale, à la composition des lots, et aux four-
nissemens à faire à chacun des partageans.

829   144. Pour la formation de la masse générale, il est fait
par les héritiers qui ont reçu des dons rapportables, ou
qui se trouvent débiteurs envers la succession, un rapport
des objets compris dans les dons, ou des sommes dont ils
sont débiteurs.

Ce rapport est fait fictivement, ou en nature, selon les
règles ci-après établies au §. v de la section ii du présent
chapitre.

830   145. Lorsque le rapport n'est point fait en nature par
ceux des cohéritiers qui le doivent, il est fait en faveur des
autres sur la masse des prélèvemens convenables pour les
égaler.

Ces prélèvemens, autant qu'il est possible, doivent se
faire en objets de même nature, qualité et bonté que les
effets retenus par les cohéritiers qui n'en font le rapport
que fictivement.

831   146. Il est ensuite procédé, sur ce qui reste dans la
masse, à la composition d'autant de lots égaux qu'il y a
d'héritiers copartageans par têtes, ou de souches copartageantes.

832   147. Dans la formation et composition des lots, on doit
éviter, autant que possible, de morceler les héritages et de
diviser les exploitations.

ib.   148. On fait entrer, autant qu'on le peut, dans chacun
des lots, la même quantité de meubles et d'immeubles.

833   149. L'inégalité des lots en nature est compensée par un
retour, soit en rentes, soit en argent.

834   150. Les lots sont faits par l'un des cohéritiers, et choisis
successivement par les autres.

Le sort désigne celui qui doit former les lots, et l'ordre
dans lequel ils doivent être choisis.

Le lot non choisi demeure à celui qui les a faits.

836   151. Dans la subdivision du lot échu à l'une des souches

copartageantes, on suit les mêmes règles ci-dessus établies
pour la première division.

152. Si, dans les opérations pour lesquelles les parties ont 837
été renvoyées devant un notaire, il s'élève quelques contestations entre elles, le notaire, après avoir dressé procès-verbal des difficultés qui se sont élevées et des dires respectifs
des parties, les renvoie pardevant le juge - commissaire
nommé pour le partage ; et il y est statué par le tribunal, sur
le rapport qui lui en est fait par le juge-commissaire, en la
chambre du conseil.

Si la difficulté paraît assez importante au tribunal pour
mériter une discussion en séance publique, les parties y sont
renvoyées, et la cause est plaidée sur le premier rôle d'urgence qui est formé depuis le renvoi.

153. Toutes les fois que dans le nombre des copartageans 838
il se trouve un ou plusieurs mineurs absens ou interdits, ou
même un mineur émancipé, le partage doit être fait conformément aux règles ci-dessus prescrites pour les partages
faits en justice entre majeurs.

154. Lorsqu'il y a plusieurs mineurs qui ont des intérêts ib.
opposés dans le partage, il doit leur être donné à chacun
un tuteur spécial et particulier.

S'il résulte du procès-verbal des experts, qu'il y a lieu à 839.
liciter quelques-uns des immeubles, la licitation doit être
faite en justice, avec les formalités prescrites pour l'aliénation des biens des mineurs, et les étrangers y sont toujours
admis.

155. Les partages ainsi faits, soit par les mineurs éman- 840.
cipés assistés de leurs tuteurs, soit par les tuteurs ou curateurs des mineurs, des absens et des interdits, sont définitifs, autrement ils ne sont que provisionnels.

156. Tout individu, même parent du défunt, qui n'est 841
pas son successible, et auquel un cohéritier aurait cédé son
droit à la succession, peut être écarté du partage, en lui
remboursant le prix de la cession.

SECTION II.
Des rapports.

DISTINCTION PREMIÈRE.
Par qui le rapport est dû.

843   157. Tout héritier venant à la succession., doit rapporter tout ce qu'il a reçu du défunt par donation entre-vifs, directement ou indirectement, et ne peut réclamer le legs à lui fait par le défunt, à moins que ces dons ou legs ne lui aient été faits expressément par préciput et hors part, ou avec dispense du rapport.

844   158. Dans le cas même où le don et le legs ont été faits avec dispense du rapport, l'héritier qui vient à partage ne peut les retenir que jusqu'à concurrence de la quotité disponible : ce qui excède cette quotité, est toujours sujet au rapport.

ap. 844   159. Les dispositions des deux articles précédens ont lieu en toute succession directe ou collatérale, la loi établissant la même égalité entre tous les héritiers quelconques qui viennent au partage d'une même succession.

845   160. L'héritier présomptif qui renonce à la succession, peut retenir le don entre-vifs, ou réclamer le legs à lui fait, ainsi qu'un étranger pourrait le faire, jusqu'à concurrence de la portion disponible.

846   161. Le don ou le legs fait au parent qui n'est point héritier présomptif, est valable à concurrence de la portion disponible ; mais si tel donataire se trouve successible au jour de l'ouverture de la succession, ce don ou legs est rapportable, à moins qu'il n'ait été fait avec dispense de rapport pour le cas où il viendrait à la succession.

av. 847   162. L'héritier n'est tenu de rapporter que le legs qui lui a été fait personnellement.

847   163. Le père ne rapporte point le don fait à son fils non successible.

848   164. Le fils qui vient de son chef à la succession du

donateur, ne rapporte point le don fait à son père, soit qu'il ait accepté la succession de celui-ci, soit qu'il y ait renoncé.

165. Mais le fils qui ne vient que par représentation de son père, rapporte ce qui a été donné à celui-ci par le défunt, encore qu'il ait renoncé à la succession de son père. 848

166. Il n'y a pas lieu au rapport par une branche au profit de l'autre branche. ap. 848

Si, par exemple, les descendans de deux frères viennent à la succession par représentation des auteurs de deux branches, et s'il a été fait par le défunt le don de tout ou partie de la portion disponible, avec dispense de rapport aux descendans de l'un des deux frères ou à l'un desdits descendans, la branche dans laquelle se trouve le don n'en doit point le rapport à l'autre branche.

167. Lorsqu'il a été fait un don à l'un des deux époux qui n'est point successible, ou aux deux époux, dont l'un est seulement successible, le rapport n'a lieu, de la part de l'époux successible, que dans le cas où il profite du don, et pour la portion dont il en profite par l'effet de la communauté, et selon les règles établies au titre *des droits des époux*. 849

Si la communauté est encore subsistante au jour de l'ouverture de la succession, et qu'il soit incertain si l'époux successible profite ou non par l'effet de la renonciation ou acceptation de la femme, le rapport n'a lieu que provisoirement.

DISTINCTION II.

A quelle succession doit se faire le rapport.

168. Le rapport ne se fait qu'à la succession du donateur. 850

169. La dot constituée aux enfans communs du même mariage, se rapporte, pour le tout ou pour portion, à la succession du père ou de la mère qui a pris à sa charge la donation, ainsi qu'il est expliqué au titre *des droits des époux*. ap. 860

170. Le fils ne rapporte point à la succession de son père le don qui lui a été fait par l'aïeul. ib.

DISTINCTION III.

A qui le rapport est dû.

857 171. Le rapport n'est dû que par le cohéritier à son co-héritier.

ib. 172. Il n'est point dû aux légataires ni aux créanciers de la succession.

ap. 857 173. Lorsqu'un époux qui a convolé en secondes noces, a donné à son second époux une part d'enfant le moins prenant, les enfans doivent rapporter, à la succession de l'époux qui a assuré cette part, les dons qu'ils en ont reçus, et qui n'ont point été faits avec dispense du rapport.

DISTINCTION IV.

De ce qui est sujet à rapport.

851 174. Ce qui a été employé pour l'établissement d'un des cohéritiers, ou pour le paiement de ses dettes, doit être rapporté.

852 175. On ne rapporte ni les frais de nourriture, d'entretien, d'éducation ou d'apprentissage, ni les frais de noces et présens d'usage.

853 176. Il n'y a pas lieu au rapport des profits que l'héritier a pu retirer des conventions passées avec le défunt, si elles ne présentaient aucun bénéfice réel et actuel au moment où elles ont été faites.

854 177. Il en est de même pour les associations faites sans fraude entre le père et le fils, lorsque les conditions ont été réglées par un acte authentique. La prohibition d'avantager l'héritier présomptif, n'interdit point, entre lui et celui auquel il doit succéder, les actes à titre onéreux, sauf le cas de fraude.

856 178. Les fruits et les intérêts des choses sujettes à rapport, ne sont dus qu'à compter du jour de l'ouverture de la succession.

DISTINCTION V.

De la manière dont les rapports doivent être faits.

179. Le rapport se fait en nature ou en moins prenant.   858.

180. Il peut être exigé en nature à l'égard des immeu-   859.
bles, toutes les fois qu'il n'y a pas dans la succession des
immeubles de même nature, valeur et bonté, dont on
puisse former des lots à peu près égaux pour les autres cohéritiers.

181. Le rapport n'a lieu qu'en moins prenant, toutes les   860
fois que le donataire a aliéné l'immeuble avant l'ouverture
de la succession.

182. Soit que le rapport de l'immeuble se fasse en nature   861
ou en moins prenant, il doit être tenu compte au donataire, des impenses qui ont amélioré la chose, eu égard à
ce dont sa valeur se trouve augmentée au temps du partage.

183. Il doit être également tenu compte au donataire,   862
des impenses nécessaires qu'il a faites pour la conservation
de la chose, encore qu'elles n'aient point amélioré le fonds.

184. Réciproquement, le donataire doit tenir compte des   863
dégradations et détériorations qui ont diminué la valeur de
l'immeuble par son fait ou par sa faute et sa négligence.

185. Il doit être tenu compte au donataire, des impenses   864
qui ont produit des améliorations, et il doit tenir compte
des dégradations et détériorations, encore que ces impenses
aient été faites ou que ces dégradations aient été commises
par le tiers auquel il avait aliéné l'immeuble.

186. Lorsque le rapport se fait en nature, les biens se   865
réunissent à la masse de la succession, francs et quittes de
toutes charges et hypothèques créées par le donataire.

Mais le créancier de l'héritier donataire peut intervenir
au partage, pour s'opposer à ce que le rapport se fasse en
nature, en fraude de ses droits.

187. Lorsque le don d'un immeuble, fait au successible   866
avec dispense du rapport, excède la portion disponible, si

cet immeuble est divisible de manière qu'on puisse en retrancher commodément pour là valeur de cet excédant, le rapport s'en fait en nature.

Lorsque l'immeuble n'est pas commodément divisible, si l'excédant à rapporter est de plus de moitié de la valeur totale de l'immeuble, le donataire est obligé de le rapporter en nature et en totalité, sauf à prélever sur la masse de la succession, la valeur de la portion disponible.

Dans le cas contraire, et où le retranchement n'excède pas la moitié de la valeur de l'immeuble, le donataire peut le retenir en totalité; sauf à moins prendre, et à récompenser ses cohéritiers en argent ou autrement.

867 188. Le cohéritier qui fait à la succession le rapport en nature de l'immeuble, peut en retenir la possession jusqu'à remboursement effectif des sommes qui lui sont dues pour impenses ou améliorations.

868 189. Le rapport du mobilier ne se fait qu'en moins prenant.

Il se fait sur le pied de la valeur que le mobilier avait lors de la donation, d'après l'estimation portée en l'acte, s'il y a un état estimatif annexé, sinon d'après l'estimation qui en est faite par expert.

869 190. A l'égard de l'argent donné, le rapport s'en fait en moins prenant sur ce qui reste dans la masse de numéraire, ou du prix du mobilier, prélèvement fait des frais de scellé, inventaire et partage.

En cas d'insuffisance du numéraire et du mobilier existant, le donataire peut se dispenser de rapporter du numéraire, en offrant d'abandonner, jusqu'à due concurrence, sa part des immeubles de la succession.

SECTION III.

Du paiement des dettes.

870 191. Les cohéritiers contribuent au paiement des dettes

et charges de la succession, chacun dans la proportion de la quotité qu'ils y prennent.

Lorsque (d'après l'art. 22 du titre *des donations*) il n'y a ap. 870 qu'une seule ligne paternelle ou maternelle qui ait droit à la réduction des donations qui ont été faites par le défunt, ou lorsque dans la même ligne, il n'y a que l'un ou quelques-uns des héritiers qui aient droit à cette réduction, le bénéfice n'en entre point dans le calcul de l'émolument pour la contribution aux dettes qui est à faire entre les deux lignes, ou entre les héritiers de la même ligne.

Le légataire à titre universel y contribue avec les héri- 871 tiers au prorata de son émolument, sauf ce qui est dit, à l'égard des legs, au titre *des donations,* section V, distinction II.

Le légataire particulier n'est pas tenu des dettes et charges ib. de la succession, sauf l'action hypothécaire sur les immeubles compris dans son legs.

192. Lorsqu'un immeuble de la succession est grevé, par 872 hypothèque spéciale, d'une rente, il doit être estimé au même taux que les autres immeubles de la succession; et, sur le prix total, il est fait déduction du capital de la rente : l'héritier dans le lot duquel il tombe, demeure seul chargé du service de la rente, et d'en garantir les autres cohéritiers.

193. Les héritiers sont tenus des dettes et charges de la 873 succession à l'égard des créanciers, personnellement pour leur part et portion virile, et hypothécairement pour le tout, sauf leur recours tant contre leurs cohéritiers que contre le légataire universel, à raison de la part pour laquelle ceux-ci doivent y contribuer.

194. Dans aucuns cas, les créanciers ne peuvent exercer 877 de poursuites contre l'héritier personnellement, avant d'avoir fait déclarer exécutoires contre lui les titres qu'ils avaient contre le défunt.

195. Le légataire particulier qui, par l'effet de l'hypo- 874

thèque, a acquitté la dette de la succession, devient le créancier des héritiers et autres successeurs à titre universel.

875   196. A l'égard du cohéritier, ou successeur à titre universel, qui, par le même effet de l'hypothèque, a été contraint de payer au-delà de sa part de la dette commune, il n'a de recours contre ses cohéritiers ou successeurs à titre universel, dans le cas même où il se serait fait subroger aux droits des créanciers, que pour la part que chacun desdits cohéritiers en doit personnellement supporter.

876   197. Si l'un des cohéritiers ou des légataires à titre universel, est devenu insolvable, sa part dans la dette hypothécaire est répartie sur tous les autres au marc le franc.

878   198. Les créanciers du défunt peuvent demander la séparation de son patrimoine d'avec celui de l'héritier.

ap. 878   Ils peuvent former cette demande contre tous les créanciers de l'héritier, quels qu'ils soient, même contre la république.

879   199. Ce droit cesse lorsque le créancier a fait novation de la créance qu'il avait contre le défunt, en acceptant l'héritier pour débiteur.

880   200. Cette action, relativement aux meubles, se prescrit par les laps de trois années.

Elle ne peut s'exercer, même dans ce délai, si les créanciers ont laissé confondre les meubles du défunt avec ceux de l'héritier.

A l'égard des immeubles, cette action peut être exercée tant qu'ils existent dans la main de l'héritier.

ap. 880   201. Les créanciers chirographaires ont, à cet égard, le même droit que les créanciers hypothécaires contre les créanciers de l'héritier, sauf l'exercice du droit que les créanciers du défunt peuvent avoir les uns à l'égard des autres.

881   202. Les créanciers de l'héritier ne sont point admis à demander la séparation des patrimoines contre les créanciers de la succession.

882   203. Les créanciers hypothécaires d'un copartageant,

pour éviter que le partage ne soit fait en fraude de leurs droits, peuvent s'opposer à ce qu'il y soit procédé hors leur présence et y intervenir à leurs frais, soit que les opérations se fassent devant un juge-commissaire ou devant un notaire.

En cas qu'il s'élève quelque contestation entre les créanciers intervenans et les cohéritiers de leur débiteur, les frais de la contestation sont supportés par celui ou ceux qui succombent.

Les créanciers du copartageant ne peuvent attaquer le partage qui est consommé, qu'autant qu'il y a été procédé sans eux, au préjudice de leur opposition.

SECTION IV.

Des effets du partage et de la garantie des lots.

204. Chaque cohéritier est censé avoir succédé seul et 883 immédiatement à tous les effets compris dans son lot, et n'avoir jamais eu la propriété d'aucun de ceux compris dans le lot des autres.

205. Les immeubles échus à chacun des cohéritiers sont ap. 883 assujétis à toutes les obligations résultant du partage.

206. Cette hypothèque privilégiée n'a lieu qu'autant que ib. le partage a été fait par acte public, ou qu'il a été reconnu, soit en justice, soit devant notaire.

207. Les cohéritiers sont respectivement garans les uns 884 envers les autres, des troubles et évictions qui procèdent d'une cause antérieure au partage, et non d'aucune cause survenue depuis.

La garantie cesse,

1°. Si c'est par sa faute que le cohéritier a souffert l'éviction;

2°. Si l'espèce d'éviction soufferte a été exceptée par une clause particulière et expresse de l'acte de partage.

208. Chacun des cohéritiers est personnellement obligé 885 d'indemniser son cohéritier de la perte que lui a causée

l'éviction, et ce, à concurrence seulement de la part héréditaire qui advient à chacun d'eux.

885   209. Si quelqu'un des cohéritiers contre lesquels l'action
en garantie est dirigée, se trouve insolvable, la perte qui
résulte de cette insolvabilité est répartie, par égale portion,
entre le garanti et tous ses cohéritiers solvables.

886   210. La garantie de la solvabilité des débiteurs de rentes
ne s'étend jamais au-delà du terme ordinaire de la prescription, à compter du jour du partage; mais les parties peuvent en fixer la durée à un terme plus court.

SECTION V.

De la rescision en matière de partage.

887   211. Les partages peuvent être rescindés comme tous les
autres actes, pour cause de violence, de dol ou d'erreur
de fait.

ib.   212. Il y a encore lieu à la rescision du partage, si quelqu'un des cohéritiers, même majeur, établit qu'à son égard
il y a eu lésion de plus du quart.

888   213. L'action en rescision est également admise contre
tout acte qui a pour objet de faire cesser l'indivision entre
cohéritiers, quelle que soit la qualification, de vente, d'é-
change, ou autre, qui ait été donnée à cet acte.

889   214. Néanmoins l'action rescisoire n'a pas lieu contre la
vente des droits successifs, faite sans fraude à l'un des cohéritiers, à ses risques et périls, par ses autres cohéritiers,
ou par l'un d'eux.

890   215. Pour juger s'il y a eu lésion, on estime les objets
compris dans le partage, suivant leur valeur à l'époque du
partage.

891   216. L'action en rescision, lorsqu'elle est fondée, ne
produit point l'effet de détruire le partage, si celui ou ceux
contre lesquels elle a été dirigée offrent au demandeur le
supplément de sa portion héréditaire, soit en numéraire,
soit en nature.

Ce choix appartient au défendeur.

217. L'action en rescision n'est point admise contre le partage fait à titre de transaction, pourvu qu'il existât, lors de l'acte, des difficultés de nature à donner lieu à une contestation sérieuse. ap. 891 et 888

Mais si la transaction contenue en l'acte de partage n'a porté que sur une difficulté ou question particulière, le partage n'est irrévocable que quant à ce; et il peut être attaqué, pour le surplus des opérations, s'il en est résulté une lésion de plus du quart.

SECTION VI ET DERNIÈRE.

DISPOSITION GÉNÉRALE.

218. Toutes les règles établies dans le présent chapitre, relativement au partage, ne dérogent point à ce qui est réglé au titre *des donations*, section VI, relativement aux partages faits par les pères et mères. fin du ch. 6

TITRE II.

Des contrats, ou des obligations conventionnelles en général.

DISPOSITIONS PRÉLIMINAIRES.

ART. 1ᵉʳ. Le contrat est une convention par laquelle une ou plusieurs personnes s'obligent envers une ou plusieurs autres, à donner, à faire ou à ne pas faire quelque chose. 1101

2. Le contrat est *synallagmatique* ou *bilatéral*, lorsque les contractans s'obligent réciproquement les uns envers les autres. 1102

Il est *unilatéral*, lorsqu'il n'y a que l'un des contractans qui s'oblige envers une ou plusieurs autres personnes. 1103

3. Il est *commutatif*, lorsque chacune des parties s'engage à donner ou à faire une chose qui est regardée comme l'équivalent de ce qu'elle reçoit. 1104

Dans le contrat *aléatoire*, l'équivalent consiste dans le risque égal que chacune des parties court de gagner ou de perdre, d'après un événement incertain.

1105   4. Le contrat *de bienfaisance* est celui dans lequel l'une des parties procure à l'autre un avantage purement gratuit.

1106   Le contrat *à titre onéreux* est celui qui assujétit chacune des parties à donner ou à faire quelque chose.

1107   5. Il y a des contrats qui ont une dénomination propre et particulière, et d'autres qui n'en ont pas.

Les uns et les autres sont soumis à des règles générales qui sont l'objet du présent titre.

Les premiers sont, en outre, susceptibles de règles particulières, qui seront expliquées sous les titres relatifs à chacun d'eux.

CHAPITRE PREMIER.

Des conditions essentiellement requises pour la validité des conventions.

1108   6. Quatre conditions sont essentiellement requises pour la validité d'une convention :

Le consentement de la partie qui s'oblige,

Sa capacité de contracter,

Un objet certain qui forme la matière de l'engagement;

Une cause licite dans l'obligation.

SECTION PREMIÈRE.

Du consentement.

1109   7. Il n'y a point de consentement valable, s'il n'a été donné que par erreur, ou s'il a été extorqué par violence, dol ou artifice.

1110   8. L'erreur n'annulle la convention que lorsqu'elle tombe sur la substance même de la chose qui en est l'objet.

Elle ne l'annulle point lorsqu'elle ne tombe que sur la personne avec laquelle on a intention de contracter, à moins que la considération de cette personne ne soit la cause principale de la convention.

1111   9. La violence exercée contre celui qui a contracté l'obligation, l'annulle, encore qu'elle ait été exercée par un tiers autre que celui au profit duquel la convention a été faite.

10. La violence n'annulle le contrat que lorsqu'elle était 1112
de nature à faire impression sur une personne raisonnable,
et qu'elle a pu lui inspirer la crainte d'exposer sa personne
ou sa fortune à un mal considérable et présent.

On a égard en cette matière, à l'âge, au sexe, et à la
condition des personnes.

11. La violence annulle le contrat, non-seulement lors- 1113
qu'elle a été exercée sur la partie contractante, mais encore sur celle de ses enfans ou de ses ascendans.

12. La seule crainte révérentielle envers le père, la mère, 1114
ou un ascendant, ne suffit point pour annuller le contrat,
s'il n'y a eu une violence exercée.

13. Le contrat prétendu extorqué par violence, ne 1115
peut plus être attaqué par la partie qui, depuis que la violence a cessé, a approuvé le contrat, soit expressément,
soit tacitement, en laissant passer le temps de la restitution
fixé par la loi.

14. Le dol n'annulle la convention que lorsque les ma- 1116
nœuvres pratiquées par l'une des parties sont telles, qu'il
est évident que l'autre partie n'aurait pas contracté sans cela.

Il ne se présume pas, et doit être justifié.

Il faut qu'il ait été pratiqué par la partie même avec la- ap.—
quelle on a contracté, ou qu'elle en ait été participante, 1116
sauf l'action en dommages et intérêts contre le tiers qui l'aurait employé.

15. La lésion ne vicie point toujours les conventions; on 1118
ne la considère que dans certains contrats, et quelquefois à
l'égard de certaines personnes, ainsi qu'il sera expliqué à la
section ix du chapitre IV du présent titre.

16. La convention contractée par erreur, violence, dol 1117
ou artifice, n'est point nulle de plein droit; elle donne seulement lieu à une action en nullité ou en restitution, dans
le cas et de la manière ci-après expliqués en la section ix du
chapitre IV.

II.   11

ap.—
1118
17. Toute convention contractée par deux personnes incapables de le faire, est nulle à l'égard des deux.

S'il n'y a que l'une des deux qui soit frappée de l'incapacité, la convention ne peut être attaquée que par elle.

1119
18. On ne peut, en général, stipuler en son propre nom que pour soi-même, et s'engager que pour soi-même.

1120
19. Néanmoins on peut se porter fort pour un tiers, en promettant le fait de celui-ci.

1121
20. On peut pareillement stipuler au profit d'un tiers, lorsque cette stipulation est la condition d'une stipulation que l'on fait pour soi-même, ou d'une donation que l'on fait à un autre.

SECTION II.

De la capacité des parties contractantes.

1124
21. Les incapables de contracter sont,

Les impubères,

Les mineurs,

Les interdits,

Les femmes mariées dans les cas exprimés par la loi,

Et généralement tous ceux auxquels la loi a interdit certains contrats ou l'aliénation de certaines choses.

ar.1125
22. Les engagemens contractés par les impubères, sont radicalement nuls.

1125
Ceux contractés par les mineurs, interdits et les femmes mariées, ne peuvent être attaqués que par eux dans les cas prévus par la loi. Ils en peuvent poursuivre l'exécution à leur profit, et ne peuvent répéter ce qu'ils ont payé en conséquence après que la loi les a rétablis dans la pleine capacité de contracter.

SECTION III.

De l'objet et de la matière des contrats.

1126
23. Tout contrat doit avoir pour objet, ou une chose qu'une partie s'oblige de donner, ou un fait que l'une des parties s'oblige de faire ou de ne pas faire.

24. Le simple usage ou la simple possession d'une chose, 1127 peut être, comme la chose même, l'objet du contrat.

25. Il n'y a que les choses qui sont dans le commerce qui 1128 peuvent être l'objet des conventions.

26. Il faut que l'obligation ait pour objet une chose 1129 certaine, ou au moins déterminée quant à son espèce.

Mais sa quotité peut être incertaine, pourvu qu'elle puisse être déterminable.

27. Les choses futures peuvent être l'objet d'une obli- 1130 gation.

On ne peut pas cependant renoncer à une succession non ouverte.

SECTION IV.

De la cause.

28. Il est libre aux parties de faire entre elles toutes les av.1131 conventions qu'elles jugent à propos, pourvu que la convention n'ait point une cause illicite.

29. La cause est illicite quand elle est prohibée par la 1133 loi, ou contraire aux bonnes mœurs, o u contraire à l'ordre public.

30. La cause illicite annulle la convention. 1131

La convention n'en est pas moins valable, quoique la 1132 cause n'en soit point exprimée.

31. L'obligation sur une fausse cause est nulle. 1131

CHAPITRE II.

De l'effet des obligations.

DISPOSITIONS GÉNÉRALES.

32. Les conventions légalement formées tiennent lieu de 1134 loi à ceux qui les ont faites.

Elles ne peuvent être révoquées que de leur consentement mutuel, ou par les causes autorisées par la loi.

Elles doivent être contractées et exécutées de bonne foi.

33. Les conventions obligent non-seulement à ce qui y 1135

est exprimé, mais encore à toutes les suites que l'équité, l'usage ou la loi donnent à l'obligation d'après sa nature.

SECTION PREMIÈRE.

De l'obligation de donner.

1136   54. L'obligation de donner emporte, de la part du débiteur, celle de livrer la chose et de la conserver jusqu'à la livraison, à peine de dommages et intérêts envers le créancier.

1137   55. L'obligation de veiller à la conservation de la chose, soit que la convention n'ait pour objet que l'utilité de l'une des parties, soit qu'elle ait pour objet leur utilité commune, oblige celui qui en est chargé à apporter tous les soins d'un bon père de famille.

Cette obligation est plus ou moins étendue relativement à certains contrats, dont les effets, à cet égard, sont expliqués sous les titres qui les concernent.

av.1138   56. Le débiteur n'est pas tenu de la perte de la chose par cas fortuit ou par force majeure, tant qu'il n'est pas en demeure de la livrer, à moins qu'il n'en ait été expressément chargé.

1139   Le débiteur n'est réputé en demeure que lorsqu'il a été sommé par une interpellation judiciaire.

1138 -   57. L'obligation de livrer la chose est parfaite par le seul consentement des parties contractantes.

Elle rend le créancier propriétaire, et met la chose à ses risques, dès l'instant où elle a dû être livrée, encore que la tradition n'en ait point été faite, à moins que le débiteur n'ait été mis en demeure de la livrer, auquel cas la chose reste à ses risques.

1140   58. Dès l'instant que le propriétaire a contracté, par un acte authentique, l'obligation de donner ou livrer un immeuble, il en est exproprié; l'immeuble ne peut plus être saisi sur lui par ses créanciers; l'aliénation qu'il en fait postérieurement est nulle, et la tradition qu'il en aurait pu faire à un second acquéreur, ne donne aucune préférence à celui-ci, lequel est obligé de restituer l'immeuble à celui dont le titre est antérieur, sauf le recours du second acquéreur contre le vendeur, ainsi qu'il est dit au titre *du contrat de vente.*

39. Néanmoins si la chose aliénée à deux personnes successivement est purement mobilière, celui des deux acquéreurs qui en a été mis en possession réelle est préféré, et en demeure propriétaire, encore que son titre soit postérieur en date, pourvu toutefois qu'il ait acquis de bonne foi. 1141

SECTION II.

De l'obligation de faire ou ne pas faire.

40. Toute obligation de faire ou ne pas faire, en cas d'inexécution de la part du débiteur, se résout en dommages et intérêts. 1142

41. Néanmoins, lorsque ce qui a été fait en contravention à la convention peut se détruire, le créancier a le droit d'en demander la destruction, et peut se faire autoriser à le détruire aux dépens du débiteur, sans préjudice des dommages et intérêts, s'il y a lieu. 1143

42. Les dommages et intérêts ne sont dus que lorsque le débiteur a été mis en demeure de remplir son obligation, excepté néanmoins lorsque la chose que le débiteur s'était obligé de faire ne pouvait être faite utilement que dans un certain temps qu'il a laissé passer. 1146

43. Les dommages et intérêts n'ont point lieu lorsque le débiteur a été empêché de faire, ou a été obligé de faire, par suite d'une force majeure ou d'un cas fortuit, ce qui lui avait été interdit. 1148

SECTION III.

Des dommages et intérêts résultant de l'inexécution de l'obligation.

44. Le débiteur doit au créancier des dommages et intérêts, soit à raison de l'inexécution de l'obligation, soit à cause 1147

du retard dans l'exécution, toutes les fois qu'il ne peut pas justifier que l'inexécution provient d'une cause étrangère qui ne peut lui être imputée, encore qu'il n'y ait aucune mauvaise foi de sa part.

1149   45. Les dommages et intérêts dus au créancier, sont en général de la perte qu'il a faite et du gain qu'il a manqué de faire, sauf les exceptions et modifications ci-après.

1150   46. Le débiteur n'est tenu que des dommages et intérêts qui ont été prévus ou qu'on a pu prévoir lors du contrat, lorsque ce n'est point par son dol que l'obligation n'est point exécutée.

ap.—
1150   47. Le juge doit toujours taxer les dommages et intérêts avec une certaine modération, lorsqu'il n'y a point de dol de la part du débiteur.

1151   48. Dans le cas même où l'inexécution de la convention résulte du dol du débiteur, les dommages et intérêts qu'il doit ne peuvent comprendre, à l'égard de la perte éprouvée par le créancier et du gain qu'il a manqué de faire, que celle qui est une suite immédiate et directe de l'inexécution de la convention.

1152   49. Lorsque la convention porte que celui qui manquera de l'exécuter paiera une certaine somme, il ne peut être alloué à l'autre partie une plus forte somme, quoique le dommage se trouve plus grand.

Le juge peut, au contraire, modérer celle stipulée, si elle excède évidemment le dommage effectif.

1153   50. Dans les obligations qui se bornent au paiement d'une certaine somme, les dommages et intérêts résultant du retard dans l'inexécution, ne consistent jamais que dans la condamnation aux intérêts fixés par la loi, sauf les règles particulières au commerce et au cautionnement.

Ces dommages et intérêts sont toujours dus sans que le créancier soit tenu de justifier d'aucune perte;

Ils ne sont dus que du jour de la demande, excepté dans les cas où la loi les fait courir de plein droit.

51. Il n'est point dû d'intérêts d'intérêts ; 1154

Mais les sommes dues pour des revenus, tels que baux à 1155 ferme, loyers de maison, restitution de fruits, forment des capitaux qui peuvent produire des intérêts.

Il en est de même des intérêts qu'un tiers paie pour un débiteur à son créancier.

SECTION IV.

De l'interprétation des conventions.

52. On doit, dans les conventions, rechercher quelle a 1156 été la commune intention des parties contractantes, plus que le sens grammatical des termes.

53. Lorsqu'une clause est susceptible de deux sens, on 1157 doit plutôt l'entendre dans celui dans lequel elle peut avoir quelque effet, que dans celui dans lequel elle n'en pourrait produire aucun.

54. Les termes susceptibles de deux sens doivent être pris 1158 dans le sens qui convient le plus à la matière du contrat.

55. Ce qui est ambigu s'interprète par ce qui est d'usage 1159 dans le pays où le contrat est passé.

On doit suppléer dans le contrat les clauses qui y sont 1160 d'usage, quoiqu'elles n'y soient pas exprimées.

56. Toutes les clauses des conventions s'interprètent les 1161 unes par les autres, en donnant à chacune le sens qui résulte de l'acte entier.

57. Dans le doute, la convention s'interprète contre celui 1162 qui a stipulé, et à la décharge de celui qui a contracté l'obligation.

58. Quelque généraux que soient les termes dans lesquels 1163 une convention est conçue, elle ne comprend que les choses sur lesquelles il paraît que les parties se sont proposé de contracter.

59. Lorsque, dans un contrat, on a exprimé un cas pour 1164 le doute qu'il aurait dû faire naître sur le point de savoir si l'obligation s'y étendait, on n'est pas censé avoir voulu par-

là restreindre l'étendue que l'engagement reçoit de droit aux cas non exprimés.

SECTION V.

De l'effet des conventions vis-à-vis des tiers.

1165   60. Les conventions n'ont d'effet qu'entre les parties contractantes ; elles ne profitent ni ne nuisent au tiers.

1166   61. Néanmoins les créanciers peuvent exercer tous les droits et actions de leurs débiteurs, à l'exception de ceux qui ne sont fondés que sur une exception purement personnelle.

1167   62. Ils ne peuvent attaquer, sous prétexte de fraude à leurs droits, les actes faits par leur débiteur, que dans les deux cas suivans :

1°. Lorsqu'il s'agit d'actes réprouvés par la loi concernant les faillites ;

2°. Lorsqu'il s'agit d'une renonciation faite par le débiteur à un titre lucratif, tel qu'une succession ou une donation, à la charge par les créanciers de se faire subroger aux droits de leur débiteur, et de prendre sur eux tous les risques et toutes les charges du titre qu'ils acceptent de son chef.

CHAPITRE III.

Des diverses espèces d'obligations.

SECTION PREMIÈRE.

Des obligations conditionnelles.

DISTINCTION PREMIÈRE.

De la condition en général, et de ses diverses espèces.

1168   63. La condition est le cas d'un événement futur et incertain duquel on fait dépendre l'obligation, soit en la suspendant jusqu'à ce que l'événement arrive, soit en la résiliant, selon que l'événement arrivera ou n'arrivera pas.

1169   64. La condition *casuelle* est celle qui dépend du hasard, et qui n'est nullement au pouvoir du créancier ou du débiteur.

65. La condition *potestative* est celle qui fait dépendre 1170 l'exécution de la convention, d'un événement qu'il est au pouvoir de l'une ou l'autre des parties contractantes de faire arriver ou d'empêcher qu'il n'arrive.

66. La condition *mixte* est celle qui dépend tout à la fois 1171 de la volonté de la partie contractante et de la volonté d'un tiers.

67. Toute condition d'une chose impossible ou contraire 1172 aux bonnes mœurs, ou prohibée par la loi, est nulle, et rend nulle la convention entre-vifs qui en dépend.

Il en est autrement dans les dispositions testamentaires.

68. La condition de ne pas faire une chose impossible, 1173 ne rend pas nulle l'obligation sous laquelle elle a été contractée.

69. Toute obligation est nulle, lorsqu'elle a été contrac-1174 tée sous une condition purement potestative de la part de l'une des deux parties contractantes; elle n'est pas nulle lorsqu'elle dépend de la volonté d'un tiers.

70. Toute condition doit s'accomplir de la manière que 1175 les parties ont vraisemblablement voulu et entendu qu'elle le fût.

71. Les conditions apposées aux actes entre-vifs peuvent ap. — s'accomplir après la mort de celui au profit duquel l'obliga-1175 tion est contractée.

72. La condition est réputée accomplie, lorsque c'est le 1178 débiteur, obligé sous cette condition, qui en a empêché l'accomplissement.

73. La condition accomplie a un effet rétroactif au jour 1179 auquel l'engagement a été contracté; si le créancier est mort avant l'accomplissement de la condition, ses droits passent à son héritier.

74. Le créancier peut, avant que la condition soit ac-1180 complie, exercer tous les actes conservatoires de son droit.

DISTINCTION II.

De la condition suspensive.

1181   75. L'obligation contractée sous une condition suspensive, est celle qui ne peut avoir lieu et produire un effet qu'après qu'un événement futur et incertain sera arrivé.

ib.   76. Lorsque la condition sous laquelle l'obligation a été contractée est relative à un événement passé ou présent, mais qui était inconnu des parties, elle ne suspend que l'exécution de la convention, dont le droit est irrévocablement acquis au créancier du jour de l'obligation.

1182. 1ᵉʳ.   77. Lorsque l'obligation a été contractée sous une condition suspensive, la chose qui fait la matière de la convention demeure aux risques du débiteur qui ne s'est obligé de la livrer que dans le cas de l'événement de la condition.

DISTINCTION III.

De la condition résolutoire.

1183   78. La condition résolutoire est celle qui révoque l'obligation lorsqu'elle s'accomplit, et qui remet les choses au même état que si l'obligation n'avait pas existé.

Elle ne suspend point l'exécution de l'obligation; elle oblige seulement le créancier à restituer ce qu'il a reçu, dans le cas où l'événement prévu par la condition arrive.

1184   79. La condition résolutoire est toujours sous-entendue dans les contrats synallagmatiques, pour le cas où l'une des deux parties ne satisfera point de sa part à son engagement.

Dans ce cas le contrat n'est point résolu de plein droit. La partie vis-à-vis de laquelle l'engagement n'a point été exécuté, a le choix ou de forcer l'autre à l'exécution de la convention lorsqu'elle est possible, ou d'en demander la résolution avec dommages et intérêts.

La résolution doit être demandée en justice, prononcée par le juge, qui peut accorder au défendeur un délai selon les circonstances.

SECTION II.
Des obligations à terme.

80. Le terme diffère de la condition, en ce qu'il ne sus- 1185
pend point l'engagement dont il diffère seulement l'exécution.

81. Ce qui n'est dû qu'à terme ne peut être exigé avant 1186
l'échéance du terme, mais ne peut être répété s'il a été payé
d'avance.

82. Le terme est toujours présumé stipulé en faveur 1187
du débiteur, à moins qu'il ne résulte de la stipulation, ou
des circonstances, qu'il a été aussi convenu en faveur du
créancier.

83. Le débiteur ne peut plus réclamer le bénéfice du 1188
terme, lorsqu'il a fait faillite, ou lorsque par son fait il a
diminué les sûretés qu'il avait données à son créancier.

SECTION III.
Des obligations alternatives.

84. Le débiteur d'une obligation alternative est libéré 1189
par la délivrance de l'une des deux choses qui étaient comprises dans l'obligation.

85. Le choix appartient au débiteur s'il n'a pas été ex- 1190
pressément accordé au créancier.

86. Le débiteur peut bien se libérer en délivrant l'une 1191
des deux choses promises; mais il ne peut pas offrir une
partie de l'une et une partie de l'autre.

87. L'obligation contractée d'une manière alternative, 1192
devient pure et simple, si l'une des deux choses promises
n'était pas susceptible de l'obligation contractée.

88. Il en est de même si l'une des choses promises vient 1193
à périr et ne peut plus être livrée par la faute du débiteur.
Le prix de cette chose ne peut pas être offert à sa place.

Si toutes deux sont péries successivement, le débiteur
doit payer le prix de celle qui a péri la dernière.

1194   Ces deux règles cessent dans le cas où le choix était dé-féré au créancier.

SECTION IV.

Des obligations solidaires.

DISTINCTION PREMIÈRE.

De l'obligation solidaire à l'égard de plusieurs créanciers.

1197   89. L'obligation est solidaire entre plusieurs créanciers, lorsque le titre donne à chacun d'eux le droit de demander le paiement du total de la créance, et que le paiement fait à l'un d'eux libère le débiteur, encore que le bénéfice de l'obligation soit partageable et divisible entre les divers créanciers.

1198   90. Il est au choix du débiteur de payer à l'un ou à l'autre des créanciers solidaires, tant qu'il n'a pas été prévenu par les poursuites de l'un d'eux.

ib.   91. La remise faite par l'un des créanciers solidaires libère le débiteur envers l'autre.

1199   92. La reconnaissance de la dette, faite envers l'un des créanciers, interrompt la prescription à l'égard des autres.

DISTINCTION II.

De la solidarité de la part des débiteurs.

1200   93. Il y a solidarité de la part des débiteurs, toutes les fois que l'obligation d'une même chose est contractée par plusieurs personnes, de manière que chacune d'elles peut être obligée de la payer en totalité, et que le paiement fait par une seule, libère les autres envers le créancier.

1201   94. L'obligation peut être solidaire, quoique l'un des deux débiteurs soit obligé différemment de l'autre au paiement de la même chose : par exemple, si l'un des deux n'est obligé que conditionnellement, ou a pris un terme qui n'est point accordé à l'autre.

1213   95. L'obligation contractée solidairement envers le créancier se divise de plein droit entre les débiteurs, qui n'en sont tenus entre eux que chacun pour sa part et portion.

96. La solidarité ne se présume point; il faut qu'elle soit 1202 expressément stipulée.

Cette règle ne cesse que dans les cas où la solidarité a lieu de plein droit, en vertu d'une disposition de la loi.

97. Le créancier d'une obligation contractée solidaire- 1203 ment peut s'adresser à celui des débiteurs qu'il veut choisir, sans que celui-ci puisse lui opposer le bénéfice de division.

98. La poursuite exercée contre l'un des débiteurs n'em- 1204 pêche pas le créancier d'en exercer ensuite de pareilles contre les autres.

99. Le codébiteur solidaire poursuivi par le créancier, 1208 peut lui opposer toutes les exceptions qui résultent de la nature de l'obligation, et qui sont communes à tous les co- débiteurs.

Il ne peut opposer les exceptions qui sont purement per- sonnelles à quelques-uns des coobligés.

100. Si la chose due a péri par la faute ou pendant la de- 1205 meure de l'un des débiteurs solidaires, les codébiteurs ne sont point déchargés de l'obligation de payer le prix de la chose; mais ceux-ci ne sont pas tenus des dommages et in- térêts, qui ne peuvent être répétés par le créancier que contre celui dont le fait ou la demeure y donne lieu.

101. La remise de la dette, faite par le créancier à l'un ap.— des codébiteurs solidaires, libère tous les autres, à moins 1205 que le créancier n'ait expressément réservé ses droits contre et 1285 les derniers.

Mais, en ce dernier cas, il ne peut plus répéter la dette que déduction faite de la part de celui auquel il a fait la remise.

102. Les poursuites faites contre l'un des débiteurs soli- 1206 daires interrompent la prescription vis-à-vis de tous.

103. Lorsque l'un des débiteurs devient héritier unique 1209

du créancier, la confusion n'éteint la créance solidaire que pour sa part et portion.

1211   104. Le créancier perd l'action solidaire, lorsqu'il reçoit divisément la part de l'un des codébiteurs, à moins que la quittance ne porte la réserve de la solidarité ou de ses droits en général.

Le créancier ne perd point son action solidaire, lorsqu'il a reçu de l'un des codébiteurs une somme égale à la portion dont celui-ci était tenu, si la quittance ne porte point que c'est *pour sa part.*

ib.   105. La simple demande formée contre l'un des codébiteurs *pour sa part,* n'emporte point l'extinction de la solidarité contre lui, s'il n'a point acquiescé à la demande, ou s'il n'est intervenu un jugement de condamnation.

1210   106. La division de la dette consentie vis-à-vis de l'un des codébiteurs solidaires, n'éteint la solidarité qu'à son égard.

1212   107. La réception faite divisément de la portion de l'un des codébiteurs dans les arrérages ou intérêts de la dette, n'anéantit la solidarité que pour les arrérages échus, et non pour ceux non échus et pour le capital.

1216   108. Si l'affaire pour laquelle la dette a été contractée solidairement, ne concernait que l'un des coobligés solidaires, celui-ci est tenu de toute la dette vis-à-vis des autres codébiteurs; les autres ne sont considérés que comme ses cautions.

SECTION V.

Des obligations dividuelles et individuelles.

DISTINCTION PREMIÈRE.

Définition de l'obligation dividuelle ou individuelle.

1217   109. L'obligation individuelle est celle qui a pour objet une chose ou un fait qui, dans sa livraison ou l'exécution, n'est pas susceptible de division par parties, et qui n'est point susceptible de division ni matérielle ni intellectuelle.

1218   110. L'obligation est encore individuelle, quoique la chose ou le fait qui en est l'objet ne soit pas indivisible par sa nature, si le rapport sous lequel elle est considérée dans l'obligation ne la rend pas susceptible d'exécution par parties.

111. La solidarité stipulée ne donne point à l'obligation le caractère d'indivisibilité.
1219

DISTINCTION II.

Des effets de l'obligation divisible.

112. L'obligation divisible est indivisible dans l'exécution entre le créancier et le débiteur. La divisibilité n'a d'application qu'à l'égard de leurs héritiers, qui ne peuvent demander ou qui ne sont tenus de payer la dette que pour les parts ou portions dont ils en sont saisis, ou dont ils en sont tenus comme représentant le créancier ou le débiteur.
1220

113. Le principe précédent reçoit exception à l'égard des héritiers du débiteur,
1221

1°. Dans le cas où la dette est hypothécaire;

2°. Lorsqu'elle est d'un corps certain;

3°. Lorsque l'un des héritiers est chargé seul par le titre de l'exécution de l'obligation;

4°. Lorsqu'il s'agit d'une dette alternative de l'une de deux choses dont l'une est indivisible.

Dans tous ces cas, l'héritier qui possède la chose due ou le fonds hypothéqué à la dette, peut être poursuivi pour le tout, sauf son recours contre ses cohéritiers.

114. La division de la dette, qui s'est opérée entre les héritiers du débiteur, et qui la rend payable par parties, cesse lorsque l'un d'eux devient héritier de tous les autres, à moins qu'il n'ait accepté la succession que sous bénéfice d'inventaire.
ap. — 1221

Elle cesse encore si l'un des héritiers est cessionnaire des droits de tous les autres.

DISTINCTION III.

De l'obligation individuelle.

1222　　115. Chacun de ceux qui ont contracté conjointement une dette individuelle, en est tenu pour le total, encore que l'obligation n'ait point été contractée solidairement.

1223　　116. Il en est de même à l'égard des héritiers de celui qui a contracté une pareille obligation.

1224　　117. Chaque héritier du créancier peut exiger l'exécution de l'obligation indivisible en totalité.

Il ne peut seul faire la remise de la totalité de la dette; il ne peut pas non plus recevoir seul le prix au lieu de la chose. Si l'un des héritiers a remis seul la dette, ou reçu seul le prix de la chose, son cohéritier ne peut demander la totalité de la chose indivisible, qu'en offrant la restitution de sa valeur au *prorata* de la portion du cohéritier qui a fait la remise ou qui a reçu le prix.

1225　　118. L'héritier du débiteur, assigné pour la totalité de l'obligation, peut demander un délai pour appeler des cohéritiers et les mettre en cause, excepté lorsque la dette est de nature à ne pouvoir être acquittée que par le seul des héritiers qui est assigné; auquel cas il peut être condamné seul, sauf son recours en indemnité contre ses cohéritiers.

SECTION VI.

Des obligations pénales.

1226　　119. L'obligation pénale est celle par laquelle une personne, pour assurer l'exécution d'une convention, s'engage à quelque chose en cas d'inexécution.

1227　　120. La nullité de l'obligation principale entraîne celle de l'obligation pénale.

La nullité de celle-ci n'entraîne point celle de l'obligation principale.

1228　　121. Le créancier, au lieu de demander la peine stipulée contre le débiteur qui est en demeure, peut poursuivre l'exécution de l'obligation principale.

122. L'obligation pénale est compensatoire des dommages et intérêts que le créancier souffre de l'inexécution de l'obligation principale. 1229

Il ne peut demander en même temps le principal et la peine, à moins qu'elle n'ait été stipulée pour le simple retard.

123. La peine stipulée pour l'inexécution d'une obligation d'une somme d'argent, ou d'une chose qui se consume par l'usage, ne peut excéder l'intérêt au taux de la loi. ap.—1229

Le juge peut même modérer toute peine stipulée, lorsqu'elle est évidemment excessive.

124. Soit que l'obligation primitive contienne un terme dans lequel elle doive être accomplie, soit qu'elle n'en contienne aucun, la peine n'est encourue que lorsque le débiteur a été mis en demeure par une interpellation judiciaire, à moins que l'obligation principale ne soit de telle nature, qu'elle n'ait pu être remplie utilement pour le créancier que dans un certain temps. 1230

Hors ce dernier cas, le juge peut proroger le terme suivant les circonstances.

125. La peine n'est due qu'à proportion, et pour la part pour laquelle l'obligation principale n'est pas exécutée. 1231

126. Lorsque l'obligation primitive qui a été contractée sous une clause pénale, est d'une chose indivisible, la contravention faite par un seul des héritiers du débiteur donne ouverture à la peine, qui peut être demandée, non-seulement en totalité contre celui qui a fait la contravention, mais encore contre chacun des cohéritiers pour leur part et portion, sauf leur recours entre eux. 1232

Il en est de même à l'égard des codébiteurs principaux de la dette indivisible.

127. Lorsque l'obligation primitive qui a été contractée sous une peine, est divisible, celui des héritiers du débiteur qui contrevient à cette obligation est seul tenu de la 1233

peine, et pour la part seulement dont il était tenu de l'obligation principale. Cette règle reçoit exception,

1°. Lorsque la clause pénale a été ajoutée dans l'intention que le paiement ne pût se faire que pour le total et non pour parties.

2°. Lorsque l'héritier pour partie a empêché l'exécution de l'obligation pour la totalité. En ce cas, la peine peut être exigée contre lui pour la totalité; et contre les autres cohéritiers, pour leur portion seulement, sauf leur recours.

CHAPITRE IV.

De l'extinction des obligations conventionnelles.

1234   128. Les obligations résultans des contrats s'éteignent,

Par le paiement ou la consignation,

Par la novation,

Par la délégation,

Par la remise volontaire,

Par la compensation,

Par la confusion,

Par la perte de la chose qui était l'objet de la convention,

Par la cession de biens,

Par la demande en nullité.

Elles s'éteignent encore par l'effet de la condition résolutoire qui a été expliquée ci-dessus, chapitre III, section 1re., distinction 3;

Et encore par la prescription, qui est aussi un moyen d'acquérir, et qui fera l'objet d'un titre particulier.

SECTION PREMIÈRE.

Du paiement et de la consignation.

DISTINCTION PREMIÈRE.

Du paiement réel.

av. —   129. Le paiement est le fait quelconque par lequel un dé-
1235   biteur se libère d'une obligation en l'acquittant.

130. Tout paiement suppose une dette; ce qui a été payé 1235
pour une dette qui n'existait pas, est sujet à répétition.

Cette règle reçoit exception à l'égard des dettes dont
l'obligé pouvait refuser le paiement par une suite d'une
exception personnelle, et qu'il a acquittée volontairement.

131. Toute personne intéressée à ce qu'une dette soit 1236
acquittée, telle que les coobligés et les cautions, peut l'acquitter.

Le paiement peut même être fait par un tiers qui n'y est
pas intéressé, et qui acquitte la dette, pourvu qu'il soit fait
au nom et à l'acquit du débiteur, et non dans l'intention
d'acquérir les droits du créancier, sans le consentement duquel la cession ne peut avoir lieu.

132. Le paiement, pour être valable, doit être fait par le 1238
propriétaire de la chose donnée et capable de l'aliéner.

133. Le paiement d'une somme en argent, fait par celui ib.
qui n'en était pas propriétaire, ou qui était incapable de le
faire, ne peut être répété contre le créancier qui l'a consommée de bonne foi.

134. Le paiement doit être fait au créancier ou à quel- 1239
qu'un ayant pouvoir de lui, ou qui soit autorisé par la loi à
recevoir pour lui.

Néanmoins, le paiement fait à celui qui n'aurait pas
pouvoir de recevoir pour le créancier, est valable, si celui-ci
le ratifie, ou s'il a tourné à son profit.

135. Le paiement fait de bonne foi à celui qui est en pos- 1240
session de la créance, est valable, encore que le possesseur
en soit par la suite évincé.

136. Le paiement fait au créancier n'est point valable, 1241
s'il était incapable de le recevoir; à moins que le débiteur
ne prouve que la chose payée a tourné au profit du créancier.

Mais il est valable à l'égard du créancier, et ne peut être 1242
répété contre lui par le débiteur, quoiqu'il ait été fait au
préjudice d'une saisie ou d'une opposition.

137. Le créancier ne peut être contraint de recevoir une 1243

autre chose que celle qui lui est due, quoique la valeur de la chose offerte soit égale ou même plus grande.

ap.—
1243

Le débiteur ne peut répéter la chose qu'il a payée à la place de celle qu'il devait, si le créancier qui l'a reçue l'a consommée.

1244

138. Le débiteur ne peut point forcer le créancier de recevoir en partie le paiement d'une dette, même divisible.

Le juge peut néanmoins, en considération de la position du débiteur, ou à cause d'une contestation sur une portion de la dette, autoriser la division du paiement; le juge ne peut user de ce pouvoir, dans le premier cas, qu'avec une grande réserve.

1245

139. Le débiteur d'un corps certain et déterminé, est libéré par la remise de la chose en l'état où elle se trouve lors de la livraison, pourvu que les détériorations qui y sont survenues ne viennent point de son fait ou de sa faute.

1247

140. Lorsque la convention désigne le lieu où le paiement doit se faire, il doit être exécuté dans ce lieu. Si le lieu du paiement n'est pas désigné dans la convention, il doit être fait dans le lieu où était, au temps de l'obligation, la chose qui en a fait l'objet.

Hors ces deux cas, le paiement doit être fait au domicile du débiteur.

1248

141. Les frais du paiement sont à la charge du débiteur.

1250.1°
et 1251.
3°.

142. Le paiement fait par l'un des débiteurs d'une même obligation, libère tous les autres débiteurs, soit principaux, soit accessoires, à moins que celui qui paie n'ait eu droit d'obtenir et n'ait obtenu la cession des droits et actions du créancier.

1251.3°

143. Tous ceux qui sont tenus d'une dette pour d'autres, ou avec d'autres, par lesquels ils en doivent être acquittés en tout ou partie, sont subrogés de plein droit aux droits et actions du créancier, sans qu'il soit nécessaire que cette cession ait été par eux requise.

av.—
1252

144. La subrogation n'a lieu pour le total, que lorsque

celui qui paie doit avoir un recours pour le total; sinon elle n'a lieu que pour les portions pour lesquelles il peut avoir ce recours.

145. Le recours du codébiteur d'une dette solidaire, qui l'a payée en entier, ne peut s'exercer contre les autres que pour les parts et portions de chacun d'eux. *ib. et 1214*

Si l'un d'eux se trouve insolvable, la perte qu'occasionne son insolvabilité se répartit contributoirement entre tous les autres codébiteurs solvables et celui qui a fait le paiement.

146. La subrogation établie par les articles précédens ne peut nuire au créancier, lorsqu'il n'a été payé qu'en partie; en ce cas, il peut exercer ses droits pour ce qui lui reste dû, par préférence à celui dont il n'a reçu qu'un paiement partiel. *1252*

DISTINCTION II.

De l'imputation des paiemens.

147. Le débiteur d'une dette qui porte intérêt ou produit des arrérages, ne peut point, sans le consentement du créancier, imputer le paiement qu'il fait sur le capital, par préférence aux arrérages ou intérêts; le paiement fait sur le capital et intérêts, mais qui n'est point intégral, s'impute d'abord sur les intérêts. *1254*

148. Lorsque le débiteur de diverses créances a accepté une quittance par laquelle le créancier a imputé ce qu'il a reçu, sur l'une de ces créances spécialement, le débiteur ne peut plus demander l'imputation sur une créance différente, à moins qu'il n'y ait eu dol ou surprise de la part du créancier. *1255*

149. Lorsque la quittance ne porte aucune imputation, le paiement doit être imputé sur celle des créances que le débiteur avait pour lors le plus d'intérêt d'acquitter entre celles qui sont pareillement échues; sinon, sur celle échue, quoique moins onéreuse que celles qui ne le sont point. *1256*

Si les dettes sont d'égale nature, l'imputation se fait sur

la plus ancienne; toutes choses égales, elle se fait proportionnellement.

DISTINCTION III.

De la consignation et des offres de paiemens.

1257 150. Lorsque le créancier refuse de recevoir son paiement, le débiteur peut lui faire des offres réelles, et au refus du créancier de les accepter, consigner la somme ou la chose offerte.

1258 Les offres doivent être faites ou à la personne du créancier, ou à son domicile, ou au domicile qui a été par lui élu pour l'exécution de la convention.

1257 Les offres réelles suivies d'une consignation, libèrent le débiteur, et tiennent lieu, à son égard, de paiement, lorsqu'elles sont jugées valablement faites.

1258 151. Les offres réelles, pour être valables, doivent,

1°. Avoir été faites au créancier ayant la capacité de recevoir, ou à celui qui a pouvoir de recevoir pour lui;

2°. Par un débiteur capable de payer;

3°. Elles doivent être de la somme entière qui est exigible, des arrérages ou intérêts qui en sont dus, et d'une somme pour les frais, sauf à parfaire;

4°. Que le terme soit échu, s'il a été stipulé en faveur du créancier;

5°. Que la condition sous laquelle la dette a été contractée, soit arrivée;

6°. Que les offres soient faites au lieu où le paiement doit être exécuté;

7°. Que les offres soient faites par un officier ministériel ayant caractère pour ces sortes d'actes, et étant dans l'usage de les faire.

1259 152. Il n'est pas nécessaire pour la validité de la consignation, qu'elle ait été autorisée par le juge : il suffit,

1°. Qu'elle ait été précédée d'une sommation signifiée au créancier, et contenant l'indication du jour, de l'heure et du lieu où la chose offerte sera déposée;

2°. Que le débiteur se soit dessaisi de la chose offerte, en la remettant dans le dépôt autorisé par la loi à recevoir les consignations ;

3°. Qu'il y ait eu procès-verbal dressé par l'officier dépositaire, du refus qu'a fait le créancier de recevoir la chose offerte, ou de sa non-comparution ;

4°. Qu'en ce cas de non-comparution de la part du créancier, le procès-verbal du dépôt lui ait été signifié, avec sommation de le retirer.

153. Tant que la consignation n'a point été acceptée par le créancier, le débiteur peut la retirer, et s'il l'a retirée, ses codébiteurs ou ses cautions ne sont point libérés ; sauf ce qui est statué au titre *du cautionnement* à l'égard des cautions. | 1261

154. Lorsque le débiteur a lui-même obtenu un jugement passé en force de chose jugée qui a déclaré ses offres et sa consignation bonnes et valables, il ne peut plus, même du consentement du créancier, retirer sa consignation au préjudice de ses codébiteurs ou de ses cautions, à l'égard desquels la dette est réputée éteinte vis-à-vis du créancier. | 1262

155. Le créancier qui a consenti que le débiteur retirât sa consignation, après qu'elle a été déclarée valable par un jugement qui a acquis force de chose jugée, ne peut plus, pour le paiement de sa créance, exercer contre les tiers les privilège et hypothèque qui y étaient attachés ; il n'a plus d'hypothèque que du jour de l'acte par lequel il a consenti que la consignation fût retirée, si cet acte a été fait en la forme requise pour emporter l'hypothèque. | 1263

SECTION II.

De la novation.

156. La novation s'opère de trois manières : | 1271

1°. Lorsque le débiteur contracte, envers son créancier, une nouvelle dette qui est substituée à l'ancienne, laquelle est éteinte ;

2°. Lorsqu'un nouveau débiteur est substitué à l'ancien, qui est déchargé par le créancier ;

3°. Lorsqu'un nouveau créancier est substitué à l'ancien, envers lequel le débiteur se trouve déchargé.

1272   157. La novation ne peut s'opérer qu'entre deux personnes capables de contracter.

1281   158. Le créancier solidaire peut faire novation : en ce cas les codébiteurs solidaires sont libérés.

1273   159. La novation ne se présume point; mais il suffit que la volonté de l'opérer résulte clairement de l'acte.

1274   160. La substitution d'un nouveau créancier suffit pour opérer la novation.

Cette espèce de novation peut s'opérer sans le concours du premier débiteur.

1281   161. La novation opérée vis-à-vis du débiteur principal, libère les cautions, à moins que le créancier n'ait exigé l'accession des cautions, auquel cas l'ancienne créance subsiste, si les cautions refusent d'accéder au nouvel arrangement.

1278   162. Les privilèges et hypothèques de l'ancienne créance ne passent point à celle qui lui est substituée, à moins que le créancier ne les ait expressément réservés.

1279   163. Lorsque la novation s'opère par la substitution d'un nouveau débiteur, les privilèges et hypothèques de la créance ne peuvent point passer sur les biens du nouveau débiteur.

1280   164. Lorsque la novation s'opère entre le créancier et l'un des débiteurs solidaires, les privilèges et hypothèques de l'ancienne créance ne peuvent être réservés que sur les biens de celui qui contracte la nouvelle dette.

SECTION III.

De la délégation.

ap. la
sect. 2
1271.2°
et 1275   165. La délégation est l'acte par lequel un débiteur donne au créancier un autre débiteur, lequel s'oblige en sa place envers le créancier.

Elle n'opère point de novation si le créancier n'a expressément déclaré qu'il entendait décharger son débiteur qui a fait la délégation.

166. Le créancier qui a accepté le débiteur qui lui a été délégué, n'a point de recours contre le déléguant si le délégué devient insolvable, à moins que l'acte n'en contienne une réserve expresse, ou que le délégué ne fût déjà en faillite ouverte ou tombé en déconfiture au moment de la délégation. 1276.

167. La simple indication faite par le débiteur, d'une personne qui doit payer à sa place, n'opère point novation. 1277

Il en est de même de la simple indication faite par le créancier d'une personne qui doit recevoir en son lieu et place.

SECTION IV.

De la remise de la dette.

168. La remise d'une dette est ou conventionnelle, lorsqu'elle est accordée expressément au débiteur par un créancier qui a la capacité d'aliéner, av. —
1282

Ou tacite, lorsque le créancier remet volontairement à son débiteur le titre de l'obligation. 1282

169. La remise du titre faite à l'un des codébiteurs solidaires, libère tous les autres. 1284

170. La simple remise de la grosse du titre ne suffit pas pour faire présumer la remise de la dette ou le paiement. 1283

171. La remise du gage donné en nantissement ne suffit point pour faire présumer la remise de la dette. 1286

172. La remise ou décharge conventionnelle ne profite qu'à celui des codébiteurs auquel elle est accordée; mais elle éteint, vis-à-vis des autres, la dette, jusqu'à concurrence de la part de celui auquel elle est accordée. 1285

173. Celle accordée au débiteur principal libère les cautions; 1287
Celle accordée à la caution ne libère pas le débiteur principal;
Celle accordée à l'une des cautions ne libère pas les autres.

1288 174. Ce que le créancier a reçu d'une caution pour le décharger de son cautionnement, doit être imputé sur la dette et tourner à la décharge du débiteur principal et des autres cautions.

SECTION V.

De la compensation.

1289 175. Lorsque deux personnes se trouvent débitrices l'une envers l'autre, il s'opère entre elles une compensation qui éteint les deux dettes, dans les cas et de la manière ci-après exprimés.

1291 176. La compensation n'a lieu, qu'entre deux dettes qui ont également pour objet une somme d'argent, ou une certaine quantité de choses fongibles de la même espèce, également exigibles, liquides et non contestées.

1293 177. La compensation a lieu, quelles que soient les causes de l'une ou l'autre des dettes, excepté,

1°. Contre une demande en restitution d'une chose dont le propriétaire a été injustement dépouillé;

2°. Contre la demande en restitution d'un dépôt et du prêt à usage;

3°. Contre la dette qui a pour cause des alimens déclarés insaisissables.

1294 178. La caution peut opposer au créancier la compensation de ce qu'il doit au débiteur principal.

Mais le débiteur principal ne peut opposer la compensation de ce que le créancier doit à la caution.

1295 179. Le débiteur qui a accepté purement et simplement la cession que son créancier a faite de ses droits à un tiers, ne peut plus opposer à ce cessionnaire la compensation que celui-ci devait au cédant avant la date de la cession.

1296 180. Lorsque les deux dettes ne sont pas payables au même lieu, on n'en peut opposer la compensation qu'en faisant raison des frais de la remise.

1290 181. La compensation s'opère de plein droit par la seule force de la loi, même à l'insçu des débiteurs : les deux dettes s'éteignent réciproquement à l'instant où elles se rencontrent, jusqu'à concurrence de leurs quotités respectives.

Lorsqu'il y a plusieurs dettes compensables dues par la même personne, on suit pour la compensation les mêmes règles qui ont été établies ci-dessus pour l'imputation. 1297

182. Celui qui a payé une dette qui était de droit éteinte par la compensation, ne peut plus exercer la créance dont il n'a point opéré la compensation au préjudice des tiers, avec les privilèges et hypothèques qui y étaient attachés, à moins qu'il n'ait eu une juste cause d'ignorer la créance qui devait compenser sa dette. 1299

SECTION VI.

De la confusion.

183. Lorsque les qualités de créancier et de débiteur se réunissent dans la même personne, il se fait une confusion de droits qui éteint les deux créances. 1300

184. La confusion qui s'opère dans la personne du débiteur principal, profite à ses cautions. 1301

Celle qui s'opère dans la personne de la caution, n'entraîne point l'extinction de l'obligation principale.

Celle qui s'opère dans la personne du créancier ne profite à ses codébiteurs solidaires que pour la portion dont était débiteur celui dans la personne duquel s'opère la confusion.

SECTION VII.

De l'extinction ou de la perte de la chose due.

185. Lorsque le corps certain et déterminé qui était l'objet de l'obligation, vient à périr ou à se perdre de manière qu'on en ignore absolument l'existence, l'obligation est éteinte si la chose a péri ou a été perdue sans la faute du débiteur et avant qu'il ait été mis en demeure, à moins qu'il ne se soit chargé des cas fortuits. 1302

Le débiteur est tenu de prouver le cas fortuit qu'il allègue.

Quelle que soit la cause de la perte de la chose volée, elle ne dispense pas de la restitution du prix.

ap. — 1302 et 1193 186. Lorsque la dette est de deux choses alternatives, la perte de l'une n'éteint point l'obligation qui devient déterminée à la chose qui subsiste.

SECTION VIII.

De la cession de biens.

1265 187. La cession de biens est un abandonnement qu'un débiteur fait de tous ses biens à ses créanciers, pour avoir la liberté de sa personne et pour éviter les poursuites qui pourraient être faites contre lui, lorsqu'il se trouve hors d'état de payer toutes ses dettes.

1266 188. La cession de biens est ou volontaire ou judiciaire.

1267 189. La première se fait par un contrat que le débiteur passe avec ses créanciers.

Elle n'a pour base que le consentement de ceux-ci.

Son effet se borne à celui qui résulte de la convention par laquelle les créanciers peuvent ou faire remise de la dette en tout ou partie, ou seulement accorder un délai au débiteur.

Ce contrat étant d'un usage plus ordinaire dans le commerce, les règles qui le concernent sont plus amplement expliquées au Code commercial.

1268 190. La cession judiciaire est un bénéfice que la loi accorde au débiteur malheureux et de bonne foi, auquel il est permis de faire, en justice, l'abandon de tous ses biens à tous ses créanciers, qui ne peuvent le refuser.

1270 191. L'abandon judiciaire ne libère le débiteur que jusqu'à concurrence de la valeur des biens par lui abandonnés.

S'il survient au débiteur de nouveaux biens, soit par acquisition ou autrement, ils sont affectés à ses créanciers, auxquels il est obligé de les abandonner pour le paiement de ce qui leur reste dû.

ib. 192. L'unique effet de la cession judiciaire est de libérer le débiteur de la contrainte par corps qui était attachée à son obligation.

Il y a même certaines créances à l'égard desquelles la loi n'accorde point le bénéfice de la décharge de la contrainte par corps.

Toutes les dettes auxquelles la loi attache cette contrainte en matière civile, étant susceptibles de cette exception, la cession judiciaire n'est d'usage que pour les dettes commerciales.

· Les règles qui lui sont particulières sont expliquées dans le Code du commerce.

SECTION IX.

De l'action en nullité ou en restitution contre les conventions.

193. L'action tendant à faire déclarer nul un contrat, 1304 dure trente ans, excepté dans les cas où la loi restreint certaines actions à un terme moindre.

194. L'action en restitution ne dure que dix ans, du ib. jour de la convention, ou de la majorité, s'il s'agit d'un mineur.

195. L'erreur, la violence et le dol ne donnent lieu qu'à ib. une simple action en restitution.

196. La simple lésion donne lieu à la restitution en fa- 1305 veur du mineur non-émancipé, contre toutes sortes de conventions.

A l'égard des majeurs, elle ne donne lieu à restitution que 1313 dans les actes de vente d'immeubles et dans les partages. Les causes qui peuvent autoriser cette restitution, ses conditions et ses effets, sont expliqués aux titres *des successions* et *de la vente.*

197. Le mineur n'est pas restituable pour cause de lé- 1306 sion, lorsqu'elle ne résulte que d'un événement casuel et imprévu.

La moindre lésion suffit lorsqu'elle se trouve dans l'acte 1305 même.

1314   Néanmoins lorsque la vente de son immeuble a été précédée des formalités requises par la loi, le mineur n'est restituable que pour les mêmes causes qui autorisent la restitution du majeur.

1312   198. Le mineur restitué n'est point obligé de rendre le prix qui lui a été payé, à moins qu'il ne soit prouvé qu'il a été employé à son profit.

1307   199. La fausse déclaration de majorité faite par le mineur, ne fait point obstacle à sa restitution.

1308   200. Le mineur marchand, banquier ou artisan, n'est point restituable contre les engagemens qu'il a pris à raison de son commerce ou de son art.

1309   201. Le mineur n'est point restituable contre les conventions portées dans son contrat de mariage, lorsqu'il a été assisté dans ce contrat par ses ascendans ou son tuteur.

1310   202. Il n'est pas restituable contre les obligations résultant de son délit ou quasi-délit.

1311   203. Il n'est plus recevable lorsqu'il a ratifié en majorité l'engagement qu'il avait souscrit en minorité, soit que cet engagement soit nul en sa forme, soit qu'il soit seulement sujet à la restitution.

ap.—1314   204. Les cas dans lesquels le mineur émancipé peut jouir du bénéfice de restitution, sont expliqués au titre *des tutelles*.

CHAPITRE V.

De la preuve des obligations, et de celle du paiement.

1315   205. Celui qui réclame l'exécution d'une convention, doit la prouver.

Réciproquement, celui qui se prétend libéré, doit justifier le paiement, ou le fait qui a produit l'extinction de son obligation.

1316   206. La loi admet cinq espèces de preuves : la preuve littérale, la preuve testimoniale, les présomptions, la confession de la partie, le serment déféré à l'une d'elles.

De la preuve littérale.

207. La preuve littérale résulte ou d'un acte authentique, ch. 6
ou d'un acte sous signature privée; et cette preuve est plus sec.1ʳᵃ
ou moins complète, selon que l'acte est représenté en original ou en simple copie.

DISTINCTION PREMIÈRE.

Du titre authentique.

208. L'acte authentique est celui qui a été reçu par un 1317
officier public ayant la capacité et le droit d'instrumenter
dans le lieu où l'acte a été rédigé, et avec les solennités
requises.

209. L'acte qui n'est point authentique par l'incompé- 1318
tence ou l'incapacité de l'officier, ou par un défaut de
forme, ne vaut que comme écriture privée, s'il a été signé
des parties.

210. L'acte authentique fait pleine foi de la convention 1319
qu'il renferme, entre les parties contractantes et leurs héritiers ou ayant cause, jusqu'à inscription de faux.

La preuve testimoniale n'est point admise contre et outre
le contenu de l'acte.

Il fait foi, entre les parties, même de ce qui n'y est ex- 1320
primé qu'en termes énonciatifs, pourvu que l'énonciation
ait un rapport direct à la disposition. Les énonciations étrangères à la disposition ne peuvent servir que d'un commencement de preuve.

211. L'acte authentique ne fait preuve contre les tiers, ap.—
que du fait de la convention qu'il renferme.   1320

DISTINCTION II.

De l'acte sous seing privé.

212. L'acte sous signature privée a, contre ceux qui l'ont 1322
souscrit et contre leurs héritiers et ayant-cause, la même

foi que l'acte authentique, après néanmoins qu'il a été légalement reconnu par la partie à laquelle on l'oppose, ou qu'il a été tenu pour reconnu.

1323   213. Celui auquel on oppose un acte sous seing privé est obligé d'avouer ou de désavouer formellement son écriture ou sa signature.

Ses héritiers ou ayant-cause peuvent se contenter de déclarer qu'ils ne connaissent point l'écriture ou la signature de leur auteur.

1324   214. Dans le cas où la partie désavoue son écriture ou sa signature, ainsi que dans le cas où ses héritiers ou ayant-cause déclarent ne les point connaître, la vérification en est ordonnée en justice.

1325   215. Les actes sous signature privée qui contiennent des conventions synallagmatiques, doivent être faits doubles ou triples, ou en autant d'originaux qu'il y a de parties ayant un intérêt particulier.

Chaque original doit contenir la mention du nombre des originaux qui en ont été faits.

Néanmoins le défaut d'originaux doubles, triples, etc., ne peut être opposé par celui qui a exécuté de sa part la convention portée dans l'écrit qui lui est opposé.

1326   216. L'acte sous seing privé par lequel une seule partie s'engage envers l'autre à lui payer une somme d'argent ou une chose appréciable, doit être écrit en entier de la main de celui qui le souscrit, ou du moins il faut qu'outre sa signature, il ait écrit de sa main un *bon*, en toutes lettres, de la somme ou de la quantité de la chose ;

Excepté dans le cas où l'acte émane de marchands, artisans, laboureurs, et gens de campagne.

1327   217. Lorsque la somme exprimée au corps de l'acte est plus forte que celle exprimée au *bon*, l'obligation ne vaut que pour la somme exprimée au *bon*.

ib.   218. Si l'acte, écrit en entier de la main de celui qui s'est obligé, contient en même temps un *bon* dans lequel la somme exprimée soit moins forte ou plus forte que celle portée au corps de l'acte, l'obligation est restreinte à la somme moindre, à moins que l'acte ne prouve de quel côté est l'erreur.

219. Les actes sous signature privée n'ont de date contre les tiers, que du jour où ils ont été enregistrés, ou du jour de la mort de celui ou de l'un de ceux qui l'ont souscrit. 1328

220. Les registres des marchands ne font point preuve contre les bourgeois, des fournitures qui y sont portées, sauf ce qui sera dit à l'égard du serment. 1329

221. Les livres des marchands font preuve contre eux; mais celui qui en veut tirer avantage, ne peut les diviser en ce qu'ils contiennent de contraire à sa prétention. 1330

222. Les registres et papiers domestiques ne font foi ni pour ni contre celui qui les a écrits, soit qu'ils soient signés ou non, à moins qu'ils ne contiennent la mention expresse que la note a été faite pour suppléer le défaut du titre, en faveur de celui au profit duquel ils énoncent une obligation. 1331

223. L'écriture sous seing privé, mise à la suite, en marge ou au dos d'un titre qui est toujours resté en la possession du créancier, quoique non signée ni datée par celui-ci, fait foi, lorsqu'elle tend à établir la libération du débiteur. 1332

Il en est de même de l'écriture mise au dos, ou en marge, ou à la suite d'un double d'un titre ou d'une quittance qui est entre les mains du débiteur.

DISTINCTION III.

Des tailles.

224. Les tailles, corrélatives à leurs échantillons, font foi entre les personnes qui sont dans l'usage de constater ainsi les fournitures qu'elles font et reçoivent en détail. 1333

DISTINCTION IV.

Des copies des titres.

1334   225. Les copies, lorsque le titre original subsiste, ne font foi que de ce qui est contenu au titre dont la représentation peut toujours être exigée.

1335   Lorsque le titre original n'existe plus, les copies font foi, d'après les distinctions suivantes.

ib.   226. Les copies qui ont été tirées par l'autorité du magistrat, parties présentes ou dûment appelées, et celles qui ont été tirées en présence des parties et de leur consentement réciproque, font la même foi que l'original.

1336   227. La copie d'une donation transcrite sur le registre des donations, ne peut servir que de commencement de preuve par écrit, et il faut même pour cela,

1°. Qu'il soit constant que toutes les minutes du notaire, de l'année dans laquelle la donation paraît avoir été faite, soient perdues, ou que l'on puisse prouver la perte particulière par un accident;

2°. Qu'il existe un répertoire en règle du notaire, qui constate que l'acte a été fait à la même date;

3°. Que le donataire puisse faire déposer les témoins instrumentaires de l'acte.

DISTINCTION V.

Des actes récognitifs et confirmatifs.

1337   228. Les actes récognitifs ne dispensent point de la représentation du titre primordial, à moins que sa teneur n'y soit spécialement relatée;

Ils n'ont aucun effet dans ce qu'ils contiennent de plus ou de différent, que ce qui est porté dans ce titre primordial.

1338   229. L'acte confirmatif suppose un contrat antérieur et un contrat valable.

Si l'acte confirmé est radicalement nul, il n'est point validé par la simple confirmation, à moins qu'il n'énonce la connaissance de la nullité du premier, avec l'intention de la réparer; qu'il n'en rapporte la substance, et qu'il ne contienne la déclaration de la volonté de lui donner l'exécution.

230. Les vices d'une donation entre-vifs, nulle en la forme, ne peuvent être réparés par aucun acte confirmatif; il faut qu'elle soit refaite en la forme légale. 1339

231. Celui qui ratifie un acte nul, n'est pas réputé n'avoir voulu que le confirmer; la ratification emporte la renonciation aux moyens et exceptions que l'on pouvait opposer contre cet acte. 1338

La ratification d'une donation entre-vifs, nulle, n'a l'effet ci-dessus qu'autant qu'elle a été donnée par l'héritier ou ayant-cause du donateur après son décès. Celle donnée par le donateur n'a point cet effet, si le donateur n'a renouvelé la donation en la forme légale. 1340 1339

SECTION II.

De la preuve testimoniale.

232. Il doit être passé acte pardevant notaire, ou sous signature privée, de toutes choses excédant la somme ou valeur de cent cinquante francs, même pour dépôts volontaires; et il n'est reçu aucune preuve par témoins contre et outre le contenu aux actes, ni sur ce qui serait allégué avoir été dit avant, lors ou depuis les actes, encore qu'il s'agisse d'une somme ou valeur moindre de cent cinquante francs. 1341

Le tout sans préjudice de ce qui est prescrit dans la loi relative au commerce.

233. La règle ci-dessus s'applique au cas où l'action contient, outre la demande du capital, une demande en dommages et intérêts, lorsque les dommages et intérêts, joints au capital, excèdent la somme de cent cinquante francs. 1342

234. Celui qui a formé une demande excédant cent cinquante francs, ne peut plus être admis à la preuve testimoniale, même en restreignant sa demande primitive. 1343

1344   235. La preuve testimoniale, sur la demande d'une somme même moindre de cent cinquante francs, ne peut être admise lorsqu'elle est déclarée être le restant d'une créance plus forte qui n'est point prouvée par écrit.

1345   236. Si, dans la même instance, une partie fait plusieurs demandes dont il n'y a point de titre par écrit, et que, jointes ensemble, elles excèdent la somme de cent cinquante francs, la preuve par témoins n'en peut être admise, encore que la partie allègue que ces créances proviennent de différentes causes, et qu'elles se soient formées en différens temps, si ce n'était que ces droits procédassent par succession, donation ou autrement, de personnes différentes.

1347   237. Les règles ci-dessus reçoivent exception, lorsqu'il existe un commencement de preuve par écrit.

On appelle ainsi tout acte par écrit émané de celui contre lequel la demande est formée, ou de celui qu'il représente à titre universel, qui tend à prouver la vraisemblance du fait allégué.

1348   238. Elles reçoivent encore exception toutes les fois qu'il n'a pas été possible au créancier de se procurer une preuve littérale de l'obligation qui a été contractée envers lui.

Cette seconde exception s'applique, 1°. aux obligations qui naissent des quasi-contrats et des quasi-délits;

2°. Aux dépôts nécessaires faits en cas d'incendie, ruine, tumulte ou naufrage;

3°. Aux obligations contractées en cas d'accidens imprévus, où l'on ne pourrait pas avoir fait des actes par écrit.

ib.   239. Une quatrième et dernière exception est celle du cas où le créancier a perdu le titre qui lui servait de preuve littérale, par suite d'un cas fortuit, imprévu, et résultant d'une force majeure.

fin de sect. 2   240. Dans tous les cas où la preuve testimoniale est admise, elle doit être faite en forme et remplir toutes les conditions prescrites par les lois relatives à la procédure judiciaire.

Des présomptions.

241. La présomption est un jugement que la loi ou le magistrat porte sur la vérité d'une chose, par une conséquence tirée de faits et de circonstances, et qui est fondée sur ce qui arrive communément et plus ordinairement. 1349.

242. La présomption légale est celle qui est attachée, par une loi spéciale, à certains actes ou certains faits : tels sont, 1350.

1°. Les actes que la loi déclare nuls comme présumés faits en fraude de ses dispositions, d'après leur seule qualité;

2°. Les cas dans lesquels la loi déclare la propriété ou la libération résulter de certaines circonstances déterminées;

3°. L'autorité que la loi attribue à la chose jugée;

4°. La force que la loi attache à la confession de la partie ou à son affirmation.

243. L'autorité de la chose jugée n'a lieu qu'à l'égard de ce qui a fait l'objet du jugement. Il faut que la chose demandée soit la même; que la demande soit fondée sur la même cause; que la demande soit entre les mêmes parties, et formée par elles et contre elles en la même qualité. 1351.

244. Nulle preuve n'est admise contre la présomption de la loi, sauf ce qui sera dit sur l'affirmation et la confession judiciaire. 1352.

245. Les présomptions qui ne sont point établies par la loi, sont abandonnées aux lumières et à la prudence du magistrat, qui ne doit les admettre qu'avec la plus grande circonspection; il ne doit admettre que des présomptions graves, précises, claires et uniformes, et dans les cas seulement où la loi admet la preuve testimoniale, à moins que l'acte ne soit imprégné de fraude ou de dol. 1353.

SECTION IV.

De la confession de la partie.

1354   246. La confession qui est opposée à une partie, est extra-judiciaire ou judiciaire.

1355   247. L'allégation d'une confession extrajudiciaire purement verbale, est inutile toutes les fois qu'il s'agit d'une demande dont la preuve testimoniale ne serait point admissible.

1356   248. La confession judiciaire est l'aveu qu'une partie fait, devant le juge, d'un fait sur lequel elle a été interrogée, et dont il a donné l'acte,

Ou les aveux faits dans des actes de procédure signifiés.

ib.   249. Elle fait pleine foi contre celui qui l'a faite.

ib.   250. Elle ne peut être divisée contre celui qui l'a faite.

ib.   251. Elle peut être révoquée par celui qui l'a faite,

1°. Lorsqu'il n'en a point été demandé acte;

2°. Lorsqu'il prouve qu'elle a été faite par suite de l'erreur de quelque fait dont la connaissance ne lui est survenue que depuis, mais non sur une prétendue erreur de droit.

SECTION V.

De l'affirmation judiciaire.

1357   252. L'affirmation judiciaire est de deux espèces :

1°. Celle qu'une partie défère à l'autre pour en faire dépendre le jugement de la cause : elle est appelée *litis-décisoire ;*

2°. Celle qui est déférée d'office, par le juge, à l'une ou l'autre des parties.

ap.—
1357   253. Il ne peut être exigé aucune affirmation de la part de la partie qui est appelée pour répondre à un interrogatoire sur faits et articles.

DISTINCTION PREMIÈRE.

De l'affirmation litis-décisoire.

1358   254. L'affirmation *litis-décisoire* peut être déférée sur quelque espèce de contestation que ce soit.

255. Elle ne peut être déférée que sur un fait personnel 1359
à la partie à laquelle elle est déférée.

256. Elle peut être déférée en tout état de cause, et en- 1360
core qu'il n'existe aucun commencement de preuve de la
demande ou de l'exception sur laquelle elle est provoquée.

257. Celui auquel l'affirmation est déférée, qui la refuse 1361
ou ne consent pas de la référer à son adversaire, doit succomber dans sa demande ou son exception.

258. L'affirmation ne peut être déférée, quand le fait qui 1362
en est l'objet n'est point celui des deux parties, mais est
purement personnel à celui auquel l'affirmation avait été
déférée.

259. Le demandeur qui a référé l'affirmation au défen- 1363
deur, n'est point recevable à alléguer la fausseté de celle
qu'il a faite.

260. L'affirmation qui a été référée ne peut plus être ré- 1364
voquée, lorsque l'adversaire a déclaré être prêt à la faire.

261. L'affirmation faite ne forme preuve qu'au profit ou 1365
contre celui qui l'a déférée, et au profit ou contre ses héritiers et ayant-cause.

Néanmoins l'affirmation déférée par l'un des créanciers
solidaires à celui qu'il prétend débiteur, libère celui-ci envers tous les autres créanciers.

Il en est de même de l'affirmation déférée au débiteur
principal, laquelle libère les cautions;

De celle déférée à l'un des débiteurs solidaires, qui profite aux codébiteurs;

Et de celle déférée à la caution, qui profite au débiteur
principal.

Dans ces deux derniers cas, l'affirmation du codébiteur
solidaire ou de la caution, ne profite aux autres codébiteurs
ou au débiteur principal, que lorsqu'elle a été déférée sur
la dette, et non sur le fait de la solidarité ou du cautionnement.

DISTINCTION II.

De l'affirmation déférée d'office.

1366   262. Le juge peut déférer à l'une des parties l'affirmation, ou pour en faire dépendre la décision de la cause, ou seulement pour déterminer la quantité de la condamnation.

1367   263. Le juge ne peut déférer d'office l'affirmation, soit sur la demande, soit sur l'exception qui y est opposée, que sous les deux conditions suivantes : il faut,

1°. Que la demande ou l'exception ne soit pas pleinement justifiée ;

2°. Qu'elles ne soient pas totalement dénuées de preuves.

Hors ces deux cas, il doit ou adjuger ou rejeter purement et simplement la demande.

1368   264. L'affirmation déférée d'office par le juge à l'une des parties, ne peut être par elle référée à l'autre.

1369   265. L'affirmation sur la valeur de la chose demandée ne peut être déférée par le juge au demandeur, que lorsqu'il est d'ailleurs impossible de constater autrement cette valeur.

Le juge doit même, en ce cas, limiter la somme jusqu'à concurrence de laquelle le demandeur doit en être cru sur son affirmation.

TITRE III.

Des engagemens qui se forment sans convention, ou des quasi-contrats ou quasi-délits.

1370   ART. 1er. Il y a certains engagemens qui se forment sans qu'il intervienne aucune convention ni de la part de celui qui s'oblige, ni de la part de celui envers lequel il est obligé. Ce sont ceux qui résultent d'un fait personnel à celui qui se trouve obligé. Ces engagemens résultent ou des quasi-contrats ou des quasi-délits.

1371   2. Les quasi-contrats sont les faits purement volontaires de l'homme, dont il résulte un engagement quelconque envers un tiers, et quelquefois un engagement réciproque des deux parties.

5. On ne doit point mettre au nombre des quasi-contrats les engagemens qui se forment involontairement, tels que ceux des tuteurs ou des autres administrateurs, qui ne peuvent refuser la fonction qui leur est confiée, ni ceux qui se forment entre propriétaires voisins. Dans tous ces cas, l'obligation ne résulte que de l'autorité de la loi. 1370

Ce qui concerne les tuteurs a fait la matière d'un titre particulier. Ce qui concerne les engagemens entre propriétaires voisins, fait partie des règles relatives aux servitudes légales.

4. Les quasi-délits sont les faits de l'homme qui contiennent de sa part une faute non susceptible d'être punie par la police simple, correctionnelle ou criminelle, et qui l'obligent à quelque réparation du dommage qui en est résulté. 1382

SECTION PREMIÈRE.

Du quasi-contrat.

5. Celui qui se charge volontairement de gérer l'affaire d'un autre, soit qu'il l'ait fait au su ou à l'insçu du propriétaire, contracte l'engagement tacite de continuer la gestion qu'il a commencée, et de l'achever, jusqu'à ce que le maître soit en état d'y pourvoir lui-même. 1372

Il se soumet à toutes les obligations qui résulteraient d'un mandat exprès qui lui aurait été donné par le propriétaire.

6. Celui qui ne s'est immiscé que dans une affaire, n'est point obligé de se charger d'une autre, lorsqu'il n'y a point de connexité entre les deux. ap.— 1372

7. Il est obligé de continuer sa gestion, encore que le maître vienne à mourir avant que l'affaire soit consommée, jusqu'à ce que l'héritier ait pu en prendre la direction. 1373

8. Il est tenu d'apporter à la gestion de l'affaire tous les soins d'un bon père de famille. 1374

Les circonstances d'amitié ou de nécessité qui néanmoins

l'ont conduit à se charger de l'affaire, peuvent autoriser le juge à modérer les dommages et intérêts qui peuvent résulter des fautes ou de la négligence du gérant.

1375   9. L'équité oblige le maître dont l'affaire a été bien administrée, à remplir les engagemens que le gérant a contractés en son nom, à l'indemniser de tous les engagemens personnels qu'il a pris, et à lui rembourser toutes les dépenses utiles ou nécessaires qu'il a faites.

1376   10. Celui qui reçoit ce qui ne lui est pas dû, soit qu'il le fasse par erreur ou sciemment, s'oblige à le restituer à celui de qui il l'a indûment reçu.

1377   11. Celui qui a reçu ce qui lui était véritablement dû, mais des mains de celui qui n'en était pas le débiteur, lequel n'a payé que parce qu'il croyait en être le débiteur, est obligé de restituer à celui qui ne lui a fait ce paiement que par erreur.

L'action en répétition cesse néanmoins en ce cas, si le créancier a supprimé son titre par suite du paiement; sauf le recours de celui qui a payé, contre le véritable débiteur.

1378   12. S'il y a eu mauvaise foi de la part de celui qui a reçu indûment, il est tenu de restituer tant le capital que les intérêts ou les fruits du jour du paiement.

1379   13. Si la chose indûment reçue est un immeuble ou un meuble corporel, celui qui l'a reçue est tenu de la conserver; et il est même garant de sa perte par cas fortuit, s'il l'a reçue de mauvaise foi.

1380   14. Si celui qui a reçu de bonne foi, a vendu la chose, il ne doit restituer que le prix de la vente.

1381   15. Celui auquel la chose est restituée, doit tenir compte, même au possesseur de mauvaise foi, de toutes les dépenses nécessaires et utiles qui ont été faites pour la conservation de la chose.

SECTION II.

Des quasi-délits.

1382   16. Tout fait quelconque de l'homme, qui cause à autrui un dommage, oblige celui, par la faute duquel il est arrivé, à le réparer, encore que la faute ne soit point de la nature de celles qui exposent à des peines de police simple ou correctionnelle.

17. S'il est jeté sur un passant, de l'eau ou quelque chose qui produise un dommage, d'une maison habitée par plusieurs personnes, c'est celui seul qui habite l'appartement d'où l'on a jeté, qui est tenu du dommage. Si l'on a vu celui qui a jeté, il en est seul tenu ; si on l'ignore, tous sont solidairement responsables. *ap. — 1382*

18. Les hôtes qui n'habitent qu'en passant dans la maison d'où la chose a été jetée, ne sont point tenus du dommage, à moins qu'il ne soit prouvé que ce sont eux qui ont jeté ; mais celui qui les loge en est garant. *ib.*

19. On est responsable, non-seulement du dommage que l'on a causé par son fait, mais encore par sa négligence ou par son imprudence. *1383*

20. On est responsable, non-seulement du dommage que l'on cause par son propre fait, mais encore de celui qui est causé par le fait des personnes dont on doit répondre, ou des choses que l'on a sous sa garde. *1384*

Le père, et la mère après le décès du mari, sont responsables des délits de leurs enfans mineurs ;

Les maîtres et les commettans, des délits de leurs domestiques et préposés dans les fonctions auxquelles ils les ont préposés ;

Les instituteurs et les artisans, des délits commis par leurs écoliers et apprentis.

La responsabilité ci-dessus n'a lieu que lorsque les père et mère, maîtres, commettans, ont pu empêcher le délit et ne l'ont pas fait. Ils sont censés avoir pu empêcher le délit, lorsqu'il a été commis par suite de leur négligence à surveiller ceux dont ils sont responsables, ou lorsqu'il a été commis en leur présence.

Le propriétaire d'un animal est responsable du délit ou *1385* du dommage que l'animal a causé, soit que l'animal fût sous sa garde, ou qu'il fût égaré ou échappé.

1386   21. Le propriétaire d'un bâtiment est responsable du dommage qu'il a causé par sa ruine, lorsqu'elle est arrivée par une suite du défaut d'entretien, ou par le vice de sa construction.

TITRE IV.

De la contrainte par corps.

2059   ART. 1er. La contrainte par corps, en matière civile, n'a lieu que dans les cas ci-après :

2060 3°   1°. Pour la répétition, contre les agens du Gouvernement, des deniers publics et nationaux;

ib. 2°   2°. En cas de réintégrande, pour la restitution d'un fonds prononcée en jugement en faveur du propriétaire qui en a été dépouillé par voie de fait, ainsi que pour la restitution des fruits de ce fonds et pour les dommages et intérêts;

2061   3°. Contre ceux qui, quinzaine après la signification d'un jugement rendu au pétitoire, par lequel ils ont été condamnés à délaisser la possession d'un fonds, refusent d'y obéir; lesquels, audit cas, peuvent être condamnés par un nouveau jugement, et par corps, à la restitution du fonds et des fruits, ainsi qu'au paiement des dommages et intérêts.

Ce second jugement est rendu sur une simple pétition, et sur le vu du procès-verbal qui constate le refus d'obéir au précédent, sans qu'il soit besoin d'une citation préalable de la partie contre laquelle il est obtenu;

2059   4°. Pour stellionat;

2060.1°   5°. Pour dépôt nécessaire;

2060.3°   6°. Pour la répétition de deniers consignés par ordonnance de justice, ou entre les mains de personnes publiques.

2060.4°   7°. Pour la représentation des choses déposées aux séquestres, commissaires et gardiens;

2062   8°. Contre les fermiers, pour le paiement des fermages des biens ruraux, dans le cas seulement où le bail contient la stipulation expresse de la contrainte par corps;

9°. Contre lesdits fermiers de biens ruraux, dans le cas 2062 même où la contrainte par corps n'a point été stipulée, faute par eux de représenter, à la fin du bail, le cheptel de bétail, les semences et les instrumens aratoires qui leur ont été confiés; à moins qu'ils ne justifient que le déficit de ces objets, ou de quelques-uns d'eux, ne procède point de leur fait, et qu'ils n'en ont rien détourné au préjudice du propriétaire.

2. Il est défendu à tout Français de souscrire aucune 2063 obligation ou autre convention, de consentir aucune condamnation volontaire portant contrainte par corps, hors les cas portés en l'article précédent; à tous notaires et greffiers, de recevoir lesdits contrats ou jugemens; et à tous huissiers, de les mettre à exécution, encore que les actes aient été passés en pays étranger; à peine de tous dépens, dommages et intérêts.

3. La contrainte par corps, en matière civile, ne peut 2064 être prononcée, même en aucun des cas ci-dessus énoncés, contre les mineurs.

4. Elle ne peut également avoir lieu contre les septuagé- 2066 naires, les femmes mariées et les filles, si ce n'est pour stellionat.

La contrainte par corps pour cause de stellionat, ne peut ib. avoir lieu contre les femmes mariées, que lorsqu'elles sont séparées en justice, ou par contrat de mariage, ou lorsque, par ledit contrat de mariage, elles se sont réservé l'administration de tout ou partie de leurs biens, et à l'égard des contrats qui concernent les biens dont elles se sont réservé l'administration; sans que lesdites femmes qui se seraient obligées conjointement ou solidairement avec leurs maris avec lesquels elles sont en communauté légale ou conventionnelle, puissent être réputées stellionataires à raison desdits contrats; sauf les autres droits qui en peuvent résulter contre elles et sur leurs biens, en faveur de ceux envers lesquels elles se sont ainsi obligées.

2063 5. Il est défendu à tous juges, à peine de forfaiture, et, en outre, de tous dépens, dommages et intérêts envers les parties intéressées, de prononcer aucun jugement portant condamnation de la contrainte par corps, hors les cas dans lesquels elle est ci-dessus autorisée.

2070 6. Les dispositions ci-dessus ne dérogent en rien aux lois qui autorisent la contrainte par corps en matière de commerce.

2067 7. La contrainte par corps ne peut être mise à exécution, même dans les cas où la loi l'autorise, qu'à la suite d'un jugement qui l'a prononcée.

ap.—
2067 Le mode d'exécution du jugement contenant condamnation par corps, ses effets, et les obligations qui sont imposées à celui qui les met à exécution, sont les mêmes en matière civile qu'en matière commerciale.

2068 8. Dans le cas où il y a opposition au jugement qui prononce la contrainte par corps, ou appel de ce jugement, il est exécutable par provision, en donnant caution.

TITRE V.

Du cautionnement.

CHAPITRE PREMIER.

De la nature et de l'étendue du cautionnement.

2011 ART. 1er. Celui qui se rend caution d'une obligation, s'oblige, envers le créancier, à lui payer, au défaut du débiteur, en tout ou partie, ce que celui-ci lui doit.

2012 2. Le cautionnement ne peut exister que sur une obligation valable.

On peut néanmoins cautionner l'obligation dont le débiteur principal pourrait se faire décharger par une exception purement personnelle, telle que celle du mineur ou de la femme mariée.

3. Le cautionnement ne peut excéder ce qui est dû par le 2013
débiteur, ni être contracté sous des conditions plus dures.

Il peut être contracté pour une partie de la dette seulement,
et sous des conditions moins dures.

Le cautionnement qui excède la dette, ou qui est contracté sous des conditions plus dures, n'est point nul, mais
seulement réductible à la mesure de l'action principale.

4. On peut se rendre caution, non-seulement du dé- 2014
biteur principal, mais encore de celui qui l'a cautionné.

5. Le cautionnement ne se présume point; il doit être 2015
exprès, et doit être restreint dans les limites dans lesquelles
il a été contracté.

6. Le cautionnement général et indéfini s'étend à tous les 2016
accessoires de la dette principale, même aux frais.

CHAPITRE II.

De l'effet du cautionnement.

SECTION PREMIÈRE.

De l'effet du cautionnement entre le créancier et la caution.

7. La caution n'est obligée envers le créancier, qu'à le 2021
payer, au défaut du débiteur, qui doit être préalablement
discuté dans ses biens, à moins que la caution n'ait renoncé
au bénéfice de discussion, ou qu'elle ne se soit obligée solidairement avec le débiteur; auquel cas, l'effet de son engagement se règle par les mêmes principes qui ont été ci-dessus
établis pour les dettes solidaires.

8. Le créancier n'est obligé de discuter le débiteur prin- 2022
cipal, que lorsque la caution le requiert.

9. La caution qui requiert la discussion, doit indiquer au 2023
créancier les biens du débiteur principal, et avancer les deniers suffisans pour faire la discussion.

10. Le créancier ne peut être obligé de discuter les biens ib.
du débiteur principal situés hors du territoire français ni
ceux situés dans les colonies françaises, ni même ceux situés

hors de l'arrondissement du tribunal d'appel du lieu où le paiement doit être fait.

Il en est de même des biens du débiteur qui sont litigieux,

Et de ceux hypothéqués à la dette qui ne sont plus en la possession du débiteur.

2024　11. Le créancier qui a négligé de discuter les biens qui lui ont été indiqués, n'en a pas moins le droit de poursuivre la caution, qui pouvait prévenir l'insolvabilité du débiteur, ainsi qu'il sera dit ci-après.

2025　12. Lorsque plusieurs personnes se sont rendues cautions d'un même débiteur pour une même dette, elles sont obligées chacune à toute la dette, en cas d'insolvabilité de l'une d'elles.

2026　Néanmoins chacune d'elles peut exiger que le créancier divise préalablement son action, et la réduise à la part et portion de chaque caution, à moins qu'elle n'ait renoncé au bénéfice de division.

ib.　13. Le créancier ne peut plus revenir pour le tout contre celle des cautions qui a demandé la division, lorsque l'autre caution n'est devenue insolvable que depuis.

2027　Il en est de même si le créancier a divisé lui-même et volontairement son action.

SECTION II.

De l'effet du cautionnement entre le débiteur et la caution.

2028　14. La caution qui a payé, a son recours contre le débiteur principal, soit que le cautionnement ait été donné au su ou à l'insçu du débiteur.

Ce recours a lieu tant pour le principal que pour les intérêts et les frais auxquels la caution a été condamnée; mais, à l'égard de ces frais, le recours n'a lieu, en faveur de la caution, qu'à compter du jour qu'elle a dénoncé au débiteur principal les poursuites faites contre elle.

2029　15. La caution a, pour le recours, les mêmes actions et le même privilège de subrogation que la loi accorde au codébiteur solidaire.

16. Lorsqu'il y avait plusieurs débiteurs principaux solidaires d'une même dette, la caution qui les a tous cautionnés, a contre chacun d'eux le recours pour la répétition du total de ce qu'elle a payé. 2030

17. La caution n'a point de recours contre le débiteur principal qui a payé une seconde fois, faute par la caution de l'avoir averti du paiement qu'elle avait fait; sauf son action en répétition contre le créancier. 2031

18. La caution, même avant d'avoir payé, peut agir contre le débiteur pour être par lui indemnisée, 2032

1°. Lorsqu'elle est poursuivie en justice pour le paiement;

2°. Lorsque le débiteur a fait faillite ou est en déconfiture;

3°. Lorsque le débiteur s'est obligé de lui rapporter sa décharge dans un certain temps;

4°. Lorsque la dette est devenue exigible par l'échéance du terme sous lequel elle avait été contractée;

5°. Au bout de dix années, lorsque l'obligation principale est de nature à durer plus long-temps, à moins que l'obligation principale, telle qu'une tutelle, ne soit pas de nature à pouvoir être éteinte avant un temps déterminé.

SECTION III.

De l'effet du cautionnement entre les cofidéjusseurs.

19. Lorsque plusieurs personnes ont cautionné un même débiteur pour une même dette, la caution qui a acquitté la dette a recours contre les autres cautions, chacune pour sa part et portion. 2033

Mais ce recours n'a lieu que lorsque la caution a payé en conséquence de poursuites dirigées contre elle.

CHAPITRE III.

De l'extinction du cautionnement.

20. L'obligation qui résulte du cautionnement s'éteint 2034

de toutes les différentes manières dont s'éteignent les obligations.

2035   Mais la confusion qui s'opère dans la personne du débiteur principal ou de sa caution, lorsqu'ils deviennent héritiers l'un de l'autre, n'éteint point l'action du créancier contre celui qui s'est rendu caution de la caution.

2036   21. La caution peut opposer au créancier toutes les exceptions qui appartiennent au débiteur principal, et qui sont inhérentes à la dette.

Mais elle ne peut opposer les exceptions qui sont personnelles au débiteur.

2037   22. La caution est déchargée, lorsque, par le fait du créancier, la subrogation de droit à ses droits, hypothèques et privilèges, ne peut plus s'opérer en faveur de la caution.

2038   23. L'acceptation volontaire que le créancier a faite d'un immeuble ou d'un effet quelconque en paiement de la dette principale, décharge la caution, encore que le créancier vienne ensuite à en être évincé.

2039   24. La simple prorogation de terme, accordée par le créancier au débiteur principal, ne décharge point la caution, qui peut, en ce cas, poursuivre le débiteur pour le forcer au paiement.

CHAPITRE IV.

De la caution légale, et de la caution judiciaire.

2018—
2040   25. Toutes les fois qu'une personne est obligée, par la loi ou par une condamnation, à fournir une caution, la caution offerte doit être solvable, et domiciliée dans le lieu où elle doit être donnée ; elle doit être en outre susceptible de la contrainte par corps, lorsqu'il s'agit d'un cautionnement judiciaire.

Le juge peut néanmoins dispenser de la seconde de ces conditions, dans le cas où c'est la loi qui oblige à donner la caution.

26. La solvabilité d'une caution ne s'estime qu'eu égard 2040—
à ses propriétés foncières, excepté en matière de commerce, 2019
ou lorsque la dette est modique.

On n'a point égard aux immeubles litigieux, ou dont la
discussion deviendrait trop difficile par l'éloignement de leur
situation.

27. Lorsque la caution qui a été reçue, est devenue de- 2040—
puis insolvable, celui qui l'a offerte est obligé d'en donner 2020
une autre.

Cette règle reçoit exception, lorsque la caution n'a été
donnée qu'en vertu d'une convention par laquelle le débiteur s'était obligé de donner une telle personne pour caution.

28. Celui qui ne peut pas trouver une caution, est reçu 2041
à donner à la place un gage ou nantissement suffisant.

29. La caution judiciaire ne peut pas demander la discus- 2042
sion du principal débiteur.

3o. Celui qui a simplement cautionné la caution judi- 2043
ciaire, ne peut demander la discussion du principal débiteur
et de la caution.

TITRE VI.

Des privilèges et hypothèques.

tit. 18

DISPOSITIONS GÉNÉRALES.

ART. 1er. Quiconque s'est obligé personnellement, est tenu 2092
de remplir son engagement sur tous ses biens mobiliers et
immobiliers, présens et à venir.

2. Lorsque la même personne a plusieurs créanciers, 2093
tous ses biens sont leur gage commun, et leur prix se distribue par contribution au marc le franc, à moins qu'il n'y
ait, entre les créanciers, des causes légitimes de préférence.

3. Les causes légitimes de préférence sont les privilèges 2094
et les hypothèques.

CHAPITRE PREMIER.

Des privilèges.

4. Le privilège est un droit que la qualité de la créance 2095

donne à un créancier d'être préféré aux autres créanciers, même hypothécaires.

2096   5. Entre les créanciers privilégiés, la préférence ne se règle point sur la date de l'obligation, mais sur le plus ou le moins de faveur de la créance.

2097   6. Les créanciers privilégiés qui sont dans le même rang, sont payés par concurrence.

2099   7. Les privilèges peuvent être sur les meubles ou sur les immeubles.

SECTION PREMIÈRE.

Privilèges sur les meubles.

2101   8. Les créances privilégiées sont celles ci-après exprimées, lesquelles s'exercent dans l'ordre suivant :

—1°.   1°. Les frais de justice ;

—2°.   2°. Les frais funéraires ;

2102.1°   3°. Les loyers et fermages des immeubles sur le prix de tout ce qui garnit la maison louée ou la ferme, et de tout ce qui sert à l'exploitation de la ferme ; savoir, pour tout ce qui est échu et pour le terme courant, si les baux sont authentiques ; et à défaut de baux authentiques, ou lorsqu'étant sous signature privée, ils n'ont pas une date certaine, pour une année seulement, y compris le terme courant ;

Dans les deux cas ci-dessus, le privilège du propriétaire a lieu, en outre, pour le loyer ou fermage pendant le temps nécessaire, suivant les usages des lieux, pour louer ou affermer lesdits immeubles, ainsi que pour les réparations locatives, et pour tout ce qui concerne l'exécution du bail ;

Néanmoins les sommes dues pour les semences ou pour les frais de toutes récoltes, sont payées sur le prix des récoltes ; et celles dues pour ustensiles, sur le prix de ces ustensiles, de préférence au propriétaire ;

Celui-ci peut suivre les meubles qui garnissaient sa maison ou sa ferme, lorsqu'ils ont été déplacés sans son consentement ; et il conserve sur eux son privilège, pourvu qu'il ait fait la revendication dans le délai de dix jours ;

4°. Le créancier, sur le gage dont il est saisi ; —2°.

5°. Le prix d'effets mobiliers non payés, s'ils sont encore —4°. en la possession du débiteur, soit qu'il ait vendu à terme ou sans terme ;

Si la vente a été faite sans terme, le vendeur peut même les revendiquer tandis qu'ils sont en la possession de l'acheteur, et en empêcher la vente, pourvu que la revendication soit faite dans la huitaine de la livraison, et que les effets se trouvent dans le même état dans lequel cette livraison a été faite ;

6°. Les fournitures d'un aubergiste, sur les effets du —5°. voyageur qui ont été transportés dans l'auberge ;

7°. Les frais de voiture et les dépenses faites pour la chose —6°. voiturée, sur cette chose ;

8°. Les frais quelconques de la dernière maladie, con- 2101.3° curremment entre eux ;

9°. Les salaires des six derniers mois dus aux gens de —4°. service ;

10°. Les fournitures de subsistances, faites au débiteur —5°. et à sa famille pendant les six derniers mois ;

Pourront néanmoins les juges, suivant la nature des subsistances, l'état et la fortune du débiteur, rejeter ou modérer ledit privilège, et en régler l'ordre entre les différens fournisseurs ;

11°. Les créances résultant d'abus et prévarications com- 2102.7° mis par les fonctionnaires publics dans l'exercice de leurs fonctions, sur le fonds de leur cautionnement, et sur les intérêts qui en peuvent être dus.

9. Le privilège à raison des contributions publiques, et fin de l'ordre dans lequel il s'exerce, sont réglés par les lois admi- sect.1re. et 2098 nistratives qui les concernent.

SECTION II.

Privilèges sur les immeubles.

10. Les créanciers privilégiés sur les immeubles, sont, 2103

1°. Le vendeur, sur l'immeuble vendu, pour le paiement du prix ;

S'il y a plusieurs ventes successives, dont le prix soit dû en tout ou en partie, le premier vendeur est préféré au second et autres subséquens ;

2°. Ceux qui ont fourni les deniers pour l'acquisition d'un immeuble, pourvu qu'il soit authentiquement constaté, par l'acte d'emprunt, que la somme était destinée pour cet emploi, et, par la quittance du vendeur, que ce paiement a été fait des deniers empruntés ;

3°. Les cohéritiers sur les immeubles de la succession, pour la garantie des partages faits entre eux et des soultes ou retours de lots ;

4°. Les architectes, entrepreneurs, les maçons et autres ouvriers employés pour édifier, reconstruire, ou réparer des bâtimens quelconques, pourvu néanmoins que, par un expert nommé d'office par le tribunal de première instance dans le ressort duquel les bâtimens sont situés, il ait été dressé préalablement un procès-verbal, à l'effet de constater l'état des lieux, relativement aux ouvrages que le propriétaire déclarera avoir dessein de faire, et que les ouvrages aient été, dans les six mois au moins de leur perfection, reçus par un expert également nommé d'office.

Ceux qui ont prêté les deniers pour payer ou rembourser les ouvriers, jouissent du même privilège, pourvu que cet emploi soit authentiquement constaté, et que, pour les constructions, reconstructions ou réparations, les formalités ci-dessus aient été observées.

SECTION III.

Privilèges qui s'étendent sur les meubles et immeubles.

2104 11. Les privilèges qui s'étendent sur les meubles et immeubles, sont,

1°. Ceux pour les frais de justice, pour l'enterrement, la dernière maladie, la fourniture des subsistances, et les gages des gens de service pendant les six derniers mois, qui, en cas que le mobilier soit insuffisant, s'exercent subsidiairement sur les immeubles;

2°. Le privilège en faveur du trésor public sur les meubles des comptables et sur les immeubles qu'ils auraient acquis depuis leur entrée en exercice.

CHAPITRE II.

Des hypothèques.

SECTION PREMIÈRE.

DISPOSITIONS GÉNÉRALES.

12. L'hypothèque est un droit réel sur les immeubles affectés au paiement d'une dette. *2114*

Elle est, de sa nature, indivisible. Elle subsiste en entier sur tous et chacun des immeubles affectés et sur chaque portion d'iceux; elle suit l'immeuble dans quelques mains qu'il passe.

13. L'hypothèque n'a lieu que dans les cas et dans la forme autorisés par la loi. *2115*

On nomme

Hypothèque légale ou tacite, celle qui existe en vertu de la loi seulement; *2117*

Hypothèque judiciaire, celle que la loi attribue aux jugemens ou actes judiciaires;

Hypothèque conventionnelle, celle que la loi fait dépendre de la forme extérieure des contrats et actes.

14. Les hypothèques, soit légales, soit judiciaires, soit conventionnelles, s'étendent sur tous les biens immeubles présens et futurs du débiteur, à moins qu'à l'égard de ces dernières il n'y ait convention contraire. *ap.—2117*

15. Sont seuls susceptibles d'hypothèques, *2118*

1°. Les biens-fonds qui sont dans le commerce, et leurs accessoires réputés immeubles;

2°. L'usufruit desdits biens-fonds et accessoires.

16. Les meubles n'ont pas de suite par hypothèque. *2119*

2120   17. Il n'est rien innové, par le présent Code, aux dispositions des lois maritimes concernant les navires et bâtimens de mer.

SECTION II.

De l'hypothèque légale.

av.—
2121   18. Il n'y a d'hypothèque légale que dans les cas déterminés par la loi.

2121—
2135.2°   19. La femme commune a, sur les biens de son mari, du jour de son contrat de mariage, ou, s'il n'y a point de contrat, du jour de la célébration du mariage, une hypothèque légale pour toutes ses reprises et droits matrimoniaux, et même pour le remploi de ses propres aliénés et pour l'indemnité des dettes auxquelles elle s'est obligée avec son mari, lors même qu'à cet égard il n'y a dans le contrat aucune convention.

La femme séparée de biens par son contrat de mariage, a les mêmes hypothèques.

La femme séparée de biens par jugement n'a hypothèque pour l'indemnité des dettes qu'elle a contractées avec son mari depuis leur séparation, ni pour le remploi de ses propres aliénés depuis la même époque, dans le cas où il y a lieu, qu'à compter du jour de l'obligation ou de la vente.

ap.—
2135   20. La femme commune ne peut exercer d'hypothèque du jour du contrat de mariage ou de la célébration d'icelui, pour les obligations ou les ventes postérieures à la faillite de son mari ou à la saisie générale de ses immeubles.

ib.   21. Les hypothèques énoncées dans les paragraphes premier et second de l'article 19 ci-dessus, ont lieu pour les mariages passés en pays étranger, du jour de la célébration.

ib.   22. Les hypothèques ci-dessus ont lieu non-seulement pour les femmes personnellement, mais encore au profit de leurs héritiers ou ayant-cause.

2121—
2135.1°   23. Les mineurs et les interdits ont hypothèque sur les biens de leurs tuteurs pour leur administration, à compter

du jour de l'acte de tutelle jusqu'à la clôture et apurement du compte définitif.

24. La même hypothèque a lieu sur les biens du subrogé tuteur, quant aux fonctions qui le concernent. *ap. — 2121 et 2135*

25. Cette hypothèque ne s'étend pas aux biens des parens nominateurs, si ce n'est dans le cas où le tuteur aurait été notoirement insolvable lors de sa nomination. *ib.*

26. Il y a hypothèque sur les biens de ceux qui, sans avoir été nommés tuteurs, se sont immiscés dans l'administration des biens des mineurs et interdits, à compter du jour où ils ont fait le premier acte de cette administration. *ib.*

27. Il y a hypothèque, à compter du jour de la clôture de l'inventaire, contre le survivant des époux, ou les héritiers qui ont été chargés, par l'inventaire, des biens de la communauté ou de la succession. *ib.*

28. Les communes et les établissemens publics ont une hypothèque sur les biens des receveurs et comptables, du jour où ils sont entrés en fonctions. *2121*

SECTION III.

De l'hypothèque judiciaire.

29. Les jugemens contradictoires, définitifs ou de provision, emportent hypothèque du jour de leur prononciation. *2123 — 1er.*

Ceux par défaut, n'emportent hypothèque que du jour de leur signification.

30. Les hypothèques ci-dessus restent les mêmes, lorsque sur l'opposition ou sur l'appel, les jugemens sont confirmés. *ap. — 2123 — 1er.*

Si, sur l'opposition ou sur l'appel, le premier jugement n'a été changé ou infirmé que dans certaines dispositions, l'hypothèque de ce jugement subsiste pour toutes les dispositions qui n'ont point été changées ou infirmées.

31. Les décisions arbitrales emportent hypothèque du jour qu'elles ont été revêtues de l'ordonnance d'exécution. *2123.3e*

32. Il y a hypothèque sur tous les biens des séquestres *ap. — 2123*

et gardiens établis par autorité de justice, à compter du jour de leur nomination; et sur les biens des cautions judiciaires, à compter du jour qu'elles sont reçues.

ap.—
2123

33. Lorsqu'il y a contrat ou autre acte authentique, l'hypothèque pour les intérêts, les dommages et intérêts, et les dépens portés par des jugemens postérieurs, a lieu du jour du contrat et acte, quoique la clause à peine de tous dépens, dommages et intérêts, n'y soit pas insérée; sauf ce qui est dit, pour les intérêts, au titre *de la prescription*.

ap.—
2123.1°

34. L'hypothèque pour supplément du prix d'une vente ordonnée par jugement, n'a lieu qu'en vertu du jugement; sauf néanmoins le privilège sur la chose à raison dudit supplément.

2123.1°

35. L'hypothèque sur les biens du débiteur assigné en reconnaissance d'un écrit sous signature privée, a lieu du jour de la reconnaissance faite en jugement ou par acte authentique, ou du jour de la dénégation, si l'écrit est ensuite vérifié.

Si l'écrit est tenu pour reconnu par un jugement par défaut, l'hypothèque ne prend date que du jour de la signification de ce jugement.

ap.—
2123

36. Les obligations d'un défunt, et les condamnations contre lui prononcées, n'emportent hypothèque sur les biens personnels de l'héritier, que du jour qu'il en a passé un titre nouvel devant notaires, ou du jour du jugement qui l'a déclaré exécutoire.

2123.4°

37. Les jugemens rendus en pays étranger n'emportent hypothèque sur les biens situés en France, que du jour qu'ils y ont été déclarés exécutoires par un tribunal français compétent.

SECTION IV.

Des hypothèques conventionnelles.

2124

38. Les immeubles ne peuvent être hypothéqués que par ceux qui ont capacité de les aliéner.

39. Il ne peut plus être créé d'hypothèque sur un im- ap.—
meuble par celui qui l'a aliéné, postérieurement à l'aliéna- 2124
tion faite par acte authentique.

40. L'hypothèque ne peut résulter que d'un contrat passé 2127
en forme authentique.

Le contrat est en forme authentique lorsqu'il est passé
avec minutes devant deux notaires, ou devant un notaire
et deux témoins.

41. Il emporte hypothèque du jour de sa date sur tous 2129
immeubles situés dans le territoire de la république et
pays en dépendans, pourvu qu'il soit passé dans le ressort
où les notaires qui l'auront reçu sont immatriculés, quoique
les contractans n'aient pas leur demeure dans ce ressort.

42. Les dispositions testamentaires reçues par acte au- ib.
thentique, n'emportent hypothèque que du jour du décès.

43. L'hypothèque spéciale n'emporte pas de plus grands ib.
droits que l'hypothèque générale, et n'y déroge point, ni
l'hypothèque générale à la spéciale; et le créancier n'est pas
tenu de commencer par discuter l'immeuble soumis à l'hypothèque spéciale, le tout s'il n'y a convention contraire.

44. L'obligation contractée sous une condition purement 2132
casuelle et non potestative de la part des deux parties ou de
l'une d'elles, emporte hypothèque du jour du contrat, le
cas de la condition arrivant.

45. L'hypothèque, à raison des engagemens contractés fin de
par un mineur pubère, ratifiés par lui en majorité, ou con- sect. 3
firmés soit par jugement, soit par le laps de dix ans depuis
la majorité, a lieu du jour de l'acte fait en minorité, et non
du jour de la ratification ou confirmation.

46. Toute contre-lettre devant notaire n'emporte point ib.
d'hypothèque à l'égard des tiers, si elle n'a été rédigée à la
suite de l'acte auquel elle déroge, si l'expédition n'en est
point délivrée à la suite de ce même acte, et s'il n'en a point
été fait mention sur le registre de l'enregistrement, en marge
de l'article qui contient l'enregistrement du premier acte.

fin de
sect. 3

47. Quand il y a prorogation d'un bail ou autres actes semblables, l'hypothèque n'a lieu que du jour de la prorogation, à l'égard du nouveau bail.

2128

48. Les contrats passés par des notaires en pays étranger, ne donnent point d'hypothèque sur les biens situés en France, s'il n'y a des dispositions spéciales dans les lois politiques ou dans les traités.

CHAPITRE III.

De l'effet des hypothèques contre les tiers détenteurs, ou de l'action hypothécaire.

2167 —
2168

49. L'action hypothécaire ou privilégiée s'exerce contre le tiers détenteur, par une demande en déclaration d'hypothèque : il est tenu de payer le créancier, à quelque somme que la créance monte, ou de délaisser l'immeuble hypothéqué, pour être vendu judiciairement, sauf le droit de discussion ci-après expliqué.

ap. —
2168

50. Néanmoins le tiers détenteur n'est pas tenu de délaisser l'immeuble, si le prix avait été employé à payer des créanciers privilégiés ou antérieurs à celui qui forme la demande en déclaration d'hypothèque, à moins que celui-ci ne se soumette à rembourser ce qui a été payé par le tiers détenteur, ou à vendre à un prix excédant le montant desdites créances, et qu'il ne donne, à cet effet, bonne et valable caution.

2166

51. Cette action ne peut plus être suivie contre le tiers détenteur, du moment que le contrat est affiché, pour obtenir des lettres de ratification ; sauf au créancier à exercer l'effet de son opposition, et sauf ce qui sera dit au titre *des lettres de ratification.*

2170

52. Le tiers détenteur peut requérir que le créancier soit tenu de discuter préalablement les autres biens qui sont dans la possession du principal obligé ; et pendant cette discussion, il est sursis à faire droit sur la demande en déclaration d'hypothèque,

53. L'exception de discussion ne peut être opposée au créancier privilégié sur l'immeuble. 2171

54. Un cohéritier qui possède des immeubles dépendans d'une succession et affectés à des hypothèques, ne peut requérir la discussion des autres biens de la succession ni celle des biens personnels de ses cohéritiers. ap.— 2171

55. Les donataires sujets à l'action hypothécaire peuvent demander la discussion des biens du donateur, et les légataires celle des biens du testateur. ib.

56. S'il y a plusieurs coobligés dont l'un ait aliéné des immeubles affectés à la dette, le tiers détenteur peut requérir la discussion des biens de tous les coobligés. ib.

57. Les formes relatives à la discussion, et les obligations qui en résultent, de la part de celui qui la requiert, sont expliquées au titre *des conventions*. 2170

58. Le tiers détenteur contre qui est formée la demande en déclaration d'hypothèque, se décharge de cette poursuite en délaissant l'immeuble hypothéqué, à moins qu'il n'y ait de sa part obligation personnelle autre que celle de tiers détenteur. 2172

Le délaissement ne peut pas être partiel.

59. Le délaissement par hypothèque ne peut être fait que par celui qui a capacité d'aliéner. ib.

60. La reconnaissance ou titre nouvel donné par le tiers détenteur en cette qualité, ou le jugement qui déclare l'immeuble hypothéqué, ne sont point des empêchemens à ce qu'il puisse délaisser par hypothèque. 2173

61. L'héritier du débiteur peut délaisser l'immeuble hypothéqué qui lui est échu en partage. ib.

Si le prix auquel est vendu l'immeuble délaissé ne suffit pas pour payer le créancier, cet héritier ne peut, pour ce qui restera encore dû, être poursuivi qu'à raison de la part et portion dont il est tenu en sa qualité d'héritier.

62. Le délaissement par hypothèque doit être fait au 2174

greffe, et reçu en jugement; il est aux frais du délaissant, sauf son recours.

2173   63. Celui qui a délaissé l'immeuble par hypothèque, peut, jusqu'à ce que l'adjudication en ait été faite, reprendre l'immeuble, en offrant d'acquitter la dette si elle est exigible, ou d'en passer titre nouvel et de payer les frais.

av. —
2175   64. L'immeuble peut être délaissé dans l'état où il se trouve lors de la demande en déclaration d'hypothèque.

Le délaissant n'est tenu d'aucune réparation, pas même de celle d'entretien.

2175   65. Si depuis la demande en déclaration, ou même depuis la connaissance que le tiers détenteur aurait eue de l'hypothèque, il a détérioré l'immeuble, il est tenu, en délaissant, de payer le préjudice qui en résulte.

ib.   66. Il ne peut prétendre, sur le prix de l'adjudication de l'immeuble délaissé, aucun remboursement au sujet des impenses et améliorations qu'il a faites sur cet immeuble, à moins qu'il n'en résulte une augmentation réelle de valeur.

2174   67. Le délaissement par hypothèque ayant été fait au greffe du tribunal dans le ressort duquel l'immeuble est situé, le plus diligent, soit du délaissant, soit du créancier qui a intenté l'action en déclaration d'hypothèque, fait créer un curateur à l'immeuble délaissé.

ib. — et
2177.2°   68. L'immeuble délaissé est ensuite saisi réellement sur ce curateur par celui qui l'a fait créer; et il est procédé à l'adjudication et à la distribution du prix, soit entre les créanciers personnels du vendeur, soit entre ceux du délaissant, conformément aux règles établies au titre *de la vente forcée.*

2177.1°   69. Les servitudes que le délaissant avait sur l'immeuble avant son acquisition, revivent après le délaissement.

2176   70. Le tiers détenteur est tenu, dans le cas où il délaisse, de restituer les fruits, à compter du jour de la demande.

ib.   71. Si la demande en déclaration d'hypothèque est tombée en péremption, le tiers détenteur n'est tenu de restituer

les fruits qu'à compter du jour de la nouvelle demande sur laquelle il délaisserait.

72. L'acquéreur qui a délaissé par hypothèque, a le re- 2178 cours en garantie contre son vendeur.

73. Les hypothèques des créanciers personnels du dé- 2177.2° laissant sur l'immeuble délaissé, subsistent nonobstant le délaissement judiciaire.

CHAPITRE IV.

De l'extinction des privilèges et hypothèques.

74. Les privilèges et hypothèques se modifient, et cessent 218ɔ d'exister de la même manière et par les mêmes causes que l'engagement dont ils sont l'accessoire.

75. Quoique l'obligation principale subsiste, l'hypothèque ib. cesse d'exister par la renonciation du créancier, par la prescription, et par les autres moyens que la loi établit pour purger les privilèges et hypothèques.

SECTION PREMIÈRE.

De l'extinction des privilèges et hypothèques par la renonciation du créancier.

76. Celui qui, par un acte, a consenti sans réserve à l'a- 2180-2° liénation d'un immeuble qui lui était hypothéqué, est censé avoir renoncé à son hypothèque, mais au profit seulement e l'acquéreur.

77. Le créancier qui ne signe que comme témoin, n'est ap.— point censé renoncer à son hypothèque, si ce n'est pas dans 2180.2° les deux cas suivants :

1°. Si le contrat porte, de la part du débiteur, une déclaration de franc et quitte de toute hypothèque ;

2°. Si l'hypothèque a été restreinte sur un seul immeuble, auquel cas le témoin n'est censé avoir renoncé à son hypothèque que sur cet immeuble.

78. Le notaire qui reçoit une obligation dans laquelle le ib.

débiteur déclare ses biens francs et quittes, perd l'hypothèque qu'il avait sur ses biens.

SECTION II.

De l'extinction des privilèges et hypothèques par la prescription. •

2180.4° 79. A l'égard du tiers détenteur, l'action privilégiée ou hypothécaire se prescrit par dix ou vingt ans, ou par trente
ans, dans les mêmes cas et sous les mêmes conditions que la
propriété se prescrit de la part du tiers détenteur, sauf les
explications ci-après.

ap.—
2180.4° 80. La prescription de l'action privilégiée ou hypothécaire, n'est point interrompue contre le tiers détenteur, ni
par une simple sommation ou déclaration que lui ferait le
créancier qui prétend hypothèque, ni par une saisie-arrêt
que ce créancier ferait aux mains du fermier ou locataire de
ce tiers détenteur ;

Il faut qu'il y ait une demande en déclaration d'hypothèque dûment formée contre lui.

ib. 81. Si le créancier avait juste cause d'ignorer l'aliénation,
parce que le débiteur serait toujours demeuré en la possession de l'immeuble par bail, par la rétention d'usufruit ou
autre moyen semblable, la prescription n'a pas de cours
pendant ce temps.

ib. 82. La reconnaissance ou le titre nouvel, donné par le
tiers détenteur en cette qualité, ou le jugement prononcé
contre lui en la même qualité, rendent personnelle son obligation, qui dès-lors ne se prescrit que par trente ans.

ib. 83. La prescription court au profit du tiers détenteur,
contre le créancier dont la créance est conditionnelle ou à
temps, quoique la condition ne soit pas arrivée, ou que le
temps ne soit pas échu; sauf au créancier à citer le tiers détenteur en déclaration d'hypothèque conditionnellement ou à
temps. Le jugement rendu sur cette demande donne à l'action la durée de trente ans.

84. Une pareille demande doit être formée, pour inter- ap.—
2180.4° rompre cette prescription, par un premier acquéreur, contre les acquéreurs subséquens; pour sa garantie, par un héritier, contre un tiers détenteur de l'immeuble compris dans le partage, quoique dans ce cas il n'y ait point encore de trouble survenu.

SECTION III.

Des différens moyens établis par la loi, de purger les privilèges et hypothèques.

85. Les privilèges et hypothèques sont purgés par les 2180.3° lettres de ratification, et par les adjudications sur saisies réelles, qui sont la matière des deux titres suivans.

TITRE VII.

Des lettres de ratification.

tit. 18
chap. 8
et 9

ART. 1er. Les lettres de ratification sont un acte émané du tribunal dans le ressort duquel les immeubles aliénés sont situés, et par lequel il ratifie les contrats d'aliénation, en déclarant la propriété purgée de tous privilèges et hypothèques, à la charge de distribuer le prix aux créanciers privilégiés et hypothécaires qui ont fait en temps utile leur opposition au bureau des hypothèques.

CHAPITRE PREMIER.

De l'effet des lettres de ratification, et sur quels contrats elles peuvent être obtenues. ih.

2. Tous propriétaires d'immeubles, soit en pleine ou nue propriété, soit en usufruit, par acquisition, échange ou autres actes volontaires translatifs de propriété à titre onéreux ou gratuit, qui veulent purger les privilèges et hypothèques dont ces immeubles sont grevés, sont tenus de prendre, à chaque mutation, des lettres de ratification.

3. Ceux qui ont pris de semblables lettres ne sont plus tenus des dettes des précédens propriétaires, en quelque

sorte et sous quelque prétexte que ce soit, lorsque les créanciers ont négligé de former leur opposition dans la forme légale avant le sceau de ces lettres.

4. L'effet des lettres de ratification se borne à purger les privilèges et hypothèques.

Elles n'effacent point les droits de propriété, les charges et servitudes réelles.

Elles ne couvrent point les vices et les nullités du contrat.

5. On peut prendre des lettres de ratification sur une vente faite avec faculté de rachat ou sous toute autre condition résolutoire; et néanmoins les privilèges et hypothèques non éteints par le paiement, reprennent leur force, si la faculté de réméré est exercée, ou si les clauses résolutoires ont leur effet.

6. On ne peut prendre des lettres de ratification sur une aliénation faite sous condition suspensive.

7. L'acquéreur ne peut prendre des lettres de ratification, si la faculté lui en a été interdite par le contrat d'aliénation.

8. Celui qui a revendu ne peut plus prendre des lettres de ratification sur son acquisition.

9. Le successeur à titre universel ne peut en prendre, sauf à celui dont le titre universel ne l'oblige qu'à raison de l'émolument, à suivre les voies de droit pour parvenir à sa libération.

10. La licitation entre héritiers et le partage, n'opérant point un changement de propriété dont ils ne sont que déclaratifs, le cohéritier ou la veuve commune ne peuvent prendre sur ces titres des lettres de ratification.

11. L'acquéreur des droits successifs entrant au lieu et place de son vendeur, ne peut se libérer des dettes de la succession dont il se trouve chargé, que dans les cas et de la même manière que le pourrait son vendeur.

Les lettres de ratification qu'il prend, ne peuvent purger

que les dettes personnelles de son vendeur sur les immeubles auxquels ces lettres sont appliquées.

CHAPITRE II.

Des oppositions des créanciers.

tit. 18
ch. 4

SECTION PREMIÈRE.

De l'effet des oppositions.

12. Les oppositions au bureau de la conservation des hypothèques dans les formes légales, conservent les privilèges et hypothèques à l'effet d'être colloquées, suivant le rang et ordre de ces privilèges et hypothèques, sur le prix des immeubles qui en sont grevés lors des lettres de ratification prises sur les mutations de propriété de ces immeubles.

av. — 2146

13. Les oppositions n'ont d'effet que pour les immeubles situés dans l'arrondissement du bureau où elles sont faites, si ce n'est pour les corps de ferme, à l'égard desquels l'opposition faite au bureau des hypothèques dans l'arrondissement duquel sont les bâtimens de la ferme, vaudra pour toutes les terres qui en dépendent.

2146

14. Les oppositions au bureau des hypothèques en conservation des privilèges et hypothèques ne durent que cinq ans.

2154

15. Néanmoins, elles sont perpétuelles à l'égard des comptables et des débiteurs de deniers publics, à quelque titre que ce soit, et de leurs cautions.

2121

16. Elles ne préjudicient pas à l'action personnelle du créancier contre son débiteur.

SECTION II.

Des créanciers qui sont tenus de former opposition.

17. Toutes personnes, même les mineurs, les interdits, les femmes en puissance de mari, et sans qu'elles aient besoin d'autorisation, les absens, les agens ou préposés du gouvernement, et les administrateurs des communes et de tous établissemens publics, sont tenus, sous peine de dé-

2134 — 2135

chéance, de former opposition entre les mains des conservateurs des hypothèques, à l'effet de conserver leurs privilèges et hypothèques; sauf le recours, ainsi que de droit,
contre ceux qui étant chargés de l'administration des biens,
auraient négligé de former opposition.

2137 18. L'opposition des mineurs sur les immeubles de leur
tuteur, doit être faite par le subrogé tuteur, à peine, contre
ce dernier, d'être responsable du préjudice qui résulterait
du défaut d'opposition.

19. Les tuteurs et autres administrateurs, ni leurs héritiers, ne peuvent se prévaloir personnellement, quant aux
acquisitions qu'ils ont faites pendant cette administration,
du défaut d'opposition de ceux dont ils administrent les biens.

Il en est de même du mari à l'égard de la femme commune
ou séparée de biens, soit qu'il ait ou non l'administration
en tout ou en partie, relativement aux privilèges et hypothèques qu'elle peut être dans le cas d'exercer.

20. Les syndics et les directeurs des créanciers unis peuvent s'opposer en cette qualité : par cette opposition, ils
conservent les droits de tous les créanciers qui ont signé le
contrat d'union ou avec lesquels il a été homologué.

21. Le vendeur, sans qu'il soit tenu de former opposition, est considéré comme opposant pour la conservation
de ce qui lui est dû par le contrat de vente.

Il en est de même de l'acquéreur qui reçoit l'immeuble en
paiement de sa créance personnelle, et de ceux des créanciers dont le paiement a été indiqué ou délégué dans l'acte
de mutation.

Les propriétaires antérieurs et leurs créanciers sont tenus
de s'opposer, s'il n'y a point eu d'indication ou de délégation faite à leur profit.

22. Celui qui a l'usufruit d'une créance susceptible d'être
purgée par des lettres de ratification, et celui qui en a la
nue propriété, doivent chacun former opposition pour la
conservation de leur droit.

L'opposition de l'un ne peut pas servir à l'autre.

23. Le créancier en sous-ordre peut, en raison et jusqu'à concurrence de sa créance, former opposition, du chef et au nom de son débiteur, si celui-ci ne s'est pas opposé. Si le débiteur s'est opposé, l'opposition en sous-ordre n'a que l'effet d'une saisie-arrêt.

24. Il doit être formé opposition pour la conservation des privilèges et hypothèques résultant des actions de garantie et autres créances conditionnelles ou éventuelles dont le droit n'est pas encore ouvert.

SECTION III.

De la forme des oppositions.

25. Les oppositions des créanciers se font aux mains des conservateurs des hypothèques, par le ministère d'un huissier. 2148

L'exploit doit, sous peine de nullité, contenir les prénom, nom et demeure de l'opposant, son état, s'il en a, avec élection de domicile dans la commune où est le bureau du conservateur, sans que ce domicile cesse par le décès de celui chez lequel il aura été élu. Il ne peut être changé que par une nouvelle élection dans la même commune; elle est enregistrée à la marge de l'opposition, et visée par le conservateur, de la même manière que l'opposition.

26. L'exploit doit aussi contenir le nom, la demeure du débiteur, son état, s'il en a; le tout à peine d'être déchu du recours prononcé contre le conservateur par l'article 78 ci-après. ib.

Néanmoins les oppositions sur les immeubles d'une personne décédée, peuvent être faites sous le titre général de la succession du débiteur. 2149

27. Les créanciers ne sont tenus d'énoncer, dans les oppositions, ni les titres, ni le montant de leurs créances. 2148

28. Les actions auxquelles les oppositions d'un créancier donnent lieu contre lui, sont intentées par exploits faits

soit à sa personne, soit au domicile élu conformément à l'article 25 ci-dessus.

SECTION IV.

De la main-levée et de la radiation des oppositions.

2157   29. Les oppositions faites au bureau des hypothèques ne peuvent être rayées que du consentement de ceux qui les ont formées, ou en vertu de main-levée obtenue en justice.

ib.   30. Ce consentement ne peut être donné que par des actes passés en forme authentique par les opposans, leurs héritiers, successeurs ou ayant-cause, leurs tuteurs ou autres ayant l'administration actuelle de leurs biens, ou par ceux qui sont chargés de procuration devant notaires, avec pouvoir général ou spécial de donner main-levée.

2158   31. Celui qui requiert la radiation est tenu de dénoncer au conservateur des hypothèques les actes mentionnés dans l'article précédent, et de justifier de sa qualité, lorsqu'il les aura signés comme représentant l'opposant ou comme chargé de sa procuration.

ap.—
2160   32. A l'égard des main-levées qui ont été obtenues en justice, si elles ont été prononcées par jugement rendu en dernier ressort avec l'opposant ou ses représentans, le jugement doit être signifié à l'opposant, au domicile élu par l'acte d'opposition, et la signification doit être dénoncée au conservateur des hypothèques avant que l'opposition puisse être rayée.

ib.   33. Si le jugement n'a été rendu que par défaut, celui qui veut faire rayer l'opposition, est tenu de joindre aux actes de signification et de dénonciation prescrites par l'article précédent, un certificat de l'avoué qui a occupé pour le demandeur en main-levée, portant que dans le délai fixé par le Code de la procédure civile, il ne lui a été signifié aucune opposition au jugement, et que depuis ce délai il n'en est survenu aucune.

ib.   34. Les significations, dénonciations et autres formalités

prescrites par les deux articles précédens à l'égard des jugemens en dernier ressort, ont lieu pareillement, lorsque la
main-levée des oppositions a été prononcée par défaut, ou
contradictoirement, par des jugemens sujets à l'appel.

35. Dans ce dernier cas, celui contre lequel ce jugement
a été rendu, est tenu de dénoncer au conservateur des hypothèques, dans le délai d'un mois, à compter du jour de
la signification de ce jugement, l'appel qu'il en a interjeté;
et faute de ce faire, son opposition sera rayée, d'après la
dénonciation qui aura été faite au conservateur des hypothèques, dudit jugement, et de la signification d'icelui par
la partie au profit de laquelle il a été rendu.

ap.—
2160

36. Les frais relatifs aux oppositions, main-levée et radiation, sont à la charge du débiteur, s'il n'y a stipulation
contraire.

2155

37. Si l'acquéreur qui a pris des lettres de ratification, a
négligé de faire rayer tout ou partie des oppositions, à la
charge desquelles les lettres ont été scellées, les créanciers,
dont les oppositions n'ont point été rayées, conservent leur
hypothèque ancienne sur l'immeuble, sauf à l'acquéreur,
ses successeurs ou ayant-cause, à titre universel ou particulier, à faire valoir contre eux les hypothèques des créanciers opposans qu'il a payés, aux droits desquels il est
subrogé de plein droit, jusqu'à concurrence du prix de
la vente.

CHAPITRE III.

Du dépôt du contrat au greffe, et de l'affiche.

tit. 18
ch. 8
et 9

38. Les lettres de ratification doivent être précédées du
dépôt d'une expédition en forme de l'acte de mutation au
greffe du tribunal près duquel est le bureau des hypothèques
dans l'arrondissement duquel les immeubles sont situés.

Le greffier qui reçoit ce dépôt, doit, sur-le-champ, en
faire mention sommaire sur un registre à ce destiné, lequel
est chiffré et paraphé par un des juges.

59. Si le contrat n'est pas à titre onéreux, ou si le prix n'y est pas fixé et liquidé, celui qui veut obtenir les lettres, ou le fondé de sa procuration spéciale et authentique, doit, au pied de l'expédition du contrat, faire et signer une déclaration du prix auquel il évalue l'immeuble.

Il en est fait mention sur le registre, en même temps que du dépôt.

40. Si le contrat porte aliénation de meubles avec l'immeuble, sans distinction du prix, l'acquéreur doit faire, au pied de l'expédition du contrat, une déclaration de la division qu'il entend faire du prix, pour la portion qui en est relative à l'immeuble.

41. Si le contrat porte des immeubles situés en plusieurs arrondissemens, l'acquéreur est obligé de faire de la même manière la ventilation du prix entre ces différens immeubles.

42. Dans les dix jours, à compter de celui du dépôt du contrat fait au greffe, l'acquéreur est tenu de le dénoncer à son vendeur, avec sommation d'élire domicile dans la commune où siége le tribunal devant lequel il poursuit le sceau de ses lettres de ratification, à l'effet des procédures relatives à l'ordre.

43. Si l'acquéreur a pris des lettres de ratification dans deux ou plusieurs tribunaux, le vendeur, sur la sommation qui lui est faite par l'acquéreur, est tenu de choisir, entre ces tribunaux, celui où il fait élection de domicile.

44. Faute par le vendeur d'avoir, dans les dix jours de la dénonciation ci-dessus, fait signifier au greffe la déclaration de son élection de domicile, toutes les procédures pourront être faites valablement contre lui au domicile qu'il avait au jour du contrat de vente.

Si le domicile du vendeur est éloigné de plus de dix lieues, il est ajouté un jour par dix lieues.

45. S'il a été pris différentes lettres de ratification sur plusieurs contrats par plusieurs acquéreurs en divers tribunaux, le vendeur est tenu d'élire, sur chaque dénonciation

des acquéreurs, le même domicile qu'il aura élu sur la première de ces dénonciations.

46. Dans les trois jours qui suivent celui du dépôt, le même greffier est tenu d'afficher, sur un tableau placé à cet effet dans l'auditoire, un extrait du contrat portant les nom, prénom et demeure de celui qui aliène l'immeuble, et de celui au profit duquel il est aliéné ; leur état, s'ils en ont ; la désignation de cet immeuble, le prix et les conditions de l'aliénation ; et si le prix n'y est pas déterminé, on ajoute sur l'extrait la somme à laquelle il a été évalué.

Il est fait mention en marge de l'enregistrement du dépôt du contrat, du jour où l'extrait en a été affiché.

47. S'il y a eu plusieurs ventes successives, le dernier acquéreur qui veut purger toutes les dettes non éteintes ou prescrites dont l'immeuble peut être grevé, doit comprendre dans l'affiche sur laquelle il veut prendre des lettres de ratification, les noms et qualités des précédens propriétaires ; et la même énonciation doit être répétée dans les lettres de ratification.

48. Cet extrait reste ainsi affiché pendant quatre-vingt-dix jours, non compris celui où il a été d'abord exposé. Avant l'expiration de ce temps, aucune lettre de ratification ne peut être expédiée.

CHAPITRE IV.

Des enchères et surenchères.

tit. 18.
ch. 8.
et 9

49. Toute enchère ou surenchère doit être faite par soumission au greffe, signée du créancier ou de son fondé de procuration spéciale et authentique. Si le créancier ne sait ou ne peut signer, il en est fait mention. Le créancier qui est dans les deux premiers cas prévus par l'article 21 ci-dessus, est tenu d'élire domicile dans la commune où siége le tribunal.

La soumission doit être aussi signée par le greffier.

50. L'enchère ne peut être moindre que le dixième, et

chaque surenchère moindre que le vingtième du prix principal porté au contrat ou mis par l'acquéreur.

51. Les créanciers chirographaires, ceux en sous-ordre, et les étrangers, ne sont point admis à enchérir ou surenchérir. Les créanciers privilégiés et hypothécaires n'y sont admis qu'autant qu'ils ont formé opposition, à moins qu'ils ne soient dans les deux premiers cas prévus par l'article 21 ci-dessus.

52. Si plusieurs immeubles ont été vendus par le même contrat, pour un seul et même prix, l'enchère doit être pour tout ce qui y est compris.

53. Si plusieurs immeubles situés dans le même arrondissement, ont été vendus, par le même contrat, pour des prix distincts et séparés, l'enchère peut ne porter que sur l'un ou sur plusieurs desdits immeubles : mais dans ce cas, l'enchérisseur est tenu de se rendre adjudicataire de la totalité des immeubles compris dans le contrat, si mieux n'aime l'acquéreur consentir à la division.

54. Dans le même cas, s'il y a eu deux ou plusieurs enchères faites séparément sur plusieurs des immeubles, et qui ne portent point sur la totalité de ce qui est compris au contrat, et si l'acquéreur ne consent point à diviser son contrat, les deux enchérisseurs sont adjudicataires conjointement ; sauf à partager entre eux le bénéfice de l'adjudication, ainsi qu'ils aviseront.

55. Les surenchères divisées ne peuvent être admises lorsqu'il y a eu une enchère générale, et elles deviennent nulles lorsqu'elles sont couvertes par une surenchère générale.

La surenchère générale ne peut jamais être moindre que le dixième du prix total porté au contrat, et ne peut être inférieure à la somme à laquelle s'élève l'enchère divisée.

56. Lorsque le même contrat contient la vente de plusieurs immeubles situés dans des arrondissemens différens, soit qu'il ait été pris des lettres de ratification dans chaque

arrondissement, soit qu'il n'en ait été pris que dans un seul, les enchères ne peuvent porter que sur les immeubles situés dans le ressort du tribunal où se poursuivent les lettres de ratification, d'après la ventilation du prix qui a dû en être faite par l'acquéreur, lequel est, en ce cas, tenu de souffrir la division de son contrat.

57. Si le même contrat porte aliénation de meubles avec l'immeuble, l'enchère ou surenchère ne peut porter que sur l'immeuble, et non sur les meubles que l'adjudicataire n'est pas tenu de reprendre ; sauf le recours de l'acquéreur contre son vendeur, s'il y a lieu, ainsi qu'il est dit au contrat de vente. *2192*

58. S'il se présente en même temps au greffe plusieurs créanciers pour enchérir, le greffier doit en dresser procès-verbal, et y énoncer la somme pour laquelle chacun a enchéri.

Si c'est pour la même somme, leur droit est égal, et par concurrence.

S'il y a une enchère d'une somme plus forte, elle est préférée.

59. Toute enchère qui n'est point couverte, est irrévocable.

60. Les quatre-vingt-dix jours pendant lesquels les enchères sont admises, étant expirés, le dernier enchérisseur demeure adjudicataire de plein droit, et la chose est à ses risques et périls, à compter de ce jour.

61. Néanmoins l'acquéreur peut conserver l'immeuble, en faisant dans les dix jours, à compter de ladite époque, sa déclaration au greffe, qu'il entend retenir pour le même prix, et en dénonçant cette déclaration au dernier enchérisseur, dans les dix jours, à compter de celui où elle a été faite ; le tout à peine de déchéance. L'acquéreur qui conserve, n'est pas tenu de donner caution.

62. L'enchérisseur à qui reste l'immeuble, paye le prix entier aux créanciers, et restitue à l'acquéreur les sommes légitimement déboursées, dont celui-ci doit fournir l'état dans les dix jours depuis sa déclaration. *2188*

L'enchérisseur doit du tout donner caution. Elle est reçue par l'un des juges, commis à cet effet par le tribunal, en y appelant l'acquéreur et les créanciers opposans, s'ils ne sont pas plus de deux; et s'ils excèdent ce nombre, en y appelant seulement deux d'entre les créanciers opposans, dont les oppositions sont les plus anciennes en date.

CHAPITRE V.

De l'expédition et du sceau des lettres de ratification.

tit. 18
chap. 8
et 9

63. L'acquéreur ou l'enchérisseur qui, suivant les règles ci-dessus établies, est demeuré définitivement adjudicataire, se fait remettre par le greffier, un certificat qui constate que le contrat a été déposé, que l'extrait en a été affiché pendant le temps prescrit, et le nom de celui qui demeure adjudicataire.

64. Si l'adjudicataire définitif est un enchérisseur, il doit remettre, au conservateur des hypothèques, le procès-verbal constatant la réception de sa caution.

65. Le conservateur des hypothèques met sur le certificat énoncé en l'article 63, à l'instant où il lui est représenté, et en présence de la partie intéressée, un visa daté du jour qu'il lui a été remis.

66. Dans les dix jours, à compter de la date de ce visa, le conservateur des hypothèques doit expédier les lettres de ratification, et les remettre au greffe du tribunal par lequel elles doivent être scellées.

67. Chaque tribunal près duquel est établi un bureau de conservation des hypothèques, est tenu de nommer, tous les mois, un juge rapporteur des lettres de ratification, et chargé de les sceller.

68. Toutes les lettres de ratification remises au greffe par le conservateur des hypothèques, doivent être rapportées et scellées les 9, 18 et 27 de chaque mois.

Lorsqu'un de ces jours se trouve un jour férié, les lettres sont rapportées et scellées la veille.

69. Il est fait mention dans les lettres de ratification, s'il y a des oppositions subsistantes; et, dans ce cas, les lettres

ne sont scellées qu'à la charge des oppositions : s'il n'y en a aucune, elles sont scellées purement et simplement.

70. Après le sceau des lettres de ratification, il ne peut plus être formé d'opposition, au bureau des hypothèques, sur les immeubles compris dans ces lettres.

CHAPITRE VI.

Des fonctions et de la responsabilité des conservateurs des hypothèques.

tit. 18
ch. 10

71. Le Gouvernement détermine, par des réglemens les tribunaux où doivent être scellées les lettres de ratification, et près de chacun desquels doit être établi un conservateur des hypothèques.

com. du
ch. 10

Il règle l'organisation de ses bureaux, la quotité de son cautionnement, s'il y a lieu, et les émolumens attribués à ses fonctions.

72. Le conservateur n'est point obligé d'énoncer dans les lettres, le nombre et la date des oppositions, ni le nombre des opposans; mais l'acquéreur est tenu, avant de pouvoir faire aucun paiement valable, de se faire délivrer un certificat détaillé des oppositions.

73. Dans le cas où, avant le sceau des lettres de ratification, il y aurait eu quelque opposition dont le conservateur n'eût pas fait mention dans ce certificat, il demeure responsable en son propre et privé nom, des sommes auxquelles peuvent monter les créances desdits opposans qui seraient venus en ordre utile, et ce jusqu'à concurrence de la valeur de l'immeuble mentionné en ces lettres, sans que ces opposans puissent exercer aucun recours contre l'acquéreur qui a payé la totalité de son prix, soit aux créanciers colloqués dans l'ordre, soit au vendeur pour l'excédant des collocations.

2197

74. Chaque conservateur doit tenir au moins deux registres en papier timbré, cotés et paraphés à chaque page

2231

par l'un des juges du tribunal près duquel il est établi.

2203   Dans l'un de ces registres, il inscrit de suite, sans aucun blanc ni interligne, toutes les oppositions qui sont formées entre ses mains, à peine de faux, de 500 fr. d'amende, et de tous dépens, dommages et intérêts des parties, payables par préférence à l'amende.

Dans l'autre registre, il inscrit aussi de suite, sans aucun blanc et sans interligne, les lettres de ratification qu'il expédie, en faisant mention si elles sont à la charge ou sans charge d'opposition.

ap.—
2203   75. Le conservateur doit dater et viser l'original de chaque exploit d'opposition qui lui est notifié, en indiquant, par ce visa, le registre et le feuillet où elle est enregistrée.

2196   76. Il est tenu de délivrer, lorsqu'il en est requis, les extraits de ses registres, et d'y noter le jour et la date des oppositions, le registre et le feuillet où elles ont été registrées, ou de donner des certificats portant qu'ils n'en a été formé aucune.

ap.—
2203   77. Le conservateur est tenu de rayer les oppositions, toutes les fois que les règles et formalités ci-dessus prescrites ont été observées, sans qu'il puisse être fait, à ce sujet, aucune autre procédure.

2202   78. Le conservateur des hypothèques est tenu de se conformer, dans l'exercice de ses fonctions, aux dispositions ci-dessus, à peine de destitution, et de tous dépens, pertes, dommages et intérêts des parties, sans préjudice de la peine plus grave prononcée dans le cas de l'article 74 ci-dessus.

CHAPITRE VII.

2218   *De l'ordre et de la distribution entre les créanciers.*

79. Dans quinze jours, au plus tard, depuis et non compris celui du sceau des lettres de ratification obtenues sur un contrat de vente volontaire d'immeubles, scellées à la charge d'opposition, l'acquéreur est tenu de dénoncer à son vendeur toutes les oppositions qui ont été formées au sceau de

ces lettres, à peine contre l'acquéreur de toutes pertes, dépens, dommages et intérêts.

80. Dans le cas où les lettres de ratification sont scellées à la charge d'oppositions, l'acquéreur ne peut former aucune demande contre son vendeur, soit à fin de main-levée des oppositions, soit à fin d'être libéré du prix de son contrat, qu'après quarante jours de délai, depuis et non compris celui du sceau des lettres de ratification. Il ne doit point les intérêts du prix pendant ces quarante jours, s'il n'y a convention contraire.

81. Les opposans au sceau des lettres de ratification ne peuvent également former aucune demande juridique, soit à fin d'être payés sur le prix de la vente, soit à fin d'ordre et de distribution en justice, qu'après l'expiration de ce délai de quarante jours; le tout à peine contre l'acquéreur et les créanciers opposans, de nullité de la procédure et de toutes pertes, dépens, dommages et intérêts.

82. Le délai de quarante jours étant expiré, l'ordre peut être provoqué, soit par le vendeur, soit par l'acquéreur, soit par les créanciers opposans, à la requête de la partie la plus diligente.

Après le même délai, l'acquéreur peut être contraint de consigner.

Il peut aussi se faire autoriser à consigner, en appelant son vendeur, et deux d'entre les opposans dont les oppositions sont les plus anciennes en date.

83. Il est procédé à l'ordre et à la distribution devant le tribunal dans le ressort duquel sont situés les immeubles.

84. En cas d'aliénation, par le même acte, d'immeubles situés dans plusieurs arrondissemens, il est procédé devant le tribunal dans le ressort duquel le vendeur a élu son domicile, suivant les articles 42, 43, 44 et 45 ci-dessus.

85. Le tribunal, à la requête de la partie la plus diligente, commet un des juges, devant lequel il est ouvert, au greffe, un procès-verbal d'ordre, et il est ensuite procédé à la dis-

tribution du prix, le tout suivant les règles indiquées au titre *de la vente forcée*.

TITRE VIII.

De la vente forcée des immeubles.

DISPOSITIONS GÉNÉRALES.

2204   Art. 1er. La vente forcée des immeubles est celle qui se fait en justice par voie de saisie-réelle, à la poursuite d'un créancier, à défaut de paiement.

ib.   2. Elle peut se faire de tous immeubles, de leurs accessoires réputés immeubles, et de l'usufruit de ces immeubles.

CHAPITRE PREMIER.

Sur qui la saisie-réelle peut être faite.

ib.   3. La saisie-réelle ne peut être faite que sur le débiteur.

Néanmoins le créancier peut procéder contre le tiers détenteur de l'immeuble hypothéqué à la dette, ainsi qu'il est expliqué au titre *des privilèges et hypothèques.*

4. Toute saisie-réelle est nulle, si elle n'est faite sur le vrai propriétaire: sauf les formes ci-après expliquées, et suivant lesquelles celui qui aurait des droits de propriété dans l'immeuble saisi, est tenu de s'opposer avant l'adjudication.

5. Elle peut être faite sur celui qui a la pleine propriété et sur celui qui n'a que la nue propriété ou l'usufruit, chacun selon son droit.

2205   6. On ne peut pas saisir réellement la part indivise d'un cohéritier dans les immeubles de la succession, sauf au créancier à provoquer le partage ou la licitation du chef de son débiteur.

2206   7. Le créancier qui a saisi réellement l'immeuble d'un mineur ou d'un interdit, ne peut faire prononcer le congé d'adjuger qu'après avoir discuté le mobilier dans la forme prescrite par les articles 88 et 89 du titre *des tutelles.*

Si le compte de tutelle ou le compte d'instruction n'ont pas été fournis dans le délai indiqué par le tribunal, ou si les meubles ou les deniers formant le reliquat liquide de ce compte, que le créancier n'est pas tenu de débattre, sont insuffisans pour acquitter la dette, le créancier est autorisé, par une simple ordonnance sur requête, à poursuivre l'adjudication. *ap.— 2206*

8. Le créancier n'est point tenu de discuter le mobilier, dans les cas suivans : *2207*

1°. Si le mineur est hors de tutelle par l'émancipation ;

2°. Si l'immeuble saisi est possédé par indivis entre un majeur et un mineur ou un interdit, et que ce soit une dette commune ;

3°. Si les poursuites avaient été commencées contre un majeur ou avant l'interdiction.

9. L'adjudication prononcée sans discussion du mobilier du mineur ou de l'interdit, n'est pas nulle, à moins qu'il ne soit prouvé que le mineur ou l'interdit avaient, lors du congé d'adjuger, des meubles ou des deniers suffisans pour acquitter la dette. *ap.— 2207*

Cette action, en ce qui concerne le mineur, ne peut être exercée après l'an depuis sa majorité.

10. La vente forcée des immeubles conquêts de communauté, peut, pendant le mariage, être poursuivie sur le mari seul, quoique la femme se soit obligée à la dette. *2208*

S'il s'agit des biens propres de la femme, la poursuite est faite contre le mari et la femme ; et en cas de refus du mari de procéder conjointement avec sa femme, elle peut être, à cet égard, autorisée par la justice à la poursuite de ses droits.

Si la femme et le mari sont mineurs, il doit être nommé à la femme, par la famille, un tuteur *ad hoc*, contre lequel le créancier poursuivra.

Il en est de même si la femme seule est mineure, et que le mari majeur refuse de procéder conjointement avec elle.

II. 16

CHAPITRE II.

Sur quels titres et pour quelles dettes on peut saisir réellement.

11. On ne peut saisir qu'en vertu d'un titre authentique et exécutoire, pour une dette certaine et liquide.

Néanmoins si la dette est en espèces non liquidées, la saisie réelle est valable, pourvu que la liquidation en soit faite avant l'adjudication.

12. On ne peut saisir sur l'héritier ou sur la veuve commune, qu'après avoir fait déclarer exécutoire contre eux le titre émané du défunt, ou du mari.

13. Le titre cédé ou transporté par le créancier, est exécutoire au profit du cessionnaire, comme il l'était au profit du cédant, pourvu que la signification de l'acte de cession ou transport ait été faite au débiteur.

14. On peut saisir réellement en vertu d'un jugement rendu par provision, ou d'un jugement définitif, exécutoire par provision; mais dans l'un et l'autre cas, l'adjudication ne peut être faite que quand il est intervenu un jugement définitif passé en force de chose jugée, ou rendu en dernier ressort.

15. Un créancier peut, soit en vertu d'un jugement en forme exécutoire, soit en vertu d'un acte authentique et exécutoire, dûment légalisé, s'il y a lieu, saisir réellement un immeuble, en quelque partie du territoire de la république qu'il soit situé.

16. Il n'est pas permis de procéder par saisie réelle, si la créance n'est que d'une somme de 200 francs et au-dessous.

17. Encore que la dette soit suffisante pour saisir réellement, le juge peut suspendre la procédure, si le débiteur, après avoir justifié, par bail authentique, que le revenu libre et net pendant une année, de ses immeubles, suffit pour le paiement de la dette en principal, intérêts et frais, et s'il en offre la délégation au créancier; sauf à ce dernier à reprendre ses poursuites, s'il survient quelque opposition.

Marginal notes:
2213 (art. 11)
2214 (art. 13)
2215 (art. 14)
av. — 2210 (art. 15)
ap. — 2216 (art. 16)
2212 (art. 17)

18. La saisie-réelle n'est pas nulle, quoique le créancier 2216
l'ait poursuivie pour une somme plus forte que celle qui lui
est due, pourvu néanmoins que la dette excède 200 francs.

CHAPITRE III (a).

Dispositions communes à toute la procédure sur la vente tit. 19
forcée. fin du
ch. 1er.

19. Toutes les procédures, soit principales, soit inci-
dentes, sur la saisie-réelle, doivent être sommaires, tant
en première instance qu'en dernier ressort, et les jugemens
être prononcés à l'échéance des citations ou aux audiences
qui suivent immédiatement, sans attendre le tour de rôle,
et sans qu'il soit besoin de les faire précéder de citation au
bureau de conciliation.

20. Dans les délais réglés par ces expressions, *depuis* ou
à compter, le jour dont on part n'est pas compté; et si le
jour de l'échéance est férié, elle est au jour suivant.

21. Lorsque le saisi a constitué un avoué, et l'a dénoncé
à l'avoué du poursuivant, toutes les significations qui doivent être faites au saisi, à personne ou domicile, le sont
aussi à son avoué, par qui l'original des exploits doit être
visé.

22. Les nullités de formes ne vicient que les actes qui en
sont affectés et ceux qui s'en sont suivis.

23. L'appel, dans les cas où il est admis, n'est recevable
qu'autant que l'acte d'appel contient la citation au tribunal
d'appel au jour indiqué par la loi.

24. Dans tous les cas où la loi refuse aux parties le recours
en cassation, le commissaire du Gouvernement près le tribunal de cassation peut requérir, s'il y a lieu, pour l'intérêt de la loi, que la nullité des jugemens soit prononcée.

_____

(a) Il conviendrait de faire de ce chapitre, et de tous ceux qui suivent sous ce titre, une
loi organique séparée, attendu que c'est l'expérience seule qui peut indiquer les avantages et les inconvéniens des formes judiciaires.

Il ne sera pas moins nécessaire de former un tarif de tous les frais et salaires des greffiers, des avoués, des experts, des huissiers.

25. Lorsque le poursuivant a négligé de faire un acte de procédure, ou de remplir une formalité dans les délais prescrits, l'avoué du créancier hypothécaire dont l'opposition aux hypothèques est la plus ancienne en date, ou à son défaut celui qui vient après lui, est subrogé à la poursuite par une ordonnance rendue sur simple requête, trois jours, au plus tard, après la communication de cette requête au poursuivant, sans que celui-ci puisse interjeter appel, ni demander au subrogé le remboursement de ses frais avant l'adjudication, s'il n'y a deniers suffisans déposés au greffe par le sequestre, suivant l'article 56 ci-après.

CHAPITRE IV.

Formalités de la saisie-réelle.

SECTION PREMIÈRE.

Du procès-verbal de saisie-réelle.

2217   26. La saisie-réelle est précédée d'un commandement de payer, fait à la personne du débiteur ou à son domicile, par le ministère d'un huissier,

fin du
ch. 1er.
tit. 19   L'original de cet exploit doit être visé gratuitement, dans les vingt-quatre heures, par le juge de paix du lieu où il aura été signifié, ou par l'un des assesseurs. Il en est laissé une seconde copie à celui qui donne le *visa.*

En tête du commandement est la copie des titres de la créance, et il y est déclaré que, faute par le débiteur de payer, il y sera contraint par la saisie-réelle de ses immeubles.

27. Huit jours au plutôt et trois mois au plus tard depuis le jour du commandement, il est procédé à la saisie-réelle.

28. La saisie-réelle doit être poursuivie devant le tribunal civil de première instance dans le ressort duquel est le domicile actuel de la partie saisie, ou son dernier domicile connu, encore que les biens ne soient pas en tout ni en partie situés dans le ressort de ce tribunal.

Si on saisit, pour une dette de succession, des immeubles non encore partagés, la saisie-réelle se poursuit au tribunal du lieu de l'ouverture de la succession.

Si la saisie est sur des débiteurs copropriétaires, elle se poursuit au tribunal du domicile de l'un des copropriétaires, au choix du saisissant.

Les tribunaux ci-dessus désignés sont seuls compétens, lors même que la saisie se fait en exécution d'un jugement rendu par un autre tribunal.

29. L'huissier se transporte sur les lieux où sont situés les immeubles.

Il y dresse le procès-verbal de la saisie-réelle, qui doit contenir,

1º. L'année, le mois et le jour où il est dressé;

2º. Les noms et demeures du saisissant et du saisi, leur état s'ils en ont;

3º. Le nom du tribunal où sera portée la saisie-réelle et où l'adjudication sera faite;

4º. L'élection de domicile par le saisissant en la demeure d'un avoué qu'il déclare constituer à l'effet de poursuivre et de recevoir la signification de tous les actes relatifs à la saisie-réelle;

5º. La somme due, et l'énonciation du titre en vertu duquel se fait la saisie;

6º. La désignation des immeubles saisis.

30. Si c'est une maison d'habitation, elle est désignée en exprimant le nom de l'arrondissement, de la commune et de la rue où elle est située, son numéro dans les communes où les maisons sont numérotées, ses tenans et aboutissans.

31. Tous les biens ruraux, soit corps de ferme, soit pièces de terre sans bâtimens d'exploitation, soit bois, forêts ou étangs, et tous autres terrains de quelque nature que ce soit, sont désignés en exprimant la nature et la contenance réelle ou approximative de chaque pièce de terre, les tenans et aboutissans, les noms de celui ou de ceux par qui elles sont

exploitées, le nom de la commune et de l'arrondissement où elles sont situées.

32. Le même procès-verbal doit comprendre la désignation de tous les objets saisis réellement, encore qu'ils soient situés dans le ressort de plusieurs tribunaux, soit de première instance, soit d'appel.

33. Le procès-verbal de saisie réelle est visé gratuitement par chaque juge de paix dans l'arrondissement duquel sont situés les immeubles, ou par l'un de ses assesseurs, dans les vingt-quatre heures du jour où il a été dressé dans cet arrondissement.

34. Le procès-verbal de saisie-réelle est en entier signifié au saisi, dans les huit jours, depuis et non compris celui de la date de sa clôture ; et dans le cas où le saisi demeure à une distance de plus de cinq myriamètres des biens saisis, il est ajouté à ce délai un jour par cinq myriamètres.

A compter du jour de cette signification, il ne peut plus recevoir les fruits et revenus ; il ne peut plus vendre volontairement que du consentement du poursuivant et de tous ceux qui auraient fait opposition au temps de la vente, ou à moins qu'elle ne soit à un prix suffisant pour payer tous les créanciers alors opposans ; auquel cas un extrait des oppositions faites au greffe et de celles faites aux bureaux des conservateurs des hypothèques, est joint au contrat de vente.

35. Si, depuis la signification de la saisie-réelle, le saisi cesse de demeurer dans la même commune, il est tenu de dénoncer au poursuivant ce changement de domicile, et, par le même exploit, de constituer, en la commune du tribunal où se fait la poursuite, un avoué auquel sont faites toutes les significations, celles même pour le congé d'adjuger et pour l'adjudication. A faute de ce faire, tous exploits lui sont signifiés au domicile auquel la saisie-réelle a été signifiée.

36. Dans le cas où elle a été signifiée au dernier domicile connu, toutes les autres significations sont faites à ce domicile, à moins que le saisi ne dénonce au poursuivant le choix qu'il aurait fait d'un autre domicile, dans la même commune, ou à moins qu'en se conformant à l'article précédent, il n'ait constitué un avoué chez lequel il ait élu domicile.

37. Une copie de l'exploit de la dénonciation prescrite par les deux articles précédens, doit être, dans les vingt-quatre heures, déposée au greffe du tribunal où se poursuit la saisie-réelle, et l'original est visé par le greffier.

SECTION II.

De l'enregistrement, de la publication et de l'affiche de la saisie-réelle.

38. L'original du procès-verbal de saisie-réelle doit, dans les cinq jours de la date de sa clôture, être représenté par le poursuivant au greffier du tribunal où elle se poursuit, à l'effet, par ce greffier, de l'enregistrer en entier sur un registre à ce destiné, qui doit être chiffré et paraphé par le président, et tenu de suite et sans aucun blanc.

Dans le cas où tous les biens saisis sont éloignés de plus de cinq myriamètres de la commune où siége le tribunal, il est accordé, outre le délai ci-dessus, celui d'un jour par cinq myriamètres.

Le greffier donne un récépissé du procès-verbal : il doit l'enregistrer dans les trois jours qui suivent celui où il a été produit.

39. Dans les cinq jours depuis et non compris celui de la production du procès-verbal faite par le poursuivant au greffe, le greffier doit l'afficher par extrait, en un tableau à ce destiné, dans l'auditoire du tribunal.

40. L'extrait ainsi affiché doit contenir,

1°. La date du procès-verbal de saisie-réelle ;

2°. Les noms et demeures du saisissant et du saisi, leur état s'ils en ont ;

3°. Le nom du tribunal où se poursuit la saisie-réelle et où elle est enregistrée;

4°. L'avertissement à tous créanciers et prétendant droit de propriété ou autres, de former, au greffe de ce tribunal, leur opposition, avec constitution d'avoué, et élection de domicile chez cet avoué pour tous les actes de la procédure;

5°. La désignation des biens saisis.

Les maisons d'habitation y sont désignées par les noms d'arrondissement, de commune, de rue, et par leur numéro.

Les biens ruraux sont divisés en autant d'articles qu'il y a de communes.

Chaque article contient le nom de l'arrondissement et de la commune, et la totalité de la contenance énoncée dans le procès-verbal, pour ce qui est situé dans chaque commune; les noms de ceux par qui les héritages compris dans cet article sont exploités.

41. Un pareil extrait du même procès-verbal doit être, dans les quinze jours de la date de sa clôture, déposé au greffe de chaque justice de paix et au greffe de chaque tribunal de première instance dans le ressort desquels sont des immeubles compris dans la saisie-réelle; si ce n'est néanmoins qu'il s'agisse d'un corps de ferme dont il y ait bail devant notaire, auquel cas il suffit que l'extrait soit déposé aux greffes du tribunal de justice de paix et de celui de première instance dans le ressort duquel sont les bâtimens d'exploitation.

Le greffier de chacun de ces tribunaux est tenu, dans les vingt-quatre heures de la remise, de l'afficher au tableau qui doit y être destiné pour les saisies-réelles.

42. L'exposition dans ces tableaux dure jusqu'à l'adjudication définitive.

43. Un pareil extrait est affiché, dans le même délai de quinze jours depuis la date de la clôture du procès-verbal, aux lieux les plus apparens et accoutumés de la commune où siége le tribunal devant lequel se poursuit la saisie-réelle,

de la commune du domicile du saisi, de chaque commune
où se trouvent des héritages compris dans la saisie, sauf
l'exception pour les corps de ferme, ainsi qu'elle est portée
en l'article 41 ci-dessus.

Cette affiche doit en outre être mise à la porte des maisons
saisies, soit qu'il s'agisse de maisons d'habitation, soit
qu'elles servent de logement à des fermiers.

Dans le cas où le saisi demeure à une distance de plus de
cinq myriamètres des biens saisis, il est accordé en outre
du délai ci-dessus, celui d'un jour par cinq myriamètres.

44. Ceux qui, méchamment, déchirent ou enlèvent ces
affiches avant l'adjudication du bien saisi, sont condamnés
par le tribunal compétent, à la peine d'emprisonnement de
huit jours au moins et de six mois au plus.

45. Le même extrait est encore publié, dans le même
délai, au bruit du tambour, aux lieux et en la manière
accoutumés, dans chacune des communes énoncées en l'a-
vant dernier article.

46. Dans les communes où il y a plusieurs municipalités,
les publications concernant la saisie-réelle se font dans la
municipalité dans l'arrondissement de laquelle l'immeuble
est situé, et les affiches sont mises aux portes d'entrée du
tribunal, et à la porte de chaque maison où est établie une
administration municipale.

47. Le poursuivant dépose au greffe du tribunal où se
poursuit la saisie-réelle, une copie du procès-verbal de
l'huissier qui a fait les affiches et publications, et un certificat de chaque greffier, de la remise de l'extrait du procès-
verbal de saisie-réelle, et de l'exposition qu'il en a faite au
tableau.

Le procès-verbal d'affiche et de publications est visé gratuitement par le juge de paix de chaque canton, ou par l'un
de ses assesseurs.

48. Si plusieurs créanciers ont fait saisir réellement des
immeubles de leur débiteur commun, celui qui le premier

a fait enregistrer le procès-verbal de saisie-réelle conformément à l'article 38 ci-dessus, demeure poursuivant.

49. Si, depuis cet enregistrement, un autre créancier
fait une plus ample saisie ou saisit d'autres biens, il fait
enregistrer séparément le procès-verbal de saisie, qui ne
vaut que pour les biens non compris dans la première, et
sauf la jonction dont est mention en l'article 85 ci-après.

50. Le second ou l'autre saisissant, remplissent, à l'égard
de la saisie additionnelle, et pour les autres biens seulement
que ceux qui sont compris dans la première, les formalités
prescrites dans la première section de ce chapitre.

51. Les saisies additionnelles ne suspendent point les délais des formalités et des procédures sur la première.

SECTION III.

Du séquestre et des baux.

52. Il est nommé un séquestre d'office par le tribunal,
sur la requête du poursuivant, dans la huitaine de l'enregistrement.

Si les biens sont éloignés les uns des autres, et dans le
ressort de plusieurs tribunaux de première instance, il peut
être nommé plusieurs séquestres, l'un par le tribunal où
se poursuit la saisie-réelle, et les autres par les tribunaux
dans le ressort desquels sont situés les biens, sur la commission rogatoire qui leur en est donnée.

53. Le séquestre perçoit les loyers ou fermages depuis
l'enregistrement de la saisie-réelle au greffe du tribunal, à
compter duquel jour ils sont immobilisés.

54. Le tribunal lui fait prêter serment de se conformer,
dans ses fonctions, aux obligations qui lui sont imposées
par les dispositions de la présente section.

Il lui attribue un droit de recette, suivant l'usage des
lieux et les circonstances, et sans qu'il puisse exiger de frais
de voyage.

55. Le séquestre ne peut être pris parmi les personnes

attachées au tribunal, au poursuivant ou au saisi. Il est défendu à ce dernier, qui ne peut être séquestre, de troubler
dans ses fonctions celui qui est nommé, sous peine d'emprisonnement de huit jours au moins et de trois mois au
plus, à la diligence soit du séquestre, soit du poursuivant,
soit du ministère public, sur la dénonciation qui lui est
faite, et devant le tribunal compétent.

56. Le séquestre dépose au greffe du tribunal où se poursuit la saisie-réelle, pour subvenir aux frais, les deniers à
mesure de la perception, et charges déduites : il rend
compte après l'adjudication.

57. Ce compte est sommaire; le séquestre le produit au
greffe avec les pièces au soutien. Il dénonce cette production au poursuivant et au saisi, qui, pendant les huit jours
suivans, peuvent en prendre communication sans déplacer,
et faire, s'ils en ont, leurs observations sommaires; passé
lequel délai, le compte est définitivement arrêté par un juge
du tribunal, à ce commis, sans qu'il puisse y avoir contre
cet arrêté aucun recours ni appel, sauf néanmoins le recours
devant le même juge en cas d'omission, double emploi ou
erreurs de calcul.

58. Une copie du procès-verbal de saisie-réelle est remise
par le poursuivant au séquestre, dans les vingt-quatre
heures de sa nomination. Celui-ci, dans les dix jours suivans, en notifie un extrait à chaque fermier : cet extrait
contient les noms, l'état s'ils en ont, et la demeure du poursuivant, du saisi et du séquestre, et la désignation de l'immeuble que tient le locataire ou fermier.

59. Cette signification, faite à chaque fermier ou locataire, a, pour les sommes qu'il peut devoir, l'effet d'une
saisie-arrêt, et le soumet aux obligations résultant des baux
judiciaires pour le temps qui en reste à expirer; ils ne peuvent plus se libérer du prix échu ou à échoir de leur bail,
qu'en le versant aux mains du séquestre, ainsi qu'ils étaient
tenus vis-à-vis du saisi.

60. La même signification porte citation à chaque fermier ou locataire à comparaître, dans le délai de trois jours au plus tard, non compris celui de la signification, devant le juge de paix dans l'arrondissement duquel sont situés les immeubles, à l'effet de déclarer et affirmer si, à l'époque de cette signification, ils étaient redevables, envers le saisi, de sommes échues ; le montant de ces sommes, s'ils en avaient payé par anticipation, et d'en représenter les quittances ; si leur bail est verbal, sous seing privé ou devant notaire ; quel en est le prix en argent ou autrement.

Si le bail est sous signature privée, il doit être représenté au juge de paix, lequel le paraphe et le signe, encore qu'il ne soit pas enregistré.

61. A faute de faire cette déclaration, ou.en cas qu'elle soit infidèle, le fermier ou locataire est tenu de payer la totalité du prix de la ferme ou du loyer échu jusqu'alors depuis l'entrée en jouissance, à moins que les paiemens ne fussent constatés par des quittances ayant une date certaine.

62. L'extrait des déclarations ci-dessus, faites aux juges de paix par les fermiers ou locataires, est annexé par le séquestre à son compte.

63. S'il s'agit de biens ruraux non affermés, le séquestre doit, sous sa responsabilité, faire faire les labours et semences nécessaires jusqu'au temps de l'adjudication du bail, et vendre sans aucune formalité de justice, les fruits qui seraient pendans par racines.

64. Si les immeubles ne sont pas tenus à ferme ou loyer, et si les baux sont à renouveler, il est, à la diligence du séquestre, procédé à l'adjudication des baux par le juge de paix, après trois publications au bruit du tambour, de huitaine en huitaine, aux lieux accoutumés de la commune où l'immeuble est situé, et de celle où siége la justice de paix. Il est fait mention de ces formalités dans le procès-verbal d'adjudication.

65. S'il s'agit d'un bail à renouveler, la première mise à

prix est des trois quarts du prix du précédent bail ; s'il s'agit d'un immeuble non loué ou affermé, la première mise à prix est le revenu présumé par la matrice du rôle de contribution.

66. Une des conditions de l'enchère est de donner caution, si mieux n'aime l'adjudicataire payer six mois d'avance, imputables sur le dernier terme ; auquel cas, il en est fait mention dans le cahier des charges de l'adjudication.

La caution est reçue par le juge de paix, contradictoirement avec le séquestre, et en la manière accoutumée.

67. S'il ne se trouve personne pour enchérir au-dessus de la mise à prix, l'adjudication est renvoyée, par le juge de paix, à un délai suffisant pour renouveler les publications ; et s'il n'est pas alors fait d'enchères au-dessus de la mise à prix, l'adjudication peut être faite à un prix inférieur, qui néanmoins ne pourrait être au-dessous de moitié de la mise à prix.

68. Les baux sont renouvelés, six mois avant leur expiration, quant aux maisons d'habitation ; et un an, quant aux biens de campagne. ,

69. Les baux judiciaires se font, savoir, des maisons d'habitation pour deux ans, et des biens ruraux pour trois ans. L'adjudicataire de l'immeuble est tenu de les continuer, ainsi que les baux conventionnels existans lors de la saisie.

70. S'il y a des réparations nécessaires et indispensables, le séquestre les fait sans formalités, lorsqu'elles n'excèdent pas 150 francs.

Dans le cas où elles excèdent cette somme, elles sont préalablement constatées par le juge de paix du lieu de la situation, lequel peut se faire assister d'un expert par lui choisi d'office : elles sont reçues et estimées en la même forme ; le séquestre en acquitte le montant.

71. Les opposans à fin de distraire peuvent citer le poursuivant au tribunal où se poursuit la saisie-réelle, afin

que les biens réclamés ne soient pas compris dans le bail judiciaire.

Le tribunal statue provisoirement, en ordonnant, suivant les circonstances, qu'il sera procédé ou qu'il sera sursis à l'adjudication du bail de l'immeuble réclamé.

72. L'appel qui est interjeté du jugement qui ordonne de procéder provisoirement à cette adjudication, ne suspend pas l'effet du bail judiciaire, qui s'exécute vis-à-vis même de ce réclamant pour toute sa durée, sauf à lui tenir compte de sa portion du prix, s'il y a lieu.

73. Si le jugement qui sursoit provisoirement à l'adjudication, n'a pas été rendu, ou si, ayant été rendu, il n'a pas été dénoncé au juge de paix du lieu, en la personne de son greffier, avant l'adjudication du bail, cette adjudication a tout son effet.

74. Si, lors de la saisie-réelle, il y avait des saisies-arrêts entre les mains des locataires ou fermiers, les droits de ceux qui les ont mises, sont conservés sur les loyers ou fermages échus antérieurement à la saisie : mais les locataires ou fermiers ne sont pas moins tenus de se dessaisir aux mains du séquestre ; et ceux qui ont mis les saisies-arrêts, sont, comme les autres créanciers, et sous peine de déchéance de tous droits, tenus de mettre leur opposition au greffe du tribunal où se poursuit la saisie-réelle.

75. Les formalités et procédures relatives aux baux judiciaires et à la gestion du sequestre, ne suspendent point les délais ni les formalités ou procédures concernant la poursuite de la saisie-réelle.

76. Les nullités relatives à la nomination et gestion du séquestre, ne sont, en aucun cas, suffisantes pour faire prononcer la nullité d'une saisie-réelle ni pour en suspendre les formalités ou procédures.

77. S'il n'est pas prouvé que le saisi ait d'autres biens que ceux compris en la saisie réelle, ni d'autres moyens de subsistance, il lui est adjugé, sur sa requête, et contradic-

toirement avec le poursuivant, une provision : elle est à l'arbitrage des juges ; elle se règle d'après le produit des biens saisis, l'état alors connu des dettes, la famille plus ou moins nombreuse du saisi.

78. En cas de prévarication de la part du séquestre dans quelques-unes de ses fonctions, il peut être poursuivi à la diligence du commissaire du Gouvernement près le tribunal correctionnel, sur la dénonciation qui lui en a été faite par le saisi ou le poursuivant ; et s'il est reconnu coupable, il est condamné aux dommages et intérêts des parties, et en outre à une amende qui ne peut être moindre de 100 fr. ni excéder 1,000 fr., et même à un emprisonnement qui ne peut être moindre de huit jours ni excéder trois mois.

SECTION IV.

Du jugement sur la validité de la saisie.

79. Le poursuivant doit, dans les trente jours depuis celui de la signification du procès-verbal de saisie-réelle au saisi, le citer au tribunal où elle se poursuit, pour qu'il y soit prononcé sur la validité de cette saisie.

Le président du tribunal commet un huissier pour cette citation, et en fixe le délai, qui ne peut pas excéder dix jours : elle contient sommation au saisi de faire signifier au poursuivant ses moyens, si aucuns il a, contre la poursuite, avec déclaration qu'à défaut de les faire signifier et de les présenter à l'audience au jour indiqué, il en sera déchu. S'il ne s'est trouvé personne à son domicile, la copie de l'exploit doit être attachée à la porte de la maison, après avoir averti les deux plus proches voisins, par qui l'original de l'exploit est signé : s'ils ne veulent ou s'ils ne peuvent signer, il en est fait mention. Cet exploit doit en outre être visé gratuitement, dans les vingt-quatre heures, par le juge de paix du lieu où l'exploit est signifié, ou par l'un des assesseurs.

80. L'opposition au jugement, s'il est rendu par défaut, doit, sous peine de déchéance, être formée dans les huit

jours depuis la notification, et contenir assignation à jour
déterminé, indiqué par le président, et qui ne peut être de
plus de cinq jours.

81. L'appel du jugement sur la validité de la saisie, doit,
sous peine de déchéance, être interjeté dans les dix jours
depuis et non compris celui de la signification à personne ou
domicile.

82. Dans le cas où la saisie-réelle a été déclarée valable,
l'appel ne suspend point l'ordre entre les créanciers, ni la
continuation des formalités et procédures.

83. Si la nullité porte sur le défaut de droits de la part du
saisissant, la saisie-réelle est maintenue à l'égard des autres
créanciers opposans; et l'avoué du créancier hypothécaire
dont l'opposition aux hypothèques est la plus ancienne, est
subrogé de droit à la poursuite, et, à son défaut, l'avoué du
créancier dont l'opposition est la plus ancienne après celle
du créancier précédent, et ainsi successivement.

84. Lorsqu'il y a une saisie additionnelle, le créancier par
qui elle est faite, doit aussi, dans les trente jours depuis la
signification du procès-verbal faite au saisi, le citer pour
voir prononcer sur sa validité.

Les cinq articles ci-dessus ont dans ce cas leur application.

85. Si la saisie additionnelle est déclarée valable, le même
jugement ordonne qu'elle demeurera jointe à la première
saisie, pour être les procédures continuées sur le tout par le
premier saisissant.

86. Si la saisie additionnelle n'est pas faite assez à temps
pour que le jugement qui prononce sur sa validité et sa jonction soit rendu avant le congé d'adjuger sur la première
saisie, cette jonction ne peut être prononcée. La poursuite
se fait séparément. Les créanciers ou prétendant droit sont
tenus de s'opposer sur cette saisie additionnelle.

87. Les poursuites sur la première saisie ne sont suspen-
dues ni par l'appel du jugement qui déclare valable la saisie

additionnelle, ni par le jugement qui prononce la nullité de cette saisie.

CHAPITRE V.

Des oppositions, et de l'ordre.

SECTION PREMIÈRE.

Des oppositions.

DISTINCTION PREMIÈRE.

Dispositions communes.

88. Il y a trois espèces d'oppositions à la vente forcée :

1°. L'opposition afin *d'annuller* ou *de distraire;*

Elle est à fin d'annuller, quand un tiers prétend que la totalité de l'immeuble saisi lui appartient;

Elle est à fin de distraire, quand un tiers prétend que l'immeuble qui lui appartient fait partie de ceux saisis réellement ;

2°. L'opposition à fin *de charge,* quand un tiers prétend que le bien saisi est grevé envers lui de quelque charge réelle ;

3°. L'opposition à fin *de conserver;*

Elle est directe, lorsque le créancier du saisi s'oppose pour être payé de ce qui lui est dû sur le prix qui proviendra de l'adjudication, et pour être conservé en tous ses droits, privilèges et hypothèques;

Elle est indirecte ou en sous-ordre, lorsqu'elle est faite par un créancier du créancier du saisi.

89. Nul ne peut être dispensé de former opposition, sous quelque prétexte que ce soit, et encore que ce fussent des mineurs, des interdits, des femmes mariées, communes ou séparées de biens, ou tous autres; sauf les recours ainsi que de droit.

90. Toutes les oppositions se font au greffe du tribunal où se poursuit la saisie-réelle, sur un cahier particulier à chaque saisie, et en tête duquel sont écrits la date de la

II. 17

saisie-réelle, le nom du poursuivant, celui de la partie saisie et de l'huissier qui a fait la procédure, la date de l'enregistrement de la saisie. Il est paraphé par le président.

Chaque opposition est inscrite sur ce cahier, de suite et sans aucun blanc; elle est formée par l'avoué de l'opposant, et signée de lui et du greffier. Aucune opposition ne peut être formée aux mains de l'huissier.

91. L'opposition doit contenir les nom, prénoms, et domicile de l'opposant, et son état s'il en a un, la cause de l'opposition, l'énonciation du titre sur lequel elle est fondée, sa date et celle de l'hypothèque qu'il entend conserver, les intérêts qui peuvent en être dus, l'élection de domicile chez l'avoué pour toutes les opérations relatives à la saisie-réelle, jusques et compris la distribution du prix.

92. La dénonciation du décès de l'opposant ne suspend point les procédures, qui sont continuées, vis-à-vis de l'avoué, sous le nom du défunt qui l'avait constitué, tant qu'il n'y a point de reprise au nom de l'héritier ou de ses représentans.

Si l'avoué de l'opposant meurt, les procédures sont continuées au domicile qu'avait cet avoué, et ensuite à celui de son successeur.

Dans le cas où le décès de cet avoué est arrivé avant qu'il ait produit, dans le délai des premiers quatre-vingt-dix jours d'exposition au tableau, le poursuivant doit dénoncer ce décès à l'opposant, à personne ou au domicile élu par l'opposition, avec sommation de produire.

DISTINCTION II.

Des oppositions à fin d'annuller ou de distraire.

93. Les oppositions à fin d'annuller peuvent toujours être faites avant le jour de l'adjudication : elles ne sont plus recevables depuis et y compris le jour de l'adjudication, que sur le prix non encore distribué.

Les oppositions à fin de distraire doivent être faites avant le congé d'adjuger.

Celles qui ne seraient faites qu'après le congé d'adjuger, et qui ne seraient pas irrévocablement jugées avant l'adjudication, ne donnent droit aux opposans que sur le prix et jusqu'à concurrence, déduction faite des frais extraordinaires.

94. L'opposant à fin d'annuller ou de distraire est tenu, en même temps qu'il fait son opposition au greffe, suivant les articles 90 et 91 ci-dessus, de notifier au poursuivant, au domicile de son avoué, et au saisi, ainsi qu'il est expliqué aux articles 34, 35 et 36 ci-dessus, son opposition, avec la copie de ses titres justificatifs; et il les cite à comparaître à l'audience, dans les dix jours au plus tard, pour voir statuer sur l'opposition.

95. Cette procédure, ni même celle sur l'appel qui serait interjeté du jugement relatif à cette opposition, ne suspendent point les poursuites de la saisie-réelle.

96. L'appel du jugement qui prononce sur l'opposition à fin d'annuller ou de distraire, n'est plus recevable après quinze jours depuis la signification à personne ou au domicile élu, de ce jugement rendu soit contradictoirement, soit par défaut; et l'appelant doit citer en même temps à comparaître au tribunal d'appel, dans le délai de la loi, à peine de déchéance.

97. Si, lors de l'adjudication sur la saisie-réelle, l'opposition à fin d'annuller ou de distraire n'est pas encore irrévocablement jugée, il est sursis à l'adjudication dans le cas où l'opposition est à fin d'annuller, et il est passé outre à l'adjudication si l'opposition est à fin de distraire.

Il en est de même si l'opposition à fin d'annuller ou de distraire dépend de l'événement d'une contestation qui soit, lors de l'adjudication, pendante en un autre tribunal, sauf au poursuivant ou à l'opposant qui aurait intérêt à ce que le jugement fût accéléré, à intervenir dans cette contestation.

98. Si l'opposition à fin de distraire est définitivement jugée valide avant l'adjudication, le jugement prononce la main-levée de la saisie-réelle quant aux objets réclamés, et ordonne que les fruits ou revenus perçus et les frais seront remboursés à l'opposant sur les premiers deniers, et par privilèges à tous autres, sans qu'il soit besoin d'attendre l'ordre ni la distribution : il est fait mention de cette main-levée dans le cahier des charges.

99. Dans le cas de l'opposition à fin de distraire faite depuis le congé d'adjuger, et dans le cas de celle faite avant le congé d'adjuger, mais non jugée irrévocablement avant l'adjudication, si le jugement qui intervient après l'adjudication et avant le prix distribué, les déclare valides, l'opposant est privilégié jusqu'à concurrence du prix de la portion des immeubles saisis dont il était propriétaire, eu égard au prix de l'adjudication, et déduction faite de sa contribution aux frais extraordinaires.

La ventilation pour cette distinction du prix, est faite par l'expert que le tribunal, ou le juge de paix par lui commis, nomme d'office à la requête du plus diligent du réclamant ou du poursuivant, l'autre présent ou dûment appelé. Les frais de l'expertise sont au nombre des frais extraordinaires de la saisie.

Il est aussi fait raison à l'opposant, par privilège et pour lui tenir lieu des fruits, de l'intérêt à cinq pour cent de la somme qui lui revient par l'effet de la ventilation.

L'opposant à fin d'annuller dont l'opposition qui n'aurait été faite que le jour de l'adjudication ou depuis, avant le prix distribué, serait jugée valide, est tenu des frais extraordinaires. Il n'en est tenu que jusqu'à concurrence, si une partie du prix avait été payée.

Si cette opposition est rejetée, il est tenu de toutes pertes, dépens, dommages et intérêts des parties.

DISTINCTION III.

Des oppositions à fin de charge.

100. Les dispositions des articles 94, 95 et 96 ci-dessus, sont communes aux oppositions à fin de charge.

101. Il n'est point nécessaire de former opposition pour les servitudes naturelles, ni pour celles qui sont patentes : elles ne sont point purgées par la vente forcée.

102. Si l'opposition à fin de charge est jugée valide, le jugement prononce que la charge réelle dont il s'agit sera mise au nombre des conditions et charges de l'adjudication.

103. Si, lors du congé d'adjuger, il n'a pas encore été prononcé sur l'opposition à fin de charge, ou si elle n'a pas encore été irrévocablement jugée, il en est fait mention dans le congé d'adjuger, qui, dans ce cas, ordonne que les charges réelles réclamées seront charges éventuelles de l'adjudication.

DISTINCTION IV.

Des oppositions à fin de conserver.

104. Les opposans à fin de conserver sont tenus, sous peine de déchéance, de former leur opposition au greffe pendant les quatre-vingt-dix premiers jours de l'exposition de l'extrait du procès-verbal de saisie-réelle au tableau dans l'auditoire du tribunal où elle se poursuit.

105. Ces opposans sont tenus, sous la même peine de déchéance, de produire au greffe, dans le même délai desdits quatre-vingt-dix jours, à quelque date qu'ait été faite leur opposition, leurs titres justificatifs, et une requête contenant sommairement leurs moyens d'opposition et leurs conclusions.

La production est constatée par un certificat qu'en donne le greffier et qui est notifié au poursuivant.

106. L'opposition à fin de conserver est nécessaire pour toute espèce de créance.

107. Le poursuivant doit faire opposition et déposer au greffe ses titres et sa requête de conclusions comme les autres créanciers.

108. Le poursuivant est tenu de se faire délivrer des certificats de toutes les oppositions qui ont été formées au bureau des hypothèques des arrondissemens dans lesquels sont situés les immeubles saisis.

Il fait annexer, par le greffier, ces certificats au cahier des oppositions à la saisie-réelle; et la mention qui en est faite sur ce cahier, est signée par le poursuivant et par le greffier.

109. Le poursuivant fait sommation à tous ceux des créanciers portés sur ces certificats et sur le cahier des oppositions à la saisie-réelle, qui n'auraient pas produit, de produire leurs titres et conclusions avant l'expiration des quatre-vingt-dix jours depuis la date de l'exposition du procès-verbal de saisie-réelle au tableau dans l'auditoire du tribunal où elle se poursuit, sinon, qu'ils en seront déchus.

Cette sommation est signifiée au domicile élu par lesdits créanciers, avant l'expiration des quarante premiers jours depuis et non compris celui de ladite exposition.

110. Les oppositions au greffe et celles au bureau des hypothèques, font courir les intérêts, quant aux créances qui n'en produisaient pas, du jour qu'elles ont été portées sur le cahier des oppositions, ou que les certificats des oppositions aux hypothèques y ont été annexés.

Les intérêts des capitaux dus aux créanciers utilement colloqués, cessent de courir quinze jours après la clôture de l'ordre.

111. Celui qui est créancier en sous-ordre, forme son opposition pour et sur le créancier directe.

Il est obligé aux mêmes justifications et diligences que les opposans directs.

Il est colloqué dans l'ordre des créanciers directs.

Le montant de la collocation est réparti, au marc le

franc, entre les créanciers en sous-ordre de chaque créancier direct.

SECTION II.

De l'ordre entre les créanciers.

DISTINCTION PREMIÈRE.

Règles générales sur l'ordre.

112. **L'ordre** est un acte volontaire ou judiciaire, qui fixe entre les créanciers opposans, la classe et le rang dans lesquels chacun d'eux doit être payé sur les deniers provenant du prix et des revenus de l'immeuble vendu.

113. Dans la première classe sont les créanciers privilégiés.

Le rang à tenir entre eux est réglé au titre *des privilèges et hypothèques.*

114. Le poursuivant et l'avoué de l'ancien opposant ont privilège sur le prix, pour les frais extraordinaires.

Les frais ordinaires sont à la charge de l'adjudicataire; ils sont payés suivant la taxe, et ne peuvent être fixés par le cahier des charges.

115. Les frais ordinaires sont ceux de la saisie-réelle, des affiches et publications, de l'établissement du séquestre, et de l'adjudication. Les frais de baux judiciaires et de la gestion du séquestre, ceux de l'ordre, et tous autres, sont frais extraordinaires.

116. La seconde classe est composée des créanciers hypothécaires.

Ils sont colloqués dans l'ordre de leurs hypothèques sur le prix et le revenu des immeubles.

117. Si les titres emportant hypothèque sont du même jour, celui du matin est préféré à celui du soir.

Si l'un est daté du matin, et l'autre du même jour, sans exprimer si c'est soir ou matin, le créancier porteur du titre daté du matin est préféré.

118. La troisième classe est celle des créanciers chirographaires.

Ils sont payés par contribution entre eux, au marc le franc, sur les deniers restans après les créanciers privilégiés et hypothécaires acquittés.

119. Les arrérages ou intérêts, les dommages et intérêts, et les dépens, sont colloqués dans le même ordre que le principal.

120. Si, parmi les créanciers à colloquer, il s'en trouve dont les créances soient ou à terme, ou conditionnelles, ou causées pour recours en garantie contre le saisi, ou autrement éventuelles, ils n'en sont pas moins colloqués dans l'ordre qui résulte de leurs titres, sauf les explications ci-après.

121. Si les créances sont à terme, ou à rentes autres que rentes viagères, elles sont colloquées comme exigibles par l'effet de la vente forcée.

122. Si les créances sont conditionnelles, ou causées pour recours en garantie, ou autrement éventuelles, il est ordonné que, dans le cas où les porteurs de ces créances viendront en ordre utile, ceux qui les suivent, ou qui sont au même rang, ne pourront être payés qu'à la charge du rapport, en donnant caution, si mieux ils n'aiment consentir à l'emploi.

123. Si les créances consistent en rentes viagères, il est ordonné qu'il restera aux mains de l'adjudicataire un capital suffisant, ou qu'il en sera fait emploi, pour que les intérêts, déduction faite de la contribution alors existante, égalent la rente viagère à payer, et que la distribution du capital ainsi laissé ou employé pour chaque rente, se fera, lors du décès des rentiers, aux créanciers venant en ordre utile, et sur lesquels les fonds auront manqué.

124. Si la collocation du créancier de la rente viagère n'est pas suffisante pour le service annuel de la totalité de la rente, il reste chaque année créancier de la somme à laquelle monte le déficit, et qui est reprise sur le capital

dont il devient propriétaire chaque année, jusqu'à due concurrence.

Des formalités de l'ordre.

125. L'ordre est volontaire, lorsque, par suite d'un contrat d'union, les créanciers y ont procédé dans la forme convenue.

Il est rendu exécutoire par l'homologation.

126. Il est procédé à l'ordre en justice dans la forme suivante.

127. Quinze jours, au plus tard, avant l'expiration des quatre-vingt-dix premiers jours d'exposition de l'extrait du procès-verbal de saisie réelle au tableau dans l'auditoire du tribunal où elle se poursuit, le poursuivant fait sommation, aux domiciles élus chez les avoués, à ceux des opposans qui n'auront pas produit leurs titres, de les produire, à l'exception néanmoins des opposans auxquels pareille sommation aurait été faite en exécution de l'article 109 ci-dessus.

128. Faute par les opposans de produire dans ledit délai de quatre-vingt-dix jours, ils en sont forclos, et ne sont point compris dans l'ordre.

Si néanmoins l'avoué de l'un des opposans était décédé dans ledit délai, il est reçu à produire, pourvu qu'il le fasse avant la clôture du procès-verbal d'ordre.

129. Les quatre-vingt-dix premiers jours d'exposition au tableau étant expirés, le poursuivant obtient dans les dix jours suivans, et sur simple requête, un jugement qui ordonne de procéder à l'ordre, et qui commet un des juges du tribunal pour en dresser le procès-verbal.

Il ne peut être interjeté appel de ce jugement.

130. Le commissaire nommé doit ensuite dresser le procès-verbal d'ordre sur les productions faites au greffe, et dans le délai le plus court.

131. Le poursuivant dénonce au saisi et aux avoués des

opposans qui ont produit, la clôture du procès-verbal d'ordre, dans le délai de huit jours depuis celui de cette clôture, avec sommation d'en prendre au greffe, et sans déplacement, dans les quinze jours suivans, communication, ainsi que des oppositions, pièces et requêtes y relatives, d'y remettre les observations et conclusions qu'ils aviseront.

132. Ce délai de quinze jours étant expiré, le commissaire ajoute au procès-verbal d'ordre, l'énonciation des réclamations faites soit sur le fonds des créances, soit sur l'ordre des collocations : il en ordonne le renvoi à l'audience.

Depuis ce renvoi prononcé, aucune autre réclamation n'est admise.

133. Le poursuivant cite à l'audience les opposans qui ont réclamé, pour y être statué sur leurs réclamations, en présence du saisi et de l'avoué du créancier hypothécaire dont l'opposition aux hypothèques est de la date la plus ancienne.

Nulle intervention d'aucun autre opposant ne peut être admise qu'à la charge par lui de supporter les frais.

134. La procédure sur les créances contestées, et l'appel des jugemens y relatif, ne suspendent point le congé d'adjuger ni l'adjudication.

135. Ceux des créanciers, soit directs, soit en sous-ordre, qui succombent dans les contestations élevées entre eux, en supportent les dépenses, sans recours contre le saisi.

CHAPITRE VI.

Du congé d'adjuger et de l'adjudication

tit. 19
fin du
ch.1er.

136. Le même jour que le procès-verbal d'ordre est présenté par le poursuivant à l'homologation, le tribunal prononce le congé d'adjuger : c'est-à-dire qu'il ordonne que le cinquantième jour depuis celui où a été rendu ce jugement, il sera procédé, à l'adjudication du bien saisi, dans les formes ci-après prescrites.

Ce jugement est rendu sur simple requête du poursuivant, et est signifié tant au saisi qu'aux opposans qui ont produit aux domiciles des avoués, afin qu'ils aient à faire trouver des enchérisseurs.

Les parties ne peuvent attaquer ce jugement ni par opposition, ni par appel, ni même par voie de cassation.

137. Si, lors de la citation donnée au saisi pour voir rendre ces jugemens, il ne s'est trouvé personne à son domicile, on doit suivre les formes prescrites par l'article 79, ci-dessus.

138. Si, en calculant la valeur des biens saisis sur le pied de quinze ans de revenu, eu égard à celui présumé par la matrice du rôle de la contribution foncière, il se trouve que la valeur de ces biens excède le montant de toutes les créances colloquées, le saisi peut demander que l'adjudication ne soit faite que jusqu'à concurrence du montant de ces créances et du quart en sus, et il a le choix des immeubles dont il est autorisé à demander la distraction.

139. Si néanmoins, par l'événement des enchères, le prix de l'adjudication était insuffisant pour payer les créanciers colloqués et les frais, il serait procédé à la vente d'une autre quantité de biens jugée suffisante, d'après les règles de l'article précédent, et l'adjudication en serait faite avec les formalités prescrites, dans le cas d'une remise, par l'article 149.

140. Le poursuivant est cité par le saisi, huit jours au plus tard, sous peine de déchéance, depuis le jour de la signification du congé d'adjuger, et à bref délai, pour voir prononcer, s'il y a lieu, la distraction dont est mention aux deux articles ci-dessus.

La demande qui en est faite ne suspend ni les formalités, ni les délais pour l'adjudication. Le jugement qui statue sur cette demande, ne peut être en aucune manière attaqué.

Si la distraction est prononcée, le poursuivant en fait mention dans le cahier des charges.

141. Le poursuivant signifie au saisi, dans la même forme qu'aux articles 136 et 137 ci-dessus, le jugement qui prononce le congé d'adjuger, et il met au greffe le cahier qui contient les conditions et les charges de l'adjudication.

La première mise à prix est portée à douze fois le revenu auquel l'immeuble est évalué d'après la matrice du rôle de la contribution foncière.

La mise à prix est de la moitié de cette évaluation, s'il s'agit de la vente d'un usufruit.

Cette mise à prix n'est point au risque du poursuivant.

142. Dans les quinze jours depuis et non compris celui du congé d'adjuger, il doit être affiché, à la diligence du poursuivant et aux lieux accoutumés, dans la commune du saisi, dans celle où siége le tribunal, et dans toutes celles où se trouvent des immeubles saisis, des placards imprimés, contenant ce qui est énoncé aux paragraphes 1, 2, 3 et 5 de l'art. 40 ci-dessus ; et en outre, le jour fixé pour l'adjudication.

143. Le poursuivant doit en outre, et dans le même délai, notifier aux greffiers des tribunaux de première instance et de justice de paix dans le ressort desquels se trouvent des immeubles saisis, le jugement de congé d'adjuger ; et chaque greffier met en marge de l'extrait du procès-verbal affiché au tableau des saisies-réelles, la mention de ce jugement, en ce qu'il fixe le jour, le lieu et l'heure de l'adjudication.

Chaque greffier met, sur l'original de l'exploit, son certificat de la mention ci-dessus.

144. Il est en outre fait dans les mêmes communes, au bruit du tambour, aux lieux et en la manière accoutumés, trois publications du placard énoncé en l'art. 142 ci-dessus.

La première de ces publications doit être faite dans le même délai que les affiches, la seconde huit jours après la première, et la troisième huit jours après la seconde, sans exception des jours fériés.

Dans les communes où il y a plusieurs municipalités, les

publications ordonnées par le présent article, et les affiches
dont il est fait mention en l'article 142, se font ainsi qu'il est
expliqué en l'article 46 ci-dessus.

145. Copie des procès-verbaux desdites publications et
affiches, et de la notification prescrite par l'article 145, est
signifiée au saisi le trente-cinquième jour au plus tard depuis
celui du congé d'adjuger, avec citation en la forme prescrite
par l'art. 79, à comparaître à l'audience le quarantième jour
depuis le congé d'adjuger, à l'effet de proposer, s'il en a, ses
moyens de nullité contre les formalités remplies par suite
dudit congé d'adjuger; et à faute de ce faire dans ce délai,
le saisi n'y est plus recevable.

146. Le jugement qui intervient, soit qu'il donne défaut,
soit qu'il admette ou qu'il rejette les moyens de nullité, ne
peut être attaqué par la voie de l'opposition, de l'appel ou
de la cassation.

147. S'il y a des moyens de nullité admis, le jugement
ordonne la remise de l'adjudication à pareil délai de cinquante jours, et que les formalités ci-dessus prescrites par
le congé d'adjuger, seront de nouveau remplies.

148. Le jour de l'adjudication étant arrivé, le tribunal
fait donner par le greffier lecture du placard et du cahier des
charges, et ouvre les enchères, en faisant allumer successivement des bougies, de manière que chacune ait une
durée d'environ cinq minutes.

149. S'il s'éteint deux bougies sans qu'il soit survenu
d'enchères au-dessus de la mise à prix, le tribunal continue
l'adjudication au jour qu'il indique, sans qu'il soit besoin
de nouvelles affiches ni publications.

150. Dans le cas où, soit à la première séance, soit à la
subséquente, il y a des enchères pendant la durée des deux
premières bougies, il en est allumé successivement, jusqu'à
ce qu'ils s'en soit éteint une sans qu'il soit survenu de
nouvelle enchère; et l'adjudication est prononcée sur-le-
champ au profit du dernier enchérisseur.

151. Les enchères ne peuvent être moindres de 5 francs pour les objets dont la mise à prix est de 2,000 francs et au-dessous ; de 50 francs pour les objets de plus de 2,000 francs jusqu'à 20,000 francs ; et de 100 francs pour les objets de plus de 20,000 francs.

152. Si, lors de la remise, il ne se trouve pas d'enchérisseur au-dessus de la mise à prix, il y a une seconde remise, lors de laquelle l'immeuble peut être adjugé, pourvu néanmoins que ce ne soit pas au-dessous des trois quarts de la mise à prix.

153. Les enchères sont mises par un avoué près le tribunal où se fait l'adjudication, et fondé d'un pouvoir spécial.

154. L'avoué est condamné à demeurer adjudicataire en son nom, lorsqu'il se rend adjudicaire pour une personne notoirement insolvable ou n'ayant point de domicile connu, ou pour quelques-unes des personnes à qui la loi interdit la faculté de se rendre adjudicaires des biens vendus en justice, ainsi qu'il est expliqué au titre *du contrat de vente.*

155. Il n'est point défendu au poursuivant ni aux autres opposans de se rendre adjudicataires.

156. Chaque enchère est successivement, et à mesure qu'elle est mise, portée par le greffier sur le registre d'audience ; et dès-lors elle ne peut plus être rétractée.

157. L'enchérisseur cesse d'être obligé si son enchère est couverte par une plus forte, lors même que cette dernière se trouve nulle.

158. L'avoué doit, dans les vingt-quatre heures de l'adjudication, faire sa déclaration au greffe des noms et demeure de la personne pour laquelle il s'est rendu adjudicataire, de son état, si elle en a.

159 (*a*). Le cahier des charges indique si le prix doit

(*a*) Il serait important que le gouvernement prît un arrangement quelconque pour établir auprès de chaque tribunal un dépositaire spécial pour toutes les consignations judiciaires.

rester en tout ou en partie dans les mains de l'adjudicataire, et jusqu'à quelle époque, ou s'il doit être consigné dans la caisse du dépositaire public à ce préposé.

S'il n'y a dans le cahier des charges aucune condition sur le mode de paiement, le prix doit être consigné dans les dix jours, depuis et non compris celui de l'adjudication.

160. La consignation se fait en présence du saisi et du poursuivant, ou eux dûment appelés, sans qu'il soit besoin de jugement.

161. Faute par l'adjudicataire de consigner sur la sommation qui lui est faite, il est procédé, en vertu du jugement d'adjudication, à la revente sur sa folle-enchère, sur trois publications à l'audience, de dix jours en dix jours; placards indicatifs du jour fixé par le tribunal sur simple requête pour ladite revente, préalablement apposés aux lieux accoutumés, en la commune où siége le tribunal.

L'ordonnance indicative du jour de la revente est signifiée à l'adjudicataire, au domicile de l'avoué qui a enchéri, et ne peut être en aucune manière attaquée.

162. Si le prix de l'adjudication sur folle-enchère est inférieur au prix de la première adjudication, le fol-enchérisseur est garant du déficit; s'il y a excédent, il n'en profite pas.

163. Lorsque le cahier des charges porte une mesure, sans qu'il soit déclaré qu'elle n'est pas garantie, et qu'il se trouve une différence en plus ou en moins dans cette mesure, on doit suivre, à l'égard de l'adjudicataire, les règles établies au contrat de vente, art. 37, 38, 39, 40, 41, 42, 43 et 44.

164. Le jugement de l'adjudication ne peut être attaqué par la voie d'appel, ni par celle de cassation.

CHAPITRE VII.

De la forme du paiement du prix de l'adjudication.

165. Chaque créancier utilement colloqué, doit affirmer devant le commissaire qui a dressé l'ordre, que sa créance

est sincère, et qu'il ne prête en aucune manière son nom au débiteur.

166. Il peut ensuite demander au greffier un extrait du procès-verbal en ce qui concerne sa collocation, et jusqu'à concurrence de la somme à distribuer; et le greffier est tenu de délivrer cet extrait, après avoir néanmoins vérifié que la créance a été affirmée, et quelle somme est à distribuer.

167. L'adjudicataire dans les mains duquel le prix est demeuré, ou le consignataire, sont tenus de payer conformément audit extrait de collocation.

168. En cas de non-paiement sur la sommation qui leur en est faite par le créancier, celui-ci le dénonce au poursuivant, qui, en vertu du jugement d'adjudication, procède à la revente sur folle-enchère, dans la forme indiquée par l'article 171.

CHAPITRE VIII.

De la vente sur simples publications.

169. Dans le cas où les immeubles saisis réellement ne sont pas, d'après le relevé de la matrice du rôle de contribution, et en calculant sur le pied de quinze fois le revenu, d'une valeur de plus de 4,000 fr., le créancier ou même le débiteur peuvent demander que la vente en soit faite sur simples publications et conformément aux règles qui suivent.

170. Le saisi est cité à bref délai par le poursuivant. Le tribunal prononce sur la validité de la saisie-réelle; et si elle est déclarée valable, il ordonne que, vu la modicité de valeur des biens saisis, ils seront adjugés au jour indiqué par le jugement, dans un délai suffisant pour remplir les formalités ci-après.

171. Dans les trois jours qui suivent ce jugement, le poursuivant met au greffe le cahier contenant la mise à prix, qui doit être d'une somme calculée sur douze ans de revenu d'après la matrice du rôle de contribution, les charges et

conditions de l'adjudication, et la désignation de l'immeuble.

172. Cette enchère est publiée trois fois à l'audience;
savoir, la première fois, à l'expiration de la première quinzaine depuis le jugement rendu; la seconde, à l'expiration de
la seconde quinzaine; et la troisième, à l'expiration de la
troisième quinzaine.

173. Un placard, contenant l'indication du tribunal devant lequel on procède à l'adjudication, le jour où elle se
fera, les noms, état et demeure du poursuivant et du saisi,
et la désignation de l'immeuble, est affiché et publié, aux
lieux ci-dessus déterminés, dans la commune où siége le
tribunal et dans celles de la situation de l'immeuble saisi,
le tout dans la première quinzaine depuis le jugement
rendu.

Le procès-verbal d'affiche et publication est notifié au
saisi, dans la forme indiquée par l'article 79.

174. Le jour de l'adjudication étant arrivé, le saisi doit
présenter ses moyens de nullité; sinon, il n'y est plus recevable, et il est procédé aux enchères et à l'adjudication,
ainsi que le tout est expliqué aux articles 148 et suivans.

175. Le jugement qui intervient sur les demandes en
nullité, et celui qui prononce l'adjudication, ne peuvent
être en aucune manière attaqués.

Si les nullités sont admises, le tribunal indique un autre
jour pour l'adjudication, avec un délai suffisant pour remplir
de nouveau les mêmes formalités.

176. S'il ne se trouve pas d'enchérisseur au-dessus de la
mise à prix, le tribunal ordonne une remise à quinzaine,
pendant lequel temps on met de nouvelles affiches dans la
commune où siége le tribunal et dans celle de la situation
des biens. Si alors il n'y a pas d'enchères au-dessus de la
mise à prix, elle peut être adjugée à un prix inférieur,
pourvu qu'il ne soit pas moindre des trois quarts.

177. Le débiteur n'est point dépossédé avant l'adjudica-

tion par l'effet de cette saisie-réelle ; il doit compte des fruits en qualité de séquestre, à compter du jour où le procès-verbal de saisie lui a été signifié.

178. La vente sur publications ne purge ni les droits de propriété des tierces personnes, ni les privilèges ou hypothèques des créanciers.

179. L'ordre se fait après l'adjudication, entre les créanciers qui se sont opposés soit au greffe, soit au bureau des hypothèques, par l'un des juges que le tribunal commet. Au surplus, on suit pour l'ordre et la distribution les mêmes règles ci-dessus prescrites.

TITRE IX.

tit. 2

Des donations entre-vifs et du testament.

DISPOSITIONS GÉNÉRALES.

893   ART. 1er. On ne peut disposer de ses biens à titre gratuit, que par des donations entre-vifs ou testamentaires, et dans les formes ci-après établies pour l'un ou l'autre de ces actes.

894   2. La donation entre-vifs est un contrat par lequel le donateur se dépouille actuellement et irrévocablement en faveur du donataire.

895   3. La donation à cause de mort, est un acte par lequel le donateur seul dispose de tout ou partie de ses biens, et qui n'a d'effet qu'autant que le donateur a persisté dans la même volonté jusqu'à la mort.

CHAPITRE PREMIER.

De la capacité requise pour donner ou pour recevoir.

901—
902   4. Pour donner soit entre-vifs, soit par testament, il faut être,

1°. Majeur ;

2°. Sain d'esprit au moment de la donation. La preuve par témoins de la démence du donateur non interdit, n'est admise que lorsque l'interdiction avait été provoquée du vivant du donateur, ou lorsque celui-ci n'ayant survécu que six mois à la donation, il existe un commencement de preuve par écrit, résultant soit de l'acte même, soit d'actes extérieurs.

La loi n'admet point la preuve que la disposition n'a été faite que par haine, colère, suggestion ou captation.

5. Le mineur émancipé ne peut disposer que par testament, et jusqu'à concurrence seulement de la moitié de la portion dont la loi permet au majeur de disposer; sauf l'exception portée en l'article ci-après. 904

6. Le mineur ne peut donner à son tuteur. 907

Lors même qu'il est devenu majeur, il ne peut lui donner, si le compte définitif de la tutelle n'a été préalablement rendu et apuré.

Sont néanmoins exceptés les tuteurs naturels et légitimes.

7. La femme mariée ne peut donner entre-vifs sans l'assistance ou le consentement spécial de son mari, ou sans y être autorisée par le juge. 905

Elle n'a pas besoin de ce consentement pour donner par testament.

8. Pour être capable de recevoir entre-vifs, il faut être conçu au moment de la donation. 906

Pour être capable de recevoir par testament, il suffit d'être conçu à l'époque du décès du donateur.

9. Celui qui est mort civilement ne peut faire aucune donation ni en recevoir que conformément à ce qui est dit au titre *de l'état civil*. ap. 906 et 25

10. La disposition par testament est annullée par la mort civile du donateur survenue depuis l'acte, et encore subsistante au jour de son décès. ib

11. Ceux qui ont vécu ensemble dans un concubinage notoire, sont respectivement incapables de se donner. ib.

12. Les enfans adultérins ou incestueux ne peuvent rien recevoir en propriété de leur père ni de leur mère. 908

Ils ne peuvent même recevoir de leur père ou mère, en usufruit, et à titre de pension alimentaire, au-delà de ce que la loi leur accorde au titre *des successions*.

908   13. Les enfans naturels, même légalement reconnus, ne peuvent recevoir de leur père ou mère au-delà de ce que la loi leur défère *ab intestat*.

909   14. Le malade, dans le cours de la maladie dont il décède, ne peut donner à l'officier de santé qui le traite.

902— 912   15. La capacité de faire ou de recueillir une donation, appartient à tous ceux auxquels la loi ne l'a pas interdite, sans aucune distinction entre les Français et les étrangers, quant aux donations entre-vifs; et sauf, quant aux donations par testament faites en faveur des étrangers, ce qui est réglé au titre *des successions*.

CHAPITRE II.

De la portion des biens dont il est permis de disposer, et de la réduction en cas d'excès.

SECTION PREMIÈRE.

De la portion disponible.

913 à 916   16. Les donations, soit entre-vifs, soit à cause de mort, ne peuvent excéder le quart des biens du donateur, s'il laisse, à son décès, des enfans ou descendans; la moitié, s'il laisse des ascendans ou des frères et sœurs; les trois quarts, s'il laisse des neveux ou nièces, enfans au premier degré d'un frère ou d'une sœur.

A défaut de parens dans les degrés ci-dessus exprimés, les donations peuvent épuiser la totalité des biens du donateur.

917   17. La donation en usufruit ne peut excéder la quotité dont on peut disposer en propriété; en telle sorte que le don d'un usufruit ou d'une pension, est réductible au quart, à la moitié, ou aux trois quarts du revenu total, dans les cas ci-dessus exprimés.

Sans préjudice néanmoins de ce qui est réglé à l'égard des époux.

18. La donation de la quotité disponible peut être faite, 919.1ᵉʳ en tout ou en partie, même en faveur des enfans et autres successibles du donateur.

19. Cette donation n'est pas rapportable par le donateur ib. venant à succession, pourvu qu'elle ait été faite expressément à titre de préciput et hors part.

SECTION II.

De la réduction des donations, de la manière dont elle s'opère, et de ses effets.

20. Toute disposition, soit entre-vifs, soit à cause de 920 mort, qui excède la quotité disponible, n'est pas nulle, mais seulement réductible à cette quotité.

21. La donation entre-vifs conserve tout son effet pen- ap. 920. dant la vie du donateur.

22. Au décès du donateur, la réduction de la donation 921 soit entre-vifs, soit à cause de mort, ne peut être demandée que par ceux des héritiers venant à succession, au profit desquels la loi a restreint la faculté de disposer, et que proportionnellement à la part qu'ils recueillent dans la succession.

Ainsi les créanciers, donataires et légataires du défunt, ne peuvent demander cette réduction.

Dans les cas où la loi partage la succession par moitié ap 921. entre les deux lignes paternelle et maternelle, la réduction n'a lieu que pour la moitié de la quotité fixée par la loi, s'il n'y a que l'une des deux lignes dans laquelle il se trouve des héritiers ayant la qualité à laquelle la loi attache le droit de demander la réduction.

Si, dans l'une ou l'autre ligne, ou dans chacune de ces lignes, il y a plusieurs héritiers dont les uns aient et les autres n'aient pas le droit de demander la réduction, elle n'a lieu qu'au profit de ceux à qui la loi accorde ce droit;

et ceux-ci ne peuvent la demander que proportionnellement à la part qu'ils prennent dans la succession. Si, par exemple, il se trouve dans la même ligne un oncle du défunt et un neveu de ce même défunt qui concourent comme étant en égal degré, la réduction ne pourra être demandée que par le neveu ; et sa portion héréditaire n'étant que du quart au total de la succession, ou de trois douzièmes, il ne pourra demander la réduction que pour les trois douzièmes de la quotité à laquelle la donation est réductible au profit des neveux.

Dans le cas où, suivant les articles 48 et 5o, du même titre *des successions*, les frères ou sœurs consanguins ou utérins, concourant avec des frères germains, ne partagent que dans la portion attribuée à leur ligne, la réduction de la donation se partage entre eux dans la proportion de leurs portions héréditaires.

922   23. Pour déterminer la réduction dont peuvent être susceptibles les donations soit par acte entre-vifs, soit par acte de dernière volonté, on forme une masse de tous les biens existans au décès du donateur ; on y réunit fictivement toutes les donations faites entre-vifs d'après l'état des biens donnés à l'époque de la donation, et d'après leur valeur à l'époque du décès du donateur ; on fait déduction de toutes les dettes ; et, comparativement à la valeur du patrimoine net du défunt, on vérifie, eu égard à la qualité des héritiers qu'il laisse, quelle est la portion dont il a pu disposer.

923   24. Il n'y a jamais lieu à réduire les donations entre-vifs, qu'après avoir épuisé les donations à cause de mort.

ib. et   25. S'il est reconnu que la valeur des donations entre
925   vifs excède ou égale la quotité disponible, toutes les donations à cause de mort sont caduques ; si la valeur des donations entre vifs excède la quotité disponible, elles sont réduites, en commençant par la dernière jusqu'à ce qu'elle soit épuisée ; ainsi de suite, en remontant des dernières jusqu'aux plus anciennes.

Si la donation qui se trouve dans le cas d'être réduite, a   924
été faite à l'un des successibles, celui-ci est autorisé à retenir, sur les biens donnés, la valeur de la portion qui lui
appartiendrait, comme héritier, dans les biens disponibles.

26. Dans le cas où la valeur des donations entre-vifs n'é-   926
gale pas la quotité disponible, et où cependant ce qui reste
pour atteindre cette quotité, ne suffit pas à l'acquittement
des legs, la réduction s'en fait de la manière suivante :

Le légataire à titre universel prend le quart de ce qui
reste ; le surplus se contribue au marc le franc entre tous
les légataires particuliers, sans aucune distinction ni de la
nature du legs, ni de la qualité du légataire, à moins que
le donateur n'ait expressément déclaré qu'en cas d'insuffisance de la quotité disponible, il entend que tel legs soit
préféré à tel autre.

Dans le cas où le donateur a exprimé la préférence, elle   927
doit avoir lieu, même au préjudice du quart ci-dessus réservé au légataire à titre universel.

27. Le donataire ne restitue les fruits de ce qui excède   928
la portion disponible, qu'à compter du jour du décès du
donateur.

28. Les immeubles qui rentrent dans la succession par   929
l'effet de la réduction, y reviennent sans aucune charge des
dettes et hypothèques créées par le donataire.

29. L'action en réduction ou revendication, peut être   930
exercée par les héritiers contre le tiers détenteur des immeubles aliénés par le donataire, de la même manière et
dans le même ordre qu'elle peut être exercée contre le donateur lui-même.

30. Si le donataire a vendu successivement plusieurs im-   ib.
meubles affectés à l'action de réduction, cette action doit
être exercée contre les tiers détenteurs, suivant l'ordre de
leurs acquisitions, en commençant par la dernière, et ainsi
de suite, en remontant des dernières aux plus anciennes.

31. Les héritiers ne peuvent attaquer le tiers détenteur,   ib.

que discussion préalablement faite des biens du donataire, et que pour l'excédant, en cas d'insuffisance.

CHAPITRE III.

Des dispositions réprouvées par la loi.

900   52. Dans toute disposition entre-vifs ou à cause de mort, les conditions impossibles, celles qui sont contraires aux lois et aux mœurs, sont réputées non écrites.

896   La loi prohibe les substitutions. Toute disposition par laquelle le donataire est chargé de conserver et de rendre à un tiers, est nulle, même à l'égard du donataire.

898   La disposition par laquelle un tiers est appelé pour recueillir dans le cas où le donataire ne recueillera pas, n'est pas regardée comme substitutive, et est valable.

910   53. Les dispositions qui seraient faites au profit d'hospices des pauvres d'une commune ou d'établissemens d'utilité publique, sont valables, pourvu qu'elles soient confirmées par un arrêté du gouvernement.

911   54. Toute donation entre-vifs, déguisée sous la forme d'un contrat à titre onéreux, ou faite sous le nom de personnes interposées, au profit de celui qui était incapable de recevoir, est nulle.

ib.   55. Sont réputées personnes interposées, les pères et mères, les enfans et descendans, et l'époux de la personne incapable.

ap. 911 et 918   56. Toute donation à charge de rente viagère, toute vente à fonds perdu ou avec réserve d'usufruit, faite à l'un des héritiers présomptifs en ligne directe ou collatérale, est nulle, si l'objet ainsi aliéné, estimé d'après sa valeur en pleine propriété, se trouve excéder la quotité disponible.

CHAPITRE IV.

Des donations entre-vifs.

SECTION PREMIÈRE.

De l'irrévocabilité des donations.

37. La donation entre-vifs ne peut comprendre que les 943. biens présens du donateur; elle est nulle pour le tout, si elle comprend des biens à venir.

38. Toute donation entre-vifs faite sous des conditions 914 dont l'exécution dépend de la seule volonté du donateur, est nulle.

39. Elle est pareillement nulle si elle est faite sous la con- 945 dition de payer d'autres dettes ou charges que celles qui existent à l'époque de la donation, et qui sont comprises dans l'état qui doit y être annexé.

40. En cas que le donateur se soit réservé la liberté de 946. disposer d'un effet compris dans la donation, ou d'une somme fixe sur les biens donnés, s'il meurt sans en avoir disposé, ledit effet ou ladite somme appartient aux héritiers du donateur, nonobstant toutes clauses et stipulations à ce contraires.

41. Toute donation d'effets mobiliers, s'il n'y a point tra- 948 dition réelle, est nulle, à moins qu'il n'ait été annexé à la minute de la donation, un état estimatif des effets donnés, signé du donateur, du donataire, du notaire et des témoins.

42. Si la donation d'effets mobiliers a été ainsi faite avec 950. réserve d'usufruit, le donataire est tenu, à l'expiration de l'usufruit, de prendre les effets donnés existans en nature, dans l'état où ils se trouvent; et il n'a d'action contre le donateur ou ses héritiers, pour raison des objets non existans, que jusqu'à concurrence de la valeur qui leur a été donnée dans l'état estimatif.

43. Il est permis au donateur de faire la réserve à son 949

profit, ou de disposer au profit d'un autre, de la jouissance ou de l'usufruit des immeubles donnés.

951   44. Le donateur peut stipuler le droit de retour des objets donnés, dans le cas où le donataire et ses descendans viendraient à mourir avant lui.

Ce droit ne peut être stipulé qu'au profit du donateur seul. Il n'a pas lieu sans stipulation.

952   45. L'effet du droit de retour est de résoudre toutes les aliénations des biens donnés qu'aurait pu faire le donataire ou ses descendans, et de faire revenir au donateur lesdits biens, francs et quittes de toutes charges et hypothèques ;

Sauf néanmoins l'hypothèque de la dot et des conventions matrimoniales, si les autres biens de l'époux donataire ne suffisent pas, et dans le cas seulement où la donation lui a été faite par le même contrat de mariage duquel résultent lesdits droits et hypothèques.

SECTION II.

De la forme des donations entre-vifs.

931   46. Tous actes contenant donation entre-vifs, doivent être passés par-devant notaire, dans la forme ordinaire des contrats, et il en doit rester minute.

932   47. La donation entre-vifs doit être acceptée.

L'acceptation peut être faite par un acte postérieur ; mais alors elle n'a d'effet que du jour de l'acte qui constate l'acceptation.

Elle peut être acceptée, pour le donataire absent, par un tiers se portant fort pour lui, autre néanmoins que le notaire ; mais, en ce cas, elle n'a d'effet que du jour où le donataire a ratifié, par un acte authentique, son acceptation.

933   48. L'acceptation doit être faite par le donataire majeur, ou par son mandataire général ou spécial, dont la procuration, passée devant notaire, est annexée à l'acte de donation.

934   49. La femme mariée ne peut accepter une donation sans

le consentement de son mari, ou, en cas de refus du mari, sans autorisation du juge.

5o. La donation faite au mineur est acceptée par son tuteur. 935

Néanmoins, les père et mère du mineur, ou autres ascendans, même du vivant des père et mère, quoiqu'ils ne soient ni tuteurs ni curateurs du mineur, peuvent accepter pour lui.

51. Si le donataire majeur se trouve interdit, l'acceptation est faite pour lui par son tuteur. ib.

52. Le sourd-muet qui sait lire et écrire, peut accepter lui-même ou par un fondé de pouvoir. 936

S'il ne sait pas lire et écrire, l'acceptation doit être faite par un curateur nommé à cet effet.

53. Les donations faites au profit d'hospices, des pauvres d'une commune, ou d'établissemens d'utilité publique, sont acceptées par les administrateurs desdites communes ou établissemens. 937

54. La donation dûment acceptée est parfaite par le seul consentement des parties; et la propriété des objets donnés est transférée au donataire, sans qu'il soit besoin d'autre tradition que celle qui résulte du consentement, et sauf l'état estimatif requis par l'article 41 ci-dessus. 938

55. Les donations d'immeubles, d'usufruit, de jouissance, et d'autres droits susceptibles d'hypothèques, doivent être rendues publiques par l'insinuation sur le registre, dans les bureaux et en la forme indiqués par la loi concernant l'établissement des bureaux d'insinuation. 939

Il en doit être de même de la donation d'une somme mobilière, payable à terme ou après la mort du donateur, avec affectation spéciale sur un ou plusieurs immeubles.

Si la donation n'a été acceptée ou ratifiée que par un acte séparé, ce second acte doit être rendu public en même temps que l'acte de donation, sous une seule et même date. ib.

941   Jusque-là, ces donations ne peuvent être opposées aux tiers qui auraient contracté avec le donateur.

942   56. La donation faite à la femme mariée est rendue publique, à la diligence du mari ;

Celle faite aux mineurs et aux interdits, à la diligence de ceux à qui la loi donne le droit de les représenter.

Si le mari ne remplit pas cette formalité, la femme peut y faire procéder sans autorisation.

942   57. Les mineurs, les interdits, les femmes mariées, ne sont pas restitués contre le défaut d'insinuation sur les registres hypothécaires, ni même contre le défaut d'acceptation, sauf leur recours contre leurs tuteurs, maris ou autres, s'il y échet, et sans que la restitution puisse avoir lieu, dans le cas même où lesdits tuteurs et maris se trouveraient insolvables.

ap. 942   58. Une donation entre-vifs qui n'est pas revêtue des formalités ci-dessus prescrites, est nulle, et elle ne peut valoir comme donation à cause de mort, de quelque formalité qu'elle soit d'ailleurs revêtue ; sauf ce qui sera dit ci-après à l'égard des donations entre époux.

SECTION III.

Des cas auxquels la donation entre-vifs peut être révoquée.

953   59. La donation entre-vifs ne peut être révoquée que

Pour cause d'ingratitude ;

Pour cause d'inexécution des conditions sous lesquelles elle a été faite.

955   60. La révocation pour cause d'ingratitude n'a lieu que dans les deux cas suivans :

1°. Si le donataire attente à la vie du donateur ;

2°. S'il se rend coupable envers lui de sévices ou délits.

956   61. La révocation d'une donation n'a jamais lieu de plein droit ; elle doit être demandée par le donateur, et prononcée par la justice.

957   62. La demande en révocation, fondée sur l'ingratitude,

doit être formée dans l'année, à compter du jour du délit que le donateur impute au donataire.

63. Cette action ne peut pas être exercée par le donateur, contre les héritiers du donataire, ni par les héritiers du donateur contre le donataire, à moins que dans ce dernier cas, le donateur n'ait intenté l'action de son vivant, ou qu'il ne soit décédé dans l'année du délit. *957*

64. La révocation pour cause d'ingratitude ne préjudicie ni aux aliénations faites par le donataire, ni aux hypothèques et autres charges réelles qu'il a pu imposer sur l'objet de la donation, pourvu que le tout soit antérieur à la demande en révocation. *958*

Dans ce cas, le donataire est condamné à restituer la valeur des objets donnés qui ne se trouvent plus dans sa main.

Les fruits ne sont restitués au donateur que du jour de la demande en révocation.

65. Les donations en faveur de mariage ne sont pas révocables pour cause d'ingratitude, lorsqu'il y a des enfans de ce mariage. *959*

Lorsqu'il n'y en a point, la révocation a lieu à l'égard du donataire, mais sans préjudice des droits résultant du contrat de mariage en faveur de l'autre époux.

66. L'action en révocation ou en résiliation pour cause d'inexécution des conditions imposées au donataire, n'est sujette qu'à la prescription ordinaire; elle ne court que du jour où le donataire a cessé de remplir ses obligations. *ap. 959*

67. Dans le cas de la révocation pour cause d'inexécution des conditions imposées, le donateur a contre les tiers détenteurs des immeubles donnés, tous les droits réels et hypothécaires qu'il aurait contre le donataire lui-même. *ib. et 954*

68. La survenance d'enfans n'opère plus la révocation des donations, mais seulement leur réduction à la quotité disponible. *960 et suiv.*

CHAPITRE V.

Des testamens ou donations par acte de dernière volonté.

SECTION PREMIÈRE.

De la forme des testamens.

969   69. La donation par testament peut être faite par acte public ou sous signature privée.

968   Elle ne peut être faite conjointement et dans le même acte par deux ou plusieurs personnes, soit au profit d'un tiers, soit à titre de donation réciproque et mutuelle.

971   70. La donation faite par acte public est reçue par deux notaires, ou par un notaire et deux témoins qui sachent et puissent signer.

972   Elle est écrite telle qu'elle est dictée par le donateur; il lui en est fait lecture en présence des témoins; il est fait du tout mention expresse.

974   Elle est signée par les notaires, ou par le notaire et les témoins.

973   Si le donateur déclare qu'il ne peut ou ne sait signer, il est pareillement fait mention expresse de sa déclaration, ainsi que de la cause qui l'empêche de signer.

970—
976   71. La donation sous signature privée doit être écrite en entier, datée et signée de la main du donateur.

Cet écrit, ouvert ou cacheté, est présenté à un notaire, assisté d'un deuxième notaire ou de deux témoins.

Le donateur leur déclare que le papier qu'il leur présente contient sa disposition de dernière volonté.

Le notaire ou les deux notaires dressent l'acte contenant la présentation et la déclaration du donateur.

Cet acte est écrit à la suite de la disposition ou sur l'enveloppe qui la renferme; il est signé tant par le donateur que par les deux notaires, ou par le notaire et les deux témoins.

Si le donateur veut que sa disposition reste déposée entre les mains du notaire, il est fait mention du dépôt.

72. Si le donateur ne peut parler, soit par un défaut naturel, soit par toute autre cause, il présente le papier contenant sa disposition aux deux notaires, ou au notaire et aux témoins : au-dessous de sa disposition, ou sur l'enveloppe qui la renferme, il écrit, en leur présence, que ce papier contient sa disposition, et il signe sa déclaration. 979

A la suite de cette déclaration, le notaire dresse l'acte de présentation, dans lequel il fait mention expresse que la déclaration du donateur a été écrite en sa présence et celle du deuxième notaire ou des témoins.

Cet acte est signé comme il est dit dans le précédent article.

73. Les témoins employés dans tous les actes ci-dessus, doivent être, 980

Mâles, majeurs, ayant l'exercice des droits civils et politiques.

Ne peuvent être pris pour témoins, 975

Les donataires à quelque titre qu'ils le soient ; leurs parens ou alliés jusqu'au troisième degré inclusivement ;

Les clercs des notaires par lesquels l'acte est reçu.

74. Aucune donation à cause de mort n'est valable, s'il n'y a six jours francs entre sa date et le décès du donateur. ch. 5 fin de sect.1ʳᵉ

75. La donation faite sous seing privé ne prend sa date que du jour de l'acte authentique qui constate sa présentation. ib.

76. La condition de survie n'a point lieu, ni lorsque la mort du donateur a été subite, ou causée par quelque accident ; ib.

Ni pour les donations faites par les défenseurs de la patrie, par ceux qui sont employés dans les armées de terre ou de mer, par ceux qui se trouvent renfermés dans des lieux avec lesquels toute communication est interrompue.

77. Le défaut de survie ne peut être opposé au donataire par la république, dans le cas où elle hérite du donateur. ib.

78. Les dispositions à cause de mort des défenseurs de la 931

patrie, et des individus employés dans les armées, pourront, en quelque pays que ce soit, être reçues par deux officiers ayant au moins le grade de sous-lieutenant, ou par deux commissaires des guerres, ou par l'un desdits commissaires assisté de deux témoins.

982   79. Elles pourront encore, si le donateur est malade ou blessé, être reçues par deux officiers de santé, ou par un seul assisté de deux témoins.

998   80. La disposition sera signée par ceux qui l'auront reçue, et par le donateur s'il sait et peut signer; la signature d'un seul témoin suffira lorsque le donateur aura signé.

999   81. La donation testamentaire, faite par les défenseurs de la patrie, et autres individus employés dans les armées, entièrement écrite de la main du donateur, datée du lieu, jour et an, et signée de lui, est valable, sans qu'il soit besoin d'acte de présentation ou de souscription.

983   82. Les dispositions des articles ci-dessus n'ont lieu qu'en faveur des défenseurs de la patrie qui sont en expédition militaire ou en quartier, ou en garnison hors du territoire de la république, ou prisonniers chez l'ennemi; sans que ceux qui sont en quartier ou en garnison dans l'intérieur puissent en profiter, à moins qu'il ne fussent dans une place assiégée, ou dans une citadelle et autres lieux dont les portes fussent fermées, et les communications interrompues à cause de la guerre.

984   83. Les donations faites dans la forme établie pour les défenseurs de la patrie, seront nulles six mois après que celui qui les aura faites sera revenu dans un lieu où il aura la liberté d'employer les formes ordinaires.

985   84. Les donations testamentaires faites dans un lieu avec lequel toute communication est interceptée à cause de la peste, peuvent être faites devant le juge de paix ou devant l'un des assesseurs, ou devant l'un des officiers municipaux de la commune, en présence de deux témoins.

ap. 985   85. La donation testamentaire faite en temps de peste, écrite en entier de la main du donateur, datée du lieu, jour et an, et signée de lui, est valable, sans qu'il soit besoin d'acte de présentation ou de souscription.

86. Les dispositions des articles ci-dessus ont lieu, tant à l'égard de ceux qui seraient attaqués de la peste, que de ceux qui seraient dans les lieux infectés de cette maladie, encore qu'ils ne fussent pas actuellement malades. 986

87. Les donations à cause de mort mentionnées aux articles ci-dessus, demeurent nulles six mois après que le commerce a été rétabli dans le lieu où le testateur demeure, ou six mois après qu'il aura passé dans un lieu où le commerce et les communications ne sont point interrompus. 987

88. Les testamens faits sur mer dans le cours des voyages, sont valables, s'ils sont écrits en entier, datés et signés de la main du testateur, sans qu'il soit besoin d'acte de présentation ou dépôt prescrit par l'article 71 ci-dessus. av. 988

89. Ces testamens peuvent aussi être reçus par l'écrivain du vaisseau, par le maître, ou par l'officier qui fait la fonction de l'un ou de l'autre, en présence de deux témoins, et au surplus en la forme prescrite pour le testament public. 988

S'il s'agit du testament du maître ou de l'écrivain, ou de l'officier qui en fait la fonction, il peut être reçu par l'officier supérieur ou inférieur du grade le plus prochain. 989

90. Le testament, quoique fait dans le cours du voyage, n'est point réputé fait en mer, si, au temps où il a été fait, le navire avait abordé une terre, soit étrangère, soit de la domination française, où il y avait un officier public; auquel cas il n'est valable qu'autant qu'il a été fait dans l'une des deux formes prescrites ci-dessus pour les testamens faits en France, ou dans les formes prescrites ci-après pour les testamens faits en pays étranger. 994

91. Les dispositions ci-dessus sont communes aux testamens faits par les simples passagers qui ne font point partie de l'équipage. 995

92. Les testamens faits sur mer en l'une ou en l'autre des 996

deux formes ci-dessus, ne sont valables qu'autant que le testateur meurt en mer, ou dans les trois mois après qu'il est descendu à terre, et dans un lieu où il a pu le refaire dans les formes ordinaires.

997   93. Le testament fait sur mer ne peut contenir aucune disposition au profit des officiers du vaisseau, s'ils ne sont parens du testateur.

1001   94. Les formalités auxquelles les diverses donations testamentaires sont assujéties par les dispositions de la présente section, doivent être observées à peine de nullité.

SECTION II.

De l'exécution des donations à cause de mort, et des exécuteurs testamentaires.

1014   95. Le don pur et simple, fait soit à titre universel, soit à titre particulier, donne au légataire, du jour du décès du donateur, un droit à la chose léguée, transmissible à ses héritiers ou ayant-cause.

Néanmoins le légataire ne peut se mettre en possession de la chose léguée, ni en prétendre les fruits ou intérêts, qu'à compter du jour de sa demande en délivrance, formée en justice contre l'héritier, ou du jour auquel l'héritier en a consenti volontairement la délivrance.

1015   96. Lès intérêts ou fruits de la chose léguée courent au profit du légataire, sans qu'il ait formé sa demande en justice, lorsque le donateur a expressément déclaré qu'il voulait que les intérêts ou fruits lui fussent acquis dès le jour de son décès.

Il en est de même si la disposition est faite à l'héritier présomptif, et ne comprend que sa portion héréditaire.

ib.   97. Si le don ou legs est d'une rente ou pension viagère, les arrérages en sont encore dus au légataire, à compter du jour du décès du donateur, sans qu'il soit besoin de demande en justice.

98. Les frais de la demande en délivrance sont à la charge   1016
de l'héritier.

Les droits d'enregistrement sont dus par le légataire.

Le tout, à moins que le donateur n'ait exprimé une volonté
contraire.

99. Les héritiers ou débiteurs d'un legs sont personnelle-   1017
ment tenus de l'acquitter, chacun au prorata de la part et
portion dont ils profitent dans la succession.

Ils en sont tenus hypothécairement pour le tout, jusqu'à
concurrence de la valeur des immeubles de la succession
dont ils sont détenteurs.

100. L'hypothèque du légataire est légale; elle résulte de   ap.—
la donation valablement faite, même sous signature privée,   1017
dans les formes ci-dessus indiquées.

101. La chose léguée est délivrée avec les accessoires né-   1018
cessaires, et dans l'état où elle se trouve au jour du décès
du donateur.

102. Lorsque celui qui a légué la propriété d'un immeuble,   1019
l'a ensuite augmenté par des acquisitions, ces acquisitions,
fussent-elles contiguës, ne sont pas censées, sans une nouvelle disposition, faire partie du legs.

Il en est autrement des embellissemens ou des constructions nouvelles faites sur le fonds légué, ou d'un enclos dont
le donateur aurait augmenté l'enceinte.

103. Si la chose léguée se trouve antérieurement engagée,   1020
par hypothèque spéciale, pour une dette de la succession,
ou même pour la dette d'un tiers, ou si elle est grevée d'un
usufruit, l'héritier n'est point tenu de la dégager, à moins
qu'il n'ait été chargé de le faire par une disposition expresse
du donateur.

104. Lorsque le donateur a légué la chose d'autrui, le   1021
legs est nul, soit que le donateur ait connu ou non qu'elle
ne lui appartenait pas.

105. Lorsque le legs est d'une chose indéterminée, comme   1022
d'un cheval, d'une pièce de vin, l'héritier n'est pas obligé

de donner le meilleur, et il ne peut pas offrir le plus mauvais.

1023   106. Le legs fait au créancier n'est pas censé fait en compensation de sa créance, ni le legs au domestique en compensation de ses gages.

1010   107. Le don ou legs à titre universel est celui par lequel le testateur donne ou lègue toute la portion de ses biens dont la loi lui permet de disposer, ou une quotité fixe de cette portion, ou tous ses immeubles, ou tout son mobilier, ou une quotité fixe de tous ses immeubles ou de tout son mobilier.

Tout autre don ou legs ne forme qu'une donation à titre particulier.

1012   108. Le légataire à titre universel est tenu, comme l'héritier, personnellement pour sa part et portion, et hypothécairement pour le tout, des dettes et des charges de la succession du donateur.

1024   109. Le légataire à titre particulier n'est point tenu des dettes de la succession, sauf la réduction du legs, ainsi qu'il est dit ci-dessus, et l'action hypothécaire des créanciers.

1009   110. Lorsqu'il y a un légataire universel de la totalité de la portion disponible, c'est à lui seul à payer tous les legs à titre particulier, jusqu'à concurrence seulement des trois quarts de la valeur de cette portion, et ce, de la manière et dans les cas réglés par l'article 26.

1013   111. Si le legs à titre universel ne comprend qu'une quotité de la portion disponible, les legs particuliers sont acquittés d'abord par les héritiers sur ce qui reste de la portion disponible, et subsidiairement par le légataire à titre universel, ainsi qu'il est dit en l'article précédent.

ap.—
1013   112. S'il n'y a pas de legs à titre universel, les legs à titre particulier sont acquittés par les héritiers, à concurrence de la portion dont le donateur pouvait disposer; et en cas d'insuffisance de cette portion, la réduction se fait sur tous les legs

particuliers, par contribution au marc le franc, ainsi qu'il a été expliqué en l'article 26.

115. Pour assurer l'exécution des donations qu'il a faites, le donateur peut nommer un ou plusieurs exécuteurs testamentaires. 1025

114. Il peut leur donner la saisine, pendant l'an et jour à compter de son décès, du tout ou seulement d'une partie de son mobilier. 1026

S'il ne la leur a pas donnée, ils ne peuvent pas l'exiger.

115. L'héritier peut faire cesser la saisine, en offrant de remettre aux exécuteurs testamentaires somme suffisante pour le paiement des donations mobilières. 1027

116. Celui qui ne peut pas s'obliger, ne peut pas être exécuteur testamentaire. 1028

117. La femme mariée ne peut accepter l'exécution testamentaire qu'avec le consentement de son mari. 1029

Si elle est séparée de biens, soit par contrat de mariage, soit en justice, elle le peut avec le consentement de son mari, ou, à son refus, autorisée par le juge.

118. Le mineur ne le peut pas, même avec l'autorisation de son tuteur. 1030

119. Les fonctions des exécuteurs testamentaires consistent à faire faire, en présence de l'héritier présomptif ou lui dûment appelé, l'inventaire des biens de la succession, après avoir fait apposer les scellés, s'il y a des héritiers mineurs, interdits ou absens; 1031

A provoquer la vente du mobilier, à défaut de deniers suffisans pour acquitter les legs;

A veiller à ce que les dispositions testamentaires soient exécutées; et à cet effet, en cas de contestation sur l'exécution de l'acte testamentaire, ils peuvent y intervenir pour en soutenir la validité.

Ils doivent, après l'année du décès du testateur, rendre le compte de leur gestion.

1032   120. Les pouvoirs de l'exécuteur testamentaire prennent fin par sa mort, et ne passent point à ses héritiers.

1033   121. S'il y a plusieurs exécuteurs testamentaires qui ont accepté, un seul peut agir au défaut des autres; et ils sont solidairement responsables du compte du mobilier qui leur a été confié, à moins que le donateur n'ait divisé leurs fonctions, et que chacun d'eux ne se soit renfermé dans celle qui lui était attribuée.

1034   122. Les frais faits par l'exécuteur testamentaire pour l'apposition des scellés, l'inventaire, le compte, et autres relatifs à leurs fonctions, sont à la charge de la succession.

ap. — 1034   Ils sont acquittés par premier privilège sur tous les biens meubles et immeubles qui la composent.

SECTION III.

De la révocation des donations à cause de mort, et de leur caducité.

av. — 1035   123. Les donations testamentaires sont révocables à la volonté du donateur jusqu'à son décès.

1035   124. Elles ne peuvent être révoquées en tout ou en partie que par une déclaration du changement de volonté, faite dans l'une des formes dans lesquelles peuvent être faites les donations à cause de mort.

1036   125. Les testamens postérieurs, qui ne révoquent pas d'une manière expresse les précédens, n'annullent dans ceux-ci que celles des dispositions y contenues qui se trouvent incompatibles avec les nouvelles, ou qui sont contraires ou absolument différentes.

1037   126. La révocation faite dans un testament postérieur, a tout son effet, quoique ce nouvel acte reste sans exécution par l'incapacité du donataire ou par son refus de recueillir.

1038   127. La donation ou la vente que fait le donateur de tout ou de partie de la chose donnée par testament, emporte la révocation de la donation testamentaire pour tout ce qui a été vendu ou donné, encore que la vente ou donation pos-

térieure soit nulle, et que l'objet soit rentré dans la main
du donateur.

Si l'objet donné a été postérieurement hypothéqué, le
donataire ne peut le réclamer que sous la charge de l'hypothèque, à moins que le donateur n'ait imposé à ses héritiers
l'obligation d'affranchir ledit objet.

ap.—
1038 et
1020

128. La donation testamentaire devient caduque, si le
donataire ne survit pas au donateur.

1039

129. Tout don ou legs fait sous une condition dépendante
d'un événement incertain, et tel que dans l'intention du donateur le legs ne doive avoir lieu qu'autant que l'événement
arrivera ou n'arrivera pas, est caduc, si le donataire ou légataire décède avant l'accomplissement de la condition.

1040.

130. La condition qui, dans l'intention du donateur, ne
fait que suspendre le paiement du legs, n'empêche pas le
légataire d'avoir sur l'objet légué un droit acquis et transmissible à ses héritiers.

1041.

131. Le legs est caduc, si la chose léguée a totalement
péri pendant la vie du testateur.

1042.

Il en est de même, si elle a péri depuis sa mort sans le
fait et la faute de l'héritier, quoique celui-ci ait été mis en
retard de la délivrer, lorsqu'elle eût également dû périr
entre les mains du légataire.

132. Le legs est caduc, lorsque le légataire le répudie ou
se trouve incapable de le recueillir.

1043.

133. Il n'y a lieu à accroissement au profit des légataires
que dans le cas où la même chose a été léguée à plusieurs
conjointement.

1044

Le legs n'est réputé fait *conjointement,* que lorsqu'il l'est
par une seule et même disposition, et que le donateur n'a
pas assigné la part de chacun des colégataires dans cette
chose.

134. Les mêmes causes qui, suivant les articles 59 et 60
du présent titre, autorisent la demande en révocation de la
donation entre-vifs, autorisent l'héritier à faire déclarer le

1046.

légataire déchu de la donation testamentaire, ou à demander la restitution de la chose donnée, si la délivrance en a été faite, pourvu néanmoins que l'action soit intentée par l'héritier, sous les conditions prescrites par l'article 63.

av. —
1047
    155. Si la demande est fondée sur le fait que le légataire était auteur ou complice de la mort du donateur, l'héritier doit la former dans l'année, à compter du jour du décès du donateur.

1047
    Si elle est fondée sur une injure faite à la mémoire du donateur, elle doit être intentée dans l'année, à compter du jour du délit.

SECTION IV.

tit. 2
fin du
ch. 5
    De l'interprétation des dispositions à cause de mort (*).

1156
    156. S'il y a de l'obscurité dans le sens ou dans les termes de la donation, soit par rapport au donataire, soit par rapport à la chose léguée, les juges doivent rechercher l'intention du donateur.

1157 —
1162
    157. Dans le doute sur cette intention, l'interprétation se fait dans le sens le plus favorable à l'héritier, en observant cependant de préférer le sens dans lequel la disposition peut avoir quelque effet, au sens qui ne lui en donnerait aucun.

CHAPITRE VI.

Des partages faits par père, mère, ou autres ascendans, entre leurs descendans.

1075
    158. Les père et mère et autres ascendans peuvent faire entre leurs enfans et descendans la distribution et partage de leurs biens ; soit en désignant la quotité des parts et portions qu'ils assignent à chacun d'eux, soit en désignant les biens de telle ou telle nature qui composeront leurs lots.

1076
    159. Ces partages peuvent être faits par actes entre-vifs ou testamentaires.

(*) *Voyez* tit. 3, ch. 3, sect. 5 du troisième livre du Code civil.

140. Ceux faits par actes entre-vifs ne peuvent avoir pour 1076
objet que les biens présens, et sont soumis à toutes les formalités et conditions des donations entre-vifs.

L'usage des démissions révocables est aboli. ap.—
1076
141. Ceux faits par testamens doivent l'être en la forme 1076
prescrite pour ces sortes de donations, et sont sujets aux
mêmes règles.

142. Si le partage, soit celui fait entre-vifs, soit celui fait 1077
par testament, n'a pas compris tous les biens que l'ascendant laisse au jour de son décès, les biens non compris dans
le partage sont divisés conformément à la loi.

143. Si le partage, fait soit entre-vifs, soit par testament, 1078
ne rappelle point tous les enfans vivant à cette époque, ou
les descendans de ceux prédécédés, le partage est nul pour
le tout; l'enfant ou descendant qui n'y a reçu aucune part,
en peut provoquer un nouveau en la forme légale.

144. Le partage fait par l'ascendant ne peut être attaqué 1079
que dans le seul cas où l'un des copartagés allègue et offre
de prouver qu'il contient une lésion du tiers au quart à son
préjudice.

Si le père a déclaré vouloir user du droit d'avantager un
ou plusieurs de ses enfans, du quart ou de la portion du
quart disponible, il sera fait déduction sur le patrimoine du
donateur, de la portion donnée par préciput; et la lésion du
tiers au quart ne sera calculée qu'eu égard au partage du
surplus des biens.

145. L'enfant qui attaque le partage fait par l'ascendant, 1080
sous prétexte de lésion du tiers au quart, doit avancer les
frais de l'estimation, et doit les supporter en définitive, ainsi
que les dépens de la contestation, si la réclamation n'est pas
fondée.

CHAPITRE VII.

*Des donations faites par contrat de mariage, aux époux et
aux enfans à naître du mariage.*

146. Toute donation entre-vifs, quoique faite par contrat 1081

de mariage aux époux, ou à l'un d'eux, est soumise aux règles générales prescrites pour les donations faites à ce titre.

Elle ne peut avoir lieu au profit des enfans à naître.

1082   147. Père et mère, ascendans, parens collatéraux des époux, et même étrangers, peuvent, par contrat de mariage, donner tout ou partie des biens qu'ils laisseront au jour de leur décès, tant au profit desdits époux, qu'au profit des enfans à naître de leur mariage, dans le cas où l'époux donataire ne survivrait pas au donateur.

Pareille donation, quoique faite au profit des époux, ou de l'un d'eux, est toujours présumée faite au profit des enfans et descendans à naître du mariage, si le contraire n'a été exprimé dans la donation.

1087   Elle est sujette à la formalité de l'acceptation. Il suffit qu'elle soit faite par l'époux donataire, pour profiter aux enfans du mariage.

1083   148. La donation, dans la forme portée au précédent article, est irrévocable, en ce sens seulement que le donateur ne peut plus disposer, à titre gratuit, des objets compris dans la donation, si ce n'est pour sommes modiques, soit à titre de récompense ou autrement.

Le donateur conserve jusqu'à sa mort la liberté entière de vendre et hypothéquer, à moins qu'il ne se la soit formellement interdite en tout ou en partie.

1084   149. La donation en faveur de mariage, peut encore être faite, cumulativement, des biens présens et à venir; à la charge qu'il sera annexé à l'acte, un état estimatif des dettes et charges du donateur, existantes au jour de la donation; auquel cas, il sera libre au donataire, lors du décès du donateur, de s'en tenir aux biens présens, en renonçant au surplus des biens du donateur.

1085   Si l'état ci-dessus n'a point été annexé à l'acte contenant donation des biens présens et à venir, le donataire est obligé d'accepter ou de répudier cette donation pour le tout; et, en cas d'acceptation, il ne peut réclamer que les biens qui se trouvent existans au jour du décès du donateur, et il est soumis au paiement de toutes les dettes et charges de la succession.

150. Toute donation faite en faveur de mariage, est caduque, si le mariage ne s'ensuit pas. 1088

151. Les donations faites à l'un des époux, dans les termes des articles 147 et 149 ci-dessus, deviennent caduques, si le donateur survit à l'époux donataire décédé sans postérité. 1089

152. Toutes donations faites aux époux par leur contrat de mariage, sont, lors de l'ouverture de la succession du donateur, réductibles à la portion dont la loi lui permettait de disposer. 1090

CHAPITRE VIII.

Des donations entre époux, soit par contrat de mariage, soit pendant le mariage.

153. Les époux peuvent, par contrat de mariage, se faire réciproquement, ou l'un des deux à l'autre, telle donation qu'ils jugent à propos, sous les modifications ci-après exprimées. 1091

154. Toute donation entre-vifs, faite par contrat de mariage entre époux, n'est point censée faite sous la condition de la survie du donataire, si cette condition n'est formellement exprimée; et elle est soumise à toutes les règles et formes ci-dessus prescrites pour ces sortes de donations. 1092

155. La donation de biens à venir, ou de biens présens et à venir, faite entre époux, par contrat de mariage, soit simple, soit réciproque, est soumise aux règles établies par le chapitre précédent, à l'égard des donations pareilles qui leur sont faites par un tiers; sauf qu'elle n'est point transmissible aux enfans issus du mariage, en cas de décès de l'époux donataire avant l'époux donateur. 1093

156. L'époux peut, soit par contrat de mariage, soit pendant le mariage pour le cas où il ne laisserait point d'enfans 1094

ni descendans, donner à l'autre époux, en propriété, tout ce qu'il pourrait donner à un étranger; et en outre l'usufruit de la totalité de la portion dont la loi prohibe la disposition au préjudice des héritiers.

Et, pour le cas où l'époux donateur laisse des enfans ou descendans, il peut donner à l'autre époux, ou un quart en propriété, et un autre quart en usufruit, ou la moitié de tous ses biens en usufruit seulement.

1095   157. Le mineur émancipé peut, par contrat de mariage, donner à l'autre époux, soit par donation simple, par donation réciproque, tout ce que l'époux majeur peut donner.

S'il n'est point émancipé, il ne peut donner qu'avec le consentement et l'assistance de ceux de ses parens dont le consentement est requis pour la validité de son mariage; et, avec ce consentement, il peut donner tout ce que la loi permet à l'époux majeur de donner à l'autre conjoint.

ap.—
1095   158. L'époux mineur ne peut, pendant le mariage, donner à l'autre époux que ce que la loi permet au mineur émancipé de donner à un étranger.

1096   159. Toute donation faite entre époux, pendant le mariage, quoique qualifiée entre-vifs, est toujours révocable.

La révocation peut être faite par la femme, sans y être autorisée par le mari, ni en justice.

1097   160. Les époux ne peuvent, pendant le mariage, se faire, ni par acte entre-vifs, ni par testament, aucune donation mutuelle et réciproque, par un seul et même acte.

1098   161. L'homme ou la femme qui convole à de secondes ou subséquentes noces, ayant enfans ou descendans d'un précédent mariage, ne peut donner à son nouvel époux qu'une part d'enfant légitime le moins prenant, et en usufruit seulement.

ap.—
1098   Il ne peut disposer, à titre gratuit ni onéreux, des immeubles qu'il a recueillis, à titre de don, de son époux ou de ses époux précédens, tant que les enfans issus des mariages desquels sont provenus ces dons, existent; sauf ce

qui a été dit au titre *des successions*, sur le partage desdits biens.

162. Les époux ne peuvent se donner indirectement, au-delà de ce qui leur est permis par les dispositions ci-dessus. *1099*

Toute donation simulée par le déguisement de l'acte, ou faite à personnes interposées, est nulle.

163. Sont réputées faites à personnes interposées, celles faites par l'un des époux aux enfans ou à l'un des enfans de l'autre époux, issus d'un autre mariage; *1100*

Celles faites par le donateur aux héritiers présomptifs de l'autre époux, ou à l'un desdits héritiers;

Celles faites par l'époux donateur, aux parens dont l'autre époux est héritier présomptif au jour de la donation, encore que ce dernier n'ait point survécu à son parent donataire.

CHAPITRE IX.

Des donations faites par un français en pays étranger. fin du tit. 2

164. La donation entre-vifs, faite par un français en pays étranger, soit à un autre français, soit à un étranger, par acte public et authentique, avec les formes usitées dans le lieu où l'acte est passé, est valable, pourvu que l'on y ait observé d'ailleurs toutes les conditions requises par la section 1re., du chapitre IV du présent titre, pour la validité de pareilles donations. av. 999

165. Une telle donation n'a néanmoins d'effet sur les immeubles situés en France, que du jour où elle a été insinuée en France. ib.

166. La donation testamentaire, faite par un français en pays étranger, soit au profit de français ou d'étrangers, par acte public et authentique, avec les formes usitées dans le lieu où l'acte est passé, est valable. 999

Elle ne peut être exécutée sur les biens situés en France, si elle n'a été enregistrée au bureau de son domicile en France, s'il n'en a conservé un, sinon au bureau de l'arron- 1100 dissement de son dernier domicile connu en France ; et dans le cas où la donation contient disposition d'immeubles en France, elle doit être, en outre, enregistrée au bureau d'arrondissement de la situation desdits immeubles, sans qu'il puisse être exigé un double droit.

999 167. Le français, en pays étranger, peut faire une donation testamentaire sous seing privé, en la forme prescrite par la section 1re. du chapitre V du présent titre, à la charge que l'acte de présentation, de souscription, ou de dépôt, sera fait par un acte public et authentique, en la forme usitée dans le lieu.

ap.—
1100 168. Toute donation, soit entre-vifs, soit à cause de mort, faite par un français en pays étranger, ne peut excéder, quant aux biens immeubles qu'il possède en France, ni quant à son mobilier, même pour celui qu'il a près de sa personne, la quotité dont la loi de la république permet de disposer, et ne peut valoir qu'au profit des personnes que la loi déclare capables de recevoir.

TITRE X.

tit. 5 *Du contrat de mariage, et des droits respectifs des époux.*

CHAPITRE PREMIER.

DISPOSITIONS GÉNÉRALES.

1387 ART. 1er. Les époux règlent librement les conditions de leur union.

1390 Néanmoins, ils ne peuvent stipuler qu'elles seront réglées par aucune des lois, statuts, coutumes et usages qui ont régi jusqu'à ce jour les diverses parties du territoire de la république : toute disposition ainsi conçue est nulle.

1388 2. Toute convention qui tendrait à déroger aux droits attachés par la loi à la qualité de mari, et aux privilèges qu'elle accorde à la femme, est nulle.

1389 3. Toute convention ou toute renonciation faite par les époux ou par l'un d'eux, dont l'objet serait de changer l'or-

dre légal des successions, soit de leurs enfans ou descendans entre eux, soit des conjoints dans la succession de
leurs enfans ou descendans, est nulle; sans préjudice des
donations entre-vifs ou à cause de mort qui sont autorisées
par la loi.

4. Toutes conventions matrimoniales doivent être rédi- 1394
gées par acte authentique et devant notaire. L'usage des
contrats de mariage sous seing privé est abrogé.

5. Les conventions peuvent être changées par les deux 1395
époux conjointement, avant la célébration du mariage, sous
les conditions ci-après expliquées.

Elles ne peuvent plus l'être après la célébration.

6. L'époux majeur de vingt-un ans, mais qui n'a pas at- 1396
teint l'âge de vingt-cinq ans accomplis, ne peut, même
avant la célébration du mariage, faire aucun changement
auxdites conventions, hors la présence et sans le consentement de ceux des ascendans ou des parens composant le
conseil de famille, dont le consentement est requis pour
le mariage, lorsque ceux-ci ont assisté au contrat et l'ont
signé.

Il le peut, si les ascendans ou les parens se sont contentés
d'autoriser le mariage, et n'ont point assisté au contrat qui
contient les conventions.

7. Toute contre-lettre donnée par l'un des époux hors la ap.—
présence de l'autre, soit à ceux de ses parens qui l'ont doté, 1396
soit à ceux des parens de l'autre époux qui ont doté celui-ci,
soit aux étrangers qui ont concouru à la dotation, est nulle,
et ne peut décharger en tout ou en partie celui qui a doté,
des obligations qu'il a contractées.

8. Toute convention par laquelle les époux apportent 1397
quelque changement à celles contenues dans leur contrat de
mariage, dans le cas où le changement est autorisé par les
articles précédens, est nulle à l'égard des tiers, si elle n'a
été rédigée à la suite de la minute du contrat auquel elle
déroge, si l'expédition n'en est point délivrée à la suite de

celle du contrat, et s'il n'en a point été fait mention sur le registre de l'enregistrement, en marge de l'article qui contient l'enregistrement du contrat.

1398   9. Le mineur habile à contracter mariage, est habile à consentir toutes les conventions dont ce contrat est susceptible; et les conventions et donations qu'il y a faites sont valables, pourvu qu'il ait été assisté, dans le contrat, de ceux de ses parens dont le consentement est nécessaire pour la validité du mariage.

1393   10. A défaut de contrat de mariage et de conventions spéciales, les droits des époux sont déterminés par les règles contenues au chapitre suivant.

CHAPITRE II.

De la communauté légale.

SECTION PREMIÈRE.

Quand et comment la communauté légale se forme.

ib.   11. A défaut de conventions entre les époux, il y a communauté de biens.

1399   12. La communauté a lieu de plein droit; elle se forme à l'instant de la célébration du mariage; elle n'a point lieu, encore qu'elle ait été stipulée par le contrat, si le mariage ne s'en est point suivi.

ap.—
1399   13. Les parts des époux dans la communauté sont égales, soit quant aux profits, soit quant aux pertes; sauf les exceptions relatives à la femme, qui seront ci-après expliquées.

SECTION II.

De ce qui compose la communauté activement et passivement.

1401   14 La communauté se compose activement,

1°. De tout le mobilier que les époux possédaient au jour de la célébration du mariage, ensemble de tout le mobilier qui leur échoit pendant le mariage, à titre de succession;

2°. De tous les fruits, revenus, intérêts et arrérages, de quelque nature qu'ils soient, échus ou perçus pendant le mariage, et provenant des biens qui appartenaient aux époux lors de sa célébration, ou de ceux qui leur sont échus pendant le mariage, à quelque titre que ce soit;

5°. De tous les immeubles qui sont acquis pendant le mariage.

15. Tout immeuble dont la propriété n'est point prouvée 1402 avoir appartenu à l'un des conjoints antérieurement au mariage, ou lui être échue pendant le mariage, est présumé avoir été acquis pendant icelui, et forme un conquêt de communauté.

16. Les coupes qui se font, pendant le mariage, des bois 1403 taillis qui avaient acquis l'âge de vingt-sept ans au jour de la célébration, ne sont point réputés fruits ni mobiliers quant à la communauté; et le conjoint sur le fonds duquel étaient ces bois, a la reprise de leurs prix lors de la dissolution de la communauté.

Il en est de même à l'égard des bois de haute futaie, à moins qu'ils n'eussent été mis en coupe réglée, avant le mariage, par celui des deux époux qui en était propriétaire, ou par ses auteurs.

Il en est de même encore des baliveaux de réserve sur les taillis, qui existaient au jour du mariage, et qui sont coupés après qu'ils ont acquis l'âge auquel la loi en permet la coupe; à moins que le propriétaire du fonds ne fût, par lui ou ses auteurs, dans l'usage d'en couper une certaine quantité avec le taillis, à l'âge ou la disposition en est permise.

A l'égard des mêmes baliveaux qui ont été réservés sur les coupes faites pendant le mariage, ils ne tombent en communauté qu'autant qu'ils ont atteint, pendant son cours, l'âge auquel ils pouvaient être coupés.

17. Les immeubles que les conjoints possèdent au jour 1404 de la célébration du mariage, ou qui leur échoient pendant son cours à titre de succession, n'entrent point en communauté.

II.   20

Néanmoins si l'un des conjoints, depuis le contrat de mariage par lequel il aurait consenti la communauté, avait
acquis à prix d'argent un immeuble avant le jour de la célébration, cet immeuble entrerait dans la communauté, à
moins que l'acquisition n'eût été faite en exécution de quelque
clause du mariage, auquel cas elle serait réglée suivant la
convention.

1405   18. Les donations, soit d'immeubles, soit de mobilier,
qui ne sont faites, pendant le mariage, qu'à l'un des deux
époux, ne tombent point en communauté, et appartiennent
au donataire seul, à moins que la donation ne contienne
expressément que le profit en appartiendra à la communauté.

1406   19. L'immeuble abandonné ou cédé par père, mère, ou
autre ascendant, à l'un des deux époux, soit pour le remplir de ce qu'il lui doit, soit à la charge de payer les dettes
du donateur à des étrangers, n'entre point en communauté;
sauf la récompense ou l'indemnité dont il sera ci-après parlé.

1407   20. L'immeuble acquis pendant le mariage à titre d'é-
change contre l'immeuble appartenant à l'un des deux époux
n'entre point en communauté, et est subrogé au lieu et
place de celui qui a été aliéné, sauf la récompense s'il y a
soulte.

1408   21. L'immeuble acquis par licitation sur une succession
échue à l'un des conjoints, et dont ce dernier était propriétaire par indivis, ne forme point un conquêt; sauf à indemniser la communauté de la somme qu'elle a fournie pour
cette acquisition.

Néanmoins l'immeuble acquis par licitation, et dans lequel
la femme avait un droit indivis, tombe en communauté, si
la femme a procédé seule dans la licitation, comme autorisée
en justice au refus du mari, et si, en ce cas, le mari s'est
rendu seul adjudicataire en son nom personnel.

1409   22. La communauté se compose passivement, et elle est
chargée,

1°. De toutes les dépenses relatives au mariage ;

2°. De l'éducation et entretien des enfans ;

3°. Des réparations usufructuaires de tous les immeubles qui n'entrent point en communauté ;

4°. De l'acquit de tous les arrérages et intérêts de rentes et dettes passives, tant de celles de la communauté, que de celles personnelles aux époux ;

5°. Des capitaux des dettes contractées par le mari pendant la communauté ;

6°. Des capitaux des dettes contractées par la femme du consentement du mari ou en vertu de sa procuration ; sauf la récompense dans les cas où elle a lieu ;

7°. Des capitaux de toutes les dettes dont les conjoints étaient grevés au jour de la célébration du mariage, ou dont étaient chargées les successions mobilières qui leur sont échues pendant son cours, sous les modifications ci-après expliquées.

23. La communauté n'est point tenue des dettes mobilières contractées avant le mariage par la femme, si elles ne résultent d'un acte authentique antérieur au mariage, ou ayant reçu une date certaine par l'enregistrement. 1410

Le créancier de la femme, en vertu d'un acte sous seing privé, ne peut en poursuivre contre elle le paiement que sur la nue propriété de ses immeubles personnels.

Le mari qui prétendrait avoir payé pour sa femme une dette de cette nature, n'en peut demander la récompense, ni à sa femme, ni à ses héritiers.

24. Les dettes des successions purement mobilières qui sont échues aux conjoints pendant le mariage, sont, pour le tout, à la charge de la communauté. 1411

25. Les dettes d'une succession purement immobilière qui échoit à l'un des époux pendant le mariage, ne sont point à la charge de la communauté ; sauf le droit des créanciers, de poursuivre leur paiement sur les immeubles de ladite succession. 1412

Néanmoins les créanciers de la succession échue au mari peuvent poursuivre leur paiement indistinctement sur tous les biens du mari et sur ceux de la communauté.

1413 Les créanciers de la succession échue à la femme peuvent poursuivre leur paiement sur les biens personnels de la femme, si elle a accepté la succession du consentement de son mari.

Si la succession n'a été acceptée par la femme qu'autorisée en justice au refus du mari, les créanciers, en cas d'insuffisance des immeubles de la succession, ne peuvent se pourvoir que sur la nue propriété des autres biens personnels de la femme.

1414 26. Si la succession échue à l'époux est en partie mobilière, en partie immobilière, les dettes dont elle est grevée ne sont à la charge de la communauté que jusqu'à concurrence de la portion contributoire, au marc le franc, que le mobilier de cette succession devrait supporter dans les dettes, eu égard à la valeur de ce mobilier, comparée à celle de l'immobilier, d'après l'inventaire qui doit être fait, en ce cas, des effets de la succession.

ap.— Faute par le conjoint auquel la succession est échue, ou
1414 par le mari à l'égard de la succession échue à la femme, d'avoir fait faire cet inventaire, les créanciers peuvent poursuivre leur paiement sur les biens de la communauté.

1415 Néanmoins, après la dissolution de la communauté, le conjoint survivant qui y a intérêt, ou ses héritiers, peuvent être admis à faire preuve, soit par titres et par les papiers domestiques, soit par commune renommée, de la valeur du mobilier qui dépendait de la succession, à l'effet d'obtenir la récompense de ce que la communauté a payé au-delà de la portion contributoire, ou de fixer la quotité dont elle doit être tenue à raison de cette portion, si les dettes n'ont point été payées en tout ou en partie.

1416 27. Si la succession, en partie mobilière et en partie immobilière, est échue au mari, les créanciers peuvent, nonobstant l'inventaire, poursuivre leur paiement sur les biens de la communauté, sauf la récompense due à l'autre conjoint.

Il en est de même de la succession échue à la femme, si elle l'a acceptée du consentement du mari.

Si elle n'a été acceptée par la femme que comme autorisée 1417 en justice au refus du mari, et s'il y a eu inventaire, les créanciers ne peuvent poursuivre leur paiement sur les biens de la communauté que jusqu'à concurrence de la portion contributoire que le mobilier devrait supporter dans les dettes ; et ils ne peuvent suivre ce paiement que sur la nue propriété des biens personnels de la femme, autres que ceux dépendans de la succession.

28. Les créanciers peuvent poursuivre le paiement des 1419 dettes que la femme a contractées avec le consentement du mari, tant sur tous les biens de la communauté, que sur ceux du mari ou de la femme ; sauf la récompense due à la communauté, ou l'indemnité due à l'un des deux conjoints, ainsi qu'il sera ci-après expliqué.

29. Toute dette qui n'est contractée par la femme qu'en 1420 vertu de la procuration générale ou spéciale du mari, est à la charge de la communauté ; et le créancier n'en peut poursuivre le paiement, ni contre la femme, ni sur ses biens personnels.

SECTION III.

De l'administration de la communauté, et de l'effet des actes faits par l'un ou l'autre époux relativement à la société conjugale.

30. Le mari administre seul les biens de la communauté. 1421

Il les peut vendre, aliéner et hypothéquer.

31. Il ne peut disposer entre-vifs, à titre gratuit, des 1422 immeubles de la communauté, si ce n'est pour l'établissement des enfans communs.

Il ne peut même faire une donation entre-vifs du mobilier, sans tradition réelle avec réserve d'usufruit.

1423   52. La donation testamentaire faite par le mari, ne peut excéder sa part dans la communauté.

S'il a donné en cette forme un effet de la communauté, le donataire ne peut le réclamer en nature qu'autant que l'effet, par l'événement du partage, tombe au lot des héritiers du mari. Si l'effet ne tombe point au lot des héritiers, le légataire a la récompense de la valeur total de l'effet donné, sur la part des héritiers du mari dans la communauté, et sur les biens personnels de ce dernier.

1424   53. Les amendes encourues par le mari, pour crime capital, peuvent se poursuivre sur les biens de la communauté, sauf la récompense due à la femme : celles encourues par la femme ne peuvent s'exécuter que sur la nue propriété de ses biens personnels, tant que dure la communauté.

1425   54. Les condamnations prononcées contre l'un des deux époux pour délit emportant mort civile, ne frappent que sa part dans la communauté, et ses biens personnels.

1426   55. Les actes faits par la femme sans le consentement du mari, n'engagent point les biens de la communauté, si ce n'est lorsqu'elle contracte comme marchande publique, et pour le fait de son commerce.

1427   56. Elle ne peut s'obliger même pour tirer son mari de prison, ni pour l'établissement de ses enfans en cas d'absence du mari, qu'après s'être fait autoriser par justice.

1428   57. Le mari a l'administration de tous les biens personnels de la femme.

Il peut exercer seul toutes les actions mobilières qui appartiennent à la femme.

Il ne peut aliéner les immeubles personnels de sa femme sans son consentement.

1429   58. Le mari ne peut faire des baux des immeubles appartenant à la femme, qui excèdent neuf ans.

Ceux faits au-delà de ce terme ne lient point la femme ou

ses héritiers, qui peuvent en demander la nullité pour le temps qui reste à courir après la dissolution de la communauté.

Il en est de même des baux faits par anticipation, c'est-à- 1430 dire, plus de trois ans avant l'expiration du bail subsistant, à moins que le fermier ou locataire n'en ait commencé la jouissance avant l'expiration de la communauté.

39. La femme qui s'oblige solidairement avec le mari 1431 pour les affaires de la communauté ou du mari, n'est réputée, à l'égard de celui-ci, s'être obligée que comme caution ; elle doit être indemnisée de l'obligation qu'elle a contractée.

40. Le mari qui garantit solidairement, ou autrement, la 1432 vente que la femme a faite d'un immeuble personnel, a pareillement un recours contre elle, soit sur sa part dans la communauté, soit sur ses biens personnels, s'il est inquiété.

41. S'il est vendu un immeuble appartenant à l'un des 1433 deux époux, et dont le prix ait été versé dans la communauté, le conjoint en a la reprise ou récompense sur la communauté, s'il n'en a pas été fait un remploi.

42. Le remploi est censé fait à l'égard du mari, toutes les 1434 fois que, lors de l'acquisition, il a déclaré qu'elle était faite des deniers provenus de l'aliénation de l'immeuble qui lui était personnel, et pour lui tenir lieu de remploi.

43. La simple déclaration faite par le mari, que l'acquisi- 1435 tion est faite des deniers provenus de l'immeuble vendu par la femme, et pour lui servir de remploi, ne suffit point, si ce remploi n'a été formellement accepté par la femme : l'immeuble ainsi acquis ne forme qu'un conquêt de communauté ; et la femme, qui ne peut être forcée de le reprendre lors de la dissolution de la communauté, n'a pas non plus le droit de le réclamer comme sa propriété, sauf la récompense qui lui est due pour le prix de son immeuble.

44. Le remploi du prix de l'immeuble vendu par le 1436 mari, ne s'exerce que sur la masse de la communauté.

Celui de l'immeuble vendu par la femme, s'exerce sur les

biens personnels du mari , en cas d'insuffisance de ceux de la communauté.

1437   45. Toutes les fois qu'il est pris sur la communauté une somme de deniers , soit pour acquitter une dette ou charge personnelle à l'un des époux , soit pour le recouvrement, la conservation ou l'amélioration de ses biens personnels ; et généralement toutes les fois que l'un des deux époux a tiré un profit personnel des biens de la communauté, il en doit la récompense.

1436   46. Le remploi qui est dû au conjoint dont l'immeuble est aliéné, n'a lieu que jusqu'à concurrence du prix qui en a été versé dans la communauté, quelle que fût la valeur réelle de l'immeuble qui a été vendu.

ap.—   47. Il en est de même des récompenses que le conjoint
1437   doit à la communauté pour les causes énoncées en l'art. 45 ci-dessus.

Cette récompense n'est pas toujours de ce qu'il en a coûté à la communauté ; elle n'est que jusqu'à concurrence de ce dont le conjoint a profité, à raison de la dépense faite par la communauté.

1439   48. La dot constituée par le mari seul à l'enfant commun, en effets de la communauté, est à la charge de la communauté ; et, dans le cas où elle est acceptée par la femme, elle en doit supporter la moitié, à moins que le mari n'ait déclaré expressément qu'il s'en chargeait pour le tout, ou pour une portion plus forte que la moitié.

1438   49. Si le père et la mère ont doté conjointement l'enfant commun, sans exprimer la portion pour laquelle ils entendaient y contribuer, ils sont censés avoir doté chacun pour moitié, soit que la dot ait été fournie ou promise en effets de la communauté ou en biens personnels, à l'un des deux conjoints.

Au second cas, le conjoint, dont l'immeuble ou l'effet personnel a été constitué en dot, a, contre l'autre, une action d'indemnité de la moitié de ladite dot, eu égard à la valeur de l'effet donné au temps de la donation.

Si le père et la mère ont déclaré vouloir doter inégale- ε p.— ment, l'indemnité n'est due à celui qui a fourni la dot, que jusqu'à concurrence de la portion pour laquelle l'autre conjoint a déclaré vouloir contribuer à la donation.

SECTION IV.

De la dissolution de la communauté.

ARTICLE PRÉLIMINAIRE.

5o. La communauté se dissout par les mêmes causes qui 1441 dissolvent le mariage.

Elle se dissout, en outre, par la séparation de biens, qui est obtenue par la femme avant la dissolution du mariage.

DISTINCTION PREMIÈRE.

De la dissolution de la communauté par la dissolution du mariage.

51. Il n'y a point de continuation de communauté entre 1442 le survivant et les héritiers du prédécédé, encore que lesdits héritiers soient des enfans ou des descendans du mariage, que tous lesdits enfans ou aucun d'eux fussent mineurs, et que le survivant ait négligé de faire inventaire.

52. Si le père ou la mère survivant n'a point fait procé- ib. der dans les trois mois à l'inventaire, et n'a point fait nommer un subrogé tuteur à ses enfans mineurs, ainsi qu'il y est obligé par l'article 7 du titre *des tutelles*, il est déchu de la garde desdits enfans, et de la jouissance de leurs revenus.

Si, lors de la dissolution de la communauté, il existe des petits-enfans mineurs représentant un enfant du mariage, le conjoint survivant, qui a été leur tuteur et a négligé de faire l'inventaire, est déchu de la tutelle desdits mineurs, et est privé, à leur profit, de la moitié de la part qui lui revient dans le partage de la communauté, si ces mineurs sont seuls héritiers du conjoint prédécédé. Si les mineurs ne sont pas seuls héritiers, le conjoint survivant n'est privé, à leur profit, que d'une part égale à celle qui leur revient par le partage.

ap. —
1442 et
tit. 10
du liv.
1er.

53. Après l'expiration des trois mois dans lesquels l'époux survivant aurait dû faire procéder à l'inventaire, les parens des mineurs, désignés dans l'article 23 du titre *des tutelles*, et sous la responsabilité établie par les articles 24 et 25 du même titre, sont tenus de provoquer la convocation de l'assemblée de famille, à l'effet de faire nommer un tuteur.

Au défaut des parens, le juge de paix, sur la dénonciation qui peut lui en être faite par quelque personne que ce soit, doit, d'office, convoquer le conseil de famille, et faire apposer provisoirement les scellés.

ib.

54. Le tuteur doit, immédiatement après sa nomination, faire procéder à l'inventaire, au compte et au partage de la communauté, si les mineurs sont dans le cas de l'accepter.

ib.

55. Le tuteur peut, suivant les circonstances, demander que l'inventaire du mobilier soit fait d'après les renseignemens résultant des titres, registres et papiers domestiques, et même d'après la commune renommée.

ib. et
1452

56. La dissolution de la communauté, opérée par la mort civile de l'un des conjoints, ne donne point ouverture au gain de survie en faveur de l'autre conjoint.

Celui-ci n'a que la faculté de conserver ses droits éventuels pour le cas où il s'ouvrirait par la mort naturelle de l'autre conjoint.

DISTINCTION II.

De la séparation de biens demandée par la femme pendant le mariage.

1443

57. La femme peut, pendant le mariage, former contre le mari une demande en séparation de biens, toutes les fois

que sa dot est mise en péril par la mauvaise conduite du mari, et que le désordre de ses affaires fait craindre que ses biens ne soient point suffisans pour remplir les droits et reprises de la femme.

58. La séparation de biens doit être demandée et or- 1443 donnée en justice, en connaissance de cause, sur les conclusions du commissaire du gouvernement, et sans qu'elle puisse être portée devant des arbitres.

Toute séparation volontaire est nulle, tant à l'égard des tiers qu'à l'égard des conjoints entre eux.

59. La séparation de biens, quoique prononcée en jus- 1444 tice, est nulle, si elle n'a point été exécutée par un paiement réel des droits et reprises de la femme, effectué par acte authentique, jusqu'à la concurrence des biens du mari, ou au moins par des poursuites sérieuses et non interrompues pour procurer le paiement.

60. La séparation de biens obtenue par la femme, doit 1445 être affichée dans le tribunal de première instance du domicile du mari, sur un tableau destiné à cet effet; et si le mari est marchand, banquier ou commerçant, elle doit être en outre publiée et affichée à l'audience du tribunal de commerce de l'arrondissement dans lequel le mari est domicilié.

61. La femme qui a obtenu la séparation de biens, peut ap.— néanmoins accepter la communauté qui a existé jusqu'à cette 1445 époque, si elle y a un intérêt.

62. Le jugement qui prononce la séparation, remonte, 1445 quant à ses effets, au jour de la demande.

63. La séparation de biens ne donne point ouverture aux ap.— droits de survie de la femme; mais elle conserve la faculté 1445 et 1452 de les exercer dans le cas de mort naturelle de son mari.

64. Les créanciers personnels de la femme ne peuvent, 1446 sans son consentement, demander la séparation de biens.

65. Les créanciers du mari peuvent intervenir dans l'ins- 1447

tance sur la demande en séparation, et la contester si elle est provoquée en fraude de leurs droits.

1448   66. La femme qui a obtenu sa séparation de biens, doit contribuer aux frais du ménage, proportionnellement à ses facultés et à celles du mari.

Elle doit les supporter entièrement, s'il ne reste rien au mari.

Il en est de même des frais d'inventaire et d'éducation des enfans communs.

1449   67. La femme qui a obtenu sa séparation de biens, en reprend la libre administration.

Elle peut disposer de son mobilier et l'aliéner.

Elle ne peut aliéner ses immeubles sans le consentement du mari, ou sans être autorisée en justice, à son refus.

1450   68. Le mari n'est point garant du défaut d'emploi ou de remploi du prix de l'immeuble que la femme séparée a aliéné sous l'autorisation de la justice, à moins qu'il n'ait concouru au contrat, ou qu'il ne soit prouvé que les deniers ont été reçus par lui, ou ont tourné à son profit.

Il est garant du défaut d'emploi ou de remploi, si la vente a été faite en sa présence et de son consentement; il ne l'est jamais de l'utilité de cet emploi.

ap.—
1450   69. Dans le cas où le mari est garant du défaut d'emploi ou de remploi, la femme a hypothèque légale sur les biens du mari.

1451   70. La communauté, dissoute par un jugement de séparation, peut être rétablie du consentement des deux parties.

Elle ne peut l'être que par un acte authentique passé devant notaires, et avec minute.

En ce cas, la communauté rétablie reprend son effet du jour du mariage; les choses sont remises au même état que s'il n'y avait point eu de séparation, sans préjudice, néanmoins, de l'exécution des actes d'administration qui ont pu être faits par la femme dans cet intervalle.

Toute convention par laquelle les époux rétabliraient leur

communauté sous des conditions différentes de celles qui la réglaient antérieurement, est nulle.

SECTION V.

Du droit qu'a la femme d'accepter la communauté ou d'y renoncer, et des conditions de sa renonciation.

71. Après la dissolution de la communauté, la femme ou *1453* ses héritiers et ayant-cause ont la faculté de l'accepter ou d'y renoncer.

72. Soit que la femme ait survécu au mari, ou soit dé- *ap.—* cédée avant lui, si ses héritiers ne sont pas d'accord sur *1453* l'acceptation ou la renonciation à la communauté, on exa- mine et adopte ce qui était le plus utile à la défunte.

73. La femme survivante qui s'est immiscée dans les *1454* biens de la communauté, ne peut plus y renoncer. Il en est de même, si elle a pris dans un acte la qualité de commune.

74. Elle ne peut se faire restituer contre la qualité de *1455* commune qu'elle a prise, étant majeure, quand même elle l'aurait prise avant d'avoir fait inventaire, s'il n'y a eu dol de la part des héritiers du mari.

75. La femme qui veut renoncer à la communauté, doit, *1456* dans les trois mois du jour du décès du mari, faire faire un inventaire fidèle et complet de tous les biens de la commu- nauté, contradictoirement avec les héritiers du mari, ou eux dûment appelés.

Cet inventaire doit être par elle affirmé sincère et véri- table, lors de sa clôture, devant l'officier public qui l'a reçu.

76. Trois mois et quarante jours après le décès du mari, *1457* elle doit faire sa renonciation par un acte reçu au greffe du tribunal de première instance dans l'arrondissement duquel le mari avait son domicile. Cet acte doit être inscrit sur le registre établi pour recevoir les renonciations à succession.

77. La femme peut, suivant les circonstances, demander *1458* au tribunal civil une prorogation du délai prescrit par l'ar- ticle précédent pour sa renonciation, en le faisant par elle

ordonner contradictoirement avec les héritiers du mari, ou eux dûment appelés.

1459   78. La femme qui n'a point fait sa renonciation dans le délai ci-dessus prescrit, n'est pas déchue de la faculté de renoncer, si elle ne s'est point immiscée, et si elle a fait inventaire; elle peut seulement être poursuivie comme commune, jusqu'à ce qu'elle ait renoncé, et elle doit les frais faits contre elle jusqu'à sa renonciation.

Elle peut être également poursuivie après l'expiration des quarante jours depuis la clôture de l'inventaire, s'il a été fait et clos avant les trois mois.

1460   79. La veuve survivante qui a diverti ou recélé quelques effets de la communauté, est déclarée commune, nonobstant sa renonciation; et elle est, en outre, privée de sa portion dans les effets divertis ou recélés.

1466   80. Les héritiers de la femme doivent, dans le même délai, faire leur renonciation à la communauté; et leur renonciation faite en la forme ci-dessus, doit être signifiée au moins dans la huitaine de sa date.

Il n'est point nécessaire, pour la validité de leur renonciation vis-à-vis les créanciers, qu'il y ait eu inventaire, et ils sont admis à renoncer encore après le délai ci-dessus expiré, tant qu'ils ne se sont point immiscés.

1460   81. Les héritiers de la femme qui ont diverti ou recélé quelques effets de la communauté, ou qui ont favorisé les recélés ou divertissemens faits par le mari, sont, nonobstant leur renonciation, déclarés communs vis-à-vis des créanciers.

Ils sont privés de leur part dans les effets qu'ils ont recélés ou divertis, s'ils ont commis seuls les recélés ou divertissemens.

1464   82. Les créanciers de la femme pourront attaquer la renonciation qui a été faite par elle ou par ses héritiers en fraude de leurs créances, et accepter de leur chef la communauté.

SECTION VI.

De l'acceptation faite par la femme ou ses héritiers, et du partage de la communauté.

83. L'acceptation de la communauté, qui est faite par la 1467 femme survivante ou par ses héritiers, leur donne droit à la moitié de l'actif de la communauté, et les soumet au paiement de toutes les dettes communes, aussi par moitié.

DISTINCTION PREMIÈRE.

Du partage de l'actif.

84. Chacun des deux époux, ou ses héritiers, doivent 1468 rapporter à la masse des biens existans tout ce dont ils sont débiteurs envers la communauté, à titre de récompense ou d'indemnité, d'après les règles ci-dessus prescrites, section III du présent titre.

85. Chaque époux, ou son héritier, rapporte également 1469 les sommes qui ont été tirées de la communauté, ou la valeur des immeubles que l'époux y a pris pour doter un enfant d'un autre lit, ou pour doter personnellement l'enfant commun.

86. Sur la masse des biens compris dans l'inventaire, 1470 chaque époux, ou son héritier, prélève,

1°. Ses immeubles qui ne sont point entrés en communauté, s'ils existent en nature, ou ceux qui ont été acquis en remploi;

2°. Le prix de ses immeubles qui ont été aliénés pendant la communauté, et dont il n'a point été fait remploi, le tout dans le cas et suivant les règles ci-dessus prescrites à cet égard;

3°. Les indemnités qui lui sont dues par la communauté.

87. Les prélèvemens de la femme s'exercent avant ceux 1471 du mari.

Ils s'exercent pour les sommes en deniers, d'abord sur les deniers comptans, ensuite sur le mobilier, et subsidiairement sur les immeubles de la communauté ; et, dans ce dernier cas, le choix est déféré à la femme et à ses héritiers.

1472   88. Le mari ne peut exercer ses reprises que sur les biens de la communauté.

La femme et ses héritiers, en cas d'insuffisance de la communauté, les exercent sur les immeubles personnels du mari.

1473   89. Les remplois et récompenses dus par la communauté aux conjoints, et les récompenses et indemnités par eux dues à la communauté, emportent des intérêts de plein droit, du jour de la dissolution de la communauté.

1474   90. Après que tous les prélèvemens des deux conjoints ont été exécutés sur la masse, le surplus se partage par moitié entre le conjoint survivant et les héritiers du prédécédé.

1475   91. Si les héritiers de la femme se sont divisés, en sorte que l'un ait accepté la communauté à laquelle l'autre a renoncé, celui qui a accepté ne peut prendre que sa portion virile héréditaire dans les biens qui échoient au lot de la femme.

Le surplus reste au mari, qui demeure chargé, envers l'héritier renonçant, des droits que la femme renonçante aurait pu exercer, mais jusqu'à concurrence seulement de la portion virile héréditaire de l'héritier qui renonce.

1476   92. Au surplus, le partage de la communauté, quant à ce qui concerne sa forme, la licitation des immeubles impartables, ses effets, la garantie qui en résulte, et les soultes, est soumis à toutes les règles qui sont établies, au titre *des successions*, pour les partages entre héritiers.

1478   93. Après le partage consommé, si l'un des deux conjoints est créancier personnel de l'autre, comme lorsque le prix de son bien personnel a été employé à payer une dette personnelle de l'autre conjoint, ou pour toute autre cause, il exerce cette créance sur la part qui est échue à celui-ci dans la communauté, ou sur ses biens personnels.

1479   94. Les créances personnelles que les conjoints ont à exercer l'un contre l'autre, ne portent intérêt que du jour de la demande en justice.

95. Les donations, que l'un des conjoints a pu faire à l'autre, ne s'exécutent que sur la part du donateur dans la communauté, et sur les biens personnels. 1480

96. Les frais de scellé, inventaire, vente du mobilier, licitation ou partage, se supportent en commun; mais le deuil de la femme est aux frais des héritiers du mari prédécédé. av.—1481 et 1482 / 1481

DISTINCTION II.

Du paiement des dettes de la communauté.

97. Chacun des deux époux, ou son héritier, est tenu des dettes de la communauté, pour moitié; 1482

Mais la femme, ou son héritier, n'en est tenue soit vis-à-vis du mari ou de son héritier, soit vis-à-vis des créanciers, que jusqu'à concurrence de son émolument, pourvu qu'il y ait eu inventaire, et en rendant compte du contenu de cet inventaire, et de ce qui lui est échu par le partage. 1483

98. Le mari ou son héritier est tenu, indistinctement, et pour la totalité des dettes de la communauté qui ont été par lui contractées, sauf son recours contre la femme ou son héritier, jusqu'à concurrence de son émolument seulement. 1484

99. Le mari n'est tenu que pour moitié des dettes de la succession échue à la femme, qui sont tombées à la charge de la communauté. 1485

100. La femme et son héritier peuvent être poursuivis pour la totalité des dettes qui procèdent de son chef, sauf son recours contre le mari ou son héritier, pour la moitié qui était à la charge de la communauté. 1486

101. Elle ne peut être poursuivie que pour moitié, par les créanciers, à raison des dettes de la communauté, auxquelles elle s'est obligée, lorsque l'obligation n'est pas solidaire. 1487

102. La femme, ou son héritier, qui a payé une dette de 1488

la communauté au-delà de sa moitié, n'a point de répétition contre le créancier pour l'excédant, à moins que la quittance n'exprime que ce qu'elle a payé était pour sa moitié.

av. —
1489

103. La femme ou son héritier peut être poursuivie, sur ses biens personnels, à raison des dettes de la communauté, pour la moitié, jusqu'à concurrence de son émolument dans la communauté.

Elle peut, en outre, être poursuivie pour la totalité des dettes de la communauté, par l'effet de l'hypothèque sur les immeubles de la communauté qui lui sont échus par le partage.

1490

104. Toutes les fois que l'un des deux époux a payé des dettes de la communauté au-delà de la portion dont il était tenu, il y a lieu au recours de celui qui a trop payé, contre l'autre.

1491

105. Tout ce qui est dit ci-dessus à l'égard du mari ou de la femme, a lieu en faveur des héritiers de l'un ou de l'autre, lesquels peuvent exercer les mêmes droits que le conjoint qu'ils représentent.

SECTION VII.

De l'effet de la renonciation de la femme ou de son héritier.

1492

106. La femme qui renonce perd toute espèce de droits sur les biens de la communauté, et même sur le mobilier qui y est tombé de son chef.

Elle a seulement droit de reprendre, sur les effets de la communauté, les linges et hardes à son usage.

1493

107. La femme renonçante a le droit de reprendre,

1°. Les immeubles à elle appartenans, qui ne sont point entrés en communauté, lorsqu'ils existent en nature, ou l'immeuble qui a été acquis en remploi;

2°. Le prix de ses immeubles aliénés, qui a été versé dans la communauté, dont le remploi n'a pas été fait;

3°. Toutes les indemnités qui peuvent lui être dues par la communauté.

108. Elle a droit d'être nourrie et ses domestiques, aux ^{ap.—} dépens de la communauté, pendant le délai des trois mois ^{1493 et} ¹⁴⁶⁵ et quarante jours qui lui sont accordés pour faire inventaire et délibérer.

Elle ne doit aucun loyer à raison de l'habitation qu'elle a pu faire, pendant ce délai, dans une maison dépendante de la communauté, ou appartenant aux héritiers du mari.

109. Elle est déchargée de toute contribution aux dettes 1494 de la communauté, tant vis-à-vis du mari que vis-à-vis des créanciers : elle reste néanmoins tenue envers les créanciers seulement, pour raison des dettes auxquelles elle s'est obligée conjointement avec son mari, et pour raison des dettes provenant de son chef, qui sont devenues dettes de la communauté, sauf son recours contre le mari ou ses héritiers.

110. Elle peut exercer toutes les actions et reprises ci- 1495 dessus détaillées, tant sur les biens de la communauté que sur les biens personnels du mari.

111. La femme a, pour la répétition de ses reprises, soit ^{ap.—} en cas de renonciation, soit en cas d'acceptation, hypo- ^{1495—} ^{2121—} thèque tant sur les immeubles de la communauté que sur ²¹³⁵ ceux personnels du mari.

112. Tout ce qui est dit ci-dessus, à l'égard de la femme, ^{1495.2e} a lieu à l'égard de son héritier qui renonce ; à l'exception de ce qui est porté au second alinéa de l'article 106, et en l'article 108.

CHAPITRE III.

Des diverses conventions par lesquelles les conjoints dérogent à leurs droits légaux, et de l'effet de ces conventions.

113. Les conjoints peuvent, par leur contrat de mariage, 1497 ou exclure totalement la communauté, ou la modifier, l'augmenter ou la restreindre.

SECTION PREMIÈRE.

Des conventions exclusives de toute communauté.

1530   114. La convention par laquelle les conjoints se conten-
tent de déclarer qu'il n'y aura point entre eux de communauté, ne donne point à la femme le droit d'administrer ses
biens ni d'en percevoir les fruits.

Ces fruits sont censés apportés au mari pour soutenir les
charges du mariage.

1531   Il conserve l'administration des biens meubles et immeubles de la femme, et, par suite, le droit de percevoir tout
le mobilier qu'elle apporte en dot ou qui lui échoit pendant
le mariage, sauf la restitution qu'il doit faire des capitaux
après la dissolution de la communauté.

1532   Si, dans le mobilier apporté en dot par la femme, ou qui
lui échoit pendant le mariage, il y en a de nature à se consumer par l'usage, il en doit être joint un état estimatif au
contrat de mariage, ou il en doit être fait inventaire estimatif lors de l'échéance, et le mari en doit rendre le prix
de l'estimation.

1534   115. La femme qui ne stipule qu'une simple exclusion de communauté, peut néanmoins convenir qu'elle touchera annuellement, sur ses seules quittances, certaine
portion de ses revenus, pour son entretien et ses besoins
personnels.

1536   116. Lorsque les conjoints, par leur contrat de mariage,
outre l'exclusion de leur communauté, stipulent qu'ils seront séparés de tous les biens, la femme conserve l'entière
administration de ses biens meubles et immeubles, et la
jouissance libre de ses revenus.

1537   117. En ce cas, chacun des deux époux doit contribuer
aux charges du mariage, suivant les conventions qu'ils ont
faites à cet égard par leur contrat.

Si le contrat ne contient point de conventions particulières à cet égard, le mari est réputé avoir voulu se charger

seul des frais du mariage, sauf ce qui concerne l'entretien personnel de la femme.

118. La clause par laquelle la femme stipule que tous ses biens présens et à venir lui demeureront paraphernaux, a le même effet que celui attaché par les deux articles précédens, à la clause de séparation de biens. *ch. 2, 2ᵉ part. sect. 9, fin du §. 2, et 1574 à 1576*

Si la femme ne s'est réservé, comme paraphernale, qu'une portion de ses biens, la clause n'est point exclusive de la communauté, qui a lieu à l'égard de ceux de ses autres biens qui ne sont point paraphernaux, et qui sont de nature à entrer dans la communauté légale. La femme, en ce cas, conserve seulement la jouissance et l'administration des biens stipulés paraphernaux.

119. La stipulation que tous les biens de la femme lui seront dotaux, est exclusive de la communauté légale; mais elle n'ôte point au mari la jouissance et l'administration de ces sortes de biens. *ib. et 1549.*

Si la clause ne stipule dotale qu'une portion de ses biens présens ou à venir, elle n'exclut de la communauté légale que cette portion, dont le mari a toujours la jouissance et l'administration. La communauté légale se compose alors du surplus des biens de la femme, que la loi fait tomber en communauté.

120. Si la femme a stipulé une partie de ses biens paraphernale, et le surplus dotal, il n'y a point de communauté : le mari n'a la jouissance et l'administration que de la partie qui a été stipulée dotale. *ap — 1549.*

121. La clause par laquelle les deux époux stipulent qu'il n'y aura entre eux qu'une simple société d'acquets, exclut la communauté légale ; mais elle laisse au mari la jouissance et l'administration de tous les biens de la femme qui n'ont point été stipulés paraphernaux. La femme n'a droit qu'à la moitié des acquets qui ont été faits pendant le mariage, et qui proviennent de l'industrie commune et de l'économie faite sur les fruits. *1498*

1538   122. La femme non commune, celle même qui est séparée de biens contractuellement, et qui s'est réservé la jouissance et l'administration de ses biens, ne peut aliéner ses immeubles sans le consentement spécial de son mari, ou sans y être autorisée par justice, à son refus.

Toute autorisation générale d'aliéner les immeubles, donnée à la femme soit par le contrat de mariage, soit depuis, est nulle.

ap.—
1539 et
1554   123. Il est permis aux deux époux, aux père et mère de la femme, et aux autres personnes qui la dotent, de stipuler que ceux de ses biens qui sont déclarés dotaux seront inaliénables.

En ce cas, le bien dotal de la femme est inaliénable, même du consentement de la femme.

ib.   124. Le mari n'est garant du défaut de remploi du prix des immeubles vendus par la femme non commune ou séparée contractuellement, que dans les mêmes cas où il l'est à l'égard de la femme séparée par justice.

SECTION II.

Des conventions qui modifient la communauté légale, ou de la communauté conventionnelle.

1497   125. Les époux modifient la communauté légale, soit en stipulant que leur mobilier présent ou futur n'entrera point en communauté pour le tout ou pour partie, soit en y faisant entrer leurs immeubles présens ou futurs, soit en stipulant qu'il paieront séparément leurs dettes antérieures, soit en accordant à la femme la faculté de reprendre son apport franchement ou quittement en cas de renonciation, soit en stipulant un préciput au profit du survivant, soit en assignant à chacun des conjoints des parts inégales, soit en stipulant une communauté universelle de tous leurs biens présens et futurs, soit par toute autre convention non contraire aux bonnes mœurs et à l'article 2 du présent titre.

DISTINCTION PREMIÈRE.

De la clause qui exclut de la communauté le mobilier en tout ou partie.

126. Lorsque les conjoints stipulent qu'ils mettront en communauté une telle somme déterminée, ils sont censés par cela seul exclure de leur communauté tout le surplus de leur mobilier présent et futur. 1500

127. Cette clause rend le conjoint débiteur envers la communauté, de la somme qu'il a promis d'y mettre, et l'oblige de justifier de cet apport. 1501

128. L'apport est suffisamment justifié, quant au mari, par la déclaration portée au contrat de mariage, que son mobilier est de telle valeur. 1502

Il est suffisamment justifié, à l'égard de la femme, par la quittance que le mari lui en donne, ou à ceux qui l'ont dotée.

129. Chaque conjoint a le droit de reprendre, lors de la dissolution de la communauté, la valeur de ce dont le mobilier qu'il a apporté lors du mariage, ou qui lui est échu depuis, excédait sa mise en communauté. 1503

130 Le mobilier qui échoit à chacun des deux époux pendant le mariage, doit être constaté par un inventaire : faute de quoi, le conjoint survivant ne peut reprendre, lors de la dissolution de la communauté, que ce qu'il justifie par titre lui être échu. 1504

Néanmoins, s'il est prédécédé, ses héritiers, lorsqu'il y a lieu de croire que l'inventaire n'a été omis que dans la vue de procurer à l'autre conjoint un avantage indirect, sont admis à faire preuve, par commune renommée, de la valeur du mobilier qui lui est échu.

DISTINCTION II.

De la clause d'ameublissement.

131. Lorsque les conjoints ou l'un deux font entrer en 1505

communauté tout ou partie de leurs immeubles présens ou futurs, cette clause s'appelle *ameublissement*.

1506   132. L'ameublissement peut être déterminé ou indéterminé.

Il est déterminé, quand le conjoint a déclaré ameublir et mettre en communauté un tel immeuble, en tout, ou jusqu'à concurrence d'une certaine somme.

Il est indéterminé, quand le conjoint a simplement déclaré apporter en communauté ses immeubles jusqu'à concurrence d'une certaine somme.

1507   133. L'effet de l'ameublissement déterminé est de rendre l'immeuble ou les immeubles qui en sont frappés, effets de la communauté; de les soumettre à ses risques comme à son bénéfice.

Le mari en peut disposer comme des autres effets de la communauté, et les aliéner en totalité, lorsqu'ils sont ameublis en totalité.

Si l'immeuble n'est ameubli que pour une certaine somme, le mari ne peut l'aliéner qu'avec consentement de la femme; mais il peut l'hypothéquer sans son consentement, jusqu'à concurrence seulement de la portion ameublie.

1508   134. L'ameublissement indéterminé ne rend point la communauté propriétaire des immeubles qui en sont frappés; son effet se réduit à obliger le conjoint qui l'a consenti, à comprendre dans la masse, lors de la dissolution et partage de la communauté, quelques-uns de ses immeubles, jusqu'à la concurrence de la somme par lui promise.

1509   135. Le conjoint qui a ameubli un héritage, a, lors du partage, la faculté de le retenir, en le précomptant sur sa part pour le prix qu'il vaut alors, et ses héritiers ont le même droit.

DISTINCTION III.

De la clause de séparation des dettes.

1510   136. La clause par laquelle les conjoints stipulent qu'ils paieront séparément leurs dettes antérieures au mariage, a toujours son effet entre eux et leurs héritiers, encore qu'il n'y ait point eu d'inventaire; elle les oblige, lors de la dissolution de la communauté, de se faire respectivement raison des dettes qui sont justifiées avoir été acquittées par la communauté, à la décharge de celui qui en était débiteur.

Mais la clause est sans effet à l'égard des créanciers, qui peuvent suivre leur paiement sur les biens de la communauté, si, lors du contrat de mariage, il n'y a point eu d'inventaire ou d'état annexé au contrat du mobilier apporté par les époux, et s'il n'y a point eu d'inventaire fait, pendant le mariage, du mobilier qui leur est échu depuis.

137. La clause par laquelle les conjoints ont déclaré n'apporter dans la communauté qu'une somme certaine, ou quelque corps certain, emporte la convention tacite de l'exclusion des dettes antérieures au mariage, qui diminueraient l'apport promis. 1511

138. La clause de séparation des dettes n'empêche point que la communauté ne soit chargée des intérêts et arrérages qui ont couru depuis le mariage. 1512

139. Lorsque le père ou la mère, ou autre parent de l'un des conjoints, en le mariant, le déclare franc et quitte de toutes dettes antérieures au mariage, il s'oblige, envers l'autre conjoint, de l'indemniser de tout le préjudice que pourront lui causer les dettes de celui qui a été déclaré franc et quitte. 1513

Ainsi, lorsque c'est le mari qui a été déclaré franc et quitte, la femme, en cas d'insuffisance des biens du mari, a 1°. un recours de garantie contre les parens de ce dernier, à raison de la diminution du bénéfice qu'elle retire de la communauté, diminution résultant des dettes du mari qui ont été acquittées pendant le mariage; 2°. elle a de même un recours contre les parens du mari, en cas d'insuffisance des biens de celui-ci, tant pour la remplir de sa dot et autres reprises, que des donations que le mari a pu lui faire, soit par le contrat de mariage, soit depuis; mais seulement jusqu'à concurrence du préjudice qu'elle éprouve par l'effet desdites dettes.

Lorsque c'est la femme qui a été déclarée franche et quitte, le mari a de même un recours contre les parens de sa femme, 1°. à raison des dettes pour lesquelles il est poursuivi pendant le mariage; 2°. pour l'exercice de ses reprises personnelles, en cas d'insuffisance de la communauté, jusqu'à concurrence des dettes de la femme qui ont été acquittées; 3°. pour raison des donations que la femme a pu lui faire, soit par le contrat de mariage, soit depuis.

ap.—
1513
140. Ni l'époux qui a été déclaré franc et quitte, ni ses créanciers, n'ont le droit de forcer les parens qui ont fait cette déclaration, de payer les dettes qui en font l'objet. L'objet qui en résulte n'appartient qu'à l'époux au profit duquel la déclaration a été faite, et à ses héritiers.

DISTINCTION IV.

De la faculté accordée à la femme, de reprendre franchement et quittement son apport.

1514
141. La clause par laquelle la femme stipule qu'elle pourra, en cas de renonciation, reprendre franchement et quittement tout ou partie de ce qu'elle aura apporté, soit lors du mariage, soit depuis, est de droit étroit, et ne peut s'étendre au-delà des choses exprimées, ni au profit d'autres personnes que celles dénommées.

ib.
142. La faculté de reprendre le mobilier que la femme a apporté au mariage, ne s'étend point à celui qui est échu pendant le mariage.

ib.
143. La faculté accordée à la femme ne s'étend point aux enfans; celle accordée à la femme et aux enfans, ne s'étend point aux héritiers, ascendans ou collatéraux.

ib.
144. La faculté accordée à la femme et à ses héritiers, peut être exercée par les créanciers de la femme, ou par ceux de ses héritiers qui en ont été saisis.

DISTINCTION V.

Du préciput conventionnel.

145. La clause par laquelle le conjoint survivant est au- 1515
torisé à prélever, avant partage, une certaine somme ou
une certaine quantité d'effets mobiliers en nature, ne donne
droit à ce prélèvement qu'au cas où il y a acceptation de la
communauté de la part de la femme ou de ses héritiers.

Néanmoins, la femme survivante a droit au préciput,
lorsque le contrat de mariage le lui accorde, même en renonçant.

146. Le préciput n'est point regardé comme un avantage 1516
sujet aux formalités des donations, mais comme une convention de mariage.

147. Le préciput n'a lieu qu'en faveur du conjoint survi- 1517—
vant, et dans le cas où le mariage est dissous par la mort 1518
naturelle de l'un des deux époux.

148. Lorsqu'il n'a été stipulé que pour le cas de l'accep- 1515
tation de la communauté, il ne s'exerce que par prélèvement sur la masse partageable, et sans aucun recours de la
part du conjoint survivant contre les héritiers de l'autre,
dans le cas où la masse de la communauté est insuffisante
pour le fournir en tout ou en partie.

149. Le préciput ne peut s'exercer au préjudice des 1519
créanciers de la communauté qui ont le droit de faire vendre
les effets compris dans le préciput, sauf le recours du conjoint pour leur valeur dans le partage de la communauté.

Néanmoins, lorsqu'il est accordé à la femme renonçante, ap.—
il devient une créance qu'elle peut exercer à l'hypothèque 1519
de son contrat de mariage.

DISTINCTION VI.

*Des clauses par lesquelles on assigne à chacun des conjoints
des parts inégales dans la communauté.*

150. Les conjoints peuvent déroger au partage égal établi 1520 par la loi, soit en ne donnant à l'époux survivant ou à ses héritiers, dans la communauté, qu'une part moindre que la moitié, soit en ne lui donnant qu'une somme fixe pour tout droit de communauté, soit en stipulant que la communauté entière, en certains cas, restera à l'époux survivant.

1521   151. Lorsqu'il a été stipulé que l'époux ou ses héritiers n'auront qu'une certaine part dans la communauté, comme le tiers ou le quart, l'époux ainsi réduit ou ses héritiers ne supportent les dettes de la communauté que proportionnellement à la part qu'ils prennent dans l'actif.

La convention est nulle, si elle oblige l'époux ainsi réduit ou ses héritiers à supporter une plus forte part, ou si elle les dispense de supporter une part dans les dettes, égale à celle qu'ils prennent dans l'actif.

1522   152. Lorsqu'il est stipulé que l'un des époux ou ses héritiers ne pourront prétendre qu'une certaine somme pour tout droit de communauté, la clause est un forfait qui oblige l'autre époux ou ses héritiers à payer à la femme ou à ses héritiers la somme convenue, soit que la communauté soit bonne ou mauvaise, suffisante ou non pour acquitter la somme.

1523   153. Si la clause n'établit le forfait que contre les héritiers de l'époux, celui-ci, dans le cas où il survit, a droit au partage légal par moitié contre les héritiers du prédécédé.

1524   154. Le mari ou ses héritiers qui retiennent, en vertu de la clause, la totalité de la communauté, sont obligés d'en acquitter toutes les dettes.

Les créanciers n'ont aucune action contre la femme ni contre ses héritiers.

Si c'est la femme survivante qui a droit de retenir toute la communauté contre les héritiers du mari, elle a le choix, ou de leur payer cette somme, en demeurant obligée à toutes les dettes envers les créanciers, ou de renoncer à la communauté, et d'en abandonner aux héritiers du mari les biens et les charges.

, 155. Il est permis aux époux d'établir la communauté sous cette condition, que la totalité appartiendra au survivant au cas où il n'y aurait point d'enfans du mariage. 1525

Telle stipulation n'est point réputée un avantage sujet aux règles relatives aux donations, soit quant au fond, soit quant à la forme, mais simple convention de mariage et entre associés.

DISTINCTION VII.

De la communauté de tous les biens présens et à venir.

156. Les époux peuvent établir, par contrat de mariage, une communauté universelle de tous leurs biens présens et à venir. 1526— 1527

Telle convention est valable, excepté dans les trois cas suivans :

1°. Elle ne peut être faite lorsque les époux ou l'un d'eux sont mineurs ;

2°. Lorsque l'un des époux, ayant enfans ou descendans d'un premier lit, convole en secondes noces, ou autres subséquentes ;

3°. Dans le cas où l'époux divorcé ne peut rien donner à son second époux.

157. Dans le cas où les époux ont établi une communauté universelle de tous leurs biens présens et à venir, il n'y a lieu à aucun prélèvement en faveur de l'un ou l'autre des deux conjoints ; toute la masse des biens existans se partage par moitié. ap.— 1526

La femme renonçante n'a aucune reprise à exercer ; elle est seulement déchargée de l'obligation de contribuer au paiement des dettes.

DISTINCTION VIII.

Dispositions communes aux sept distinctions précédentes.

158. Les dispositions des sept distinctions précédentes n'ont pour objet que d'expliquer les effets ordinaires des 1527

diverses conventions qui y sont indiquées, ce qui n'ôte point aux conjoints la faculté d'étendre ou modifier les effets de ces mêmes conventions, ni de faire entre eux telles autres conventions qu'ils jugent à propos, en se conformant d'ailleurs aux dispositions des articles 1 et 2 du présent titre.

1528   159. La communauté conventionnelle reste soumise à toutes les règles de la communauté légale, pour tous les cas où la convention ne contient point une dérogation spéciale.

TITRE XI.
De la vente.

CHAPITRE PREMIER.
De la nature et de la forme de la vente.

1582   ART. 1er. La vente est une convention par laquelle l'un s'oblige à livrer une chose, et l'autre à la payer.

1583   2. Elle est accomplie dès qu'on est convenu de la chose et du prix, quoique la chose n'ait pas encore été livrée, ni le prix payé.

1584   3. Elle peut être faite purement et simplement, ou sous une condition soit suspensive, soit résolutoire.

Elle peut aussi avoir pour objet deux ou plusieurs choses alternatives.

Dans tous ces cas, son effet est réglé par les principes généraux des conventions.

1585   4. Lorsqu'on vend au poids, au compte ou à la mesure, la vente n'est point parfaite que la marchandise ne soit pesée, comptée ou mesurée.

1586   5. La disposition de l'article précédent n'a point lieu si les marchandises ont été vendues en bloc.

1587   6. La vente du vin, de l'huile et des autres liquides ou fluides qu'on est dans l'usage de goûter avant d'en faire l'achat, n'est point parfaite jusqu'à ce qu'ils soient goûtés et agréés par l'acheteur.

1588   7. La vente faite à l'essai est toujours présumée faite sous une condition suspensive, si le contraire n'est prouvé par la convention.

8. La promesse de vendre vaut vente, lorsqu'il y a con- 1589 sentement réciproque des deux parties sur la chose et le prix.

9. Si la promesse de vendre a été faite avec des arrhes, 1590 chacun des contractans demeure maître de s'en départir;

Celui qui les a données, en les perdant;

Et celui qui les a reçues, en restituant le double.

10. Le prix de la vente doit être certain, et consister 1591 dans une chose déterminée.

11. Il peut cependant être laissé à l'arbitrage d'un tiers; 1592

Mais si ce tiers ne peut ou ne veut fixer le prix, la vente demeure nulle.

CHAPITRE II.

Qui peut acheter ou vendre.

12. Tous ceux-là peuvent acheter ou vendre, auxquels la 1594 loi ne l'interdit pas.

13. Le contrat de vente ne peut avoir lieu entre époux 1595 que dans les deux cas suivans :

1°. Celui où le mari cède des biens à sa femme séparée judiciairement d'avec lui, en paiement de ses droits;

2°. Celui où la cession qu'il fait à sa femme, même non séparée, a une cause légitime, telle que le remploi de ses propres aliénés, ou de deniers à elle appartenans qui ne tombent pas en communauté;

Sauf, dans ces deux cas, les droits des héritiers des parties contractantes, en cas d'avantage indirect.

14. Ne peuvent se rendre adjudicataires ni par eux- 1596 mêmes, ni par personnes interposées,

Les tuteurs, des biens de ceux dont ils ont la tutelle;

Les mandataires, de ceux de leurs commettans qu'ils sont chargés de vendre;

Les administrateurs, de ceux des communes ou des établissemens publics confiés à leurs soins;

Les officiers publics, des biens nationaux dont les ventes se font par leur ministère;

Les juges, les commissaires du gouvernement, et les greffiers, des immeubles dont la vente forcée se poursuit devant eux.

1597 15. Les juges et les commissaires du gouvernement ne peuvent prendre cession des procès, droits et actions qui se poursuivent devant leur tribunal; ni les défenseurs et avoués, de ceux de leurs cliens.

CHAPITRE III.

Des choses qui peuvent être vendues.

1598 16. Tout ce qui est dans le commerce peut être vendu, lorsque des lois particulières n'en ont pas prohibé le trafic.

1599 17. La vente de la chose d'autrui, et qualifiée telle dans le contrat, est nulle, et n'est point obligatoire.

1600 18. On ne peut vendre la succession d'une personne vivante.

ap.— 1600 v.841 19. Si l'un des cohéritiers fait cession de sa part indivise à un étranger à la succession, les autres cohéritiers peuvent se faire subroger aux droits de cet étranger, en le remboursant.

ib. 20. La veuve commune n'est pas regardée comme étrangère à la succession de son mari.

ib. 21. Si l'un des cohéritiers prend cession d'une créance sur l'hérédité commune avant ou après le partage, et qu'il n'y ait pas eu division des dettes, il peut être contraint par ses cohéritiers, d'en faire rapport à la masse, moyennant le remboursement de ce qu'il a réellement payé.

1601 22. Si, au moment de la vente, la chose vendue était périe en totalité, la vente serait nulle.

Si une partie seulement de la chose est périe, il est au choix de l'acquéreur d'abandonner la vente ou de demander la partie conservée, en faisant déterminer le prix par la ventilation.

CHAPITRE IV.
Des obligations du vendeur.

DISPOSITIONS GÉNÉRALES.

23. Le vendeur est tenu d'expliquer clairement ce à quoi il s'oblige. 1602

Tout pacte obscur ou ambigu s'interprète contre lui.

24. Il a deux obligations principales, celle de délivrer, et celle de garantir la chose qu'il vend. 1603

SECTION PREMIÈRE.
De la délivrance.

25. La tradition des immeubles s'opère par l'acte seul qui en transfère la propriété. 1605

26. Celle des effets mobiliers s'opère, ou par leur délivrance réelle, 1606

Ou par la remise des clefs des bâtimens qui les contiennent,

Ou même par le seul consentement des parties, si le transport ne peut s'en faire au moment de la vente, ou si l'acheteur les avait déjà en son pouvoir à un autre titre.

27. La tradition d'un droit incorporel, comme d'une hérédité, d'une servitude, se fait par la souffrance de celui qui les transporte, à ce que l'autre en use. 1607

28. Les frais de la livraison sont à la charge du vendeur, et ceux de l'enlèvement à la charge de l'acheteur, s'il n'y a eu stipulation contraire. 1608

29. La délivrance doit se faire dans le lieu même de la vente, s'il n'en a été autrement convenu. 1609

30. Si le vendeur manque à faire la délivrance dans le temps convenu entre les parties, et qu'il s'agisse d'un immeuble, le juge peut accorder un délai pour la faire. 1610

Ce délai expiré sans que le vendeur y ait satisfait, l'acquéreur pourra, à son choix, demander la résolution de la vente;

Ou sa mise en possession, si le retard ne vient que du fait du vendeur;

II.

Ou ses dommages et intérêts, si l'obstacle à l'exécution de la vente vient du fait d'autrui.

1610   31. S'il s'agit de la vente d'un meuble, et que le vendeur ne le délivre pas au terme convenu, l'acquéreur a le choix de se désister de la vente ou d'en poursuivre l'exécution.

1611   32. Dans tous les cas, le vendeur doit être condamné aux dommages et intérêts, s'il en résulte, pour l'acquéreur, du défaut de délivrance au terme convenu.

1612   33. Le vendeur n'est pas tenu de délivrer la chose, si l'acheteur n'en paie pas le prix, et que le vendeur ne lui ait pas accordé un délai pour le paiement.

1613   34. Il ne sera pas non plus obligé à la délivrance, quand même il aurait accordé un délai pour le paiement, si, depuis la vente, l'acheteur est tombé en faillite ouverte ou en état de déconfiture, en sorte que le vendeur se trouve en danger imminent de perdre le prix, excepté que l'acheteur ne lui donne caution de payer au terme.

1614   35. La chose doit être délivrée en l'état où elle se trouve au moment de la vente.

Depuis ce jour, tous les fruits pendans appartiennent à l'acquéreur, quoique les fonds eussent été ensemencés par un tiers, si le vendeur ne les a réservés, sauf le recours de ce tiers contre le vendeur.

1615   36. L'obligation de livrer la chose comprend ses accessoires, les dépendances sans lesquelles elle serait inutile, et tout ce qui a été destiné à son usage perpétuel.

1616   37. Le vendeur est tenu de délivrer la contenance telle qu'elle est portée au contrat, sous les modifications ci-après exprimées.

1617   38. Si la vente d'un immeuble a été faite avec indication de la contenance à raison de tant la mesure, le vendeur est obligé délivrer à l'acquéreur, s'il l'exige, la quantité indiquée au contrat;

Et si la chose ne lui est pas possible, ou si l'acquéreur ne l'exige par, le vendeur est obligé de souffrir une diminution proportionnelle du prix.

39. Si au contraire, dans le cas de l'article précédent, il 1618 se trouve une contenance plus grande que celle exprimée au contrat, l'acquéreur a le choix de fournir le supplément du prix ou de se désister du contrat, si l'excédant est d'un dixième au-dessus de la contenance déclarée.

40. Dans tous les autres cas, 1619

Soit que la vente soit faite d'un corps certain et limité,

Soit qu'elle ait pour objet des fonds distincts et séparés,

Soit qu'elle commence par la mesure ou par la désignation de l'objet vendu suivi de la mesure,

L'expression de cette mesure ne donne lieu à aucun supplément de prix, en faveur du vendeur, pour l'excédant de mesure,

Ni, en faveur de l'acquéreur, à aucune diminution du prix pour moindre mesure,

Qu'autant que la différence de la mesure réelle à celle exprimée au contrat est d'un dixième en plus ou en moins, eu égard à la totalité des objets vendus, s'il n'y a stipulation contraire.

41. Dans le cas où, suivant l'article précédent, il y a lieu 1620 à augmentation de prix pour excédant de mesure, l'acquéreur a le choix de fournir le supplément, ou de se désister du contrat.

42. Dans tous les cas où l'acquéreur a le droit de se désister du contrat, le vendeur est tenu de lui restituer, outre 1621 le prix s'il l'a reçu, les frais de ce contrat.

43. L'action en supplément de prix de la part du vendeur, 1622

Et celle en diminution de prix, ou en résiliation du contrat de la part de l'acquéreur,

Doivent être intentées dans l'année, à compter du jour du contrat, à peine de déchéance.

44. S'il a été vendu deux fonds par le même contrat, 1623 avec expression de la mesure de chacun, et qu'il s'en trouve

moins en l'un et plus en l'autre, on fait compensation à concurrence; et l'action soit en supplément, soit en diminution du prix, n'a lieu que suivant les règles ci-dessus établies.

1624   45. La question de savoir.sur lequel, du vendeur ou de l'acquéreur, doit tomber la perte ou la détérioration de la chose vendue, avant la livraison, est jugée d'après les règles prescrites au titre II du présent livre.

SECTION II.

De la garantie.

1625   46. La garantie que le vendeur doit à l'acquéreur, a deux objets : le premier, est la possession paisible de la chose vendue; le second, les défauts cachés de cette chose, ou les vices redhibitoires.

DISTINCTION PREMIÈRE.

De la garantie en cas d'éviction.

1626   47. Quoique, lors de la vente, il n'ait été fait aucune stipulation sur la garantie, le vendeur est obligé, de droit, à garantir l'acquéreur de l'éviction qu'il souffre dans la totalité ou partie de l'objet vendu, ou des charges prétendues sur cet objet, et non déclarées lors de la vente.

1627   48. Les parties peuvent, par des conventions particulières, ajouter à cette obligation de droit ou en diminuer l'effet ; elles peuvent même convenir que le vendeur ne sera soumis à aucune garantie.

1628   49. Quoiqu'il soit dit que le vendeur ne sera soumis à aucune garantie, il demeure cependant tenu de celle qui résulte d'un fait qui lui est personnel ; et toute convention contraire est nulle.

1629   50. Dans le même cas de stipulation de non-garantie, le vendeur, en cas d'éviction, est tenu à la restitution du prix.

Excepté que l'acquéreur n'ait connu, lors de la vente,

le danger de l'éviction , et qu'il n'ait acheté à ses périls et risques.

51. Lorsque la garantie a été promise, ou qu'il n'a été rien stipulé à ce sujet, si l'acquéreur est évincé, il a droit de demander contre le vendeur, 1630

1°. La restitution du prix ;

2°. Celle des fruits, lorsqu'il est obligé de les rendre au propriétaire qui l'évince ;

3°. Tous les frais faits tant sur la demande en garantie de l'acheteur, que ceux faits par le demandeur originaire ;

4°. Enfin les dommages et intérêts lorsqu'il en a souffert au-delà du prix qu'il a payé.

52. Lorsqu'à l'époque de l'éviction, la chose vendue se trouve diminuée de valeur, ou considérablement détériorée, soit par la négligence de l'acheteur, soit par des accidens de force majeure, le vendeur n'en est pas moins tenu de restituer la totalité du prix. 1631

53. Si néanmoins les dégradations ont été faites par l'acquéreur, et qu'il en ait tiré un profit, le vendeur a le droit de retenir, sur le prix, la valeur à laquelle ces dégradations ont été estimées, au profit du propriétaire qui l'évince. 1632

54. Si la chose vendue se trouve avoir augmenté de prix à l'époque de l'éviction, indépendamment même du fait de l'acquéreur, le vendeur est tenu de lui payer ce qu'elle vaut au-dessus du prix de la vente.   - 1633

55. Le vendeur est tenu de rembourser, ou de faire rembourser à l'acquéreur, par celui qui l'évince, toutes les améliorations utiles qu'il aura faites au fonds. 1634

56. Si le vendeur avait vendu de mauvaise foi, et en connaissance de cause, le fonds d'autrui, il sera obligé de rembourser à l'acquéreur toutes les dépenses, même voluptuaires, que celui-ci aura faites au fonds. 1635

57. Si une partie seulement de la chose vendue est évincée, et qu'elle soit de telle conséquence relativement au 1636

tout, que l'acquéreur ne l'eût pas acheté sans la partie évincée, il peut faire résilier la vente.

1637   58. Si , dans le cas de l'éviction d'une partie de la chose, la vente n'est pas résiliée, la valeur de la partie évincée est remboursée à l'acquéreur suivant son estimation à l'époque de l'éviction, et non proportionnellement au prix total de la vente.

1638   59. Si l'héritage vendu se trouve grevé, sans qu'il en ait été fait de déclaration, de servitudes non apparentes, et qu'elles soient de telle importance, qu'il y ait lieu de présumer que l'acquéreur n'aurait pas acheté s'il en avait été instruit, il peut demander la résiliation du contrat, si mieux il n'aime se contenter d'une indemnité.

1639   60. Les autres questions auxquelles peuvent donner lieu les dommages et intérêts résultant, pour l'acquéreur, de l'inexécution de la vente, doivent être décidées suivant les règles générales établies au titre II du présent livre.

1640   61. La garantie pour cause d'éviction, cesse lorsque l'acquéreur s'est laissé condamner par un jugement en dernier ressort ou dont l'appel n'est plus recevable, sans appeler son vendeur, si celui-ci prouve qu'il existait des moyens suffisans pour faire rejeter la demande.

DISTINCTION II.

De la garantie des défauts de la chose vendue.

1641   62. Le vendeur est tenu de garantir les qualités nuisibles de la chose qu'il vend;

Et celles qui la rendent impropre à l'usage auquel on la destine,

Ou qui diminuent tellement cet usage, que l'acheteur ne l'aurait pas acquise, ou n'en aurait donné qu'un bien moindre prix, s'il les avait connues.

ap.—   Telles sont, le mauvais goût à l'égard des tonneaux, qui
1641   gâte la liqueur qu'on y met;

. Les trous et les taches des étoffes neuves;

La pourriture à l'égard des poutres ;

La pousse, la morve, la courbature, et la privation de la vue par intervalle, à l'égard des chevaux,

Et autres de cette espèce :

Le tout néanmoins suivant les circonstances et les usages des lieux.

63. Le vendeur n'est pas tenu des vices apparens et dont l'acheteur a pu se convaincre lui-même. 1642

64. Il est tenu des vices cachés, quand même il ne les aurait pas connus; excepté que, dans ce cas, il ait stipulé qu'il ne sera obligé à aucune garantie. 1643

65. L'acheteur a le choix de rendre la chose et de se faire restituer le prix, 1644

Ou de garder la chose et de se faire rendre une partie du prix, telle qu'elle sera arbitrée par experts.

66. Si le vendeur connaissait les vices de la chose, il est tenu, outre la restitution du prix qu'il en a reçu, de tous les dommages et intérêts de l'acheteur, même des pertes que le vice de la chose a pu lui causer. 1645

67. Si le vendeur ignorait les vices de la chose, il ne sera tenu qu'à la restitution du prix, et à rembourser à l'acquéreur les frais occasionnés par la vente. 1646

68. Si la chose a péri par cas fortuit, ou par suite de sa mauvaise qualité, la perte est pour le vendeur; et il n'en sera pas moins tenu, envers l'acheteur, à la restitution du prix, et aux autres dédommagemens expliqués dans les deux articles précédens. 1647

69. L'action résultant des vices redhibitoires, doit être intentée par l'acquéreur dans un bref délai, suivant la nature du vice redhibitoire, et l'usage du lieu où a été faite la vente. 1648

70. Elle n'a pas lieu dans les ventes faites par autorité de justice. 1649

CHAPITRE V.

Des obligations de l'acheteur.

1650   71. La principale obligation de l'acheteur est de payer le prix au jour et au lieu réglés par la vente.

1651   72. S'il n'a rien été réglé à cet égard lors de la vente, l'acheteur doit payer au temps et au lieu où doit se faire la délivrance.

1652   73. L'acheteur doit l'intérêt du prix de la vente jusqu'au paiement du capital, dans les trois cas suivans :

S'il a été ainsi convenu lors de la vente ;

Si la chose vendue produit des fruits ou autres revenus ;

Et s'il a été sommé judiciairement de payer.

Dans ce dernier cas, l'intérêt ne court que depuis l'interpellation judiciaire.

1653   74. Si l'acheteur est troublé par une action soit hypothécaire, soit en revendication, il peut suspendre le paiement du prix jusqu'à ce que le vendeur ait fait cesser le trouble, si mieux celui-ci n'aime donner caution.

1654   75. Si l'acheteur ne paie pas le prix, le vendeur peut demander la résolution de la vente.

1655   76. La résolution de la vente est prononcée de suite, s'il y a danger que le vendeur ne perde la chose et le prix.

Si ce danger n'existe pas, le juge peut accorder à l'acquéreur un délai plus ou moins long, suivant les circonstances.

Et ce délai passé sans que l'acquéreur ait payé, la résolution de la vente sera prononcée.

1656   77. S'il a été stipulé, lors de la vente, que, faute de paiement du prix dans le terme convenu, la vente serait résolue de plein droit, l'acquéreur peut néanmoins faire des offres réelles de payer le prix après l'expiration du délai, tant qu'il n'a pas été mis en demeure par une sommation ; mais après cette sommation, le juge ne peut pas lui accorder de délai.

tit. 6
fin du
chap. 5   78. Le privilège du vendeur sur la chose vendue, et les

cas où il peut la revendiquer à défaut de paiement, sont expliqués au titre VI du présent livre.

CHAPITRE VI.

De la nullité et de la résolution de la vente.

79. Indépendamment des causes de nullité ou de résolu- 1638
tion déjà expliquées dans ce titre, et de celles qui sont communes à toutes les conventions, le contrat de vente peut
être résolu par l'usage de la faculté de rachat, et par la
vilité du prix.

SECTION PREMIÈRE.

De la faculté de rachat.

80. La faculté de rachat est un pacte par lequel le ven- 1659
deur se réserve de reprendre la chose vendue en en rendant
le prix.

81. La faculté de rachat ne peut être stipulée pour un 1660
terme excédant dix années.

Si elle a été stipulée pour un terme plus long, elle est réduite à ce terme.

82. Le terme fixé est de rigueur, et ne peut être prolongé 1661
par le juge.

83. Faute par le vendeur d'avoir exercé son action de 1662
réméré dans le terme prescrit, il en est déchu, et l'acquéreur demeure propriétaire irrévocable.

84. Le délai court contre toutes personnes, même contre 1663
le mineur, sans espérance de restitution.

85. Le vendeur à pacte de rachat peut l'exercer contre 1664
un second acquéreur, quand même la faculté de réméré
n'aurait pas été déclarée dans le second contrat.

86. L'acquéreur à pacte de rachat exerce tous les droits 1665
de son vendeur; il peut prescrire tant contre le véritable
maître que contre ceux qui prétendraient des droits ou hypothèques sur la chose vendue.

87. Il peut opposer le bénéfice de discussion aux créan- 1666
ciers de son vendeur.

1667   88. Si l'acquéreur à pacte de réméré d'une partie indivise d'un héritage, s'est rendu adjudicataire du total,
sur une licitation provoquée contre lui, il peut obliger le
vendeur à retirer le tout, lorsque celui-ci veut user du
pacte.

1668   89. Si plusieurs ont vendu conjointement et par un seul
contrat un héritage commun entre eux, chacun ne peut
exercer l'action en réméré que pour la part qu'il y avait.

1669   90. Il en est de même si celui qui a vendu seul un héritage a laissé plusieurs cohéritiers.

Chacun de ces cohéritiers ne peut user de la faculté de
rachat que pour la part pour laquelle il est héritier.

1670   91. Mais dans le cas des deux articles précédens, l'acquéreur peut exiger, s'il le juge à propos, que tous les coven-
deurs ou tous les cohéritiers soient mis en cause, afin de
se concilier entre eux pour la reprise de l'héritage entier;
faute de ce, il sera renvoyé de la demande.

1671   92. Si la vente d'un héritage appartenant à plusieurs n'a
pas été faite conjointement et de tout l'héritage ensemble,
et que chacun n'ait vendu que la part qu'il y avait, ils peuvent séparément exercer l'action en réméré sur la portion
qui leur appartenait;

Et l'acquéreur ne peut forcer celui qui l'exercera de cette
manière, à retirer le tout.

1672   93. Si l'acquéreur a laissé plusieurs héritiers, l'action en
réméré ne peut être exercée contre chacun d'eux que pour
sa part, dans le cas où elle est encore indivise, et dans celui
où la chose vendue a été partagée entre eux.

Mais s'il y a eu partage de l'hérédité, ou que la chose
vendue soit échue au lot de l'un des héritiers, l'action en
réméré peut être intentée contre lui pour le tout.

ap.—   94. Les créanciers du vendeur ne peuvent user de la fa-
1672   culté de réméré qu'il s'est réservée.

ib. et   95. Lorsque le vendeur fait usage de la faculté de réméré,
fin de
1673   les fruits pendans par les racines lui appartiennent à comp-

ter du jour où il a remboursé ou consigné le prix, s'il n'y a stipulation contraire.

96. Le vendeur qui use du pacte de rachat, doit rembourser non-seulement le prix principal, mais encore les frais et loyaux coûts de la vente, les réparations nécessaires, et celles qui ont augmenté la valeur du fonds, jusqu'à concurrence de cette augmentation. 1673

97. Lorsque le vendeur rentre dans son héritage par l'effet du pacte de rachat, il le reprend exempt de toutes les charges et hypothèques dont l'acquéreur l'aurait grevé, pourvu que le vendeur y rentre dans les dix ans fixés par l'article 81. ib.

Si le vendeur y rentre après les dix ans, du consentement de l'acquéreur, l'héritage demeure grevé de toutes les charges et hypothèques créées par l'acquéreur. ap.— 1673

SECTION II.

De la rescision de la vente pour cause de lésion.

98. Si le vendeur a été lésé de plus de moitié dans le prix d'un immeuble, il a le droit de demander la rescision de la vente, 1674

Quand même il aurait expressément renoncé, dans le contrat, à la faculté de demander cette rescision,

Et qu'il aurait déclaré donner la plus-value.

99. Pour savoir s'il y a lésion d'outre-moitié, il faut estimer l'immeuble suivant son état et sa valeur au temps de la vente. 1675

100. Si l'immeuble se trouve vendu à moins de la moitié du juste prix, l'acquéreur a le choix ou de rendre la chose en retirant le prix qu'il en a payé, ou de parfaire le juste prix et de garder la chose. 1681

101. Si l'acquéreur opte de garder la chose en suppléant le juste prix, il doit l'intérêt du supplément du jour de la demande en rescision. 1682

S'il préfère de la rendre et de recevoir le prix, il rend les fruits du jour de la demande;

Et l'intérêt du prix qu'il a payé lui est aussi compté du jour de la même demande.

1633   102. La rescision pour lésion d'outre-moitié n'a pas lieu en faveur de l'acheteur.

ap.— 1684   103. Elle n'a pas lieu,

En vente de meubles ou de fruits,

Ni en vente d'hérédité ou de droits successifs, faite à un étranger,

Ni en vente de créance.

ib. et 1676   104. L'action pour se faire restituer doit être exercée dans les quatre ans.

Les quatre ans courent, relativement aux mineurs, du jour de la majorité;

Et quant aux majeurs, du jour de l'acte de vente.

ib.   105. Le délai court et n'est pas suspendu pendant la durée du terme stipulé pour le pacte de rachat.

1685   106. Les règles expliquées dans la section précédente pour les cas où plusieurs ont vendu conjointement ou séparément,

Et pour celui où le vendeur ou l'acheteur ont laissé plusieurs héritiers,

Sont pareillement observées pour l'exercice de l'action en rescision.

CHAPITRE VII.

De la licitation.

1686   107. Si une chose commune à plusieurs ne peut être partagée commodément et sans perte,

Ou si, dans un partage fait de gré à gré de biens communs, il s'en trouve quelques-uns qu'aucun des copartageans ne puisse ou ne veuille prendre,

La vente s'en fait aux enchères, et le prix en est partagé entre les copropriétaires.

108. Chacun des copropriétaires est le maître de deman- 1687
der que les étrangers soient appelés à la licitation.

109. Le mode et les formalités à observer pour la lici- 1688
tation, sont expliqués au titre *des successions* et au *Code
judiciaire.*

CHAPITRE VIII.

Du transport des créances et autres droits incorporels.

110. Dans le transport d'une créance, droit ou action sur 1689
un tiers, la délivrance s'opère, entre le cédant et le cessionnaire, par la remise du titre.

111. Cependant, jusqu'à ce que le cessionnaire ait si- 1691
gnifié le transport au débiteur, celui-ci peut valablement se
libérer envers le cédant;

Mais la créance ne peut plus être saisie par les créan- 1690
ciers du cédant qui a été exproprié par le fait de son consentement.

112. Celui qui vend une créance ou autre droit incorporel, 1693
doit en garantir l'existence au temps du transport, quoiqu'il
soit fait sans garantie.

113. Il ne répond de la solvabilité du débiteur que lors- 1694
qu'il s'y est engagé.

114. Lorsqu'il a promis la garantie de la solvabilité du 1695
débiteur, cette promesse ne s'entend que de la solvabilité
actuelle, et ne s'étend pas au temps à venir, si le cédant ne
l'a expressément stipulé.

115. Celui qui vend une hérédité sans en spécifier en 1696
détail les objets, n'est tenu de garantir que sa qualité
d'héritier.

116. S'il avait déjà profité du fruit de quelque fonds, ou 1697
reçu le montant de quelque créance appartenant à cette hérédité, il est tenu de les rembourser à l'acquéreur, s'il ne
les a expressément réservés lors de la vente.

117. Celui contre lequel on a cédé un droit litigieux, 1699
peut s'en faire tenir quitte par le cessionnaire, en lui rem-

boursant le prix réel de la cession, avec les intérêts depuis sa date.

1700   118. La chose est censée litigieuse dès qu'il y a procès et contestation sur le fond du droit.

1701   119. La disposition portée en l'article 117 cesse,

1º. Dans le cas où la cession a été faite à un cohéritier ou copropriétaire du droit cédé ;

2º. Lorsqu'elle a été faite à un créancier en paiement de ce qui lui est dû ;

3º. Lorsqu'elle a été faite au possesseur de l'héritage sujet au droit litigieux.

TITRE XII.

De l'échange.

1702   ART. 1ᵉʳ. L'échange est un contrat par lequel les parties se donnent respectivement une chose pour une autre, quelle qu'elle soit, hors l'argent monnoyé ; car alors ce serait une vente.

1703   2. L'échange s'opère par le seul consentement.

1704   3. Si l'un des échangeurs a déjà reçu la chose à lui donnée en échange, et qu'il apprenne ensuite que l'autre contractant n'est pas propriétaire de cette chose, il ne peut pas être forcé à livrer celle qu'il a promise en contre-échange, mais seulement à rendre celle qu'il a reçue.

1705   4. Le copermutant qui est évincé de la chose qu'il a reçue en échange, a le choix de conclure à des dommages et intérêts, ou de répéter sa chose.

1706   5. La rescision, pour cause de lésion, n'a pas lieu dans le contrat d'échange, excepté dans les deux cas suivans :

ap.—
1706   6. 1º. La rescision pour cause de lésion d'outre-moitié, a lieu lorsque l'un donne un immeuble à l'autre en échange de meubles ou effets mobiliers.

Dans ce cas, celui qui donne l'immeuble peut être restitué, si les effets mobiliers qu'il a reçus ne valent pas la moitié de l'immeuble qu'il a donné.

Mais celui qui a donné les effets mobiliers ne peut pas être restitué, quoiqu'ils vaillent plus du double de l'immeuble qu'il a reçu.

7. 2°. La rescision pour lésion d'outre-moitié, a encore lieu dans l'échange, $\qquad$ ap.—1706

S'il y a eu une soulte en argent ou en effets mobiliers, et que cette soulte excède de plus de moitié la valeur de l'immeuble cédé en échange, par celui à qui la soulte est payée.

Dans ce cas, la voie de la rescision pour lésion, ne peut appartenir qu'à celui qui a reçu la soulte.

8. Toutes les autres règles prescrites pour le contrat de vente, s'appliquent d'ailleurs à l'échange; $\qquad$ 1707

Et, dans ce dernier contrat, chacune des parties est respectivement acheteur et vendeur. $\qquad$ ap.—1707

TITRE XIII.

Du louage.

DISPOSITIONS GÉNÉRALES.

Art. 1er. Il y a deux sortes de contrats de louage; $\qquad$ 1708
Celui des choses,
Et celui d'ouvrage.

2. Le louage des choses est un contrat par lequel l'un s'oblige de faire jouir l'autre d'une chose pendant un certain temps, et moyennant un certain prix que celui-ci s'oblige de lui payer. $\qquad$ 1709

3. Le louage d'ouvrage est un contrat par lequel l'une des parties donne quelque chose à faire à l'autre, moyennant un prix convenu entre elles. $\qquad$ 1710

4. Ces deux genres de louage se subdivisent encore en plusieurs espèces particulières. $\qquad$ 1711

On appelle *bail à loyer*, le louage des maisons et celui des meubles;

Bail à ferme, celui des héritages ruraux;

Loyer simplement, le louage du travail;

Bail à cheptel, celui des animaux dont le profit se partage entre le propriétaire et celui à qui il les confie;

Devis, *marché* ou *prix fait*, l'entreprise d'un ouvrage moyennant un prix déterminé.

Ces trois dernières espèces ne sont comprises dans le louage que dans un sens très-étendu : elles ont des règles particulières qui seront expliquées à leur place.

1712   5. Les baux des biens nationaux, de ceux des communes et des établissemens publics, sont soumis à des réglemens dont il n'est pas ici question.

CHAPITRE PREMIER.

Du louage des choses.

1713   6. On peut louer toute sorte de biens, meubles et immeubles,

ap.—
1713   Excepté ceux qui se consument par l'usage seul qu'on en fait.

SECTION PREMIÈRE.

De la forme et de la durée des baux.

1714   7. On peut louer ou par écrit, ou verbalement.

1715   8. Si le bail fait sans écrit n'a encore reçu aucune exécution, et que l'une des parties le nie,

La preuve n'en peut être reçue par témoins,

Quelque modique qu'en soit le prix, et quoiqu'on allègue qu'il y a eu des arrhes données.

L'affirmation peut seulement être déférée à celui qui nie le bail.

1716   9. S'il y a contestation sur le prix du bail verbal dont l'exécution a commencé, et qu'il n'y ait pas de quittance, le propriétaire en sera cru sur son affirmation ;

Si mieux n'aime le locataire demander l'estimation par un expert; auquel cas, les frais de l'expertise restent à sa charge, si elle excède le prix qu'il a déclaré.

1717   10. Le preneur a le droit de sous-louer et même de céder son bail à un autre, si cette faculté ne lui a pas été interdite.

11. Si le contrat porte la clause que le preneur ne pourra céder son bail ni sous-louer à un autre, son effet se détermine d'après les distinctions suivantes. <small>ap.—1717</small>

12. S'il s'agit d'un bien rural ou d'une usine, la clause prohibitive doit être exécutée selon sa teneur. <small>ib.</small>

Le preneur ne peut pas même sous-louer, quoique le bail ne lui interdise que de céder.

13. Si le bail n'a pour objet qu'une maison d'habitation entière, et qu'il porte simplement la prohibition de le céder à un autre, le locataire peut en sous-louer une partie. <small>ib.</small>

14. La clause prohibitive soit de céder le bail d'une maison ou d'un appartement, soit d'en sous-louer une partie, ne donne au propriétaire, en cas de contravention, que le droit de demander la résiliation du bail; <small>ib.</small>

Si mieux il n'aime accepter le nouveau locataire qui lui est offert, à la charge par le premier de demeurer son garant.

15. Si le propriétaire préfère la résiliation, le locataire est condamné à payer le prix du bail pendant le temps nécessaire pour la relocation, suivant l'usage des lieux. <small>ib.</small>

16. Les baux des biens des mineurs et de ceux des femmes mariées, ne peuvent être faits que conformément aux règles particulières qui les concernent. <small>1718</small>

17. La durée et les clauses des autres baux sont purement conventionnelles. <small>ap.—1718</small>

18. Si le bail a été fait sans écrit, sa durée est présumée convenue d'après les règles ci-après. <small>1736</small>

19. S'il s'agit d'une maison d'habitation, ou d'un appartement dans ladite maison, le bail n'a d'autre durée que la volonté commune des parties. <small>ib.</small>

Mais elles ne peuvent s'en départir qu'en se donnant préalablement un avertissement par lequel l'une d'elles déclare que son intention est de le terminer.

II.

23

Cet avertissement ou congé doit se donner au temps d'avance et de la manière établie par l'usage des lieux.

1757—
1758   20. Le bail de meubles ou d'un appartement meublé est censé fait à l'année quand il a été fait à tant par an ;

Au mois, quand il a été fait à tant par mois ;

Au jour, s'il a été fait à tant par jour.

1774   21. Le bail sans écrit d'un fonds rural, est censé fait pour le temps qui est nécessaire afin que le preneur recueille tous les fruits de l'héritage affermé.

Ainsi, le bail à ferme d'un pré, d'une vigne et tout autre fonds dont les fruits se recueillent en entier tous les ans, est censé fait pour un an.

Le bail des terres labourables, lorsqu'elles se divisent par soles ou saisons, est censé fait pour autant d'années qu'il y a de soles.

Mais le bail d'un bois taillis, lors même qu'il se partage en plusieurs coupes, n'est censé fait que pour une coupe.

1737   22. Le bail cesse de plein droit à l'expiration du terme fixé, tant à l'égard des maisons que des fonds de terre, lorsqu'il a été fait par écrit.

1775   23. Le bail des héritages ruraux, quoique fait sans écrit, cesse aussi de plein droit à l'expiration du temps pour lequel il est censé fait, suivant l'article 21.

1736   24. Mais si le bail d'une maison ou d'un appartement a été fait sans écrit, il est censé prolongé jusqu'à ce que l'une des parties donne à l'autre le congé mentionné en l'article 19.

1738—
1776   25. Si, après l'expiration du bail d'un héritage rural, le fermier continue la jouissance au-delà du délai usité dans le lieu pour sa sortie, sans qu'il y ait aucune diligence de la part du bailleur ou d'un nouveau fermier pour le contraindre à sortir, le bail se prolonge aux prix, clauses et conditions prescrits par celui qui est expiré, mais seulement pour le temps expliqué en l'article 21.

1738—
1759   26. Si le locataire d'une maison ou d'un appartement continue de même sa jouissance après l'expiration du bail

par écrit, sans opposition de la part du bailleur, il sera censé les occuper, aux mêmes conditions, pour le terme fixé par l'usage des lieux, et ne pourra plus en sortir ni en être expulsé, qu'après un congé donné de la manière prescrite en l'article 21. *19.*

27. Dans le cas des deux articles précédens, la caution donnée pour le bail ne s'étend pas aux obligations résultant de la prolongation. 1740

SECTION II.

Des obligations du bailleur.

28. Le bailleur est obligé par la nature du contrat, et sans qu'il soit besoin d'aucune stipulation particulière, 1719

1°. De délivrer au preneur la chose louée ;

2°. D'entretenir cette chose en état de servir à l'usage pour lequel elle a été louée ;

3°. D'en faire jouir paisiblement le preneur pendant la durée du bail.

29. Le bailleur est tenu de délivrer la chose en bon état de réparations de toute espèce. 1720

Il doit y faire, pendant la durée du bail, toutes les réparations qui peuvent devenir nécessaires, autres que les locatives.

30. Il doit la garantie au preneur, pour tous les vices ou défauts de la chose louée qui en empêche l'usage, quand même il ne les aurait pas connus lors du bail. 1721

S'il résulte de ces vices ou défauts quelque perte pour le preneur, le bailleur est tenu de l'en indemniser.

31. Si, pendant la durée du bail, la chose louée est détruite en tout ou en partie par cas fortuit, le preneur peut, suivant les circonstances, demander ou une diminution de prix, ou la résiliation même du bail ; mais sans aucun autre dédommagement. 1722

32. Le bailleur ne peut, pendant la durée du bail, changer la forme de la chose louée. 1723

23.

1724   33. Si, durant le bail, la chose louée a besoin de réparations urgentes, et qui ne puissent être différées jusqu'à sa fin, le preneur doit les souffrir, quelque incommodité qu'elles lui causent, et quoiqu'il soit privé, pendant qu'elles se font, d'une partie de la chose louée.

   Mais si ces réparations durent plus de quatre décades, le prix du bail sera diminué à concurrence du temps et de la partie de la chose louée dont il aura été privé.

1765   34. Si, dans un bail à ferme, on donne aux fonds une contenance plus grande que celle qu'ils ont réellement, il n'y a lieu à diminution de prix pour le preneur, que dans les cas et suivant les règles exprimés au contrat de vente.

1725   35. Le bailleur n'est pas tenu de garantir le preneur du trouble que des tiers apportent par voie de fait à sa jouissance, sans prétendre d'ailleurs aucun droit sur la chose louée; sauf au preneur à les poursuivre en son nom, et à demander même, s'il y échet, une diminution du prix à raison de ces voies de fait, suivant ce qui est dit en l'article 75 ci-après.

1727   36. Si ceux qui ont commis les voies de fait, prétendent avoir quelque droit sur la chose louée, ou si le preneur est lui-même cité en justice pour se voir condamner au délaissement de la totalité ou de partie de cette chose, ou à souffrir l'exercice de quelque servitude, il doit appeler le bailleur à sa garantie, et doit être mis hors d'instance, s'il l'exige, en nommant le bailleur pour lequel il possède.

SECTION III.

Des obligations du preneur.

1728   37. Le preneur est tenu de deux obligations principales :

1°. D'user de la chose louée, en bon père de famille, et suivant la destination qui lui a été donnée par le bail;

2°. De payer le prix du bail aux termes convenus.

1729   38. Si le preneur emploie la chose louée à un autre usage que celui auquel elle a été destinée, ou dont il puisse résulter un dommage pour le bailleur, celui-ci peut demander la résiliation du bail.

Le preneur est condamné à en payer le prix pendant le temps nécessaire pour la relocation, et aux dommages et intérêts qui ont pu résulter de l'abus pour le propriétaire. *ap.—1729*

39. Le preneur peut encore être expulsé à défaut de paiement du prix du bail. *ib.*

40. Le locataire qui ne garnit pas la maison de meubles suffisans, peut être expulsé; à moins qu'il ne donne des sûretés capables de répondre des loyers. *1752*

41. Le propriétaire d'un héritage rural peut aussi demander la résiliation du bail, si le fermier ne le garnit pas des bestiaux et des ustensiles nécessaires à son exploitation, ou s'il abandonne la culture. *1766*

42. A moins de clause contraire, le preneur est tenu des réparations locatives ou de menu entretien. *1754*

43. Les réparations sont celles qui deviennent nécessaires *ib.* pendant la durée du bail,

Aux âtres, contre-cœurs, chambranles et tablettes des cheminées;

Au récrépiment du bas des murailles des appartemens;

Aux pavés et carreaux des chambres, lorsqu'il y en a seulement quelques-uns de cassés, et que tout le pavé en général n'est pas devenu mauvais par vétusté;

Aux vitres, excepté qu'elles ne soient cassées par la grêle;

Aux portes, croisées, planches de cloison ou de fermeture des boutiques, gonds, targettes et serrures, lorsqu'il en manque, ou qu'elles ont été détachées par violence, ou cassées et endommagées autrement que par vétusté; ou par leur mauvaise qualité; *1755*

Et autres désignées par l'usage des lieux. *1754*

44. Le curement des puits est encore une réparation locative, mais non celui des fosses d'aisance. *1756*

45. S'il a été fait un état des lieux entre le bailleur et le preneur au commencement du bail, le preneur doit rendre *1730*

la chose telle qu'il l'a reçue suivant cet état, excepté ce qui a péri ou a été dégradé par vétusté ou force majeure.

1731 46. S'il n'a pas été fait d'état des lieux, le preneur est présumé les avoir reçus en bon état, et doit les rendre tels.

1732 47. Le preneur n'est tenu que des dégradations et des pertes qui arrivent par sa faute.

1735 48. Il répond cependant de celles qui arrivent par le fait des personnes de sa maison, ou des sous-locataires qu'il y place.

1733 49. Il répond de l'incendie, à moins qu'il ne prouve qu'il est arrivé par cas fortuit ou force majeure,

Ou par un vice de construction de la cheminée,

Ou qu'il a été communiqué par une maison voisine.

1734 50. S'il y a plusieurs locataires dans la maison, tous sont solidairement responsables de l'incendie;

Excepté qu'ils ne prouvent que l'incendie a commencé dans l'habitation de l'un d'eux, auquel cas celui-là seul en est tenu;

Ou que quelques-uns ne prouvent que l'incendie n'a pu commencer chez eux, auquel cas ceux-là n'en sont pas tenus.

1768 51. Le fermier d'un bien rural est tenu d'empêcher les usurpations qui peuvent être commises sur les fonds, ou d'en avertir le propriétaire, à peine d'en répondre.

SECTION IV.

De la résolution du louage.

1741 52. Le contrat de louage se résout par la perte de la chose louée, et par le défaut respectif du bailleur et du preneur, de remplir leurs engagemens, ainsi qu'il est expliqué dans les sections précédentes.

ap.— 53. Le bail passé par un usufruitier finit avec l'usufruit.
1741 Le preneur n'a aucune indemnité à réclamer des héritiers du bailleur, si celui-ci lui a fait connaître le titre de sa jouissance.

54. Le contrat de louage n'est point résolu par la mort 1742 du bailleur, ni par celle du preneur.

Les héritiers sont respectivement tenus des mêmes obligations.

55. Le bailleur ne peut résoudre la location, encore qu'il 1761 déclare vouloir occuper par lui-même la maison louée, s'il n'y a eu convention contraire.

56. Si le bailleur vend la chose louée, l'acquéreur ne peut 1743 expulser le fermier ou locataire, à moins que la réserve n'en ait été faite dans le contrat de bail.

57. S'il a été convenu dans le contrat de louage que le 1762 bailleur pourrait venir occuper la maison, il ne doit, le cas arrivant, aucuns dommages et intérêts au locataire, s'il n'y a eu convention contraire.

Seulement, il doit lui signifier un congé au temps d'avance usité dans le lieu.

58. S'il a été convenu, lors du bail, qu'en cas de vente 1744 l'acquéreur pourrait expulser le fermier ou locataire, et qu'il n'ait été fait aucune stipulation sur les dommages et intérêts, le bailleur est tenu d'indemniser le fermier ou le locataire de la manière suivante.

59. S'il s'agit d'une maison, appartement ou boutique, 1745 le bailleur paie, à titre de dommages et intérêts, au locataire évincé, une somme égale au prix du loyer, pendant le temps qui, suivant l'usage des lieux, est accordé entre le congé et la sortie.

60. S'il s'agit de biens ruraux, l'indemnité que le bailleur 1746 doit payer au fermier, se règle par experts.

61. L'acquéreur qui veut user de la faculté réservée par 1748 le bail, est, en outre, tenu d'avertir le locataire au temps d'avance usité dans le lieu pour les congés;

Et le fermier de biens ruraux, au moins un an à l'avance, afin que celui-ci sorte à pareils mois et jour que ceux auxquels son bail aurait fini.

62. Si le bail est fait par acte public, ou à une date cer- 1749

taine, le fermier ou le locataire ne peuvent être expulsés, qu'ils ne soient payés par le bailleur, ou, à son défaut, et après discussion de ses biens, par le nouvel acquéreur, des dommages et intérêts ci-dessus expliqués, et de toutes les autres reprises qu'ils peuvent avoir.

1750   63. Quoique le bail ne soit fait que par acte privé, et n'ait pas une date certaine, le bailleur n'en est pas moins tenu d'indemniser le fermier ou locataire.

Mais ceux-ci n'ont aucun recours contre l'acquéreur, et ne peuvent point se maintenir en jouissance de la chose louée, jusqu'au paiement de leurs dommages et intérêts et autres reprises.

1751   64. Dans le cas expliqué en l'article 56, l'acquéreur à pacte de rachat ne peut user de la faculté d'expulser le preneur, jusqu'à ce que, par l'expiration du délai fixé pour le réméré, il devienne propriétaire incommutable.

SECTION V.

Des règles particulières à la ferme des biens ruraux.

1777   65. Le fermier doit, la dernière année du bail, laisser à celui qui lui succède dans la culture, la facilité et les logemens nécessaires pour les travaux de l'année suivante, selon l'usage des lieux.

1778   66. Il doit aussi laisser les pailles et engrais de l'année, s'il les a reçus lors de son entrée en jouissance.

av. —   67. Le fermier a droit de demander une remise sur les
1769   prix de ferme, à raison des cas fortuits qui lui enlèvent la totalité ou partie des récoltes, d'après les règles qui suivent.

1770   68. Si le bail n'est que d'une année, et que la perte soit ou totale, ou, du moins, de moitié des fruits, le fermier sera déchargé d'une partie correspondante du prix de ferme.

Il ne pourra point prétendre de remise si la perte est moindre de moitié.

1769   69. Si le bail est pour plusieurs années, et qu'il arrive, dans quelqu'une de ces années, des cas fortuits qui enlèvent ou la totalité ou du moins la moitié de la récolte, leur effet sera réglé d'après la distinction suivante.

70. Si le cas fortuit arrive après plusieurs années écoulées du bail, on vérifie si le fermier est récompensé par les récoltes précédentes. 1769

71. Si le cas fortuit arrive ou dans les premières années, ou vers la fin du bail, ou si, arrivant après plusieurs années écoulées, le fermier ne se trouve pas récompensé par les récoltes précédentes, on attend la fin du bail pour faire la compensation de toutes les années; ib.

Et cependant le juge peut, provisoirement, dispenser le fermier de payer une partie du prix correspondante à la perte qu'il a soufferte.

72. Le fermier ne peut obtenir de remise lorsque la perte des fruits arrive après qu'ils sont séparés de la terre; excepté que le bail ne donne au propriétaire une quotité de la récolte, telle que la moitié ou le tiers, en nature; auquel cas, le propriétaire doit supporter sa part de la perte, pourvu que le fermier ne fût pas en demeure de lui délivrer sa portion de récolte. 1771

73. Le fermier peut renoncer aux cas fortuits. 1772

74. Cette renonciation ne s'entend que des cas fortuits ordinaires, tels que grêle, gelée ou coulure. 1773

Elle ne s'entend point des cas fortuits extraordinaires, tels que les ravages de la guerre, ou une inondation, auxquels le pays n'est pas ordinairement sujet; excepté que le fermier n'ait renoncé à tous cas fortuits, prévus ou imprévus.

75. Si le fermier a été empêché de jouir d'une partie du fonds, le propriétaire lui doit toujours un rabais proportionné sur le prix de ferme. ap.— 1779

76. Le colon partiaire n'a point d'indemnité à demander pour son travail, à raison des cas fortuits qui enlèvent les récoltes. ib.

CHAPITRE II.

Du bail à cheptel.

DISPOSITIONS GÉNÉRALES.

1800   77. Le bail à cheptel est un contrat par lequel l'une des parties donne à l'autre un fonds de bétail pour le garder, le nourrir et le soigner, sous les conditions convenues entre elles.

1801   78. Il y a trois espèces de cheptels :

Le cheptel simple ou ordinaire,

Le cheptel à moitié,

Et celui donné au fermier ou au colon partiaire.

1802   79. On peut donner à cheptel toute espèce d'animaux, susceptible de croît ou de profit, pour l'agriculture ou le commerce.

1803   80. Pour la décision des contestations que ce contrat peut faire naître, le juge prend pour règle les conventions particulières des parties, quand elles n'ont rien d'illicite.

A défaut de conventions particulières, il se règle par les principes qui suivent.

SECTION PREMIÈRE.

Du cheptel simple.

1804   81. Le cheptel simple est un contrat par lequel l'un donne à l'autre des bestiaux à garder, nourrir et soigner, à condition que celui-ci profitera de la moitié du croît, et qu'il supportera aussi la moitié de la perte.

1805   82. Le cheptel est estimé dans le bail, pour fixer la perte ou le profit qui pourront se trouver à son expiration.

Mais le bailleur n'en demeure pas moins propriétaire du cheptel.

1806   83. Le preneur doit les soins d'un bon père de famille à la conservation du cheptel.

1807   84. Il est tenu de la perte arrivée par cas fortuit, si le cas fortuit a été précédé de quelque faute de sa part.

85. En cas de contestation sur la cause de la perte du 1808—
cheptel, c'est au bailleur à prouver qu'il a péri par la faute 1809
du preneur; pourvu que celui-ci représente les peaux des
bêtes mortes.

86. Si le cheptel périt en entier sans la faute du pre- 1810
neur, la perte en est pour le bailleur, à moins de convention contraire.

S'il n'en périt qu'une partie, la perte est supportée en
commun.

87. On ne peut stipuler que le preneur supportera la 1811
perte totale du cheptel, quoique arrivée par cas fortuit et
sans sa faute;

Ou qu'il supportera, dans la perte, une part plus grande
que dans le profit;

Ou que le bailleur prélevera, à la fin du bail, quelque
chose de plus que le cheptel qu'il a fourni.

Toute convention semblable est nulle.

88. Le preneur profite seul des laitages, du fumier, et ib.
du travail des animaux donnés à cheptel.

La laine et le croît se partagent.

89. Le preneur ne peut disposer d'aucune bête du trou- 1812
peau, sans le consentement du bailleur.

Si, néanmoins, après une sommation faite par le preneur ap.—
au bailleur, celui-ci refuse son consentement à une vente 1812
avantageuse, le preneur pourra se pourvoir contre lui en
dommages et intérêts.

90. Si le preneur vend des bêtes du cheptel sans le con- ib.
sentement du bailleur, celui-ci peut les revendiquer des
mains de l'acheteur ou autre tiers possesseur; pourvu que
le cheptel soit prouvé par un acte authentique, ou devenu
authentique avant la vente.

91. Si, dans le cas de l'article précédent, la vente a été ib.
faite d'autorité de justice, le bailleur ne pourra point revendiquer le cheptel; à moins qu'il n'ait formé son opposition à la vente.

ap.—
1812 92. Si, dans le même cas, la vente a été faite dans une foire ou dans un marché, le bailleur ne pourra revendiquer le cheptel qu'en remboursant à l'acheteur le prix de la vente.

1813 93. Lorsque le cheptel est donné au fermier d'autrui, il doit être notifié au propriétaire de qui ce fermier tient; sans quoi il peut le saisir et le faire vendre pour ce que son fermier lui doit.

1814 94. Il est défendu au preneur de tirer, des bêtes à laine, aucune laine avant le temps de la toison, sans le consentement du bailleur, à peine de trois francs de dommages et intérêts, pour chaque bête tondue, au profit du bailleur.

1815 95. S'il n'y a pas de temps fixé, par la convention, pour la durée du cheptel, il est censé fait pour trois ans.

1816 96. Le bailleur peut en demander plus tôt la résolution, si le preneur ne remplit pas ses obligations.

1817 97. A la fin, ou lors de la résolution du bail, il se fait une nouvelle estimation du cheptel.

Le bailleur prélève ensuite autant de bêtes de chaque espèce qu'il en a fourni, si ce nombre se trouve, ou s'il y a de l'excédant.

Si ce nombre prélevé est estimé valoir plus que le cheptel originaire, le bailleur paie au preneur sa moitié du profit.

S'il est moins estimé, le preneur paie au bailleur la moitié de la perte.

Si le nombre originaire du cheptel ne se trouve plus, le bailleur prend toujours ce qui en reste, et les parties se font raison du profit ou de la perte, suivant la nouvelle estimation.

S'il y a du croît, il se partage entre le bailleur et le preneur.

SECTION II.

Du cheptel à moitié.

1818 98. Le cheptel à moitié est une société dans laquelle chacun des contractans fournit la moitié des bestiaux, qui demeurent communs pour le profit, ou pour la perte, même totale.

99. Le preneur profite seul, comme dans le cheptel 1819 simple, des laitages, du fumier et des travaux des bêtes.

Toute convention contraire est nulle, excepté que le bailleur ne soit propriétaire de la métairie dont le preneur est fermier ou colon partiaire.

100. Toutes les autres règles du cheptel simple s'appli- 1820 quent au cheptel à moitié.

SECTION III.

Du cheptel donné par le propriétaire à son fermier ou colon partiaire.

DISTINCTION PREMIÈRE.

Du cheptel donné au fermier.

101. L'estimation du cheptel donné au fermier ne lui en 1822 transfère pas la propriété, mais néanmoins le met à ses risques.

102. Tous les profits lui appartiennent pendant la durée 1823 de son bail.

103. La perte, même totale et par cas fortuit, est aussi 1825 en entier pour lui, s'il n'y a convention contraire.

104. A la fin du bail, il ne peut retenir le cheptel en en 1826 payant l'estimation originaire; il doit en laisser un de valeur pareille à celui qu'il a reçu.

S'il y a du déficit, il doit le payer; et c'est seulement l'excédant qui lui appartient.

DISTINCTION II.

Du cheptel donné au colon partiaire.

105. Si le cheptel périt en entier sans la faute du colon, 1827 la perte est pour le bailleur, s'il n'y a stipulation contraire.

106. On peut stipuler que le colon délaissera au bail- 1828 leur sa part de la toison, à un prix inférieur à la valeur ordinaire;

Que le bailleur aura une plus grande part du profit ;

Qu'il aura la moitié des laitages.

Mais on ne peut pas stipuler que le colon sera tenu de toute la perte.

1829   107. Ce cheptel finit avec le bail à métairie.

1830   108. Il est d'ailleurs soumis à toutes les règles du cheptel simple.

CHAPITRE III.

Du louage d'ouvrage et d'industrie.

1779   109. Ce louage a trois objets principaux :

1°. Celui des gens de travail qui se louent au service de quelqu'un ;

2°. Celui des voituriers, tant par terre que par eau, qui se chargent du transport des personnes ou des marchandises ;

3°. Les devis ou marchés d'ouvrages.

SECTION PREMIÈRE.

Du louage des domestiques et ouvriers.

1781   110. Le maître en est cru sur son affirmation,

Pour la quotité des gages,

Pour le paiement du salaire de l'année échue ;

Et pour les à-comptes donnés sur l'année courante.

1780   111. On ne peut engager ses services qu'à temps, et non pour la vie.

ap.—
1781   112. Les domestiques attachés à la personne du maître, ou au service des maisons, peuvent être renvoyés en tout temps sans expression de cause, et peuvent de même quitter leurs maîtres.

ib.   113. Les domestiques attachés à la culture, les servantes de cour, les ouvriers artistes, ne peuvent ni quitter leurs maîtres, ni être renvoyés par eux, avant le temps convenu, que pour cause grave.

ib.   114. Si, hors le cas de cause grave, le maître renvoie son domestique ou son ouvrier avant le temps convenu, il doit lui payer le salaire entier de l'année, ou du temps pour lequel il l'avait loué, déduction faite de la somme que le domestique ou l'ouvrier pourra vraisemblablement gagner ailleurs, pendant le temps qui reste à courir.

115. Si c'est le domestique ou l'ouvrier qui quitte sans cause légitime, il doit être condamné, envers le maître, à une indemnité qui est fixée sur ce qu'il en coûte de plus au maître pour obtenir d'un autre les mêmes services. ap.—
1781

116. L'ouvrier artiste employé à la journée, n'est pas tenu de la mal-façon de son ouvrage. ib.

SECTION II.

Des voituriers par terre et par eau.

117. Les voituriers par terre et par eau sont assujétis, pour la garde et la conservation des choses qui leur sont confiées, aux mêmes obligations que les aubergistes, dont il est parlé au titre *du dépôt.* 1782

118. Ils ne répondent pas seulement de ce qu'ils ont déjà reçu dans leur barque, navire ou voiture, mais encore de ce qui leur a été remis sur le port ou dans l'entrepôt, pour être placé dans leur bâtiment ou voiture. 1783

119. Ils doivent tenir registre de l'argent, des sacs et des paquets dont ils se chargent. 1785

120. Ils ne répondent point de ce qui n'est pas inscrit sur leurs registres, à moins que ce ne fût par dol qu'ils ne l'eussent pas inscrit. ap.—
1785

121. Le prix du passage par mer, d'une femme, d'un pays à un autre, n'augmente pas, quoiqu'elle accouche dans la traversée, soit que le maître sût ou ignorât qu'elle était enceinte. ib.

122. Les directeurs des voitures publiques, et les maîtres des barques et navires, sont d'ailleurs assujétis à des réglemens particuliers, qui font la loi entre eux et les autres citoyens. 1786

SECTION III.

Des devis et marchés.

1787   123. Lorsqu'on charge quelqu'un de faire un ouvrage, on peut convenir qu'il fournira seulement son travail ou son industrie, ou bien qu'il fournira aussi la matière.

Dans le premier cas, c'est un pur louage ;

Dans le second, c'est une vente d'une chose, une fois faite.

1788   124. Si, dans le cas où l'ouvrier fournit la matière, la chose vient à périr de quelque manière que ce soit avant d'être livrée, la perte en est pour l'ouvrier, excepté que le maître ne fût en demeure de recevoir la chose.

1789   125. Dans le cas où l'ouvrier fournit seulement son travail ou son industrie, si la chose vient à périr, l'ouvrier n'est tenu que de sa faute.

1790   126. Si, dans le cas de l'article précédent, la chose vient à périr quoique sans aucune faute de la part de l'ouvrier, avant que l'ouvrage ait été reçu, et sans que le maître fût en demeure de le vérifier, l'ouvrier n'a point de salaire à réclamer ; excepté que la chose n'ait péri par le vice de la matière.

1791   127. S'il s'agit d'un ouvrage à plusieurs pièces, ou à la mesure, la vérification peut s'en faire par parties ; et elle est censée faite, si le maître paie l'ouvrier à proportion de l'ouvrage fait.

1792   128. Si l'édifice donné à prix fait, périt par le vice du sol, l'architecte en est responsable, à moins qu'il ne prouve avoir fait au maître les représentations convenables pour le dissuader d'y bâtir.

1793   129. Lorsqu'un architecte ou un entrepreneur s'est chargé de la construction à forfait d'un bâtiment, d'après un plan arrêté et convenu avec le propriétaire du sol, il ne peut demander aucune augmentation de prix, sous prétexte de changemens ou d'augmentations faits sur ce plan, si ces changemens ou augmentations n'ont pas été autorisés par écrit, et le prix convenu avec le propriétaire.

130. Le maître peut résilier, par sa seule volonté, le 1794 marché à forfait, quoique l'ouvrage soit déjà commencé, en dédommageant l'entrepreneur de toutes ses dépenses, de tous ses travaux, et de tout ce qu'il aurait pu gagner dans cette entreprise.

131. Le contrat de louage d'ouvrage est dissous par la 1795 mort de l'ouvrier ; à moins que le propriétaire ne consente d'accepter, pour la continuation de l'ouvrage, l'héritier de l'entrepreneur, ou l'ouvrier que cet héritier lui présente.

132. Dans le cas où le propriétaire ne donne pas ce con- av. — sentement, il n'y a lieu à aucuns dommages et intérêts de 1796 part ni d'autre.

Mais le propriétaire est tenu de payer à la succession de 1796 l'entrepreneur, le prix des ouvrages faits, et celui des matériaux préparés, dans le cas seulement où ces travaux et ces matériaux peuvent lui être utiles.

133. Si l'ouvrier ne fait pas l'ouvrage convenu, ou s'il ne ap. — le fait pas tel et dans le temps qu'il l'a promis, il est con- 1796 damné à tous les dommages et intérêts qui peuvent résulter de l'inexécution de son obligation.

134. L'entrepreneur répond du fait des personnes qu'il 1797 emploie.

135. Les maçons, charpentiers et autres ouvriers qui ont 1798 été employés à la construction d'un bâtiment ou d'autres ouvrages faits à l'entreprise, n'ont d'action contre le propriétaire pour lequel les ouvrages ont été faits, que jusqu'à concurrence de ce dont il peut se trouver débiteur envers l'entrepreneur, au moment où leur action est intentée.

TITRE XIV.

Du contrat de société.

CHAPITRE PREMIER.

DISPOSITIONS GÉNÉRALES.

1832   ART. 1er. Le contrat de société est celui par lequel deux ou plusieurs personnes conviennent de mettre quelque chose en commun, dans la vue de partager le bénéfice qui en est espéré.

ap.—
1832   2. Ce contrat se régit par le droit naturel et par les conventions des parties.

Il se forme par le seul consentement.

Il est synallagmatique et commutatif.

1833   3. Il est de son essence,

1°. Que chaque associé apporte ou s'oblige d'apporter à la société quelque chose d'appréciable, soit de l'argent, soit toute autre espèce de bien, soit son industrie;

2°. Que la société soit contractée pour l'intérêt commun des parties;

3°. Qu'elles se proposent de faire un gain auquel chacune puisse espérer d'avoir part à raison de ce qu'elle apporte dans la société;

4°. Que l'objet de la société soit licite, et que le profit qui en est espéré soit honnête.

ap.—
1833   4. Ce contrat peut se former entre tous ceux qui sont capables de contracter, ainsi qu'il est expliqué au titre *des conventions*.

Néanmoins les mineurs étant réputés majeurs pour le fait du commerce dont ils font profession, peuvent contracter société relative à ce commerce, et ne sont point, à cet égard, admis à se restituer sous prétexte de minorité (*).

1834   5. Toute société, dont l'objet est d'une valeur de plus de

(*) *Voyez* l'article 1308.

15o francs, doit être dirigée par écrit. La preuve ne peut
être reçue contre et outre le contenu en l'acte.

6. Les formalités extérieures pour la publicité des sociétés
de commerce, sont réglées par les lois particulières au commerce. *ap.—1834*

CHAPITRE II.

Des diverses espèces de sociétés.

7. Les sociétés sont universelles ou particulières. *1835*

8. La loi ne reconnaît que la société universelle de gains, *1836.—*
et prohibe celle de tous biens présens et à venir; sauf la *1837*
communauté conjugale, dont les règles sont établies au titre
du contrat de mariage, et *des droits entre époux.*

9. La société universelle de gains est celle qui comprend *1838*
tout ce que les parties gagneront et acquerront pendant la
durée de la société, soit par leur industrie personnelle, soit
par la jouissance de leurs biens présens.

10. La simple convention de société, sans autre explica- *1839*
tion, n'emporte que la société universelle de gains.

11. Les biens que les associés possèdent au temps du *ap.—*
contrat, n'y entrent que pour la jouissance. Ceux qui leur *1839 et*
échoient, pendant la société, par succession, donation ou *1837*
legs, n'y tombent en aucune manière.

12. On peut contracter société de choses particulières, *1841*
ou simplement de leur usage, ou des fruits à en percevoir.

13. Il y a trois espèces de société de commerce :
La société *en nom collectif;* *tit. 9*
Celle *en commandite;* *fin du*
Celle *anonyme* ou *inconnue.* *ch. 2*

14. La société en nom collectif est celle que contractent *ib.*
deux ou plusieurs personnes relativement à un commerce
quelconque, pour le faire en commun, au nom de tous les
associés.

15. Cette société est composée des mises de chaque asso- *ib.*
cié, et de ce qui est acquis au nom social.

tit. 9
fin du
ch. 2

16. La société en commandite est celle dans laquelle l'un des contractans fait seul et en son nom le commerce, auquel l'autre contribue seulement d'une certaine somme pour le fonds de la société, sous la condition d'une certaine part aux profits ou aux pertes, sans néanmoins qu'il puisse être tenu des pertes au-delà du fonds par lui apporté dans la société.

ib.

17. La société anonyme ou inconnue, que l'on nomme aussi *compte en participation,* est celle par laquelle deux ou plusieurs personnes conviennent d'être de part dans une certaine négociation qui sera faite par l'une d'entre elles en son nom seul.

CHAPITRE III.

Des engagemens des associés entre eux et vis-a-vis des tiers.

SECTION PREMIÈRE.

Des engagemens des associés entre eux.

1843

18. La société contractée sans que le temps où elle doit commencer soit exprimé, commence dès l'instant du contrat.

1844

19. S'il n'y a pas de convention sur la durée de la société, elle est censée avoir été contractée pour tout le temps de la vie des associés.

ap. —
1844

20. On peut faire dépendre d'une condition le contrat de société.

1845

21. Chaque associé est débiteur envers la société, de tout ce qu'il a promis d'y apporter; son obligation de livrer se règle par les principes établis en la sect. 1ere. du chap. II, titre II du présent livre.

ib.

22. L'associé qui a promis d'apporter à la société un corps certain, est tenu, en cas d'éviction, de la même garantie envers la société, qu'un vendeur envers son acheteur.

1846

23. L'associé qui a promis de mettre une somme dans la société, en doit les intérêts du jour où il s'est obligé de la fournir.

Il doit également les intérêts des sommes qu'il a prises dans la caisse sociale, du jour qu'il les en a tirées.

24. Les associés qui se sont réciproquement obligés d'apporter à la société leur industrie, lui doivent compte de tous les gains que chacun d'eux a faits par l'espèce d'industrie qui est l'objet de cette société. 1847

25. Lorsque l'un des associés est, pour son compte particulier, créancier d'une personne sur qui la société a aussi une créance de même nature et également exigible, l'associé doit imputer ce qu'il reçoit de ce débiteur, sur la créance de la société et sur la sienne, dans la proportion des deux créances, quand même, par sa quittance, il aurait fait l'imputation en entier sur sa créance particulière. 1848

26. Lorsqu'un des associés a reçu sa part entière de la créance commune, si le débiteur est depuis devenu insolvable, l'associé qui a reçu sa part entière, est tenu de rapporter à la masse commune ce qu'il a reçu, encore qu'il eût donné la quittance pour sa part. 1849

27. Chaque associé est débiteur envers la société, des dommages qu'il lui a causés par sa faute, sans pouvoir compenser avec ces dommages les profits que son industrie lui aurait procurés dans d'autres affaires. 1850

28. Si les choses dont la jouissance seulement a été mise dans la société, sont des corps certains et déterminés qui ne se consomment pas par l'usage, elles sont aux risques de l'associé. 1851

Si ces choses se consomment, si elles se détériorent en les gardant, si elles ont été destinées à être vendues, si elles ont été mises dans la société sur une estimation portée par un inventaire, elles sont aux risques de la société. L'associé, dans ces derniers cas, n'est créancier que de la somme à laquelle monte l'estimation.

29. Un associé peut être créancier de la société, non-seulement des sommes qu'il a déboursées, mais encore des obligations qu'il a contractées de bonne foi pour les affaires de la société, et des risques inséparables de sa gestion. 1852

1853   5o. Lorsque l'acte de société ne détermine point la part de chaque associé dans les bénéfices ou pertes, la part de chacun est en proportion de sa mise dans le fonds de la société.

1854   5i. Si les associés sont convenus de s'en rapporter à l'un d'eux ou à un tiers pour le réglement des parts, ce réglement ne peut être attaqué que par une preuve certaine qu'il est contraire à l'équité.

1855   52. La convention qui donne à l'un des associés la totalité des bénéfices, est nulle.

1856   55. L'associé chargé de l'administration par le contrat de société, peut faire, contre le gré et malgré l'opposition des autres associés, tous les actes qui dépendent de son administration, pourvu que ce soit sans fraude, et pour le bien de la société.

Ce pouvoir ne peut être révoqué, tant que la société dure, sans cause légitime.

Si le pouvoir d'administrer est postérieur au contrat de société, c'est un simple mandat susceptible de révocation.

1857   54. Lorsque plusieurs associés sont chargés d'administrer, sans que leurs fonctions soient déterminées, ou sans qu'il ait été exprimé que l'un ne pourrait agir sans l'autre, ils peuvent faire séparément tous les actes de cette administration.

1858   55. S'il a été stipulé que l'un des administrateurs ne pourra rien faire sans l'autre, un seul ne peut agir, lors même que l'autre est, par maladie ou autrement, dans l'impossibilité de concourir aux actes administratifs, jusqu'à ce qu'il y ait, entre les associés, une nouvelle convention.

1859   56. Lorsque dans l'acte de société il n'y a point de convention sur l'administration, on suit les règles suivantes :

—1°.   1°. Les associés sont censés s'être donné réciproquement le pouvoir d'administrer l'un pour l'autre. Ce que chacun fait est valable, même pour la part de ses associés, sans qu'il ait pris leur consentement, sauf le droit qu'ont ces derniers, ou l'un d'eux, de s'opposer à l'opération avant qu'elle soit conclue.

57. 2°. Chaque associé peut se servir des choses apparte- —2°. nant à la société, pourvu qu'il les emploie aux usages auxquels elles sont destinées, et qu'il ne s'en serve pas de manière à empêcher ses associés d'en user selon leur droit, ou contre l'intérêt de la société.

58. 3°. Chaque associé a le droit d'obliger ses associés à —3°. faire, avec lui, les dépenses qui sont nécessaires pour la conservation des choses de la société.

59. 4°. Un associé ne peut faire aucun changement ni —4°. innovation sur les immeubles dépendans de la société, sans le consentement de ses associés, quand même cette innovation serait avantageuse à la société.

40. 5°. Dans une société de commerce en nom collectif, ap.— les choses acquises, durant la société, par des marchés signés 1859 *un tel et compagnie,* appartiennent à la société, soit que l'acquisition ait été faite des deniers de la société, ou de ceux propres à l'un des associés. Ce dernier est seulement alors créancier de la société, en raison de son avance.

41. 6°. Dans les sociétés autres que de commerce, un 1860 associé ne peut, dans sa seule qualité d'associé, et s'il n'a pas l'administration, aliéner ni engager les choses qui en dépendent.

42. Chaque associé peut, sans le consentement de ses 1861 associés, s'associer une tierce personne à la part qu'il a dans la société; il ne peut pas, sans ce consentement, l'associer à la société, lors même qu'il en aurait l'administration.

Il répond des dommages causés par cette tierce personne ap.— à la société, de la même manière qu'il répond de ceux qu'il 1861 a causés lui-même, suivant l'article 27 ci-dessus.

43. Dans les sociétés de commerce en nom collectif, les ch. 3 choses acquises par un associé pour son compte particulier, fin de sect.1re n'y tombent pas, quoiqu'elles aient été acquises pendant la société et des deniers communs; à moins qu'il ne s'agisse

d'un marché qui soit dans la même espèce de commerce que celui de la société, et qu'il n'eût été de l'intérêt de la société de faire ce marché; auquel cas il peut être contraint d'y rapporter les choses ainsi acquises.

chap.3
fin de
sect.Ire 44. Tout contrat de société doit contenir la clause de se soumettre à des arbitres, sur toutes les contestations qui peuvent survenir concernant la société; et si cette clause n'y a pas été exprimée, elle est toujours sous-entendue.

SECTION II.

Des engagemens des associés vis-à-vis des tiers.

av.—
1862 45. Dans les sociétés de commerce en nom collectif, on suit, quant aux dettes, les règles suivantes :

ib. 46. 1°. Chacun des associés est tenu solidairement des dettes de la société.

ib. 47. 2°. Les dettes de société sont celles contractées par celui qui avait le pouvoir d'obliger tous les associés, et au nom de la société.

ib. 48. 3°. Ce pouvoir est présumé, lorsque celui qui a contracté était dans l'usage de contracter au nom de la société, au vu et su des associés, ou lorsque, sans être dans cet usage, il a signé pour la compagnie; le tout, encore qu'il eût été formellement exclu de l'administration par une clause du contrat de société : pourvu néanmoins, dans ce dernier cas, que l'acte de société n'eût pas été rendu public avant l'engagement contracté.

ib. 49. 4°. La dette est encore présumée contractée au nom de la société, lorsque l'associé ajoute à sa signature, qu'il signe pour la compagnie, et non autrement; la société en est tenue, lors même que la dette n'a pas tourné à son profit; à moins que, par le genre de l'obligation, il ne paraisse qu'elle ne concernait pas les affaires de la société.

ib. 50. Dans les sociétés en commandite et dans celles anonymes, les associés en commandite et les associés anonymes ne sont point tenus des dettes de la société envers les créanciers avec qui l'associé principal ou connu a contracté. Ils ne sont tenus qu'envers l'associé principal et connu qui les a contractées; savoir, l'associé anonyme, indéfiniment pour la part qu'il a dans la société; et l'associé en commandite, jusqu'à concurrence seulement des fonds qu'il a mis dans la société.

51. Dans les sociétés particulières autres que de com- 1862 merce, les associés ne sont pas tenus solidairement des dettes sociales, et nul ne peut obliger ses associés s'il ne lui en a conféré le pouvoir.

52. Dans ces mêmes sociétés, chacun des associés est tenu 1863 envers le créancier pour sa part virile, encore que sa part dans la société fût moindre, si les parties qui ont contracté la dette ne s'en sont pas expliquées.

53. Lorsque la dette d'une société autre que de com- 1864 merce, n'a été contractée que par l'un des associés, il n'y a que celui qui l'a contractée qui en soit tenu envers le créancier, encore qu'il eût été exprimé que c'était pour le compte de la société, tant en son nom qu'au nom de son associé; à moins qu'il ne fût justifié, ou que son associé lui a donné pouvoir, ou que la dette a tourné au profit de la société.

CHAPITRE IV.
Des différentes manières dont finit la société.

54. La société finit,   1865

1°. Par l'expiration du temps pour lequel elle a été contractée;

2°. Par l'extinction de la chose, ou la consommation de la négociation;

3°. Par la mort naturelle ou civile de l'un des associés, ou par son interdiction;

4°. Par sa faillite;

5°. Par la volonté de n'être plus en société.

55. Lorsque la société a été contractée pour un temps li- ap.— mité, elle finit de plein droit par l'expiration de ce temps. 1865

1866   56. La prorogation dont les parties conviendraient, ne peut être prouvée que par un écrit assujéti aux mêmes formes que celui par lequel la société a été contractée.

1867   57. S'il a été contracté société pour y mettre le prix de la vente, à faire en commun de plusieurs choses appartenant à chaque associé, et que la chose de l'un d'eux périsse, la société est éteinte.

av.—
1868   58. Toute société finit de plein droit par la mort de l'un des associés, s'il n'en a été autrement convenu.

ib.   59. La mort dissout la société, même entre les associés survivans, s'il n'y a stipulation contraire.

1868   60. Lorsqu'il a été stipulé que le décès de l'un des associés arrivant, la société continuerait entre les associés survivans, l'héritier du décédé n'a de droit qu'au partage de la société, eu égard à sa situation à cette époque. Il ne participe aux droits de la société pour l'avenir, qu'autant qu'ils sont une suite nécessaire de ce qui s'est fait avant la mort de l'associé auquel il succède.

ap.—
1868   61. La mort civile de l'un des associés, son interdiction ou sa faillite ouverte, ont, quand à la dissolution de la société, les mêmes effets que la mort naturelle.

1869   62. Si la société a été contractée sans aucune limitation de temps, un seul des associés peut dissoudre la société, en notifiant à ses associés qu'il n'entend plus demeurer en société; pourvu néanmoins que la renonciation à la société soit de bonne foi et qu'elle ne soit pas faite à contre-temps.

1870   63. La renonciation n'est pas de bonne foi, lorsque l'associé renonce pour s'approprier à lui seul le profit que les associés s'étaient proposé de retirer en la contractant.

ib.   64. La renonciation est faite à contre-temps, si elle est faite dans un temps où les choses ne sont plus entières, et lorsqu'il est de l'intérêt de la société que sa dissolution soit différée. L'intérêt commun de la société est considéré, et non l'intérêt de celui des associés qui s'oppose à la renonciation.

65. Quoique la société ait été contractée pour un temps 1871
limité, l'un des associés peut, pourvu qu'il en ait un juste
sujet, dissoudre la société avant le temps, lors même qu'il
en résulterait préjudice pour les associés, et qu'il eût été
stipulé que les associés ne pourraient se désister de la société
avant le temps.

66. Il y a juste sujet, pour un associé, de dissoudre la ib.
société avant le terme convenu, lorsqu'un ou plusieurs
autres associés manquent à leurs engagemens, lorsqu'une
infirmité habituelle l'empêche de vaquer aux affaires de la
société qui exigent sa présence ou ses soins personnels.

La légitimité de ces causes et autres semblables dépend
des circonstances, et est, en cas de contestation, laissée à
la prudence des arbitres et des juges.

67. La renonciation d'un associé à la société, n'en opère, 1869
dans aucun cas, la dissolution, qu'autant qu'elle a été notifiée à tous les associés.

68. Les règles concernant le partage des successions, la 1872
forme de ce partage et les obligations qui en résultent entre
les héritiers, s'appliquent aux associés.

TITRE XV.

Du prêt.

Art. 1er. Il y a deux sortes de prêt :   1874

Celui des choses dont on peut user sans les détruire,

Et celui des choses qui se consomment par l'usage qu'on
en fait.

La première espèce s'appelle *prêt à usage*, ou *commodat*;

La deuxième s'appelle simplement *prêt*.

2. Cette seconde espèce se subdivise encore en prêt gra-   ap.—
tuit et prêt à intérêt.   1874

CHAPITRE PREMIER.
Du prêt à usage, ou commodat.

SECTION PREMIÈRE.

De la nature du prêt à usage.

1875   3. Le prêt à usage est une convention par laquelle l'un livre une chose à l'autre pour s'en servir dans ses besoins, à la charge par celui-ci de la rendre après qu'il s'en sera servi.

1876   4. Ce prêt est essentiellement gratuit, autrement ce serait un louage.

1877   5. Le prêteur demeure propriétaire de la chose prêtée.

1878   6. Tout ce qui est dans le commerce, et qui ne se consomme pas par l'usage, peut être l'objet de cette convention.

1879   7. Les engagemens qui se forment par le commodat, passent aux héritiers de celui qui prête, et aux héritiers de celui qui emprunte.

SECTION II.

Des engagemens de l'emprunteur.

1880   8. L'emprunteur est tenu de veiller, en bon père de famille, à la garde et à la conservation de la chose prêtée.

1881   9. Si l'emprunteur emploie la chose à un autre usage ou pour un temps plus long qu'il ne le devait, il sera tenu de la perte arrivée, même par cas fortuit.

1882   10. Si la chose prêtée périt par un cas fortuit dont l'emprunteur aurait pu la garantir en y employant la sienne propre, ou si, ne pouvant conserver que l'une des deux, il a préféré la sienne, il est tenu de la perte de l'autre.

1883   11. Si la chose a été estimée en la prêtant, la perte qui arrive, même par cas fortuit, est pour l'emprunteur, à moins de convention contraire.

1884   12. Si la chose se détériore par le seul effet de l'usage pour lequel elle a été empruntée, et sans aucune faute de la part de l'emprunteur, il n'en est pas tenu.

13. L'emprunteur ne peut pas retenir la chose par com- 1885
pensation de ce que le prêteur lui doit.

14. Si, pour user de la chose, l'emprunteur est tenu à 1886
quelque dépense, il ne peut pas la répéter.

SECTION III.

Des engagemens de celui qui prête à usage.

15. Le prêteur ne peut retirer sa chose qu'après le terme 1888
convenu, ou, à défaut de convention, qu'après qu'elle a
servi à l'usage pour lequel elle a été empruntée.

16. Néanmoins, si, pendant ce délai, ou avant que le 1889
besoin de l'emprunteur ait cessé, il survient au prêteur un
besoin pressant et imprévu de sa chose, le juge peut,
suivant les circonstances, obliger l'emprunteur à la lui
rendre.

17. Si, pendant la durée du prêt, l'emprunteur a été 1890
obligé, pour la conservation de la chose, à quelque dépense
extraordinaire, nécessaire, et tellement urgente qu'il n'ait
pas pu en prévenir le prêteur, celui-ci sera tenu de la lui
rembourser.

CHAPITRE II.

Du prêt de consommation.

SECTION PREMIÈRE.

De la nature du prêt de consommation.

18. Le prêt simple est une convention par laquelle l'un 1892
livre à l'autre une certaine quantité de choses qui se consomment par l'usage, à la charge par ce dernier de lui en
rendre autant de même espèce et qualité.

19. Par l'effet du prêt, l'emprunteur devient le proprié- 1893
taire de la chose prêtée; et c'est pour lui qu'elle périt, de
quelque manière que cette perte arrive.

20. On peut donner à titre de prêt tout ce qui est tel 1894
qu'on peut en rendre de même espèce et qualité; mais on
ne peut pas donner à ce titre, des choses qui, quoique de

même espèce, diffèrent dans l'individu, comme les animaux.

1895 21. L'obligation qui résulte d'un prêt en argent, n'est
toujours que de la somme numérique énoncée au contrat.

S'il y a eu augmentation ou diminution d'espèces avant
l'époque du paiement, le débiteur doit rendre la somme
numérique prêtée, et ne doit rendre que cette somme dans
les espèces ayant cours au moment du paiement.

1896 22. La règle portée en l'article précédent n'a pas lieu, si
le prêt avait été fait en lingots ou en marcs.

1897 23. Si ce sont des denrées qui ont été prêtées, quelle que
soit l'augmentation ou la diminution de leur prix, le débiteur doit toujours rendre la même quantité et qualité, et ne
doit rendre que cela.

SECTION II.

Des obligations du prêteur.

1898 24. Le prêteur est tenu des défauts des choses qu'il prête,
lorsqu'elles ne sont pas propres à l'usage auquel elles sont
destinées; comme si l'argent est faux, ou les grains cor-
rompus.

1899 25. Le prêteur ne peut pas redemander les choses prêtées avant le terme convenu.

1900 S'il n'a pas été fixé de terme pour la restitution, le juge
peut accorder un délai suivant les circonstances.

ap.—
1900 26. Il n'en peut être accordé aucun, si le prêt a été stipulé restituable à volonté.

1901 27. S'il a été seulement convenu que l'emprunteur paie-
rait quand il le pourrait, ou quand il en aurait le moyen, il
doit être condamné à payer dès qu'il paraît qu'il est en état
de le faire.

SECTION III.

Des engagemens de l'emprunteur.

1902 28. Le premier engagement de l'emprunteur est de rendre les choses prêtées, en même quantité et qualité, et au terme convenu.

29. S'il est dans l'impossibilité d'y satisfaire, il est tenu 1903
d'en payer la valeur eu égard au temps et au lieu où la
chose devait être rendue par la convention.

Si ce temps et ce lieu n'ont pas été réglés, le paiement se
fait au prix du temps et du lieu où la demande est faite.

50. Si l'emprunteur ne rend pas les choses prêtées ou 1904
leur valeur au terme convenu, il en doit l'intérêt du jour
de la demande en justice.

CHAPITRE III.
Du prêt à intérêt.

31. Il est permis de stipuler des intérêts pour simple prêt 1905
soit d'argent, soit d'autres choses mobilières.

52. Le taux de l'intérêt est déterminé par des lois parti- 1907
culières, suivant les circonstances où l'état se trouve.

55. On peut convenir que l'intérêt du prêt sera au-dessous ap.—
de ce taux.   1907

Mais s'il a été stipulé plus fort, il y sera réduit.

34. Si l'intérêt a été payé au-dessus du taux légitime, ib.
l'excédant sera imputé, année par année, sur le capital, et le
réduira ainsi annuellement d'autant.

55. Les règles établies dans les deux articles précédens, ib.
cessent à l'égard des négocians de commerce;

Et à l'égard des prêts faits aux banquiers, négocians et
gens d'affaires.

56. On peut stipuler un intérêt moyennant un capital 1909
que le prêteur s'interdit d'exiger.

Dans ce cas, le prêt prend le nom de constitution de rente.

57. Cette rente peut être constituée de deux manières, 1910
en perpétuel ou en viager.

38. Le taux des rentes viagères est déterminé au titre 19 ap.—
du présent livre.   1910 et
                                                            1907

Celui des rentes perpétuelles l'est par le réglement qui fixe le taux de l'intérêt en général.

1911   39. La rente constituée est essentiellement rachetable.

Les parties peuvent seulement convenir que le rachat ne sera pas fait avant un délai qui ne peut excéder dix ans, ou sans avoir averti le créancier au temps d'avance qu'elles détermineront.

1912   40. Le débiteur d'une rente constituée peut être contraint au rachat,

1°. S'il cesse de remplir ses obligations pendant trois années ;

2°. S'il manque à fournir au prêteur les sûretés promises par le contrat.

1913   41. Si le débiteur vend un immeuble dont les hypothèques soient purgées par des lettres de ratification ;

Si ses biens sont saisis réellement et vendus par décret forcé ;

S'il fait faillite ou tombe en déconfiture ;

Le capital de la rente constituée devient exigible ; mais jusqu'à concurrence seulement de la somme pour laquelle le créancier entre utilement dans l'ordre ou la distribution.

ap.—
1913   42. Le débiteur peut encore être contraint au rachat par sa caution, dans le temps qui a été fixé au contrat, s'il en a été fixé quelqu'un ; ou après dix ans, s'il n'en a pas été fait mention dans l'acte.

ap.—
1913 et
1154   43. Les intérêts des sommes prêtées, et les arrérages de rentes viagères et constituées, ne peuvent produire intérêt que du jour de la demande judiciaire formée par le créancier, et lorsqu'il s'agit au moins d'intérêts d'une année entière.

TITRE XVI.

Du dépôt et du séquestre.

CHAPITRE PREMIER.

Du dépôt en général, et de ses diverses espèces.

1915   ART. Iᵉʳ. Le dépôt est, en général, tout acte par lequel un tiers reçoit en sa possession la chose d'autrui, en se chargeant de la lui garder en nature, et de la lui restituer.

Le dépôt pris dans cette acception générale, comprend le séquestre conventionnel ou judiciaire. 1916

Il y a cependant quelques différences entre le dépôt proprement dit et le séquestre conventionnel ou judiciaire, qui formeront, par cette raison, des chapitres particuliers du présent titre.

CHAPITRE II.

Du dépôt proprement dit.

2. Le dépôt est un contrat par lequel une ou plusieurs personnes remettent une chose mobilière à une autre personne, qui se charge de la garder gratuitement, et de la restituer à la volonté de celui ou de ceux qui la lui ont confiée. tit. 11 ch. 2

Il est volontaire ou nécessaire. 1920

SECTION PREMIÈRE.

De la nature et de l'essence du contrat de dépôt.

3. Le dépôt ne peut avoir pour objet qu'une chose mobilière. 1918

4. Il est essentiellement gratuit. Si le dépositaire reçoit un salaire, ce n'est plus un dépôt, mais un louage. 1917

5. Il produit des obligations réciproques entre le dépositaire et celui qui a fait le dépôt; et, par cette raison, il ne peut, comme tous les autres contrats, avoir lieu qu'entre des personnes qui sont capables de contracter. 1925

6. Si le dépôt a été fait entre les mains d'une personne capable de contracter, par une personne incapable, telle qu'un impubère, un mineur, un interdit, une femme mariée, il produit contre le dépositaire toutes les obligations qui résultent de ce genre de contrat, lesquelles peuvent être exercées par le tuteur ou l'administrateur de celui qui a fait le dépôt. ib.

1926   7 Si le dépôt a été remis, par une personne capable de contracter, à un autre n'ayant pas cette capacité, celui qui a fait le dépôt n'a que l'action en revendication de la chose tant qu'elle existe dans la main du dépositaire, ou une action en restitution jusqu'à concurrence de ce dont le dépositaire en a profité.

1922   8. Le dépôt ne peut être régulièrement fait que par le propriétaire de la chose déposée, ou de son consentement exprès ou tacite.

ap.—
1922   Il ne peut être réciproquement établi que du consentement exprès ou tacite du dépositaire.

ib.   9. Il y a consentement tacite, toutes les fois que le propriétaire a porté ou fait porter la chose chez le dépositaire, et que la chose a été remise au su du dépositaire.

ib.   10. Le dépôt fait par celui qui n'est pas propriétaire de la chose déposée, n'en est pas moins valable contre le dépositaire; sauf l'action du vrai propriétaire, ainsi qu'il sera dit dans la section II ci-après, article 23.

1919   11. Le contrat de dépôt n'est parfait que par la tradition réelle de la chose entre les mains du dépositaire.

1923   12. Le dépôt volontaire doit être prouvé par écrit. La preuve testimoniale n'en est point admise, ni au civil, ni au criminel, pour valeur excédant 150 francs.

1924   13. Lorsque le dépôt n'est point prouvé par écrit, celui qui est attaqué comme dépositaire en est cru sur sa déclaration, soit sur le fait du dépôt, soit sur ce qui en faisait l'objet, soit sur le fait de sa restitution.

SECTION II.

Des obligations du dépositaire.

av.—
1927   14. Le dépositaire contracte l'obligation de garder avec fidélité la chose dont la garde lui a été confiée.

1927   Il est tenu d'apporter à cette garde le même soin qu'il apporte à la garde des siennes.

1928   Néanmoins cette obligation doit être appliquée avec moins de rigueur par le juge vis-à-vis du dépositaire gratuit, que vis-à-vis de celui qui a reçu un salaire, et qui s'est chargé de la chose à titre de louage. On doit, en cette matière, avoir égard à la qualité, à l'état, au sexe du dépositaire, et à la nature des circonstances qui ont occasionné la perte ou la détérioration du dépôt.

15. Le dépositaire ne peut se servir pour son usage de la chose qui lui a été confiée, à moins que la permission ne lui en ait été accordée par le déposant. *1930*

16. Il ne doit point violer le secret sous lequel le dépôt lui a été confié, soit en ouvrant le coffre qui le contient, soit en brisant l'enveloppe cachetée sous laquelle il est renfermé, soit en donnant à autrui connaissance du dépôt ou de ce qu'il contient. *1931*

17. Le dépositaire doit rendre individuellement la même chose qui lui a été déposée, encore que ce soit une somme d'argent ou une chose fongible. *1932*

Le dépôt des sommes monnoyées doit être rendu dans les mêmes espèces dans lesquelles il a été fait, soit en cas d'augmentation ou de diminution de leur valeur.

18. Le dépositaire n'est tenu de rendre la chose déposée que dans l'état dans lequel elle se trouve au moment de la restitution, quand même elle serait détériorée, pourvu qu'elle ne l'ait point été par sa faute. *1933*

Il est déchargé si la chose a péri par un accident dont il ne soit pas responsable, ou lui a été volée sans qu'il y ait eu de sa part négligence dans la garde. *av.— 1934 et 1929*

19. Le dépositaire auquel la chose a été enlevée par une force majeure, et qui a reçu un prix ou quelque chose à la place, doit restituer ce qu'il a reçu en échange. *1934*

20. L'héritier du dépositaire qui a vendu de bonne foi la chose dont il ignorait le dépôt, n'est tenu que de rendre le prix qu'il a reçu, ou de céder ses actions contre l'acheteur s'il n'a pas touché le prix. *1935*

21. Si la chose déposée a produit des fruits qui aient été *1936*

perçus par le dépositaire, il est tenu de les restituer. Il ne doit aucun intérêt de l'argent qu'il n'a pas pu employer à son usage, sinon du jour où il a été mis en demeure de le restituer.

1937 22. Le dépositaire ne doit restituer la chose déposée, qu'à celui qui la lui a remise, ou au nom duquel le dépôt a été fait.

1938 23. Il ne peut pas exiger de celui qui a fait le dépôt, la preuve qu'il en était propriétaire.

Néanmoins s'il découvre que la chose a été volée, et quel en est le propriétaire, il doit dénoncer à celui-ci le dépôt qui lui a été fait, avec sommation d'en faire la réclamation dans un délai suffisant.

Si celui auquel la dénonciation a été faite, néglige de réclamer le dépôt, le dépositaire est valablement déchargé par la remise qu'il en fait à celui duquel il l'a reçu.

1939 24. Lorsque celui qui a fait le dépôt est décédé, ou a perdu la vie civile, le dépôt ne peut être remis qu'à son héritier; s'il y a plusieurs héritiers, il doit être remis à chacun d'eux pour leur part et portion, à moins que le dépôt ne soit indivisible; auquel cas, ils doivent s'accorder entre eux.

1940 Si le déposant a changé d'état, comme la femme qui se marie, le majeur qui est interdit, le dépôt ne peut être restitué qu'à celui qui a l'administration des droits et des biens du déposant.

1941 25. Si le dépôt a été fait à un tuteur, à un mari, ou à un autre administrateur, il ne peut être remis qu'à celui que cet administrateur représentait lorsque sa fonction est cessée.

1942 26. Lorsque le contrat indique le lieu où le dépôt doit être restitué, il doit être rendu dans cet endroit; mais si la remise exige un transport, les frais en sont à la charge du déposant.

1943 27. Si le contrat n'indique point le lieu auquel le dépôt doit être rendu, la restitution en doit être faite au lieu où le dépôt a été fait.

28. Le dépôt doit être rendu au déposant aussitôt qu'il le 1944 redemande, quand même le contrat porterait un temps déterminé pour sa restitution ; à moins qu'il n'existe, entre les mains du dépositaire, une saisie-arrêt ou une opposition faite sur le propriétaire.

SECTION III.

Des obligations de celui par qui le dépôt a été fait.

29. Celui qui a fait le dépôt est tenu de rembourser au 1947 dépositaire les avances qu'il a faites pour la conservation de la chose, et de l'indemniser généralement de tout ce que lui a coûté le dépôt ;

Il est même tenu d'indemniser le dépositaire des pertes que peut lui avoir causées la chose déposée.

Le dépositaire peut retenir le dépôt pour la restitution 1948 des avances et indemnités qui lui sont dues par le propriétaire.

SECTION IV.

Du dépôt nécessaire.

30. Le dépôt nécessaire est celui qui a été forcé par 1949 quelque accident, tel qu'un incendie, une ruine, un pillage de maison, un naufrage ou autre événement imprévu : il ne diffère du dépôt volontaire, qu'en ce que la preuve tes- 1950 timoniale en peut être admise, même pour une somme au-dessus de 150 francs.

31. L'hôtelier est responsable, comme dépositaire, des 1952 effets apportés par le voyageur qui loge chez lui : le dépôt de ces sortes d'effets est regardé comme un dépôt nécessaire.

32. L'hôtelier est responsable des effets apportés par le ap.— voyageur, encore qu'ils n'aient point été remis à sa garde 1952 personnelle.

33. Il est responsable du vol fait ou du dommage ap- 1953 porté aux effets du voyageur, soit que le vol ait été fait ou que le dommage ait été causé par ses domestiques et

préposés, ou par des étrangers allant et venant dans l'hôtellerie.

1954   54. Il n'est pas responsable des vols faits avec force armée,
ou avec effraction extérieure, ou autre force majeure.

ap.—
1954
    55. La preuve testimoniale est admise pour les dépôts
d'hôtellerie, même pour une valeur excédant la somme de
150 francs. Le juge ne doit cependant l'admettre qu'avec
circonspection, suivant les circonstances du fait et l'état des
personnes.

CHAPITRE III.

Du séquestre.

SECTION PREMIÈRE.

De ses diverses espèces.

1955   56. Le séquestre est ou conventionnel, ou ordonné par
le juge.

SECTION II.

Du séquestre conventionnel.

1956   57. Le séquestre est une espèce de dépôt que deux ou
plusieurs personnes qui ont contestation sur une chose,
font de cette chose contentieuse à un tiers, qui s'oblige de
la rendre, après la contestation terminée, à celle d'entre
elles à laquelle elle est jugée appartenir.

Le dépositaire, en ce cas, s'appelle *séquestre*.

1957   58. Le séquestre peut n'être pas gratuit; et alors c'est
plutôt un contrat de louage que de dépôt.

1958   59. Lorsqu'il est gratuit, il est un véritable contrat de
dépôt, soumis à toutes les règles qui concernent ce contrat,
sauf les différences ci-après expliquées.

1959   40. Le séquestre, à la différence du dépôt, peut avoir
pour objet, non-seulement des meubles, mais encore des
immeubles.

1960   41. Le dépositaire, à ce titre, ne doit restituer la chose
déposée qu'après la décision de la contestation, et à celui
auquel elle a été adjugée.

42. Il ne peut pas même se décharger plutôt de la garde 1960
de la chose séquestrée entre ses mains, si ce n'est pour une
cause qui rende cette décharge indispensable.

Dans ce cas, il ne peut remettre la chose qu'à la personne
dont sont convenues les parties intéressées : faute par elles
de s'accorder, il doit les citer pour voir nommer un nouveau séquestre.

SECTION III.

Du séquestre ou dépôt judiciaire.

43. Le dépôt judiciaire est celui qui est fait par suite 1961
d'une ordonnance du juge, qui peut l'ordonner,

1°. A l'égard des meubles saisis sur un débiteur ;

2°. A l'égard d'un immeuble ou d'une chose mobilière
dont la propriété ou la possession est contestée par deux ou
plusieurs personnes ;

3°. En faveur du débiteur qui veut se libérer de la chose
ou d'une somme par lui due. Il a été parlé de ce dernier cas
au titre II, chapitre IV, distinction 3.

DISTINCTION PREMIÈRE.

Du dépôt ou de la garde des meubles saisis.

44. Les cas dans lesquels il doit être établi un gardien av.—
aux meubles saisis, les règles et les formes de cet établis- 1962
sement, sont expliqués au Code judiciaire.

45. L'établissement de gardien, forme, entre le saisis- 1962
sant et le gardien, une obligation réciproque. De la part du
gardien, elle consiste à apporter à la garde des effets saisis,
le soin d'un bon père de famille ; à les représenter, soit à la
décharge du saisissant pour la vente, soit à la partie saisie,
en cas de main-levée de la saisie ;

De la part du saisissant, l'obligation consiste à payer au
gardien le salaire réglé par la loi.

DISTINCTION II.

Du séquestre judiciaire.

1963   46. Le séquestre judiciaire est donné, soit à une personne dont les parties qui y sont intéressées sont convenues entre elles, soit à une personne nommée d'office par le juge.

Au premier cas, il devient un séquestre conventionnel.

Au second cas, il forme un quasi-contrat, qui soumet celui auquel la chose a été confiée, envers les parties litigantes, à toutes les obligations qu'emporte le séquestre conventionnel.

TITRE XVII.

Du mandat.

CHAPITRE PREMIER.

De la nature et de la forme du mandat.

1984   ART. 1er. Le mandat ou procuration est un acte par lequel quelqu'un donne pouvoir à un autre de faire pour lui, et en son nom, une ou plusieurs affaires.

ib.   2. Le contrat n'est consommé que par l'acceptation du mandataire.

1985   3. La procuration peut être acceptée, ou expressément et dans l'acte même, ou par un acte postérieur; ou, tacitement, par l'exécution que le mandataire lui donne.

ap. — 1985   4. Si le mandataire prétend n'avoir pas accepté ou exécuté le mandat, c'est au mandant à le prouver.

1986   5. Le mandat est essentiellement gratuit.

ap. — 1986   S'il y a eu salaire convenu, il est soumis aux règles prescrites dans le titre *du louage*.

1985   6. La procuration peut être donnée ou par acte public, ou par un écrit sous signature privée, ou même par lettre.

ap. — 1985   7. Le nom du procureur peut être laissé en blanc dans la procuration.

Alors celui qui en est porteur est censé avoir charge.

8. Elle peut être ou générale, et pour toutes affaires ; ou 1987 spéciale, et pour une affaire seulement.

9. Elle peut contenir un mandat indéfini, de faire tout 1988 ce qui paraîtra convenable aux intérêts du mandant ; ou être bornée au pouvoir de faire ce qui est expliqué dans la procuration.

10. Le mandataire n'a pas le pouvoir d'aliéner autre ib. chose que des objets mobiliers périssables,

D'accepter ou de répudier une succession,

De reconnaître une dette,

De compromettre,

De transiger,

De déférer ni d'accepter un serment,

De s'inscrire en faux,

De demander la restitution en entier envers un acte,

Si la faculté n'en a été spécialement insérée dans la procuration.

11. Le mandat pour transiger, ne renferme pas celui de 1989 compromettre.

12. Le mandat pour recevoir, emporte celui de donner ap.— quittance. 1989

13. On ne peut donner mandat pour gérer l'affaire d'un ib. tiers.

Dans ce cas, le mandant s'oblige, et envers le tiers et envers le mandataire, à les dédommager des frais de la procuration.

CHAPITRE II.

Qui peut être constitué procureur.

14. On peut constituer pour procureurs, tous ceux aux- av.— quels la gestion de leurs propres affaires n'est pas interdite. 1990

15. On peut même constituer le mineur qui a dix-huit 1990 ans accomplis, et la femme mariée.

16. Celui qui établit un mineur pour son procureur cons- ib. titué, n'a d'action contre lui, pour sa mauvaise gestion,

que d'après les règles générales sur les obligations des mineurs.

1990   17. La procuration que la femme mariée a acceptée sans l'autorisation de son mari, n'a d'effet contre elle et contre son mari, que conformément aux règles établies aux titres *du mariage* et *des droits des époux.*

CHAPITRE III.
Des obligations du mandataire.

1991   18. Le mandataire est tenu d'accomplir le mandat tant qu'il en demeure chargé; et ce, à peine de répondre des dommages et intérêts qui résulteraient, pour le mandant, de son inexécution.

1992   19. Le mandataire est responsable, dans sa gestion, non-seulement de son dol, mais encore de sa faute.

av.—
1993   20. Il est obligé de rendre compte de sa gestion, à moins qu'il n'en ait été expressément dispensé.

1993   21. Il est tenu de restituer au mandant tout ce qu'il a reçu en vertu de sa procuration, quand même il l'aurait reçu indûment.

ap.—
1993   22. Dans le cas du mandat indéfini, le mandataire ne peut être recherché pour ce qu'il a fait de bonne foi.

Le juge doit avoir égard à la nature de l'affaire, et à la difficulté des communications entre le mandant et le mandataire.

.1994   23. Le mandataire répond de celui qu'il s'est substitué dans la gestion, lorsqu'il n'avait pas par la procuration le pouvoir de le faire.

ib.   24. Il en répond encore lorsqu'il avait le pouvoir de se substituer,

Si le substitué ne lui était pas nommé dans la procuration,

Et qu'il ait substitué quelqu'un notoirement incapable ou suspect.

ib.   25. Dans le cas même où le mandataire doit répondre de celui qu'il s'est substitué, le mandant peut, si bon lui semble, agir directement contre le substitué.

26. Le procureur ne peut excéder les termes de son mandat, tout ce qu'il fait au-delà est nul relativement au mandant, si celui-ci ne le ratifie, et le mandataire seul en est tenu en son propre nom. ap. — 1994 et 1998

27. Quand il y a plusieurs procureurs constitués par le même acte, ils ne sont pas solidairement responsables entre eux de ce que chacun a fait, si la solidarité n'est exprimée dans la procuration. 1995

28. Le mandataire doit l'intérêt des sommes qu'il a employées à son usage, du moment de l'emploi ; et de celles qu'il peut retenir du jour qu'il est mis en demeure. 1996

CHAPITRE IV.
Des obligations du mandant.

29. La première obligation du mandant est d'exécuter ou ratifier ce qui a été fait suivant le pouvoir qu'il a donné. 1998

30. Quoique le mandant refuse de ratifier ce qu'a fait le mandataire, celui-ci ne reste pas pour cela obligé envers ceux avec lesquels il a traité, excepté qu'il n'ait agi en son nom propre, ou qu'il n'ait excédé les termes de son mandat. ib. et 1997

31. Le mandataire a droit de se faire rembourser les avances et faux frais qu'il a faits pour l'exécution du mandat, quand même l'affaire n'aurait pas réussi, pourvu qu'il n'y ait pas eu de sa faute. 1999.

Le mandant est même tenu de rembourser au mandataire ces frais et avances, quoiqu'ils soient plus considérables que ceux qu'il y aurait employés s'il avait entrepris lui-même l'affaire, pourvu qu'il n'y ait pas de dol ou de faute à imputer au mandataire.

32. Le mandataire doit aussi être dédommagé de ses pertes, lorsqu'il les a éprouvées à l'occasion de sa gestion, et qu'on ne peut lui reprocher aucune imprudence. 2000

2001 33. Si le mandataire a avancé quelques sommes pour les affaires du mandant, celui-ci lui en doit les intérêts du jour des avances constatées.

2002 34. Si le mandataire a été constitué par plusieurs personnes pour une affaire commune, chacune d'elles sera tenue solidairement envers lui de tout l'effet de la procuration.

CHAPITRE V.

Comment le mandat prend fin.

2003 35. Le mandat prend fin,

Par la révocation du mandataire;

Par la renonciation de celui-ci au mandat;

Par le changement d'état du mandant;

Par la mort naturelle ou civile,

Et par l'interdiction du mandant ou du mandataire.

Le tout sous les modifications qui suivent.

2004 36. Le mandant est libre de révoquer sa procuration quand bon lui semble.

2005 37. Si le mandant ne notifie sa révocation qu'au mandataire, et non à ceux avec lesquels il lui a donné pouvoir de traiter, ceux-ci auront toujours leur action contre le mandant pour le forcer à exécuter ou ratifier ce que le mandataire a fait; sauf au mandant son recours contre le mandataire.

2006 38. La constitution d'un nouveau procureur pour la même affaire, vaut révocation du premier, du jour qu'elle a été notifiée à celui-ci, et à ceux avec lesquels il était chargé de traiter.

2007 39. Le mandataire peut renoncer au mandat, en notifiant au mandant sa renonciation, pourvu qu'elle soit faite dans des circonstances telles qu'il n'en puisse résulter aucun préjudice pour le mandant.

ib. 40. Il peut même indistinctement renoncer au mandat, lorsqu'il se trouve dans l'impossibilité de l'accomplir, ou qu'il pourrait en résulter pour lui un préjudice considérable.

41. La perte de la qualité qui donnait au mandant le pouvoir de constituer un mandataire, opère aussi la résolution du mandat. ap.—2007 et 2003

42. Si le mandataire, ignorant la mort ou la cessation de l'autorité du mandant, continue à exécuter le mandat, ce qu'il a fait jusqu'à la connaissance à lui donnée, est valide. 2008

43. En cas de mort du mandataire, son héritier doit en donner avis au mandant, et, en attendant, pourvoir à ce que les circonstances exigent pour l'intérêt de celui-ci. 2010

DISPOSITION PARTICULIÈRE.

44. Indépendamment des règles prescrites au présent titre, les avoués sont d'ailleurs soumis à celles qui sont établies à leur égard dans le Code judiciaire. ap.—2010

¡TITRE XVIII.

Du gage et du nantissement.

ART. 1er. Le créancier auquel son débiteur a remis pour sûreté de la dette une chose mobilière, a un privilège sur cette chose, sur laquelle il acquiert le droit de se faire payer par préférence aux autres créanciers du débiteur. 2073

2. Le privilège n'a lieu qu'autant qu'il y a un acte passé devant notaire, avec minute, contenant la déclaration de la somme due, et l'espèce et la nature de la chose remise en gage ou nantissement. 2074

Si les gages ne peuvent être décrits dans l'obligation, ils doivent être énoncés dans une facture ou inventaire, dont il est fait mention dans l'obligation, et qui y est annexé, contenant la qualité, poids et mesure des marchandises ou effets donnés en gage.

3. Les formalités ci-dessus ne sont requises que pour assurer le privilège du créancier nanti, vis-à-vis des tiers. Les parties contractantes ne peuvent s'en opposer l'inobservation. ap.—2074

4. Les meubles incorporels, tels que les créances mobi- 2075

lières, peuvent être donnés en nantissement, pourvu qu'il soit fait par un acte devant notaires, avec minute, portant que le billet ou autre titre de la créance active a été transporté en nantissement, et remis à ce titre entre les mains de celui auquel le gage est donné, et que ce transport soit signifié au débiteur de la dette remise en nantissement.

ap.—
2075 5. Le nantissement est valable entre le créancier et le débiteur, encore que la chose, ainsi livrée, n'appartienne point au débiteur; sauf le droit du véritable propriétaire.

2076 6. Le privilège du nantissement n'a lieu qu'autant que le créancier a été mis en possession réelle du gage.

ap.—
2076 7. Le nantissement peut avoir lieu pour sûreté d'une créance non encore contractée, pourvu que l'obligation projetée s'en soit suivie.

2077 8. Le nantissement peut être donné par un tiers pour le débiteur.

2078 9. Le créancier ne peut, à défaut de paiement, disposer, de sa propre autorité, de la chose; il doit, après l'expiration du temps dans lequel la dette devait être acquittée, citer le débiteur en justice, pour voir dire que la chose à lui remise en nantissement, lui demeurera en paiement, et jusqu'à due concurrence, suivant l'estimation qui en sera faite par experts, ou qu'elle sera vendue à l'enchère.

Toute clause qui autoriserait le créancier à s'approprier le gage, ou à en disposer sans les formalités ci-dessus, est nulle.

2079 10. Le débiteur conserve la propriété du gage sur lequel le créancier n'acquiert que le droit de se faire payer par privilège.

Le gage n'est, dans sa main, qu'un dépôt à la conservation duquel il doit veiller.

2080 Il est responsable de sa perte ou de sa détérioration; le tout d'après les règles qui sont établies au titre II du présent livre.

Le débiteur doit tenir compte au créancier des dépenses

utiles et nécessaires qu'il a faites pour la conservation de la chose.

11. Si la créance, qui est l'objet du nantissement, porte intérêt, le créancier peut jouir des fruits que produit le gage, jusqu'à concurrence, et d'après le compte qui en est fait entre les parties lors du paiement définitif. 2081

12. Le débiteur ne peut réclamer la restitution du gage, qu'après qu'il a intégralement payé la dette pour sûreté de laquelle il a été donné, tant en principal qu'intérêts et frais, à moins que le créancier n'abuse du gage. 2082

13. Le gage est indivisible, quoique la dette le soit entre les héritiers du débiteur ou ceux du créancier. L'héritier du débiteur, qui a payé sa portion de la dette, ne peut demander la restitution de sa portion dans le gage, tant que la dette n'est pas entièrement acquittée. Réciproquement l'héritier du créancier, qui a reçu sa portion de la dette, ne peut remettre le gage au préjudice de ceux de ses cohéritiers qui ne sont pas payés. 2083

14. Les dispositions ci-dessus ne sont point applicables aux maisons de prêts sur gage autorisées par la police, à l'égard desquelles on doit suivre les réglemens de police qui les concernent. 2084

TITRE XIX.
Des contrats aléatoires.

ART. 1er. Le contrat aléatoire est celui par lequel chacune des parties contractantes s'engage à donner ou à faire une chose, et ne reçoit, en équivalent de ce qu'elle donne, que le risque dont elle s'est chargée, et qui dépend d'un événement casuel et incertain. 1964

Tels sont : le contrat d'assurance,

   Le prêt à grosse aventure,

   Le jeu et le pari,

   Le contrat de rente viagère.

Les deux premiers, appartenant au commerce maritime, sont étrangers au Code civil proprement dit.

CHAPITRE PREMIER.

Du jeu et du pari.

1965
1966 2. La loi n'accorde aucune action pour le paiement de ce qui a été gagné au jeu ou par un pari, excepté pour les jeux propres à exercer au fait des armes; tels que l'exercice au fusil, les courses à pied ou à cheval et de chariot, et le jeu de paume.

ib. A l'égard de ces sortes de jeux, le juge peut dénier l'action, quand les sommes jouées ou pariées excèdent vingt-quatre francs.

1967 3. Dans tous les cas où la loi dénie l'action au gagnant, elle refuse au perdant la répétition de ce qu'il a volontairement payé.

Néanmoins l'action en répétition est admise par la voie de la police correctionnelle, quand il y a eu, de la part de l'un des joueurs, dol, supercherie ou escroquerie.

CHAPITRE II.

Du contrat de rente viagère.

DISTINCTION PREMIÈRE.

Entre quelles personnes il peut avoir lieu.

tit. 12
com.du
ch. 2 4. Le contrat de rente viagère peut avoir lieu entre toutes personnes capables de contracter, même au profit d'une personne morte civilement.

Néanmoins les communes, et les établissemens publics qui n'ont point la capacité d'acquérir sans la permission de l'autorité compétente, ne peuvent point, sans cette autorisation, constituer des rentes viagères à prix d'argent ou moyennant un fonds.

Les personnes qui sont incapables de recevoir et de donner, ne peuvent aussi contracter ensemble à ce titre, dans les cas ci-après expliqués.

DISTINCTION II.

Des conditions requises pour la validité du contrat.

5. La rente viagère peut être constituée à titre onéreux, ₁₉₆₈
moyennant une somme d'argent ou chose mobilière appréciable, ou pour l'abandonnement d'un fonds immeuble.

6. Elle peut être aussi constituée, à titre purement gra- _{1969 —}
tuit, par donation entre-vifs ou testamentaire. En ce der- ₁₉₇₀
nier cas, elle doit être revêtue des formes requises par la
loi; elle est sujette à réduction, et ne peut avoir lieu entre
les personnes qui sont incapables de se donner ou de recevoir l'une de l'autre.

7. La rente viagère peut être constituée soit sur la tête ₁₉₇₁
de celui qui en fournit le prix, soit sur la tête d'un tiers qui
n'a aucun droit d'en jouir.

8. Elle peut être constituée sur une ou plusieurs têtes. ₁₉₇₂

9. Elle peut être constituée au profit d'un tiers, quoique ₁₉₇₃
le prix en soit fourni par une autre personne.

Dans le dernier cas, quoiqu'elle soit réputée donation,
elle n'est point assujétie aux formes requises pour la donation.

Mais elle peut être susceptible de réduction, ou attaquée
de nullité, dans les cas ci-après expliqués.

10. Toute rente viagère créée sur la tête d'une personne ₁₉₇₄
qui était morte, au jour du contrat, est radicalement nulle.

11. Il en est de même de celle créée sur la tête d'une per- ₁₉₇₅
sonne qui était, au jour du contrat, dangereusement atteinte de la maladie dont elle est décédée dans les vingt
jours de la date du contrat, encore que le fait de la maladie
fût ignoré des deux parties.

12. La rente viagère peut être constituée au taux que ₁₉₇₆
les parties contractantes jugent à propos, sauf les exceptions ci-après.

13. Si celui sur la tête duquel elle est créée, est âgé de _{ap.—}
moins de cinquante ans, la rente viagère ne peut excéder ₁₉₇₆
le double du taux ordinaire et légal de l'argent.

Depuis cinquante jusqu'à soixante, elle ne peut excéder le double, et le cinquième en sus de ce double ;

De soixante jusqu'à soixante-dix, le double, et moitié en sus de ce double ;

A soixante-dix et au-dessus, elle ne peut excéder le double, et les trois quarts en sus de ce double.

ap.—
1976
14. Si la rente est créée sur deux têtes, elle doit être réduite,

Au double, moins un dixième, si l'une et l'autre ont au-dessous de soixante-dix ans ;

Au double, moins deux dixièmes, si l'une et l'autre ont au-dessous de soixante ans ;

Au double, moins trois dixièmes, si l'une et l'autre ont au-dessous de cinquante ans.

S'il y a plus de deux têtes, en quelque nombre qu'elles soient, et quel que soit leur âge, la rente doit être réduite au double, moins trois dixièmes.

ib.
15. La rente qui excède les taux ci-dessus n'est point nulle, mais simplement réductible.

ib.
16. Si la rente n'est constituée qu'au taux ordinaire de l'argent, ou n'excède le taux que de très-peu de chose, le contrat est réputé avantage indirect déguisé.

Il n'est pas néanmoins nul, faute d'y avoir observé les formalités requises pour les donations ; mais il est réductible à la portion dont celui qui a fourni le fonds pouvait disposer.

ib.
17. Dans le cas de l'article précédent, si celui qui a constitué la rente était incapable de recevoir de la part de celui qui a fourni le prix, le contrat peut être attaqué comme nul, après le décès de ce dernier, par ses héritiers, sans être obligé de restituer les arrérages perçus par le défunt.

Il ne peut l'être par le constituant, ni par celui qui a fourni le prix.

ib.
18. Si la rente viagère a été constituée au profit d'un tiers qui n'en a point fourni le prix, et qui était incapable

de recevoir de la part de celui qui a fourni ce prix, les héritiers de celui-ci peuvent demander la nullité de la stipulation contre le tiers, et exiger du constituant, à leur profit, la continuation de la rente pendant la vie de celui sur la tête duquel la rente est créée.

DISTINCTION III.

Des effets du contrat entre les parties contractantes.

19. Celui au profit duquel la rente viagère a été constituée moyennant un prix, peut demander la résiliation du contrat, si le constituant manque à lui fournir les sûretés qu'il a promises pour son exécution. **1977**

Hors ce cas, il ne peut, même à défaut de paiement des arrérages, demander le remboursement du capital par lui fourni, ou de rentrer dans le fonds qu'il a aliéné; il n'a que le droit de saisir et de faire vendre les biens de son débiteur, et de faire faire, sur le prix, l'emploi d'une somme suffisante pour le service des arrérages. **1978**

20. Réciproquement, le constituant ne peut se décharger du paiement de la rente, en offrant de rembourser le capital et en renonçant à la répétition des arrérages payés. Il est obligé de servir la rente pendant toute la durée de la vie de la personne ou des personnes sur la tête ou les têtes desquelles la rente a été constituée, quelle que soit la durée de cette vie, et quelque onéreux qu'ait pu devenir le service de la rente. **1979**

21. Les arrérages d'une rente viagère sont un fruit civil qui appartient à l'usufruitier, lequel les consume à son profit, pendant la durée de l'usufruit, sans être obligé de les restituer, après la cessation de l'usufruit, au propriétaire ni à ses héritiers. **ap.— 1279 et 588**

22. La rente viagère ne s'acquiert au profit du propriétaire, que dans la proportion du nombre de jours qu'il a vécu. **1980**

Cette règle a lieu, encore qu'elle ait été stipulée payable par trimestre, semestre, ou par mois;

Ou qu'elle ait été payable par termes d'avance.

Le constituant ne doit payer aux héritiers du propriétaire, que dans la proportion du nombre de jours qui ont couru, et il a la répétition de ce qu'il a payé de trop par avance, à moins que le contrat ne contienne une stipulation contraire.

1981   23. La rente viagère ne peut être stipulée insaisissable, que lorsqu'elle a été constituée à titre gratuit.

1982   24. La rente viagère ne s'éteint point par la mort civile du propriétaire; les arrérages en doivent être continués, au profit de ses héritiers, pendant toute sa vie naturelle.

1983   25. Le propriétaire d'une rente constituée n'en peut demander les arrérages qu'en justifiant son existence, ou celle de celui sur la tête duquel elle a été constituée.

TITRE XX.

De la prescription.

CHAPITRE Iᵉʳ.

DISPOSITIONS GÉNÉRALES.

2219   ART. 1ᵉʳ. La prescription est un moyen d'acquérir ou de se libérer par le temps et sous les conditions déterminées par la loi.

2220   2. On ne peut, d'avance, renoncer au bénéfice de la prescription; mais on peut renoncer à la prescription acquise.

2221   3. La renonciation à la prescription est expresse ou tacite.

La renonciation tacite résulte d'un fait qui suppose l'abandon du droit acquis par la prescription.

2222   4. Pour pouvoir renoncer à la prescription, il faut avoir la capacité d'aliéner.

Si celui qui n'a pas cette capacité, a payé une somme prescrite, ou cédé un héritage acquis par la prescription, il peut se les faire restituer.

2223   5. Les juges ne peuvent pas suppléer d'office le moyen de la prescription.

2224   6. La prescription peut être opposée en tout état de cause, même devant le tribunal d'appel, si elle ne l'avait pas été en première instance.

7. Les créanciers postérieurs, ou toute autre personne ayant intérêt à ce que la prescription soit acquise, peuvent l'opposer, encore que le débiteur ou le propriétaire y renonce. 2225

8. La nation, les établissemens publics et les communes, sont soumis aux mêmes prescriptions que les particuliers, et peuvent également les opposer. 2227

CHAPITRE II.

De la possession.

9. La possession est la détention d'une chose ou d'un droit que nous tenons en notre puissance, ou par nous-mêmes, ou par un autre qui la tient en notre nom. 2228

10. La possession ne s'applique proprement qu'aux choses corporelles, soit mobilières, soit immobilières. ap.—2228

On possède improprement des droits incorporels, tels que les servitudes et autres, par le genre de possession dont ils sont susceptibles.

11. Pour pouvoir prescrire, il faut une possession continue et non interrompue, paisible, publique, non équivoque, et à titre de maître. 2229

12. On est toujours censé posséder pour soi et comme propriétaire, s'il n'est prouvé qu'on a commencé à posséder pour un autre; auquel cas on est censé avoir continué à posséder comme on a commencé. 2230—2231

13. Les actes de simple tolérance ne peuvent fonder de possession ni de prescription. 2232

14. Des actes de violence n'opèrent pas non plus de possession capable d'opérer la prescription, tant que cette violence dure. 2233

15. Le possesseur actuel qui prouve avoir possédé anciennement, est censé avoir possédé dans le temps intermédiaire. 2234

16. La possession actuelle ne fait point présumer l'an- ap.—2234

cienne, excepté que le possesseur n'ait un titre; auquel cas il est présumé avoir possédé depuis la date de son titre, si le contraire n'est prouvé.

2235   17. Pour compléter la prescription, on peut joindre à sa possession celle de son auteur, soit qu'on lui ait succédé à titre universel ou particulier, lucratif ou onéreux.

CHAPITRE III.

Causes qui empê.hent la prescription.

2236   18. Ceux qui possèdent pour autrui, et non pour eux-mêmes, ne prescrivent jamais, quelque long-temps qu'ils détiennent la chose;

Ainsi, le fermier, l'engagiste, le dépositaire, l'usufruitier, et tous autres qui détiennent précairement la chose du propriétaire, ne peuvent la prescrire.

2237   19. Les héritiers de ceux qui tenaient la chose aux titres désignés dans l'article précédent, même ceux de l'usufruitier, ne peuvent pas plus prescrire que leur auteur.

2238   20. Ceux qui sont désignés dans l'article 18 peuvent prescrire, même pendant la durée du temps pour lequel le propriétaire leur a donné sa chose à détenir, lorsque le titre de leur détention se trouve interverti soit par une cause venant d'un tiers, soit par la contradiction qu'ils forment au droit du propriétaire.

2239   21. Ceux à qui les fermiers, dépositaires et autres détenteurs précaires; ont transmis la chose par un titre translatif de propriété, peuvent la prescrire.

2240   22. On ne peut pas prescrire contre son propre titre, en ce sens que l'on ne peut point se changer à soi-même la cause et le principe de sa possession.

2241   23. On peut prescrire contre son titre, en ce sens que l'on prescrit la libération de l'obligation que l'on a contractée.

CHAPITRE IV.

Causes qui interrompent ou suspendent le cours de la prescription.

SECTION PREMIÈRE.

Des causes qui interrompent la prescription.

24. La prescription peut être interrompue de deux ma- 2242
nières, ou naturellement, ou civilement.

25. Il y a interruption naturelle, lorsque le possesseur 2243
est privé, pendant plus d'un an, de la jouissance de la chose,
soit par l'ancien propriétaire, soit même par un tiers.

26. Une citation en justice, un commandement ou une 2244
saisie signifiés à celui qu'on veut empêcher de prescrire,
forment l'interruption civile.

27. La citation en conciliation devant le bureau de paix, 2245
interrompt la prescription, du jour de sa date, lorsqu'elle
est suivie d'une assignation en justice, donnée dans la huitaine depuis la clôture du procès-verbal de non-conciliation.

Si l'assignation doit être donnée à domicile, à une partie
dont l'habitation est à plus de cinq myriamètres de distance,
il sera ajouté à la huitaine un jour par cinq myriamètres.

28. La citation en justice interrompt la prescription, 2246
quoiqu'elle se trouve donnée devant un juge incompétent.

29. Si l'assignation est nulle par défaut de forme, 2247

Si le demandeur se désiste de sa demande,

S'il laisse périmer l'instance, la sommation ou la saisie,

Ou si le possesseur est relaxé de sa demande,

L'interruption est regardée comme non-avenue.

30. La prescription est interrompue et couverte par la 2248
reconnaissance que le débiteur ou le possesseur font du droit
de celui contre lequel ils prescrivaient.

31. L'interpellation judiciaire faite à l'un des débiteurs 2249
solidaires, ou sa reconnaissance, interrompent la prescription contre tous les autres, même contre leurs héritiers.

Mais l'interpellation ou la reconnaissance de l'un des héritiers d'un débiteur solidaire, n'interrompent pas la prescription à l'égard des autres cohéritiers, quand même la créance serait hypothécaire, si l'obligation n'est indivisible.

Cette interpellation ou cette reconnaissance de l'un des héritiers du débiteur solidaire, n'interrompent la prescription, à l'égard des autres codébiteurs, que pour la part dont cet héritier est tenu.

Pour interrompre la prescription pour le tout à l'égard des autres codébiteurs, il faut l'interpellation ou la reconnaissance de tous les héritiers du débiteur décédé.

2250　52. L'interpellation ou la reconnaissance du débiteur principal interrompent la prescription contre la caution.

SECTION II.

Des causes qui suspendent le cours de la prescription.

2252　55. La prescription ne court point contre les mineurs et les interdits, excepté dans les cas déterminés par la loi.

2253　34. Elle ne court point non plus entre époux.

2254　35. La prescription court contre la femme mariée, encore qu'elle ne soit point séparée par contrat de mariage, où en justice, à l'égard de tous les biens dont le mari a l'administration; sauf son recours contre le mari.

2256　La règle ci-dessus reçoit exception,

1°. Dans le cas où l'action de la femme ne pourrait être exercée qu'après une option à faire sur l'acceptation ou la renonciation à la communauté;

2°. Dans le cas où le mari, ayant vendu le bien propre de la femme sans son consentement, est garant de la vente; et dans tous les autres cas où l'action de la femme réfléchirait contre le mari.

2255　36. Si par le contrat de mariage il a été stipulé que tous les immeubles ou partie des immeubles de la femme seraient inaliénables, la prescription ne courra point du tout contre la femme à l'égard des immeubles dont l'inaliénabilité aura été ainsi stipulée.

57. La prescription ne court pas contre ceux qui sont ap.—
absens pour le service de la république, dans les cas et de 2256
la manière déterminés par les réglemens qui leur sont particuliers.

58. Elle ne court point à l'égard d'une créance qui dé- 2257
pend d'une condition, jusqu'à ce que la condition arrive;

Contre une action en garantie, jusqu'à ce que l'éviction
ait lieu;

Contre une créance à jour fixe, jusqu'à ce que ce jour
soit arrivé.

Cependant celui qui a garanti la solvabilité du débiteur ap.—
d'une rente perpétuelle, ne peut plus être recherché, après 2257
trente ans, pour cette insolvabilité.

59. La prescription ne court pas contre l'héritier béné- 2258
ficiaire à l'égard des créances qu'il a contre la succession;

Mais elle court contre une succession vacante, quoique
non pourvue de curateur.

40. Elle court encore pendant les trois mois pour faire 2259
inventaire, et les quarante jours pour délibérer.

CHAPITRE V.

Du temps requis pour prescrire.

SECTION PREMIÈRE.

DISPOSITIONS GÉNÉRALES.

41. La prescription ne se compte point par heure, mais 2260
par jour.

Elle est acquise lorsque le dernier jour du terme est ac- 2261
compli, soit qu'il soit férié, ou non.

42. Dans les prescriptions qui s'accomplissent dans un ap.—
certain nombre de jours, les jours complémentaires sont 2261
comptés.

Dans celles qui s'accomplissent par mois, celui de fruc-
tidor comprend les jours complémentaires.

SECTION II.

De la prescription trentenaire.

2262 43. Toutes les actions, tant réelles que personnelles, sont prescrites par trente ans, sans que celui qui allègue cette prescription soit obligé de rapporter de titres, ou qu'on puisse lui opposer de mauvaise foi.

ap.—
2262 44. La prescription de trente ans a lieu contre la nation, contre les communes et les établissemens publics.

2264 45. Les règles de la prescription sur d'autres objets que ceux mentionnés dans le présent titre, sont expliquées dans les titres qui leur sont propres.

SECTION III.

De la prescription par dix et vingt ans.

2265 46. Celui qui acquiert, de bonne foi et par juste titre, un immeuble, en prescrit la propriété par dix ans si le véritable maître habite dans le ressort du tribunal d'appel dans l'étendue duquel l'immeuble est situé; et par vingt ans, s'il est domicilié hors dudit ressort.

2266 47. Si le véritable maître habite dans le même ressort une partie du temps, et hors dudit ressort une autre partie, soit que l'absence ait précédé ou suivi la présence, soit qu'elle tombe dans un temps intermédiaire, il faut, pour compléter la prescription, ajouter à ce qui manque aux dix ans de présence, un nombre d'années d'absence double de celui qui manque pour compléter les dix ans de présence.

2267 48. Le titre nul par défaut de forme, n'autorise pas la prescription de dix et vingt ans.

2268 49. La bonne foi est toujours présumée, et c'est à celui qui allègue la mauvaise foi à la prouver.

2269 50. Il suffit que la bonne foi ait existé au moment de l'acquisition.

2270 51. Après dix ans, l'architecte est déchargé de la garantie des gros ouvrages qu'il a faits.

SECTION IV.

Des autres prescriptions.

52. L'action des maîtres et instituteurs des sciences et 2271
arts, pour les leçons qu'ils donnent au mois ;

Celle des hôteliers et traiteurs, à raison du logement et
de la nourriture qu'ils fournissent ;

Celle des ouvriers et gens de travail, pour le paiement
de leurs fournitures, journées et salaires,

Se prescrivent par six mois.

53. L'action des médecins, chirurgiens et apothicaires, 2272
pour leurs visites, opérations et médicamens ;

Celle des huissiers et sergens, pour le salaire des actes
qu'ils signifient, et des commissions qu'ils exécutent ;

Celle des marchands, pour les marchandises qu'ils ven-
dent aux particuliers non marchands ;

Celle des maîtres de pension contre leurs élèves, pour le
prix de cette pension ; et des autres maîtres contre leurs apprentis, pour leur apprentissage ;

Celle des domestiques qui se louent à l'année, pour le
paiement de leur salaire,

Se prescrivent par un an.

54. L'action des avoués, pour le paiement de leurs frais 2273
et salaires, se prescrit par deux ans, à compter depuis le
jugement des procès ou la conciliation des parties,

Ou depuis la révocation desdits avoués.

A l'égard des affaires non terminées, ils ne peuvent former de demandes, pour leurs frais et salaires, au-dessus de
cinq ans.

55. La prescription, dans les cas ci-dessus exprimés, a 2274
lieu, quoiqu'il y ait eu continuation de fournitures, livrai-
sons, services et travaux.

Elle ne cesse de courir que lorsqu'il y a eu compte arrêté, cédule ou obligation, ou citation en justice, non
périmée.

2275   56. Cependant ceux auxquels ces prescriptions seront opposées, peuvent déférer l'affirmation à ceux qui les opposent, sur le fait de savoir si la chose a été réellement payée.

L'affirmation pourra également être déférée aux veuves et héritiers, ou aux tuteurs de ces derniers, s'ils sont mineurs, pour qu'ils aient à déclarer s'ils ne savent pas que la chose est due.

2276   57. Les juges et avoués sont déchargés des pièces cinq ans après le jugement des procès;

Les huissiers et sergens, après deux ans, depuis l'exécution de la commission ou la signification des actes dont ils étaient chargés.

2277   58. Les arrérages de rentes perpétuelles ou viagères,

Ceux des pensions alimentaires;

Les loyers des maisons, et le prix de ferme des biens ruraux;

Les intérêts des sommes prêtées;

Et généralement tout ce qui est payable par année ou à des termes périodiques plus courts,

Se prescrivent par cinq ans.

2278   59. Les prescriptions dont il s'agit dans les articles précédens, courent contre les mineurs et interdits, sauf leur recours contre leurs tuteurs.

2279   60. En fait de meubles la possession vaut titre.

Cependant, celui qui a perdu ou auquel il a été volé une chose, peut la revendiquer pendant trois ans, à compter du jour de la perte ou du vol, contre celui dans les mains duquel il la trouve, sauf à celui-ci son recours contre celui duquel il la tient.

2280   61. Si le possesseur actuel de la chose perdue ou volée, l'a achetée dans une foire ou marché ou dans une vente publique, ou d'un marchand vendant des choses pareilles, le propriétaire originaire ne peut se la faire rendre qu'en remboursant au possesseur le prix qu'elle lui a coûté.

DISPOSITION GÉNÉRALE.

A compter du jour de la publication du présent Code, les lois romaines, les ordonnances, les coutumes générales ou locales, les statuts, les réglemens, cesseront d'avoir force de loi générale ou particulière dans les matières qui sont l'objet du présent Code, conformément à ce qui est expliqué dans le livre préliminaire.

Les membres de la commission pour le Code civil,

Tronchet, Bigot-Préameneu, Portalis, Malleville.

OBSERVATIONS

Du Tribunal de Cassation sur le Projet présenté par la Commission du Gouvernement.

LIVRE PRÉLIMINAIRE.

TITRE Ier.

Définitions générales.

ARTICLE PREMIER. (*Le premier du Projet.*) *

2. (*Le 2e. du Projet.*)

3. (*Le 3e. du Projet.*)

4. Le droit intérieur et particulier de chaque peuple se compose en partie du droit universel, en partie des lois qui lui sont propres, et en partie de ses coutumes et usages, *qui ne doivent et ne peuvent être* que le supplément des lois.

(*Le 4e. du Projet.*) N'est-il pas utile d'exprimer formellement que les coutumes et usages *ne doivent et ne peuvent* être que le supplément des lois, pour mieux faire sentir qu'ils ne peuvent leur être *contraires*, ni les *abroger!*

5. La coutume résulte d'une longue suite de *jugemens* et d'actes constamment répétés, qui ont acquis la force d'une convention tacite et commune.

(*Le 5e. du Projet.*) Il convient d'énoncer les *jugemens* dont la *constante uniformité* a toujours formé cette *jurisprudence* que tous les peuples admettent comme véritable supplément de la loi.

6. (*Le 6e. du Projet.*)

7. Elle *règle les droits*, elle ordonne, elle permet, elle défend, elle annonce des récompenses et des peines.

---

* On s'est servi de deux sortes de caractères, pour que la rédaction proposée par le Tribunal de Cassation ne pût pas être confondue avec les développemens qu'il a donnés à la suite des articles. Le texte de la rédaction se trouve en caractères du Recueil, et les développemens sont en plus petits.

Elle ne statue pas sur des faits individuels ; elle_est présumée disposer, non sur des cas rares ou singuliers, mais sur ce qui se passe dans le cours ordinaire des choses.

Elle se rapporte aux personnes ou aux biens.

Elle règle les actions, et ne scrute pas les pensées ; elle répute licite tout ce qu'elle ne défend pas ; et néanmoins, ce qui n'est pas défendu par la loi n'est pas toujours honnête.

La perpétuité est dans le vœu des lois.

(*Le 7e. du Projet.*) Il n'est pas moins de la nature de la loi de *régler les droits* que d'ordonner, permettre, etc., etc. L'article doit donc l'exprimer ; et il a paru qu'au même article appartenait la distinction de l'influence de la loi sur les actions ou sur les pensées, ainsi que le vœu de la perpétuité, qui est l'un de ses caractères ; ce que les auteurs du projet avaient porté dans d'autres titres.

TITRE II.

Division des lois.

Art. 1er. Il est diverses espèces de lois.

Les unes règlent les rapports de ceux qui gouvernent avec ceux qui sont gouvernés, et les rapports de chaque membre de la cité avec tous ; ce sont les lois constitutionnelles et politiques.

Les autres règlent les rapports des citoyens entre eux, *quant à leurs droits personnels et à leurs propriétés. Elles se composent des règles du droit naturel, commun à tous les hommes de tous les pays, et des règles propres à chaque pays, qui constituent son droit civil proprement dit.*

Les troisièmes règlent les rapports de l'homme avec la loi : cette partie de la législation est la garantie et la sanction de toutes les lois. Elles se composent des lois relatives à l'ordre judiciaire, des lois criminelles, des lois concernant la police, et de toutes celles qui ont directement les mœurs ou la paix pour objet.

Les quatrièmes disposent sur des objets qui n'appartiennent exclusivement à aucune des divisions précédentes, telles que les lois commerciales, les lois maritimes, les lois fiscales, les lois militaires.

(*Le* 1er. *du Projet.*) Il paraît bon d'exprimer que les lois civiles règlent les rapports des citoyens entre eux, *quant à leurs droits personnels et à leurs propriétés* : car les *propriétés* ne sont pas moins que les personnes l'objet des lois civiles; principe utile à retracer dans les premières bases d'un Code.

N'est-il pas utile aussi de placer ici une division des lois civiles, dont les unes appartiennent à ce droit naturel, commun à tous les hommes de tous les pays, et les autres sont positives et spécialement faites pour chaque nation?

Du nombre des lois qui, dans le dernier *alinéa* de l'article, doivent être énoncées comme *exemples* de la quatrième espèce, plutôt que comme la composant toute entière, ne faut-il pas rayer *les lois rurales*, qui sont nécessairement ou *civiles* ou de *police*, et appartiennent par conséquent ou à la seconde ou à la troisième espèce.

2. (*Le* 2e. *du Projet.*)

(*Le* 3e. *du Projet.*)..... Des réglemens rappelés dans un Code civil ne pouvant s'entendre de réglemens administratifs, variables de leur nature, l'article 3 du Projet peut-il subsister? Des réglemens relatifs aux lois, destinés à en assurer l'exécution, pourraient-ils être plus variables que les lois elles-mêmes? Quel champ ouvert à l'arbitraire de la part de l'autorité qui a le droit de faire des réglemens?

L'expression du vœu de perpétuité de la loi, seule bonne à conserver de l'article 3 du Projet, se lie naturellement à l'article 7 du titre Ier.

TITRE III.

De la publication des lois.

ART. 1er. Les lois sont adressées aux autorités chargées de les exécuter ou de les appliquer ; et *chacune de ces autorités est tenue d'en faire faire sur-le-champ la transcription sur un registre particulier, et d'en dresser procès-verbal.*

2. Les lois sont exécutoires en ce qui est relatif à la compétence de chaque autorité, du jour de la réception et transcription par l'autorité compétente.

3. Les lois sont obligatoires pour les citoyens de chaque département, du jour où la réception et transcription ont eu lieu au secrétariat de l'administration centrale du département.

Quel que soit le mode de publication des lois, on ne peut se flatter qu'il en fasse sûrement parvenir la connaissance à tous ceux qui doivent y être soumis ; le mode de publication des lois n'est donc jamais qu'un moyen d'obtenir une présomption légale que tout citoyen connaît la loi du jour où elle est publiée.

Cela posé, un membre de la commission exprimait le désir qu'on adoptât un mode de publication au chef-lieu du gouvernement, d'après lequel, et après un délai commun à tous les départemens continentaux, la loi deviendrait exécutoire le même jour dans toute la république.

La commission n'a point adopté cette idée, malgré l'avantage qu'elle présentait de rendre les lois exécutoires, pour tous les Français, au même moment : mais la commission a pensé qu'au moins ne fallait-il pas qu'une loi, qui serait tout à la fois administrative et judiciaire, fût exécutoire sous le premier rapport, parce que l'administration l'aurait reçue et transcrite ; et ne le fût pas, sous le second rapport, dans le même lieu, parce que le tribunal d'appel ne l'aurait pas encore publiée.

La publication des lois paraît donc devoir être confiée aux préfets de chaque département, sans préjudice de l'envoi aux tribunaux et à toutes autres autorités qu'elles pourraient concerner, qui seraient tenus de dresser procès-verbaux d'inscription sur leurs registres.

TITRE IV.

Des effets de la loi.

(*Le* 1er. *du Projet.*) Le premier article du projet paraît insignifiant en point de droit ; et en fait il n'est que trop vrai que la loi devient la matière des raisonnemens qu'elle aurait pour objet de terminer.

2   ART. 1er. (*Le* 2e. *du Projet.*)

ap. 2   2. Néanmoins, *une loi qui ne serait qu'explicative* d'une autre loi précédente, règle même le passé, sans préjudice des jugemens en dernier ressort, des transactions et décisions arbitraires passées en force de chose jugée.

(*Le* 3e. *du Projet.*) Quelque raisonnable et nécessaire que soit la disposition de cet article, il ne peut être trop formellement restreint dans ses justes bornes ; ce qu'indiqueront les expressions, *Une loi qui ne serait qu'explicative.*

Un membre de la commission a paru craindre que ces mots, *Règle même le passé*, ne fussent susceptibles d'être entendus même du temps antérieur à la loi expliquée ; mais la force du sens de l'article, formant exception à l'article précédent, ne laisse lieu à aucune équivoque.

3. (*Le 4ᵉ. du Projet.*)   3

4. (*Le 5ᵉ. du Projet.*)   , 3—3ᵉ.

5. (*Le 6ᵉ. du Projet.*)

(*Le 7ᵉ. du Projet.*) Ce 7ᵉ. article du projet ne doit-il pas être   6
retranché ? Il suppose qu'il est des lois auxquelles on peut déroger par
des conventions; mais s'il est des lois qui, tout en réglant les intérêts
des citoyens d'une manière, leur laissent la faculté de les régler d'une
manière différente, en usant de cette faculté on n'y déroge pas, puisqu'on ne fait que ce qu'elles autorisent.

(*Le 8ᵉ. du Projet.*) Cet article 8 du projet a paru mieux placé
au titre Iᵉʳ., étant plus propre à caractériser la nature de la loi qu'à
en présenter un effet proprement dit.

(*Le 9ᵉ. du Projet.*) Cet article 9 du projet n'est-il pas inutile et
dangereux? A quoi reconnaîtra-t-on le vrai caractère d'une loi prohibitive? Sera-ce l'expression dont le législateur se sera servi qui le déterminera? Mais combien de lois emploient la tournure prohibitive,
lorsque leur véritable sens n'est que d'ordonner, de disposer! Et quel
champ ouvert aux procès, s'il faut chercher dans l'intention de la loi,
le vœu prohibitif, pour en conclure qu'elle emporte peine de nullité!

TITRE V.

De l'application et de l'interprétation des lois.

ART. Iᵉʳ. (*Le Iᵉʳ. du Projet.*)

2. Il peut être nécessaire d'interpréter les lois.

Il y a deux sortes d'interprétation : l'une par voie d'autorité, qui consiste à résoudre les doutes, par forme de
disposition générale et de commandement; *elle n'appartient
qu'au pouvoir législatif :* l'autre, par voie de doctrine, consiste à saisir le véritable sens d'une loi dans son application
à un cas particulier; *celle-ci seule constitue le ministère du juge.*

3. L'application de chaque loi doit se faire à l'ordre des
choses sur lesquelles elle statue; les objets *qui sont d'ordres
différens,* ne peuvent être décidés par les mêmes lois.

(*Les 2ᵉ., 3ᵉ., 4ᵉ. du Projet.*) Les légers changemens proposés
semblent rendre la rédaction plus exacte.

4. Quand une loi est claire, il ne faut point en éluder la lettre sous prétexte d'en pénétrer l'esprit; et dans l'application d'une loi obscure, on doit préférer le sens le plus naturel, et *qui est le plus conséquent au principe de la loi.*

(*Le* 5ᵉ. *du Projet.*) L'expression du *sens le moins défectueux dans l'exécution*, ne paraît ni propre ni précise. C'est la conformité au principe général de la loi qui doit déterminer la préférence d'un sens dont est susceptible une loi, sur tout autre qu'on peut lui prêter.

5. (*Le* 6ᵉ. *du Projet.*)

6. *Il n'est permis au juge* ni de mettre sa présomption à la place de celle de la loi; ni de distinguer, lorsque la loi ne distingue pas; ni de suppléer des exceptions que la loi ne prononce pas.

(*Les* 7ᵉ. *et* 8ᵉ. *du Projet.*) Les expressions, *ne doit*, *ne doivent*, employées dans les 7ᵉ. et 8ᵉ. articles du projet, conviennent peu au style des lois. Le langage positivement impératif est de leur essence.

7. L'induction d'un cas à un autre, ne peut être admise que lorsqu'il y a même motif de décider.

(*Le* 8ᵉ. *du Projet.*) Voir l'observation sur l'article 6.

8. (*Le* 9ᵉ. *du Projet.*)
9. (*Le* 11ᵉ. *du Projet.*)

(*Le* 10ᵉ. *du Projet.*) Sur cet article 10 du projet, la commission s'est demandé si l'on pouvait supposer qu'il y eût des lois *odieuses;* et, en le supposant, si le législateur pouvait défendre à l'homme sensible de n'en faire l'application qu'avec réserve. La réponse à ces deux questions a été de proposer la suppression de l'article, sans aller jusqu'à ériger en loi la maxime contraire, quoique consacrée par un vieil adage de droit.

10. Dans les matières criminelles et de *police*, le juge ne peut, en aucun cas, suppléer à la loi *pénale.*

(*Les* 12ᵉ. *et* 13ᵉ. *du Projet.*) C'est à la loi *pénale* seule qu'il doit être interdit au juge de suppléer, puisque, quant à l'instruction, la loi criminelle donne formellement aux présidens un pouvoir *discrétionnaire;* et il est évident qu'en matière de police comme en matière criminelle, la loi *pénale* ne peut être suppléée.

L'article 12 du projet, placé le dernier, devient.commun, comme il doit l'être, aux matières civiles et criminelles.; et le DÉNI DE JUSTICE étant le caractère propre de l'abus qu'il a pour objet de réprimer, il paraît inutile de le qualifier aussi d'*abus de pouvoir*.

11. Le juge qui refuse ou diffère de juger sous prétexte 4 du silence, de l'obscurité ou de l'insuffisance de la loi, se rend coupable de *déni de justice*.

TITRE VI.

De l'abrogation des lois.

ART. 1er. L'abrogation des lois ne se présume pas.

Pourquoi, dans l'article 1er., trouverait-on une sorte de préambule pour la disposition qu'il renferme, que l'abrogation des lois ne se présume pas?

2. (*Le 2e. du Projet.*),

3. (*Le 3e. du Projet.*)

LIVRE PREMIER.

DES PERSONNES.

TITRE PREMIER.

Des personnes qui jouissent des droits civils, et de celles qui n'en jouissent pas.

CHAPITRE PREMIER. — DISPOSITIONS GÉNÉRALES.

ART. 1er. *Les droits civils des Français se divisent en deux* com.du. ch. 1er. *classes :*

La première fixe l'état et la capacité de la personne, d'où résultent la faculté de se marier, celle de tester, la puissance paternelle, la tutelle, la majorité, etc., etc.

La seconde règle les successions, dispositions, conventions, et tous actes dérivant du droit naturel.

La commission a cru qu'il serait utile, non-seulement pour l'intelligence du chapitre 1er., mais pour celle des chapitres suivans, de commencer par un article sur la nature et la division des droits civils,

dont une classe est relative à l'état et à la capacité de la personne ; et
l'autre règle les successions, dispositions, conventions, et tous actes
dérivant du droit *naturel*.

On n'a pas dit de droit naturel *et des gens;* car *le droit 'des gens*
paraît devoir être spécialement et exclusivement entendu des droits des
nations les unes à l'égard des autres : il ne faut donc pas, comme
l'ont fait les auteurs du Code civil, suivant en cela le droit romain,
désigner le *droit des gens* comme un des élémens du *droit civil.*

L'article 4 du projet vient naturellement à la suite de la définition
et division des droits civils ; puis les articles 1 et 2 deviennent les 3e.
et 4e. ; après quoi vient, comme 5e. article, le 3e., dont la disposition a paru pouvoir être rendue plus générale, et devoir indiquer en
même temps les effets de sa disposition relativement à l'objet du
chapitre.

7   2. (*Le* 4e. *du Projet.*)

8   3. (*Le* 1er. *du Projet.*)

19   4. (*Le* 2e. *du Projet.*)

ib.   5. *Tout étranger* établi en France avec déclaration d'y
fixer son domicile, devient Français, et acquiert la *plénitude*
des droits civils.

Sa déclaration doit être faite sur le registre de la commune où il vient s'établir.

CHAPITRE II. — *Des étrangers.*

SECTION Ire. — *Des étrangers en général.*

11—13   6. Les étrangers *résidant ou non en France,* jouissent en
France de tous les droits civils *de la seconde classe,* sauf les
modifications établies par les lois politiques qui les concernent.

(*Le* 5e. *du Projet.*) Il ne paraît pas possible d'accorder aux étrangers les droits civils qui tiennent à l'état et à la capacité des personnes,
pas plus que l'état et la capacité d'un Français ne peuvent être mo-
difiés par les lois étrangères ; mais en restreignant les étrangers aux
droits civils de la seconde classe, il est bon d'exprimer qu'ils en
jouissent, même sans résider en France.

12   7. (*Le* 6e. *du Projet.*)

14   8. L'étranger, *même non résidant en France,* peut être
traduit devant les tribunaux français pour l'exécution des

obligations par lui contractées en France avec un Français ; *et s'il vient résider en France, il peut être traduit devant les tribunaux de France, même pour des obligations contractées en pays étranger envers des Français.*

(*Le* 7e. *du Projet.*) Ce 7e. article du projet ne doit-il pas exprimer qu'il s'applique à l'étranger, même non résidant en France ? et si un étranger a contracté, même en pays étranger, une obligation envers un Français, pourquoi ne serait-il pas justiciable des tribunaux français pour cette obligation, en cas qu'il vînt à résider en France ?

9. *Un Français peut être traduit devant un tribunal de France pour l'exécution d'actes consentis en pays étranger.* 15

(*Le* 8e. *du Projet.*) Tous actes étant permis aux étrangers, la faculté à un étranger de traduire un Français devant un tribunal de France pour l'exécution d'actes consentis en pays étranger, ne doit pas avoir l'apparence de restriction que semble indiquer l'article du projet.

SECTION II. — *Des étrangers revêtus d'un caractère représentatif de leur nation.*

10. *Le droit des gens détermine des exceptions à l'égard des étrangers revêtus d'un caractère représentatif de leur nation, de leur famille, et des étrangers qui sont de leur suite.* fin du ch.1er.

L'objet de cette section, tout entier du ressort diplomatique, paraît d'autant moins convenablement placé dans le Code civil, qu'il y introduit des résultats vraiment disparates avec les idées de justice distributive qui règnent dans le surplus de l'ouvrage.

Ainsi, l'exception, sans doute nécessaire en faveur des étrangers revêtus d'un caractère représentatif de leur nation, et des *étrangers de leur suite,* paraît ne devoir être qu'indiquée, en se référant, à cet égard, au *droit des gens.*

NOTA. Que les privilèges *de la suite* d'un ambassadeur ne peuvent, en aucun cas, appartenir à des Français qui feraient partie de cette *suite.*

CHAPITRE III. — *De la perte des droits civils.*

SECTION 1re. — *De la perte des droits civils par abdication volontaire.*

11. (*Le* 11e. *du Projet.*) 17

12. Celui qui a perdu les droits de Français, ne conserve 18

en France que l'exercice des droits civils appartenant *aux étrangers;* sauf les modifications établies par les lois politiques à l'égard de la nation dont il fait partie.

(*Le* 12ᵉ. *du Projet.*) Dans l'article du projet, les mots *et de citoyen* sont très-superflus.

ap. 18   13. (*Le* 13ᵉ. *du Projet.*)

19   14. (*Le* 14ᵉ. *du Projet.*)

ib.   15. (*Le* 15ᵉ. *du Projet.*)

SECTION II. — *De la perte des droits civils par une condamnation judiciaire.*

23—24   16. Les condamnations qui emportent la mort civile, sont celles à la peine de mort, ou aux seules peines afflictives qui *pourraient s'étendre* à toute la durée de la vie.

(*Le* 16ᵉ. *du Projet.*) Le Code pénal actuellement en vigueur ne connaît pas de peines afflictives qui s'étendent à toute la durée de la vie; il ne faut donc parler de ces sortes de peines que *conditionnellement.*

On ne peut admettre l'alternative des peines *afflictives* ou *infamantes;* car l'infamie une fois encourue, s'étend nécessairement à toute la durée de la vie.

D'ailleurs, la dégradation civile, peine purement *infamante*, n'emporte pas mort civile.

ap. 24   17. Une condamnation prononcée contre un Français en pays étranger, n'emporte pas la mort civile.

(*Le* 17ᵉ. *du Projet.*) Pourquoi exprimerait-on comme une sorte de condition à la disposition de l'article, que *le crime aurait été commis en pays étranger?* Si la condamnation était prononcée contre un Français en pays étranger, pour crime commis en France, cette condamnation n'en serait que plus incapable de produire aucun effet en France; car elle serait éminemment incompétente.

26   18. La mort civile commence *du jour de la prononciation* du jugement contradictoire ou par contumace.

(*Le* 24ᵉ. *du Projet.*) Une question fondamentale, pour la suite de la disposition de cette section, s'est élevée sur le point de savoir si la mort civile doit commencer du jour de *l'exécution du jugement* seulement, comme l'exprime l'article 24 du projet, ou du jour de *la prononciation* même du jugement.

D'un côté, l'on a observé que le principe admis jusqu'à ce jour a été de ne faire courir la mort civile que du jour de *l'exécution* du jugement ; que d'ailleurs, la mort civile n'étant qu'une fiction de la mort naturelle, ne devait pas être plus susceptible que celle-ci de cesser après avoir été encourue : ce qui arriverait dans le cas, par exemple, où le condamné s'étant pourvu le troisième jour après la prononciation de son jugement et avant toute exécution, le ferait annuller. On a ajouté, enfin, qu'une rigueur devait être restreinte plutôt qu'étendue.

On a répondu que, dans l'ancien régime, le véritable motif de ne faire courir la mort civile que du jour de *l'exécution* du jugement, était qu'il se rendait *secrètement* après une procédure *secrète*, et que *l'exécution* seule apprenait à la société qu'un de ses membres lui était retranché. On a fait remarquer qu'en cas d'un jugement par contumace, suivi d'exécution, il fallait bien admettre que si le contumax se représentait, il reviendrait de la mort civile déjà encourue. On a observé que le contumax ne devait pas, sous prétexte d'une exécution en effigie, être traité plus sévèrement que le condamné contradictoirement, évadé. Enfin, on a été frappé des inconvéniens pouvant résulter de ce qu'un condamné conserverait l'exercice des droits civils pendant tout le temps qui s'écoulerait avant l'exécution, qu'il dépend de lui de faire différer, ne fût-ce que par une demande en cassation, que presque aucun condamné ne manque aujourd'hui de hasarder.

En conséquence, la majorité de la commission a posé comme principe, que la mort civile d'un condamné courrait du jour de la *prononciation* du jugement.

19. *La cassation d'un jugement contradictoire, comme la* 29 *représentation ou arrestation d'un condamné par contumace, font cesser la mort civile.*

(*Les* 18e., 19e., 20e., 21e. *et* 22e. *du Projet.*) Les dispositions de ces divers articles du projet ont paru pouvoir et devoir être resserrées dans les deux articles proposés, les 18e. et 20e. ne contenant que des conséquences rigoureusement nécessaires d'un principe évident.

C'est par la même raison qu'on croit les articles 25, 26, 27 et 28 inutiles.

20. *Le condamné par contumace qui décède avant l'expira-* 26—31 *tion du délai qui est accordé pour purger la contumace, le condamné contradictoirement qui décède dans le délai qui lui est accordé pour se pourvoir, enfin celui qui s'étant pourvu dé-*

cède avant qu'il ait été statué sur sa demande, meurent dans l'intégrité de leurs droits.

Voir l'observation sur l'article 19.

32   21. Le condamné à une peine emportant mort civile, qui s'est évadé, et celui qui, après avoir été jugé par contumace, ne s'est pas représenté, ou n'a point été arrêté dans le délai de la loi, ne sont pas réintégrés dans les droits civils par la prescription de la peine.

25   22. Ceux qui ont été condamnés à une autre peine emportant mort civile, sont privés des avantages du droit civil proprement dit : ainsi, par exemple, leur mariage est dissous ; ils sont incapables d'en contracter un nouveau, d'exercer les droits de la puissance paternelle, de recueillir aucune succession ; *les biens qu'ils laissent à leur décès, sont censés avoir fait partie de leur succession ouverte par leur mort civile, et appartiennent à ceux qui étaient alors habiles à leur succéder, ou à leurs descendans ;* ils ne peuvent faire aucune disposition à cause de mort, ni être tuteurs, ni concourir à une tutelle ; leur témoignage ne peut être admis ni en justice, *ni pour la validité d'aucun acte.*

(*Le 30e. du Projet.*) On a observé, sur cet article 30 du projet, qu'il suffisait de dire, *le mariage est dissous,* sans exprimer *le contrat civil,* le mariage ne pouvant être considéré dans nos lois que comme *contrat civil.*

Les expressions du même article, qui déclarent ceux qui en sont l'objet incapables de transmettre, à titre de succession, les biens qu'ils laissent à leur décès réel, ont paru laisser incertaine la destination ultérieure de ces biens. Tombent-ils donc en déshérence ? qui doit les recueillir ?

Il a paru conforme au principe d'après lequel la succession d'un condamné est ouverte du jour où il encourt la mort civile, et d'après lequel il ne peut plus avoir autres héritiers que ceux qu'il a ce même jour, d'appeler ces mêmes héritiers, ou leurs descendans, à recueillir même les biens que le condamné aurait pu acquérir postérieurement.

Il a été observé que si l'on préférait les parens héritiers au jour du décès naturel, outre que le principe serait blessé, cela déterminerait les parens habiles à hériter au jour de la mort civile, à exercer à la rigueur tous leurs droits, pour ne pas être exposés à les perdre par des événemens ultérieurs.

Enfin une dernière observation sur l'article 3o du projet a été que si les individus frappés de mort civile doivent être exclus de rendre témoignage en justice, ils doivent l'être, à plus forte raison, de figurer comme témoins, partout où la loi en requiert pour la solennité ou authenticité des actes.

23. **Ils demeurent capables de tous les actes qui sont du droit naturel : ainsi, par exemple, ils peuvent faire toutes transactions commerciales, acheter, vendre, donner entre-vifs, échanger, faire tous baux à rente, ferme ou loyer, emprunter, poursuivre une injure ou un délit.** 25

(*Le 31e. du Projet.*) Il a déjà été observé que le droit *des gens* n'est réellement le principe d'aucun acte du droit civil.

24. (*Le 32e. du Projet.*) ib.

25. *Ils ne peuvent intenter aucune action, soit civile, soit criminelle, que sous le nom et à la diligence d'un curateur nommé à cet effet dans les formes prescrites par le Code judiciaire ; mais ils sont admis, sous cette assistance, à se défendre de toutes actions intentées contre eux.* ib.

(*Les 33e. et 34e. du Projet.*) Ces deux articles 33 et 34 ont paru susceptibles d'être fondus en un seul ; et regardant la défense, surtout en matière criminelle, comme partie de *ce droit naturel* que conserve l'individu mort civilement, la commission n'a exigé l'assistance d'un curateur pour cet individu, que lorsque c'est lui qui intente l'action.

26. **La confiscation n'est point au nombre des effets résultant de la condamnation emportant mort civile ; elle n'a lieu que dans les cas où elle est *expressément* prononcée par la loi politique.** ap. 25

(*Le 35e. du Projet.*) Ne convient-il pas d'ajouter à à l'article 35, que la confiscation doit être *expressément* prononcée par la loi ? A quoi servent les mots, *Qui en règle les conditions et les effets ?*

TITRE II.

Des actes destinés à constater l'état-civil.

DISPOSITIONS GÉNÉRALES.

av.34   ART. 1er. (*Le* 1er. *du Projet.*)

ib   2. (*Le* 2e. *du Projet.*)

35   3. (*Le* 3e. *du Projet.*)

36   4. Les parties peuvent *concourir en ce qui les concerne à ces différens actes,* soit par elles-mêmes, soit par un fondé de procuration spéciale.

(*Le* 4e. *du Projet.*) La rédaction proposée semble plus correcte.

34,-37,
39,-38,
40,-42,
50,-52,
av.-40,
40 et 41
   5, 6, 7, 8, 9, 10, 11, 12 et 13. (*Les* 5e., 6e., 7e., 8e., 9e., 10e., 11e., 12e. *et* 13e. *du Projet.*)

43   14. *Des trois registres destinés à chaque espèce d'actes,* l'un demeure entre les mains de l'officier de l'état civil pendant qu'il est en exercice ; et en cas de changement par démission, mort ou autrement, les registres de l'année courante sont transmis à ses successeurs par lui ou ses héritiers : *ceux des années antérieures sont déposés au secrétariat de l'administration municipale.*

Le second est déposé au greffe du tribunal civil de l'arrondissement dans les vingt jours qui suivent l'expiration de l'année ;

Le troisième, au chef-lieu de l'administration départementale, dans le même délai.

Tous ces registres sont clos et arrêtés par l'officier de l'état civil, à la fin de chaque année.

(*Les* 14e. *et* 17e. *du Projet.*) Le léger changement du commencement de l'article, n'est que de rédaction ; mais la commission a trouvé quelque inconvénient à ce qu'en cas de mutation d'officier de l'état civil, tous les registres antérieurs fussent remis au successeur : il lui a paru préférable que, sauf les registres de l'année courante, le dépôt des registres antérieurs soit fait au secrétariat de la municipalité ; ce qui rend nécessaire d'exprimer en l'article 17 que les extraits ne

pourront être délivrés que par l'officier civil, même lorsqu'il aura recours aux registres déposés au secrétariat de la municipalité ; car il
est important de ne donner qu'à l'officier civil le droit de délivrer les
extraits de tous actes relatifs à l'état des personnes, lorsqu'ils seront
pris sur les lieux.

15. (*Le* 15ᵉ. *du Projet.*)   44

16. (*Le* 16ᵉ. *du Projet.*)   45

17. Ces extraits sont sur papier timbré, et ne peuvent ib.
être délivrés que par l'officier de l'état civil, *soit qu'ils soient*
pris sur les registres étant entre ses mains, soit qu'ils soient
pris sur ceux déjà déposés au secrétariat de l'administration
municipale, par le greffier du tribunal civil de l'arrondissement, et par le secrétaire de l'administration départementale.

(*Le* 17ᵉ. *du Projet.*) Voir l'observation sur l'article 14.

18. (*Le* 18ᵉ. *du Projet.*)   ib.

19. (*Le* 19ᵉ. *du Projet.*)   46

20. (*Le* 20ᵉ. *du Projet.*)   47

SECTION Iʳᵉ. — *Règles particulières aux actes de naissance.*

21. (*Le* 21ᵉ. *du Projet.*)   55

22. Les actes de naissance doivent être faits en présence 56
et sur *les déclarations de deux témoins,* lesquels doivent
signer ; et en cas qu'ils déclarent ne savoir ou ne pouvoir
signer, il en est fait mention expresse.

(*Le* 22ᵉ. *du Projet.*) L'article du projet se borne à exiger que les
actes de naissance soient faits en présence de deux témoins qui doivent
signer : mais ces deux témoins, dont la présence ne ferait qu'attester
qu'un acte de naissance a été dressé, ne remplirait plus l'objet de la
loi ; ce sont ces deux témoins qui doivent faire leurs déclarations sur
la naissance et l'état de l'enfant.

23. (*Le* 23ᵉ. *du Projet.*)   57—55

24. (*Le* 24ᵉ. *du Projet.*)   56

25. Si l'enfant naît pendant un voyage de mer, il en est 59—60
dressé dans les vingt-quatre heures, *en présence de deux té-* —61
moins pris dans l'équipage ou parmi les passagers, un double

acte, dont un sur le livre-journal du bâtiment, et l'autre sur une feuille particulière : les *deux doubles sont signés par le capitaine ou maître, par le père s'il est présent, et par les deux témoins ; si le père ou les témoins appelés ne savent ou ne peuvent signer, ou refusent de le faire, il en est fait mention.*

Le double, écrit sur une feuille particulière, reste dans les mains du maître, lequel est tenu de le remettre dans les vingt-quatre heures de l'arrivée du navire en France, à l'officier de l'état civil du lieu où aborde le navire : il est inscrit le même jour sur le registre de l'état civil ; et cette inscription est souscrite par celui qui se trouve être le maître du bâtiment dans le temps de l'arrivée, et par l'officier de l'état civil.

(*Le* 25e. *du Projet.*) Le second alinéa de l'article du projet est conçu en termes qui permettraient de supposer qu'en cas qu'il n'y ait dans l'équipage ou parmi les passagers aucune personne sachant signer, l'acte n'aurait pas besoin d'être dressé en présence de témoins.

av. 62 26. Si la mère n'est point mariée, le père ne sera point dénommé dans l'acte, à moins qu'il ne soit présent et qu'il n'en fasse sa déclaration signée de lui : *mais s'il ne sait signer, il en sera fait mention ; et l'identité du déclarant sera attestée par deux témoins sachant signer, dont les noms, profession et domicile seront exprimés dans l'acte ;* cette déclaration peut être faite par un fondé de procuration spéciale et authentique ; *et respectivement le père qui reconnaît un enfant naturel, ne peut y faire dénommer la mère si elle n'est présente, ou s'il ne rapporte son aveu, ou une procuration spéciale de sa part.*

Si elle est présente, elle signe ; et si elle ne sait signer, il en sera fait mention, et son identité sera certifiée comme dessus.

(*Le* 26e. *du Projet.*) L'article du projet n'avait pas pourvu au cas où le père ne saurait pas signer : il ne serait pas juste de le priver, en aucun cas, de la faculté de se déclarer père de son enfant, ou d'avoir recours à un notaire pour y passer une procuration.

62 27. Le père qui n'aurait pas fait dans l'acte de naissance

de l'enfant la déclaration de le reconnaître, est toujours à temps de la faire, par un acte séparé, devant l'officier de l'état civil *du lieu de son domicile ou résidence, ou celui du lieu de la naissance de l'enfant.*

Si la reconnaissance de l'enfant est faite par acte devant l'officier de l'état civil du domicile ou résidence du père, une expédition doit, à la diligence du père, être envoyée à l'officier de l'état civil du lieu de la naissance, qui est tenu de la transcrire dans le jour de la réception sur les registres, à l'un desquels cette déclaration reste annexée.

Soit que l'acte ait été dressé par l'officier de l'état civil du lieu de la naissance, soit qu'il l'ait été par celui du domicile ou résidence du père, il est fait mention de cet acte en marge de celui de naissance.

(*Le 27e. du Projet.*) La simple *résidence* du père semble suffire pour que l'officier de l'état civil de cette résidence puisse recevoir la déclaration dont il s'agit; et il paraît bon d'exprimer que c'est *à la diligence du père* que seront faits les envois d'expéditions qui pourront être nécessaires.

28. L'acte de reconnaissance d'un enfant non encore né, est reçu par l'officier de l'état civil du domicile *ou de la résidence* de celui qui s'en déclare le père. ap.62

Cet acte *sera* reporté, après la naissance de l'enfant, sur les registres du lieu où il est né, et mention *en sera faite* en marge de l'acte de naissance.

(*Le 28e. du Projet.*) L'officier civil du lieu de résidence du père, doit être autorisé, comme celui de son domicile, à recevoir sa déclaration; et c'est impérativement qu'il faut ordonner les reports et mentions de l'acte de reconnaissance, sur les registres et en marge de l'acte de naissance.

29. Dans le cas où la reconnaissance déjà faite par le père est avouée par la mère, la déclaration de cet aveu peut être faite, *soit devant l'officier civil du domicile ou résidence de la mère, soit devant celui qui a reçu la reconnaissance du père, soit enfin devant celui qui a reçu l'acte de naissance;* cette dé- ib.

claration sera inscrite sur les registres de naissance, et signée de la mère et de l'officier de l'état civil.

Si la mère ne sait pas signer, sa déclaration ne sera reçue qu'en présence de deux témoins sachant signer, qui certifieront que la mère déclarante est la même personne que celle dont elle prend le nom. L'officier public exprimera les prénoms, noms, professions et domiciles de ces témoins.

Il sera fait mention de la déclaration de la mère en marge de l'acte de naissance et de la reconnaissance du père; et à cet effet, si ces actes ont été reçus par d'autres officiers publics, il en sera envoyé à ceux-ci des expéditions.

(*Le* 29e. *du Projet.*) Ce n'est point assez de dire que l'aveu de la mère peut être reçu par un officier de l'état civil; il est nécessaire de désigner lequel; et il sera bon de lui donner l'option que porte l'article proposé.

Il a fallu pourvoir au cas où elle ne saurait pas signer, et prendre les précautions nécessaires pour éviter les abus, en faisant certifier l'identité; mais il est aisé de sentir pourquoi on a pensé qu'il convenait de dispenser la mère de la présence de deux témoins pour faire sa déclaration si elle sait signer.

Enfin, il a paru conséquent aux règles précédentes, d'exiger mention de la déclaration de la mère en marge tant de l'acte de naissance que de la reconnaissance du père, pour rapprocher ces divers actes dont le concours assure l'état de l'enfant, et qu'il pourrait avoir quelques difficultés à réunir dans des temps plus éloignés.

58   3o. (*Le* 3oe. *du Projet.*)

3i. Tous actes relatifs à la naissance d'un enfant, qui auront été faits hors du domicile du père, devront être reportés sur les registres des naissances du lieu de ce domicile.

SECTION II. — *Règles particulières aux actes de mariage.*

63   32. Les deux publications prescrites au titre du mariage, et qui doivent en précéder la célébration, sont faites, la *première un décadi*, et la *seconde le quintidi suivant*, devant la porte *extérieure* et principale du lieu des séances municipales.

(*Le* 31e. *du Projet.*) Le délai de plus de vingt jours qu'entraîne l'article 32 du projet, ne peut-il pas, sans inconvénient, être abrégé de la manière que le propose ce même article amendé?

N'est-il pas de la nature d'une publication qu'elle soit faite *extérieurement!* Le modèle annexé au projet suppose la publication faite à la porte extérieure.

32 *bis.* L'officier de l'état civil proclame, dans ces publications, les prénoms, noms, professions et domiciles des futurs époux, ceux de leurs pères et mères, et même la *résidence des futurs époux, lorsqu'elle n'est pas la même que leur domicile.* 63

(*Les* 32e. *et* 33e. *du Projet.*) La résidence des époux peut n'être pas la même que leur domicile légal, et être cependant le domicile matrimonial : de là, nécessité de comprendre la *résidence* comme le *domicile* des futurs époux dans les deux articles.

33. *Il dresse acte* de ces publications, contenant les jour, lieu et heure où elles ont été faites, et les mêmes prénoms, noms, professions, domiciles et résidences. ib.

(*Le* 33e. *du Projet.*) Voir l'observation sur l'article 32 *bis.*

34. (*Le* 34e. *du Projet.*) ib.

35. L'extrait de *chaque acte* de publication sera et demeurera affiché à la porte extérieure du lieu de la séance de l'administration municipale, pendant l'intervalle de ces publications au jour du mariage. *Il pourra être célébré dès le décadi qui suivra la seconde publication.* 64

(*Le* 35e. *du Projet.*) La disposition de cet article doit s'appliquer positivement à chaque acte de publication, et chacun des deux actes doit rester affiché depuis le jour où il a été dressé jusqu'au jour de la célébration du mariage.

En permettant de célébrer le mariage dès la décade qui suivra la publication, on abrégera le délai, et on invitera, sans y contraindre, à se marier les décadis.

Il avait été proposé de prescrire la nécessité de renouveler au moins une publication, en cas que l'on eût laissé passer plus de trois mois après la seconde sans célébrer le mariage. La majorité de la commission, en convenant de l'utilité de cette mesure, n'a pas pensé qu'elle fût assez nécessaire pour en proposer l'adoption.

36. (*Le* 36e. *du Projet.*) 66

37. (*Le* 37e. *du Projet.*) ib.

67   58. L'officier de l'état civil inscrit *sur-le-champ* un extrait sommaire des oppositions sur le registre des publications.

(*Le 38ᵉ. du Projet.*) C'est *sur-le-champ* qu'il faut que l'officier public soit tenu d'inscrire les oppositions.

ib.   39. (*Le 39ᵉ. du Projet.*)

68 et ap.   40. (*Le 40ᵉ. du Projet.*)

69   41. (*Le 41ᵉ. du Projet.*)

70   42. *L'officier de l'état civil du lieu du mariage est tenu de se faire remettre les actes de naissance des futurs époux :* cependant celui qui est dans l'impossibilité de se procurer son acte de naissance, est admis à se marier en remplissant les formalités suivantes.

(*Le 42ᵉ. du Projet.*) La règle générale paraît devoir être posée avant de s'occuper de l'exception, qui seule était l'objet de l'article du projet.

70—71   43. Le juge de paix du lieu de sa résidence actuelle, ou *celui du lieu de son domicile,* ou *celui du lieu de sa naissance,* lui délivre un acte de notoriété sur la déclaration de sept témoins, parens ou autres, qui signent avec le juge de paix ; et s'il en est qui ne puissent signer, il en est fait mention.

(*Le 43ᵉ. du Projet.*) Pourquoi le projet ne donne-t-il qu'au seul juge de paix du lieu de la *résidence* du futur époux, le droit de délivrer l'acte de notoriété dont il s'agit ? Il paraîtrait moins convenir que celui du *domicile.* Mais surtout pourquoi celui du lieu de la *naissance* ne pourrait-il pas obtenir la même compétence ? Ne serait-ce pas devant lui que le plus souvent il pourrait être le plus efficacement procédé à l'espèce d'enquête sur laquelle l'acte de notoriété peut intervenir ?

ib.   44. L'acte de notoriété doit porter la déclaration par les témoins, des prénoms, noms, professions et *domicile* du futur époux et de ses père et mère, le lieu et le temps de sa naissance, au moins quant à l'année, et les causes qui empêchent de se procurer l'acte de naissance.

(*Le 44ᵉ. du Projet.*) L'expression *domicile* serait plus propre que celle de *demeure* dans cet article.

45. Cet acte de notoriété est joint à une requête, et pré- 72
senté au tribunal de première instance du lieu où se célèbre
le mariage. Ce tribunal, après avoir entendu le commissaire du Gouvernement, donne ou refuse son homologation,
*selon qu'il croit les témoins plus ou moins dignes de foi, qu'il
ajoute plus ou moins de valeur à leurs déclarations, et qu'il
trouve suffisantes ou insuffisantes les causes qu'on déclare empêcher de se procurer l'acte de naissance.*

(*Le 45e. du Projet.*) L'article 45 ne semble autoriser le tribunal
à juger que la suffisance ou l'insuffisance des causes qui empêchent
de se procurer l'acte de naissance. Pourquoi ce même tribunal ne serait-il pas appelé à apprécier aussi la valeur des déclarations et le degré
de crédibilité dû aux déclarans ?

46. L'acte du consentement des père et mère doit con- 73
tenir leurs noms, prénoms, professions et *domiciles;* les
noms, prénoms, professions, *domiciles* et *résidences* des
futurs époux.

(*Les 46e. et 47e. du Projet.*) C'est le *domicile* plutôt que la
demeure de ceux qui donnent le consentement en question, qui doit y
être mentionné; et quant aux futurs époux, c'est toujours non-seulement leur *domicile*, mais aussi leur *résidence*, qui doivent être
déclarés.

47. L'acte du consentement de la famille contiendra les ib.
mêmes énonciations, ainsi que celle du degré de parenté de
ceux qui y auront concouru.

(47e. *du Projet.*) Voir l'observation sur l'article 46.

48. (*Le 48e. du Projet.*)   74
49. (*Le 49e. du Projet.*)   75
50. Les parties se rendent, au jour indiqué, avec quatre ib.
témoins du sexe masculin, majeurs, parens ou non parens.
Ces quatre témoins signent, si on a pu aisément en trouver
quatre dans le lieu sachant signer; sinon il est fait mention
qu'ils n'ont pu ou su signer.

(*Le 50e. du Projet.*) La rédaction de cet article ne doit pas laisser

pouvoir supposer qu'en cas qu'on ne trouve des témoins sachant signer, la présence de quatre témoins cesse d'être rigoureusement nécessaire.

75   51. (*Le* 51e. *du Projet.*)

ib.   52. (*Le* 52e. *du Projet.*)

76   53. Dans cet acte sont énoncés, 1°. les prénoms, noms,
âges, lieux de naissance, professions, domiciles et *résidences*
des époux; 2°. les prénoms, noms, professions et *domiciles*
des pères et mères; 3°. le consentement des pères et mères,
et celui de la famille, dans les cas où ils sont requis; 4°. les
publications dans les divers domiciles et *résidences;* 5°. les
oppositions, s'il y en a eu, leur main-levée, ou la mention
qu'il n'y a point eu d'opposition; 6°. la déclaration des contractans de se prendre pour époux, et la prononciation de
leur union par l'officier public; 7°. les prénoms, noms,
âges, professions et *domiciles* des témoins, et leur déclaration s'ils sont parens ou alliés des parties, de quel côté et à
quel degré.

(*Le* 53e. *du Projet.*) L'expression *domicile* est plus propre que
celle de *demeure,* dans les paragraphes où l'article proposé par la
commission substitue l'un à l'autre; et quant aux futurs époux, il est
nécessaire de parler toujours de *leur résidence*, qui, par rapport au
mariage, n'est pas moins à considérer que leur domicile.

fin du   54. L'officier de l'état civil qui, au lieu d'inscrire sur
ch. 3   les registres publics un acte de mariage, se serait borné à le
et 52
dresser sur une feuille volante, sera poursuivi *correctionnel-
lement,* à la diligence, soit du ministère public, soit des
époux, et condamné à un emprisonnement qui ne pourra
être de plus de *deux ans,* ni moindre de *six mois.* Il sera
en outre condamné aux dommages-intérêts envers les
époux, s'il y a lieu.

(*Le* 54e. *du Projet.*) Ne pourra-t-il pas paraître suffisant de
soumettre l'officier de l'état civil, pour la contravention prévue par
l'article 54, à la police correctionnelle? Et comme, dans l'état actuel
de la législation relative à la police correctionnelle, elle n'est compé-
ente que pour infliger deux ans d'emprisonnement, ne conviendrait-il

pas de réduire à ces deux ans le *maximum* de la peine portée en l'article 54, et le *minimum* à six mois ?

SECTION III. — *Règles particulières aux actes de divorce.*

55. Lorsqu'un jugement *a autorisé le demandeur en divorce* *à le faire prononcer, celui-ci fait citer le défendeur à se trouver,* *à un jour indiqué, devant l'officier de l'état civil du mari.* *Quatre témoins majeurs, du sexe masculin, parens ou non* *parens, sont amenés au jour indiqué.* ap. le chap.3 264 — 294

(*Le* 55e. *du Projet.*) La commission a pensé que l'autorité judiciaire ne devait pas prononcer le divorce, mais simplement autoriser le demandeur à en requérir la prononciation devant l'officier civil ; et elle a cru devoir faire faire cette prononciation avec les mêmes formalités que celles requises pour les mariages, suivant la maxime que les liens doivent être dissous de la même manière qu'ils ont été contractés.

56. *Au jour indiqué, lecture est faite par l'officier de l'é-* *tat civil, en présence tant du demandeur que du défendeur s'il* *comparaît, et des témoins, du jugement qui a autorisé le di-* *vorce. L'officier de l'état civil interpelle le demandeur de dé-* *clarer s'il persiste dans la résolution de consommer le divorce.* ib.

57. *Si le demandeur déclare persister, l'officier civil pro-* *nonce, au nom de la loi, que le mariage est dissous : il en* *dresse acte sur-le-champ, qu'il signe avec les parties compa-* *rantes et les témoins, s'ils savent et peuvent signer ; sinon, men-* *tion est faite de la cause pour laquelle ils n'ont signé.* ib.

En tête de l'acte est transcrit le dispositif du jugement qui a *autorisé le divorce.*

58. *Expédition de cet acte est adressée, par la partie inté-* *ressée, à l'officier de l'état civil devant lequel le mariage avait* *été célébré, qui, dans le jour même de la réception, en fait* *mention en marge de l'acte de célébration, à peine de tous dé-* *pens, dommages et intérêts.* ib

SECTION IV. — *Des règles particulières aux actes de décès.*

59. Aucune inhumation ne sera faite sans ordonnance de l'officier de l'état civil, qui ne peut la délivrer *qu'après s'être* 77

assuré du décès, et que plus de vingt-quatre heures soient écoulées depuis ce décès.

En cas de corruption manifeste, l'ordonnance de l'officier civil pourra être délivrée, avant les vingt-quatre heures, sur une attestation d'un officier de santé, laquelle demeurera annexée à l'ordonnance.

(*Le* 56ᵉ. *du Projet.*) Cet article, s'il n'entend parler que d'un avis à donner à l'officier civil, qu'un individu est décédé, est bien inutile et impossible à soumettre à des formalités, puisqu'il n'en est pas dressé d'acte; s'il entend parler des déclarations à faire pour constater que c'est tel ou tel individu qui est décédé, c'est avec l'article 58 du projet qu'il doit être réuni.

(*Le* 57ᵉ. *du Projet.*) C'est à des réglemens locaux à déterminer le mode suivant lequel les officiers de l'état civil s'assureront du décès: il est bien à désirer que l'humanité dicte enfin des réglemens précis à cet égard, tels qu'on soit préservé des horribles méprises dont on n'a que trop d'exemples en ce genre.

78   60. *Acte de chaque décès est dressé par l'officier de l'état civil, sur la déclaration de deux témoins qui signent avec lui, ou mention est faite qu'ils n'ont pu ou su signer.*

Ces deux témoins doivent être, s'il est possible, les deux plus proches parens ou voisins de la personne décédée, ou la personne qui commande dans la maison. La déclaration est faite par un témoin parent ou autre, lorsque le défunt n'est pas décédé dans son propre domicile.

(*Le* 56ᵉ. *du Projet.*) Les dispositions de l'article 56 du projet paraissent mieux placées ici.

79   61. (*Le* 58ᵉ. *du Projet.*)
80   62. (*Le* 59ᵉ. *du Projet.*)

(*Le* 59ᵉ. *du Projet.*) On a observé, sur cet article, que c'est dans les hôpitaux surtout qu'il est à désirer que les précautions soient multipliées pour éviter les inhumations précipitées; mais ces observations n'ont pu qu'être renvoyées à des réglemens spéciaux pour ces sortes d'institutions.

81   63. Les corps des noyés, des asphyxiés et de tous ceux qui ont été trouvés morts avec des signes ou indices de mort

subite ou violente, ou autres circonstances qui donnent lieu de le soupçonner, ne peuvent être inhumés qu'après qu'un officier de police judiciaire, *assisté d'un officier de santé*, a dressé, sur le rapport de l'officier de santé, un procès-verbal de l'état du cadavre et des circonstances y relatives, ainsi que des renseignemens qu'il aura pu recueillir touchant les nom, prénom, âge, profession, lieu de naissance et domicile du décédé.

(*Le* 60e. *du Projet.*) Il a paru bon que les dispositions de cet article 60 du projet fussent formellement appliquées aux corps des *noyés*, des *asphyxiés*, de tous individus morts *subitement*. Il a paru également convenable que l'officier de police judiciaire, pour dresser en ces cas un procès-verbal, fût tenu de se faire assister d'un *officier de santé*.

64. (*Le* 61e. *du Projet.*)   82
65. (*Le* 62e. *du Projet.*)   ch. 5
66. (*Le* 63e. *du Projet.*)   ib.
67. Lorsque quelqu'un meurt dans un voyage de mer, il 86 en est dressé dans les vingt-quatre heures un double acte, dont l'un sur le livre-journal du bâtiment, et l'autre sur une feuille particulière.

Cet acte est dressé en présence de deux témoins, qui en signent les deux doubles avec le capitaine ou maître; sinon il est fait mention qu'ils n'ont pu ou su signer.

Le double, écrit sur une feuille particulière, reste dans la main du maître, lequel est tenu de le remettre, dans les vingt-quatre heures de l'arrivée du navire en France, à l'officier de l'état civil du lieu où le navire aborde. Il est inscrit le même jour sur les registres de l'état civil; et cette inscription est souscrite par celui qui se trouve être le maître du bâtiment, au temps de l'arrivée, et par l'officier de l'état civil.

(*Le* 64e. *du Projet.*) Le second alinéa de l'article 64 du projet semblerait autoriser à croire, contre l'intention sans doute de ses auteurs, que s'il n'y avait pas, parmi l'équipage ou les passagers, deux personnes sachant signer, le capitaine ou maître pourrait, en ce faisant mention, dresser l'acte hors la présence de tout témoin. Il a paru nécessaire d'exprimer que s'il n'y a personne sachant écrire ou signer, mention sera cependant faite de la présence de deux témoins à l'acte, en même temps que de la cause pour laquelle ces deux témoins, qui auront assisté à l'acte, n'auront pu le signer.

83-84   68. Les greffiers criminels sont tenus d'envoyer, dans les vingt-quatre heures de l'exécution des jugemens portant peine de mort, une expédition du procès-verbal d'exécution à l'officier de l'état civil du lieu où le condamné a été exécuté : *celui-ci inscrit sur les registres de l'état civil un acte de décès du condamné, sans aucune mention de la nature de sa mort, et il annexe le procès-verbal d'exécution à l'un de ses registres.*

(*Les* 65e. *et* 66e. *du Projet.*) Dans les cas prévus dans ces deux articles, pourquoi seraient-ce les procès-verbaux d'exécution et les extraits des registres d'écrou qui seraient inscrits sur les registres de l'état civil ? Les familles ne pourraient donc se procurer que des extraits d'actes de décès qui leur rappelleraient d'affligeans souvenirs ? L'assemblée constituante avait ordonné, et cette disposition paraît mériter d'être conservée et étendue, que les actes de décès des condamnés à mort ne feraient aucune mention de leur supplice.

84   69. Les concierges des prisons font mention, sur les registres d'écrou, du décès des détenus, et envoient dans les vingt-quatre heures un extrait de ce registre à l'officier de l'état civil, dans l'arrondissement duquel est la prison : *celui-ci annexe cet extrait à l'un de ses registres, et inscrit sur chacun l'acte de décès de l'individu, sans faire mention de la détention dans laquelle il est décédé.*

(*Le* 66e. *du Projet.*) Voir l'observation sur l'article 68.

tit. 2
ch. 6   SECTION V. — *De la rectification des actes de l'état civil.*

42   70. Les renvois et ratures sont approuvés et signés de la même manière que le corps de l'acte. Rien n'y est écrit par abréviation; aucune date n'y est mise en chiffres : on n'a point égard aux renvois et ratures non approuvés; ils ne vicient pas le surplus de l'acte : on a tel égard que de raison aux abréviations et dates mises en chiffres.

(*Le* 67ᵉ. *du Projet.*) Le léger changement proposé dans l'article, a pour objet d'employer une expression plus *impérative*, qui, comme il a déjà été observé, convient mieux à la loi.

71. (*Le* 68ᵉ. *du Projet.*)   51

72. (*Le* 69ᵉ. *du Projet.*)   63

73. Le commissaire qui reconnaît des omissions ou irré- ap. 53
gularités dans les actes par lui vérifiés, en dresse procès-
verbal; il requiert, et le président ordonne que les parties
et les témoins qui ont concouru à l'acte vicié, soient tenus
de comparaître devant le même officier de l'état civil, pour
rédiger un nouvel acte. Cet officier fera cette nouvelle rédaction dans le délai de deux décades, et en certifiera,
dans ledit délai, le commissaire du gouvernement; sinon,
et ledit délai passé, les parties et témoins seront assignés,
à la diligence du commissaire, à comparaître, à jour et
heure fixes, devant l'officier de l'état civil, pour être, par
ce dernier, en présence du commissaire, procédé à la nouvelle rédaction de l'acte; le tout aux frais de l'officier civil.

Si les témoins ne peuvent comparaître, à cause de leur
mort, de leur absence ou d'autres empêchemens, ils sont
remplacés par d'autres témoins.

L'effet du dernier acte se reporte à la date du premier, en
marge duquel il en est fait mention.

(*Le* 70ᵉ. *du Projet.*) Les développemens proposés pour cet article, portent avec eux-mêmes leurs motifs.

74. (*Le* 71ᵉ. *du Projet.*)   53

75. Les rectifications sur les registres peuvent aussi être 99
demandées par les parties intéressées. La demande est portée au tribunal de première instance, lequel prononce la
rectification, s'il y a lieu, sur les conclusions du commissaire du gouvernement.

(*Le* 72ᵉ. *du Projet.*) Quoi de plus inutile que de spécifier la
forme de la demande?

76. *Le jugement qui intervient peut être attaqué, par la voie* ib.

*de l'appel, par ceux avec qui il est rendu; cet appel ne peut
être interjeté que dans les dix jours de la prononciation du jugement de la part de celui avec qui il serait contradictoire, ou
de sa signification de la part de celui contre qui il serait rendu
par défaut. Cet appel est jugé dans le mois, du jour où il est
interjeté.*

*Les parties intéressées qui n'auraient point été présentes ou
dûment appelées, sont toujours recevables à se pourvoir par
tierce opposition au jugement de rectification.*

(*Le* 73e. *du Projet.*) Le délai de dix jours pourrait-il courir du
jour où le jugement a été rendu, à l'égard de celui contre qui il a été
obtenu par défaut?

101   77. (*Le* 74e. *du Projet.*)

fin du   NOTA. Les modèles d'actes auront probablement besoin d'être revus,
tit. 2   lorsque les dispositions de la loi seront définitivement arrêtées. La concor-
dance entre ces dispositions et les modèles, est très-rigoureusement nécessaire, et a été trop souvent négligée.

TITRE III.

Du domicile.

com. du   ART. 1er. (*Le* 1er. *du Projet.*)
tit. 3

ib.   (*Le* 2e. *du Projet.*) Cet article paraît inutile, et semble même
présenter quelque contradiction avec l'article 3; il serait donc mieux
de le supprimer.

102   2. Le domicile du citoyen est, sous tous les rapports, le
lieu où il *est appelé* à exercer ses droits politiques.

(*Le* 3e. *du Projet.*) L'expression *où il est appelé à exercer* serait
plus exacte que celle *où il peut exercer.* C'est *la vocation de droit* qui
est seule à considérer, lors même que d'autres obstacles empêchent
de *pouvoir* exercer.

ib. et   3. Le domicile des autres individus, tels que les personnes
108   du sexe, non mariées, ou veuves, ou *divorcées,* et les personnes qui ne jouissent pas des droits politiques de citoyen,
est le lieu où l'individu a fixé son établissement principal.

(*Le* 4e. *du Projet.*) Les femmes divorcées doivent être spécialement énumérées dans cet article.

4. Il se forme par l'intention jointe au fait d'une habi- ap.—
102 et
103tation réelle.

Le principal caractère auquel se reconnaît l'intention de se former un domicile, est l'acquittement des charges personnelles dans la commune où l'on a une habitation.

Le domicile se conserve par la seule intention.

Il ne change que par une intention contraire, jointe au fait de l'habitation.

(Le 5ᵉ. du Projet.) N'est-il pas utile de déclarer que la preuve principale de l'intention en fait de domicile, est l'acquittement des charges personnelles? A ce moyen, toutes les fois que cette circonstance se rencontrerait, toute discussion sur présomption d'intention deviendrait superflue.

5. (*Le 6ᵉ. du Projet.*)   108

6. (*Le 7ᵉ. du Projet.*)   ib.

7. (*Le 8ᵉ. du Projet.*)   109

8. *Le citoyen appelé à une fonction publique exigeant rési-* 106 et *dence, si elle est temporaire ou révocable, conserve le domicile* 107 *qu'il avait auparavant, s'il n'a pas manifesté l'intention d'en changer en se fixant et en transportant l'exercice de ses droits politiques dans celui de sa nouvelle résidence.*

Quant aux fonctions perpétuelles ou à vie, elles emportent, à l'égard du citoyen qui les accepte, la présomption légale de l'intention d'y faire son domicile politique et civil.

9. *Néanmoins le citoyen appelé à une fonction même à vie,* ib. *peut, en en faisant la déclaration expresse, conserver son domicile politique dans le lieu où il était auparavant, sans préjudice du domicile civil, qui sera toujours transporté au lieu de l'exercice de ses fonctions perpétuelles.*

10. *Le domicile règle le lieu de l'ouverture des successions. C'est au domicile que les exploits non remis à la personne sont adressés; c'est devant le juge du domicile que sont portées les actions personnelles : le tout sans préjudice des cas formellement exceptés par la loi.*

fin du\
tit. 3

11. *Celui qui n'a aucun domicile actuel, peut être cité, soit à son dernier domicile connu, soit au lieu de sa résidence de fait, habituelle ou momentanée; il sera, pour ses obligations personnelles, justiciable des juges du territoire dans l'étendue duquel il se trouve.*

(*Les 9e. et 10e. du Projet.*) Les changemens proposés par les articles 8, 9, 10 et 11, ne sont que des développemens dont l'utilité a paru évidente à la commission.

TITRE IV.

Des absens.

CHAPITRE Ier. — *De l'absence en général, et de la manière dont elle doit être constatée.*

115

1. La loi ne *reconnaît* pour absent que celui qui, après avoir quitté le lieu de son domicile ou de sa résidence, n'a point reparu depuis cinq années, et dont on n'a reçu aucune nouvelle depuis ce temps.

(*Les 1er. et 2e. du Projet.*) Les légers changemens proposés dans ces deux articles, n'ont pour objet qu'une plus rigoureuse précision dans l'expression.

116

2. L'absence est constatée par un acte de notoriété reçu par le juge de paix de l'arrondissement dans lequel l'absent avait son domicile ou sa résidence, et attestée par sept témoins âgés de trente ans et domiciliés dans la même commune ou dans la distance de deux myriamètres.

Lorsque l'absent, en qualité de fonctionnaire public, avait un domicile distinct de sa résidence, il est fait un double acte de notoriété, *l'un au lieu de son domicile, l'autre au lieu de sa résidence.*

(*Le 2e. du Projet.*) Voir l'observation sur l'article 1er.

ib.
3. (*Le 3e. du Projet.*)

ap.—\
116
4. (*Le 4e. du Projet.*)

ib.
5. (*Le 5e. du Projet.*)

CHAPITRE II. — *Des effets de l'absence.*

SECTION Ire. — *Des effets absolus et définitifs de l'absence.*

6. La loi présume la mort de l'absent, après cent ans ré- com.du volus du jour de sa naissance, sans preuve authentique du ch. 3 jour de son décès.

7. Elle présume également, sans preuve authentique, la mort de l'absent, après cinq ans sans qu'on ait reçu de ses nouvelles, s'il est disparu après un embarquement sur un navire dont on n'a pas eu de nouvelles, ou après un naufrage, après une bataille, ou tel autre accident qui a pu procurer sa mort.

8. Dans les cas des articles 6 et 7, l'absence a tous les effets, et ouvre tous les droits qui résulteraient de la preuve du décès de l'absent.

Les cas de l'article 8 du projet étant absolument assimilés au cas de l'article 6, les deux articles ont paru devoir être rapprochés ; et un article a été consacré à exprimer qu'en ces cas les effets de l'absence sont absolus, définitifs, irrévocables.

SECTION II. — *Des effets non absolus de l'absence, relativement aux propriétés que l'absent possédait au jour de sa disparition.*

9. *Hors les cas des articles 6 et 7,* l'absence, jusqu'à la 120 preuve du décès de l'absent, ne donne à ceux qui, dans la supposition de ce décès, auraient des droits à exercer, tels que ceux des héritiers présomptifs, des donataires, des légataires, des donataires sous condition de survie, des propriétaires grevés d'usufruit au profit de l'absent, qu'un droit provisoire réglé ainsi qu'il suit.

(*Le* 9e. *du Projet.*) Les auteurs du projet ont établi une différence entre l'absent qui a laissé une procuration et celui qui n'en a pas laissé. Mais comment une procuration laissée par un absent altérera-t-elle la présomption de mort que forme une absence de cinq ans sans nouvelles ? Pourquoi prolonger une administration non cautionnée ? pourquoi préférer un mandataire à des héritiers présomptifs ? Une procuration peut-elle subsister dans le cas même où la loi présume la mort qui fait cesser le mandat ? La commission a donc cru ne pas devoir maintenir de différence entre le cas de procuration laissée ou non laissée par l'absent.

Elle s'y est d'autant plus déterminée, que pour simplifier la législation dans cette partie, elle a admis comme principe, que le jour où expirent les cinq années de l'absence sans nouvelles, est celui où (sauf quelques exceptions) il est censé mourir, et jusqu'auquel par conséquent il est censé avoir vécu; en sorte que, contre le système du projet, la commission lui fait recueillir jusque-là, tant les successions que tous droits éventuels; et ses héritiers sont ceux qui se trouvaient au degré successif à cette époque, ce que le projet ne semblait pas décider assez formellement.

121   10. A l'expiration de cinq années révolues depuis les dernières nouvelles de l'absent, *soit qu'il ait ou non laissé de procuration*, sa succession *est réputée s'ouvrir dès ce jour au profit des parens qui se trouvent à cette époque au degré successif ;* ils peuvent, en conséquence, se faire envoyer en possession provisoire des biens composant cette succession.

(*Le* 10e. *du Projet.*) Voir l'observation sur l'article 9.

125   11. (*Le* 11e. *du Projet.*)
126   12. (*Le* 12e. *du Projet.*)

125—
128—
129   13. Les héritiers, tant qu'ils ne jouissent qu'en vertu de l'envoi provisoire, ne peuvent aliéner ni hypothéquer les immeubles *au préjudice de l'absent, sauf dans les cas de l'article* 22 : néanmoins, après trente ans révolus *du jour où la loi a reconnu l'absence*, ils peuvent demander l'envoi en possession définitif, et ils sont rendus propriétaires en vertu du jugement qui le leur accorde, en présence et du consentement du commissaire du Gouvernement.

(*Le* 14e. *du Projet.*) La commission propose d'exprimer que ce n'est que relativement à l'absent que les héritiers envoyés en possession provisoire ne peuvent vendre ou hypothéquer, pour éviter la question de savoir si, même au cas de non reparution de l'absent, la validité de la vente peut être contestée.

On verra plus bas pourquoi la commission a excepté des cas de la prohibition absolue d'aliéner.

La commission propose de faire courir le délai de trente ans, *du jour où l'absence est devenue légale*, plutôt que du jour de *l'envoi provisoire*. Les héritiers présomptifs n'ont qu'une *faculté* et non une

obligation de se faire envoyer en possession provisoire ; et par conséquent cet envoi provisoire pouvant être plus ou moins différé, il a
paru convenable de faire partir les divers délais dans cette matière,
d'un point fixe, tel que celui où l'absence est devenue légale, plutôt
que du point incertain d'un envoi provisoire, que diverses circonstances peuvent faire varier.

Enfin, la commission a retranché de l'article 14 du projet, l'expression que les héritiers envoyés en possession provisoire ne peuvent
prescrire la propriété des fonds et capitaux, parce que réellement les
articles subséquens donnent à la possession résultant de cet envoi, des
effets bien approchans de ceux de la prescription.

14. Ce délai de trente ans ne court contre l'absent mineur que du jour où il a atteint sa majorité.

15. Si les enfans et descendans que l'absent avait emme- av. 133
nés avec lui, ou qu'il a eus depuis son départ, se représentent *avant l'envoi définitif* accordé aux héritiers présumés,
sans pouvoir justifier de la mort de leur père, ils sont mis
en possession provisoire à la place des héritiers, ou concurremment s'ils sont au même degré.

(*Le 16ᵉ. du Projet.*) Il paraît devoir suffire que l'envoi définitif
ne soit pas encore prononcé, quand bien même le délai serait expiré,
pour que les enfans et descendans de l'absent soient encore admis à
réclamer.

16. Si ces mêmes enfans et descendans de l'absent ne se 133
représentent qu'après que les héritiers présumés ont obtenu
l'envoi définitif, ils ne sont recevables à réclamer les biens
de leur auteur, qu'autant qu'ils justifient de sa mort à une
époque certaine, qu'à cette époque ils étaient mineurs ;
*qu'autant que réunissant le temps écoulé depuis la disparition
de l'absent majeur jusqu'à sa mort, à celui qui s'est écoulé
depuis leur majorité, il ne se trouve pas trente années révolues.*

(*Le 17ᵉ. du Projet.*) Le changement proposé a pour objet d'exprimer à quoi se rapporte *la réunion du temps écoulé depuis la
majorité des enfans réclamans* dont il est question dans l'article du
projet.

17. Après les cent années révolues de l'absent, il est pré- 129
sumé mort *soit du jour de sa disparition, si elle a eu lieu dans*

les cas prévus par l'article 7, soit, hors ces cas, du jour de l'expiration des cinq années depuis ses dernières nouvelles; et sa succession est acquise à ceux de ses parens qui étaient ses héritiers présomptifs à l'une ou à l'autre époque, soit qu'ils aient été ou non envoyés en possession.

(*Le 18ᵉ. du Projet.*) Il semble que cet article doit admettre et rappeler la distinction précédemment établie, des cas prévus par notre article 7.

130   18. Si, pendant les trente ans, *à partir du jour où l'absence est devenue légale,* la famille acquiert la preuve de l'époque précise du décès, c'est aux héritiers présomptifs qui se trouvaient l'être à cette époque, qu'est dévolue sa succession; et les parens au profit desquels l'envoi provisoire aurait pu être prononcé, restituent les biens.

(*Le 19ᵉ. du Projet.*) Dans le cas même où aucun héritier ne se serait fait envoyer en possession provisoire, la disposition de cet article est nécessaire pour déterminer quels sont les héritiers appelés à la succession, après les trente années écoulées du jour où l'absence est devenue légale.

123   19. *Lorsque la loi reconnaît un absent,* ses légataires *vivans à cette époque,* ses donataires, ou tous ceux qui avaient sur ses propriétés des droits quelconques suspendus par la condition de son décès, peuvent les exercer provisoirement, *aux mêmes conditions imposées aux héritiers qui se sont fait envoyer en possession provisoire : ainsi ils ne peuvent aliéner ni hypothéquer les immeubles;* ils doivent caution pour le mobilier, laquelle est déchargée le jour où les héritiers présomptifs obtiennent l'envoi définitif.

(*Le 21ᵉ. du Projet.*) Faudrait-il que les héritiers présomptifs eussent obtenu l'envoi provisoire, pour que les légataires, donataires, pussent exercer leurs droits?

L'absent étant, selon le système de la commission, réputé mourir le jour où son absence devient légale, ne faut-il pas exiger que le légataire ait vécu jusqu'à ce jour, pour que le droit soit exercé provisoirement quant au legs?

Puisque l'article 21 du projet exige caution pour la restitution des choses mobilières qui sont délivrées aux légataires, donataires, etc., etc., n'y a-t-il pas même raison de leur interdire expressément la faculté d'aliéner les immeubles qui seraient les objets des dons ou legs?

20. *Ces légataires, donataires, et tous autres ayant droits, créances ou actions à exercer sur les biens d'un absent, dirigent leurs demandes contre ceux qui ont obtenu l'envoi provisoire, ou contre un curateur qu'ils font créer aux biens de l'absent, s'il n'y a pas eu d'envoi provisoire.*

Diverses dispositions éparses ont paru pouvoir et devoir être réunies pour les cas où l'absent reparaît.

D'autre part, la commission propose un article pour rendre possible ce que veut le projet, le paiement des légataires et des créanciers qui ont des droits exigibles. Pour ce paiement, s'il n'y a d'autres moyens, il faut bien autoriser la vente, en la soumettant à des formes qui préviennent les abus.

21. *Les rentes viagères dues à l'absent, les droits d'usufruit, et les rentes et prestations dépendantes de la durée de sa vie, cessent provisoirement du jour où la loi a reconnu l'absence.*

22. *Si, pour acquitter des dettes, ou d'autres droits provisoirement exigibles, il est nécessaire d'aliéner des immeubles, ceux qui ont été envoyés en possession provisoire pourront le faire en s'y faisant autoriser par le tribunal, contradictoirement avec le commissaire du Gouvernement. Cette autorisation ne pourra être accordée qu'après un examen sommaire des facultés mobilières de la succession, lequel devra être joint à la demande.*

S'il n'y a pas eu d'envoi en possession des biens de l'absent, la vente d'immeubles, nécessaire pour acquitter les créances ou les droits provisoirement exigibles, pourra être poursuivie contre un curateur aux biens de l'absent, nommé comme il est dit en l'article 20.

Voir la note sur l'article 20.

23. *Si un absent reparaissait après que sa succession aurait été dévolue à ses héritiers présomptifs, dans l'un des cas prévus par les articles 6 et 7, ses biens lui seraient restitués, à la*

127—
131—
132

charge de prendre toutes choses en l'état où elles se trouveraient, et sans pouvoir répéter aucun des fruits échus pendant son absence : le tribunal peut seulement lui accorder une somme suffisante pour subvenir à ses premiers besoins.

(*Le* 13e. *du Projet.*) Voir la note sur l'article 20.

127 —
131 —
132   24. *Cette dispense de restitution de fruits et jouissance est commune aux héritiers qui se sont fait envoyer en possession provisoire, lorsque l'absent ne reparaît qu'après dix ans révolus depuis l'absence devenue légale, et, sous les mêmes conditions, à tous ceux qui ont exercé des droits provisoires sur les biens de l'absent; enfin aux parens de l'absent, qui, après avoir été envoyés en possession de ses biens comme héritiers au jour de son absence devenue légale, se trouvent évincés par d'autres parens reconnus héritiers d'après preuves acquises de l'époque précise du décès.*

Voir la note sur l'article 20.

SECTION III. — *Des effets de l'absence relativement aux droits éventuels qui peuvent compéter à l'absent.*

135 —
136   25. *L'effet de la présomption de mort, résultant de l'absence, est tel, que personne ne peut réclamer, du chef de l'absent, des droits qui ne seraient échus que postérieurement à l'expiration de cinq ans révolus, sans nouvelles depuis le jour de la disparition, si elle est arrivée sans accident : ou postérieurement au jour même de la disparition survenue, dans les cas prévus par les articles 6 et 7 ; et l'on ne peut exiger des héritiers présomptifs le paiement de rentes subordonnées à son existence, que d'après les mêmes règles.*

(*Les* 23e. *et* 24e. *du Projet.*) La commission ayant posé en principe que la mort de l'absent est réputée avoir eu lieu le jour où s'est terminée la cinquième année d'absence sans nouvelles, ce principe, que n'avait pas admis le projet, explique les changemens proposés sur cet article.

137   26. Les dispositions de l'article précédent ne préjudicient

pas à l'action en restitution de l'hérédité, et à tous droits qui compètent à l'absent qui prouvera son existence au temps de l'ouverture, ou à ses représentans, contre ceux qui, à son défaut, ont été appelés : ceux-ci ne pourront acquérir prescription contre cette action, que par le laps de temps qui sera indiqué au titre *des prescriptions*.

27. Tant que l'absent ne se représente pas, ou que l'action n'est pas exercée de son chef, les parens qui ont recueilli *tout ou partie* de la succession, gagnent les fruits par eux perçus de bonne foi. 138

(*Le 26e. du Projet.*) Il peut être bon d'exprimer que la disposition de cet article s'applique indistinctement à ceux qui ont pris *tout ou partie* de la succession.

SECTION IV. — *Des effets de l'absence relativement au mariage.*

28. L'absence de l'un des deux époux sans que l'on ait reçu de ses nouvelles, ne suffit pas pour autoriser l'autre à contracter un nouveau mariage ; il n'y peut être admis que sur la preuve positive du décès de l'autre époux, à moins que l'absent ne soit parvenu à l'âge de cent ans, *ou qu'il ait disparu dans les circonstances prévues dans l'article 7.* com.de sect. 3

Les circonstances prévues dans l'article 7 de la commission avaient été reconnues, par les auteurs du projet, dans leur article 8, former des présomptions équivalentes *à la preuve authentique du décès,* ainsi que l'accomplissement de cent ans dans la personne de l'absent : il faut donc mettre toujours tous ces cas sur la même ligne.

29. (*Le 28e. du Projet.*) 139
30. (*Le 29e. du Projet.*) 140

SECTION 5. — *Des effets de la disparition d'un des époux relativement aux enfans mineurs.*

31. Si le père *a disparu* laissant des enfans mineurs, la mère en a la surveillance : elle exerce à leur égard tous les droits que la loi attribue au père. Elle est néanmoins obligée de convoquer le conseil de famille, à l'effet de faire nommer aux enfans un subrogé tuteur. 141

(*Le* 30ᵉ. *du Projet.*) Le projet n'a évidemment pour but, dans les articles de cette section, que les cas de *disparition* non encore devenue *absence légale*. Il ne convient donc pas d'employer les expressions d'*absence*, d'*absent*.

142   52. Si la mère est décédée lors du départ du père, et que *six mois se soient écoulés sans qu'on ait reçu de ses nouvelles*, la surveillance des enfans est déférée, par le conseil de famille, aux ascendans les plus proches, et, à leur défaut, à un tuteur provisoire, suivant les règles prescrites au titre *des tutelles*.

Il en est de même si la mère vient à décéder dans le cours des cinq années requises pour déterminer la qualité d'absent.

(*Le* 31ᵉ. *du Projet.*) Voir la note sur l'article 31.

143   55. Dans le cas où l'époux *qui a disparu* laisse des enfans mineurs issus de son mariage précédent, ces enfans passent sous l'administration de leurs ascendans, ou du tuteur provisoire nommé par la famille.

(*Le* 32ᵉ. *du Projet.*) Voir la note sur l'article 31.

fin du CHAPITRE III. — *Appendice concernant les individus appelés,*
tit. 4   *hors de leur département, au service des armées de la république.*

54. Si *le citoyen appelé au service des armées de la république, hors de son département,* n'a point laissé de procuration pour la régie de ses biens, l'administration municipale prend les mesures nécessaires pour la régie et la conservation de ses propriétés immobilières.

(*Le* 33ᵉ. *du Projet.*) Le titre d'absent ne doit pas être appliqué à ceux qui sont l'objet de ce chapitre, pas plus qu'à ceux qui étaient l'objet de la dernière section du chapitre précédent.

La commission a pensé de plus que l'expression du projet, *absent pour la défense de la république*, laissait peut-être incertain le sort de ceux qui, sans être proprement *défenseurs de la patrie*, sont cependant employés *au service des armées*; elle a pensé aussi qu'il ne fallait pourvoir qu'au cas où le service entraînerait un citoyen *hors de son département*.

55. S'il échoit une succession à laquelle ce *citoyen* soit

appelé , la même administration doit l'en avertir , après avoir fait apposer les scellés.

Elle en instruit pareillement le ministre de la guerre.

(*Le* 34*e*. *du Projet.*) Voir la note sur l'article 34.

36. La procuration que ce *citoyen* doit envoyer d'après cet avertissement , peut être dressée par le conseil d'administration du corps auquel il appartient.

(*Le* 35e. *du Projet.*) Voir *ibid.*

37. Si, trois mois après l'avertissement présumé reçu, ce *citoyen* n'a point envoyé de procuration , il est procédé au partage, dans lequel il est représenté par un fondé de pouvoir de l'administration municipale.

(*Le* 36e. *du Projet.*) Voir *ibid.*

38. Hors ces cas , toutes les règles ci-dessus établies pour les absens deviennent applicables aux individus *employés au service des armées de la république.*

(*Le* 37e. *du Projet.*) Voir *ibid.*

TITRE V.

Du mariage.

DISPOSITIONS GÉNÉRALES.

ARTICLE PREMIER. (*Le premier du Projet.*)

com. du. tit. 5

(*Le* 2e. *du Projet.*) Cet article paraît devoir être supprimé, comme annonçant une règle qui n'est point rigoureusement exacte , puisque l'on verra la loi reconnaître des mariages qui n'auront pas été contractés conformément à tout ce qu'elle prescrit.

2. (*Le* 3e. *du Projet.*)

CHAPITRE Ier. — *Des qualités et conditions requises pour contracter mariage.*

3. (*Le* 4e. *du Projet.*)

144

(*Le* 4e. *du Projet.*) Un membre de la commission proposait d'exiger que , pour contracter mariage , l'homme eût dix-huit ans et la femme quinze ; il demandait si, pour la validité d'un engagement aussi sérieux que le mariage, on pouvait se contenter des premières lueurs de la raison, des premières affections du sentiment à sa naissance, et des premières facultés corporelles. Mais la commission, quoique frappée des motifs de la proposition, n'a pas cru devoir pousser plus loin que les auteurs du projet le changement aux anciennes règles sur le point en question.

146   4. Le mariage n'est pas valable si les deux époux n'y ont pas donné un consentement libre et formel.

Le consentement n'est pas libre,

1°. S'il a été donné au ravisseur, à moins qu'il n'ait été donné par la personne ravie, après qu'elle a eu recouvré sa pleine liberté ;

2°. S'il est l'effet de la violence ;

3°. S'il y a erreur *sur l'individu* que l'une des parties avait intention d'épouser.

(*Le* 5e. *du Projet.*) Les mots *erreur dans la personne* paraissent moins propres à rendre l'idée qu'on a voulu exprimer sous le n°. 3, que ceux-ci *erreur sur l'individu.*

ap. 146   5. (*Le* 6e. *du Projet.*)

(*Le* 6e. *du Projet.*) Sur cet article, un membre a rappelé les anciens principes d'après lesquels l'interdiction pour cause de démence ou de fureur, à la différence de l'interdiction pour cause de prodigalité, produisait incapacité du jour où la démence ou fureur était prouvée avoir existé, et non du jour où l'interdiction était prononcée ; il a observé que l'homme en fureur ou en démence, était, avant même qu'il fût interdit, incapable de donner un consentement valable : mais la commission, rassurée par les autres précautions dont la célébration des mariages est environnée, a maintenu l'article, et s'est bornée à recueillir l'observation.

ib.   6. Les sourds-muets de naissance ne peuvent se marier qu'autant qu'il serait constaté qu'ils sont capables de manifester leur volonté.

147   7. (*Le* 8e. *du Projet.*)

ap. 147   8. (*Le* 9e. *du Projet.*)

148   9. (*Le* 10e. *du Projet.*)

149   10. (*Le* 11e. *du Projet.*)

11. Néanmoins si l'époux *a contracté* un second mariage, ap. 149 après un divorce prononcé contre lui, *s'il l'a été pour cause déterminée et prouvée, ou obtenu par lui sans cause déterminée,* la famille sera légalement assemblée pour délibérer sur le consentement à donner au mariage de l'enfant qui n'a pas l'âge ci-dessus déterminé.

(*Le 12e. du Projet.*) On verra que la commission, qui a admis au divorce pour cause déterminée, place toujours celui qui l'a obtenu sur la même ligne que celui contre qui il a été prononcé pour cause déterminée et justifiée.

12. (*Le 13e. du Projet.*) 150

13. (*Le 14e. du Projet.*) 160

14. Si la famille refuse son consentement, il est sursis ib. au mariage pendant trois mois; après ce délai, la famille est tenue de se rassembler, *si celui ou celle qui requiert le consentement est âgé de vingt-un ans, ou lorsqu'il a atteint cet âge : en cas que la famille persiste dans son refus, il est encore sursis pendant trois mois, après lesquels il est passé outre au mariage, sur le vu des deux procès-verbaux d'assemblée de la famille.*

(*Le 15e. du Projet.*) Sur l'article 15 du projet, la commission s'est demandé pourquoi le refus du consentement de la famille n'opérerait pas le même effet que le refus du même consentement de la part des père et mère que la famille est appelée à représenter. Il a été reconnu qu'il était convenable de ne pas donner à la famille le même degré de force qu'à la puissance paternelle; les motifs du refus d'une famille peuvent surtout n'être pas aussi sûrement, que ceux des père et mère, dictés par une véritable tendresse.

Mais la commission a pensé qu'il fallait cependant accorder au refus de la famille un effet quelconque; et un nouveau délai, au cas de nouveau refus, a paru être dans une juste mesure.

15. L'enfant naturel, légalement reconnu, qui n'a pas 158 vingt-cinq ans accomplis, ne peut se marier que du consentement de ses père et mère, ou du survivant d'eux.

L'enfant naturel qui n'a point été reconnu, et celui qui, après l'avoir été, a perdu ses père et mère, ne peuvent se marier avant l'âge de vingt-un ans, qu'après avoir obtenu l'autorisation du tribunal de première instance du lieu de leur résidence , auquel ils présenteront , à cet effet , une pétition qui sera délibérée en la chambre du conseil , sur conclusions écrites du commissaire du gouvernement.

(*Le* 16ᵉ. *du Projet.*) En statuant sur l'enfant naturel légalement reconnu, ayant encore père ou mère, l'article avait omis de s'expliquer à l'égard de l'enfant naturel non reconnu , et à l'égard de l'enfant naturel reconnu qui a perdu père et mère.

161   16. Le mariage est prohibé en ligne directe entre tous les ascendans et descendans d'eux , comme aussi entre les ascendans et les maris ou les femmes de leurs descendans , *et encore entre le beau-père et la fille du premier mariage de celle qui a été sa femme ; entre la belle-mère et le fils de celui qui a été son mari , et leurs descendans.*

Il en est de même du père et de la mère à l'égard de l'enfant naturel ou de ses descendans, ainsi qu'à l'égard du mari ou de la femme desdits enfans et descendans.

(*Le* 17ᵉ. *du Projet.*) Il est aisé de sentir que l'article 17 du projet a besoin de l'addition proposée pour embrasser tous les cas qu'il a sûrement en vue.

Le mot *réciproquement* y serait assez insignifiant.

162   17. (*Le* 18ᵉ. *du Projet.*)

tit. 5   18. Le mariage fait à l'extrémité de la vie est privé des
fin du   effets civils , *même de celui de légitimer aucun des enfans du*
ch.1ᵉʳ. *même homme et de la même femme.*

Il est considéré comme tel, lorsqu'un des conjoints se trouve atteint, à l'époque de la célébration, d'une maladie , *soit aiguë , soit chronique ,* dont il meurt dans les *trente jours* qui suivent.

(*Le* 19ᵉ. *du Projet.*) La non légitimation des enfans naturels , soit qu'ils aient été ou non reconnus par les père et mère , s'ils ne se marient qu'à l'extrémité , a paru devoir être positivement exprimée pour que la faveur de ce cas ne parût point se prêter à une exception au principe général ; et cette disposition, qui forme l'article 63 du projet, paraît mieux placée ici.

Les questions de maladies aiguës ou chroniques ont été si souvent agitées, qu'il est bon de décider formellement que, dans l'un comme dans l'autre cas, le mariage est censé fait *in extremis*.

La commission n'a pas trouvé d'inconvénient à étendre à trente jours le terme de vingt jours proposé dans l'article du projet.

Un membre pensait qu'on devait exprimer que l'état de grossesse d'une femme ne pouvait être considéré comme maladie ; mais quoiqu'il y ait eu procès sur ce point, il n'a pas paru nécessaire de prévoir le retour de cette difficulté, qui a toujours été élevée sans succès.

19. (*Le 20ᵉ. du Projet.*) ti. 5 fin du ch. 1ᵉʳ.

CHAPITRE II. — *Des formalités relatives à la célébration du mariage.*

20. Le mariage est *célébré* publiquement dans les formes 165 ci-après prescrites.

(*Le 21ᵉ. du Projet.*) L'expression du projet est trop tranchante, lorsqu'il dit que le mariage *est nul*, etc., etc. ; *qu'il n'est valablement célébré*, etc., etc. On verra que, même aux cas prévus et énoncés, le mariage n'est pas toujours *radicalement nul*; il suffit donc de présenter ici les dispositions relatives aux formes à exiger pour la célébration des mariages.

21. Il est *célébré* dans la commune où l'un des deux époux ib. a son domicile.

Le domicile, quant au mariage, s'acquiert et s'établit ap. 165. par six mois d'habitation continue dans la même commune. et 74

(*Le 22ᵉ. du Projet.*) Voir l'observation sur l'article 20.

22. (*Le 23ᵉ. du Projet.*) ib. et
23. (*Le 24ᵉ. du Projet.*) 108
24. (*Le 25ᵉ. du Projet.*) av. 166
166-167
25. Le mariage est *célébré* devant l'officier civil préposé à 165 cet effet ; l'acte *en est inscrit* sur le registre public, et non sur feuilles volantes.

(*Le 26ᵉ. du Projet.*) La loi doit commander, et ne pas se borner à indiquer comme un *devoir* trop souvent regardé comme n'étant pas d'obligation étroite.

26. Le mariage contracté en pays étranger, entre Fran- 170 çais, ou entre Français et étranger, peut l'être suivant les formes usitées dans le lieu où il a été célébré, pourvu néan-

moins qu'il ait été précédé des publications ci-dessus prescrites, et qu'il n'ait point été contracté en contravention
aux dispositions contenues au chapitre premier du présent
titre.

171   Trois mois après le retour du français dans le territoire
de la république, l'acte de célébration du mariage contracté
en pays étranger, *est rapporté et transcrit* sur les registres
publics des mariages du lieu où il sera venu s'établir, sous
peine, à défaut de ce rapport, d'une amende proportionnée
aux facultés des époux, laquelle ne peut être moindre de
cent francs, ni excéder mille francs.

    (*Le 27e. du Projet.*) Voir l'observation sur l'article 25.

CHAPITRE III. — *Des oppositions au mariage, et des demandes
en nullité.*

SECTION Ire. — *Des oppositions au mariage.*

173   27. *Le père ou la mère qui survit,* et à leur défaut les
aïeuls et aïeules, peuvent former opposition au mariage de
leurs enfans et descendans, encore que ceux-ci aient vingt-
cinq ans accomplis.

    (*Le 28e. du Projet.*) N'est-il pas bon d'exprimer que ce n'est
qu'à défaut du père que la mère peut former opposition, puisqu'au
cas de dissentiment, le consentement du père suffit? S'exposerait-on
à voir la mère opposante à un mariage consenti par le père?

172   28. (*Le 29e. du Projet.*)

174   29. L'oncle ou la tante, le frère ou la sœur, *le neveu ou
la nièce,* le cousin ou la cousine germains, *majeurs,* ne
peuvent former opposition que dans trois cas :

    1°. Lorsque le consentement de la famille n'a pas été
obtenu ou suppléé, conformément à ce qui a été ci-dessus
prescrit;

    2°. Lorsque l'opposition est fondée sur l'état de démence
du parent, et cette opposition n'est reçue qu'à la charge par
l'opposant de provoquer l'interdiction, et d'y faire statuer
dans le délai qui sera fixé par le juge;

3°. *Lorsque l'opposition est fondée sur le défaut de l'âge d'un des futurs époux, ou sur l'existence d'un premier mariage non légalement dissous : dans ces deux cas l'opposant est tenu de notifier, en tête de son opposition, soit l'acte de naissance du futur époux qu'il annonce n'avoir pas l'âge requis, soit l'acte de célébration du premier mariage dans lequel il prétend qu'il est encore engagé.*

(*Le* 30°. *du Projet.*) Pourquoi l'article ne serait-il pas commun aux **neveux et nièces,** plus proches que les cousins et cousines germains ?

Ne convient-il pas d'exiger formellement qu'on soit majeur pour former opposition à un mariage ?

Pourquoi n'autoriserait-on pas l'opposition fondée sur l'engagement d'un des contractans dans un mariage précédent, ou sur le défaut d'âge requis par la loi ? Il vaut mieux appeler des *oppositions* que d'exposer à des *demandes* en nullité.

30. **Tout acte d'opposition contient élection de domicile** 176 **dans le lieu où le mariage doit être célébré.**

L'opposition est signifiée aux parties, à leur personne, *ou domicile indiqué en l'article* 21 ; **elle doit être dénoncée à l'officier civil chargé de célébrer le mariage.**

(*Le* 31°. *du Projet.*) C'est au domicile matrimonial, formé par une résidence de six mois, qui peut par conséquent être autre que le domicile de droit, que doit être signifiée l'opposition.

31. **La demande en main-levée de l'opposition est portée** 177 **devant le juge de paix du lieu où le mariage doit être célébré; il y prononce dans les dix jours, à compter de la citation.**

La décision du juge de paix, contradictoire ou par défaut, 178 *n'est sujette qu'à l'appel. L'appel doit être interjeté et suivi de citation, dans les trois jours de la prononciation du jugement, de la part de celui avec qui il est rendu contradictoirement; et dans les trois jours de la signification, de la part de celui contre qui il est rendu par défaut. L'appel se porte devant le tribunal civil d'arrondissement, qui prononce, en dernier ressort, dans le mois du jour de la citation.*

En cas de jugement par défaut, l'opposition sera jugée dans la quinzaine.

(*Le 32e. du Projet.*) Les nouvelles lois ayant aboli le ministère des assesseurs, il est inutile de dire, dans cet article, que le juge de paix prononce *seul.*

Vu l'importance de la matière, la commission a pensé qu'on devait déroger ici à la règle générale, qui ne veut pas que les jugemens des juges de paix puissent être attaqués par appel, lorsqu'ils ont été rendus par défaut; mais, attendu l'urgence, on n'admet que l'appel, soit que le jugement soit contradictoire ou par défaut.

179   52. (*Le 33e. du Projet.*)

SECTION II. — *Des demandes en nullité de mariage.*

184   53. *La nullité résultante de ce qu'un mariage aurait été con-tracté avant que les époux ou l'un d'eux eussent atteint l'âge requis par la loi, peut être réclamée soit par les époux ou l'un d'eux, soit par leurs père et mère, ou, à leur défaut, par les aïeul et aïeule.*

185   *Néanmoins toute partie sera non recevable à demander cette nullité,*

1°. *S'il s'est écoulé une année depuis la puberté acquise par l'époux ;*

2°. *Si la femme a conçu avant l'époque de la réclamation.*

(*Le 34e. du Projet.*) La refonte presque entière de cette section a paru nécessaire, parce que la méthode adoptée par les auteurs du projet, de renvoyer à plus ou moins d'articles, a été reconnue peu propre à présenter des idées bien nettes, et susceptible d'entraîner dans des erreurs.

Il sera facile de reconnaître que, sauf la rédaction, la commission ne propose que de légers changemens tendant à restreindre les de-mandes en nullité de mariage, surtout de la part du ministère public.

ap. 185   34. *La nullité résultante de ce qu'un mariage a été contracté à la suite d'un rapt ou par l'effet de la violence exercée envers l'un des époux, peut être invoquée soit par celui des époux qui a subi cette violence, soit par ses père et mère, aïeul ou aïeule.*

Néanmoins la demande n'en pourra être admise s'il y a des enfans vivans, ou si, quoiqu'il n'y ait pas d'enfans vivans, les époux ont cohabité pendant deux années révolues, et qu'il n'y ait pas preuve de la continuation de la violence.

Les père, mère, aïeul et aïeule qui auraient donné leur consentement, sont encore irrecevables par ce motif à demander cette nullité.

Elle n'appartient au ministère public qu'au cas de rapt par violence, et sous les deux exceptions ci-dessus exprimées.

Voir la note sur l'article 33.

55. *La nullité résultante de ce que dans un mariage il y a* ap. 185 *en erreur sur l'individu que l'une des parties avait intention d'épouser, n'appartient qu'à celui des époux qui a été dans l'erreur, ou à ses père, mère, ou aïeul et aïeule; elle se couvre par un an de cohabitation. Il en peut être de même s'il y a un enfant né ou connu avant la demande formée.*

Voir la note sur l'article 33.

56. *La nullité résultante de ce qu'un mariage a été contracté* 144 *par un interdit pour démence ou fureur, ou par un sourd et muet dont la capacité de manifester sa volonté n'a pas été constatée, peut être réclamée par le curateur de l'interdit et du sourd et muet, ou par leurs père et mère, ou aïeul et aïeule, pourvu toutefois qu'il n'y ait point eu de consentement par eux donné, que la demande soit formée avant l'expiration d'un an de cohabitation des deux époux, et qu'à l'époque de la demande, il n'y ait pas d'enfans connus ou vivans.*

Voir la note sur l'article 33.

37. *La nullité résultante de ce qu'un mariage aurait été* ib. *contracté avant la dissolution légale d'un premier mariage d'un des époux, peut être réclamée par l'époux qui était libre, par ses père et mère, ou aïeul et aïeule, et par le ministère public.*

Voir la note sur l'article 33.

38. *La nullité résultante de ce qu'un mariage aurait été* ib.

contracté entre parens aux degrés prohibés, peut être ré-
clamée par les époux ou l'un d'eux, par leurs père et mère,
ou aïeul et aïeule, par leurs frères et sœurs, et par le ministère
public.

Voir la note sur l'article **33.**

144   59. *La nullité résultante de ce qu'un mariage aurait été con-*
tracté par une personne frappée de condamnation emportant
mort civile, peut être réclamée par l'autre époux, par les père
et mère, ou aïeul et aïeule de cet autre époux, et même par le
ministère public, lorsque la condamnation emportant mort ci-
vile est devenue définitive.

Voir la note sur l'article **33.**

182   40. Les père et mère, aïeul et aïeule, dans le cas où leur
consentement au mariage est requis par la loi, peuvent demander la nullité du mariage qui a été célébré sans ce consentement.

Les oncles et tantes, frères et sœurs, neveux et nièces, cousins
et cousines, majeurs, peuvent aussi demander la nullité du ma-
riage contracté, sans que le consentement de famille eût été
donné ou suppléé dans les cas prévus par la loi, et conformé-
ment à ses dispositions.

Mais deux ans après la célébration du mariage, la demande
en nullité résultante du défaut de consentement des père, mère,
aïeul, aïeule, ou de la famille, est couverte.

(*Le* 38e. *du Projet.*) Par le même motif qui détermine à accorder l'action en nullité de mariage aux pères, mères, aïeuls et aïeules,
dans le cas où leur consentement, requis par la loi, n'a point été
donné, il semble que la même action doive être accordée à chacun
des membres de la famille, dans les cas où c'était le consentement de
la famille qui devait suppléer à celui des ascendans défaillans.

187   41. *Les héritiers directs ou collatéraux de l'un des époux,*
ne peuvent demander la nullité du mariage de leur parent que
lorsqu'ils y ont un intérêt civil et personnel; ils ne le peuvent
qu'après le décès de ce parent, et uniquement contre la personne

*de l'époux survivant, et pourvu qu'à la mort du prédécédé il
n'existât aucun enfant du mariage.*

*Et néanmoins ils pourront suivre, soit les actions qu'ils au-
raient personnellement intentées, soit celles qui l'auraient été
par celui auquel ils succèdent.*

(*Le 39e. du Projet.*) Lorsqu'un mariage est dissous, le scandale
qui peut résulter de la cause qui le rendait nul étant cessé, l'intérêt
de la légitimité de l'enfant, s'il y en a, ne doit pas permettre la réclamation des héritiers, et la mort de cet enfant ne peut la faire revivre ; car il ne peut avoir été légitime, et ensuite l'union à laquelle
il a dû naissance, être déclarée nulle. Ainsi l'époux survivant peut
seul être attaqué par des héritiers directs ou collatéraux de l'époux
décédé, et il ne peut l'être qu'autant qu'il n'y a point d'enfans au moment du décès.

La commission a cru cependant devoir adopter une exception pour
le cas où l'héritier se trouve un ascendant, sans le consentement nécessaire duquel le mariage a été célébré. Il ne faut pas qu'il ait un
descendant, un héritier qui lui aurait été donné sans son consentement, que requérait la loi.

42. *Ce principe ne souffre d'exception qu'en faveur des père
et mère, aïeul et aïeule, sans le consentement desquels un mariage a été célébré ; ils pourront en demander la nullité, même
après sa dissolution, dans le délai fixé par l'article 29, quoiqu'il y ait enfans de ce mariage.*

Voyez l'observation en marge de l'article 41.

43. (*Le 42e. du Projet.*)   194

44. *L'illégalité de l'union de deux individus, dans le cas de* ap. 195
*l'article prédédent, peut être opposée par les tiers qui y ont
intérêt actuel, soit aux deux époux vivans, soit au survivant, en cas qu'il n'ait pas existé d'enfans de l'union au moment du décès du premier mourant ; et cette nullité ne pourrait
être écartée par une possession d'état qui ne serait point contradictoire avec celui qui aurait formé la demande.*

(*Le 43e. du Projet.*) Il paraît utile d'exprimer dans cet article,
que c'est un intérêt ouvert et actuel qui peut seul autoriser les tiers
à invoquer la nullité prononcée par l'article précédent ; et qu'un pa-

rent, par exemple, qui n'aurait que l'intérêt d'une hérédité éventuel-
lement possible, n'y serait pas recevable.

Il est beaucoup plus essentiel encore d'exprimer que la nullité ne
peut être relevée du moment où l'un des deux époux en possession
d'état est décédé laissant un enfant. D'abord, le mariage étant dissous par la mort, l'intérêt des mœurs n'en exige plus la nullité ; il ne
s'agit plus que de la légitimité de l'enfant, laquelle est toujours favorable. D'un autre côté, il ne doit pas dépendre des père et mère
d'enlever à leurs enfans leur état, soit par leurs divisions, soit en
dérobant aux enfans la connaissance de l'acte de célébration du mariage, et du lieu où elle a été faite.

Ajoutons qu'il doit suffire que l'enfant ait vécu au moment du décès du premier mourant des deux époux en possession d'état, pour
que la nullité de l'union ne puisse jamais être proposée, même lorsque l'enfant viendrait à mourir. Tout ce qui tient à l'état, est indivisible. On ne peut concevoir qu'un enfant, après avoir vécu et être
mort comme légitime, pût ensuite être considéré comme ne l'ayant
jamais été.

197   45. Les enfans issus de l'union qui a été déclarée nulle
contre les père et mère dans le cas des deux articles précédens, sont déclarés nés hors mariage, et ne peuvent réclamer que les droits des enfans naturels, s'ils ont été légalement
reconnus.

Si les père et mère, ou *l'un d'eux*, sont décédés sans que
leur état ait été attaqué, leurs héritiers et les tiers ne peuvent contester la légitimité des enfans issus de leur union,
sous prétexte qu'ils ne peuvent point représenter l'acte de
célébration du mariage de leurs père et mère, lorsque ceux-
ci ont joui publiquement de la qualité d'époux au temps de
la conception et naissance des enfans ; et lorsque cette possession d'état se trouve constatée, soit à l'égard des père et
mère, soit à l'égard des enfans, par actes authentiques, *ou
autres dignes de foi, émanés* soit des père et mère, soit des
réclamans ou de ceux qu'ils représentent, *ou par la preuve
testimoniale admise sur un commencement de preuves par écrit.*

(*Le* 44e. *du Projet.*) Les changemens proposés dans cet article
sont amenés par ceux proposés plus haut, et s'expliquent par la nécessité de faire concorder ses dispositions avec celles des articles
précédens.

46. *Si* les personnes dont l'union a été déclarée illégale, ap. 190 *s'unissent de nouveau par mariage,* ce mariage ne produit d'effet civil que du jour de sa célébration ; les enfans nés ou conçus antérieurement, ne sont légitimés par ce mariage, qu'autant qu'on a rempli, à leur égard, les conditions ci-après prescrites au chapitre IV du présent titre.

(*Le 46e. du Projet.*) La faculté de se marier pour les personnes dont l'union a été déclarée illégale, n'a pas besoin de leur être ac-cordée comme un droit spécial ; il ne s'agit que de déterminer les effets de leur mariage, s'ils le contractent.

47. Tout officier public devant lequel un mariage aurait av. 198 été réellement célébré, et qui n'en aurait rédigé l'acte que et 52 sur une feuille volante, sera poursuivi par *voie de police correctionnelle ;* s'il est convaincu, il sera condamné aux peines portées par l'article 54 du titre XI du livre *des personnes,* et, en outre, aux dommages-intérêts des parties.

L'action peut être intentée tant par les époux eux-mêmes que par le *commissaire du gouvernement.*

Elle est dirigée par le *commissaire du gouvernement,* tant contre l'officier public que contre les époux eux-mêmes, si le délit a été commis de concert avec eux, ou contre celui des deux époux qui aurait seul concouru à la fraude ; et, dans ce dernier cas, l'action peut être intentée contre cet époux par l'autre.

(*Le 47e. du Projet.*) Il a déjà été proposé de ne soumettre le délit dont il s'agit en cet article, qu'à la police correctionnelle.

48. Dans le cas où la preuve de la célébration du mariage 198 se trouve acquise par l'événement de la procédure autorisée par l'article précédent, le jugement est, soit à la diligence de l'époux qui l'a obtenu, soit à celle du *commissaire du gouvernement,* inscrit sur le registre de l'état civil, auquel est annexée la feuille volante sur laquelle le premier acte a été rédigé : cette inscription et cette annexe assurent au

mariage tous les effets civils, à partir de sa date, tant à l'é-
gard des époux qu'à l'égard des enfans.

(*Le 48e. du Projet.*) La commission n'a pu penser que lorsque
l'acte de célébration serait inscrit sur une feuille volante, et lorsqu'une preuve juridique constaterait la réalité de cette célébration, il
pût y avoir encore besoin d'une réhabilitation, à laquelle les auteurs
du projet ont même supposé que l'une des parties pourrait se refuser ;
ce qui laisserait l'autre partie dans un état incertain dont il ne serait
pas facile de déterminer les conséquences.

Une fois bien constaté que le seul vice est la *non-inscription sur
le registre*, le remède n'est-il pas tout entier dans la transcription du
jugement sur le registre, auquel sera annexée la feuille volante?

ap. 199   49. *Si c'est par le dol de l'un des deux époux que l'acte de
célébration n'a été rédigé que sur une feuille volante, il sera
condamné, sur les conclusions du commissaire du gouvernement, à une amende qui ne pourra être moindre de cent
francs, ni excéder mille francs.*

Voir la note sur l'article 48.

201 —   5o. (*Le 5oe. du Projet.*)
202

CHAPITRE IV. — *Des obligations qui naissent du mariage et de
ses effets civils.*

203   51. Les époux contractent ensemble, par le seul fait du
mariage, l'obligation de nourrir, entretenir et élever leurs
enfans.

204   L'enfant n'a point d'action contre ses père et mère, pour
un établissement par mariage ou autrement.

(*Le 51e. du Projet.*) Les expressions *selon leurs facultés*, qui
terminent l'article du projet, paraissent inutiles.

205   52. (*Le 52e. du Projet.*)
208   53. (*Le 53e. du Projet.*)
210   54. Celui qui ne peut payer une pension alimentaire, reçoit dans sa demeure, nourrit et entretient celui à qui il
doit des alimens, pourvu que ses facultés, résultantes de
son revenu ou de son travail, *ou de l'un et de l'autre*, suffisent.

(*Le* 54e. *du Projet.*) Les articles proposés par la commission embrassent plus de cas à prévoir.

55. Lorsque celui qui fournit ou celui qui reçoit les ali- 209 mens, sont *replacés dans un état tel que l'un ne puisse plus les donner, ou que l'autre n'en ait plus besoin, en tout ou en partie, la réduction ou décharge peut en être demandée.*

Voir l'observation de l'article 54.

56. Les époux contractent aussi, par le seul fait du ma- fin du riage, l'obligation de *transmettre à leurs enfans une portion* ch. 5 *quelconque de leurs biens;* la loi détermine la quotité de cette portion, dont ils ne peuvent disposer à titre gratuit au préjudice de leurs enfans.

(*Le* 56e. *du Projet.*) Chaque époux contracte l'obligation dont il s'agit en cet article, chacun en ce qui le concerne; et par conséquent cette obligation n'est pas *solidaire.*

57. (*Le* 57e. *du Projet.*) ib.

(*Le* 58e. *du Projet.*) A supprimer, n'étant que la répétition ib. d'une règle déjà formellement posée.

58. (*Le* 59e. *du Projet.*) ib. et 331
59. (*Le* 60e. *du Projet.*) ib.
60. (*Le* 61e. *du Projet.*) 332
61. (*Le* 62e. *du Projet.*) 331

(*Le* 63e. *du Projet.*) A supprimer, sa disposition ayant été tit. 5 comprise dans un mot ajouté au 19e. du projet, qui est le 18e. de fin du ceux adoptés par la commission. ch. 5

SECTION Ire. — *Des droits et des devoirs respectifs des époux.*

62. La femme est obligée de demeurer avec le mari, et 214 de le suivre partout où il juge à propos de résider. Le mari est obligé de la recevoir et de lui fournir tout ce qui est nécessaire pour les besoins de la vie.

Si le mari voulait quitter *le sol de la république,* il ne pourrait contraindre sa femme à le suivre, si ce n'est dans le cas où il serait chargé par le gouvernement d'une mission à l'étranger exigeant résidence.

(*Le 64e. du Projet.*) On croit devoir supprimer du premier alinéa du projet, ces derniers mots, *selon ses facultés et son état,* qui paraissent superflus.

Le second alinéa entier paraît fautif, le titre *du divorce* ne faisant aucune mention de l'action de chacun des époux relativement à leurs devoirs réciproques.

Enfin les épithètes *colonial* et *continental* semblent ne devoir pas rester dans le troisième alinéa ; elles supposent qu'une femme n'est pas dans le cas de suivre son mari de France aux colonies, ou des colonies en France. Il a paru à la majorité de la commission, que c'est seulement au mari voulant quitter le sol de la république, que la loi peut refuser le droit de se faire suivre par sa femme.

215   63. La femme ne peut ester en jugement sans l'assistance de son mari, quand bien même elle serait marchande publique, ou non commune, ou séparée de biens.

216   L'assistance du mari n'est pas nécessaire, lorsque la femme est poursuivie en matière criminelle ou de police.

(*Le 65e. du Projet.*) L'épithète *correctionnelle* doit être retranchée de la fin de l'article 65 du projet ; car en police *simple* comme en police *correctionnelle,* il y a même raison d'admettre la femme à ester en jugement sans l'assistance de son mari.

217   64. La femme, même non commune, ou séparée de biens, ne peut *s'obliger,* donner, aliéner, *hypothéquer,* accepter une succession ou une donation, sans le consentement par écrit ou le concours du mari dans l'acte.

Le consentement du mari, quoique postérieur à l'acte, suffit pour le valider.

(*Le 66e. du Projet.*) Pourquoi l'article 66 n'exprimerait-il pas que la femme ne peut, sans le consentement de son mari, *s'obliger* et *hypothéquer ?*

218   65. Si le mari refuse son assistance à l'effet d'ester en jugement, *le juge de paix, pour matière de sa compétence, ou le président du tribunal, où serait portée l'affaire, peut donner l'autorisation.*

Si c'est à un acte qu'un mari refuse son consentement et 219 adhésion, la femme a la faculté de le faire *directement citer devant le tribunal de première instance de l'arrondissement du domicile commun,* qui peut donner ou refuser son autorisation, après avoir entendu le mari, ou lui dûment appelé en la chambre du conseil.

La décision du tribunal est, dans ce cas, en dernier ressort.

(*Le 67ᵉ. du Projet.*) L'expression *le juge,* employée deux fois dans l'article 67 du projet, a paru trop vague en elle-même, surtout n'étant pas possible de lui donner le même sens dans le premier alinéa et dans le second : car l'autorisation dont il est question au premier alinéa, n'est qu'une pure forme qu'un seul fonctionnaire public peut remplir; dans le second il y a un véritable débat à terminer par une délibération *d'un tribunal* en la chambre du conseil.

66. (*Le 68ᵉ. du Projet.*)   220

67. Lorsque le mari se trouve frappé d'une condamnation 221 emportant peine afflictive, encore qu'elle n'ait été prononcée que par contumace, la femme, même majeure, ne peut, *dans tout le temps de la durée de la peine,* ester en jugement ni contracter, qu'après s'être fait autoriser par le juge, qui peut, en ce cas, donner l'autorisation sans que le mari ait été entendu ni appelé.

(*Le 69ᵉ. du Projet.*) L'effet de cet article doit être limité au temps de la durée de la peine; et il ne faut parler que de peines afflictives, sans ajouter *ou infamantes;* car l'infamie subsiste après que le temps de la peine afflictive est passé, et cependant le condamné doit, après ce temps, reprendre l'exercice de ses droits.

68. (*Le 70ᵉ. du Projet.*)   222
69. (*Le 71ᵉ. du Projet.*)   223
70. (*Le 72ᵉ. du Projet.*)   224
71. (*Le 73ᵉ. du Projet.*)   225
72. (*Le 74ᵉ. du Projet.*)   226

SECTION II. — *Dissolution du mariage.*

73. (*Le 75ᵉ. du Projet.*)   227

SECTION III. — *Des seconds mariages.*

228   74. (*Le* 76ᵉ. *du Projet.*)

ap. 228   75. (*Le* 77ᵉ. *du Projet.*)

TITRE VI.

Du divorce.

com. du   ART. 1ᵉʳ. Le lien du mariage ne peut être rompu par le
ch. 1ᵉʳ.   divorce que pour des causes *et dans les formes* autorisées
par la loi.

ib.   2. *Ces causes sont de deux espèces:*

1º. *Des causes déterminées, susceptibles d'être prouvées par
titres;*

2º. *La conduite habituelle de l'un des époux, qui rend à
l'autre la vie commune insupportable.*

(*Le* 2ᵉ. *du Projet.*) Les auteurs du projet du Code civil n'ont
admis de divorce que pour causes résultantes de faits susceptibles
d'être rigoureusement prouvés, et de la preuve positive desquels ils
ont fait dépendre le succès de la demande en divorce.

La question de savoir si une autre espèce de divorce ne devait pas
être également admise, a été proposée à la commission par un membre,
qui a démontré qu'il était des cas où un époux pouvait avoir de justes
motifs de demander le divorce, sans avoir des faits bien précis à articuler; ce qui semblait reconnu par le projet du Code lui-même, qui
compte parmi les causes pouvant donner lieu au divorce, *la conduite
habituelle de l'un des époux envers l'autre, qui rend à celui-ci la
vie commune insupportable.*

Un tel grief est-il toujours susceptible d'être formellement prouvé?
et n'est-il pas possible d'acquérir, par l'effet d'épreuves et de conditions à prescrire au demandeur en divorce qui ne voudra s'engager à
la preuve d'aucun fait, une garantie plus forte que toute preuve possible de quelques faits que ce soit, que le remède extrême du divorce
lui était nécessaire?

Le développement donné sur ces deux questions par l'auteur de la
proposition, dans une opinion qui sera jointe, a entraîné la majorité
de la commission, malgré la force des principes respectables des auteurs du Code sur cette matière; principes qui ont été soutenus et représentés dans la commission avec une nouvelle force, et qu'un autre
membre de la minorité a retracés dans une opinion qui sera aussi jointe
au travail de la commission.

Il a donc été arrêté qu'il serait admis une seconde espèce de divorce, pour le succès duquel on n'exigerait la preuve d'aucun fait positif de la part de l'époux qui se soumettrait aux épreuves, aux sacrifices imposés à ce genre de divorce.

(*Voyez* les deux opinions à la fin du titre du *divorce.*)

3. Les *causes déterminées* qui donnent lieu au divorce, sont, 229—230—231

Les sévices, mauvais traitemens, ou injures graves;

La diffamation publique par l'un des époux envers l'autre;

L'abandonnement du mari par la femme, ou de la femme par le mari;

L'absence de l'époux pendant cinq ans sans nouvelles ;

L'adultère de la femme, accompagné d'un scandale public, ou prouvé par des écrits émanés d'elle; celui du mari, dont la concubine est placée dans la maison commune;

La condamnation de l'un des époux à une peine afflictive ou 232 *infamante.*

(*Le 3e. du Projet.*) 1°. Aux causes déterminées de divorce proposées par le projet, la commission a cru devoir aussi ajouter l'absence légale. Cette absence n'est-elle pas une présomption légale de mort ? n'est-elle pas une sorte d'abandonnement, quoiqu'en différant sous plusieurs rapports ?

2°. L'attentat d'un époux à la vie de l'autre ne doit-il pas être censé éminemment compris dans les sévices, mauvais traitemens et injures graves ? Ce n'est donc pas une cause essentiellement distincte : d'ailleurs, un époux doit-il formellement énoncer comme cause de divorce, ce qui peut devenir un titre d'accusation capitale ?

4. *La conduite habituelle d'un époux qui rend à l'autre la* ap. 232 *vie commune insupportable, est réputée constante aux yeux de la loi par l'effet des épreuves et conditions qu'elle prescrit à l'époux qui demande le divorce pour cette cause, et auxquelles il se soumet pour l'obtenir.*

CHAPITRE II. — *Des formes du divorce.*

SECTION 1re. — *De la poursuite du divorce pour causes déterminées.*

5. Le divorce est demandé, instruit *et autorisé* avec con- 234

naissance de cause en justice; *il est prononcé par l'officier de l'état civil.*

Il ne peut être porté devant des arbitres.

(*Le* 4e. *du Projet.*) La commission a pensé qu'il convenait que le mariage ne fût déclaré dissous que par l'organe de la même autorité qui avait déclaré l'union légalement contractée.

234 et 241   6. La demande est portée devant le tribunal de première instance, et jugée à huis clos, le commissaire du gouvernement préalablement entendu, sur simples procès-verbaux de comparution et des dires des parties, sans aucun autre mémoire que la demande.

(*Le* 5e. *du Projet.*) Un tribunal de première instance ne pouvant juger qu'*à trois juges au moins*, ces expressions sont inutiles dans cet article.

236— 237   7. (*Le* 6e. *du Projet.*)
236   8. (*Le* 7e. *du Projet.*)
238   9. (*Le* 8e. *du Projet.*)

239   10. Au jour indiqué, le juge fait aux deux parties comparantes, *ou à celle qui comparaît seule,* les observations convenables et propres à opérer le rapprochement des époux.

ib. et 240   11. Si le demandeur persiste, le juge ordonne que la demande et le procès-verbal seront communiqués au commissaire du gouvernement : le tribunal, après l'avoir entendu, peut accorder ou suspendre la permission de citer.

La suspension ne peut pas excéder le terme de deux décades.

La permission ne peut être refusée que dans le cas où les causes alléguées par le demandeur ne sont pas du nombre de celles auxquelles la loi attache la faculté du divorce.

(*Le* 10e. *du Projet.*) Il a paru nécessaire de spécifier les seuls cas dans lesquels il puisse être permis au tribunal de refuser la permission de citer. Il serait dangereux que le tribunal crût pouvoir exercer ce droit arbitrairement.

15. Le jugement qui admet la preuve testimoniale, dé-
nomme les témoins indiqués par chaque partie, *autres que
ceux valablement reprochés:* il n'est permis à aucune d'elles
d'en produire d'autres, à moins qu'un nouveau jugement
ne l'y ait autorisée.

Le jour et l'heure auxquels les témoins seront entendus,
sont indiqués par le même jugement qui admet la preuve.

(*Le* 14e. *du Projet.*) Il a encore paru bon d'exprimer plus formellement que l'article du projet, que ce ne serait pas arbitrairement,
mais sur reproches jugés valables, que des témoins indiqués par une
partie pourraient être écartés.

16. Les parties peuvent respectivement faire entendre
leurs parens, à l'exception de leurs enfans et descendans;
elles peuvent aussi faire entendre leurs domestiques.

Le tribunal aura tel égard que de raison à ces *dépositions.*

(*Le* 15e. *du Projet.*) N'est-il pas aussi vrai des dépositions des
domestiques que de celles des parens, qu'on ne doit y avoir que tel
égard que de raison?

20. Si le demandeur persiste, le rapport est fait au tribunal par le juge commis : *les parties, si elles sont présentes,
proposent ensuite leurs observations;* après quoi, et le commissaire du gouvernement entendu, les parties et le *commissaire*
se retirent pour laisser les juges délibérer.

(*Le* 19e. *du Projet.*) Le droit des parties de faire leurs observations après le rapport, semble avoir besoin d'être exprimé pour être
conservé dans une matière pour laquelle on trace une marche spéciale
de procédure; et l'obligation pour le commissaire comme pour les
parties de se retirer lorsque les juges délibèrent, paraît d'une convenance qui méritera sans doute d'être étendue à tous les cas.

258   21. Le jugement définitif est *arrêté* à huis clos et *prononcé publiquement* : lorsqu'il admet le divorce, il n'en exprime pas les causes ; *il autorise seulement le demandeur à se retirer devant l'officier de l'état civil pour le faire prononcer.*

(*Le 20ᵉ. du Projet.*) Le motif du renvoi devant l'officier de l'é-tat civil est ci-dessus exprimé.

262   22. En cas d'appel, *soit du jugement qui a refusé de citer, soit du jugement définitif,* la cause est jugée à huis clos par le tribunal d'appel, sur le rôle des affaires urgentes, et d'après un simple rapport fait par l'un des juges commis, et le commissaire du gouvernement entendu, sans qu'il soit besoin de faire comparaître les parties en personne.

(*Le 22ᵉ. du Projet.*) Pourquoi le demandeur en divorce serait-il privé du droit d'interjeter appel du jugement définitif qui aurait rejeté sa demande ? Pourquoi une forme particulière pour le cas où il veut se rendre appelant du jugement qui lui aurait refusé la permission de suivre sa demande ?

ap. 263   23. (*Le 23ᵉ. du Projet.*)

Voir la note sur l'article 22.

ib.   24. Dans tous les actes de l'instruction de première instance sur une demande en divorce, les parties sont tenues de comparaître en personne, et *pourront néanmoins être assistées d'un avoué ou défenseur.*

Il est défendu dans l'instruction, soit de première instance, soit d'appel, de publier, de part ni d'autre, aucun mémoire imprimé, à peine de mille francs d'amende tant contre la partie qui l'aura produit que contre chacun des signataires, auteurs et imprimeurs.

(*Le 24ᵉ. du Projet.*) Le droit de se faire assister d'un avoué ou d'un défenseur, ne paraît pas devoir être refusé à la partie qui satisfait à la loi en comparaissant en personne.

ib.   25. (*Le 25ᵉ. du Projet.*)

ib. et   26. *En vertu de tout jugement en dernier ressort ou passé*
264   *en force de chose jugée qui porte autorisation du divorce, l'é-*

*poux qui l'a obtenu, peut, dans les deux mois au plus tard
de la date du jugement, se présenter devant l'officier de l'état
civil, le défendeur appelé, pour faire prononcer le divorce.*

*Passé ce délai, le demandeur est censé s'être désisté du bé-
néfice du jugement, qui demeure nul et comme non avenu.*

L'acte de divorce est sujet à l'enregistrement et à la publication, en la même forme que ceux des séparations de
biens.

(*Le 26ᵉ. du Projet.*) Le changement de l'article est motivé sur ce
que le projet fait prononcer le divorce par le jugement, au lieu que
la commission ne donne aux tribunaux que l'autorisation ; et les précautions prescrites pour la publicité du jugement ont été reportées à
l'acte de prononciation du divorce.

27. Quelle que soit la nature du délit imputé par le de- ap.261
mandeur à l'autre époux, le divorce ne peut être poursuivi
que par la voie civile.

*Le divorce est autorisé ou rejeté, nonobstant l'action crimi-
nelle qui pourrait être intentée d'office par le commissaire du
gouvernement, et sans préjudice de cette action.*

*Le jugement qui absoudrait l'époux accusé, ne produit au-
cun effet contre celui qui aurait autorisé le divorce. Au contraire, le jugement de condamnation qui interviendrait contre
l'époux accusé, rétablit le droit de l'époux demandeur, nonobstant le jugement qui aurait rejeté sa demande en divorce ; et
un jugement d'autorisation serait rendu sur sa simple requête et
sur la seule représentation du jugement de condamnation.*

(*Le 27ᵉ. du Projet.*) Ne faut-il pas éviter que l'époux demandeur en divorce conserve l'apparence d'intérêt à faire condamner l'é-
poux défendeur dans une poursuite criminelle ? et n'est-il pas certain
qu'un fait peut paraître assez prouvé pour autoriser un divorce, sans
l'être assez pour motiver une condamnation ? L'espèce de contradiction qu'on peut craindre, ne serait qu'apparente ; car le jury qui déclare un accusé non convaincu, n'affirme pas qu'il est innocent.

28. *Dans le cas où la demande en divorce est fondée sur la* ib.
condamnation de l'autre époux à des peines afflictives ou infa-

mantes, cette condamnation est constatée par la représentation du jugement qui le prononce.

Les formes réglées par les articles 5, 6 et 7 sont observées. Le juge et le tribunal peuvent se dispenser d'ordonner les comparutions et citations prescrites par les articles 8, 10 et 11; et soit qu'elles aient eu lieu ou non, le tribunal prononce l'autorisation du divorce sur le vu du jugement de condamnation, et sans autre instruction, après avoir entendu le commissaire du gouvernement.

Si la condamnation est portée par un jugement de contumace, le divorce ne peut être autorisé que deux années après la prononciation de ce jugement. Si l'accusé se présente à la justice ou est arrêté avant le divorce autorisé, il est sursis jusqu'après le jugement contradictoire et définitif.

(*Le 28e. du Projet.*) La disposition de cet article, qu'on propose d'ajouter, indique elle-même ses *motifs*.

ap. 261 29. Le divorce fondé sur l'abandonnement de la part de l'un des époux, n'est admis que dans le cas où, éloigné sans cause légitime, il a refusé persévéramment de se réunir au demandeur en divorce.

Ce refus persévérant n'est constaté que par trois sommations faites de mois en mois à l'époux éloigné, de se réunir au domicile matrimonial, suivies d'un jugement qui le lui ait ordonné, et qui lui ait été signifié trois fois de mois en mois.

Si c'est une cause légitime qui a d'abord motivé l'éloignement de l'un des deux époux, les sommations et significations ci-dessus peuvent être commencées après deux ans du jour de l'éloignement, si la cause ne subsiste plus; et le refus persévérant de réunion pourra ainsi être constaté à son égard.

L'absence seule, quelle qu'en ait été la cause, produira le même effet si elle a subsisté cinq ans sans aucune nouvelle; ce qui sera constaté dans la forme réglée par le chapitre premier, première section, des absens.

(*Le 29e. du Projet.*) On peut douter que le nombre de trois sommations et de trois significations dont il s'agit dans l'art. 29, soit rigoureusement nécessaire : celui de deux ne serait-il pas suffisant?

On eût désiré pouvoir exiger, en cas de divorce pour absence, nouvel acte de notoriété qui, fait par personnes appelées par le juge, eût pu être moins suspect d'être dicté par la complaisance, que celui qu'une partie se fait délivrer par des témoins qu'elle appelle elle-même : mais n'y eût-il pas eu quelque contradiction à ne pas se contenter, pour le *divorce*, du même acte snr lequel l'absent est, à tous égards, réputé *mort* auprès de la loi?

30. Les jugemens qui condamnent l'époux éloigné à re- ap. 261 venir dans la maison commune, ne sont rendus qu'après avoir entendu ceux de ses parens qui résident dans la même commune, ou, à leur défaut, ses amis ou ses voisins, sur le lieu de sa retraite, et sur *les motifs* ou *défauts de motifs* de son éloignement : ils sont cités au tribunal, à la diligence du commissaire du gouvernement.

(*Le* 30e. *du Projet.*) Voir la note sur l'article 28.

31. *Les demandes en divorce fondées sur les causes énoncées en l'article* 29, *seront jugées, après trois mois à compter de leur date, et non plutôt, sur le vu des sommations, jugemens et significations ci-dessus prescrits, et le commissaire du gouvernement entendu, sans qu'il soit besoin d'autres instructions.*

32. (*Le* 31e. *du Projet.*) ib.

SECTION II. — *De la poursuite du divorce demandée par un époux pour la conduite habituelle de l'autre époux qui rend la vie commune insupportable au demandeur.*

On remarquera dans toutes les dispositions de cette section, l'attention la plus scrupuleuse à acquérir une parfaite garantie que le demandeur en divorce de cette espèce est réellement réduit à cette cruelle extrémité.

33. *Ce divorce ne peut être demandé que par des époux qui* 276— *sont mariés au moins depuis cinq ans, et qui ne le sont pas en-* 277 *core depuis vingt années accomplies.*

34. *Les maris ne peuvent le demander avant d'être entrés* 275 *dans la trente-unième année, les femmes avant d'être entrées*

dans la vingt-sixième. Ce divorce ne peut être demandé que contre un époux qui a accompli sa vingt-cinquième année.

277   35. *Si le mari a plus de cinquante ans, il est non recevable à former cette demande en divorce, après quinze ans révolus depuis le mariage, ou dix s'il y a des enfans : il en est de même à l'égard de la femme, lorsqu'elle a plus de quarante-cinq ans.*

suite du ch.3   36. *Cette demande en divorce est portée, comme celle de la première espèce, devant le tribunal de première instance, traitée à huis clos, et autorisée, s'il y a lieu, sur simples procès-verbaux de comparution, sans aucun mémoire autre que la demande.*

    37. *Elle est introduite par pétition, dans laquelle le demandeur déclare, sans qu'il lui soit permis d'articuler aucun fait, que la conduite habituelle du défendeur lui rend la vie commune insupportable.*

    La pétition ne peut être présentée que par le demandeur en personne.

    38. *Par l'ordonnance du président, les parties sont appelées à comparaître personnellement devant lui deux fois, dont la seconde ne pourra être fixée ni avant l'expiration d'un mois depuis la demande, ni au-delà de quatre décades.*

    Ces séances sont employées à faire aux parties, ou à la partie comparante, les observations et invitations les plus propres à opérer la conciliation ; il en est dressé procès-verbal.

    39. *Après la seconde comparution, le président permet au demandeur de citer le défendeur devant le tribunal assemblé, à un mois au moins, et à deux mois au plus.*

    Cette première comparution, ainsi que les suivantes, sont destinées à concilier les deux époux.

    40. *Soit que les deux époux comparaissent ou non à la première assemblée du tribunal, si le demandeur persiste, le tribunal indique successivement jours et heures pour deux autres assemblées, et peut en indiquer jusqu'à trois ayant le même objet de*

conciliation, bien que l'époux défendeur n'ait pas comparu aux précédentes.

Si le demandeur manque de comparaître en personne à l'une des séances, sans justifier d'un empêchement légitime, et sans demander, dans le délai d'une décade, l'indication d'une séance pour suppléer à celle à laquelle il n'aura pas comparu, il sera déclaré déchu de sa demande, et ne pourra la former de nouveau sans renouveler les formalités qu'il avait précédemment remplies.

Un intervalle de trois mois au moins, et de quatre mois au plus, sera toujours observé entre les séances indiquées devant le tribunal ; et procès-verbal sera dressé de chacune.

41. Si les époux n'ont pu être conciliés, et si le demandeur persiste à la fin de la dernière séance, la demande et les procès-verbaux seront communiqués au commissaire du gouvernement, qui sera entendu en la chambre du conseil, parties présentes ou dûment appelées. Il n'aura à s'expliquer que sur les conditions requises par les articles 33, 34 et 35, et sur l'observation des formalités et des délais.

42. En cas que les époux ne soient pas placés dans les circonstances exigées par ces articles, pour l'admission de cette demande en divorce, le demandeur sera déclaré non-recevable, s'il ne l'a pas été plutôt ; il en sera de même si la pétition et les comparutions du demandeur n'ont pas été faites et présentées en personne.

43. Si les délais de rigueur prescrits par les articles 38, 39 et 40 ont été anticipés, les comparutions seront renouvelées dans les termes de la loi, à commencer de celle qui aurait été la première précipitée.

44. Lorsque toutes les formalités et délais prescrits par la loi auront été observés entre personnes ayant les qualités ci-dessus spécifiées, le tribunal arrêtera, en la chambre du conseil, jugement portant autorisation de divorce ; et jugement interviendra dans les deux décades au plus tard de la dernière des séances prescrites, et sera prononcé à l'audience.

45. *Le divorce ne pourra être opéré devant l'officier de l'état civil, que deux mois après la prononciation du jugement, s'il n'y a pas d'enfans, et après quatre mois s'il y a des enfans.*

En cas que le demandeur laisse écouler six mois depuis cette époque pour exécuter son divorce, il est censé avoir renoncé à sa demande, et ne peut y revenir qu'en observant de nouveau toutes les formalités prescrites.

46. *Cette espèce de divorce ne peut être obtenue par personne deux fois. Quant à d'autres effets qui lui sont particuliers, ils seront déterminés distinctement dans le chapitre IV ci-après.*

47. *La femme ne peut être admise à demander le divorce qui fait l'objet de cette section, pendant l'absence du mari, lorsqu'il est constaté qu'il est absent pour le service de la république.*

48. *Les règles sur les qualités des personnes, les formalités et les délais sont les mêmes, soit que l'époux défendeur acquiesce ou non à la demande formée contre lui du divorce de cette espèce.*

49. *Si l'un des deux époux a demandé le divorce, et que l'autre le demande pour l'une des causes énoncées en la section précédente, le divorce fondé sur cette cause, quoique demandé postérieurement, obtiendra la préférence sur l'autre.*

SECTION III. — *Des mesures provisoires auxquelles peut donner lieu la poursuite d'une demande en divorce.*

267   50. (*Le* 32e. *du Projet.*)

268—   51. (*Le* 33e. *du Projet.*)
269
ib.   52. (*Le* 34e. *du Projet.*)

270   53. (*Le* 35e. *du Projet.*)

ap. 270   54. Lorsque le mari s'oppose aux scellés, ou lorsqu'il en demande la main-levée, le juge de paix statue sauf l'appel, qui ne suspend pas l'exécution provisoire.

Cet appel est porté au tribunal civil, qui prononce dans le mois.

(*Le 36e. du Projet.*) L'article du projet exprimait sûrement mal l'idée de ses auteurs, lorsqu'il disait que la décision du juge de paix est *purement provisoire.* Ce qui avait besoin d'être plus formellement exprimé, c'est que l'appel ne suspend pas l'exécution provisoire de la décision, qui, quant au juge de paix, est nécessairement définitive.

55. La main-levée des scellés est toujours accordée, si le mari consent qu'il soit procédé à l'inventaire, et s'il présente une sûreté suffisante dans ses *immeubles* personnels, ou s'il offre une caution suffisante des droits apparens de la femme. 270

(*Le 37e. du Projet.*) La correction n'est ici que d'une erreur, sans doute typographique, dans le mot *meubles,* auquel on a substitué *immeubles.*

56. A compter du jour de la demande en divorce, *l'état de la communauté ne peut être changé relativement à la femme, ni par les engagemens que le mari peut contracter, ni par l'aliénation des conquêts : le mari en doit la garantie à sa femme.* 271

(*Le 38e. du Projet.*) Ce ne peut être qu'à l'égard de la femme, que la capacité du mari, sur ce qui compose la communauté, peut être regardée comme paralysée par la seule demande en divorce. Jusqu'à la prononciation du divorce, les actes du mari ne peuvent être nuls au préjudice des tiers; ce qui paraîtrait résulter de la proposition absolue de l'article du projet.

CHAPITRE III. — *Des fins de non-recevoir contre l'action en divorce, et de l'état des enfans conçus ou nés pendant l'instruction de la demande.*

Les changemens proposés dans ce chapitre, sont pour la plupart uniquement relatifs à l'introduction proposée d'une seconde espèce de divorce pour cause non déterminée ni prouvée.

La forme d'un appel ou d'une requête civile pour le cas où le fait de grossesse se découvrirait après le divorce déjà autorisé ou en première instance ou en dernier ressort, et après même qu'il serait prononcé, a paru pouvoir être simplifiée sans inconvénient.

57. L'action en divorce *formée pour cause déterminée,* est éteinte par la réconciliation des époux, survenue soit après les faits qui auraient autorisé cette action, soit après la demande en divorce. 272

58. Dans le premier cas, le demandeur sera déclaré non 273

recevable dans son action; dans le second, il sera débouté de sa demande : sauf à lui, dans les deux cas, à intenter une nouvelle demande en divorce pour causes survenues depuis la réconciliation, auquel cas il lui serait permis de faire usage des anciennes.

59. *En cas de divorce demandé pour conduite habituelle d'un époux rendant à l'autre la vie commune insupportable, la réconciliation survenue après la demande, éteint l'action sans pouvoir être intentée de nouveau qu'après un délai de deux ans, si ce n'est pour faits formant causes déterminées de divorce.*

274   60. (*Le 41e. du Projet.*)

fin de sect. 3   61. (*Le 42e. du Projet.*)

Ce fait de la grossesse de la femme, qu'on propose ici comme une présomption de droit d'une renonciation, ne sera-t-il pas le plus souvent un nouveau crime de la femme, un nouveau titre de divorce?

ib.   62. (*Le 43e. du Projet.*)

ib.   63. Si, dans le cas de l'article 61, le divorce avait déjà été autorisé, l'époux défendeur fera *révoquer le jugement, sur simple pétition adressée au tribunal soit de première instance, soit d'appel, qui aurait déjà statué. Ce tribunal rendra son nouveau jugement sur conclusions du commissaire du gouvernement, parties présentes ou dûment appelées. Si le divorce avait été prononcé par l'officier de l'état civil, le jugement de rapport sera inscrit sur le registre; et mention en sera faite tant en marge de l'acte de prononciation du divorce, qu'en marge de celui de célébration du mariage.*

Si l'enfant avait été inscrit sous un autre nom que celui du mari, le tribunal ordonnera la réformation, à son égard, de l'inscription sur les registres des naissances.

ib.   64. Si le *défendeur* en divorce néglige d'opposer l'exception de la réconciliation résultant de la grossesse, tout citoyen, parent ou non des époux, est reçu à le dénoncer au commissaire du gouvernement : celui-ci peut lui-même d'office relever les faits de grossesse ou d'accouchement, *faire révoquer le jugement définitivement rendu, provoquer les inscriptions, mentions et réformations sur registre, dont est mention en l'article précédent.*

Si le tribunal qui prononce sur la réclamation du commissaire, juge que la demande en divorce n'était que collusoire et imaginée pour couvrir une séparation volontaire, il condamne les deux époux à une amende qui ne pourra excéder cent francs, ni être moindre de trois francs.

65. (*Le 46ᵉ. du Projet.*)   fin de
66. (*Le 47ᵉ. du Projet.*)   sect. 3
67. (*Le 48ᵉ. du Projet.*)   ib.
68. (*Le 49ᵉ. du Projet.*)   ib.
                                                 ib.

CHAPITRE IV. — *Des effets du divorce.*

§. Iᵉʳ. — A l'égard des époux.

69. Pour quelque cause que le divorce ait été prononcé,   295 à
les époux ne peuvent contracter un nouveau mariage qu'a- 298
près une année révolue depuis la prononciation du divorce,
s'il n'y a point d'enfans du mariage dissous, et *après deux
ans s'il en existe.*

*Celui qui a obtenu le divorce de la seconde espèce, ne peut se
remarier que deux ans après le divorce prononcé, s'il n'y a pas
d'enfans du mariage dissous, et qu'après trois ans s'il en existe.*

*Les époux divorcés peuvent se marier ensemble avant l'expi-
ration de ces délais.*

*En aucun cas, des époux divorcés ne peuvent se marier en-
semble, après que l'un d'eux a, depuis le divorce, contracté un
mariage qui serait dissous.*

(*Le 50ᵉ. du Projet.*) Les développemens contenus dans l'article proposé au lieu du 50ᵉ du projet, s'expliquent par eux-mêmes.
On peut remarquer l'attention, dans les divers articles de cette section, de mettre l'époux qui obtient le divorce sans cause prouvée, dans une position aussi défavorable que celui contre qui on a prouvé cause légitime. Ainsi l'intérêt est toujours en opposition avec le simple caprice ou autre motif qui pourrait porter un époux à abuser de la ressource du divorce.

L'absence n'étant pas un délit, il a paru juste de ne pas priver les héritiers de l'absent, des avantages qu'ils eussent recueillis par l'effet de la mort de celui qu'ils représentent.

299   70. *L'époux contre lequel le divorce de la première espèce a été autorisé, et celui qui a obtenu le divorce de la seconde espèce,* seront privés de tous les gains de survie et avantages légaux ou stipulés par contrat de mariage ou autre cas. *La femme est même, dans l'un ou l'autre cas, privé de tout droit dans la communauté, si le mari offre de lui rendre tout ce qu'elle peut avoir apporté, et, en outre, une somme égale au tiers de la valeur dudit apport.*

Cependant, en cas de divorce pour cause d'absence, qui est considérée comme présomption de mort, il n'emporte la déchéance d'aucun des avantages stipulés entre les époux ; les droits de l'époux divorçant sont réglés entre lui et les héritiers présumés de l'autre époux, suivant les principes établis au titre de l'absence.

300   71. *L'époux qui a obtenu le divorce de la première espèce, et celui contre qui a été autorisé le divorce de la seconde,* conservent les gains de survie et avantages, soit qu'ils aient été ou non réciproques.

301   72. Si les époux ne s'étaient fait aucun avantage, ou si ceux stipulés ne paraissent pas suffisans pour indemniser l'époux *qui a obtenu le divorce de la première espèce, ou celui qui a subi le divorce de la seconde espèce,* le tribunal peut lui accorder une pension alimentaire sur les biens de l'autre époux, *proportionnée à ses facultés.*

ap.301   73. *Dans tous les cas de divorce, sans exception, lorsque l'un des deux époux se trouve dans le besoin, il peut recevoir une pension alimentaire sur les biens de l'autre époux, si celui-ci a des facultés suffisantes au-delà de ses besoins. Cette pension cesse par le second mariage de l'époux à qui elle est accordée.*

ib.   74. *L'époux contre lequel a été autorisé le divorce de la première espèce, ou qui a provoqué le divorce de la seconde, ne peut, en cas de second ou ultérieur mariage, faire aucun avantage direct ou indirect à son nouvel époux.*

§. II. — A l'égard des enfans.

75. Les enfans nés du mariage dissous, demeurent au pouvoir et sous la surveillance de celui qui a obtenu le divorce de la première espèce, et de *celui contre qui a été obtenu le divorce de la seconde espèce.* 302

Et néanmoins, la famille convoquée soit par l'un des deux époux, soit par l'un de ses membres, peut, pour le plus grand avantage des enfans, par une délibération spéciale, confier le gouvernement de tous ou de quelques-uns, soit au père, soit à la mère, ou même à un tuteur.

Les changemens proposés dans les articles qui composent cette section, sont relatifs à la dernière espèce de divorce proposée, ou sont des développemens, qui ont paru utiles, des principes posés dans le projet.

76. Si l'époux divorcé, à qui le soin de la personne et l'administration des biens des mineurs auraient été confiés, contracte un nouveau mariage, le conseil de famille est nécessairement assemblé pour décider si ces dispositions seront maintenues, ou si la personne ou les biens des enfans seront confiés à l'autre époux ou à un tuteur. ap. 302

77. (*Le* 57e. *du Projet.*) 303

78. (*Le* 58e. *du Projet.*) ib.

79. *Néanmoins l'époux qui a obtenu le divorce de la seconde espèce, non plus que celui contre qui a été obtenu le divorce de la première espèce, ne peuvent autoriser le mariage de leurs enfans, âgés de moins de vingt-cinq ans, par leur seul consentement. Si c'est le père qui est dans ce cas, le consentement de la famille sera requis.* ap. 303

80. (*Le* 59e. *du Projet.*) 304

81. *L'époux qui a provoqué le divorce de la seconde espèce, comme celui qui a subi le divorce de la première espèce, est de plein droit, et du jour de la publication de l'acte de di-* 305

vorce, privé de la propriété et disposition, et réduit au simple usufruit d'une moitié de ses biens meubles et immeubles, dont la propriété passe à l'instant sur la tête des enfans nés du mariage dissous; il ne conserve la pleine propriété que de l'autre moitié.

Toute aliénation qui aurait eu lieu dans l'intervalle, entre la demande et la publication du divorce, donnera lieu, comme présumée faite en fraude, à l'action en garantie des enfans contre leurs pères.

Les époux qui ont provoqué le divorce de la seconde espèce ou subi celui de la première, sont aussi privés de plein droit, et à compter du même instant, de la jouissance que la loi leur accorde des biens de leurs enfans mineurs et non émancipés, issus du même mariage: ils deviennent comptables de cette jouissance envers eux, lors même que la surveillance et le gouvernement des enfans leur sont conservés.

ap. 3o4   8₂. (*Le* 60ᵉ. *du Projet.*)

PREMIÈRE OPINION,

tit. 6 *Sur le divorce en général, et sur la proposition d'un mode particulier, lorsqu'il sera motivé sur la conduite habituelle d'un époux envers l'autre, qui rend à celui-ci la vie commune insupportable.*

La question du divorce me paraît, comme tant d'autres, se réduire à celle de savoir si le divorce fait plus de bien que de mal aux mœurs publiques; ou, en d'autres termes, si le mariage, susceptible de dissolution dans des circonstances que la loi rendra rares, sera plus universellement respecté que le mariage invariablement indissoluble. Le divorce sera bon, non pas s'il n'entraîne pas d'inconvéniens (car nulle institution sur la terre n'atteint à cette perfection), mais s'il a moins d'inconvéniens que d'avantages, sous le rapport qui est de nature à obtenir le premier rang dans l'esprit du législateur, et auprès duquel les autres ne sont rien; je veux dire les mœurs, et le respect pour le plus sacré des liens et le plus important des devoirs: car c'est presque uniquement de cela que dépend tout ce qui tient au bonheur de la société civile.

Il est facile d'imaginer qu'un nœud déclaré perpétuel et indestructible, sans remède comme sans espoir, a des caractères plus imposans et doit paraître plus saint qu'une chaîne formée par la volonté et que la volonté peut briser. Cette idée se présente d'elle-même à l'esprit le moins attentif; mais l'expérience et la réflexion, ce me semble, ne confirment pas cette première idée. Quand les mœurs sont très-pures, les goûts très-simples, la modération universellement répandue, il y a moins d'occasions de discorde entre les époux; la conformité des sentimens sur le vrai bonheur, l'habitude des douceurs inappréciables de la vie domestique, le dégoût qu'elle inspire pour les vains amusemens et les plaisirs vifs et recherchés, sont alors plus généraux : et chez tous les peuples où cette précieuse simplicité est établie, le mariage, offrant au cœur les plus prochaines occasions du bonheur qu'il aime, ne présente point à l'esprit d'autre idée que celle d'un état permanent et invariable; et comme la tentation de le rompre ne s'élève presque jamais, le pouvoir de la rupture n'est pas même imaginé. Une loi qui, dans une telle nation, ferait tout-à-coup apparaître l'autorisation du divorce, loin de porter un obstacle à la corruption, la ferait naître de la manière la plus funeste; car de toutes les corruptions de la nature humaine, la pire est celle qui vient des lois, puisqu'alors elle est dans le remède même.

On peut, en quelque sorte, comparer à cet état de pureté primitive, celui où des mœurs déjà altérées sont ou réprimées ou contenues, du moins dans le plus grand nombre des hommes, par les idées religieuses que presque aucun ne s'est encore permis de nier ou de combattre par voie de raisonnement, ou de réduire en problème. Alors, si l'on n'est pas heureux sous le joug du mariage, on apprend à renoncer au bonheur de la vie par l'espérance d'une autre vie heureuse sans mélange et sans fin : la patience tient lieu de contentement; la peine qu'on ressent, n'est que l'effet d'une volonté adorable à laquelle on se résigne; la souffrance devient elle-même un bonheur, en offrant, aux yeux du croyant, le gage d'un bien ineffable et indestructible. Ne jetez pas dans une telle peuplade l'idée imprévue de la possibilité du divorce; vous aviseriez un grand nombre d'époux du malheur qu'ils ne sentaient pas; vous leur apprendriez à croire, non pas seulement qu'un mariage rempli d'amertume, que rien ne peut adoucir, n'est pas une chaîne absolument indissoluble, mais même que les moindres dégoûts, les chagrins les plus légers, les simples contrariétés, suffisent pour rompre le plus sacré des engagemens; et après leur avoir révélé la triste connaissance de leurs peines, vous les auriez disposés presque tous à abuser du remède : les passions de tous genres qu'ils étaient habitués à contenir, se déchaînant sans mesure à l'apparition d'un moyen inattendu de les satisfaire, seraient une source intarissable de ruptures et de scandales dans une société sinon heureuse, du moins paisible ou supportable. Car il faut observer qu'en général le plus grand abus, non-seulement des mauvaises mais même des bonnes lois, éclate à l'époque de leur naissance : les hommes,

enchaînés jusque là par des règles excessives ou déplacées, sont portés
naturellement à ne point reconnaître de bornes dans le premier usage
de la liberté qui leur a été justement rendue ; et de là il n'arrive que
trop souvent que, confondant les inconvéniens toujours réels du passage d'une loi à une autre avec les vices supposés dans la seconde, le
législateur se laisse entraîner par les cris indiscrets du public, à révoquer une bonne loi, précisément à l'instant où les malheurs nés du
changement seul sont passés, et où la loi n'avait plus que du bien
à faire.

Par ce retour à une institution vicieuse, qui semble être commandé
par l'expérience même, quoiqu'il n'y en ait réellement aucune qui soit
applicable à la loi nouvelle en elle-même, il arrive que l'Etat éprouve
la convulsion d'un second passage. La mauvaise loi est non-seulement
rétablie ; mais, par un bien plus grand malheur, elle est jugée bonne, et
cette erreur est désormais incorrigible : le décri public diffame tout
système d'amélioration ; la sagesse est outragée et découragée ; les abus
anciens sont reposés sur des fondemens qui paraissent inébranlables ;
et les nombreux ennemis de toute réforme, les partisans intéressés de
tous les maux de la société, gagnent, sans retour, leur funeste cause.
Ces hommes sont profondément instruits et savamment exercés dans
cette pernicieuse tactique ; et l'illusion, qui s'étend jusqu'aux gens de
bien, en a bien souvent préparé et assuré la réussite.

Je reviens. Il y a bien loin de l'état de la France à celui des deux
nations dont j'ai dépeint les mœurs : ici toutes les passions sont en
activité, tous les goûts développés et recherchés ; la cupidité est exal-
tée, l'intérêt, l'orgueil, la vanité, infectent tous les sentimens naturels, en altèrent la douceur, en corrompent la pureté, en contrarient
les influences ; le luxe s'est étendu jusqu'aux dernières classes ; le nécessaire est moins estimé que le superflu ; on a moins besoin de bonheur que de plaisir, de paix que d'amusemens, de contentemens que
de distractions ; le tourment des affaires, les espérances et les inquié-
tudes de l'ambition, les désordres de la licence, les intrigues qu'en-
fantent ou les besoins, ou les plaisirs plus exigeans qu'eux, les querelles et les haines de la concurrence, se partagent tous les momens
d'une vie que la nature destinait aux jouissances puisées dans la vie
domestique : les idées religieuses sont effacées dans ce tourbillon vio-
lent qui entraîne tous les hommes ; le sentiment de la religion est encore
plus éteint que les idées ; les consolations qu'il apportait, sont perdues pour les malheureux ; le courage et la patience qu'il inspirait,
sont inconnus ; l'infortune est sans espérance de dédommagement dans
un autre ordre ; toute modération, toute sagesse, toute morale, tout
principe religieux, ne sont plus que des exceptions qui se remarquent,
au moins quand elles ne sont pas ou méprisées, ou, ce qui est encore pis, ridicules. Il n'y a que de longues institutions dictées par
une profonde sagesse, des récompenses constamment distribuées avec

un discernement exquis, des distinctions assurées aux bonnes mœurs, des préférences accordées sans interruption aux vertus simples, une bonne éducation publique pendant plusieurs générations, c'est-à-dire, des prodiges presque inespérés de sagesse et de persévérance, qui puissent laisser entrevoir, dans le lointain, un avenir plus heureux.

Dans un tel ordre de choses, que deviennent les mariages? On dit que c'est un contrat indissoluble; mais en est-il plus respecté? L'intérêt seul le forme; c'est trop souvent un marché de la cupidité ou de l'orgueil, et non une société des personnes : la chose à laquelle on pense le moins, c'est la convenance des idées, des mœurs, des caractères; celle qu'on exige le moins, c'est l'union et la fidélité des cœurs. Ce n'est guère qu'en se permettant mutuellement des attentats contre la foi promise, en se donnant une liberté réciproque qui brise en effet l'union déclarée perpétuelle, qu'on évite les ruptures ouvertes, les divisions scandaleuses, les crimes ou les violences. Beaucoup d'époux ne restent dans la même maison que parce qu'ils y vivent séparés; bien des fois encore on n'échappe pas par là aux haines, aux querelles, et, ce qui est encore plus fâcheux et plus intolérable, à ces procédés amers, ces dispositions hostiles, ces contrariétés de tous les instans, qui répandent sur la vie commune le malheur goutte à goutte. De là les adultères, les jalousies, la discorde réelle, l'oubli des enfans, le mauvais exemple dans leur jeunesse, et la perte, pour la société, des père et mère condamnés à paraître unis sans l'être, et qui, jusqu'à présent, ne se sont passés du divorce légal, qu'en établissant entre eux un vrai divorce domestique, plus corrompu et plus corrupteur que celui qui leur est interdit; car, le véritable mal du divorce n'est certes pas dans la liberté de contracter de nouveaux liens, mais dans celle de rompre de fait celui qui doit unir les deux époux. A dieu ne plaise que, malgré l'état de nos mœurs, j'aie prétendu peindre le plus grand nombre de nos mariages : mais il y en a assez qui réunissent ces fâcheux caractères, pour que le mal ait besoin du meilleur remède qui y soit applicable, et pour qu'il doive fixer l'attention du législateur.

Il est donc vrai que le nombre des époux malheureux est incalculable en France, et que, dénués de la ressource du divorce, ils n'ont que deux partis à prendre, ou de dévorer jusqu'à la mort un malheur cuisant, perpétuel et irrémédiable, ou de se sauver, dans le sein des mauvaises mœurs, du sentiment des peines les plus cruelles qui puissent affliger la vie humaine.

Observez que la liberté du divorce n'empêchera pas ceux que des idées religieuses attachent à leurs liens, de les porter jusqu'à la fin; et que pour eux, la pesanteur de ces liens étant adoucie par la seule pensée qui puisse les alléger, ils ont moins besoin du remède que la loi applique à des maux qu'ils trouvent moins intolérables.

Mais par rapport aux autres, qui n'ont pas la douceur de trouver un principe de consolation dans leur peine, voyons quel intérêt le législateur pourrait avoir de les fixer à jamais dans la situation douloureuse où ils se sont placés une fois.

Est-ce l'intérêt des bonnes mœurs? C'est sans doute le premier de tous : mais qui pourrait prétendre que les bonnes mœurs sont moins violées par les querelles, les discordes, les animosités notoires de deux époux mal assortis, par les séparations de fait, les divorces domestiques ou éclatans, qui présentent au public le spectacle long et continuel de la haine entre deux êtres qui ont fait le serment de l'union la plus intime? Et si, comme il arrive presque toujours, de ces funestes divisions, naissent le déréglement de la conduite de l'un des époux ou de tous les deux, la violation de la foi promise, les adultères, et tous les maux sans nombre qui y sont attachés, jalousie, fureurs, oubli de tous ses devoirs, haine des enfans communs, injustices, scandales de tous genres, prodigalité, ruine, outrages à l'honneur des époux; dira-t-on qu'un divorce légal, prononcé avec les précautions, les délais, les conditions que la loi doit y apporter, puisse offenser les mœurs autant que l'horrible ensemble que je viens de présenter? Ne peut-on pas dire, en cette occasion, que l'indissolubilité absolue, conservée par respect pour les mœurs, est un moyen presque infaillible d'exposer les mœurs aux plus cruels outrages qu'elles puissent recevoir?

Veut-on, en prescrivant le divorce, empêcher qu'on ne perde le respect qu'il faut conserver pour le lien sacré du mariage, et qu'on ne le confonde avec ces conjonctions passagères, formées par l'impulsion des sens et par le hasard, et rompues par le premier dégoût, par une autre rencontre, ou par le caprice? Certes, ceux qui se déterminent, par ce motif, à proscrire le divorce, ont raison, si le respect pour le mariage est la suite nécessaire de la proscription du divorce, et si le mépris pour ce lien sacré est nécessairement la conséquence de la permission du divorce.

Mais l'une et l'autre idée sont fausses. On ne voit pas, dans les pays où le divorce est prohibé, plus de fidélité conjugale, plus de concorde entre les époux, plus de considération pour les bonnes mœurs, plus d'exemples salutaires, de soins et de leçons utiles prodigués aux enfans. On avouera volontiers que respecter le mariage, ce n'est pas en reconnaître de bouche l'indissolubilité, en violant tous les devoirs qu'il impose, en associant les outrages d'action à une profession stérile de respect pour sa perpétuité.

Mais ne peut-on pas dire, au contraire, que partout où manqueront, soit la simplicité des mœurs, soit la foi active des principes religieux, les malheurs attachés à un mariage mal assortis seront vivement sentis, impatiemment supportés, et que, dans l'impossibilité absolue de briser une chaîne si dure, les mauvaises mœurs seront l'asile inévitable du malheur réduit au désespoir; qu'elles en viendront à paraître moins odieuses ; qu'elles finiront même par devenir une sorte de convention générale qui tournera la sagesse en dérision, et qui fera entrer la perspective des désordres dans les unions au moment où elles se forment ; qu'en un mot il arrivera ce que nous voyons arriver tous les jours? Et s'il faut en convenir, j'ignore ce qu'on peut espérer pour les mœurs, ou plutôt ce qu'on ne doit pas craindre pour elles, de la proscription du divorce.

Ces premières réflexions réfutent pleinement la seconde idée, que le divorce admis par la loi encourage aux mauvaises mœurs, et place le mariage dans la classe des conjonctions fortuites, dénuées de consistance et de moralité. Si l'on autorise, sous le nom de divorce, la rupture journalière de la société des époux, par l'effet d'une volonté subite et variable, d'une pure fantaisie, d'une division d'avis ou d'une querelle de ménage, il n'en résultera peut-être pas de scandales plus révoltans que ceux qui se montrent aujourd'hui : mais il n'y aura plus de mariage ; la société civile n'aura plus de fondement ; l'homme n'aura pas plus d'honnêteté que les brutes ; l'amour ne sera rien, la brutalité sera tout ; à l'union des sexes ne s'attachera plus l'idée d'aucune délicatesse, d'aucun devoir ; on n'y verra que celle d'une grossière sensualité, et toute moralité sera perdue.

Mais est-ce là le divorce qu'on propose d'autoriser par la loi? C'est un remède extrême contre des malheurs profonds, irrémédiables, non prévus en formant les liens qui nous accablent et nous désespèrent ; c'est l'affranchissement d'un vœu de perpétuité que la bonne foi a prononcé, mais dont les événemens ont fait connaître, dont les peines les plus cruelles ont fait sentir l'indiscrétion ; c'est un moyen salutaire de rendre au malheureux et à la société toute entière, l'usage d'une vie perdue dans la douleur pour elle et pour lui-même ; c'est enfin tout à la fois l'application de la pitié à la souffrance, et de l'intérêt général de la société à un citoyen qui peut encore la servir dans une alliance moins infortunée.

Assurément ce divorce-là, loin de favoriser les mauvaises mœurs et d'inspirer le mépris du mariage, est l'unique remède aux désordres que l'indissolubilité absolue faisait naître ; et par les difficultés mêmes qui doivent accompagner un tel divorce, il contribue plus efficacement qu'un dogme inflexible, à concilier au mariage le respect raisonnable qui lui est dû. Il laisse entrevoir un terme possible, mais éloigné, mais difficile, à de grandes infortunes ; et cela seul les adoucit à l'imagination, et donne plus long-temps le courage de les supporter : il laisse la sensibilité, mais écarte le désespoir ; au lieu que les souffrances, sans soulagement, sans avenir, sans refuge, portent l'âme aux plus cruelles extrémités, soit de la violence, soit de l'immoralité. Il me semble que l'homme est ainsi fait ; et j'ai pour moi l'expérience.

Que reste-t-il donc à faire pour des hommes qui sont loin de la bonté naturelle, et tout aussi loin de la perfection religieuse? Leur accorder un remède à leurs maux, mais le composer de manière qu'il soulage les maux sans ajouter à la perversité, qu'il rende les hommes moins malheureux et plus utiles à la société, et qu'il ne les rende pas plus immoraux et plus imparfaits.

La question du divorce se réduit donc à ceci ; voici le problême : accorder le droit du divorce, mais de telle sorte qu'il soit un remède aux malheurs cuisans d'un mariage mal assorti ; et de telle sorte aussi, qu'il soit employé à sa vraie destination sans favoriser le libertinage et le mépris des mœurs en faisant du mariage le jouet du caprice et des passions viles.

Pour que le divorce soit utile et sans danger, il faut que l'époux qui divorce soit réellement malheureux à un degré qui surpasse ses forces, et que la seule inconstance, le goût seul du désordre, la violence des passions déréglées, ne déterminent presque jamais l'usage de ce moyen, destiné par sa nature à être toujours très-rare. A ces conditions, il est difficile de craindre pour le divorce le blâme d'un cœur sensible et d'un esprit raisonnable. Voyons quelles mesures sont propres à donner au divorce ces bienfaisans caractères.

Je dois répéter ici que lorsqu'on rend aux hommes une liberté dont ils avaient été privés, on ne prévoit pas assez l'abus qu'ils en feront, pour environner ce bienfait de toutes les précautions nécessaires contre cet abus. Alors qu'arrive-t-il? la liberté sans entraves pour un esclave qui sent encore le poids des chaînes qu'il vient de secouer, devient dans les premiers momens un délire et comme une fureur. Il n'agit pas, il s'emporte ; il ne marche pas, il se précipite : souvent il périt par le don précieux dont il vient d'être gratifié, et dont il ne sait pas user encore. L'abus, le scandale, l'excès des divorces appliqués à des mariages sans nombre, tous contractés sous l'empire d'une règle de fer, devenus odieux, pour la plus grande partie, par l'impatience de cette règle, tous déchaînés à la fois, ont dû éclater avec violence et frapper les bons esprits d'une sorte de terreur. Plusieurs ont dû se dire que le divorce n'était pas bon à la société civile, et que l'épreuve en était faite. Je crois que c'est là une erreur : non, le divorce des premiers momens n'est pas le divorce devenu habituel dans un état paisible ; non, le divorce appliqué à des mariages formés sous la loi de l'indissolubilité, n'est pas le divorce appliqué à ceux qu'on a contractés sous l'empire d'une règle plus douce et plus convenable à la nature humaine. La possibilité prévue du divorce adoucit dans l'âme le sentiment des malheurs mêmes par l'idée du remède ; elle avertit l'époux, auteur de la discorde, de réformer sa conduite pour prévenir la rupture. On se ménage l'un et l'autre, parce qu'on peut être réciproquement écarté. Mais revenons aux précautions nécessaires.

C'est mal-à-propos qu'on suppose que les séparations de corps qui divisaient les personnes sans briser le lien, suffisaient dans l'ancien

régime, et suppléaient à tout ce que le divorce a d'utile. Les séparations de corps, précédées d'une lutte publique et scandaleuse, avaient
tous les inconvéniens qu'on reproche au divorce, et n'avaient rien de
ses avantages. Si le mariage est rigoureusement indissoluble, c'est
l'union des personnes qui ne peut jamais le rompre ; car le mariage
consiste réellement dans la société intime des époux et la communauté
de la vie. Tous les peuples ont néanmoins senti l'impossibilité d'attacher à jamais l'un à l'autre des cœurs ulcérés, des esprits aigris,
une victime et son bourreau ; ils ont éloigné deux époux qui ne pouvaient plus vivre ensemble, et ont cru respecter l'indissolubilité en
leur défendant de contracter de nouveaux engagemens. C'était renoncer
aux effets du mariage malheureux, et faire perdre à la société tous les
avantages que lui eût procurés une conjonction plus heureuse ; c'était
condamner à l'inutilité, à l'infortune ou aux mauvaises mœurs, les
deux époux, sans distinction de l'innocent ou du coupable.

Si, pour corriger ce mal, on attache, comme dans le projet du
Code, à la séparation pour causes alléguées, prouvées et jugées, la
liberté de contracter un autre mariage, et si l'on réduit le divorce à ce
cas unique, on tombera dans un autre inconvénient. L'objet direct du
divorce est de remédier aux malheurs domestiques et insupportables
des époux. Or on sait que ces malheurs tiennent le plus souvent, non
à des faits précis qu'on puisse articuler et prouver, mais à une suite
de procédés amers, de contrariétés irritantes, de traitemens hostiles,
d'oppositions de goûts et d'humeurs, de passions inconciliables.
Vivez quelques jours dans toutes les maisons que la discorde déchire
et que la haine habite ; vous y verrez ou un époux hypocrite qui comble
sa compagne d'égards extérieurs sous les yeux des étrangers, et qui
lui distille le fiel en particulier ; ou une épouse artificieuse qui masque
ses vices sous le voile de la décence publique, souvent même sous
celui d'une fausse tendresse, et qui déchire d'autant plus cruellement
le cœur d'un mari estimable, qu'elle sait lui ôter le droit de se plaindre.

La contestation la plus outrageante, la plus vive querelle, n'attend,
pour recommencer, que le moment où les témoins sont écartés. Les
enfans seuls, c'est-à-dire, ceux-là même qu'il serait le plus important d'éloigner de ces scènes de douleur, soupçonnent et bientôt connaissent des discordes si scandaleuses et si funestes à leur bonheur, à
leur éducation, à leurs mœurs. Voilà les maux réels et fréquens des
mariages infortunés. Où est le fait qu'un mari, qu'une femme puisse
poser ? où est celui qu'ils peuvent prouver ? où est celui qu'on peut
juger ? Réduire à des faits précis les causes de la séparation et du divorce qu'on y attache, c'est donc le plus souvent ne rien faire ; c'est
proposer un remède aux malheurs, à condition qu'il ne pourra guérir
les malheurs les plus ordinaires, les plus cruels, les plus intolérables.

Les auteurs du projet en conviennent dans le discours préliminaire
(page 34 de l'édition in-4°.) Tout ce qu'ils y répondent, c'est que

le simple divorce de volonté, sans jugement proprement dit, peut ne cacher que l'absence de tout motif raisonnable, et que le mariage est un état qui ne doit pas ressembler aux unions fugitives, formées par le plaisir, et dissoutes par le dégoût et le caprice.

N'y a-t-il donc aucun autre moyen de maintenir le respect pour l'état du mariage, que de refuser le divorce, ou de le soumettre à un jugement précis et rigoureux, ce qui est réellement le détruire? S'il en est quelque autre, c'est celui-là qu'il faut adopter.

Vous craignez l'inconstance, la licence des mœurs, les passions nouvelles qui abuseront du divorce volontaire. Ceux qui sont livrés à ces sentimens désordonnés, ont ordinairement d'autres vices qui ne leur sont pas moins chers. Mettez leurs différens goûts en présence les uns des autres, et forcez-les d'opter. Ne leur accordez pas gratuitement le divorce, mais vendez-le-leur au prix de ce qu'ils ont de plus précieux. Ils sont sensibles à l'intérêt; qu'ils ne puissent divorcer qu'en en faisant le sacrifice. Ils sont fougueux, impatiens; fatiguez-les par des délais. Ils sont empressés de s'unir à l'objet de leur nouvelle passion; éloignez-en pour eux la perspective. Ils sont impérieux et jaloux du pouvoir sur leurs enfans; soumettez-en l'exercice à des règles sévères. Qu'ils achètent leur liberté assez chèrement pour qu'on ne puisse plus craindre qu'ils n'abusent du droit de la reprendre. S'ils ont des motifs susceptibles d'une articulation précise, et d'une preuve directe d'un jugement formel, ils les proposeront; et le divorce, pleinement justifié, sera pour ceux-là le plus facile, soumis à des conditions moins gênantes. S'ils n'en ont pas, s'il faut les en croire sur des malheurs que nulle preuve judiciaire ne constate, et qui peuvent n'en être ni moins réels ni moins cuisans, ne les privez pas du droit du divorce, qui doit s'appliquer surtout à ce genre d'infortune; mais mettez-y un prix qui vous assure de leur sincérité. Par-là, vous aurez acquis la certitude morale, la seule certitude dont le législateur ait besoin dans l'exercice de sa puissance, que le divorce n'est pas fondé sur de viles passions, que des malheurs cruels en ont forcé l'usage, que toute patience a été épuisée, que tous moyens doux ont été vainement employés, que les souffrances ont été telles qu'elles sont devenues insupportables, puisque la victime s'est jetée, pour y échapper, dans le seul asile qui ne lui est ouvert par la loi que sous la condition des privations et des sacrifices. Par là le divorce sera admis et en même temps régularisé. Il sera tel qu'il convient à la nature humaine; il rompra le mariage qui est une société perpétuelle dans son vœu, sans présenter l'idée nécessaire d'une immuable éternité, qui ne peut être faite pour l'homme.

Il sera rare, comme il doit l'être; il ne s'appliquera qu'aux peines intolérables: loin d'être un scandale, il préviendra le scandale bien plus révoltant des dissensions domestiques, des désordres, des mauvaises mœurs; il arrachera les enfans au spectacle de cette démoralisation contagieuse. Leur situation douloureuse sans doute encore, ne sera plus pour eux une occasion prochaine de vices; ils seront éloignés du tableau qui les inspire, et pourront recueillir une leçon utile du souvenir qu'ils en auront conservé. Le divorce enfin, ainsi modifié, sera utile à la société toute entière, remédiera à de grands maux, et ne produira que les inconvéniens inséparables de toute institution humaine.

Voilà mes principes et mon avis. La loi doit aux Français la liberté du divorce. Le divorce est essentiellement l'effet de la volonté bien réfléchie de chaque époux : s'il n'est que l'effet d'un jugement prononcé sur des accusations précises et légalement justifiées, ce n'est plus le divorce; il ne remédie pas aux plus terribles des malheurs domestiques, à ceux qu'on sent le plus amèrement, et qu'on ne peut souvent prouver à personne; ce n'est plus que l'ancienne séparation de corps, précédée de la lutte qui devait la préparer. En rendant cette lutte moins éclatante et moins publique par la forme de votre procédure, vous ne la rendez que plus exposée aux injustices, aux partialités, aux préjugés, aux intrigues; mais vous n'apportez remède presque à aucun des maux que le véritable divorce doit consoler et guérir; vous n'en détruisez pas moins l'idée absolue de l'indissolubilité du mariage : mais pour des époux qui ont souffert, qui souffrent des tourmens plus cruels que ceux que vous avez l'air de consentir à soulager, que voulez-vous que soit le divorce, auquel, grâces aux conditions que vous imposez, il leur est impossible d'atteindre? Il n'est pour eux qu'une source d'amertume, de désespoir, de réflexions cuisantes sur l'iniquité des lois : les voilà replongés sans ressource dans les crises de la discorde la plus horrible, ou dans la plus vile indifférence pour les mœurs, pour les devoirs, pour la fidélité conjugale, pour l'éducation des enfans, pour la perversité qu'ils acquerront au sein des scandales de la maison et des mauvais exemples. Votre prétendu respect pour le saint nœud du mariage, n'aura servi qu'à multiplier les outrages qu'il reçoit. Vous ne vous serez obstinés à prononcer le mot *indissolubilité*, tout en dissolvant quelquefois ce lien prétendu indissoluble, que pour en autoriser, ou du moins pour en exciter, par une rigueur excessive, les profanations continuelles. Vous aurez donc nui aux mœurs en voulant les protéger, au mariage en voulant l'honorer, aux principes en proclamant leur inflexibilité. Rendez au contraire aux hommes sortis de la simplicité première, rendez-leur l'usage du divorce tel qu'il est par sa nature, le droit rare d'une volonté mûre, réfléchie, forcée par les circonstances, dirigée non par l'intérêt de leurs passions et de leur caprice, mais par celui d'échapper à des malheurs intolérables. Vous aurez servi, et ce n'est que par-là que vous servirez à la fois, les règles de l'humanité, les mœurs, le respect pour le mariage même, et ce vœu de perpétuité attaché à son essence.

Mais comment empêcher l'abus d'un tel droit volontaire? C'est en descendant dans le cœur de l'homme, et en y puisant les moyens qu'il vous présente, d'ôter au divorce le caractère d'une licence capricieuse; en vous fortifiant contre l'abus de tous les intérêts qui peuvent combattre les premières idées du divorce, et qui vous assureront qu'il n'a été déterminé que par le dernier excès du malheur, par l'épuisement de toute patience, et par la perte de tout espoir.

Ainsi, l'époux qui veut divorcer, a-t-il pour lui des faits déterminés, constans, susceptibles de preuves, et de la classe de ceux que la loi admet pour cause du divorce; il articulera, il prouvera ces faits.

ch. 3   Dans le cas contraire, où il s'agit d'un divorce proposé sans cause précise et déterminée, soit que l'autre époux y consente ou s'y oppose:

1°. Je ne l'admets qu'après cinq ans de mariage, et avant vingt années.

2°. J'exige que le mari ait au moins trente ans, la femme au moins vingt-cinq; qu'il n'ait pas plus de cinquante ans, ni elle pas plus de quarante-cinq, si ce n'est quand il n'y aura pas encore dix ans de mariage.

3°. Je veux que les quatre assemblées du tribunal soient séparées par un intervalle de trois mois au moins.

4°. Je demande qu'il s'écoule au moins trois mois entre l'autorisation du divorce et sa prononciation.

5°. S'il s'écoule six mois depuis l'autorisation, le divorce ne pourra plus être prononcé qu'à la charge de renouveler les mêmes procédés et les mêmes épreuves.

6°. Le demandeur ne pourra contracter un nouveau mariage que deux ans après la prononciation, si ce n'est dans le cas où ce second mariage serait contracté avec le même époux, auquel cas il pourrait se faire au bout d'un an.

7°. Le demandeur perdra tous les avantages et gains de survie légaux, et tous les avantages stipulés dans le contrat de mariage ou depuis.

8°. Le demandeur ne pourra rien donner à son second époux, dans le cas même où il n'y a pas d'enfans.

9°. Il sera, par la seule opération de la loi, réduit, en cas d'enfans du mariage, à l'usufruit d'une moitié de ses biens, dont la propriété sera acquise aux enfans du jour de la prononciation du divorce; il ne conservera la pleine propriété que du surplus.

10°. Il conservera le droit de donner ou de refuser son consentement au mariage de ses enfans au-dessus de vingt-cinq ans; mais son consentement ne suffira qu'autant qu'il serait ratifié par l'assemblée de la famille; et dans le cas d'un second mariage de la part du divorçant, la délibération seule de la famille suppléera au consentement du père.

11°. Il ne s'appliquera pas la jouissance des biens de ses enfans mineurs non émancipés.

12°. Nul ne pourra divorcer deux fois de cette manière dans le cours de sa vie.

En conservant le divorce tel qu'il est par sa nature, c'est-à-dire le divorce à droit de pure volonté, j'y appose toutes les conditions ci-dessus ; et il me semble que j'assure par là la maturité de la triste ré-solution qui le forme, la garantie de la vérité et de la cruauté des mal-heurs qui le déterminent, l'éloignement de toutes les raisons viles et de tous les caprices qui pourraient l'inspirer, un grand respect pour le mariage dont la dissolution si difficile et si sévèrement punie en quel-que sorte, donne une idée plus haute que la maxime inflexible et mal observée de son absolue indissolubilité, une patience plus courageuse des maux domestiques dans la perspective d'un remède légal quoiqu'a-mer ; par conséquent moins d'éclat dans la discorde, moins de scan-dale dans les antipathies, moins de mauvaises mœurs dans les divisions qui précèdent le dernier parti.

Si je ne me trompe pas, toutes les conditions d'une loi sage sur le divorce sont remplies ; le droit et la pitié qui sont dus aux hommes dans leur état d'imperfection leur est accordé, et la morale sans relâ-chement et sans excès, celle précisément qui peut seule leur convenir, est appuyée sur les fondemens les plus solides. Le divorce enfin est établi et modifié de la manière qui lui attache le plus d'avantages et qui en corrige le mieux les inconvéniens ; c'était la condition du pro-blème, et je le crois résolu.

DEUXIÈME OPINION,

Contre la proposition d'établir un mode particulier de divorce, lorsqu'il sera motivé sur la conduite habituelle d'un époux envers l'autre, qui rend à celui-ci la vie commune insupportable.

Sur la proposition tendant à autoriser sans preuve et sans jugement l'action en divorce, non plus sous le prétexte décrié d'incompatibilité d'humeur et de caractère, mais sous celui de la conduite habituelle de l'un des époux envers l'autre, qui rend à celui-ci la vie commune in-supportable, action qui ne serait subordonnée qu'à des délais et à des épreuves, il a été répondu :

Que si le relâchement des mœurs a malheureusement conduit à modifier quelquefois le principe absolu de l'indissolubilité du mariage, principe qui, non-seulement, tient à des motifs religieux, mais à des motifs évidens de morale et d'ordre public, cette modification d'un principe nécessaire ne doit être admise que dans des cas rares, dans des circonstances graves et prouvées, et surtout il faut craindre de l'étendre arbitrairement.

C'est dans cette vue limitative et restrictive d'une faculté dont on a

trop abusé, que les auteurs du projet du Code civil ont sagement déterminé les causes du divorce, et qu'ils ont établi en principe que l'action ne pourrait en être intentée que dans les cas spécifiés sur des faits
précis, sur des preuves pesées et jugées.

Sortir de ce cercle, l'agrandir, admettre le divorce par épreuves
sur des allégations que la légèreté et le caprice suggéreront d'abord, et
qui, émises une fois, seront soutenues par l'amour-propre et par
l'obstination, c'est, encore une fois, enlever au mariage sa dignité,
son principal caractère; c'est rappeler le désordre dans les familles et
dans la société; c'est rappeler tous les inconvéniens des lois préexis-
tantes sur le divorce.

Il serait trop affligeant de retracer ici jusqu'à quel point, contre
l'intention et le but de ces lois, l'immoralité, la licence, la cupidité
ont abusé d'un moyen qu'elles n'avaient voulu offrir qu'au malheur.
Qu'il nous reste du moins de ce souvenir cette leçon salutaire, que
dans une matière qui tient de si près aux mœurs, à l'état des familles,
à l'ordre social, il faut que tout soit réglé avec précision, examiné
avec scrupule, jugé avec connaissance; que les cas et les causes du
divorce soient déterminés, vérifiés, et que l'abus, timide d'abord,
mais bientôt audacieux dévastateur des institutions les plus sages, ne
puisse jamais s'y introduire.

Ces considérations générales, qu'il serait inutile de développer davantage, annoncent déjà combien il serait dangereux de s'écarter du
principe qui, dans le projet du Code, a déterminé ses auteurs à vouloir que toute action en divorce fût établie sur des faits précis et prouvés, et fût ensuite jugée; et loin qu'il y ait à cet égard aucune contradiction dans leur système, lorsqu'à côté des *sévices et mauvais
traitemens*, ils ont ajouté, *et la conduite habituelle de l'un des époux
envers l'autre, qui rend à celui-ci la vie commune insupportable*,
il est clair qu'ils ont entendu (et il faut l'entendre ainsi avec eux)
qu'en effet cette conduite habituelle qui rend à l'un des époux la vie
insupportable, se compose de faits, de sévices, d'injures, en un mot,
d'actes répétés, qui, en ce cas, autorisent la demande en divorce.

Mais ces injures, ces sévices, pouvant être prouvés, cette conduite habituelle d'un époux envers l'autre, qu'ils attestent, pouvant
être réduite en faits positifs, pouvant avoir pour témoins, quelque
intérieure qu'on la suppose, les parens, les voisins, les amis, les
domestiques, le mot *conduite* employé dans l'article, exprimant clairement qu'il faut qu'il y ait suite, continuité, habitude de mauvais
procédés d'une part, de dégoûts et de souffrances de l'autre; et, en
résultat, tout cela ne pouvant qu'être connu, su, vu, conséquemment
prouvé, pourquoi établir un mode particulier de divorce? Pourquoi,
en ne faisant que pallier le déplorable prétexte de l'incompatibilité
d'humeur et de caractère, en faire revivre le trop facile moyen?

Le divorce est une exception, et une exception peu favorable, à la loi générale de l'indissolubilité du mariage; une exception ne doit jamais être étendue, surtout quand des tiers et la société sont intéressés au contrat que l'exception tend à dissoudre : devant cette considérati_n suprême de l'intérêt des enfans, de celui des mœurs, doivent s'évanouir les considérations individuelles, les intérêts personnels. Sans doute rien n'est plus intéressant qu'une épouse victime du caprice, du dégoût d'un mari; mais si les droits du malheur sont sacrés, encore faut-il que le malheur existe, et qu'il soit constaté.

Les auteurs du projet ont concilié, à cet égard, ce que l'humanité peut réclamer, et ce qui tient à la sévérité des principes, en admettant le divorce, mais par des causes déterminées, dans des cas limités, et toujours sur preuves et par jugement.

En franchissant le temps bien court et trop long depuis lequel la faculté du divorce a été accordée, que l'on se reporte à ce qui était antérieurement, on verra, en comparant ces deux périodes, bien plus de divorces scandaleux dans dix ans, que de mariages vraiment malheureux dans des siècles.

Réduisons donc l'institution du divorce née des idées fausses et exagérées qu'on se faisait alors de la liberté; réduisons-la à ce qu'elle doit être, c'est-à-dire, aux cas d'absolue nécessité; et comme, dans aucun cas, la justice ne peut statuer que sur des preuves, et qu'il n'est pas de fait qui ne puisse être prouvé, il est impossible d'aller au-delà des principes fixés dans le projet, cause déterminée, preuves et jugement.

Il faut cependant en convenir, le mode de divorce que nous combattons, tel qu'il est proposé, assujéti à de longs délais, à de rudes épreuves, à des pertes considérables, ne présente pas les mêmes inconvéniens qui ont eu lieu jusqu'aujourd'hui.

Mais de la nature même et du nombre des difficultés dont il faut l'environner pour qu'on n'en abuse pas, naît une raison plus forte encore de ne pas l'admettre.

D'abord c'est reconnaître le danger du principe; pourquoi donc le consacrer?

Croirait-on qu'il suffise d'en modifier l'application par des délais et des formes, par des conditions et des épreuves?

Un principe qu'on est obligé de paralyser, en même temps qu'on le crée, peut-il, doit-il exister en législation?

Ce principe, qu'une action en divorce peut être admise, sans avoir été motivée sur des faits précis, sans que la preuve de ces faits ait été administrée, sans qu'il soit intervenu aucun jugement sur la qualité des faits et sur le mérite des preuves, présente une dérogation trop manifeste à tous les procédés judiciaires et aux maximes innées et élémentaires du droit et de l'équité, pour qu'il puisse être accueillis : il faut d'autant plus se tenir en garde sur ce point, que, par le temps, les difficultés dont on environne aujourd'hui l'action du divorce, pu-

rement alléguées, peuvent être modifiées ; que, par la même suppression de sensibilité qui, aujourd'hui, ferait admettre le principe, on
pourra un jour se relâcher sur la sévérité des conditions et des épreuves,
et qu'alors le principe resterait non plus entouré des précautions sagement prises pour en prévenir l'application abusive, mais uniquement entouré de tous ses dangers.

En deux mots : le principe en soi est-il bon et utile ? Admettez-le
franchement ; s'il ne l'est pas, il faut le rejeter de même : il ne peut
pas y avoir de composition à cet égard ; il y a une contradiction évidente, après qu'on l'a établi, de le rendre impossible dans l'exécution ;
et certes, il est aisé de se convaincre, par le seul aspect des mesures
qu'on multiplie autour de lui, des précautions empêchantes auxquelles
on le subordonne, combien inutilement il serait adopté.

Alors, plus de motifs ; et puisque la conduite habituelle d'un époux
envers l'autre, qui rend à celui-ci la vie commune insupportable, se
composant nécessairement de faits suivis, répétés, journaliers, peut
être prouvée comme toute autre cause déterminée de divorce, aucune
considération ne doit faire dévier de la règle qui soumet toute action
à la preuve et au jugement ; et tous les motifs se réunissent pour se
fixer sur ce point à l'opinion et au mode de divorce proposés par les
auteurs du projet du Code civil.

TITRE VII.

De la paternité et de la filiation.

DISPOSITION GÉNÉRALE.

com.du
ch.1er.
ARTICLE PREMIER. (*Le premier du Projet.*)

CHAPITRE PREMIER. — *Des enfans légitimes ou nés dans le
mariage.*

312—
313
2. L'enfant conçu dans le mariage, a pour père le mari.

La loi n'admet pas l'exception d'adultère de la femme, ni
l'allégation de l'impuissance naturelle ou accidentelle du
mari.

*Si cependant deux circonstances sont réunies, d'un côté
l'adultère prouvé de la femme, de l'autre le fait de la séparation d'habitation entre les époux auteurs de la conception,
l'enfant de la femme n'est plus présumé l'enfant du mari. Il
en est de même de l'enfant qui est né à terme, si sa nais-*

sance est antérieure au deux cent quarante-sixième jour du mariage.

(*Le 2ᵉ. du Projet.*) Il paraît difficile de laisser subsister la présomption légale de la paternité du mari, dans le concours des deux circonstances de l'adultère prouvé, et du fait de la séparation des deux époux. Les auteurs du projet, au titre *du Divorce*, avaient reconnu que ces deux circonstances réunies suffisaient pour que l'enfant conçu pendant l'instance en divorce, n'appartînt pas au mariage.

3. (*Le 3ᵉ. du Projet.*)   314

4. (*Le 4ᵉ. du Projet.*)   3i5

5. La présomption de paternité résultante du mariage,   3i2
cesse encore lorsque l'éloignement des époux, *à l'époque de la conception,* a été tel, qu'il y ait eu impossibilité physique de cohabitation.

(*Le 5ᵉ. du Projet.*) L'article proposé exprime positivement ce que suppose sans doute l'article du projet, que l'éloignement des époux, qui fait cesser la présomption de paternité, est celui qui a eu lieu depuis l'époque à laquelle la loi rapporte la conception.

6. (*Le 6ᵉ. du Projet.*)   3i4

7. (*Le 7ᵉ. du Projet.*)   lb. et 3i6

8. Tout acte extrajudiciaire contenant le désaveu du   3i8
mari est inutile, s'il n'est suivi, *dans le délai ci-dessus prescrit,* d'une action en justice dirigée contre un tuteur *ad hoc* donné à l'enfant.

(*Le 8ᵉ. du Projet.*) Il paraît bon d'exprimer que l'action en justice doit suivre l'acte extrajudiciaire dans les délais prescrits : l'article du projet pourrait faire supposer que, pourvu que l'acte extrajudiciaire eût été fait dans le délai, l'action en justice pourrait n'être intentée ensuite qu'après un temps aussi long qu'il plairait au demandeur.

9. Si le mari est décédé sans avoir fait le désaveu, mais   3i7
ayant encore la faculté de le faire, la légitimité de l'enfant peut être contestée, par tous ceux qui y ont intérêt, *dans les trois mois du jour où l'intérêt s'est ouvert.*

(*Le 9ᵉ. du Projet.*) Nécessité de prescrire un délai à l'action des héritiers du mari. L'état d'un enfant ne doit pas rester trop long-temps incertain.

331   10. (*Le* 10ᵉ. *du Projet.*)

CHAPITRE II. — *Des preuves de la filiation.*

519   11. Le *titre* de la filiation est l'extrait du registre civil des naissances.

(*Le* 11ᵉ. *du Projet.*) L'extrait du registre civil n'est que le titre de la filiation.

Pour *qu'il prouve la filiation* de celui qui l'invoque, il reste à celui-ci à justifier son identité.

322   12. (*Le* 17ᵉ. *du Projet.*)

L'ordre des idées paraît amener ce **17**ᵉ. article du projet après le **11**ᵉ.

320— / 323   13. (*Le* 12ᵉ. *du Projet.*)

323   14. Il en est de même, s'il y a preuve acquise que l'enfant a été inscrit sous de faux noms de père et de mère.

Cette preuve peut s'acquérir par la voie de l'inscription de faux, si l'acte de naissance est attaqué comme matériellement faux.

Si c'est seulement à raison de la fausseté des déclarations des témoins que l'acte de naissance est attaqué, on ne pourra se pourvoir que par les voies indiquées dans les articles 18 et suivans.

(*Le* 13ᵉ. *du Projet.*) La différence des deux genres de faux fait assez sentir le motif du changement proposé.

ap. 323   15. L'enfant exposé, abandonné, ou dont l'état a été supprimé, n'est admis à réclamer l'état d'enfant né en mariage, que lorsqu'il existe un commencement de preuve par écrit; et il peut employer comme tel le registre civil qui constate la naissance d'un enfant conçu dans le mariage, dont le décès n'est pas prouvé, et dont *l'état n'est ni possédé ni réclamé par aucun autre.*

(*Le* 14ᵉ. *du projet.*) Il est également aisé de sentir pourquoi l'on

propose d'exiger qu'un état ne soit point possédé ni réclamé, pour
que le registre civil, fondant cette possession ou réclamation, puisse
valoir encore comme commencement de preuve par écrit en faveur
d'un autre réclamant.

16. Les autres commencemens de preuve par écrit résul- 324
tent des registres, papiers domestiques ou *écrits* des père et
mère, ou des actes publics, et même des actes privés, s'ils
sont juridiquement reconnus, qui émanent de quelque partie
engagée dans la contestation, *ou de quelqu'un qui y aurait
eu intérêt, si la contestation était née à l'époque desdits actes et
écrits.*

(*Le 15ᵉ. du Projet.*) Pourquoi tous *écrits* du père ne feraient-ils
pas commencement de preuve écrite, comme les registres et papiers
domestiques? Pourquoi les écrits de la mère ne feraient-ils pas aussi
commencement de preuve?

N'est-il pas bon d'exprimer que les actes des tiers décédés tirent
leur force de l'intérêt contraire qu'ils auraient pu avoir au moment où
ils écrivaient? car qu'importe que par quelque circonstance survenue
intermédiairement, leur intérêt eût cessé d'exister lorsque la contestation a été engagée par un autre.

17. La possession d'état résulte d'une suite de faits qui 321
indiquent le rapport de filiation et de parenté entre un individu et la famille à laquelle il prétend appartenir.

Ces faits sont, que l'individu a toujours porté le nom du
père auquel il prétend appartenir;

Que les père et mère l'ont traité comme leur enfant, et
ont pourvu, en cette qualité, à son éducation, à son entretien et à son établissement;

Qu'il a été reconnu constamment pour tel dans la société;

Qu'il a été reconnu pour tel par la famille.

*La réunion continue de toutes ces circonstances, n'est pas
toujours indispensablement nécessaire.*

(*Le 16ᵉ. du Projet.*) Il ne paraît pas nécessaire que ce soit sur
tous et chacun des faits énoncés en cet article qu'il y ait *chaîne uniforme et non interrompue;* et n'est-ce pas de chacun des faits qu'il

doit être dit que la réunion continue n'est pas toujours indispensablement nécessaire ? La nature des choses résiste ici à des règles rigoureusement et strictement précises.

326 18. (*Le 18ᵉ. du Projet.*)

327 19. *L'action criminelle ne peut même être intentée par le fonctionnaire public, qu'après qu'un jugement rendu par le tribunal civil saisi de l'instance, et ayant pleine autorité de chose jugée, a décidé qu'il y a commencement de preuve par écrit de la suppression d'état. Ce jugement peut être provoqué par le commissaire du gouvernement près le tribunal saisi de la contestation; il est rendu en présence des parties intéressées, ou elles dûment appelées.*

L'action criminelle intentée d'office, suspend la poursuite au civil.

Toutes les parties intéressées sont appelées lors de l'examen et du jugement définitif; elles font les observations qu'elles croient convenables à leurs intérêts.

(*Le 19ᵉ. du Projet.*) Il a paru nécessaire que ce fût le tribunal civil qui décidât la question préjudicielle du commencement de preuve par écrit. Comment une telle question, purement civile, pourraitelle être du ressort du tribunal criminel?

ap. 327 20. (*Le 20ᵉ. du Projet.*)

328 21. (*Le 21ᵉ. du Projet.*)

329 22. (*Le 22ᵉ. du Projet.*)

330 23. (*Le 23ᵉ. du Projet.*)

ib. 24. (*Le 24ᵉ. du Projet.*)

CHAPITRE III. — *Des enfans nés hors du mariage.*

340 25. (*Le 25ᵉ. du Projet.*)

341 26. (*Le 26ᵉ. du Projet.*)

336 27. (*Le 27ᵉ. du Projet.*)

334—336 28. La reconnaissance du père et l'aveu de la mère sont valables, à quelque époque qu'ils aient été faits;

Néanmoins la reconnaissance du père est nulle, si elle a

été faite dans le cours de la maladie *chronique* ou *aiguë* dont il est décédé , et s'il n'a pas survécu *trente jours* à l'acte.

(*Le* 28e. *du Projet.*) Les mêmes motifs qui ont engagé la commission , au titre *des mariages*, à exprimer qu'il fallait , pour sa validité , que les époux ne fussent attaqués de maladies ni aiguës ni chroniques , et qu'ils survécussent trente jours, se sont retrouvés ici.

29. (*Le* 29e. *du Projet.*)   av. 337

3o. (*Le* 3oe. *du Projet.*)   337

31. Après la dissolution du mariage , l'époux qui n'aurait ib. pas reconnu son enfant avant le mariage , peut en faire la reconnaissance, *sans préjudice de tous les droits des enfans. nés du mariage.*

(*Le* 31e. *du Projet.*) Du sens littéral de l'article du projet , tel qu'il est conçu , il serait à craindre qu'on en pût conclure que la reconnaissance d'un enfant naturel , faite par un père après la dissolution de son mariage , mais pendant la vie d'un enfant qui en serait né, serait tellement nulle, qu'en cas même de mort de cet enfant , la nullité pût encore en être réclamée par des tiers : inconvénient que la rédaction proposée fait disparaître en assurant le droit de l'enfant né du mariage.

32. L'enfant reconnu par son père acquiert *le droit de* 338 *porter son nom ,* et de réclamer dans sa succession , la portion déterminée au titre *des successions.*

(*Le* 32e. *du Projet.*) Supprimé comme tenant aux formes des actes portés au registre de l'état civil , où la même disposition a été recueillie.

(*Le* 33e. *du Projet.*) Le droit de porter le nom de son père paraît devoir être formellement accordé à l'enfant naturel reconnu , puisque l'article 34 spécifie un cas d'exception au droit. Il semblerait au contraire exclu par l'article 33 du projet , qui commence par ces mots : *Le seul effet*, etc.

33. (*Le* 34e. *du Projet.*)   34o

CHAPITRE IV. — *Des enfans adoptifs.*   tit. 8

34. *L'adoption est autorisée.*   com. du ch. 1er.

Les auteurs du projet n'ont pas cru devoir admettre l'adoption. La majorité de la commission du Tribunal de Cassation s'est déterminée à la proposer. Cette majorité a remarqué d'abord que s'il est dangereux d'introduire certaines lois trop peu analogues aux mœurs d'une nation, c'est lorsqu'elles sont impératives; mais que celles de simple faculté n'ont pas cet inconvénient, puisqu'il en résulte seulement qu'on n'en fait pas usage. La loi d'adoption ne pourrait être que de cette dernière classe.

Tout ce qui tend à établir de nouveaux liens entre les hommes, a-t-on dit, tout ce qui tend à multiplier les relations qui les rapprochent et les affections qui les unissent, est une source de bons sentimens et de bonnes actions; telle est l'adoption, formant une parenté légale, un principe de bienfaisance, étant propre à inspirer aux êtres les plus délaissés de la société l'espérance d'acquérir un état qui leur manque, et par cette espérance le désir de s'en rendre dignes.

Il a paru que des règles sages, des limites judicieusement posées, pouvaient prévenir les inconvéniens que paraissent redouter ceux qui rejettent cette institution; et entre divers cas qu'on a cités pour faire sentir une sorte de nécessité à autoriser l'adoption, on a fait valoir celui de l'homme qui a un enfant naturel qu'il a solennellement reconnu et que la mère refuse d'avouer. La loi déclare que la reconnaissance du père ne produit aucun effet civil, même à son égard, en faveur de cet enfant naturel; cependant le silence et l'obstination de la mère peuvent être une grande injustice, et le père la répare par l'adoption.

Un chapitre relatif aux enfans adoptifs est donc proposé par la commission du Tribunal de Cassation; et les articles qui le composent, présentent le détail des précautions qui ont paru devoir entourer une institution pour en conserver l'utilité possible, sans qu'il puisse naître aucun danger.

343   35. *L'adoption n'est permise qu'aux hommes âgés de cinquante ans et aux femmes âgées de quarante-cinq ans, qui n'ont pas d'enfans ou descendans légitimes.*

36. *Il n'est permis d'adopter que des enfans qui n'ont pas de père légitime vivant.*

37. *Les hommes ne peuvent adopter d'enfant mâle qu'autant qu'il n'a pas encore atteint l'âge de dix-huit ans accomplis, et une fille qu'autant qu'elle n'a pas atteint sa onzième année.*

Les femmes ne peuvent adopter d'enfans de l'un ou de l'autre sexe qu'autant qu'ils n'ont pas l'âge de dix ans révolus.

Sont exceptés, 1°. *les enfans abandonnés ou sans famille connue;*

2°. *Les enfans naturels des adoptans, par eux reconnus;*

· 3°. *Ceux qui sont adoptés conjointement par deux époux.*

Les individus compris dans ces trois exceptions peuvent être adoptés à quelque âge qu'ils soient parvenus au-delà de celui qui est déterminé par le précédent article, pourvu, dans ce cas, que le père ou la mère adoptant ait fourni aux frais de leur éducation, nourriture et entretien au moins pendant les cinq ans qui ont immédiatement précédé l'adoption ; ce qui sera constaté par un acte de notoriété reçu par le juge de paix, composé de sept témoins, lequel sera joint à l'acte d'adoption.

38. *Nul ne peut être adopté par plusieurs, si ce n'est par deux époux.*   344

39. *Nul ne peut avoir à la fois plus d'un enfant adoptif, si ce ne sont deux époux qui peuvent en avoir deux communément entre eux.*

40. *L'adoption est sans effet, si l'adoptant, quand il l'a faite, était attaqué d'une maladie aiguë ou chronique, et s'il n'a pas survécu trente jours.*

41. *Le tuteur ne peut adopter le mineur ou la mineure étant sous sa tutelle.*

42. *L'adoption est nulle si l'adopté n'a pas dix-huit ans complets de moins que le père adoptif, ou quinze ans de moins que la mère adoptive.*   345

43. *L'adoption ne peut se faire sans le consentement de la mère légitime ; à son défaut, des aïeuls et aïeules paternels et maternels de l'enfant adoptif : à leur défaut, et si l'enfant est mineur, le consentement du tuteur, autorisé par la famille, est nécessaire.*   346

Le consentement des père et mère naturels des enfans naturels légalement reconnus est nécessaire pour qu'ils puissent être adoptés.

L'enfant abandonné, ou sans famille connue, ne peut être adopté que du consentement du tuteur ad hoc, *autorisé par l'avis motivé de six des plus proches voisins et amis de l'a-dopté, et par l'ordonnance du juge de paix qui précédera préa-*

lablement tous renseignemens nécessaires sur l'utilité et conve-
nance de l'adoption.

44. *L'adoption est irrévocable de la part de l'adoptant : les*
mineurs adoptés peuvent y renoncer dans le cours de leur vingt-
deuxième année.

348   45. *L'enfant adoptif sort de sa famille primitive : celui qui*
renonce à l'adoption, y reprend ses droits, sans que les parens
adoptifs puissent former aucune action contre lui pour les se-
cours qu'il en a reçus.

ib.   46. *L'enfant adoptif demeure étranger à tous les membres*
de la famille adoptive dans ses degrés directs ou collatéraux,
si ce n'est les père et mère adoptifs, leurs enfans naturels, et
leurs enfans légitimes nés depuis l'adoption.

349   47. *L'adoption ne détruit pas l'obligation naturelle entre les*
père et mère et les enfans donnés en adoption, de se fournir des
alimens ; et une pareille obligation se forme entre les adoptans
et l'adopté.

48. *Les adoptans acquièrent sur l'enfant adoptif les mêmes*
droits de puissance que la loi donne aux père et mère sur leurs
enfans, à l'exception du droit de jouir du revenu des biens
personnels de l'adopté mineur jusqu'à l'âge de dix-huit ans.

350   49. *Les droits de successibilité qui naissent de l'adoption,*
sont réglés au titre des successions.

ch. 1er.   50. *Les actes d'adoption sont reçus par les officiers, et ins-*
sect. 2   *crits sur les registres de l'état civil.*

TITRE VIII.

De la puissance paternelle.

DISPOSITIONS GÉNÉRALES.

372   ART. 1er. La puissance paternelle est un droit fondé sur la
nature et confirmé par la loi, qui donne au père et à la
mère la surveillance de la personne et l'administration des
biens de leurs enfans mineurs et non émancipés.

L'individu condamné à une peine afflictive ou infamante de-

vient indigne d'exercer les droits de la puissance paternelle ; ils sont suspendus en cas que la condamnation soit prononcée par contumace.

(*Le* 1er. *du Projet.*) Les mots *par mariage* doivent être supprimés de l'article du projet, l'émancipation sans mariage limitant la puissance paternelle aussi bien que celle par mariage.

L'indignité de l'individu condamné à peine afflictive ou infamante ne peut être douteuse.

CHAPITRE Ier. — *De l'effet de la puissance paternelle sur la personne des enfans.*

2. (*Le* 2e. *du Projet.*)

3. Le père seul *durant* le mariage exerce le droit de détention.

4. Pour exécuter la détention, le père s'adresse *au juge de paix* de son canton ; lequel, sur sa simple réquisition, délivre l'ordonnance d'arrestation nécessaire, après avoir fait souscrire par le père la soumission de payer tous les frais et de fournir à l'enfant les alimens convenables.

L'ordre d'arrestation doit exprimer la durée de la détention et le lieu qui sera indiqué par le père.

(*Le* 4e. *du Projet.*) N'est-il pas plus convenable que ce soit au *juge de paix* plutôt qu'à l'*officier de police judiciaire* proprement dit, que l'ordre d'arrestation soit demandé ? L'article 8 semble supposer que c'est le juge de paix que les auteurs du projet ont cru désigner par l'expression d'*officier de police judiciaire*.

5. La détention ne peut excéder une année, ni *continuer après que l'enfant a atteint vingt-un ans.*

Elle peut être provoquée une seconde fois contre l'enfant qui, *après avoir recouvré sa liberté,* retombe dans de nouveaux écarts.

(*Le* 5e. *du Projet.*) La détention ne doit pas continuer lorsque l'enfant a atteint l'âge qui le met hors de la puissance en vertu de laquelle il a été détenu.

6. (*Le* 6e. *du Projet.*)

375 et suiv.

373

376 à 378

379

381

381   7. L'assemblée de famille est convoquée par la mère, chez le juge de paix; elle y assiste avec voix délibérative.

L'assemblée de famille est composée au moins de six des plus proches parens de l'enfant, pris en nombre égal dans la ligne paternelle et dans la ligne maternelle. *A défaut de parens de l'une des lignes, ils ne peuvent être remplacés par des parens de l'autre ligne, mais par des voisins et amis appelés par le juge de paix.*

(*Le* 7ᵉ. *du Projet.*) Il ne faut pas laisser à la mère ni la faculté de composer une assemblée de tous parens maternels, ni celle de choisir les amis ou voisins destinés à remplacer les parens de celle des lignes qui n'en fournit pas le nombre requis.

ap. 381   8, 9 et 10. (*Les* 8ᵉ., 9ᵉ. *et* 10ᵉ. *du Projet.*)
et 378

379   11. *L'ordre d'arrestation est révoqué sur les mêmes réquisitions sur lesquelles il avait été délivré.*

Cet article nouveau est conforme à la nature qui désarme la plus juste colère d'un père aussitôt que l'enfant témoigne le repentir.

383   12. *Tous les articles du présent chapitre sont communs aux pères et mères des enfans adoptifs et des enfans naturels légalement reconnus.*

(*Le* 11ᵉ. *du Projet.*) En admettant l'adoption, rien de plus conséquent que de donner les droits de puissance paternelle au père adoptif.

CHAPITRE II. — *De l'effet de la puissance paternelle sur les biens qui adviennent aux enfans non émancipés.*

384—   13. Le père a, *durant le mariage,* l'administration et la
387—   jouissance des biens qui adviennent à ses enfans mineurs,
389   autres que ceux qu'ils acquièrent par leur travail et leur industrie, hors de la maison paternelle.

Ce droit cesse par le mariage des enfans ou par leur émancipation.

Il se réduit à la simple administration, lorsque l'enfant a atteint l'âge de dix-huit ans accomplis : à cette époque, le père devient comptable des revenus postérieurs.

(*Le 12ᵉ. du Projet.*) La commission ayant pensé, comme on le verra ci–après, que l'émancipation ne devait pas résulter de droit de l'âge de dix-huit ans, mais dépendre de la volonté du père; il a paru moral que le père n'eût aucun intérêt à ne pas accorder cette émancipation : en conséquence, même sans émanciper son enfant, il doit cesser de jouir du revenu de ses biens.

(*Le 13ᵉ. du Projet.*) A supprimer : car le père ou la mère à qui ap.384 appartiennent les enfans dont il est question, sont tuteurs ou ils ne le sont pas; s'ils le sont, ils tirent leur droit du titre *des Tutelles*, et s'ils ne le sont pas, le titre *des Tutelles* les exclut bien formellement de ce même droit.

14. Le *père* ne gagne pas les fruits des biens qui auraient 387 été donnés ou légués à ses enfans sous la condition expresse que le père ne pourrait en avoir la jouissance.

CHAPITRE III. — *De l'exhérédation.*

fin du tit. 9

15. *Les père et mère peuvent exhéréder leurs enfans, mais seulement pour les causes suivantes :*

S'ils ont commis contre celui qui les exhérède quelque acte soit de violence, soit d'outrages ;

S'ils ont intenté contre lui une action criminelle ou correctionnelle ;

S'ils ont contracté mariage sans son consentement depuis l'âge de vingt-un ans jusqu'à celui de vingt-cinq, soit que ces mariages aient été annullés ou non ;

S'il est intervenu contre les enfans une condamnation à peine afflictive ou infamante.

L'effet de l'exhérédation se borne à priver les enfans qui en sont frappés, dans la succession de leurs père ou mère, de toute portion de la partie disponible, et de moitié de ce qu'ils auraient eu dans la partie indisponible.

L'exercice et les formes de l'exhérédation seront réglés dans le titre des dispositions.

Le droit d'exhéréder a toujours paru appartenir à la puissance paternelle ; et peut-être ne fut-il jamais plus nécessaire de le lui conserver, en le renfermant dans de sages limites, telles que celles que présente l'article proposé à ce sujet.

CHAPITRE IV. — *Disposition officieuse.*

16. *Lorsqu'un enfant se livre à une dissipation notoire, et telle qu'on ait lieu de craindre qu'en consommant sa portion héréditaire, il ne laisse lui et ses descendans sans moyens de subsistance, le père ou la mère peut, pour l'intérêt même de cet enfant et de sa postérité, lui imposer l'obligation de remettre à ses enfans et descendans nés et à naître, habiles à lui succéder au jour de sa mort, la propriété de sa portion héréditaire intégrale, de laquelle il ne conservera que le simple usufruit pendant sa vie.*

(*Le* 15ᵉ. *du Projet.*) La commission a pensé qu'il ne fallait pas exiger que l'enfant dissipateur fût marié et eût des descendans, pour autoriser la disposition officieuse. La tendresse du père n'a-t-elle pas pour objet l'existence de l'enfant dissipateur lui-même aussi bien que celle de ses descendans? et pour ceux qui veulent ne considérer que ces derniers, nous leur demanderons pourquoi ils considéreraient plutôt les enfans nés ou conçus au temps de la disposition, que ceux qui naîtront à des époques postérieures. Tous ne doivent-ils pas être égaux aux yeux du père comme aux yeux du législateur ?

La commission n'a pas craint qu'on lui fît le reproche de vouloir, par l'article qu'elle propose, rappeler les substitutions. Une charge imposée au dissipateur pour son intérêt et celui de sa postérité, de rendre, une seule fois, et pour un degré seulement, n'a aucune analogie avec les fidéi-commis d'orgueil et de vanité, qui transmettaient de générations en générations la fortune et l'orgueil des races, et qui n'ont pas pu subsister un moment en présence des principes de sagesse, d'égalité et de liberté qui ont présidé à la révolution française.

17. Cette disposition officieuse ne peut être faite que par acte testamentaire.

La cause y est spécialement exprimée : elle doit être vraie; elle doit subsister encore à l'époque de la mort du père ou de la mère disposant, *ou avoir dès-lors opéré la consommation anticipée d'une partie notable de la portion héréditaire de l'enfant.*

(*Le* 16ᵉ. *du Projet.*) La commission a pensé que quand bien même à l'époque du décès du père, la prodigalité de l'enfant eût cessé, il suffirait, pour soutenir la validité de la disposition officieuse,

qu'une partie notable de la succession se trouvât consommée d'a—
vance : car c'est là précisément le mal auquel la loi veut, sans doute,
apporter remède.

18. (*Le 17e. du Projet.*)

19. *Si au moment de la mort de l'enfant dissipateur, il n'a
ni enfans ni descendans, les biens de la portion héréditaire
passent librement à ses héritiers collatéraux, avec la charge de
toutes ses dettes légitimes contractées avant ou après le décès.*

(*Le 18e. du Projet.*) Les changemens proposés dans cet article
sont les conséquences de ceux proposés dans le 15e. du projet, et
fondés sur les mêmes motifs.

20. L'usufruit laissé à l'enfant dissipateur peut être saisi
par les créanciers qui lui ont fourni des alimens depuis sa
jouissance.

Les autres créanciers, soit antérieurs, soit postérieurs à
l'ouverture de la succession, ne peuvent saisir l'usufruit, si
ce n'est dans le cas où il excéderait ce qui peut convenablement suffire à la subsistance de l'enfant dissipateur et *de sa
famille.*

(*Le 19e. du Projet.*) Il paraît convenable d'exprimer que la partie insaisissable de l'usufruit de l'enfant dissipateur, est tout ce qui
est nécessaire, non-seulement à sa propre subsistance, mais aussi à
celle de sa famille, puisque cette famille est un des principaux objets
de la sollicitude de la loi.

21. (*Le 20e. du Projet.*)

(*Le 21e. du Projet.*) La suppression de cet article est entraînée
par les changemens proposés ci-dessus ; et ce qui peut être conservé
de sa disposition a été rappelé dans le 19e. article de la commission,
où on a même exprimé, en faveur des créanciers, que la prescription
n'aurait pas couru contre eux autant de temps que la disposition officieuse aurait rendu leurs poursuites inutiles.

22. La mère, *durant* le mariage, ne peut frapper l'enfant
commun d'une disposition officieuse, sans l'assistance ou le
consentement exprès de son mari.

Si elle a des enfans d'un autre lit, elle ne peut faire une

disposition officieuse qui les frappe qu'après y avoir été autorisée par un conseil de famille, *composé ainsi qu'il est dit en l'article 7.*

(*Le 22ᵉ. du Projet.*) Le conseil de famille qui peut autoriser une mère à faire une disposition officieuse dans le cas de l'article, doit être composé avec les précautions nécessaires pour que tous ceux qui y donnent leur avis ne soient pas dans le cas d'avoir les mêmes intérêts et les mêmes affections que la mère elle-même.

23. *Toutes les dispositions du présent chapitre et du chapitre précédent, sont communes aux enfans adoptifs et aux enfans naturels légalement reconnus.*

TITRE IX.

De la minorité, de la tutelle et de l'émancipation.

CHAPITRE PREMIER. — *Des mineurs.*

388 ART. 1ᵉʳ. (*Le 1ᵉʳ. du Projet.*)

ap. 388   2. La minorité se divise en deux époques. Dans la première le mineur, considéré comme absolument incapable de se conduire lui-même et de régir ses biens, est placé sous la garde et direction d'un tuteur.

Dans la seconde il *peut* recouvrer la simple administration de ses biens, et ne peut agir pour le surplus qu'avec l'assistance d'un curateur.

(*Le 2ᵉ. du Projet.*) La commission se borne à dire que dans la seconde époque, le mineur peut recouvrer la simple administration de ses biens, parce qu'elle a préféré de laisser l'émancipation *facultative*, plutôt que de l'admettre de droit par le seul effet de l'âge de dix-huit ans.

CHAPITRE II. — *De la tutelle.*

com. du chap. 2   3. (*Le 3ᵉ. du Projet.*)

ib. et 389   4. La tutelle naturelle a lieu de plein droit.

Toute autre tutelle doit être confirmée ou déférée par le conseil de famille.

(*Le 4ᵉ. du Projet.*) Il ne paraît pas exact de dire que la tutelle naturelle ne soit pas comptable. Toute tutelle nécessite, lorsqu'elle finit, une reddition de compte; le tuteur naturel ne doit pas les mêmes comptes que les autres tuteurs, mais il est essentiellement *comptable*.

SECTION Iʳᵉ. — *De la tutelle naturelle.*

5. Après la dissolution du mariage par le décès de l'un des époux, les enfans mineurs et non émancipés demeurent sous la *garde* et *direction* du père ou de la mère survivant auquel appartiennent le gouvernement de leurs personnes et l'administration de leurs biens.

Jusqu'à ce que les mineurs aient atteint l'âge de dix-huit ans, le tuteur naturel jouit du revenu de leurs biens; à moins qu'ils ne soient advenus aux enfans par legs ou donations faits sous conditions expressément contraires.

La seule charge de cette jouissance du tuteur naturel est de fournir aux frais de l'entretien et éducation des enfans qu'il a *sous sa garde et direction.*

(*Le 5ᵉ. du Projet.*) Les auteurs du projet paraissent n'avoir pas entendu assimiler, à tous égards, le droit qu'ils accordent au tuteur naturel, au droit de *garde* établi par l'ancien droit coutumier. Le mot *garde* ne doit donc pas être employé *seul*.

La commission qui ne rend l'émancipation par l'âge que facultative, a dû énoncer l'âge de dix-huit ans comme terme de la jouissance du tuteur naturel sur les biens du mineur, par le motif ci-dessus exprimé.

6. Dans le cas de la dissolution du mariage par divorce, la jouissance des biens des enfans mineurs appartient à celui des deux époux qui en conserve l'administration, *sauf les exceptions portées au titre du divorce contre l'époux qui a subi le divorce de la première espèce, ou obtenu le divorce de la seconde.*

7, 8, 9, 10, 11, 12, 13 et 14. (*Les 7ᵉ., 8ᵉ., 9ᵉ., 10ᵉ., 11ᵉ., 12ᵉ., 13ᵉ. et 14ᵉ. du Projet.*)

SECTION II. — *De la tutelle déférée par le père ou la mère.*

15 et 16. (*Les 15ᵉ. et 16ᵉ. du Projet.*)

17. Cette déclaration est, à peine de nullité, signée *du*

déclarant et du juge de paix, et de son greffier ou du notaire et de deux témoins. Si ce déclarant ne sait pas signer, il en est fait mention ; s'il ne peut signer, la cause en est énoncée.

(*Le* 17e. *du Projet.*) La rédaction n'est changée que pour mieux distinguer ce qui appartient à chacune des deux formes dans lesquelles la déclaration peut être faite.

ap. 400
et 401

18 et 19. (*Les* 18e. *et* 19e. *du Projet.*)

SECTION III. — *De la tutelle légitime.*

402 à
404

20. Lorsque l'enfant mineur n'a ni père ni mère, le conseil de famille *défère* la tutelle à l'ascendant le plus proche.

En cas de concours de deux ascendans au même degré et de sexe différent, la tutelle est déférée au mâle.

En cas de concours de plusieurs ascendans au même degré et du même sexe, le conseil de famille décide quel est celui auquel la tutelle *est déférée.*

(*Le* 20e. *du Projet.*) S'agissant d'une tutelle *légitime,* l'expression *doit* ne paraît pas assez impérative ; il vaut mieux dire, le conseil de famille *est tenu.*

ap. 404

21, 22. (*Les* 21e. *et* 22e. *du Projet.*)

SECTION IV. — *De la tutelle déférée par le conseil de famille.*

406 et
ap.
406

23, 24 et 25. (*Le* 23e., 24e. *et* 25e. *du Projet.*)

26. Toute personne peut dénoncer au juge de paix le fait qui donne lieu à la nomination d'un tuteur.

Sur cette dénonciation, ou sur la connaissance que le juge de paix aurait autrement acquise du fait, *il est tenu* de convoquer le conseil de famille ; et il appose provisoirement les scellés, s'il le juge nécessaire pour l'intérêt du mineur.

(*Le* 26e. *du Projet.*) Ce n'est point une *faculté à accorder* au juge de paix, mais un *devoir à lui imposer,* que de convoquer le conseil de famille dans le cas de l'article 26, ainsi que de faire citer, dans le cas de l'art. 27, les ascendans, oncles ou frères résidant hors de six myriamètres du domicile du mineur.

27. Celui qui convoque le conseil de famille, prend, du juge de paix, une cédule qui en indique le jour, l'heure et l'objet. 406 à 411

Il la fait notifier, cinq jours avant la tenue du conseil, à tous les parens et alliés paternels et maternels jusqu'au quatrième degré inclusivement résidant à la distance de six myriamètres du domicile du mineur.

La signification doit être faite à la personne ou au domicile.

Si le juge de paix a la connaissance que le mineur a des ascendans ou des frères ou des oncles, domiciliés ou résidant hors de six myriamètres, lesquels paraîtraient propres à remplir les fonctions de tuteur, *il les fait* appeler à l'assemblée, en observant un délai suffisant pour qu'ils puissent s'y rendre.

(*Le 27e. du Projet.*) Voir la note sur l'article 26.

28. (*Le 28e. du Projet.*) 412

29. Le défaut *du délai prescrit entre la notification et la tenue* ap. 411 *du conseil de famille,* rend nulle la convocation et tout ce qui s'en est ensuivi, à moins que tous ceux à qui la cédule devait être notifiée, ne se soient trouvés présens au conseil.

(*Le 29e. du Projet.*) Il paraît évident que ce que les auteurs du projet ont voulu prescrire à peine de nullité, c'est le *délai* à observer entre la notification de la cédule du juge de paix, et la tenue du conseil de famille.

3o. Le conseil s'assemble chez le juge de paix, ou en tout autre lieu par lui indiqué. 415—416

Il délibère au nombre de six membres au moins; *il nomme le tuteur à la simple pluralité des voix; en cas d'égalité de suffrages, le juge de paix a voix délibérative, et son suffrage détermine le choix entre ceux qui ont pareil nombre de voix des parens.*

(*Le 3oe. du Projet.*) Il paraît plus convenable de ne donner voix délibérative au juge de paix que lorsque le partage existe entre les parens; car, que huit parens soient convoqués et que le juge de paix ait voix délibérative, trois parens feront un choix, trois un autre choix, et deux donneront leur voix à un troisième sujet. Le juge de paix, donnant sa voix à ce dernier, formerait le partage et en même temps le déciderait. L'inconvénient serait encore plus sensible en supposant sept parens convoqués, quatre donnant leur voix à Pierre, et trois à Jacques : le juge de paix, en donnant son suffrage à Jacques, déterminerait la tutelle en sa faveur, contre le vœu de la majorité des parens *responsables de cette nomination.*

409 31. Lorsque les parens ou alliés au degré et résidant à la distance ci-dessus déterminés n'atteignent pas le nombre requis pour former le conseil de famille, il est complété par *des parens de degrés plus éloignés, s'il y en a dans la même distance,* sinon par des amis ou des voisins que le juge de paix désigne.

Ces parens, amis ou voisins, sont convoqués par une cédule qui leur est notifiée ainsi qu'il est dit en l'article 27.

(*Le 31e. du Projet.*) Ne paraît-il pas convenable de spécifier que les voisins et amis ne sont appelés qu'après les parens qui ne seraient pas dans le degré énoncé en l'article 27, et qu'en toutes circonstances possibles la parenté doit être épuisée avant que de recourir aux voisins et amis ?

ap. 409 32. (*Le 32e. du Projet.*)

Voir la note sur l'article 31.

409 33. S'il n'y a pas de parens ou alliés du mineur, résidant dans la distance ci-dessus déterminée, le conseil est composé d'amis et voisins convoqués d'office par le juge de paix.

(*Le 33e. du Projet.*) Voir la note sur l'article 31.

411 34. Si néanmoins, lors de l'assemblée, il était indiqué qu'il existe, *même hors de la distance de six myriamètres,* quelque parent non convoqué, le juge de paix peut ordonner qu'il sera cité, et proroger l'assemblée.

Voir la note sur l'article 31.

445 35. Le parent, l'ami ou voisin qui a été exclu ou *destitué* d'une tutelle, est exclu de tout conseil de famille.

(*Le* 34e. *du Projet.*) La plus rigoureuse précision d'idées a paru exiger le léger changement proposé dans cet article.

36. Lorsqu'un mineur est sans tuteur, tout citoyen qui a 406 des droits à exercer contre lui, peut requérir du juge de paix *la nomination d'un tuteur*; le juge de paix y fait procéder; le requérant en avance les frais.

(*Le* 35e. *du Projet.*) L'article du projet ne semble-t-il pas renfermer une équivoque sur les frais qu'il autorise à répéter *contre le tuteur?* Il serait injuste que le tuteur en fût personnellement chargé; et il est de droit que celui qui est obligé de faire procéder à la nomination d'un tuteur, à la seule charge d'avancer les frais, répète ces frais sur la chose du mineur.

37. (*Le* 36e. *du Projet.*)   420 à 425

38. Lorsqu'une partie des biens du mineur est située dans   417 des départemens trop éloignés de son domicile, le tuteur n'est pas tenu d'accepter l'administration universelle; alors le conseil de famille nomme, pour ces biens, un administrateur particulier. *Celui-ci rend au tuteur des comptes annuels, lui remet les sommes qu'il recouvre, et ne fait d'emploi de deniers que ceux que le tuteur autorise.*

(*Le* 37e. *du Projet.*) Pourquoi les administrateurs particuliers ne seraient-ils pas dépendans du tuteur, et chargés de lui rendre des comptes annuels et de lui faire passer les recouvremens? N'est-il pas possible de concevoir qu'un mineur n'ait de revenu que dans des départemens si éloignés, qu'il soit nécessaire d'y nommer des administrateurs particuliers? le tuteur de ce mineur n'aurait donc à sa disposition aucuns deniers pour la nourriture, l'entretien et l'éducation de l'enfant; et quel inconvénient y aurait-il donc à mettre l'administrateur particulier sous la dépendance du tuteur?

Dans le cas où la personne du mineur est en France et que ses biens sont aux colonies, pourquoi deux tuteurs? L'essence de la tutelle est d'être donnée à la personne qui n'est qu'une et qu'en un lieu. Quelle difficulté de rendre l'administrateur habile à exercer et à subir les actions relatives à son administration!

Il a paru aussi possible qu'un individu domicilié en France n'eût jamais été aux colonies où auraient été ses biens; et alors quels *voisins ou amis* pourraient être convoqués?

39. Lorsque le mineur domicilié en France possède des ib.

biens dans les colonies, les parens, voisins ou amis du père, *s'il y en a laissé,* s'assemblent en conseil de famille pour procéder au choix d'un *administrateur; sinon, il en est pré-posé un par le juge de paix, de l'avis de six des principaux habitans du canton.*

Il en est de même à l'égard du mineur domicilié dans les co-lonies, qui possède des biens en France.

(*Le* 38e. *du Projet.*) Voir la note sur l'article 38.

417   40. *Dans les cas de l'article ci-dessus, les actions relatives à l'administration des biens sont dirigées par l'administrateur particulier et contre lui, dans les mêmes formes qu'elles le se-raient par ou contre le tuteur.*

Voir la note sur l'article 38.

432   41. Nul ne peut être contraint d'accepter la tutelle, ni les fonctions de subrogé tuteur, s'il n'est du nombre *des pa-rens* qui ont été assignés pour assister au conseil de famille.

(*Le* 41e. *du projet.*) Dans le cas où des voisins ou amis ont été appelés, serait-il juste qu'ils pussent être contraints d'accepter la tu-telle, même lorsqu'il y aurait des parens? Les auteurs du projet ont dispensé les voisins et amis de la responsabilité : n'y a-t-il pas même raison de les dispenser de l'obligation d'accepter la tutelle?

Mais, *quid juris,* si le mineur n'a aucun parent? En ce cas très-rare et très-particulier, il y sera pourvu suivant les circonstances.

418   42. Le tuteur administre et agit en cette qualité du jour de sa nomination, si elle a été faite en sa présence, sinon, du jour qu'elle lui a été notifiée, *sans que l'appel qu'il in-terjeterait de sa nomination en suspendît l'effet.*

(*Le* 42e. *du Projet.*) Il a paru utile d'exprimer qu'au cas de cet article, l'appel ne serait pas suspensif.

ap. 418   43, 44 et 45. (*Les* 43e., 44e *et* 45e. *du Projet.*)
et 419

SECTION V. — *Des causes qui dispensent de la tutelle.*

427—   46. La loi dispense de la tutelle,
428

Les membres des autorités établies par les titres 2, 3 et 4 de l'acte constitutionnel;

Les ministres;

Les conseillers d'état;

Les juges du Tribunal de Cassation; le commissaire du gouvernement près ce Tribunal, ses substituts *et le greffier;*

Les commissaires de la comptabilité nationale;

Les commissaires de la trésorerie nationale;

Ceux qui remplissent, hors du territoire de la république, une mission du gouvernement;

Les préfets;

Les juges de paix.

(*Le 46ᵉ. du Projet.*) En plaçant le Tribunal de Cassation avant les commissaires à la comptabilité nationale, ce sera suivre l'ordre établi par la constitution elle-même : le greffier de ce tribunal en est essentiellement un des membres, et doit par conséquent jouir de la dispense.

Le conseil des prises n'étant qu'un établissement passager, ne paraît pas devoir être rappelé dans le Code civil, sauf les dispositions particulières aux lois qui l'institueront lorsqu'il y aura lieu.

Pourquoi la dispense, qui n'est point accordée aux juges de tous les tribunaux, le serait-elle à tous les commissaires près les tribunaux?

47. Si un tuteur est appelé à remplir une des fonctions publiques mentionnées en l'article précédent, il est pourvu à son remplacement pour le temps de la durée de ses fonctions, à l'expiration desquelles cesse sa dispense.

431

(*Le 47ᵉ. du Projet.*) Les auteurs du projet ont sûrement entendu que l'expiration des fonctions rendait à sa tutelle celui qui l'avait quittée pour exercer ces fonctions; mais la rédaction de leur article laisse une équivoque qu'il a paru bon de lever.

48, 49 et 50. (*Les 48ᵉ., 49ᵉ. et 50ᵉ. du Projet.*)

433 à 435

51. Les défenseurs de la république, en activité de service, sont dispensés de la tutelle.

428— 430

Ils peuvent s'en faire décharger, excepté dans le cas où ils l'auraient acceptée étant déjà en activité de service ; *mais s'ils cessent d'être en activité, ils en reprennent l'exercice.*

(*Le* 51e. *du Projet.*) Même motif pour cet article 51, que pour le 47e.

436   52. (*Le* 52°. *du Projet.*)

438—
439—
et ap.   53. Quand le tuteur nommé est présent, ou représenté par un fondé de pouvoir, les excuses sont proposées et jugées sur-le-champ par le conseil de famille.

S'il n'est pas présent, elles le sont par un conseil de famille *qu'il provoque dans la décade*, à compter du jour de la notification à lui faite de sa nomination.

L'admission ou le rejet des excuses doit être motivé.

Les excuses ne peuvent plus être proposées, *si le tuteur nommé n'a pas, dans le délai prescrit, provoqué le conseil de famille.*

Si, néanmoins, le tuteur nommé, qui était absent de son domicile lors de la convocation du conseil de famille, auquel il n'a point assisté, se trouvait encore absent au jour de la notification de sa nomination, il pourra, dans le délai de quatre décades au plus, *provoquer la convocation* d'une nouvelle assemblée pour y proposer ses excuses, lesquelles pourront être admises *si le fait de l'absence du tuteur nommé est justifié, et si ses excuses sont légitimes.*

(*Le* 53e. *du Projet.*) La fatalité du délai paraît devoir être formellement attachée à la *provocation* de la convocation du conseil de famille, plutôt qu'à la convocation même; la provocation seule dépend pleinement de celui qui a des excuses à proposer.

SECTION VI. — *Des exclusions et des destitutions de la tutelle.*

442   54. La loi exclut de la tutelle et du conseil de famille,

Les mineurs, excepté le père ou la mère,

Les interdits,

Les femmes, autres que la mère, et les aïeules ou bisaïeules,

Tous ceux, même parens, qui sont en procès avec le mineur, si, dans ce procès, il s'agit de l'état ou de la fortune du mineur, ou d'une partie notable de ses biens.

Il en est de même s'il existe pareil procès entre le mineur et les père et mère, frère ou sœur de celui qu'on veut appeler à la tutelle.

(*Le* 54ᵉ. *du Projet.*) Le dernier alinéa de l'article du projet n'exprime pas que c'est contre le mineur que doit exister le procès, ce qui cependant, bien évidemment, est le véritable objet des auteurs du projet.

55, 56, 57, 58, 59 et 60. (*Les* 55ᵉ., 56ᵉ., 57ᵉ., 58ᵉ., 59ᵉ. et 60ᵉ. *du Projet.*)   443 à 447

SECTION VII. — *De l'appel des délibérations du conseil de famille.*

61. *Aucune délibération* du conseil de famille, sur les ma- 448
tières de tutelle, n'est sujette à l'homologation. Les parties intéressées peuvent, s'il y a lieu, à la charge de se pourvoir dans les dix jours, en provoquer l'annullation ou réformation devant le tribunal de l'arrondissement, qui statue en dernier ressort.

Le délai pour les parties présentes court à compter à de la date du procès-verbal du conseil de famille, et, pour les autres, à compter de la notification qui leur en est faite.

L'effet de la délibération qui *prononce une destitution,* est suspendu pendant l'instance d'appel.

Il a paru bon de faire une section des articles 61, 62, 63, 64, qui sont et doivent être communs à toutes les délibérations de conseils de famille sur la matière des tutelles. C'est ce qui est exprimé dans la rédaction proposée pour l'article 61; et le dernier alinéa de cet article ne convenait cependant qu'à une espèce de délibération; il a été spécialement restreint à cette espèce.

62, 63 et 64. (*Les* 62ᵉ., 63ᵉ. *et* 64ᵉ. *du Projet.*)   448 et 449

SECTION VIII. — *de l'administration du tuteur.*

65, 66, 67, 68 et 69. (*Les* 65ᵉ., 66ᵉ., 67ᵉ., 68ᵉ. *et* 69ᵉ. *du Projet.*)   450 à 452

70. Tout ce que le conseil de famille n'aura pas jugé à propos 452
de conserver, sera vendu à la diligence du tuteur, en pré-

sence du subrogé tuteur, par enchères reçues *par un officier public*, après des affiches ou publications dont le procès-verbal de vente fera mention.

(*Le* 70ᵉ. *du Projet.*) L'intervention *d'un officier public* aux ventes du mobilier d'un mineur a paru nécessaire.

453 71. Les père et mère auxquels est accordée la jouissance des biens du mineur, sont dispensés de vendre les meubles, s'ils aiment mieux les conserver pour les remettre en nature.

Audit cas ils sont tenus d'en faire faire, à leurs frais, une estimation à juste valeur par un expert qui sera nommé d'office par le tribunal de première instance; et ils seront tenus de rendre la valeur estimative de ceux des meubles qu'ils ne pourront pas représenter en nature.

ap. 453 Le père ou la mère qui perd la jouissance des biens du mineur dans les divers cas prévus ci-dessus, est obligé de faire vendre les meubles qu'il avait conservés en nature.

454 72. Aussitôt après l'inventaire, le conseil de famille doit régler la dépense du mineur, sans pouvoir excéder ses revenus pour les frais de sa nourriture, de son entretien, de son éducation.

Il règle également les frais nécessaires pour l'administration des biens.

Il arrête l'emploi qui doit être fait, d'après le produit de la vente des meubles, et peut même, suivant les circonstances, autoriser le tuteur à disposer du mobilier du mineur, en tout ou en partie, pour son éducation et son établissement.

Le père ou la mère tuteurs n'ont pas besoin, pour ces divers actes d'administration, de l'autorisation du conseil de famille.

(*Le* 72ᵉ. *du Projet.*) Les divers actes d'administration énoncés en cet article sont-ils assez importans pour que même le père ou la mère du mineur soient tenus de se faire autoriser du conseil de famille? Ne convient-il pas d'accorder, toutes les fois que l'inconvénient ne peut devenir trop grave, la plus grande confiance à l'autorité comme à la tendresse paternelle?

73. (*Le* 73e. *du Projet.*)

ap. 454
et 450

74. Le tuteur, même le père ou la mère, *ne peut emprun-* *ter pour le mineur*, ni aliéner ses biens immeubles, sans y être autorisé par un conseil de famille.

457 et
481

Il ne peut, sans cette autorisation, accepter ni répudier une succession.

(*Le* 74e. *du Projet.*) L'emprunt a paru devoir être rappelé dans cet article, commun à tout tuteur, même père et mère, plutôt que dans le 78e., que la commission a pensé ne devoir pas s'appliquer aux père et mère tuteurs.

75. (*Le* 75e. *du Projet.*)

481

(*Le* 76e. *du Projet.*) L'article 76 du projet doit être supprimé, puisqu'il ne donne aux mineurs que le même droit que les articles 95 et 96 du titre *des successions* accordent à tous héritiers.

462

76. (*Le* 77e. *du Projet.*)

463

77. Lorsqu'il est question de procéder à un partage, de faire emploi sur particuliers de deniers oisifs, ou de soute- nir, soit en demandant, soit en défendant, les droits immo- biliers du mineur, le tuteur *autre que le père ou la mère,* doit se faire autoriser par le conseil de famille.

455 à
457—
464—
465

(*Le* 78e. *du Projet.*) Des divers actes mentionnés en l'article 78 du projet, l'emprunt seul a paru à la commission ne pas devoir être confié aux père ou mère tuteurs, sans conseil ; et cet acte ayant en conséquence été énoncé dans le 74e., l'exception en faveur des père et mère, du besoin d'une autorisation du conseil de famille, semble devoir être adoptée.

78. Le tuteur peut défendre à une demande en partage d'une succession indivise avec le mineur ; mais, *s'il n'est le père ou la mère du mineur,* il ne peut provoquer le partage sans y être spécialement autorisé par un conseil de famille.

465

79. Tout partage dans lequel un mineur est intéressé, doit être fait en justice.

466

Il doit être précédé d'une estimation par experts, nommés en justice, et affirmée devant elle.

L'opération de la division et de la formation des lots, doit être faite par les mêmes experts.

Le procès-verbal de partage, de *tirage au sort* et délivrance des lots, se fait par devant notaire.

(*Le 80ᵉ. du Projet.*) N'est-il pas utile d'exprimer que le *tirage au sort* doit déterminer la délivrance des lots?

Une question s'est élevée sur le point de savoir s'il était conséquent de dire d'abord que tout partage dans lequel un mineur est intéressé doit être fait en justice, et ensuite que le procès-verbal de partage est fait devant un notaire. On s'est demandé surtout si c'était conforme au *quid utilius* pour les mineurs, d'avoir à essuyer, pour la même opération, les officiers de la juridiction contentieuse, et ensuite ceux de la juridiction volontaire.

En résultat, ce point a paru tenir beaucoup plus à l'administration qu'à la législation. Celle-ci est satisfaite du moment où ce qui a besoin de l'œil de la justice s'est passé devant elle.

466 —
457 —
458
459   80, 81 et 82. (*Les 81ᵉ., 82ᵉ. et 83ᵉ. du Projet.*)

83. La vente se fera aux enchères, publiquement, *devant tel notaire de l'arrondissement de la situation des biens qui sera désigné par la famille*, en présence du subrogé tuteur, et après trois affiches apposées, de décade en décade, aux lieux accoutumés dans l'arrondissement.

L'apposition des affiches sera attestée par le juge de paix du canton où les affiches auront été jugées nécessaires : chacune des trois affiches apposées sera attestée par un certificat particulier.

(*Le 84ᵉ. du Projet.*) Mêmes réflexions que sur le 80ᵉ. du projet, en ajoutant que suivant la nature et l'importance des biens, il est de l'intérêt du mineur que tel bien soit vendu à l'audience des criées, où concourent plus de spéculateurs; tel autre bien, chez le notaire du canton, où sont plus proches les acheteurs à qui de petits objets peuvent convenir.

Mais en tous cas, au moins convient-il de laisser à la famille le choix du notaire devant lequel il sera procédé aux enchères et à la vente.

457   84. Le conseil de famille, en autorisant la vente, *en réglera les conditions*, ainsi que les termes du paiement du prix.

ap. 458
— 2206   85 et 86. (*Les 86ᵉ. et 87ᵉ. du Projet.*)

87. Cette discussion résulte de l'état de la tutelle som- ap. 458
mairement présenté par le tuteur du mineur, qui peut lui ²²⁰⁶
être demandé par les créanciers, *lors même que c'est un père*
ou une mère qui a, en cette qualité, l'administration des biens
de ses enfans.

Faute par le père, la mère ou autre tuteur, d'avoir commu-
niqué l'état sommaire de la tutelle dans le délai prescrit par le
jugement qui les y aura condamnés, l'expropriation des im-
meubles pourra être poursuivie, sauf le recours des mi-
neurs contre les père, mère et autre tuteur.

(*Le 88ᵉ. du Projet.*) Est-il bien nécessaire de donner aux comptes
à rendre par les père et mère tuteurs, un nom différent qu'aux comptes
rendus par autres tuteurs ?

88. (*Le 89ᵉ. du Projet.*)   ib.

Section IX. — *Des comptes de tutelle.*

89. Le tuteur, *autre que le père ou la mère,* rend compte de sa 469 —
gestion chaque année à deux membres que la famille nomme ⁴⁷⁰
à cet effet, lors de la première assemblée indiquée par l'ar-
ticle 72 ci-dessus, et tous les trois ans au conseil de famille.

(*Le 90ᵉ. du Projet.*) Les père et mère *tuteurs doivent d'autant*
moins être assujétis aux comptes annuels et triennaux, qu'étant tu-
teurs de plein droit, ils n'ont pas mission de la famille, laquelle
n'est pas responsable.

90. (*Le 91ᵉ. du Projet.*)   ap. 470

Voir l'observation sur l'article 89.

91. (*Le 92ᵉ. du Projet.*)   470

92. *Si le mineur est émancipé, le tuteur, même le père ou la*
mère, rend au conseil de famille, le compte général de tutelle,
qui est arrêté provisoirement, et emploi du reliquat est déterminé ;
il est exécuté à peine de responsabilité.

L'ordre des idées a paru amener naturellement ces deux articles,
qui énoncent l'obligation des deux comptes y mentionnés, auxquels
s'appliqueront les dispositions des articles suivans, aussi bien qu'aux
comptes annuels et triennaux.

Il a paru nécessaire de bien exprimer que, jusqu'à la majorité, aucun compte ne peut être rendu et arrêté que provisoirement.

93. *A l'époque de la majorité du mineur, il lui est rendu compte général et définitif.*

455—
456—
471

94, 95, 96, 97 et 98. (*Les* 93e., 94e., 95e., 96e. *et* 97e. *du Projet.*)

471—
473

99. *Le compte définitif dû au mineur devenu majeur, est rendu devant le juge de paix : les arrêtés des comptes provisoires n'empêchent pas le juge de paix de prendre connaissance des difficultés qui peuvent s'élever sur les objets réglés par ces arrêtés. Le jugement que rend le juge de paix, est susceptible d'appel ; cet appel est porté au tribunal civil de l'arrondissement, qui statue en dernier ressort, même sur les difficultés qui n'auraient pas été élevées devant le juge de paix.*

(*Le* 100e. *du Projet.*) La faculté de revenir sur les comptes provisoirement arrêtés, ne doit-elle pas être reconnue dans le juge de paix devant qui se rend le compte définitif? L'article 100 du projet semble ne la reconnaître que dans le tribunal d'appel.

471

100. *Les frais des comptes tutélaires sont avancés par le tuteur, et à lui alloués au chapitre des dépenses à la charge du mineur.*

(*Le* 98e. *du Projet.*) La disposition de l'article 98 du projet doit être commune à *tous les comptes tutélaires.*

474

101. *La somme à laquelle est fixé le reliquat dû par le tuteur, porte intérêt sans demande, à compter de la clôture du compte, et au plus tard, de l'expiration de six mois après la majorité acquise au mineur, et ce dans le cas où le reliquat de ce compte ne résulterait pas d'articles qui emporteraient de droit intérêts contre le tuteur, d'après les règles ci-dessus prescrites.*

Les intérêts de ce qui serait dû au tuteur par le mineur, ne courront que du jour de la notification du jugement d'apurement portant sommation de payer.

(*Le* 99ᵉ. *du Projet.*) Si le reliquat d'un compte de tutelle résul-
tait de sommes qui, d'après les règles précédentes, devaient porter
intérêt en faveur des mineurs, il ne faut pas laisser prétexte de supposer que l'intérêt n'en courait pas du jour de la clôture du compte.

102. *Si dans une instance sur un compte définitif de tutelle,* 472
les parties voulaient compromettre ou même traiter amiable-
ment, elles ne le pourraient qu'autant qu'il y aurait eu compte
rendu devant le juge de paix par le tuteur, et *que les pièces*
justificatives auraient été prises en communication par le de-
mandeur à fin de compte.

Tout traité fait sans ces formalités, est nul, nonobstant
toutes mentions de remises de pièces justificatives ou de
paiement de reliquat ou de somme quelconque, sur la vérité desquelles mentions le demandeur en compte, en cas
de déni, sera cru à son affirmation.

(*Le* 101ᵉ. *du Projet.*) L'article du projet semble exclure absolument la faculté de compromettre sur instance de compte, matière du
nombre de celles où il est le plus raisonnable et le plus utile de recourir à des arbitres.

103. Ceux qui ont concouru ou dû concourir, comme y ap. 419
ayant été dûment appelés, *à la nomination du tuteur,* sont av. 475
garans et responsables de l'administration de ce tuteur, en
cas d'insolvabilité seulement, soit que le tuteur fût insolvable au jour de sa nomination, soit qu'il ne le soit devenu
que depuis, sauf ce qui est dit au titre *des hypothèques.*

Cette responsabilité n'est pas solidaire, et elle ne peut être
exercée contre les voisins ou amis.

(*Le* 102ᵉ. *du Projet.*) Comment des parens qui n'auraient concouru
qu'à des délibérations prises dans le cours de la tutelle, seraient-ils
garans de la solvabilité du tuteur qui aurait été nommé précédemment?

104. L'action du mineur contre son tuteur se prescrit par 475
dix ans, à compter du jour de la majorité; *celle en garantie*
contre les parens se prescrit par cinq ans.

(*Le* 103ᵉ. *du Projet.*) La responsabilité des parens ne doit-elle

pas être éteinte par une prescription plus courte que l'obligation du
tuteur de rendre son compte?

475—
468   105 et 106. (*Les 104e. et 105e. du Projet.*)

CHAPITRE III. — *De l'émancipation.*

476—
478   *107. Le père ou la mère peuvent émanciper leur enfant mineur qui est sous leur garde et direction, lorsqu'il a atteint l'âge
de dix-huit ans. Cette émancipation a lieu par la seule volonté
des père et mère, laquelle doit être déclarée en justice par eux
en personne ou un fondé de pouvoir spécial, à l'audience du
tribunal de première instance.*

*Si le mineur âgé de dix-huit ans a un tuteur autre que son
père ou sa mère, celui-ci est tenu de provoquer un conseil de
famille pour délibérer sur l'émancipation : elle est autorisée s'il
y a lieu; et le tuteur en vertu de cette autorisation le déclare
dans la forme ci-dessus indiquée.*

*Les père et mère non tuteurs, s'ils vivent encore, sont appelés
et entendus dans le conseil de famille, où ils ont voix délibérative. Ils peuvent s'opposer en justice à la délibération, et leur
opposition y est jugée.*

Le mariage émancipe de droit.

(*Le 106e. du Projet.*) N'est-ce pas un hommage à rendre à la
puissance paternelle, que de laisser au père et à la mère, lorsqu'ils
sont tuteurs, le droit d'émanciper ou non un enfant âgé de dix-huit
ans? Et cet enfant qui, avant cet âge de dix-huit ans, saura qu'il ne
sera pas émancipé de droit, mais seulement en cas de bonne conduite,
ne sera-t-il pas plus révérencieux et plus sage?

    *108. Par l'effet de l'émancipation du mineur, le tuteur est
de droit son curateur; et en cette qualité, il exerce, quant aux
actions dont la pleine liberté n'est pas rendue à l'émancipé, les
mêmes droits qu'un tuteur, dans les mêmes formes, aux mêmes
conditions, conformément aux mêmes règles.*

La conversion de la tutelle en curatelle par le seul effet de l'émancipation du mineur, paraît utile et sans inconvénient.

482   109. Le mineur émancipé a la pleine administration de

ses biens; il peut faire tous les actes qui ne sont que d'administration, passer des baux, recevoir ses revenus, et en
donner décharge.

*Il ne peut recevoir aucun capital, même mobilier, ni en don-
ner décharge.*

(*Le* 107ᵉ. *du Projet.*) N'y a-t-il pas inconvénient que l'émancipé
puisse recevoir tout capital mobilier? cela ne pourrait-il pas absor-
ber, en certains cas, toute sa fortune et une fortune considérable?

Il avait été proposé de l'autoriser à recevoir un capital mobilier
non excédant une année de son revenu; mais les inconvéniens d'exécution ont paru trop sensibles. D'ailleurs, déjà maître de dépenser
son revenu, d'emprunter une somme égale à ce revenu, s'il était encore maître de recevoir un capital mobilier équivalent, ce serait au
moins trois années de son revenu qu'il pourrait consommer.

110 et 111. (*Les* 108ᵉ. *et* 109ᵉ. *du Projet.*) 481—
483—
484
112. Le mineur émancipé ne peut aliéner, engager et hy- 484
pothéquer ses immeubles, ni disposer de ses biens meubles
ou immeubles par donation entre-vifs, si ce n'est par contrat
de mariage en faveur de la personne à laquelle il s'unit.

Il ne peut plaider pour action immobilière, soit en demandant, soit en défendant, sans être autorisé par le conseil de famille et *assisté de son curateur; si ce curateur est le
père ou la mère de l'émancipé, il pourra l'assister sans autorisation du conseil de famille.*

(*Le* 110ᵉ. *du Projet.*) Le tuteur étant devenu curateur à l'émancipé, le conseil de famille n'a pas besoin de lui en nommer un pour
les cas prévus dans cet article.

113. Le mineur, *même avant l'âge de dix-huit ans,* auto- 487
risé par un conseil de famille à exercer un art ou métier, ou
à faire un commerce, est réputé majeur quant au fait de
son commerce.

(*Le* 111ᵉ. *du Projet.*) Il est évident que la disposition de cet
article doit être rendue commune même au mineur qui n'a pas atteint
sa dix-huitième année.

114. Le tuteur ne peut se marier avec sa pupille, ni ma- fin du
ch. 3

rier sa pupille avec son fils, ni son pupille avec sa fille, *avant que le pupille ou la pupille aient atteint vingt-cinq ans accomplis*, à moins que le mariage ne soit spécialement autorisé par un conseil de famille, dont le tuteur, ni son fils avec lequel le mariage serait projeté, ne seront point membres.

(*Le 112e. du Projet.*) L'âge de vingt-cinq ans ne doit être requis que dans le pupille ou la pupille, et non dans le fils du tuteur, qui, n'eût-il pas vingt-cinq ans, peut épouser valablement la pupille de son père, qui a atteint cet âge. La rédaction de l'article 112 du projet formait équivoque à cet égard.

fin du ch. 3

115. L'autorisation énoncée dans l'article précédent ne peut être donnée que sur le vu du compte de tutelle, rendu préalablement *et apuré provisoirement par le conseil de famille.*

(*Le 113e. du Projet.*) Il est évident que dans ce cas, l'apurement du compte ne sera que provisoire; car il ne peut devenir définitif que rendu au mineur après sa majorité acquise.

ib.

116. Le mariage fait contre la disposition des deux articles précédens, est nul; *et la nullité en peut être demandée soit par le pupille, soit par ses père ou mère, soit par ses frères, sœurs, oncles, tantes, cousins ou cousines germains : mais cette nullité ne peut être exercée après que l'époux marié contre les dispositions ci-dessus a atteint sa vingt-sixième année.*

En cas qu'il décède avant d'avoir atteint cet âge, l'action des parens se prescrit par un an, du jour du décès, et ne peut même être exercée s'il y a enfant.

(*Le 114e. du Projet.*) La nullité du mariage fait contre la disposition des articles précédens, quelque absolue qu'elle puisse paraître, doit cependant être assujétie à des règles et renfermée dans des limites déterminées. On a appliqué ici les divers principes adoptés au titre des *Nullités du mariage.*

TITRE X.

De la majorité et de l'interdiction.

CHAPITRE PREMIER. — *Des majeurs.*

Art. 1er. (*Le 1er. du Projet.*) 488

2. Le majeur est capable de tous les actes de la vie civile, ib.
sauf ce qui est prescrit au titre des mariages.

3. Cette capacité se perd par l'interdiction; *elle est modi-* ap.488
fiée par la soumission à un conseil judiciaire.

CHAPITRE II. — *De l'interdiction.*

4, 5, 6, 7, 8, 9, 10, 11 et 12. (*Les 4e., 5e., 6e., 7e., 8e.,* 489 à
9e., 10e., 11e. et 12e. du Projet.*) 496

13. Si celui dont l'interdiction est provoquée ne peut, 496
sans des inconvéniens graves, être transporté au tribunal,
l'interrogatoire et l'examen sont faits par un commissaire
pris parmi les juges du tribunal et nommé par lui, lequel se
transporte au domicile du défendeur, avec le greffier du tribunal, ou son commis.

Ce commissaire est tenu de se faire assister *par le maire
ou l'adjoint de la commune du domicile du défendeur.*

(*Le 13e. du Projet.*) Les juges de paix n'ayant plus d'assesseurs,
il paraît naturel d'y substituer ici le maire ou son adjoint.

14. (*Le 14e. du Projet.*) 498

15. *En cas d'appel d'un jugement intervenu sur une de-* ap. 498
mande en interdiction, le tribunal qui en est saisi peut, s'il le
juge nécessaire, procéder à un nouvel interrogatoire et examen de celui dont l'interdiction est poursuivie.

(*Le 16e. du Projet.*) Le droit d'appeler d'un jugement qui rejette
une demande en interdiction, n'a pas paru devoir être refusé au
demandeur.

Quant à l'exécution provisoire d'un jugement qui prononce en première instance une interdiction, ce qu'il y a d'utile et de raisonnable
se trouve satisfait par les articles 21 et 22 du projet, et il serait au
moins inconvenant que cette exécution provisoire pût aller jusqu'aux
affiches dont il est question en l'article 20.

500 à
502
16, 17, 18, 19, 20 et 21. (*Les* 18e., 19e., 20e., 21e., 22e. *et* 23e. *du Projet.*)

503
22. Les actes antérieurs ne seront annullés qu'autant qu'il résultera soit de la procédure sur laquelle l'interdiction aura été prononcée, *soit des actes eux-mêmes,* que la cause d'interdiction existait à l'époque où ces actes ont été faits.

(*Le* 24e. *du Projet.*) La preuve de démence qui se tirerait de l'acte lui-même dont l'annullation serait demandée, ne vaudrait-elle pas autant que celle résultante d'une procédure qui constaterait que la démence remontait à l'époque de cet acte?

504 à
509
23, 24, 25, 26, 27, 28 et 29. (*Les* 25e., 26e., 27e., 28e., 29e., 30e. *et* 31e. *du Projet.*)

511
30. Lorsqu'il est question du mariage de l'un des enfans de l'interdit, la dot ou l'avancement d'hoirie qui *seraient à prendre sur les biens de l'interdit,* sont réglés par le conseil de famille.

(*Le* 32e. *du Projet.*) Le conseil de famille ne peut régler que ce qui pourrait être tiré des biens de l'interdit : ce qui serait fait en faveur de l'enfant d'un interdit, par toute autre personne, ne doit pas être soumis au conseil de famille.

510 à
512
31, 32, 33, 34, 35 et 36. (*Les* 32e., 33e., 34e., 35e., 36e., 37e. *et* 38e. *du Projet.*)

ap. 512
et 489
37. L'interdiction n'est admise contre les mineurs non émancipés, *que dans la dernière année de leur minorité. Un tuteur* ad hoc *leur est nommé pour les défendre. La même action peut être intentée contre les mineurs émancipés, que leurs curateurs assistent dans leur défense.*

(*Le* 39e. *du Projet.*) Il paraît utile que la demande en interdiction puisse être formée contre un mineur, même non émancipé, dans la dernière année de sa minorité. Si l'action en interdiction ne peut être formée qu'à l'époque de la majorité, que s'ensuit-il? que l'intervalle de la demande au jugement est employé à ratifier, comme on en a vu plusieurs exemples, les actes passés en minorité, contre chacun desquels une discussion particulière devient ensuite nécessaire, même après l'interdiction prononcée.

CHAPITRE III.— *Du conseil judiciaire.*

58. (*Le* 40e. *du Projet.*) .513

39. *Si, dans l'instruction sur la poursuite d'une demande en* ib. *interdiction, il était reconnu, soit devant le tribunal de première instance, soit devant le tribunal d'appel, qu'il n'y a pas causes suffisantes d'interdiction, mais que celui contre qui elle était provoquée est cependant dans le cas spécifié dans l'article ci-dessus, le jugement pourrait soumettre le défendeur à un semblable conseil.*

La commission a cru qu'en beaucoup de circonstances, lorsqu'une demande en interdiction avait été provoquée, il pouvait être juste et utile d'appliquer le remède plus doux d'une dation de conseil; et si un conseil judiciaire peut être accordé à celui qui le demande, pourquoi ne pourrait-il point l'être à celui pour qui il serait demandé ou à qui la justice croirait utile de le donner?

LIVRE II.

DES BIENS ET DES DIFFÉRENTES MODIFICATIONS DE LA PROPRIÉTÉ.

TITRE PREMIER.

De la distinction des biens.

ART. 1 et 2. (*Les* 1er. *et* 2e. *du Projet.*) 516 et ap.

CHAPITRE PREMIER. — *Des immeubles.*

3 et 4. (*Les* 3e. *et* 4e. *du Projet.*) 517 — 518

5. Sont réputés immeubles par leur destination, les objets 524 que le propriétaire d'un fonds y a placés pour l'utilité de ce fonds; savoir : les animaux *attachés* à la culture, les pigeons des colombiers, les lapins des garennes, les ruches à miel, les poissons des étangs; les pressoirs, cuves et tonnes; les pailles, foins et engrais; les effets mobiliers que le propriétaire a attachés à ses bâtimens à perpétuelle demeure.

(*Le* 5e. *du Projet.*) L'expression *attachés* à la culture, a paru plus propre que celle *destinés*, qui est plus restrictive. Des bestiaux garnissent souvent une ferme sans être *destinés à la culture*.

519 à
521 —
526

6, 7, 8 et 9. (*Les* 6e., 7e., 8e. et 9e. *du Projet.*)

522

10. Les animaux estimés ou non que le propriétaire livre pour la culture à son métayer ou *à son fermier*, sont censés immeubles, s'ils sont attachés au fonds par l'effet du bail.

Ceux qui ne sont point attachés à un fonds par l'effet d'un bail, sont meubles.

(*Le* 10e. *du Projet.*) La condition du métayer et celle du fermier paraissent devoir être la même ; et qu'un bien soit cultivé par l'un ou par l'autre, cela ne doit pas influer sur la qualité mobilière ou immobilière de animaux qui, *par l'effet du bail, sont attachés à la culture du fonds* : pourquoi ne s'en tiendrait-on pas à un principe unique ?

523 —
525

11 et 12. (*Les* 11e. et 12e. *du Projet.*)

CHAPITRE II. — *Des meubles, et de l'acception de ce terme.*

527

13. (*Le* 13e. *du Projet.*)

528

14. Les biens meubles par leur nature, sont les *corps* qui peuvent se transporter d'un lieu à un autre, soit qu'ils se meuvent par eux-mêmes comme les animaux, soit qu'ils ne puissent être changés de place que par une force étrangère, comme les choses inanimées.

529

15. Sont réputées meubles par la loi, les rentes perpétuelles ou viagères, soit sur la république, soit sur des particuliers ;

Les obligations et les actions, qui ont pour objet des sommes exigibles ou des effets mobiliers ;

Les actions dans les compagnies de finance, de commerce ou d'industrie, quoique des immeubles dépendans de ces entreprises appartiennent aux compagnies.

(*Le* 15e. *du Projet.*) *Les actions dans les compagnies de finance, commerce et industrie*, sont essentiellement meubles de leur nature : pourquoi en changeraient-elles, lorsque des immeubles appartiennent aux compagnies ? Le doute qui peut résulter de cette circonstance, a besoin d'être dissipé, parce que les inconvéniens du système contraire sont graves.

16. Les bateaux, barques et navires, moulins à eau sur bateau et *bains sur bateau*, sont meubles, quoique l'aliénation de quelques-uns de ces objets, à cause de leur importance, soit soumise à des formes particulières. 53t

(*Le* 16e. *du Projet.*) Il est évident que la condition des *bains sur bateau* doit être la même que celle des *moulins sur bateau.*

17 et 18. (*Les* 17e. *et* 18e. *du Projet.*) 532—535

19. Le mot *meubles*, sans autre désignation ni addition, ne comprend pas les dettes actives, l'argent comptant, l'argenterie, les *pierreries*, les livres, les *instrumens de sciences et arts*, le linge de corps, les chevaux et équipages, *les grains, vins, foins et autres denrées, ni rien de ce qui fait l'objet du commerce de celui qui dispose*, mais seulement tout ce qui est autrement mobilier. 533

(*Le* 19e. *du Projet.*) Les objets ajoutés à l'énumération de l'article 19, portent avec eux-mêmes les motifs des additions proposées.

20 et 21. (*Les* 20e. *et* 21e. *du Projet.*) 534—535

22. Si la vente ou le don est fait d'une maison, avec tout ce qui s'y trouve, tous les effets mobiliers qu'elle contient y sont bien compris, mais non les dettes actives, l'argent comptant, ni les autres droits dont les titres sont déposés dans cette maison. 536

(*Le* 22e. *du Projet.*) Pourquoi l'argenterie ne serait-elle pas comprise dans la vente ou don d'une maison portant la clause *avec tout ce qui s'y trouve?* L'argent comptant, les titres, semblent essentiellement suivre la personne partout où elle est. En est-il absolument de même de l'argenterie?

CHAPITRE III. — *Des biens dans leur rapport avec ceux qui les possèdent.*

23. Les particuliers ont la libre disposition des biens qui leur appartiennent, sauf les exceptions marquées dans les 537—542

lois ; mais *les biens* de la nation, des établissemens publics et des communes, sont administrés d'après les lois et réglemens qui leur sont propres. Ce n'est non plus que suivant les formes prescrites par ces lois et ces réglemens, que la nation, les établissemens publics et les communes peuvent vendre leurs biens ou en acquérir de nouveaux.

(*Les* 23e. *et* 29e. *du Projet.*) Deux mots ne sont changés dans ces deux articles que pour plus de correction et de précision.

ap. 537 —538 à 541 24, 25, 26, 27 et 28. (*Les* 24e., 25e., 26e., 27e. *et* 28e. *du Projet.*)

542 29. Les biens communaux sont ceux à la propriété ou au produit desquels les habitans d'une ou plusieurs communes *participent.*

(*Le* 29e. *du Projet.*) Voir l'observation sur l'article 23.

543 30. (*Le* 30e. *du Projet.*)

TITRE II.

De la pleine propriété.

544 ART. 1er. (*Le* 1er. *du Projet.*)

545 2. Nul ne peut être contraint de céder sa propriété, si ce n'est pour cause d'utilité publique, et moyennant une juste et *préalable* indemnité.

(*Le* 2e. *du Projet.*) L'indemnité ne pouvant être *juste* qu'autant qu'elle est préalable, les auteurs du projet ont sans doute cru inutile d'employer les deux expressions; mais c'est un principe si sacré que l'indemnité doit être *préalablement* payée, que la commission n'a pas cru qu'en supprimant ce mot, toujours employé jusqu'ici, on dût laisser soupçonner que la violation trop fréquente du principe eût déterminé à le changer.

546 3. (*Le* 3e. *du Projet.*)

SECTION 1re. — *Du droit d'accession sur ce qui est produit par la chose.*

547 4. Tout ce qui est produit par une chose mobilière ou immobilière, appartient au propriétaire de cette chose.

Tels sont les fruits naturels ou industriels de la terre ;

Les fruits civils ;

Les produits et le croît des animaux.

(*Le* 4ᵉ. *du Projet.*) L'expression, *les petits des animaux* ne renferme pas tout ce qui doit être compris ici, tel que la laine des brebis, le lait des vaches et des chèvres : *les produits et le croît des animaux,* c'est tout.

5, 6 et 7. (*Les* 5ᵉ., 6ᵉ. *et* 7ᵉ. *du Projet.*) 548 à 550

SECTION II. *Du droit d'accession sur ce qui s'unit et s'incorpore à la chose.*

8. (*Le* 8ᵉ. *du Projet.*) 551

DISTINCTION Iʳᵉ. — *Du droit d'accession relativement aux choses immobilières.*

9, 10 et 11. (*Les* 9ᵉ., 10ᵉ. *et* 11ᵉ. *du Projet.*) 552 à 554

12. Le propriétaire sur le fonds duquel un tiers a fait des 555 plantations ou des constructions, a le droit ou de les retenir, ou d'obliger celui qui les a faites de les retirer ou de les démolir.

Si le propriétaire en demande la suppression, elle est aux frais de celui qui les a faites, sans aucune indemnité.

Si le propriétaire les retient, il ne doit au constructeur que le remboursement de la valeur des matériaux et du prix de la main-d'œuvre, quand bien même l'augmentation de valeur procurée à la propriété par la construction serait plus considérable.

Mais si l'augmentation de valeur du fonds, résultante de la construction, était au-dessous de la dépense de la main-d'œuvre et de la valeur des matériaux, le propriétaire ne serait tenu que de payer au constructeur, soit l'estimation de l'augmentation de valeur du fonds, soit même, si elle était plus forte, l'estimation de la valeur des seuls matériaux.

(*Le* 12ᵉ. *du Projet.*) L'article du projet n'a pas laissé au propriétaire du fonds le droit de retenir la construction, au cas du troisième alinéa qui autorisait le constructeur à dire : Payez—moi la valeur de mes matériaux et ma dépense de main-d'œuvre, ou j'enlève mes matériaux. Tout doit être en faveur du propriétaire du fonds, qui, en payant la valeur des matériaux, doit toujours être autorisé à retenir la construction, et ne doit jamais être tenu à payer au-delà que quand sa chose a augmenté de plus grande valeur. Il doit toute la valeur des matériaux, lors même qu'on n'estimerait qu'au-dessous l'augmentation de valeur du fonds, parce qu'il sera le maître de disposer des matériaux de la manière qu'il jugera la plus convenable à ses intérêts.

555 (*Le* 13e. *du Projet.*) La suppression de cet article est proposée, parce qu'il ne présente qu'une subtilité sans intérêt pour le planteur, à qui l'article précédent assure la valeur de la chose si on la lui retient.

555 à 558 13, 14, 15 et 16. (*Les* 14e., 15e., 16e. *et* 17e. *du Projet.*)

559 17. Si le fleuve ou la rivière, navigable ou non, emporte par une force subite un morceau *reconnaissable* d'un champ riverain, en le portant sur un champ inférieur ou sur la rive opposée, le propriétaire peut suivre sa propriété, pourvu qu'il fasse sa réclamation dans les trois ans ; ou même après ce laps de temps, si celui auquel le champ a été uni n'en a pris aucune possession.

(*Le* 18e. *du Projet.*) On propose de supprimer de l'article du projet, l'épithète *considérable*, donnée au morceau enlevé dont est question : le langage des lois doit éviter d'employer ces expressions, qui, purement relatives, ne présentent aucune idée fixe. Le morceau de terre enlevé sera toujours assez *considérable* lorsqu'il sera *reconnaissable.*

560 18. (*Le* 19e. *du Projet.*)

561 19. Les îles et atterrissemens qui se forment dans les rivières non navigables et non flottables, appartiennent aux propriétaires riverains des deux côtés, *à proportion de la proximité à laquelle chacun d'eux se trouve de l'île nouvellement formée; de sorte que si le propriétaire d'un côté n'est éloigné que de huit mètres, et si le propriétaire du côté opposé est éloigné de seize mètres, le premier aura les deux tiers de l'île, et l'autre un tiers seulement.*

(*Le* 20e. *du Projet.*) La commission a pensé que le mode de partage des îles entre propriétaires riverains des deux côtés, tel qu'elle le propose, est le plus naturel, et surtout le plus facile dans l'exécution, qui ne demande que l'opération la plus mécanique ; tandis que *le fil de l'eau*, indiqué pour régulateur par le projet, est très-souvent difficile à déterminer, même par gens de l'art.

20, 21, 22 et 23. (*Les* 21e., 22e., 23e. *et* 24e. *du Projet.*) 562à 564

DISTINCTION II. *Du droit d'accession relativement aux choses mobilières.*

24, 25 et 26. (*Les* 25e., 26e. *et* 27e. *du Projet.*) 555 à 567

27. L'équité veut néanmoins que la règle précédente reçoive 568 exception quand la chose unie est beaucoup plus précieuse que la chose principale, et a été employée à l'insçu du vrai propriétaire, qui, *en ce cas, peut demander que la chose unie soit séparée pour lui être rendue,* quoiqu'il en puisse résulter quelque dégradation de la chose à laquelle elle a été jointe.

(*Le* 28e. *du Projet.*) L'article du projet ne paraît pas disposer formellement, ce qu'il paraît cependant vouloir, qu'au cas proposé la séparation des deux choses unies peut être requises.

28, 29 et 30. (*Les* 29e., 30e, *et* 31e. *du Projet.*) 569à 571

31. Lorsqu'une personne a employé en partie la matière 572 qui lui appartenait, et en partie celle qui ne lui appartenait pas, à former une chose d'une espèce nouvelle, sans que ni l'une ni l'autre des deux matières soient entièrement détruites, mais de manière qu'elles ne puissent pas se séparer sans inconvénient, la chose est commune aux deux propriétaires, *en raison, quant à l'un, de la matière qui lui appartenait; et quant à l'autre, en raison à la fois, et de la matière qui lui appartenait, et du prix de sa main-d'œuvre.*

(*Le* 32e. *du Projet.*) Pourquoi ne tiendrait-on pas compte, comme dans les autres espèces, du prix de la main-d'œuvre, à celui qui a employé son industrie ?

32. Lorsqu'une chose a été formée par le mélange de plu- 573 sieurs matières appartenant à différens propriétaires, si les

matières peuvent être séparées, celui à l'insçu duquel les
matières ont été mélangées peut en demander la division.

Si les matières ne peuvent plus être séparées sans inconvénient, ils en acquièrent en commun la propriété *dans la
proportion de la quantité, de la qualité et de la valeur des matières appartenant à chacun d'eux.* Cette règle a lieu encore
que le mélange se soit fait fortuitement, ou ait été fait par
l'un des propriétaires à l'insçu de l'autre.

(*Le 33e. du Projet.*) Le deuxième alinéa doit supposer, comme le
premier, que les matières mélangées appartenaient avant le mélange,
les unes à un propriétaire, les autres à un autre.

574—
575
    33 et 34. (*Les 34e. et 35e. du Projet.*)

576
    35. Dans tous les cas où le propriétaire, dont la matière
a été employée à son insçu à former une chose d'une autre
espèce, peut réclamer *la propriété de cette chose, il a le
choix de se borner à demander* la restitution de la matière
en même nature, en même quantité, qualité, poids et mesure *ou* la valeur en argent.

(*Le 36e. du Projet.*) Ce n'est pas sa matière que le propriétaire
doit être autorisé à réclamer, mais de la *matière* en même qualité,
quantité et nature.

TITRE III.
De l'usufruit, de l'usage et de l'habitation.

CHAPITRE PREMIER. — *De l'usufruit.*

DISPOSITIONS GÉNÉRALES.

578 à
581
    1, 2, 3, 4 et 5. (*Les 1er., 2e., 3e., 4e. et 5e. du Projet.*)

SECTION Ire. — *Des droits de l'usufruitier.*

582
    6. L'usufruitier a le droit de jouir de toutes les espèces
de fruits, soit naturels, soit *industriels,* soit civils, que
l'objet dont il a l'usufruit peut produire.

(*Le 6e. du Projet.*) Il semble que l'exactitude exige qu'on rappelle ici les fruits *industriels* que les auteurs du projet ont eux-mêmes
distingués ailleurs des fruits *naturels* proprement dits.

7. Les fruits naturels sont ceux qui sont le produit spon- 583
tané de la terre. Le produit et croît des animaux sont aussi
des fruits naturels.

Les fruits industriels d'un fonds sont ceux qu'on en obtient
par la culture.

Les prix des baux à ferme, qui représentent les fruits natu-
rels et industriels d'un fonds, suivent les mêmes règles que les
fruits naturels et industriels eux-mêmes.

Le 7e. du Projet.) Après avoir spécifié les fruits industriels
comme distincts des fruits natu els, il devient nécessaire de donner,
au lieu d'une définition commune à tous, celles qui sont plus propres
à chacun.

Les prix des baux à ferme étant la représentation des fruits naturels
et industriels et devant subir les mêmes règles, c'est un principe qu'il
est bon de placer ici.

8. Les fruits civils sont les loyers *de maisons et d'usines ;* 584
Les intérêts des sommes exigibles ;
Les arrérages de rentes.

(*Le 8e. du Projet.*) Les prix des baux à ferme ne devant suivre
que la condition des fruits *naturels ou industriels,* et non celle *des*
fruits civils, pourquoi les comprendre dans l'énumération des fruits
civils ?

9, 10, 11, 12, 13 et 14.(*Les 9e., 10e., 11e., 12e., 13e. et 14e.* 585 à
du Projet.) 589

15. *L'usufruit comprend les animaux, mais s'il est établi*
sur un troupeau susceptible de se reproduire, l'usufruitier est
tenu, dans tous les cas, de rendre le troupeau aussi nombreux
qu'il était quand il l'a reçu.

L'usufruit peut être concédé de quelques animaux ou d'un troupeau;
il convient de tracer les règles qui différencient ces deux cas.

16, 17 et 18. (*Les 15e., 16e. et 17e. du Projet.*) 590 à
592

19. Les arbres fruitiers qui meurent, *ceux mêmes qui* 594
sont arrachés ou brisés par accident, appartiennent à l'usufruitier, à la charge de les remplacer par d'autres.

(*Le 18e. du Projet.*) N'est-il pas utile à la chose que l'usu–

fruitier soit tenu de remplacer les arbres fruitiers qui périssent par accident comme ceux qui meurent, en lui en donnant la propriété? Sans doute que les auteurs du projet ne lui donnaient pas la propriété des arbres fruitiers périssant par accident, en le dispensant de les remplacer : à qui donnaient-ils cette propriété?

593 à 599   20, 21, 22, 23, 24 et 25. (*Les 19e., 20e., 21e., 22e., 23e. et 24e. du Projet.*)

SECTION II. — *Des obligations de l'usufruitier.*

600   26. L'usufruitier *ne peut entrer* en jouissance qu'après avoir fait dresser en présence du propriétaire, ou lui dûment appelé, un inventaire des meubles et un état des immeubles sujets à l'usufruit.

(*Le 25e. du Projet.*) Est-ce assez de dire ce que l'usufruitier a l'obligation de faire *avant d'entrer en jouissance?* Ne faut-il pas exprimer qu'il ne peut *entrer en jouissance* qu'après avoir rempli les obligations qui lui sont imposées?

601   27. Il *donne* caution de jouir en bon père de famille, *à moins* qu'il n'en soit dispensé par sa qualité, ou par l'acte constitutif de l'usufruit.

(*Le 26e. du Projet.*) Les changemens proposés dans les articles 27, 29 et 31 ne tombent que sur des expressions qui ont paru peu correctes.

602   28. (*Le 27e. du Projet.*)

604   29. Le *retard* de fournir caution ne prive pas l'usufruitier des fruits déjà échus; ils lui sont dus du moment où l'usufruit a été ouvert conformément aux règles ci-dessus établies.

ap. 604   30. (*Le 29e. du Projet.*)

605   31. L'usufruitier n'est tenu qu'aux réparations d'entretien.

Les grosses réparations demeurent à la charge du propriétaire, *à moins* qu'elles n'aient été occasionnées par le défaut de réparations d'entretien depuis l'ouverture de l'usufruit; auquel cas, l'usufruitier en est aussi tenu.

32, 33, 34 et 35. (*Les* 31ᶜ., 32ᵉ., 33ᵉ., *et* 34ᵉ. *du Projet.*) 606 à 609

36. L'usufruitier à titre particulier n'est pas tenu des 611 dettes auxquelles le fonds *est hypothéqué ;* et s'il est forcé de les payer, il a son recours contre le propriétaire.

(*Le* 35ᵉ. *du Projet.*) L'expression du projet est trop générale ; car, sans doute, l'usufruitier devrait servir *une rente foncière* dont serait chargé l'héritage à lui concédé en usufruit.

37. L'usufruitier à titre universel doit contribuer avec le 612 propriétaire au paiement des dettes ; ce qui s'exécute de la manière suivante :

Les intérêts sont acquittés par l'usufruitier, sans aucun recours contre le propriétaire.

Quant aux capitaux, c'est le propriétaire qui est tenu de les payer ; et alors l'usufruitier doit lui en servir les intérêts.

Si l'usufruitier paie quelque capital, la répétition en sera exercée à la fin de l'usufruit.

(*Le* 36ᵉ. *du Projet.*) C'est le mode adopté par les auteurs du projet eux-mêmes dans leur article 34, qu'on propose d'appliquer également à leur article 36, qui demande une opération assez compliquée, et mène à un résultat injuste ; car si l'usufruitier ne paie que ce qui est la *charge de l'usufruit,* pourquoi récupérerait-il ensuite ce capital ?

38 et 39. (*Les* 37ᵉ. *et* 38ᵉ. *du Projet.*) 613 — 614

SECTION III. — *Comment l'usufruit prend fin.*

40, 41, 42 et 43. (*Les* 39ᵉ., 40ᵉ., 41ᵉ. *et* 42ᵉ. *du Projet.*) 617 à 621

44. Si la renonciation est faite *au préjudice* des créanciers, 622 ils peuvent la faire annuler.

(*Le* 43ᶜ. *du Projet.*) La fraude suppose *consilium et eventus ;* or ne suffit-il pas que par l'événement une renonciation porte *préjudice* aux créanciers, quoiqu'elle ne soit pas *frauduleuse* par l'intention du renonçant, pour qu'il y ait lieu à la faire annuller ?

45. (*Le* 44ᶜ. *du Projet.*) 623

46. Si l'usufruit n'est établi que sur un bâtiment, et que 624 ce bâtiment soit détruit par un incendie ou autre accident, ou s'écroule de vétusté, l'usufruitier n'aura pas le droit de jouir du sol ni des matériaux.

Mais si ce bâtiment était compris *dans une concession de l'usufruit de biens plus étendus*, l'usufruitier jouira du sol et des matériaux.

(*Le 45ᵉ. du Projet.*) Faut–il pour l'objet de cet article que le bâ‑ timent ait été compris dans un *usufruit général?* Ne suffit–il pas qu'il fasse partie d'un usufruit de biens plus étendus?

CHAPITRE II. — *De l'usage et de l'habitation.*

625 à 629   47, 48, 49, 50 et 51. (*Les 46ᵉ., 47ᵉ., 48ᵉ., 49ᵉ. et 50ᵉ. du Projet.*)

630   52. Celui qui a l'usage des fruits d'un fonds, ne peut en exiger qu'autant qu'il lui en faut pour ses besoins et ceux de sa famille.

Il en est de même de celui qui a le droit d'habiter dans une maison; il peut y demeurer avec sa famille.

(*Le 51ᵉ. du Projet.*) Pourquoi le projet semble–t–il indiquer que le droit d'usage ne s'étend pas par l'accroissement de la famille de l'usager, et qu'il exprime formellement que le droit d'habitation s'étend, lors même qu'il a été accordé à quelqu'un non marié au mo‑ ment de la concession? La commission n'a pas trouvé de motifs suffi‑ sans d'établir aucune différence entre le droit d'usage et celui d'habi‑ tation; elle propose une rédaction qui les fait toujours marcher sur la même ligne.

631   53. *L'étendue de l'usage et de l'habitation s'accroît avec l'augmentation de famille de celui qui a l'un ou l'autre de ces droits, quand même il n'aurait pas été marié à l'époque où il lui a été donné.*

(*Le 52ᵉ. du Projet.*) Voir l'observation sur l'article 52.

632— 633   54. *Les droits d'usage et d'habitation se restreignent à ce qui est nécessaire à ceux qui ont ces sortes de droits et à leur famille ; et les propriétaires jouissent du surplus des fruits ou de l'habitation, s'il y en a.*

(*Les 53ᵉ. et 54ᵉ. du Projet.*) Voir l'observation sur l'article 52.

634   55. L'usager d'un fonds ou d'un troupeau, comme celui

qui n'a qu'un droit d'habitation dans une maison, ne peuvent céder leurs droits ni les louer à un autre.

(*Le 55e. du Projet.*) Voir l'observation sur l'article 52.

56. Si l'usager absorbe tous les fruits du fonds, ou occupe la totalité de la maison, il est assujéti *aux frais de culture*, aux réparations d'entretien et au paiement des contributions comme l'usufruitier; s'il n'en prend qu'une partie, il contribuera au prorata de ce dont il jouit. 635

(*Le 56e. du Projet.*) Il paraît bon d'exprimer les *frais de culture* qui sont à l'égard de l'usager d'un fonds, ce que sont les réparations d'entretien à l'égard de celui qui a un droit d'habitation.

57. (*Le 57e. du Projet.*) 636

TITRE IV.

Des servitudes ou services fonciers.

ARTICLE PREMIER. (*Le premier du Projet.*) 639

CHAPITRE PREMIER.—*Des servitudes qui dérivent de la situation des lieux.*

2 et 3. (*Les 2e. et 3e. du Projet.*) 640—641

4. Celui qui borde une eau courante, peut s'en servir à son passage pour l'irrigation de ses propriétés. 644

Celui dont cette eau traverse l'héritage, peut même, dans l'intervalle qu'elle y parcourt, *en user à sa volonté;* mais à la charge de *la rendre,* à la sortie de ses fonds, à son cours ordinaire.

(*Le 4e. du Projet.*) Pourquoi refuserait-on le droit d'irrigation à celui dont l'héritage borde une eau courante, si cette eau peut être considérée comme *dans le domaine public?*

Celui dont l'héritage est traversé par une eau courante, ne pourrait-il qu'en *changer le canal?* ne doit-il pas avoir tout droit *d'en user à sa volonté,* pourvu qu'à la sortie de son fonds il la rende à son cours ordinaire?

5. (*Le 5e. du Projet.*) 645

647   6. Tout propriétaire peut obliger son voisin au bornage de leurs propriétés contiguës ; le bornage se fait à frais communs.

(*Le* 6e. *du Projet.*) Les droits de parcours et de chaumage ont donné lieu à tant de contestations, et ont été si diversement réglés, qu'il paraît nécessaire de fixer les conditions auxquelles on devra maintenir ces sortes de servitudes, et celles auxquelles on pourra s'en affranchir.

646   7. (*Le* 7e. *du Projet.*)

Voir l'observation sur l'article **6.**

av.648   8. *Ce droit a lieu, même contre l'usage de parcours ou de vaine pâture qui n'est réputé que précaire, à moins qu'il ne soit fondé sur un titre particulier de concession ou d'acquisition.*

Voir l'observation sur l'article **6.**

648   9. *Lors même qu'il est fondé sur un titre ; le propriétaire qui veut se clore, s'en affranchit en en faisant le rachat suivant estimation par experts ; et son droit d'user de la vaine pâture sur les héritages non enclos, est diminué en proportion de l'étendue du domaine qu'il a soustrait à cet usage.*

Voir l'observation sur l'article **6.**

ap.648   10. *Les dispositions des articles précédens sont communes à tous droits de parcours et de vaine pâture, soit qu'ils appartiennent à des communautés d'habitans ou à des particuliers, soit que ces droits soient réciproques ou qu'ils ne le soient pas.*

Voir l'observation sur l'article **6.**

ib.   11. *Dans les pays même où les héritages non enclos sont soumis par l'usage au parcours ou vaine pâture, le propriétaire qui a fait la récolte de son blé, conserve le droit seul de disposer des chaumes, en annonçant par un signe extérieur que son intention est de se le réserver.*

Voir l'observation sur l'article **6.**

CHAPITRE II. — *Des servitudes établies par la loi.*

§. Iᵉʳ. — Des murs et des fossés mitoyens.

(*Le 15ᵉ. du Projet.*) N'est-il pas bien dur de déclarer que dans les communes au-dessus de trois mille âmes, le copropriétaire d'un mur mitoyen ne peut se dispenser de contribuer à sa réparation, en abandonnant le droit de mitoyenneté? Si cela est juste dans les communes de trois mille âmes, pourquoi cette faculté d'abandonner le droit de mitoyenneté est-elle accordée dans les communes d'une population inférieure? La commission eût préféré proposer une règle universelle : mais, un de ses membres tenant à l'article tel qu'il est, deux pensaient qu'il fallait donner partout le droit à un voisin d'exiger de l'autre voisin la contribution aux réparations du mur mitoyen ; et deux pensaient, au contraire, qu'il fallait que partout on fût autorisé à abandonner son droit de mitoyenneté pour s'affranchir des réparations à faire.

§. II. — De la distance et des ouvrages intermédiaires requis pour certaines constructions et plantations.

C'est aussi un droit de propriété, dont au moins le principe paraît devoir être consigné dans le Code civil, que celui de ne pas être obligé de souffrir trop près de son héritage la plantation de haies ou d'arbres, dont le plus ou moins de distance doit être déterminé par des usages et réglemens particuliers.

§. III. — Des vues sur la propriété de son voisin.

675 à 679   33, 34, 35, 36 et 37. (*Les* 28e., 29e., 30e., 31e. *et* 32e. *du Projet.*)

680   38. Les distances dont il est parlé dans les articles précédens, se comptent depuis le parement *extérieur* du mur où se fait l'ouverture.

(*Le* 33e. *du Projet.*) Dans l'objet de ce paragraphe, la servitude commence à peser sur le voisin, du point où la vue pénètre au-delà du mur ouvert. C'est donc du parement *extérieur* de ce mur que doit se mesurer la distance ; et à quoi bon s'occuper de savoir s'il y a un mur opposé de séparation, et s'il est mitoyen ou non? La règle générale suffit ; c'est que s'il s'agit d'une vue droite, une distance de six pieds doit être entre le parement extérieur du mur ouvert et le point où commence la propriété du voisin.

§. IV. — De l'égout des toits.

681   39. (*Le* 34e. *du Projet.*)

§. V. — Du droit de passage.

682 à 684   40, 41 et 42. (*Les* 35e., 36e. *et* 37e. *du Projet.*)

CHAPITRE III. — *Des servitudes établies par le fait de l'homme.*

SECTION Ire. — *Des diverses espèces de servitudes qui peuvent être établies sur les biens.*

686 à 689   43, 44, 45 et 46. (*Les* 38e., 39e., 40e. *et* 41e. *du Projet.*)

SECTION II. — *Comment s'établissent les servitudes.*

690 à 694   47, 48, 49, 50 et 51. (*Les* 42e., 43e., 44e., 45e. *et* 46e. *du Projet.*)

695   52. Le titre constitutif de la servitude, à l'égard de celles qui ne peuvent s'acquérir par la prescription, ne peut être remplacé que par un acte récognitif de la servitude et émané du propriétaire du fonds asservi, *ou par un jugement ayant acquis l'autorité de la chose jugée.*

(*Le* 47e. *du Projet.*) Un jugement ayant acquis l'autorité de la chose jugée, ne doit-il pas pouvoir remplacer le titre d'une servitude?

53. (*Le 48e. du Projet.*)   696

SECTION III. — *Des droits du propriétaire du fonds dominant.*

54. (*Le 49e. du Projet.*)   697

55. Ces ouvrages doivent être à ses frais et non à ceux du   698
propriétaire des fonds servans, *à moins* que le titre de l'établissement de la servitude ne dise le contraire.

56, 57 et 58. (*Les 51e., 52e. et 53e. du Projet.*)

700 à
702

SECTION IV. — *Comment les servitudes s'éteignent.*

59, 60, 61 et 62. (*Les 54e., 55e., 56e. et 57e. du Projet.*)   703 à
                                                                706
63. Ce temps commence à courir selon les diverses espèces   707
de servitudes; *savoir, pour celles non apparentes, du jour où
on a cessé d'en user; et pour les apparentes, du jour où a été
supprimé l'ouvrage extérieur qui annonçait la servitude.*

(*Le 58e. du Projet.* Ce n'est pas assez de dire qu'à l'égard de
certaines espèces de servitudes la prescription court du jour où on a
cessé d'en user; et qu'à l'égard d'autres espèces elles ne court que du
jour où a existé un acte contraire à la servitude. Il est bon d'exprimer
quelles espèces sont dans le premier cas, et quelles sont celles dans le
second.

64, 65 et 66. (*Les 59e., 60e. et 61e. du Projet.*)   708 à
                                                               710

LIVRE III.

DES DIFFÉRENTES MANIÈRES DONT ON ACQUIERT LA PROPRIÉTÉ, OU DES DROITS SUR LES BIENS.

DISPOSITIONS GÉNÉRALES.

ART. 1er. La propriété *ou les droits* sur les biens s'acquiè-   711
rent,

1°. Par la puissance paternelle; il en a été traité au titre
des tutelles;

2°. Par la succession;

3°. *Par la disposition de l'homme;*

4°. Par les obligations qui naissent des contrats ou conventions;

5°. Par les obligations qui résultent du seul fait de l'homme sans convention, telles que les quasi-contrats ou quasi-délits ;

712 6°. Par l'accession ou l'incorporation ; il en a été traité en la section II du titre II du livre II ;

7°. Par la prescription.

(*Le* 1er. *du Projet.*) Les *droits* qu'on peut acquérir sur les biens ne sont pas, moins que la *propriété* même des fonds, l'objet de ce livre du Code civil.

La disposition de l'homme est aussi une manière dont s'acquièrent les propriétés et les droits, et doit par conséquent entrer dans l'énumération de cet article.

av. 713 2. La loi civile ne reconnaît point le droit de simple occupation.

713 Les biens qui n'ont jamais eu de maître, et ceux qui sont vacans comme abandonnés par leurs propriétaires, appartiennent à la nation ; nul ne peut les acquérir que par une possession suffisante pour opérer la prescription.

715 La faculté de chasser ou de pêcher est réglée par les lois qui lui sont particulières.

717 Il en est de même des effets jetés à la mer.

716 3. *La propriété d'un trésor appartient à celui qui le trouve dans son propre fonds ; mais si le trésor est trouvé dans le fonds d'autrui, la propriété en appartient pour moitié à l'inventeur, et pour l'autre moitié au propriétaire du fonds.*

Le trésor est toute chose cachée ou enfouie sur laquelle personne ne peut justifier sa propriété.

La législation relative au trésor a paru pouvoir être aussitôt fixée qu'indiquée.

TITRE Ier.

Des successions.

CHAPITRE PREMIER. — *De l'ouverture des successions et de la saisine légale.*

SECTION Ire. — *De l'ouverture des successions.*

718—
719 ART. 1er. et 2. (*Les* 1er. *et* 2e. *du Projet.*)

3. Si l'individu condamné n'a point été arrêté ou ne s'est ap.718 25-27
point représenté dans le délai que la loi accorde pour purger
la contumace, la mort civile est encourue du jour de la *pro-*
nonciation du jugement de condamnation; les biens qui
avaient été séquestrés au profit de la république, sont restitués à ceux de ses parens qui étaient habiles à lui succéder
à l'époque du jugement.

4. Dans le cas où le condamné est arrêté ou se présente ib.
dans le délai qui lui est accordé par la loi, le jugement de
contumace est anéanti de plein droit; et pour lors, si la
même condamnation ou toute autre emportant mort civile
est prononcée contre lui, la mort civile n'est encourue que
du jour de ce jugement contradictoire; sa succession n'est
ouverte que du jour de la *prononciation* de ce second jugement, et elle est dévolue à ceux des parens du condamné
qui sont habiles à lui succéder à cette époque.

(*Les* 3e. *et* 4e. *du Projet.*) Peut-être ces articles sont-ils superflus, étant des conséquences aussi évidentes que nécessaires de ce qui a
été dit au titre *de l'état des personnes;* mais en tout cas, d'après les
motifs qui ont été donnés par la commission pour faire encourir la
mort civile par la *prononciation* des jugemens de condamnation, elle
propose ici de substituer le mot *prononciation* à celui d'*exécution*, et
observe que dans le système du projet, il faudrait réformer, en quelques points, les articles 3 et 4, dans lesquels on confond le jour du
jugement avec le jour de l'*exécution*.

5, 6, 7, 8, 9, 10 et 11. (*Les* 5e., 6e., 7e., 8e, 9e., 10e. ib. et
et 11e. *du Projet.*) 720 à 722

12. *Les règles établies dans les quatre articles précédens ont*
lieu, quoique les circonstances qui les ont déterminées puissent
être indifférentes à certains genres de mort.

Il paraît nécessaire d'exprimer que les présomptions tirées de l'âge
et du sexe doivent servir de règle dans les cas même où les raisonnemens n'en pourraient tirer aucune conséquence, comme dans le cas
où des voleurs auraient égorgé plusieurs personnes dans une maison
par eux dévastée; toute espèce de présomption manquant dans un tel
cas, mieux vaut s'attacher à des circonstances, quoique peu con-
cluantes, que de laisser lieu à l'arbitraire absolu.

SECTION II. — *De la saisine légale des héritiers.*

723 —
724

13. La loi seule défère les successions ; elle règle l'ordre de succéder entre ceux qui doivent les recueillir, et y appelle successivement, et au défaut les uns des autres,

1°. Les héritiers du sang, et *les enfans adoptifs ;*

2°. L'époux survivant ;

5°. La république.

724

14. A l'instant même de l'ouverture des successions, les héritiers du sang et *les enfans adoptifs* sont saisis de plein droit de tous les biens, droits et actions du défunt, et ils sont tenus de toutes les charges de la succession.

(*Les* 12e. *et* 13e. *du Projet.*) La commission proposant d'admettre l'adoption, pense que la loi doit appeler *les enfans adoptifs* à succéder, sauf à modifier leurs droits successifs.

ib.

15. *L'époux survivant et la république doivent se faire envoyer* en possession de la succession par justice, et dans les formes qui seront déterminées ci-après.

(*Le* 14e. *du Projet.*) Dire que l'époux survivant et la république doivent se faire envoyer en possession, n'est-ce pas dire qu'ils n'ont pas la saisine légale ? est-il besoin d'exprimer la même chose deux fois en un seul article ?

CHAPITRE II. — *Des qualités requises pour succéder.*

725

16. (*Le* 15e. *du Projet.*)

Sur cet article, on s'est demandé si l'on pouvait supposer que le jour précis de la conception pût jamais être déterminé, comme semble l'exiger le cas du n°. 4. Ne pouvait-on pas adopter l'ancienne expression des lois qui parlaient de l'enfant né *viable ?* ne pouvait-on pas déclarer que l'enfant est incapable, *s'il est né avant d'avoir acquis le degré de conformation nécessaire à l'existence, quand même il aurait donné quelques signes de vie ?*

ap. 725
—25

17. (*Le* 16e. *du Projet.*)

ib.

18. En conséquence, si le condamné n'a point été arrêté, ou ne s'est pas représenté dans le délai utile, les successions qui se sont ouvertes dans le cours de ce délai, et auxquelles

le condamné était appelé, appartiennent aux héritiers qui les auraient *recueillies s'il eût été décédé le jour de sa condamnation.*

Néanmoins ces héritiers, tant que le délai accordé au condamné pour se représenter n'est point expiré, ne sont envoyés en possession de la succession échue que provisoirement, et en donnant caution de restituer au condamné s'il y a lieu.

19. Si le contumax représenté est condamné contradictoirement à une peine emportant mort civile, les successions qui lui sont échues avant la *prononciation* de ce jugement contradictoire, peuvent être réclamées par ceux de ses parens qui se trouvent être ses héritiers de droit à l'époque du second jugement, et auxquels elles doivent être restituées par ceux qui en avaient obtenu la possession provisoire.

ap. 725 —25

S'il est absous, ou s'il n'est condamné qu'à une peine qui n'emporte pas mort civile, il reprend ses droits sur toutes les successions ouvertes pendant sa contumace; et ceux qui en auraient été envoyés en possession, doivent lui restituer tout ce qui lui en appartient.

(*Les* 17ᵉ. *et* 18ᵉ. *du Projet.*) Ces articles sont peut-être superflus, comme les 3ᵉ. et 4ᵉ; mais comme eux ils doivent exprimer, suivant le systême de la commission, la *prononciation* du jugement, ou, suivant le systême du projet, l'*exécution*. Ce qu'ils doivent dire nettement aussi, c'est que si le contumax meurt après le délai qui lui est donné pour purger la contumace, *il est réputé être mort le jour de la prononciation ou de l'exécution de son jugement, et sa succession est déférée à ceux qui étaient ses héritiers à cette époque;* et que s'il meurt dans le délai, *ce sont les héritiers habiles le jour de ce décès,* qui doivent recueillir sa succession.

20. Si le condamné par contumace décède avant l'expiration du délai utile, les parens qui ont été envoyés en possession provisoire des successions auxquelles il était appelé, doivent restituer la part qui revenait au contumax dans ces successions, à *ceux qui se trouvent ses héritiers au jour de son décès.*

ib.

ib.et
726à
729

21, 22, 23, 24 et 25. (*Les* 20e., 21e., 22e., 23e. *et* 24e. *du Projet.*)

730

26. *La part de l'indigne accroît à celui ou à ceux qui eussent dû concourir avec lui; et, s'il est seul, elle est dévolue au degré subséquent.*

Les enfans de l'indigné ne sont point exclus pour la faute de leur père.

(*Le* 25e. *du Projet.*) La commission a pensé que l'article du projet pouvait présenter plusieurs difficultés, qui toutes disparaîtraient par la rédaction proposée, qui donne à l'*indignité* d'un héritier les mêmes effets que sa *renonciation.*

CHAPITRE III. — *Des divers ordres de successions.*

SECTION Ire. — *Dispositions générales.*

731

27. Il y a trois espèces de successions pour les parens; la succession qui échoit aux descendans, celle qui est *déférée* aux ascendans, et celle à laquelle sont appelés les parens collatéraux.

732—
733

28. La loi ne considère ni la nature ni l'origine des biens pour en régler la succession.

Néanmoins, toute succession échue à des ascendans ou à des collatéraux se divise en deux parts égales, l'une pour les parens de la ligne paternelle, l'autre pour les parens de la ligne maternelle.

Il ne se fait de dévolution d'une ligne à l'autre que lorsqu'il ne se trouve aucun ascendant ni collatéral de l'une des deux lignes.

(*Le* 27e. *du Projet.*) La commission n'a point admis les exceptions portées aux articles 46 et 47 du projet; elle n'a pas cru qu'en considération des frères ou sœurs utérins, on dût renoncer pour eux au principe général qui partage toute succession en deux parts égales, l'une pour la ligne paternelle, l'autre pour la ligne maternelle. Lorsqu'il existait des propres, eût-on jamais pensé à donner à un frère consanguin les propres maternels, quelque éloigné que fût le parent appelé à recueillir ces propres? Or, la division de la succession en deux parts déférée à deux lignes est une fiction substituée à la distinc-

tion des propres ; les avantages de cette fiction substituée à la distinction des propres ne paraissent pas devoir permettre en aucun cas la
dérogation à la règle générale.

29, 30 , 31 et 32. (*Les* 28e., 29e., 30e. *et* 31e. *du Projet.*) 734 à
737

33. Pour connaître les degrés de parenté en ligne collaté- 738
rale , il faut compter le nombre des générations qu'il y a eu
depuis l'un des parens jusqu'à la souche commune d'où ils
descendent, *exclusivement;* et depuis cette souche commune,
exclusivement, jusqu'à l'autre parent.

Ainsi , deux frères sont au second degré ;

L'oncle et le neveu du défunt sont au troisième ;

Deux cousins germains sont au quatrième , ainsi de suite.

(*Le* 32e. *du Projet.*) Il est utile d'ajouter que c'est *exclusivement*
à la souche commune que se fait la supputation des degrés.

SECTION II. — *De la représentation.*

34. (*Le* 33e. *du Projet.*) 739

35. La représentation a lieu à l'infini dans la ligne directe 740
descendante.

Elle y est admise dans tous les cas , soit que les enfans du
défunt concourent avec des descendans d'un enfant prédécédé , soit que tous les enfans du défunt étant morts avant
lui, les descendans desdits enfans se trouvent entre eux en
degrés égaux ou inégaux ; *et le partage s'opère toujours par
souches.*

36. (*Le* 35e. *du Projet.*) 741

On peut se demander ce qu'entend cet article , lorsqu'il dit que la
représentation n'a pas lieu en faveur des ascendans. Il veut dire , sans
doute , que l'aïeul paternel , par exemple , ne serait pas tenu d'admettre
à concourir avec lui dans le partage de la succession de son petit-fils ,
les père et mère de l'aïeule paternelle : mais les descendans de cette
aïeule paternelle ne pourraient-ils la représenter pour concourir avec
l'aïeul paternel ? c'est ce que n'avait pas formellement résolu le projet.
La commission a pensé qu'un ascendant devait exclure tous collatéraux, même descendans d'un ascendant en degré égal au sien ; c'est
ce qu'elle a exprimé en son article 44, correspondant au 43e. du
projet.

742 **57.** *En ligne collatérale, la représentation est admise en fa-*
veur des enfans au premier degré des frères et sœurs du défunt,
soit que quelqu'un des frères ou sœurs du défunt lui eût sur-
vécu, soit qu'il n'eût laissé ni frères ni sœurs; et le partage se
fait par souches.

(*Le* 36e. *du Projet.*) Pourquoi, entre héritiers qui sont dans les
termes de la représentation, laisserait-on subsister cette différence
dans le partage, que quatre enfans ne prendraient que moitié dans
une succession à laquelle ils seraient appelés à concourir avec un oncle,
et qu'ils en prendraient les quatre cinquièmes, parce qu'ils ne con-
courraient qu'avec un cousin germain, seul fils de ce même oncle?
Convient-il de placer des neveux et nièces dans une position à leur
faire désirer la mort de leur oncle? En ligne directe, lors même qu'une
succession arrive à tous descendans en degrés égaux, et venant de
leur chef, le partage se fait par *souches* comme effet de la représentation, qui est indéfinie en ligne directe : pourquoi n'admettrait-on
pas la même règle en collatérale tant que les héritiers qui sont appelés à cette succession sont en degrés dans lesquels la représentation est
admise?

Le projet n'appelle au bénéfice de la représentation que les enfans
au premier degré de frères ou sœurs. La commission inclinait beaucoup à proposer de l'étendre en la donnant jusqu'aux arrière-petits-fils
du frère, jusqu'aux petits-fils de l'oncle, jusqu'aux enfans du premier
degré du grand-oncle. S'il est vrai que la représentation est une fiction
de la loi, il faut convenir qu'elle est raisonnable jusqu'au terme où
l'existence du représenté, à l'instant de l'ouverture d'une succession,
ne choque aucune vraisemblance ; et renfermée dans cette limite, personne ne peut nier qu'elle ne soit équitable, puisqu'elle ne fait qu'empêcher une partie des héritiers de profiter de ce que d'autres ont eu le
malheur de perdre leur père prématurément. Les droits des héritiers
doivent-ils donc être dérangés par un hasard étranger à celui de la
mort même de celui à qui on succède?

743 **58.** *Dans tous les cas où, par l'effet de la représentation,*
les représentans succèdent par souches, si une même souche
produit plusieurs branches, la subdivision se fait aussi par
souches dans chaque branche, et les individus de la même
branche partagent entre eux par tête.

744 **39.** On ne représente pas les personnes vivantes, mais
seulement celles qui sont mortes naturellement ou civile-

ment; *on peut représenter celui à la succession duquel on a renoncé.*

(*Le 38ᵉ. du Projet.*) C'est une question qui a été controversée, que celle de savoir si on pouvait venir à une succession par représentation d'une personne à la succession de laquelle on aurait d'abord renoncé. La commission propose l'affirmative, qui avait pour elle la jurisprudence.

SECTION III. — *De la succession des descendans.*

40 et 41. (*Les 39ᵉ. et 40ᵉ. du Projet.*)

745 et ch. 3 fin de sect. 3

(*Le 41ᵉ. du Projet.*) L'édit des secondes noces avait une disposition contraire à celle de cet article; mais la commission, adoptant les motifs qui paraissent avoir déterminé les auteurs du projet, en a poussé plus loin la conséquence, et elle a pensé qu'il n'y avait pas plus de raison d'interdire à l'époux qui convole à de secondes noces la disposition et l'aliénation des biens à lui donnés, sans réserve et sans condition, par le premier époux, que de faire de ces biens un patrimoine distinct auquel ne seraient appelés que les enfans du premier lit. L'article 41 doit donc être supprimé.

SECTION IV. — *De la succession des ascendans.*

42. (*Le 42ᵉ. du Projet.*)

av. 746

§. Iᵉʳ. — De la succession des ascendans, dans le cas où le défunt ne laisse ni frères, ni sœurs, ni descendans d'eux.

43. Si le défunt n'a laissé ni frères ni sœurs, ni descendans de eeux-ci, la succession se divise par moitié entre les ascendans de la ligne paternelle, et les ascendans de la ligne maternelle.

746

Dans chaque ligne, l'ascendant exclut tous les collatéraux, *même les descendans d'un ascendant en degré égal au sien.*

L'ascendant qui se trouve au degré le plus proche exclut le plus éloigné, et recueille l'entière moitié affectée à sa ligne.

S'il n'y a point d'ascendant dans l'une ou l'autre des lignes paternelle ou maternelle, la moitié affectée à cette ligne est dévolue aux collatéraux de la même ligne.

(*Le* 43ᵉ. *du Projet.*) Il a été expliqué ci-dessus pourquoi l'on propose d'ajouter au second alinéa, que l'exclusion comprend même les descendans d'un ascendant en degré égal.

ap. 746   44. (*Le* 44ᵉ. *du Projet.*)

746   45. Les aïeuls de la même ligne succèdent entre eux par tête, s'ils sont au même degré.

Ainsi, dans le cas où le défunt ne laisse ni père, ni aïeul, ni aïeule paternels, s'il existe d'une part un bisaïeul père de l'aïeul décédé, et d'autre part un bisaïeul et une bisaïeule auteurs de l'aïeule paternelle, la moitie affectée à la ligne paternelle ne se subdivise et ne se refend point en deux parts.

Le bisaïeul père de l'aïeul, et les bisaïeul et bisaïeule auteurs de l'aïeule, succèdent par tête ; et la portion paternelle se divise en trois parts égales.

(*Le* 45ᵉ. *du Projet.*) Il est évident qu'il faut lire dans le troisième alinéa *aïeule* et non *aïeul.*

§. II. — De la succession des ascendans, dans le cas où le défunt laisse des frères et sœurs, soit germains, soit consanguins ou utérins, ou des descendans d'eux.

748 —   46. *Lorsque le défunt a laissé des frères ou sœurs germains,*
749   *ou des descendans d'eux, tous les ascendans, autres que les père et mère, sont exclus.*

Si les père et mère survivent, la succession se divise en deux portions, dont une pour la ligne paternelle et l'autre pour la ligne maternelle.

Chacune de ces portions se subdivise également entre le père ou la mère et les frères et sœurs germains ou les descendans de ceux-ci : le père a un quart, la mère un quart, et les frères et sœurs la moitié.

Si par le prédécès du père ou de la mère, des frères et sœurs germains n'ont point de concurrens dans une des lignes, ils recueillent seuls la portion affectée à cette ligne, ce qui étant joint à la moitié qu'ils prennent dans la portion déférée à l'autre ligne dans laquelle existe le père ou la mère, ils ont les trois quarts de la succession.

47. Si le défunt ne laisse que des frères ou sœurs utérins, 748—749
ou des descendans d'eux, la moitié de la succession est déférée,
suivant les règles générales, à ses parens dans la ligne paternelle
ascendans ou collatéraux; l'autre moitié se divise entre la mère
et les frères et sœurs utérins ou les descendans de ceux-ci.

La division se fait suivant le même principe, si le défunt ne
laisse que des frères ou sœurs consanguins.

Il en est encore de même s'il a laissé tout à la fois des frères
et sœurs consanguins et utérins; mais dans ce dernier cas, tous
les ascendans, autres que les père et mère, sont exclus.

48. Si le défunt a laissé des frères et sœurs germains et des ib.
frères et sœurs utérins, ils ont tous un droit égal à la portion
déférée aux frères et sœurs dans la moitié affectée à la ligne
maternelle.

Il en est de même pour la portion affectée à la ligne paternelle,
si des frères et sœurs germains concourent avec des consanguins.

49. La portion quelconque qui revient aux frères et sœurs et ap. 749
à leurs descendans, se partage entre eux suivant les règles qui
seront ci-après établies pour les successions collatérales.

(*Les 46e., 47e. et 48e. du Projet.*) La commission a indiqué ci-
dessus le motif qui lui fait exiger que les frères ou sœurs soient germains pour exclure tous les ascendans autres que père et mère, et
pour ne pas donner aux frères et sœurs consanguins ou utérins le
droit d'obtenir une exception à la règle générale de la division nécessaire de toute succession en deux parts affectées aux deux lignes paternelle et maternelle.

Cette exception rejetée, il est devenu nécessaire de présenter des
dispositions pour les divers cas où un défunt laisse en concurrence
avec des ascendans, soit des frères germains, soit des consanguins,
soit des utérins, soit des uns ou des autres.

SECTION V. — *Des successions collatérales.*

5o. Si le défunt ne laisse ni descendans, ni père ni mère, 75o
la succession est déférée en premier ordre aux frères et sœurs
survivans, dans leurs lignes respectives, ou aux descendans
d'eux.

(*Le 49e. du Projet.*)

II. 36

752—
753 51 , 52. (*Les* 50e. *et* 51e. *du Projet.*)

753 53. En cas de concours de parens collatéraux au même degré, *mais au-delà de celui auquel la représentation est admise*, ils partagent entre eux et par tête la portion revenant à chaque ligne.

(*Le* 52e. *du Projet.*) Tant qu'on est dans les termes de la représentation, lors même qu'il serait vrai de dire qu'on pourrait venir de son chef étant tous en degrés égaux, la loi doit supposer cependant qu'on ne vient, même en ce cas, que par représentation, afin de faire opérer le partage par souches, qui est toujours le plus équitable, ainsi que les auteurs du projet l'ont reconnu eux-mêmes pour la ligne directe dans leurs articles 34 et 37.

755 54. (*Le* 53e. *du Projet.*)

ap. le
ch. 3 CHAPITRE IV. — *De la succession des enfans adoptifs.*

Ce chapitre est une addition nécessaire au présent titre, si l'on admet la proposition d'accueillir l'adoption.

55. *L'enfant adoptif recueille, à titre d'héritier, le tiers de la portion héréditaire qu'il aurait eu droit de recueillir dans la succession de son père ou de sa mère adoptif, s'il eût été né d'un légitime mariage, soit qu'il concoure avec les enfans du défunt nés en légitime mariage depuis l'adoption, soit qu'il concoure avec des ascendans ou avec des collatéraux, ou avec un époux survivant.*

Mais, à défaut de tous parens et d'époux, l'enfant adoptif recueille, à l'exclusion du fisc, la succession entière du père ou de la mère adoptif.

56. *Les enfans et descendans légitimes de l'enfant adoptif recueillent les portions fixées par l'article précédent, lorsque cet enfant adoptif est prédécédé avant l'ouverture de sa succession; ils viennent par représentation pour ces portions.*

57. *Les enfans adoptifs ne succèdent ni aux enfans et descendans de leur père ou mère d'adoption, ni à aucun de leurs ascendans ou parens collatéraux.*

58. *Si l'enfant adoptif meurt sans aucun enfant ou descen-*

dant né en légitime mariage, sa succession entière est dévolue à son père ou à sa mère d'adoption, ou à tous les deux par égales portions, et à leur défaut aux enfans ou descendans légitimes de leur père ou de leur mère, qui recueillent cette succession selon les mêmes règles établies pour celles des frères et sœurs légitimes.

59. *A défaut des descendans de l'enfant adoptif, des père et mère d'adoption, des enfans ou descendans de ces père ou mère, la succession de l'enfant pris en adoption retourne à sa famille naturelle et primitive, à l'exclusion de la république; elle est, dans ce seul cas, recueillie par cette famille suivant l'ordre et les règles communes aux successions.*

60. *Dans le cas où quelqu'un des père, mère, frères, sœurs, ascendans ou autres parens de la famille primitive de l'enfant mis en adoption viendrait à mourir civilement ou naturellement, sans aucun autre héritier direct ou collatéral, la succession appartiendra à l'enfant adopté ou à ses descendans, à l'exclusion de la république.*

CHAPITRE V. — (4e. du Projet.)—*Des droits des enfans naturels, et de leur succession.*

SECTION Ire. — *Des droits de l'enfant naturel né de deux personnes libres.*

61. (*Le 54e. du Projet.*) 756

62. *Cette portion est, dans tous les cas, la propriété d'une* 757 *valeur égale au tiers de la part héréditaire que l'enfant naturel aurait eu droit de recueillir dans la succession de son père ou de sa mère, s'il eût été légitime.*

(*Le 55e. du Projet.*) La disposition de l'article 55 du projet entraîne une inconséquence sensible ; c'est que l'enfant naturel a des droits plus restreints, en cas que le défunt n'ait que des collatéraux, que s'il laisse un ascendant, pouvant réclamer un tiers de la succession contre cet ascendant, et n'en pouvant réclamer qu'un quart contre les collatéraux.

63. Les enfans ou descendans de l'enfant naturel peuvent, 759 *seuls*, réclamer la portion fixée par l'article précédent, lors-

que leur père ou leur mère est décédé avant l'ouverture de la succession, *et lors même qu'ils auraient renoncé à la succession de ce père ou de cette mère prédécédé.*

(*Le* 56e. *du Projet.*) Il semble bon d'exprimer que le droit de l'enfant naturel décédé avant l'ouverture de la succession de son père ou de sa mère ne peut être exercé que par ses *seuls* enfans ou descendans. Ce droit était une créance, mais une créance conditionnelle dépendante d'un événement de survie qui n'a pas eu lieu. Mais comme cette créance conserve quelque chose de la succession, qu'elle en a la faveur à l'égard des enfans et descendans de l'enfant naturel, il faut déclarer que, ce qui ne serait pas vrai pour toute autre espèce de créance, l'enfant de l'enfant naturel, après même avoir renoncé à la succession de son père, pourrait réclamer la portion dont il s'agit dans la succession de son aïeul.

760   64. L'enfant naturel ou ses descendans ne peuvent réclamer la portion qui lui est accordée par les articles ci-dessus, que lorsque le père ou la mère naturels ne la lui ont point donnée de leur vivant; et il est obligé d'imputer sur cette portion, ce qu'il peut avoir reçu de son père ou de sa mère *en choses sujettes à rapport.*

(*Le* 57e. *du Projet.*) Ce sera éviter des chicanes, que d'énoncer qu'on ne peut imputer sur la portion de l'enfant naturel que ce qu'il aurait reçu *en choses sujettes à rapport;* ce qui exclut ce qui aurait été donné pour l'entretien et l'éducation ordinaires.

761   65. L'enfant naturel est obligé de se contenter de ce que son père ou sa mère lui a donné de son vivant, toutes les fois qu'*en donnant ils auront exprimé l'intention d'acquitter leur dette envers cet enfant,* et que les choses données ne seront point inférieures aux trois quarts de la portion qui lui est ci-dessus accordée.

(*Le* 58e. *du Projet.*) Pour que la disposition de cet article soit équitable, pour qu'elle ne fasse pas tourner au préjudice de l'enfant la généreuse affection du père, il semble qu'il faut ajouter qu'elle n'aura lieu que quand ce père, en donnant de son vivant, *aura exprimé l'intention de se libérer de sa dette.*

ap. 761
—756   66, 67, 68, 69 et 70. (*Les* 59e., 60e., 61e., 62e. *et* 63e. *du Projet.*)

SECTION II. — *Des droits des enfans naturels adultérins ou incestueux.*

7 1. *L'enfant adultérin est celui dont le père ou la mère était* av. 762 *uni par mariage avec une autre personne à l'époque du cent quatre-vingt-sixième jour antérieur à la naissance.*

L'enfant incestueux est celui né de père et mère entre lesquels le mariage était défendu à raison des liens du sang.

La définition de ce qui constitue un enfant naturel, *adultérin* ou *incestueux*, a paru devoir être placée ici.

72 et 73. (*Les* 64e. *et* 65e. *du Projet.*)   762 — 763

74. Ces alimens ne peuvent excéder le sixième du revenu ap. 763 net des biens qui composent la succession. *Le remboursement du capital peut être exigé des héritiers à la majorité de l'enfant adultérin ; il peut être effectué par les héritiers sans qu'ils en soient requis, et même avant la majorité, en se conformant aux règles établies pour les remboursemens à faire aux mineurs.*

(*Le* 66e. *du Projet.*) Le capital peut devenir nécessaire à l'enfant pour se former un état. Or, l'intérêt de la société est de ne pas renfermer dans son sein d'individus sans moyens de se procurer un état. D'un autre côté, une famille peut avoir intérêt à se débarrasser par le remboursement du capital, du service d'une rente viagère.

75. L'enfant adultérin ou incestueux ne peut demander 764 un supplément sur la succession de son père ou de sa mère, *toutes les fois que l'un ou l'autre lui a assuré des alimens, quand même la quotité en serait inférieure au taux fixé par l'article précédent, ou lorsque le père ou la mère lui a fait apprendre un art mécanique.*

(*Le* 67e. *du Projet.*) Les alimens assurés par l'un ou par l'autre des père et mère vivans, paraissent devoir remplir l'adultérin ou incestueux de tous ses droits : entendrait-on qu'il aurait double action? en ce cas il faudrait le dire plus précisément que ne le fait l'article du projet.

76 et 77. (*Les* 68e. *et* 69e. *du Projet.*)   ap. 764

SECTION III. — *De la succession aux biens des enfans naturels.*

78. *La succession de l'enfant naturel, légalement reconnu, n'est déférée qu'à ses enfans ou descendans, qu'à ses père, mère, frères, sœurs, soit qu'ils soient nés en légitime mariage ou qu'ils soient naturels, enfans ou descendans desdits frères et sœurs;* elle est recueillie d'après les règles générales ci-dessus établies.

(*Les* 70e., 71e., 72e., 73e. *et* 74e. *du Projet.*) L'article unique proposé semble tout comprendre.

CHAPITRE VI. — (5e. du Projet.) — *Des successions irrégulières.*

79. Lorsque le défunt n'a laissé aucun parent, la succession est déférée pour le tout à son époux survivant; *sauf les droits des enfans adoptifs ou des enfans naturels.*

(*Le* 75e. *du Projet.*) Il est bon que cet article, qui déclare que si le défunt n'a laissé aucun parent tout appartient à l'époux survivant, rappelle que les enfans *naturels ou adoptifs* exercent cependant leurs droits à l'égard de cet époux.

80. Lorsque le défunt ne laisse aucun des héritiers ci-dessus, appelés par la loi, *la succession appartient en entier aux enfans adoptifs ou naturels,* et, à leur défaut, à la république.

(*Le* 76e. *du Projet.*) N'est-il pas naturel qu'en cas de défaillance de tous autres héritiers, les enfans *naturels ou adoptifs* viennent, avant le fisc, recueillir la totalité de la succession.

81. *L'époux survivant, les enfans adoptifs ou naturels qui prétendent avoir droit de succéder à défaut de parens connus, et la régie des domaines nationaux, qui réclame, à titre de déshérence, une succession au nom de la nation, doivent requérir l'apposition des scellés, faire procéder à un inventaire, et présenter, au tribunal civil de première instance de l'arrondissement dans lequel le défunt avait son domicile, une pétition à l'effet d'être autorisés à faire faire des publications et affiches pour annoncer l'ouverture de la succession, et appeler ceux qui pourraient y avoir droit.*

Ces publications et affiches seront répétées trois fois, de quin-
zaine en quinzaine ; et sur le vu d'icelles, et après avoir ouï le
commissaire du gouvernement, le tribunal enverra le pétition-
naire en possession de la succession, s'il ne s'est présenté au-
cun parent.

L'époux, les enfans adoptifs ou naturels, et la régie des do-
maines nationaux, envoyés en possession, ne pourront aliéner
les immeubles dépendans de la succession pendant trois ans, si
ce n'est pour cause nécessaire et par autorité de justice ; ils ne
seront jamais comptables des fruits qu'ils auront perçus aux
termes ordinaires. S'ils ont omis les formalités ci-dessus pres-
crites, ils seront responsables du préjudice que pourraient souf-
frir les héritiers qui se présenteraient.

L'époux, et les enfans adoptifs ou naturels, sont en outre
tenus de donner caution de la valeur du mobilier, laquelle cau-
tion sera déchargée après trois ans, si, dans cet intervalle, il
ne s'est présenté aucun héritier.

(*Les* 77ᵉ. *et* 78ᵉ. *du Projet.*) Les précautions à prendre pour
s'assurer qu'on est dans l'un des cas des successions irrégulières, ont
paru pouvoir et devoir être rendues communes à tous ceux qui sont
appelés à ces sortes de successions. Pourquoi l'époux survivant serait-
il dispensé des affiches et publications?

CHAPITRE VII. — (5ᵉ. du Projet.) — *De l'acceptation des succes-*
sions, et de la renonciation.

SECTION Iʳᵉ. — *De l'acceptation.*

82 et 83. (*Les* 79ᵉ. *et* 80ᵉ. *du Projet.*) 775— 776

84. *L'effet de l'acceptation d'une succession remonte au jour* 777
de l'ouverture de cette succession.

Principe omis dans le projet, qui paraît nécessaire à poser.

85. (*Le* 81ᵉ. *du Projet.*) 781

86. Si ces héritiers ne sont pas d'accord entre eux, *il en* 782
sera référé au tribunal, qui statuera en la chambre du conseil,
d'après ce qui aurait été le plus avantageux au défunt.

(*Le* 82ᵉ. *du Projet.*) Le *référé en la chambre du conseil* lève le vague de l'article du projet, et indique assez que si l'intervention de la justice devient nécessaire, il faut cependant qu'elle procède de la manière la plus administrative et la plus conciliatoire.

774—
778

87. (*Le 83ᵉ. du Projet.*)

778

88. L'acceptation est expresse toutes les fois que l'on prend le titre et la qualité d'héritier dans un *acte* authentique ou sous signature privée.

(*Le 84ᵉ. du Projet.*) La qualité d'héritier prise dans un écrit sous seing privé, tel qu'une missive, pourrait l'avoir été sans intention, sans réflexion; au moins faut-il qu'elle soit prise dans un *acte* dans lequel on est censé faire attention aux expressions qu'on emploie.

778—
779

89. (*Le 85ᵉ. du Projet.*)

780

90. La donation, vente ou transport fait par l'un des héritiers à tous ou à quelques-uns de ses cohéritiers, emporte acceptation de la succession.

Il en est de même, 1°. de la renonciation, quoique gratuite, que fait l'héritier au profit *d'un ou plusieurs* de ses cohéritiers;

2°. De la renonciation qu'il fait, même au profit de tous ses cohéritiers indistinctement, lorsqu'il reçoit un prix de sa renonciation.

· (*Le 86ᵉ. du Projet.*) Si le renonçant avait trois cohéritiers, la renonciation par lui faite au profit de deux comme au profit d'un seul, emporterait acceptation de la succession.

ap.780

91. Celui contre lequel un créancier de la succession a obtenu un jugement, *même* contradictoire, passé en force de chose jugée, qui le condamne comme héritier, *n'est réputé héritier, en vertu de ce jugement, qu'à l'égard seulement du créancier qui l'a obtenu.*

(*Le 87ᵉ. du Projet.*) Pourquoi établir une différence entre un jugement contradictoire et un jugement par défaut, lorsque tous deux ont acquis l'autorité de la chose jugée? Et lorsque les auteurs du projet ont eux-mêmes formellement proclamé (article 243 du titre II) que l'autorité de la chose jugée n'a lieu qu'entre les mêmes parties, pourquoi ferait-on valoir ici cette autorité contre parties autres que celle qui aurait obtenu le jugement?

92. L'acceptation expresse ou tacite du majeur ne peut être révoquée, même sous prétexte de lésion; il ne peut répudier la succession ainsi acceptée, que dans les cas suivans : 1°. si l'acceptation avait été la suite d'un dol pratiqué envers lui; 2°. si, *postérieurement à l'acceptation, l'actif de la succession se trouvait absorbé ou diminué de plus de moitié, soit par la production d'un testament jusqu'alors inconnu, soit par l'annullation d'actes non attaqués au moment de l'acceptation.* 783

(*Le 88e. du Projet.*) Les deux circonstances dans lesquelles la commission propose que l'on autorise la répudiation d'une succession acceptée, ne paraissent pas moins favorables que celles où les auteurs du projet l'autorisent eux-mêmes; et la jurisprudence a jusqu'à ce jour été constante à l'appui de ce que propose la commission.

SECTION II. — *De la renonciation aux successions.*

93, 94 et 95. (*Les 89e., 90e. et 91e. du Projet.*) 784 à 786

96. On ne vient jamais par représentation de l'héritier renonçant. 787

Mais si le renonçant est seul héritier dans sa ligne, ou si tous les héritiers, égaux en degré, renoncent, les enfans viennent de leur chef, *et succèdent par têtes.*

(*Le 92e. du Projet.*) Les expressions du projet qui appellent les enfans venant de leur chef à remplacer ceux dont la renonciation a fait vaquer le degré, semble présenter quelque équivoque, en ce que *remplacer* quelqu'un, c'est le *représenter.* Or, c'est la *représentation* du renonçant que l'article veut exclure.

97. Les créanciers de celui qui renonce *au préjudice* de leurs droits, peuvent attaquer la renonciation, et se faire autoriser en justice à accepter la succession du chef de leur débiteur et en son lieu et place. 788

Dans ce cas, la renonciation n'est annullée qu'en faveur des créanciers, et jusqu'à concurrence seulement du montant de leurs créances; elle ne l'est pas au profit de l'héritier qui a renoncé.

(*Le 93e. du Projet.*) La fraude du renonçant, qui suppose à la

§ fois *confilium et eventus*, ne doit pas être exigée pour que les créanciers puissent attaquer la renonciation; il doit suffire qu'en résultat elle leur soit *préjudiciable*.

789 à 791 98, 99, 100 et 101. (*Les 94ᵉ., 95ᵉ., 96ᵉ. et 97ᵉ. du Projet.*)

792 Ne conviendrait-il pas de déclarer que les héritiers qui ont diverti ou recélé quelques effets d'une succession demeurent héritiers, nonobstant leur renonciation, et sont privés de toutes parts dans les objets divertis ou recélés?

SECTION III. — *De l'inventaire, du bénéfice d'inventaire, de ses effets, et des obligations de l'héritier bénéficiaire.*

DISTINCTION Iʳᵉ. — *De l'inventaire et du bénéfice d'inventaire.*

795 102. *L'héritier a trois mois pour faire inventaire, à compter du jour de l'ouverture de la succession.*

Mais s'il existe des objets susceptibles de périr, dispendieux à conserver, il peut, en qualité de successible, et sans préjudice à son droit de délibérer, se faire autoriser par justice à procéder à la vente de ces objets, laquelle sera faite par un officier public, après les affiches et publications ordinaires.

(*Le 101ᵉ. du Projet.*) La faculté de faire vendre les objets susceptibles de périr ou dispendieux à conserver, paraît devoir être accordée au successible sans délais : c'est l'intérêt de la chose même.

795— 797 103 et 104. (*Les 102ᵉ. et 103ᵉ. du Projet.*)

800 105. *Après que ces délais sont expirés, si aucun prétendant droit sur la succession n'exerce de poursuite, l'héritier conserve encore pendant un an la faculté de faire inventaire.*

(*Les 98ᵉ., 99ᵉ., 104ᵉ. et 105ᵉ. du Projet.*) Il ne paraît pas qu'on doive laisser à l'héritier appelé le droit de différer l'inventaire pendant un terme indéfini, avec faculté de ne se porter ensuite qu'héritier bénéficiaire. Il paraît bon que lors même qu'aucune poursuite n'est exercée contre lui, il n'ait qu'un an de plus que les premiers délais; sauf que si quelque poursuite est intentée aussitôt les premiers délais expirés, le tribunal pourra restreindre cette prolongation de délai sans pouvoir l'excéder.

106. En cas de poursuite dirigée contre l'héritier après
l'échéance des délais *portés aux articles* 102 *et* 103, il peut
en demander un nouveau, que le tribunal saisi de la contestation *détermine suivant les circonstances, sans pouvoir excéder
les délais de l'article* 105.

Les frais de ces poursuites, jusques et compris le jugement qui accorde le nouveau délai, sont à la charge de l'héritier, sans répétition contre la succession, lorsque c'est par
sa faute et par sa négligence que l'inventaire n'a pas été fait
dans les délais accordés par la loi.

107. (*Le* 106ᵉ. *du Projet.*)

108. *Faute d'inventaire fait dans les délais ci-dessus réglés,
l'héritier appelé ne peut qu'accepter purement et simplement la
succession ou y renoncer.*

109. *L'héritier appelé, qui, n'ayant point encore expressément ou tacitement accepté dans les délais prescrits, et fait procéder, suivant les formes déterminées par le Code de la proce-
dure, à un inventaire fidèle et exact des biens de la succession,
peut, dans les quarante jours après l'inventaire terminé,
déclarer qu'il n'entend se porter qu'héritier bénéficiaire.*

*Cette déclaration se fait dans le délai ci-dessus prescrit, et à
peine de nullité, au greffe du tribunal civil de première instance
dans l'arrondissement duquel la succession est ouverte; et elle
est inscrite sur le registre destiné à recevoir les actes de renonciation.*

110 et 111. (*Les* 100ᵉ. *et* 107ᵉ. *du Projet.*)

DISTINCTION II. — *Des effets du bénéfice d'inventaire, et des
obligations de l'héritier bénéficiaire.*

112. L'effet du bénéfice d'inventaire est de donner à l'héritier l'avantage,

1°. De n'être tenu du paiement des dettes de la succession, qu'à concurrence de la valeur des biens qu'il a recueillis, *et même* de pouvoir se décharger du paiement des

dettes, en abandonnant tous les biens de la succession aux créanciers et aux légataires ;

2°. De ne pas faire confusion de ses biens personnels avec ceux de la succession, contre laquelle il a le droit de réclamer le paiement de ses créances.

(*Le* 108e. *du Projet.*) Le droit de l'héritier bénéficiaire de tout abandonner pour ne pas même rester administrateur, est un droit distinct de celui de n'être tenu des dettes que jusqu'à concurrence de la valeur de l'actif. Cette distinction doit donc être bien marquée.

803   113. L'héritier bénéficiaire est chargé d'administrer les biens de la succession, et de rendre compte de son administration aux créanciers et aux légataires.

Il peut être contraint sur ses biens personnels, tant qu'*après avoir été mis en demeure de présenter son compte, il n'a pas satisfait à cette obligation :* après l'apurement du compte, il ne peut être contraint, sur ses biens personnels, que jusqu'à concurrence seulement des sommes dont il se trouve reliquataire.

(*Le* 109e. *du projet.*) Il est bon sans doute d'exprimer que si l'héritier bénéficiaire peut être contraint sur ses biens personnels, tant qu'il n'a point présenté son compte, c'est lorsqu'il est en demeure de le présenter.

804 à   114, 115, 116, 117, 118, 119 et 120. (*Les* 110e., 111e.,
808   112e., 113e., 114e., 115e. *et* 116e. *du Projet.*)

809   121. *Dans les cas compris aux trois articles précédens, les créanciers qui se présentent avant l'apurement du compte, ont un recours à exercer contre les légataires, et subsidiairement contre les créanciers qui auraient été payés à leur préjudice.*

Les créanciers qui ne se présenteront qu'après l'apurement du compte, n'auront de recours à exercer que contre les légataires payés à leur préjudice.

(*Le* 117e. *du Projet.*) L'apurement du compte présente une époque plus fixe que la reddition et le paiement du reliquat, pour écarter le recours des créanciers qui ne réclament que postérieurement. Et ne convient-il pas de déterminer ce qui doit s'observer lorsque des créanciers réclament avant l'apurement, et qu'ils trouvent les fonds épuisés ?

122. Ce recours se prescrit par le laps de trois années, à 809 *compter du jour de l'apurement du compte.*

Pourquoi ne prendrait-on pas l'époque de l'apurement de compte, qui exclut toute réclamation postérieure de créanciers contre les créanciers antérieurement payés, pour faire courir la prescription contre ces réclamations tardives à l'égard des légataires ?

123. (*Le 119ᵉ. du Projet.*) 810

(*Le 120ᵉ. du Projet.*) L'exception énoncée en cet article n'a paru ch.5 ni équitable ni conforme à une bonne administration. fin de
La gestion d'un héritier bénéficiaire qui a un intérêt personnel à sect. 3 amener, s'il est possible, un résultat avantageux, ne peut manquer de valoir celle des agens de la régie, qui seront mieux les censeurs de l'administration de l'héritier bénéficiaire.

SECTION IV. — *Des successions vacantes.*

124. Lorsqu'une succession est vacante *par la renonciation* 812 *des héritiers habiles à succéder,* le juge compétent lui nomme un curateur.

(*Le 121ᵉ. du Projet.*) Le cas de cet article doit être limité à la vacance par renonciation d'héritiers habiles à succéder; car s'il y a défaillance d'héritiers, ce n'est plus succession *vacante,* mais en *déshérence.*

125 et 126. (*Les 122ᵉ. et 123ᵉ. du Projet.*) 812 — et ap.
127. Le curateur à la succession vacante en exerce et 813 poursuit tous les droits.

Il répond aux demandes formées contre elle, les conteste ou les approuve s'il y a lieu.

Il administre et rend compte comme *l'héritier bénéficiaire;* mais il ne paye et ne fait payer que suivant l'ordre réglé par le juge.

(*Le 124ᵉ. du Projet.*) Soit qu'on assimile le curateur à la succession vacante, à un tuteur ou à l'héritier bénéficiaire, il est nécessaire de ne lui permettre de rien payer que d'après *un ordre arrêté en justice.*

CHAPITRE VIII. — (7e. du Projet.) — *Du partage et des rapports.*

SECTION Ire. — *De l'action en partage, et de sa forme.*

815   128. (*Le* 125e. *du Projet.*)

ib.   129. Le partage peut être provoqué nonobstant toute prohibition contraire faite par le défunt, ou toutes conventions
faites entre cohéritiers.

Néanmoins ils peuvent convenir de suspendre le partage
pendant un temps limité ; *mais semblable convention ne peut
être obligatoire au-delà de cinq ans.*

(*Le* 126e. *du Projet.*) Pourquoi, après l'expiration de cinq ans,
un terme stipulé plus long ne pourrait-il pas être observé, si les
parties étaient toujours d'accord de suspendre ?

816   130. (*Le* 127e. *du Projet.*)

817   131. L'action en partage à l'égard des cohéritiers mineurs
ou interdits, peut être exercée par leurs tuteurs ou curateurs, autorisés spécialement par un conseil de famille dans
lequel les cohéritiers ne sont point admis.

*A l'égard des cohéritiers absens, l'action appartient aux
parens envoyés en possession.*

(*Le* 128e. *du Projet.*) Les *absens* n'ont point de tuteurs ni de
curateurs ; leurs droits ne peuvent être exercés que par leurs parens
successibles qui se sont fait envoyer en possession de leurs biens.

818—
819   132, 133 et 134. (*Les* 129e., 130e. *et* 131e. *du Projet.*)

819   135. S'il y a des héritiers mineurs, interdits, ou *qui ne
soient pas présens,* le scellé doit être apposé dans le plus bref
délai, soit à la poursuite des héritiers présens, soit à la diligence du commissaire du gouvernement près le tribunal de
première instance.

(*Le* 132e. *du Projet.*) La loi ne doit employer le mot *absent* que
dans le cas de l'absence légale sans nouvelles. La *non-présence* d'un
héritier suffit pour l'apposition des scellés.

820   136. (*Le* 133e. *du Projet.*)

137. Quand le scellé a été mis sur la demande des héri- 821
tiers ou d'un créancier, les autres créanciers peuvent s'opposer au scellé, encore qu'ils n'aient pas de titre exécutoire,
et sans être obligés de prendre la permission du juge.

Alors on ne peut ni le lever, ni procéder à l'inventaire,
sans y appeler tous les opposans.

En cas de contestation du droit des opposans ou de quel-
ques-uns d'entre eux, il est statué préalablement s'ils seront
admis à l'inventaire.

(*Le* 134e. *du Projet.*) L'objet de l'addition proposée se présente
de lui-même.

138. Si l'un des cohéritiers refuse de consentir au partage, 823
ou s'il n'est pas d'accord sur sa forme, le tribunal ordonne
qu'il y sera procédé, et commet l'un des juges pour les opérations ci-après indiquées.

Si, pendant un partage amiablement commencé, il s'élève
quelques contestations sur la manière de le terminer, il en est
référé au tribunal, qui statue ou nomme un commissaire pour
y pourvoir.

(*Le* 135e. *du Projet.*) Il paraît bon de rendre commune aux partages amiablement commencés la forme de *l'intervention d'un com-*
missaire, pour terminer les difficultés s'il s'en élève.

139. *Le tribunal devant lequel se porte l'action en partage,* 822
est celui du lieu de l'ouverture de la succession : c'est lui qui
connaît de toutes les contestations qui peuvent s'élever pendant
le partage, entre les cohéritiers, créanciers, légataires, et tous
prétendans droit sur l'hérédité ; c'est devant lui qu'il est procédé
aux licitations, sauf celles qu'il jugerait à propos de déléguer
aux tribunaux de la situation des biens. Ce serait encore de-
vant lui que devraient être portées, après le partage, les con-
testations qui pourraient s'élever sur ses effets, sur la garantie
que se doivent l'un à l'autre les copartageans, et sur les de-
mandes en rescision dudit partage.

N'est-il pas convenable que, lorsqu'on traite de l'action en partage et de sa forme, on pose le principe que le tribunal du lien de l'ouverture de la succession est celui qui doit en connaître? et les principales conséquences de ce principe ne peuvent-elles pas trouver ici leur place?

824 140 et 141. (*Les* 136e. *et* 137e. *du Projet.*)

825 142. L'estimation des meubles, s'il n'y a pas eu de prisée faite dans un inventaire régulier, doit être faite par gens à ce connaissant.

La prisée et estimation doit toujours être faite à juste prix.

(*Le* 138e. *du Projet.*) Ne vaut-il pas mieux que la prisée et estimation soit faite *à juste prix?*

826 à 832 143, 144, 145, 146, 147, 148, 149, 150 et 151. (*Les* 139e., 140e., 141e., 142e., 143e., 144e., 145e., 146e. *et* 147e. *du Projet.*)

(*Le* 144e. *du Projet.*) Cet article a été vivement discuté à la commission, deux membres insistant pour qu'il n'y ait pas lieu au rapport des sommes dont un cohéritier se trouve débiteur envers une succession, surtout si la dette se trouvait être d'une rente constituée; les autres membres croyant, au contraire, que l'article devait exprimer que le rapport devait avoir lieu de toutes sommes dues soit à terme, soit à titre de constitution : *la généralité des rapports* est le seul moyen d'assurer *l'égalité* des partages.

832 152. On fait entrer, autant qu'on le peut, dans chacun des lots, la même quantité de meubles et d'immeubles, *et de droits ou créances de même nature et bonté.*

(*Le* 148e. *du Projet.*) L'égalité des lots exige que l'on fasse entrer dans chacun, s'il est possible, des *créances de même nature et bonté.*

833 153. (*Le* 149e. *du Projet.*)

834 154. Les lots sont faits par l'un des cohéritiers, et choisis successivement par les autres.

Le sort désigne celui qui doit former les lots, et l'ordre dans lequel ils doivent être choisis.

Si celui que le sort désigne pour former les lots n'est pas présent, ou refuse de procéder à l'opération, elle est faite par un citoyen que le commissaire nomme pour le représenter.

Avant de procéder au choix des lots, chacun des copartageans est admis à proposer ses réclamations contre leur composition.

Le lot non choisi demeure à celui qui les a faits, ou au nom de qui ils ont été faits.

Nécessité de pourvoir au cas où un cohéritier voudrait se soustraire à l'obligation de faire les lots, et à celle de prendre celui qui ne serait pas choisi.

155 et 156. (*Les 151e. et 152e. du Projet.*)   836—837

157. Toutes les fois que, dans le nombre des copartageans, il se trouve un ou plusieurs *héritiers non présens,* ou mineurs, ou interdits, ou même un mineur émancipé, le partage doit être fait conformément aux règles ci-dessus prescrites pour les partages faits en justice entre majeurs.   838

(*Le* 153e. *du Projet.*) Le motif de substituer l'expression d'*héritier non présent* à celle d'*absent,* a déjà été indiqué.

158. (*Le* 154e. *du Projet.*)   838—839

159. Les partages ainsi faits *soit par les tuteurs avec l'autorisation d'un conseil de famille, soit par les mineurs émancipés, assistés de leurs curateurs, soit au nom des absens ou non présens,* sont définitifs; autrement, ils ne sont que provisionnels.   840

160. (*Le* 156e. *du Projet.*)   841

161. *Aussitôt le partage consommé, remise est faite à chacun des copartageans, des titres particuliers aux objets qui lui sont échus. Les titres d'une propriété divisée restent à celui qui a la plus grande part, à charge d'en aider ceux de ses copartageans qui y auraient intérêt, lorsqu'il en sera requis; et quant aux titres communs à toute l'hérédité, le choix de celui des héritiers qui en demeurera dépositaire, à charge d'en aider ses copartageans à toute réquisition, sera convenu entre eux.*   842

Il paraît nécessaire d'indiquer des règles pour la remise des titres après le partage.

SECTION II. — *Des rapports.*

DISTINCTION Iʳᵉ. — *Par qui le rapport est dû.*

843   162. Tout héritier, *même bénéficiaire*, venant à la succession, doit rapporter tout ce qu'il a reçu du défunt par donation entre-vifs, directement ou indirectement, et ne peut réclamer le legs à lui fait par le défunt, à moins que ces dons ou legs ne lui aient été faits expressément par préciput et hors part, ou avec dispense de rapport.

(*Le* 157ᵉ. *du Projet.*) C'est une question qui se jugeait diversement, que celle de savoir si l'héritier bénéficiaire devait rapport aux héritiers purs et simples : il paraît convenable de le décider formellement ; et la commission propose l'affirmative.

844 à   163, 164, 165, 166, 167 et 168. (*Les* 158ᵉ., 159ᵉ.,
847   160ᵉ., 161ᵉ., 162ᵉ. *et* 163ᵉ. *du Projet.*)

848   169. Le fils qui vient de son chef à la succession du donateur, ne rapporte point le don fait à son père, soit qu'il ait accepté la succession de celui-ci, ou qu'il y ait renoncé ; *sans préjudice de l'obligation de rapporter, comme héritier de son père, en cas d'acceptation de sa succession, ce qui, dans le don à lui fait, excédait la portion disponible.*

(*Le* 164ᵉ. *du Projet.*) Le développement proposé a pour objet de prévenir une difficulté qui naîtrait peut-être de l'article du projet.

ib.   170. (*Le* 165ᵉ. *du Projet.*)

ap.848   (*Le* 166ᵉ. *du Projet.*) La commission a pensé que cet article devait être supprimé, ne pouvant adopter la règle générale qu'il commence à établir, dont elle n'a pas trouvé le motif ; et reconnaissant que, dans l'exemple proposé, le don étant supposé fait *avec dispense de rapport*, cette circonstance suffit pour que le rapport n'ait pas lieu. Les auteurs du projet ont donc supposé que, sans cette circonstance, le rapport serait nécessaire ; ils n'ont donc pas cru à la règle générale par eux annoncée.

Mais *quid juris* dans l'espèce que voici ?

Trois frères sont morts, l'aîné laissant deux enfans, les autres en laissant chacun un.

Ces quatre petits-enfans viennent à la succession de l'aïeul par représentation.

Cette succession consiste en vingt-quatre mille livres.

S'il n'y avait point de donation, chaque branche recueillerait huit mille livres, et les deux enfans de l'aîné n'auraient chacun que quatre mille livres.

Mais l'aïeul a fait donation de six mille livres au profit d'un des enfans de l'aîné, sans dispense de rapport; et ce petit-fils donataire renonce à la succession pour s'en tenir à son don.

Voilà la succession réduite à dix-huit mille livres.

Chaque branche prendra-t-elle six mille livres? et le frère du renonçant prendra-t-il six mille livres pour lui seul, le renonçant devant être considéré comme n'ayant point été successible?

Si cette décision, déduite des principes, était adoptée, on pourrait insérer ici un article ainsi conçu:

« L'héritier dans une branche qui avait un cosuccessible, lequel a
» renoncé pour s'en tenir à son don, n'est pas tenu de rapporter au
» profit de l'autre branche ce qu'a reçu son cosuccessible renonçant,
» quoique sa portion se trouve accrue par l'effet de la renonciation. »

171. L'héritier ne rapporte pas le don fait à son époux 849
successible.

(*Le 167ᵉ. du Projet.*) La commission a cru devoir s'en tenir au principe de ne faire rapporter que le donataire, ce qui lui a paru préférable aux dispositions du projet, qui laisse des incertitudes, qui admet des provisoires, qui fait dépendre l'événement d'un partage, des chances d'une communauté étrangère aux cohéritiers.

DISTINCTION II. — *A quelle succession doit se faire le rapport.*

172, 173 et 174. (*Les 168ᵉ., 169ᵉ. et 170ᵉ. du Projet.*) 850
et ap.

DISTINCTION III. — *A qui le rapport est dû.*

175 et 176. (*Les 171ᵉ. et 172ᵉ. du Projet.*) 857

177. Lorsqu'un époux qui a convolé en secondes noces, ap.857
a donné à son second époux une part d'enfant le moins prenant, *les enfans, pour fixer le montant de cette part,* doivent rapporter à la succession de l'époux qui a assuré cette part, les dons qu'ils en ont reçus, et qui n'ont point été faits avec dispense du rapport.

(*Le 173ᵉ. du Projet.*) L'objet du rapport, dans le cas de cet article, semble devoir être exprimé; il ne s'agit que *de régler le montant de la part d'enfant moins prenant.*

DISTINCTION IV. — *De ce qui est sujet à rapport.*

851 à
854

178, 179, 180 et 181. (*Les* 174e., 175e., 176e. *et* 177e. *du Projet.*)

855

182. *L'immeuble qui a péri par cas fortuit sans faute du donataire, n'est pas sujet à rapport.*

Le principe non douteux posé par l'article proposé, paraissait omis dans le projet.

856

183. (*Le* 178e. *du Projet.*)

DISTINCTION V. — *De la manière dont les rapports doivent être faits.*

858 à
867

184, 185, 186, 187, 188, 189, 190, 191, 192 et 193. (*Du* 179e. *au* 188e. *du Projet.*)

868

194. Le rapport du mobilier ne se fait qu'en moins prenant.

Il se fait sur le pied de la valeur que le mobilier avait lors de la donation, *laquelle valeur est estimée par experts*, s'il n'y a eu état estimatif annexé à l'acte.

(*Le* 189e. *du Projet.*) Il paraît évident que, dans tous les cas, c'est la valeur qu'avait le mobilier au moment de la donation, qui doit être rapportée.

869

195. (*Le* 190e. *du Projet.*)

SECTION III. — *Du paiement des dettes.*

870 à
882

196, 197, 198, 199, 200, 201, 202, 203, 204, 205, 206, 207 et 208. (*Les treize articles qui forment la section du Projet.*)

(*Le* 191e. *du Projet.*) Les exceptions qui semblent indiquées à la fin des troisième et quatrième alinéas ont-elles besoin d'être exprimées ?

SECTION IV. — *Des effets du partage, et de la garantie des lots.*

883 à
885

209, 210, 211, 212, 213 et 214. (*Les* 204e., 205e., 206e., 207e., 208e. *et* 209e. *du Projet.*)

886

215. La garantie de la solvabilité des débiteurs de rentes,

au moment du partage, ne peut être exercée que dans les cinq ans qui suivent la consommation du partage ; *et les parties peuvent même fixer la durée de cette garantie à un terme plus court. Mais si l'insolvabilité des débiteurs n'est survenue que depuis le partage consommé, les copartageans n'en sont point garans les uns envers les autres.*

(*Le* 210e. *du Projet.*) N'est-il pas nécessaire de distinguer si *l'insolvabilité* existait au moment du partage, ou si les causes sont postérieures au partage consommé ? Pourquoi, dans ce dernier cas, y aurait-il garantie de la part des copartageans, lorsqu'elle n'aurait pas lieu en cas d'une maison incendiée ?

SECTION V. — *De la rescision en matière de partage.*

216, 217, 218, 219, 220, 221 et 222. (*Les sept articles formant cette section du Projet.*) 887 à 891

(*Le* 212e. *du Projet.*) Un membre de la commission a proposé de réduire au *sixième* la lésion nécessaire pour autoriser la demande en rescision du partage ; il a invoqué l'égalité, qui est l'essence du partage, le but principal de la loi et même de la constitution : il a observé qu'un père ayant droit de donner un quart de sa fortune à un de ses enfans, et de faire entre tous ses enfans un partage du surplus, il en résulterait que dans une succession de quatre-vingt-seize mille livres dévolue à ses enfans, l'un d'eux pourrait emporter cinquante-un mille livres, et chacun des autres n'aurait que neuf mille francs, sans que ceux-ci pussent se plaindre ; car le père n'aurait pas excédé la portion disponible, en donnant à l'enfant privilégié vingt-quatre mille livres ; et le partage par lequel il aurait porté le lot de ce même enfant à vingt-sept mille livres, ne serait attaquable par aucun des autres enfans, qui, touchant neuf mille livres chacun, ne seraient pas lésés de plus du quart, puisqu'un partage bien égal de soixante-dix-huit mille livres n'aurait donné à chaque que douze mille livres.

La commission, se réservant d'examiner si l'on doit laisser au père qui a fait un don à l'un de ses enfans le droit de faire ensuite le partage du surplus de sa fortune, a pensé qu'il ne fallait pas exposer les partages à être fréquemment attaqués, comme ils ne manqueraient pas de l'être, lorsqu'on n'aurait qu'à essayer d'établir une lésion d'un sixième. Ce qui fixe les propriétés ne saurait être trop irrévocable.

SECTION VI ET DERNIÈRE. — *Dispositions générales.*

223. (*Le* 218e. *du Projet.*) fin du ch. 6

TITRE II.

Des contrats ou des obligations conventionnelles en général.

DISPOSITIONS PRÉLIMINAIRES.

1101 à
1103

ART. 1er. et 2. (*Les* 1er. *et* 2e. *du Projet.*)

1104

3. Il est commutatif, lorsque chacune des parties s'engage à donner ou à faire quelque chose qui est regardé comme l'équivalent de ce qu'elle reçoit.

Dans le contrat aléatoire, l'équivalent consiste *dans la chance que les parties ou l'une d'elles* courent de gagner ou de perdre, d'après un événement incertain.

(*Le* 3e. *du Projet.*) Il n'est de l'essence du contrat aléatoire ni que les *deux* parties courent un risque, ni que ce risque soit *égal.*

1105 à
1107

4 et 5. (*Les* 4e. *et* 5e. *du Projet.*)

CHAPITRE PREMIER. — *Des conditions essentiellement requises pour la validité des conventions.*

1108

6. (*Le* 6e. *du Projet.*)

SECTION 1re. — *Du consentement.*

1109 à
1112

7, 8, 9 et 10. (*Les* 7e., 8e., 9e. *et* 10e. *du Projet.*)

1113

11. La violence annulle le contrat, non-seulement lorsqu'elle a été exercée sur la partie contractante, mais encore sur la personne de son *époux,* ou de ses enfans, ou de ses ascendans.

(*Le* 11e. *du Projet.*) La violence exercée *sur un époux* doit être présumée affecter l'autre époux aussi vivement que celle exercée contre lui-même, ou contre ses enfans ou ascendans.

1114

12. (*Le* 12e. *du Projet.*)

1115

(*Le* 13e. *du Projet.*) Cet article paraît devoir être renvoyé à la section IX, qui traite des actions en nullité ou en restitution, et de ce qui les couvre.

1116

13. Le dol n'annulle la convention que lorsque les ma-

nœuvres pratiquées par l'une des parties sont telles, qu'il est évident *que, sans ces manœuvres,* l'autre partie n'aurait pas contracté.

Il ne se présume pas, et doit être *prouvé.*

Il faut qu'il ait été pratiqué par la partie même avec laquelle on a contracté, ou qu'elle en ait été participante, sauf l'action en dommages-intérêts contre le tiers qui l'aurait employé.

14. (*Le* 15e. *du Projet.*) 1118

(*Les* 16e. *et* 17e. *du Projet.*) Ces articles sont supprimés ici, 1117 et parce que leurs dispositions seront placées avec quelques changemens ap. — dans d'autres sections. 1118a

15, 16 et 17. (*Les* 18e., 19e. *et* 20e. *du Projet.*) 1119 à 1121

SECTION II. — *De la capacité des parties contractantes.*

18. *Toute personne capable de consentir est naturellement* 1124 — *capable de contracter.* 1125

19. *Cette capacité cesse dans certains cas déterminés par la loi.*

20. *On distingue deux sortes d'incapacités.*

21. *La première est absolue : elle rend le contrat radicalement nul, lors même qu'une seule des parties serait frappée de cette espèce d'incapacité.*

Tels sont les impubères,
Les interdits.

22. *L'autre espèce d'incapacité, purement relative, est particulière aux mineurs et aux femmes mariées. Quoiqu'ils puissent être capables du consentement, ils sont toujours réputés incapables de s'obliger à leur préjudice ; ils peuvent, en conséquence, poursuivre l'exécution des conventions par eux contractées, et peuvent cependant se faire restituer contre elles.*

(*Les* 17e., 21e. *et* 22e. *du Projet.*) N'y avait-il pas quelque contradiction entre l'article 17 du projet, prononçant que, lorsqu'une seule des parties contractantes est frappée d'incapacité, la convention ne peut être attaquée que par elle ; et l'article 22, prononçant que les engagemens contractés par impubères sont *radicalement nuls*, ce qui entraîne la conséquence qu'ils sont nuls même à l'égard de celui qui a contracté avec un impubère?

La commission a pensé qu'il fallait bien marquer la distinction des deux sortes d'incapacités, dont l'une est tellement absolue, que l'engagement contracté avec quelqu'un qui en est frappé ne lie aucune des parties; et l'autre n'étant que relative, il expose l'acte auquel la personne incapable a concouru, à n'être attaqué que par elle.

Les femmes ont paru devoir être placées, comme l'avait fait le projet, dans la seconde classe des incapables, quoique l'on ait fait valoir beaucoup à la commission les motifs qui jusqu'à ce jour ont été invoqués pour soutenir que la nullité des actes auxquels une femme mariée concourt sans autorisation de son mari, est absolue. Mais jusqu'à ce jour on exigeait l'autorisation du mari dans l'acte même; et le projet proposé se contente sagement de l'approbation postérieure du mari.

SECTION III. — *De l'objet et de la matière des contrats.*

1126   23. *Tout contrat a pour objet une chose ou un fait; les parties, ou l'une d'elles, s'obligent à donner, ou à faire ou à ne pas faire.*

1127 à   24, 25 et 26. (*Les* 24e., 25e. *et* 26e. *du Projet.*)
1129

1130   27. Les choses futures peuvent être l'objet d'une obligation.

On ne peut cependant *traiter sur* une succession non ouverte, ni y renoncer.

(*Le* 27e. *du Projet.*) Ce n'est pas seulement la *renonciation* à succession non ouverte qu'il convient de prohiber, mais toutes *transactions* sur objets qui en peuvent dépendre.

SECTION IV. — *De la cause.*

av.1131   28, 29, 30, et 31. (*Les* 28e., 29e., 30e. *et* 31e. *du Projet.*)
à 1133

(*Le* 30e. *du Projet.*) Est-ce assez d'avoir dit que la cause d'une convention peut n'être pas exprimée? Cela semble supposer qu'au moins faut-il, pour la validité d'une convention, qu'il y ait réellement une *cause*, quoique non exprimée; mais alors ne faudrait-il pas dire en l'article 31, que l'obligation *sans cause*, ou sur une fausse cause, est nulle? et le second alinéa de l'article 30 se reporterait à la suite du 31e. du projet.

CHAPITRE II. — *De l'effet des obligations.*

DISPOSITIONS GÉNÉRALES.

32 et 33. (*Les 32ᵉ. et 33ᵉ. du Projet.*)   1134—
1135

SECTION Iʳᵉ. — *De l'obligation de donner.*

34 et 35. (*Les 34ᵉ. et 35ᵉ. du Projet.*)   1136—
1137

36. Le débiteur n'est pas tenu de la perte de la chose par 1138—
cas fortuit ou par force majeure, tant qu'il n'est pas en de- 1139
meure de la livrer, à moins qu'il n'en ait été expressément
chargé.

Le débiteur est réputé en demeure, *soit par l'échéance du
terme convenu, si la chose doit être délivrée au domicile du
créancier,* soit dans tout autre cas par une sommation.

37. L'obligation de livrer la chose est parfaite par le seul 1138
consentement des parties contractantes.

Elle rend le créancier propriétaire, et met la chose à ses
risques dès l'instant où elle a dû être livrée, à moins que le
débiteur *ne soit en demeure* de la livrer, auquel cas la chose
reste à ses risques.

(*Les 36ᵉ. et 37ᵉ. du Projet.*) L'échéance du *terme convenu* doit
constituer la demeure du débiteur, au moins dans le cas où c'était à
lui à aller délivrer la chose. Il n'est donc pas toujours nécessaire qu'il
soit *mis* en demeure. Combien il serait à désirer de ne laisser subsister aucun vestige du système des *clauses comminatoires!*

38 et 39. (*Les 38°. et 39°. du Projet.*)   1140—
1141

SECTION II. — *De l'obligation de faire ou de ne pas faire.*

40 et 41. (*Les 40ᵉ. et 41°. du Projet.*)   1142—
1143

42. Les dommages-intérêts ne sont dus que lorsque le dé- 1146
biteur *s'est trouvé en demeure* de remplir son obligation, ou
lorsque la chose que le débiteur s'était obligé de faire ne
pouvait être faite utilement que dans un certain temps qu'il
a laissé passer.

(*Le 42ᵉ. du Projet.*) La commission a déjà exprimé dans quel cas, suivant elle, on est *en demeure* sans y avoir été *mis ;* et cela par l'échéance des termes convenus.

1148   43. (*Le* 43e. *du Projet.*)

SECTION III. — *Des dommages-intérêts résultant de l'inexécution de l'obligation.*

1147 à
1150   44, 45 et 46. (*Les* 44e., 45e. *et* 46e. *du Projet.*)

1151   47. Dans le cas où l'inexécution de la convention résulte du dol du débiteur, les dommages-intérêts qu'il doit, *comprennent,* à l'égard de la perte éprouvée par le créancier et du gain qu'il a manqué de faire, *tout ce qui est* une suite immédiate et directe de l'inexécution de l'obligation.

(*Le* 48e. *du Projet.*) Lorsque l'inexécution de la convention résulte du dol du débiteur, ses obligations doivent plutôt être étendues que restreintes. Les expressions de l'article du projet semblaient indiquer un sens contraire. •

1152   48. Lorsque la convention porte que celui qui manquera de l'exécuter paiera une certaine somme, il ne peut être alloué à l'autre partie une plus forte somme, quoique le dommage se trouve plus grand. *La peine stipulée ne peut être modérée sous prétexte qu'elle excéderait le dommage.*

(*Le* 49e. *du Projet.*) Pourquoi le juge pourrait-il modérer le dédit stipulé, sans pouvoir jamais allouer une somme plus forte ? ne doit-ce pas être, dans tous les cas, une maxime certaine que celle proclamée à l'article 32 du projet, que *les conventions légalement formées tiennent lieu de loi à ceux qui les ont faites ?*

1153   49. Dans les obligations qui se bornent au paiement d'une certaine somme, les dommages-intérêts résultant du retard dans l'exécution, ne consistent jamais que dans la condamnation aux intérêts fixés par la loi ; sauf les règles particulières au commerce et au cautionnement.

Ces dommages-intérêts *courent de plein droit du jour où le débiteur* s'est trouvé en demeure, sans que le créancier soit tenu de justifier d'aucune perte.

1154 —
1155   5o. (*Le* 51e. *du Projet.*)

SECTION IV. — *De l'interprétation des conventions.*

51, 52, 53, 54, 55, 56 et 57. (*Les* 52e., 53e., 54e., 55e., 56e., 57e. *et* 58e. *du Projet.*) 1156 à 1163

58. Lorsque dans un contrat on a exprimé un cas *pour* 1164 *prévenir le doute si l'obligation s'y étendait,* on n'est pas censé avoir voulu par-là restreindre l'étendue que l'engagement reçoit de droit aux *divers* cas non exprimés.

(*Le* 59e. *du Projet.*) La commission a trouvé dans l'article du projet quelque chose d'obscur, qu'elle a cherché à rendre plus clair dans une rédaction qu'elle suppose être dans le même sens.

SECTION V. — *De l'effet des conventions vis-à-vis des tiers.*

59. (*Le* 60e. *du Projet.*) 1165

60. Néanmoins les créanciers peuvent exercer tous les 1166 droits et actions de leurs débiteurs, à l'exception de *ceux qui sont spécialement attachés à la personne.*

61. *Ils peuvent aussi, en leur nom personnel, attaquer tous* 1167 *actes faits par leur débiteur en fraude de leurs droits.*

Sont toujours réputés faits en fraude des créanciers, les actes réprouvés par la loi concernant les faillites, ainsi que la renonciation faite par le débiteur à un titre lucratif, tel qu'une succession ou une donation.

S'il s'agit d'une renonciation à un titre lucratif, les créanciers qui veulent faire annuller cette renonciation, doivent se faire subroger aux droits de leur débiteur, et prendre sur eux tous les risques et toutes les charges du titre qu'ils acceptent à sa place.

(*Les* 61e. *et* 62e. *du Projet.*) Le changement proposé n'a pour objet que d'exprimer, d'une manière qu'on croit plus précise, le vœu des auteurs du projet.

CHAPITRE III. — *Des diverses espèces de conventions.*

SECTION Ire. — *Des obligations conditionnelles.*

DISTINCTION Ire. — *De la condition en général, et de ses diverses espèces.*

1168—1169   62 et 63. (*Les* 63e. *et* 64e. *du Projet.*)

1170   64. La condition potestative est celle qui fait dépendre l'exécution de la convention, d'un événement qu'il est au pouvoir de l'une ou de l'autre des parties contractantes de faire arriver ou d'empêcher.

1171 à 1173   65, 66 et 67. (*Les* 66e., 67e. *et* 68e. *du Projet.*)

1174   68. Toute obligation est nulle, lorsqu'elle a été contractée sous une condition purement potestative *de la part de celui qui s'oblige.* Elle n'est pas nulle lorsque la condition dépend de la volonté d'un tiers.

(*Le* 69e. *du Projet.*) Il semble que la condition purement potestative ne doit annuler une convention que si son accomplissement dépend uniquement de celui qui s'oblige. Il n'y a rien que de naturel et de licite à soumettre l'effet d'une obligation à la volonté de celui envers qui elle est contractée.

1175 à 1180   69, 70, 71, 72 et 73. (*Les* 70e., 71e., 72e., 73e. *et* 74e. *du Projet.*)

DISTINCTION II. — *De la condition suspensive.*

1181 et 1182   74, 75 et 76. (*Les* 75e., 76e. *et* 77e. *du Projet.*)

DISTINCTION III. — *De la condition résolutoire.*

1183   77. (*Le* 78e. *du Projet.*)

1184   78. La condition résolutoire est toujours sous-entendue dans les contrats synallagmatiques, pour le cas où l'une des parties ne satisfait pas à son engagement.

Dans ce cas, le contrat n'est point résolu de plein droit : la partie vis-à-vis de laquelle l'engagement n'a point été exécuté, a le choix ou de forcer l'autre à l'exécution de la convention lorsqu'elle est possible, ou d'en demander la résolution avec dommages-intérêts.

La résolution doit être demandée et prononcée en justice.

(*Le 79ᵉ. du Projet.*) Le juge ne doit point être autorisé à accorder un délai suivant les circonstances, mais seulement d'après les clauses et les conditions du contrat, qui est la loi des parties et celle des juges.

SECTION II. — *Des obligations à terme.*

79. Le terme diffère de la condition; *il ne suspend pas l'engagement, mais seulement l'exécution.* 1185

80, 81 et 82. (*Les 81ᵉ., 82ᵉ. et 83ᵉ. du Projet.*) 1186 à 1188

SECTION III. — *Des obligations alternatives.*

83, 84, 85 et 86. (*Les 84ᵉ., 85ᵉ., 86ᵉ. et 87ᵉ. du Projet.*) 1189 à 1192

87. Il en est de même si l'une des deux choses promises vient à périr, ou ne peut plus être livrée par le débiteur : le prix de cette chose ne peut pas être offert *ni exigé* à sa place. 1193 et 1194

Si toutes deux sont péries successivement, le débiteur est libéré; *à moins que la perte ne soit provenue de sa faute ou depuis qu'il était en demeure; auquel cas il doit le prix de la chose qui a péri la dernière.*

Dans le cas où le choix appartenait au créancier, il peut exiger le prix de la chose périe par la faute du débiteur ou depuis qu'il est en demeure, quoique l'autre chose existe; et si ces deux choses sont péries par la faute ou depuis la demeure du débiteur, il peut opter le prix de celle qui a péri la première.

(*Le 88ᵉ. du Projet.*) Lorsqu'il n'y a pas eu faute ni demeure de la part du débiteur lors de la perte de l'une des deux choses promises, le prix ne doit pas pouvoir être *exigé* plus qu'offert pour l'accomplissement de l'obligation, qui réside toute entière sur la chose conservée.

Si toutes deux sont péries successivement, il est sensible que s'il n'y a eu, de la part du débiteur, ni faute ni demeure, il est libéré;

mais s'il y a eu faute ou demeure , il faut distinguer : ou il avait le choix de la chose à livrer, ou ce choix appartenait au créancier. Dans ce dernier cas , le créancier exerce son choix sur le prix de celle des deux choses que bon lui semble ; dans l'autre cas , c'est toujours le prix de la chose qui périt en dernier lieu qui est dû , parce que , s'il est moindre, le débiteur use de la faculté qu'il avait de livrer la chose de moindre valeur ; s'il est le plus fort, il a à s'imputer que c'est par sa faute que l'obligation n'avait plus eu pour objet déterminé que la chose suffisante après la première périe.

SECTION IV. — *Des obligations solidaires.*

DISTINCTION Iʳᵉ. *De l'obligation solidaire à l'égard de plusieurs créanciers.*

1197 et 1198   88 et 89. (*Les 89ᵉ. et 90ᵉ. du Projet.*)

1198   90. La remise faite par l'un des créanciers solidaires , libère le débiteur envers l'autre, *pourvu qu'elle soit antérieure à toute poursuite de la part de ce dernier.*

(*Le 91ᵉ. du Projet.*) Le cas de cet article paraît susceptible de la même exception que le projet avait adoptée pour le cas de l'article précédent.

1199   91. (*Le 92ᵉ. du Projet.*)

DISTINCTION II. *De la solidarité de la part des débiteurs.*

1201 à 1203 et 1213   92, 93, 94, 95 et 96. (*Les 93ᵉ., 94ᵉ., 95ᵉ., 96ᵉ. et 97ᵉ. du Projet.*)

1204   97. Les poursuites exercées contre l'un des débiteurs , n'empêchent pas le créancier d'en exercer de pareilles contre les autres.

(*Le 98ᵉ. du Projet.*) Pourquoi l'article du projet semble —t—il supposer qu'en cas de solidarité les poursuites ne peuvent être exercées contre les divers débiteurs qu'*ensuite* les uns des autres ? Elles peuvent l'être simultanément.

1205 à 1212— 1216 et 1285   98, 99, 100, 101, 102, 103, 104, 105, 106 et 107. (*Du 99ᵉ. au 108ᵉ. du Projet.*)

(*Le 102ᵉ. du Projet.*) La demande formée contre l'un des débiteurs solidaires fait-elle courir les intérêts vis-à-vis de tous ?

SECTION V. — *Des obligations* divisibles *et* indivisibles.

DISTINCTION Ire. — *Définition de l'obligation divisible ou indivisible.*

108. L'obligation *indivisible* est celle qui a pour objet   1217
une chose ou un fait qui dans sa livraison ou exécution,
n'est pas susceptible de division par parties.

Les expressions *dividuelles* et *individuelles* paraissent peu propres
à exprimer les idées des auteurs du projet, qui, dans les diverses dispositions de cette section, ont effectivement presque toujours employé celles d'obligations *divisibles* et *indivisibles*.

109. L'obligation est encore *indivisible*, quoique la chose   1218
ou le fait qui en est l'objet ne soit pas indivisible par sa
nature, si le rapport sous lequel il est considéré dans l'obligation, ne le rend pas susceptible d'exécution par parties.

110. (*Le* 111e. *du Projet.*)   1219

DISTINCTION II. — *Des effets de l'obligation divisible.*

111. L'obligation divisible est indivisible dans l'exécution   1220
entre le créancier et le débiteur. La divisibilité n'a d'application qu'à l'égard de leurs héritiers, qui ne peuvent demander ou qui ne sont tenus de payer la dette *qu'en raison
des parts et portions pour lesquelles ils sont héritiers.*

112 et 113. (*Les* 113e. *et* 114e. *du Projet.*)   1221
                                     et ap.

DISTINCTION III. — *De l'obligation* indivisible.

114. Chacun de ceux qui ont contracté conjointement   1222
une dette *indivisible*, en est tenu pour le total, encore que
l'obligation n'ait point été contractée solidairement.

115, 116 et 117. (*Les* 116e., 117e., *et* 118e. *du Projet.*)   1223 à
                                     1225

SECTION VI. — *Des obligations pénales.*

118, 119, 120 et 121. (*Les* 119e., 120e., 121e. *et* 122e.   1226 à
du Projet.)   1229

122. Les peines stipulées pour l'inexécution d'une   ap.—
                                                 1229

obligation d'une somme d'argent, ou d'une chose qui se consume par l'usage, ne peut excéder l'intérêt au taux de la loi.

(*Le* 123e. *du Projet.*) On ne peut trop répéter qu'après le principe posé que les conventions sont des lois pour les parties, la conséquence nécessaire est qu'aucun juge ne puisse les modifier.

1230   123. Soit que l'obligation primitive contienne un terme dans lequel elle doive être accomplie, soit qu'elle n'en contienne aucun, la peine est encourue du jour où le débiteur *s'est trouvé en demeure.*

(*Le* 124e. *du Projet.*) La commission rappelle qu'elle n'a pu admettre comme nécessaire pour constituer l'état de demeure de la part du débiteur, qu'il lui ait été fait une interpellation judiciaire ; les diverses manières dont il peut être *en demeure* dépendent des conventions qu'il a contractées. Du moment où, par son fait, le terme dans lequel l'obligation devait être accomplie ne l'a pas été, il est en demeure ; et assurément le terme est passé, lorsque l'obligation ne peut plus être remplie utilement. Il ne faut donc pas l'exprimer comme un cas différent.

1231 à   124, 125 et 126. (*Les* 125e., 126e. *et* 127 *du Projet.*)
1233

CHAPITRE IV.—*De l'extinction des obligations conventionnelles.*

1234   127. (*Le* 128e. *du Projet.*)

La délégation est-elle un mode d'extinction d'une obligation autre que la novation ? La délégation n'est parfaite et n'éteint l'obligation que lorsque le créancier a expressément déclaré qu'il entendait décharger son débiteur ; et alors la novation est complète, et c'est elle qui éteint l'obligation.

La cession de biens est reconnue par les auteurs du projet eux-mêmes n'avoir d'effet que celui que lui donne la convention, si elle est volontaire, ou celui de décharger de la contrainte par corps, si elle est judiciaire : elle n'éteint donc pas l'obligation.

SECTION Ire. — *Du paiement et de la consignation.*

DISTINCTION Ire. — *Du paiement réel.*

1235   128 et 129. (*Les* 129e. *et* 130e. *du Projet.*)
et av.

1236   130. Toute personne intéressée à ce qu'une dette soit acquittée, telle que les coobligés et les cautions, peut l'acquitter.

Le paiement peut même être fait par un tiers qui n'y est pas intéressé, et qui acquitte la dette au nom et à l'acquit du débiteur; *mais il n'acquiert pas les droits du créancier, sans le consentement duquel la cession ne peut avoir lieu.*

(*Le* 131e. *du Projet.*) Il semble qu'il importe moins de s'occuper de l'intention du tiers qui paie pour un débiteur, que de l'effet qu'aura ce paiement, *qui n'acquerra point à ce tiers les droits du créancier, si celui-ci ne les lui cède.*

131, 132, 133 et 134. (*Les* 132e., 133e., 134e. *et* 135e. *du Projet.*) 1238à 1240

135. Le paiement fait au créancier n'est point valable, s'il 1241 était incapable de le recevoir; à moins que le débiteur ne prouve que la chose payée a tourné au profit du créancier.

(*Le* 136e. *du Projet.*) Le second alinéa de l'article du projet semble devoir faire un article séparé, n'étant pas une modification du premier alinéa, mais une disposition générale, sans rapport à la circonstance particulière pour laquelle est faite la première partie de l'article du projet.

136. *Le paiement fait à un créancier au préjudice d'une* 1242 *saisie ou d'une opposition, n'est pas moins valable à l'égard des créanciers contre qui le débiteur n'en peut exercer la répétition.*

137, 138, 139, 140, 141, 142, 143, 144 et 145. (*Les* 1243à 137e., 138e., 139e., 140e., 141e., 142e., 143e., 144e., 145e. 1253 — et 1214 *et* 146e. *du Projet.*)

(*Le* 141e. *du Projet.*) Cet article est inutile, s'il n'entend parler que de la libération envers le créancier payé; mais il serait faux, s'il pouvait s'entendre de la libération des codébiteurs envers celui qui aurait payé. Le codébiteur qui paie une dette commune n'a pas besoin de cession de droits pour exercer son recours.

DISTINCTION II. — *De l'imputation des paiemens.*

146, 147 et 148. (*Les* 147e., 148e. *et* 149e. *du Projet.*) 1255 à 1256

DISTINCTION III. — *De la consignation, et des offres de paiement.*

1257 à 1263 149, 150, 151, 152, 153 et 154. (*Les* 150e., 151e., 152e., 153e., 154e. *et* 155e. *du Projet.*)

1258 (*Le* 151e. *du Projet.*) Le deuxième alinéa de l'article 150 ne doit-il pas être retranché et porté au n°. 6 de l'article suivant? et ne serait-ce pas le domicile élu pour l'exécution de la convention qui devrait être indiqué d'abord, les offres ne devant être adressées à personne ou domicile qu'en cas qu'il n'ait point été déterminé de lieu pour l'exécution de la convention?

N'y a-t-il pas, dans beaucoup de circonstances, trop d'inconvéniens à exiger la parfaite intégralité dans les offres d'arrérages ou intérêts, dans la supputation desquels il est si facile de laisser glisser une erreur? Les intérêts, comme les frais, ne pourraient-ils être offerts par une somme quelconque, *sauf à parfaire?*

1259 (*Le* 152e. *du Projet.*) N'y a-t-il pas des choses, telles que des bestiaux, par exemple, qu'on ne pourrait consigner de la manière indiquée par cet article? Et celui qui doit ces choses ne doit-il pas être autorisé à se libérer en consignant de la manière dont elles en seraient susceptibles? L'article est sans doute un exemple; et les tribunaux pourront modifier l'exécution, d'après la nature des objets qui seront à livrer.

1261 (*Le* 153e. *du Projet.*) La commission n'a pas trouvé, au titre *des Cautionnemens*, de dispositions qui lui ait paru se référer au *sauf* qui termine cet article.

SECTION II. — *De la novation.*

1271 155. (*Le* 156e. *du Projet.*)

Est-il vrai qu'il y ait plus de deux espèces de novation? est-ce une novation que celle que le projet présente comme une troisième espèce? Quand le créancier seul change, il n'y a ni *extinction de dette*, ni *libération de débiteur.*

1272 156. La novation ne peut s'opérer qu'*entre personnes* capables de contracter.

(*Le* 157e. *du Projet.*) Une novation a quelquefois besoin du concours de *trois* personnes, et toutes trois doivent être capables de contracter.

1281 157. Le créancier d'*une dette solidaire* peut faire novation *avec un des débiteurs;* en ce cas, les codébiteurs solidaires sont libérés *envers le créancier.*

(*Le* 158e. *du Projet.*) Il paraît que l'hypothèse qu'a eue en vue l'article du projet est celle d'une *dette* solidairement contractée, et de la novation qui a eu lieu entre le créancier et l'un des débiteurs ; en ce cas, ce n'est qu'à l'égard du créancier que les codébiteurs sont libérés ; ils demeurent soumis à une action en garantie envers celui qui ne les a libérés qu'en contractant une autre dette qui n'est pas la leur.

158, 159, 160, 161, 162 et 163. (*Les* 159e., 160e., 161e., 162e., 163e. *et* 164e. *du Projet.*) 1273— 1274— 1278 à 1281

SECTION III. — *De la délégation.*

164, 165 et 166. (*Les* 165e., 166e. *et* 167e. *du Projet.*) 1275 à 1277

SECTION IV. — *De la remise de la dette.*

167, 168, 169 et 170. (*Les* 168e., 169e., 170e. *et* 171e. *du Projet.*) 1282 à 1286

171. La remise ou décharge conventionnelle ne profite qu'à celui des codébiteurs auquel elle est accordée, *si la re-mise n'excède pas sa part de la dette ;* mais, dans tous les cas, elle éteint la dette vis-à-vis des autres, *jusqu'à concurrence de la portion remise.* 1285

(*Le* 172e. *du Projet.*) Ce que la commission a proposé d'ajouter étend la disposition de l'article, qui n'aurait prévu qu'un cas, à tous les cas de remise, soit partielle, soit entière, faite par un créancier à un des codébiteurs solidaires. Puisque, d'après l'article 169 du projet, la remise tacite peut être faite par le créancier à tous les codébiteurs solidaires, en la personne d'un seul, pourquoi la remise convention-nelle faite à ce codébiteur ne pourrait-elle valoir, quant au créancier, lors même qu'elle excéderait sa part ?

172 et 173. (*Les* 173e. *et* 174e. *du Projet.*) 1287— 1288

SECTION V. — *De la compensation.*

174, 175, 176 et 177. (*Les* 175e., 176e., 177e. *et* 178e. *du Projet.*) 1289— 1291— 1293— 1294

(*Le* 177e. *du Projet.*) Ne conviendrait-il pas d'ajouter aux créances contre lesquelles on ne pourrait opposer la compensation, les dommages-intérêts adjugés en réparation d'un délit ?

178. Le débiteur qui a accepté purement et simplement la cession que son créancier a faite de ses droits à un tiers, 1295

ne peut plus opposer à ce cessionnaire la compensation *qu'il eût pu, avant la date de son acceptation, opposer au cédant.*

(*Le* 179e. *du Projet.*) La commission croit que le changement qu'elle propose sur cet article ne rend que plus fidèlement la pensée des auteurs du projet.

1290—
1296 à
1299
179, 180 et 181. (*Les* 180e., 181e. *et* 182e. *du Projet.*)

SECTION VI. — *De la confusion.*

1300—
1301
182 et 183. (*Les* 183e. *et* 184e. *du Projet.*)

SECTION VII. — *De l'extinction ou de la perte de la chose due.*

1302
184. Lorsque le corps certain et déterminé qui était l'objet de l'obligation, vient à périr ou à se perdre de manière qu'on en ignore absolument l'existence, l'obligation est éteinte si la chose a péri ou a été perdue sans la faute du débiteur, *et avant qu'il se soit trouvé en demeure,* à moins qu'il ne se soit chargé des cas fortuits.

Le débiteur est tenu de prouver le cas fortuit qu'il allègue.

Quelle que soit la cause de la perte de la chose volée, elle ne dispense pas *celui qui l'avait soustraite,* de la restitution du prix.

(*Le* 185e. *du Projet.*) La commission ne suppose jamais la nécessité d'une interpellation judiciaire pour constituer un débiteur en demeure, puisqu'elle a pensé qu'il était des cas où, par le seul fait de l'expiration d'un terme convenu, la demeure était encourue.

ap.—
1302—
1193
185. (*Le* 186e. *du Projet.*)

SECTION VIII. — *De la cession de biens.*

1265 à
1270
186, 187, 188, 189, 190 et 191. (*Les* 187e., 188e., 189e., 190e., 191e. *et* 192e. *du Projet.*)

La commission a douté si cette section devait être placée ici. D'une part, elle n'est point un moyen par lequel les dettes s'éteignent, cet effet ne pouvant être que celui de la *remise* que les créanciers font quelquefois en considération de la cession : d'autre part, le développement des règles, tant de la cession volontaire que de la cession judiciaire, est renvoyé au Code commercial. Mais la sagesse des dispositions qui forment cette section n'a pas permis d'en proposer le retranchement.

SECTION IX. — *Des actions en nullité et restitution contre les conventions.*

192. *L'action en nullité, soit pour cause d'incapacité dans la personne qui s'est obligée, soit pour omission des formalités prescrites dans l'aliénation des biens des mineurs, soit pour cause d'erreur, de violence ou dol, dure dix ans, excepté dans les cas où la loi restreint ces actions à un moindre terme.* 1304

Ce délai court, pour les interdits, du jour de la réhabilitation; pour les mineurs pubères ou impubères, du jour de la majorité; et pour toutes autres personnes, du jour de la convention.

Dans la section Ire., du chapitre Ier., on a dit que la violence *annulle* les conventions, que l'erreur *annulle*, que le dol *annulle*; il semble donc qu'il ne faut pas dire dans la présente section que ces vices essentiels ne donnent pas lieu à l'action en nullité, mais à une simple action en restitution.

Toutes les actions qui tendent à faire annuller une convention sont des actions en nullité; il n'y a aucune raison de donner aux unes plus de durée qu'aux autres, chacune d'elles ne commençant à courir que du jour où celui auquel elle appartient a la libre faculté de l'exercer.

Les conventions contraires aux bonnes mœurs ou à la prohibition de la loi, ne sont point obligatoires; il n'est pas nécessaire de les attaquer par action en nullité : il suffit d'opposer cette nullité, comme exception, à celui qui en demande l'exécution; et cette exception est perpétuelle. Trente ans de silence, l'exécution même pendant un plus grand nombre d'années, ne détruiraient pas l'effet de l'exception.

Si la convention d'un impubère, d'un interdit, est nulle; si on doit l'annuller sur sa déclaration, quand même il n'aurait souffert aucune lésion, il en doit être de même du mineur qui a aliéné son héritage sans les formalités prescrites, et de celui qui n'a contracté que par violence ou par dol : il n'y a donc aucun motif de distinguer en deux classes les actions qui appartiennent aux uns et aux autres.

La prescription ne court point contre les mineurs et les interdits; le délai de dix ans est donc suffisant pour eux comme pour les autres, puisqu'à leur égard il ne se comptera que du jour où ils auront acquis la faculté d'agir.

Ces réflexions motivent les changemens proposés dans les six articles qui commencent la section.

193. *L'effet de l'action en nullité est de faire annuller le contrat sans que le demandeur soit soumis à prouver qu'il a été lésé; mais il est tenu de restituer tout ce qu'il a reçu.*

194. *La lésion donne lieu à l'action en restitution.*

1305   195. *Cette action appartient aux mineurs non émancipés, contre toutes sortes de conventions; et la moindre lésion suffit lorsqu'elle se trouve dans l'acte même.*

1306   196. *Le mineur n'est pas restituable pour cause de lésion, lorsqu'elle ne résulte que d'un événement casuel et imprévu.*

1313   197. *La lésion ne donne lieu à la restitution à l'égard des majeurs, que dans les actes de ventes d'immeubles et dans les partages. Les causes qui peuvent autoriser cette restitution, ses conditions et ses effets, sont expliqués aux titres* des successions *et de* la vente.

1314   198. *Lorsque la vente de l'immeuble appartenant au mineur, ou le partage dans lequel il était intéressé, ont été précédés de formalités requises par la loi, le mineur n'est restituable que pour les mêmes causes qui autorisent la restitution du majeur.*

1312   199. Le mineur, l'interdit et la femme mariée, en cas de restitution, ne sont point obligés de rendre le prix qui leur a été payé, à moins qu'il ne soit prouvé qu'il a été employé à leur profit.

1307—
1308   200 et 201. (*Les* 199e. *et* 200e. *du Projet.*)

1309   202. Le mineur n'est pas restituable contre les conventions de son contrat de mariage, *de quelque nature qu'elles soient,* lorsqu'il a été assisté dans ce contrat par ses ascendans ou par son tuteur.

(*Le* 201e. *du Projet.*) Ces mots, *de quelque nature qu'elles soient,* ajoutés à l'article, préviendront toutes les difficultés qui se sont élevées jusqu'à ce jour sur les clauses qu'on prétendait *insolites* dans les contrats de mariage des mineurs.

205. *Il est tenu, comme le majeur, des obligations résul-* 1310
tant de son délit ou de son quasi-délit.

204. (*Le* 204ᵉ. *du Projet.*) ap. —
1314

205. *Toute personne qui, rétablie dans la pleine capacité* 1311
de contracter, a ratifié l'engagement qu'elle avait souscrit an-
térieurement, ou a laissé passer le temps fixé par la loi pour
en demander la nullité ou la rescision, n'est plus recevable à
l'attaquer.

(*Les* 13ᵉ. *et* 203ᵉ. *du Projet.*) La commission a cru devoir réunir
les dispositions des articles 13 et 203 du projet, et faire une règle
générale à tous les cas, même non prévus en ces deux articles, mais
susceptibles de la même exception.

CHAPITRE V. — *De la preuve des obligations, et de celle des*
paiemens.

206 et 207. (*Les* 205ᵉ. *et* 206ᵉ. *du Projet.*) 1315 —
1316

SECTION Iʳᵉ. — *De la preuve littérale.*

208. (*Le* 207ᵉ. *du Projet.*) ch. 6
sect. 1ʳᵉ

DISTINCTION Iʳᵉ. — *Du titre authentique.*

209, 210, 211 et 212. (*Les* 208ᵉ., 209ᵉ., 210ᵉ. *et* 211ᵉ. *du* 1317 à
Projet.) 1320
et ap.

DISTINCTION II. — *De l'acte sous seing privé.*

213, 214, 215, 216 et 217. (*Les* 212ᵉ., 213ᵉ., 214ᵉ., 215ᵉ. 1322 à
et 216ᵉ. *du Projet.*) 1326

(*Le* 216ᵉ. *du Projet.*) Quel est l'objet de la précaution d'un
bon en toutes lettres que la loi exige de la main de celui qui souscrit
un acte sous seing privé, écrit d'une autre main ? Est-ce pour le mettre
à l'abri des surprises ? Dans ce cas, pourquoi excepter les artisans,
laboureurs et gens de campagne, qui paraissent avoir le plus besoin
d'être garantis de surprise ?

Mais, d'un autre côté, tant d'individus, dans ces classes, ne savent écrire autre chose que leur nom, que si on exigeait qu'à leur
égard les actes sous seing privé fussent au moins revêtus d'un *bon* en
toutes lettres, ce serait leur imposer la nécessité de passer tous leurs
actes devant notaire.

De quel côté est le plus grand inconvénient ?

1327 218. Lorsque la somme exprimée au corps de l'acte est différente de celle exprimée *au bon*, l'obligation est restreinte à la somme moindre, lors même que l'acte est écrit en entier, ainsi que *le bon*, de la main de celui qui s'est obligé, à moins que l'acte ne prouve de quel côté est l'erreur.

(*Les* 217e. *et* 218e. *du Projet.*) Les deux articles du projet laissaient indécis le cas où l'acte n'étant point écrit en entier de la main de l'obligé, la somme y serait moindre que celle exprimée au *bon*. La faveur de la libération a déterminé la commission à adopter, même pour ce cas, la somme moindre; et il a été observé que le plus ordinairement, lorsque ce n'est pas celui qui s'oblige qui écrit l'acte, il est écrit par celui envers qui il s'oblige : or comment celui qui aurait exprimé lui-même une obligation de mille francs, pourrait-il réclamer deux mille francs que porterait le *bon ?*

1328 219. Les actes sous signature privée n'ont de date contre les tiers que du jour où ils ont été enregistrés, ou du jour de la mort de celui ou de l'un de ceux qui l'ont souscrit, *ou du jour où l'existence en a été constatée dans un acte authentique.*

(*Le* 219e. *du Projet.*) La mention d'un acte sous seing privé dans un acte authentique, constate l'existence de cet acte sous seing privé vis-à-vis les tiers, aussi bien que les circonstances exprimées en l'article du projet.

1329 220. Les registres des marchands ne font point preuve contre les particuliers *non marchands*, des fournitures qui y sont portées.

1330– 1331 221 et 222. (*Les* 221e. *et* 222e. *du Projet.*)

1332 223. L'écriture sous seing privé, mise à la suite, en marge ou au dos d'un titre qui est toujours resté en la possession du créancier, quoique non signée ni datée par celui-ci, fait foi, lorsqu'elle tend à établir la libération du débiteur.

Il en est de même de l'écriture mise *par le débiteur*, au dos, en marge ou à la suite d'un double d'un titre ou d'une quittance qui est entre ses mains, *lorsque ce qui a été écrit par lui tend au maintien de tout ou partie de la dette.*

(*Le 223e. du Projet.*) Il est sensible que l'écriture mise au dos d'un acte entre les mains du débiteur, ne fait foi que par le concours de la double circonstance que c'est le débiteur qui l'a écrite, et qu'il l'a écrite pour le maintien de l'obligation contre son intérêt.

DISTINCTION III. — *Des tailles.*

224. (*Le 224e. du Projet.*)   1333

DISTINCTION IV. — *Des copies de titres.*

225 et 226. (*Les 225e. et 226e. du Projet.*)   1334—
                                                   1335

227. La copie d'une donation transcrite sur les registres 1336 des donations, ne peut servir que de commencement de preuve par écrit; il faut même pour cela,

1°. Qu'il soit constant que toutes les minutes du notaire, de l'année dans laquelle la donation paraît avoir été faite, soient perdues, ou que l'on *prouve* la perte particulière par un accident;

2°. Qu'il existe un répertoire en règle du notaire, qui constate que l'acte a été fait à la même date;

3°. Que le donataire *fasse* déposer les témoins instrumentaires de l'acte.

(*Le 227e. du Projet.*) Le léger changement proposé dans cet article n'est que de pure rédaction; car il est évident qu'en exigeant que la perte *puisse* être prouvée, que les témoins *puissent* déposer, on entendait que la preuve serait faite et les témoins entendus.

DISTINCTION V. — *Des actes récognitifs et confirmatifs.*

228, 229, 230 et 231. (*Les 228e., 229e., 230e. et 231e. du* 1337 à Projet.*)   1340

SECTION II. — *De la preuve testimoniale.*

232. Il doit être passé acte pardevant notaire ou sous si- 1341 gnature privée, de toutes *conventions* excédant la somme ou valeur de *deux cents francs*, même pour dépôt volontaire; et il n'est reçu aucune preuve par témoins contre et outre le contenu aux actes, ni sur ce qui serait allégué avoir été dit avant, lors ou depuis les actes, *ni sur ce qui serait maintenu*

avoir été payé, encore qu'il s'agisse d'une somme ou valeur moindre de *deux cents francs ;*

Le tout sans préjudice de ce qui est prescrit dans la loi relative au commerce.

(*Le* 232e. *du Projet.*) Ce sont les *conventions* qui ne peuvent être prouvées par témoins, et non pas *toutes choses : Facta probantur testibus, non conventiones.* Le fait qu'on aurait livré une chose d'une valeur quelconque, est toujours susceptible d'être prouvé par témoins, sauf que la convention du prix pour lequel elle aurait été livrée ne pourrait être déterminée par les dépositions : ce serait la valeur estimative qui serait due.

La commission a pensé qu'on pouvait porter au moins à deux cents francs la somme, passé laquelle il serait nécessaire de rédiger acte écrit d'une convention. Lors de la rédaction de l'ordonnance de 1667, le prix du marc d'argent n'était que de vingt-huit livres ; il est aujourd'hui de cinquante-un francs ; et, certes, l'usage de l'écriture est beaucoup plus répandu.

1342 à 1345   233, 234, 235 et 236. (*Les* 233e., 234e., 235e. *et* 236e. *du Projet.*)

1346   237. *Toutes les demandes, à quelque titre que ce soit, qui ne seront entièrement justifiées par écrit, seront formées par un même exploit, après lequel les autres demandes dont il n'y aura point de preuve par écrit, ne seront reçues.*

1347   238. (*Le* 237e. *du Projet.*)

Est-il bien nécessaire qu'on représente *à titre universel* celui dont l'écrit est émané, pour qu'il fasse commencement de preuve par écrit ?

1348   239. (*Le* 238e. *du Projet.*)

Pourquoi l'exception ne s'étendrait-elle plus aux dépôts faits aux mains des aubergistes, comme le permettait l'ordonnance de 1667 ? N'est-ce donc pas une sorte de dépôt nécessaire ?

ib. et fin de sect. 2   240 et 241. (*Les* 239e. *et* 240e. *du Projet.*)

SECTION III. — *Des présomptions.*

1349 à 1353   242, 243, 244, 245 et 246. (*Les cinq articles du Projet.*)

SECTION IV. — *De la confession de la partie.*

247, 248, 249, 250 et 251. (*Les* 246e., 247e., 248e., 249e. 1354à
et 250e. *du Projet.*)   1356

252. Elle peut être révoquée par celui qui l'a faite,   1356

1º. Lorsqu'il n'en a pas été demandé acte;

2º. Lorsqu'il prouve qu'elle a été faite par suite de l'erreur *sur* quelque fait dont la connaissance ne lui est survenue que depuis.

La confession ne peut être révoquée que sous prétexte d'une erreur de droit.

SECTION V. — *De l'affirmation judiciaire.*

253 et 254. (*Les* 252e. *et* 253e. *du Projet.*)   1357—
                                                                et ap.

DISTINCTION Ire. — *De l'affirmation litis-décisoire.*

255, 256 et 257. (*Les* 254e., 255e. *et* 256e. *du Projet.*) 1358à
                                                                136o
258. Celui auquel l'affirmation est déférée, qui la refuse,   1361
et ne consent pas de la référer à son adversaire, doit succomber dans sa demande ou son exception.

259. (*Le* 258e. *du Projet.*)   1362

260. *Celui qui a déféré ou référé l'affirmation,* n'est point 1363
recevable à en attaquer la fausseté après qu'elle est faite.

261. *Lorsque celui à qui l'affirmation a été déférée ou ré-*   1364
férée, a déclaré être prêt à la faire, l'adversaire ne peut plus révoquer le consentement qu'il y a donné.

(*Les* 259e. *et* 260e. *du Projet.*) Les dispositions de ces deux articles semblent devoir être communes aux affirmations *déférées* et *référées.*

262. (*Le* 261e. *du Projet.*)   1365

DISTINCTION II. — *De l'affirmation déférée d'office.*

263. Le juge peut déférer à l'une des parties l'affirmation,   1366
ou pour en faire dépendre la décision de la cause, ou seulement pour déterminer le *montant* de la condamnation.

1367 à
1369
264, 265 et 266. (*Les* 263*e*., 264*e*. *et* 265*e*. *du Projet.*)

TITRE III.

Des engagemens qui se forment sans convention, ou des quasi-contrats, délits ou quasi-délits.

1370 —
1371
ART. 1er., 2 et 3. (*Les* 1er., 2*e*. *et* 3*e*. *du Projet.*)

1382
4. *Les délits et quasi-délits sont les faits de l'homme desquels est résulté un dommage à la réparation duquel il est obligé, lorsque ces faits contiennent une faute, même non susceptible d'être punie par la police simple, correctionnelle ou criminelle.*

(*Le* 4*e*. *du Projet.*) L'article du projet semble supposer qu'il ne s'agit ici que des quasi-délits non susceptibles de peine par voie de police simple, correctionnelle ou criminelle ; mais lors même qu'un délit est assez grave pour être poursuivi par voie de police correctionnelle, ou criminellement, il n'en est pas moins vrai qu'un engagement sans convention en résulte en faveur de celui qui a éprouvé le dommage.

SECTION 1re. — *Du quasi-contrat.*

1372 à
1381
5, 6, 7, 8, 9, 10, 11, 12, 13, 14 et 15. (*Les onze articles du Projet.*)

SECTION II. — *Des délits et quasi-délits, et de la responsabilité dans quelques espèces particulières.*

1382
16. (*Le* 16*e*. *du Projet.*)

ap. —
1382
17. S'il est jeté sur un passant, de l'eau ou quelque chose qui produise un dommage, d'une maison habitée par plusieurs personnes, *ceux qui habitent l'appartement d'où l'on a jeté, sont tous solidairement responsables ; à moins que celui qui a jeté ne soit connu, auquel cas il doit seul la réparation du dommage.*

(*Le* 17*e*. *du Projet.*) Tous les habitans d'une maison peuvent-ils être solidairement responsables du dommage causé par l'eau jetée d'un des appartemens ? Pour que cela fût juste, il faudrait que les propriétaires fussent tenus, en louant chaque appartement, de prendre l'agrément des autres locataires.

18 et 19. (*Les* 18ᵉ. *et* 19ᵉ. *du Projet.*)

ib. et 1383—

20. On est responsable, non-seulement du dommage que 1384 l'on cause par son propre fait, mais encore de celui qui est causé par le fait des personnes dont on doit répondre, ou des choses que l'on a sous sa garde.

Le père, et la mère après le décès du mari, sont responsables du délit de leurs enfans mineurs;

Le mari, des faits de sa femme susceptibles de peines de simple police;

Les maîtres et les commettans, des délits de leurs domestiques et préposés dans les fonctions auxquelles ils les ont préposés;

Les instituteurs et les artisans, des délits commis par leurs écoliers et apprentis;

Le propriétaire d'un animal, du délit ou dommage que 1385 l'animal a causé, soit que l'animal fût sous sa garde, soit qu'il fût égaré ou échappé.

(*Le* 20ᵉ. *du Projet.*) Pourquoi un mari ne serait-il pas responsable des faits de sa femme, au moins pour ceux de simple police? Faudra-t-il renvoyer à la nue-propriété des immeubles d'une femme le paiement d'une amende de trois francs?

Les restrictions que l'article du projet apporte à la responsabilité, la rendraient presque toujours absolument nulle, si elles étaient consacrées par la loi.

21. (*Le* 21ᵉ. *du Projet.*)

1386

22. *Celui qui jouit, soit comme propriétaire, soit comme locataire, d'un appartement dans lequel prend le feu qui se communique aux maisons voisines, est responsable du dommage que souffrent ces maisons, à moins qu'il ne prouve que l'incendie a pour cause un fait qui lui est étranger, ainsi qu'il est dit pour le locataire, respectivement au propriétaire, au titre du louage.*

ap.— 1386 et 1733— 1734

23. *Si, pour arrêter le progrès de l'incendie, on abat une maison, les propriétaires des maisons garanties du feu par la destruction de la maison abattue, sont tenus directement, et*

*dans tous les cas, d'indemniser le propriétaire de celle-ci, pro-
portionnellement à la valeur de .leurs maisons et aux risques
plus ou moins prochains auxquels elles étaient exposées, à la
déduction toutefois de la contribution individuelle du propriétaire de la maison abattue, en raison de ce qu'elle partageait
le danger ; et tous ont action, les uns en recours et l'autre en
complément d'indemnité, envers celui qui jouissait de l'appartement dans lequel le feu a pris, et qui ne peut prouver que
l'incendie a eu pour cause un fait qui lui soit étranger.*

Ces deux articles ajoutés ici ont paru appartenir à la matière de ce
titre plutôt qu'au titre *du Louage,* où les auteurs du projet avaient
parlé de la responsabilité de l'incendie.

TITRE IV.

De la contrainte par corps.

2059 à 2062

ARTICLE PREMIER. (*Le premier du Projet.*)

2063

2. Il est défendu à tous français de *stipuler* et de souscrire
aucune obligation ou convention, d'*obtenir* ou de consentir
aucune condamnation volontaire portant contrainte par
corps, hors les cas portés en l'article précédent ; à tous notaires de recevoir lesdits contrats.

La contravention au présent article rend responsable de
tous dépens, dommages et intérêts.

(*Le 2e. du Projet.*) Les dispositions de cet article ne doivent-
elles pas frapper celui qui *stipule,* comme celui qui *souscrit* un acte
emportant contrainte par corps, hors les cas prévus par la loi ?

2063—
2064—
2066—
2067—
2070
2068

3, 4, 5, 6 et 7. (*Les 3e., 4e., 5e., 6e. et 7e. du Projet.*)

8. L'appel ne suspend pas l'exercice de la contrainte par
corps prononcée par un jugement portant la clause d'exécution provisoire en donnant caution.

(*Le 8e. du Projet.*) Si un jugement contenant condamnation par
corps est rendu par défaut et susceptible d'opposition, il n'est pas
possible que, malgré l'opposition qui remet les parties au même point
que s'il n'y avait eu jugement par défaut, la contrainte par corps soit
exécutée.

Il faut donc réduire l'article au cas d'appel, et ne donner l'exécution provisoire malgré l'appel, qu'au jugement fondé en titre. Alors la société a trois garanties de la légitimité de la contrainte par corps, le titre, le jugement, la caution. Mais quelle caution doit être donnée? Il ne serait pas possible de prescrire de règles aux juges, qui recevront la caution présentée.

TITRE V.

Du cautionnement.

Art. 1er. — 30. (*Les trente articles du Projet.*) 2011 à
2043

TITRES VI, VII et VIII.

Du Système hypothécaire.

Le système général du projet sur les objets de ces trois titres, ayant été rejeté par la majorité de la commission, elle présente un travail complet sur d'autres bases.

Voici l'exposé de la discussion qui a déterminé la commission :

La perfection du système hypothécaire sera atteinte,

Si le créancier obtient la sûreté de son paiement par la solvabilité certaine du débiteur;

Si le débiteur conserve l'usage facile de tout le crédit que ce qui lui reste de moyens doit lui procurer;

Si le paiement s'opère par les moyens les plus simples et les moins dispendieux.

L'assurance de la solvabilité du débiteur résulte de la notoriété de son actif et de son passif.

Son actif est connu en général par ses possessions, et plus exactement par ses titres de propriété, dont il justifie à celui qui traite avec lui. C'est l'affaire du contractant. La loi l'abandonne à sa vigilance, et ne peut pas la suppléer : lui seul peut prendre à cet égard tous les renseignemens nécessaires; et s'il se laisse tromper, il ne peut l'imputer qu'à lui-même. Le gage que le débiteur voudra donner sur un bien qui ne lui appartient pas, ne peut jamais nuire à celui auquel ce bien appartient.

Quant au passif du débiteur, l'objet de la loi hypothécaire est de le faire connaître, au moins à l'égard des dettes qui affectent ses immeubles.

C'est là ce qui oblige de rendre toute hypothèque publique par la voie d'une inscription.

Cette publicité avait été établie sous *Henri III*, sous *Henri IV*, sous *Louis XIV* en 1673. Les cris des fripons accrédités, qui re grettaient l'abus d'un crédit trompeur et d'une fausse apparence d solvabilité, et ceux des praticiens, qui ne pouvaient renoncer à la facilité de s'enrichir aux dépens des débiteurs et des créanciers, ont renversé ces établissemens presque à leur naissance.

Ils ont fait de notre temps les mêmes efforts : espérons qu'ils ne réussiront pas.

Tous les gens probes et désintéressés s'accordent à reconnaître que les hypothèques doivent être publiques. Ce n'est pas là ce qui présente une difficulté raisonnable.

Par-là, disent quelques-uns, on dégoûtera les capitalistes de prêter des secours aux commerçans sur la foi de leur probité et de leur solvabilité notoire. Non : ces derniers prêts sont inspirés par d'autres motifs, attirés par de plus grands bénéfices, appuyés de voies de contrainte plus rigoureuses, garantis par l'intérêt même des emprunteurs, pour qui le moindre retard dans l'exécution de leurs engagemens est le dernier malheur. Les prêts aux propriétaires sont des placemens ordinairement durables. Les prêts aux négocians sont un mouvement rapide et momentané, un moyen de faire valoir son argent, qui rentre et sort à des époques certaines et rapprochées. Ceux qui se livrent à l'une de ces spéculations, ne sont guère les mêmes qui forment les autres. Il faut ouvrir des emplois pour ces deux classes; et nul raisonnement ne peut faire que les moyens de rendre les emplois et placemens sur les fonds, solides et impérissables, soient un mal pour la société. Si l'on ajoute que dans un état agricole la culture est la racine de tout, la base même du commerce, et que les besoins des propriétaires satisfaits ou rebutés sont le thermomètre de la prospérité générale, il devient évident que les facilités qu'on leur procure sont le bienfait le plus utile aux commerçans eux-mêmes.

Les hypothèques doivent donc être publiques. Elles l'étaient de tout temps dans plusieurs départemens, et particulièrement dans les contrées de la Belgique; et l'on s'en trouvait bien. Jamais l'édit de 1771, dont le système est contraire à cette publicité, cet édit qui ne fait connaître les créanciers d'un homme qu'au moment de la discussion générale de ses biens, qui ne révèle son insolvabilité qu'au moment où toutes les actions éclatent, où il n'y a plus de remède, où ce qui reste va même être dévoré par des frais énormes; jamais, dis-je, cet édit n'a pu être admis dans ces provinces. L'expérience est donc acquise; elle résout la question autant et plus sûrement que la raison même. Je ne crois pas qu'on s'amuse seulement à écouter ceux qui cherchent des motifs de différence entre la fertilité de la Belgique et la stérilité de quelques autres départemens, la grande et la petite culture, entre les terres qui se suffisent à elles-mêmes et celles qui se prêtent des secours mutuels, comme les prairies et les maigres terrains labourables : il n'est ni ne peut être utile nulle part que la fortune d'un emprunteur soit ignorée et qu'il puisse tromper, que tout secours lui soit refusé, ou que, s'il lui est accordé par imprudence, la main bienfaisante soit punie de son bienfait.

Pour bien concevoir la manière dont les hypothèques peuvent devenir publiques, il faut examiner les différens genres d'hypothèques, et voir, pour chacun, jusqu'où la publicité peut s'étendre, c'est-à-dire, quelle précision cette publicité peut apporter dans les notions qu'elle donne.

Il est simple d'ordonner que tous les actes quelconques qui font naître l'hypothèque, seront inscrits ; qu'ils le seront dans des bureaux établis pour un certain arrondissement, à l'égard des biens hypothéqués qui y sont compris ; que l'hypothèque n'aura lieu que du jour de l'inscription : ce qui vaut mieux, ce me semble, que le système de faire remonter l'hypothèque au jour de l'acte qui lui donne lieu, quand l'inscription a été faite dans un certain délai ; car d'un côté ceux qui ont traité de bonne foi avec le débiteur dans l'intervalle entre l'acte et l'inscription, seraient primés par une inscription postérieure, qui reporterait cette hypothèque ignorée à un acte antérieur, inconvénient qui est directement contraire au but qu'on se propose par la publicité : d'un autre côté, ceux qui traitent aujourd'hui peuvent prendre des précautions pour que la consommation de l'acte ou la délivrance des deniers ne se fasse qu'après l'inscription ; au lieu que les tiers les plus vigilans n'ont en traitant, en s'inscrivant le plus rapidement possible, aucun moyen d'empêcher que l'inscription postérieure d'un autre acte ne remonte à une date qui serait antérieure à l'acte qu'ils ont passé.

J'entre dans l'examen des divers genres d'hypothèques. L'une, et c'est la plus générale, est fondée sur un acte notarié.

Cet acte peut contenir une obligation déterminée ; et le plus souvent cela est ainsi : il n'y a pas de difficulté en ce cas.

L'obligation peut être indéterminée dans sa quotité, ou même conditionnelle :

Telles sont les garanties, en cas d'éviction totale ou partielle, en matière de vente ou de partage ;

Les dettes contractées sous condition expresse si tel événement arrive;

Les libéralités faites pour le cas de survie ;

Les administrations à raison desquelles la créance dépend de la gestion du comptable ;

Les obligations du mari, de rendre ce qui pourra échoir à sa femme pendant le mariage ; car on ne sait pas à combien pourront s'élever ces échoites.

Il faut que ces dettes indéterminées ou conditionnelles soient réglées quant à l'hypothèque, excepté dans les cas où cela est absolument impossible. Je m'explique. La dette restera, à l'égard du débiteur, ce qu'elle doit être par l'événement soit de la condition, soit de la liquidation dont elle dépend. La dette principale n'aura pas besoin d'une estimation anticipée : mais l'hypothèque n'est qu'une sûreté, un cautionnement qui survient à la dette et l'appuie. Voilà ce qui doit être limité à une somme déterminée à forfait, selon le plus ou le moins d'étendue prévoyable de la dette.

En effet, sans cela la publicité de l'hypothèque ne serait rien pour les tiers ; il saurait qu'il existe une hypothèque ; et ne saurait pas pour quelle somme. Ce serait ne rien savoir, quant aux deux objets importans, l'un de présenter une assurance infaillible au nouveau prêteur, l'autre de conserver au propriétaire le plein usage de son crédit sur toute la portion de ses biens libres. Si l'acte ne contient pas l'évaluation dont on vient de parler, il faudra que le créancier éventuel qui s'inscrit, porte une évaluation précise dans son inscription ; et alors le débiteur éventuel aura le droit de se plaindre de l'exagération de la valeur inscrite, et de la faire réduire par le juge sur l'aperçu de la probabilité soit de l'événement auquel la condition est attachée, soit de l'étendue de la dette.

2121— 2135 Il y a des cas, comme je l'ai déjà fait pressentir, où cette évaluation ne pourra avoir lieu ni dans l'acte, ni dans l'inscription ; c'est celui de la femme, pour son gain de survie, qui dépend du point de savoir lequel des époux survivra, ou pour le mobilier qui pourrait lui échoir pendant le mariage : car, d'un côté, personne ne peut le prévoir avec quelque apparence de raison, et, d'un autre, l'intérêt des mariages est si important, que la loi doit aux femmes la plus pleine des garanties ; et cette considération doit l'emporter sur toutes les autres. D'ailleurs, c'est l'un des cas où la moralité, l'économie, la bonne conduite du mari, peuvent entrer dans la balance des raisons qui déterminent les tiers à lui prêter ou lui refuser les secours qu'il demande. Un bien est hypothéqué aux reprises d'une femme : je prête sur ce bien, ou je m'en abstiens suivant la valeur du bien comparée au montant de la dot, aux dispositions faites par le contrat en faveur de la femme, soit en usufruit, soit en propriété, soit entre-vifs, soit en cas de survie, aux successions ou dispositions mobilières qui sont échues ou sont dans le cas d'échoir à la femme, mais surtout selon la conduite du mari.

Un autre cas semblable est celui du tuteur, dont la gestion seule doit déterminer un jour le reliquat qui sera dû à son pupille. La loi doit aussi à celui-ci la garantie la plus entière ; et ce sera de même à celui qui trouvera sur un bien l'inscription faite au profit d'un mineur, à se déterminer, dans le contrat à faire avec le tuteur, sur la probité et la sagesse de celui-ci, et sur la probabilité de ce que pourra être un jour sa dette envers le mineur. Il saura que cette dette, quelle qu'elle soit, doit passer avant sa créance ; et c'est à sa prudence à l'évaluer. Mais l'embarras n'aura lieu que dans les cas où l'on aura à traiter avec un tuteur ; ce qui n'est pas très-commun, surtout à l'égard des tutelles importantes, qui seules méritent une véritable attention.

Il en est de même encore pour un comptable. Sa gestion déterminera un jour la somme dont il sera débiteur ; elle est et doit être assurée d'avance, quelle qu'elle soit, sur le bien hypothéqué ; il n'est pas possible d'assujétir la république à réduire sa créance éventuelle à une somme fixe. La connaissance des mœurs du comptable est nécessaire à ceux qui lui prêteront : il n'y a pas grand inconvénient à ce qu'un tuteur et un comptable soient obligés, pour obtenir du crédit, de joindre à la garantie de leurs biens, celle de leur moralité personnelle ; et cela ne doit pas empêcher qu'en général la loi n'attache, à l'égard de tous autres, l'assurance d'un crédit proportionné à la propriété des immeubles libres. Ces exceptions nécessaires ne doivent donc pas nuire au principe général de la publicité et de la détermination précise des hypothèques, même pour les dettes éventuelles, conditionnelles, ou d'une nature indéterminée.

Je n'ajoute plus qu'un mot. Aucune créance ne doit être réputée formée, ni obtenir une hypothèque, avant d'exister, lorsque son existence dépend de la pure volonté du débiteur, ou du créancier, ou de tous deux, ou, comme on dit, lorsque la condition de cette créance est purement potestative : car il s'ensuivrait que le créancier et le débiteur pourraient, à volonté, créer une dette nouvelle au préjudice des dettes anciennes et des hypothèques acquises ; ce qui est une fraude évidente dont les exemples ne sont pas rares. Ainsi, à l'égard des aliénations du bien des femmes, ou des obligations par elles contractées pendant le mariage, les actions de remploi ou d'indemnité qui en résultent ne doivent pouvoir emporter hypothèque que du jour de l'inscription faite depuis l'aliénation ou l'obligation, et non du jour du contrat de mariage. La jurisprudence, à cet égard, était différente selon les coutumes et les pays ; elle a même été variable : mais il faut s'attacher au principe fixe que je viens d'expliquer. Alors, en faisant ce qui est juste, on obtiendra de plus l'avantage de rendre beaucoup moins incertaine la situation d'un mari sur le bien duquel un contrat de mariage est inscrit ; et la sûreté des contractans sera plus facile à calculer et à constater.

Quelques coutumes avaient introduit une hypothèque légale des tuteurs sur le bien des mineurs pour les créances contre eux à la fin de la tutelle : mais le plus grand nombre ne l'avaient pas admise ; et cela était raisonnable. On ne doit pas étendre les hypothèques légales sans de grands motifs : il n'y en a point ici. Le tuteur prend l'administration en l'état où se trouve le mineur en actif et en passif ; il ne peut changer son état ; nulle dette n'est contractée que par le tuteur et de l'avis de la famille. La garantie du tuteur ne peut changer pendant la tutelle : ainsi il ne doit acquérir d'hypothèque que par l'acte ou le jugement d'apurement de son compte.

Le créancier d'une succession acceptée par bénéfice d'inventaire, aura hypothèque légale sur les biens personnels de l'héritier bénéficiaire pour le reliquat présumable de son compte ; mais cette présomption ne pouvant pas se fixer au jour de l'addition d'hérédité et avant toute administration, l'hypothèque n'aura lieu que du jour de l'inscription, et la radiation en pourra être ordonnée jusqu'à concurrence de ce qu'elle excédera la dette probable selon les circonstances.

Je vais plus loin, et je crois qu'on peut supprimer cette hypothèque légale ; car le créancier est assez assuré par la caution solvable qu'il peut exiger de l'héritier, et que celui-ci ne peut éviter de donner qu'en consentant une hypothèque déterminée sur les biens.

Quant à l'hypothèque légale pour délits, quasi-délits, et pour simple gestion d'affaires, elle n'est établie que par la coutume de Bretagne, article 178 ; elle n'est connue dans aucune autre province ; et je ne crois pas qu'on puisse l'admettre. Elle ne datera que du jour de la condamnation qui sera obtenue.

Je regarde comme très-important que l'état des hypothèques, soit sur un homme qui fait faillite, soit sur une succession qui depuis a été abdiquée, ou qui n'a été acceptée qu'avec inventaire, ne puisse jamais changer : il naîtrait de cette permission, la faculté d'une multitude de fraudes qu'il ne faut pas même rendre possibles. La seule difficulté est de savoir si la présomption de fraude qui, en cas de succession, ne commence qu'au jour de l'ouverture, et qui, en cas de faillite, doit remonter à quelque temps auparavant, ne doit pas embrasser plus de dix jours : je l'étendrais à deux décades au moins ; car on médite une faillite plus de dix jours ; et dès qu'on la médite, la fraude est possible et facile : il ne faut pas cependant remonter trop haut, et voilà pourquoi je me borne à deux décades.

2117— Les titres sur lesquels on fonde l'hypothèque et le droit d'inscrip-
2121— tion, sont les titres authentiques ; ce sont les seuls qui constatent un
2127 engagement. Ceux sous seing privé ne font pas preuve de la signature, et multiplieraient souvent les inscriptions et la nécessité d'en faire prononcer la radiation. Il est donc bon de borner l'hypothèque aux titres authentiques, en regardant comme tels, les actes de mariage et ceux de tutelle, ainsi que les commissions comptables. Il n'y a que ces trois dernières espèces d'actes qui puissent être inscrites pour hypothèque soit éventuelle, soit indéterminée ; et cela est peu dangereux, comme je l'ai dit, parce que la moralité du mari, du tuteur et du comptable, achève la conviction de la sûreté du contractant ; parce que les tutelles vraiment importantes sont rares ; parce que le nombre des administrateurs comptables n'est pas bien considérable ; parce qu'il n'y a de restitution de dot, et de gain de survie ou de donations, qu'autant qu'il y a des contrats de mariage qui déterminent la dette précise, et que cette précision doit être portée dans l'inscription ; parce que s'il y a des gains de survie admis sans contrat, ils ne seront probablement qu'en usufruit pour la femme, ce qui réduit de beau-

coup le risque du contractant, et ce qui d'ailleurs est susceptible d'une détermination fixe sur chaque domaine ; parce qu'enfin, à l'exception des échoites éventuelles et mobilières de la femme, l'obligation du mari sera presque toujours précise, en ne donnant les hypothèques des aliénations et des engagemens de la femme que du jour de leur inscription, qui pourra toujours avoir une quotité exacte.

Il est à observer qu'à l'égard des propriétés de l'obligé qui sont 1225 susceptibles d'éviction ou de changement, telles que celles qu'il aurait acquises sous une condition résolutoire, ou celles sur lesquelles il aurait droit à titre successif, et qui pourraient ne pas tomber dans son lot par le partage, c'est à celui qui lui prête des deniers, à s'imputer de ne s'être pas assuré de la validité et irrévocabilité de son titre, ou d'avoir accepté l'hypothèque qui ne lui était pas encore assurée par un partage définitif ; et qu'au surplus il est établi que les créanciers légitimes sont autorisés à intervenir dans un partage, pour empêcher qu'il ne se fasse en fraude de leurs droits. Ainsi, tout se réduit en cette partie à dire que les actes volontaires qui donnent une hypothèque et qui autorisent une inscription, doivent la régler à une valeur déterminée, même pour les droits éventuels, conditionnels et indéterminés : il n'y a d'exception que pour les femmes, les mineurs, la république, contre les maris, les tuteurs et les comptables. Le mandat même qui confie une administration de tout autre genre, doit, non pas régler l'action du mandant pour mauvaise gestion du mandataire, elle a toujours toute l'étendue qui résulte de cette gestion ; mais il doit déterminer l'étendue de l'hypothèque du mandant à une somme à forfait, pour sa sûreté contre les abus, prévarications ou négligences, comme, lorsqu'on prend une caution, il arrive souvent qu'on la prend jusqu'à concurrence d'une certaine somme, et non au-delà.

J'ai examiné jusqu'ici toutes les hypothèques qui peuvent résulter des actes volontaires ; j'y ai même joint celles qui résultent de la loi en cas de mariage, de tutelle et d'administration comptable : elles sont, comme les autres, sujettes à l'inscription ; et jusqu'ici nous n'y avons remarqué d'autres différences que l'obligation, dans les hypothèques purement volontaires, de spécifier la somme, et la faculté de s'inscrire indéfiniment sur les biens des tuteurs ou comptables, et, à certains égards, sur les biens des maris.

Il y a une troisième espèce d'hypothèque ; on l'appelle *judiciaire* : 2117 — elle résulte des reconnaissances d'actes privés, et des condamnations. 2123 La reconnaissance ou vérification des actes privés les porte au degré de certitude qu'ont les actes authentiques ; elle ne suffit pas, sans condamnation, pour les rendre exécutoires ; mais tout ce qui leur manquait pour assurer les signatures est opéré par ces reconnaissance et vérification : il est donc juste alors qu'ils emportent hypothèque du jour de l'inscription qui les suit. Je crois même que, de ce jour de l'inscription, l'hypothèque peut s'acquérir pour des actes sous seing-privé reconnus devant notaire, pourvu que, d'une part, la somme soit déterminée ou par l'acte même, ou par l'inscrivant, si la dette est éventuelle ou indéterminée ; sauf radiation ou réduction, s'il y a lieu, sur la réclamation du débiteur, et pourvu qu'on y ait satisfait à ce qui sera décidé sur la spécialité de l'hypothèque.

L'ordonnance de Moulins, qui établit que l'hypothèque d'une dette, après reconnaissance de la signature précédemment deniée, remonte au jour de la dénégation, est actuellement sans objet, puisque, dans tous les cas, l'hypothèque ne peut plus avoir lieu que du jour de l'inscription.

Mais j'autoriserais l'inscription encore avec hypothèque, du jour de sa date, pour les actes privés reconnus devant le bureau de conciliation, ainsi que pour les transactions et obligations qui y seront faites, si d'ailleurs les conditions de sommes déterminées (et de spécialité) sont remplies.

Les jugemens par défaut doivent donner droit de s'inscrire, parce que l'hypothèque ne remontant pas au jugement même ni au-delà du jour de l'inscription, il importe peu de quelle nature est le jugement. L'inscription n'est alors qu'une réclamation provisoire dépendante de l'événement du jugement définitif, qui, s'il n'est pas favorable, opérera la radiation ; cela donc est sans risques, et il y en aurait beaucoup à permettre qu'un chicaneur, en reculant, par trop de moyens possibles, le jugement définitif, nuisît au droit du créancier légitime, en l'empêchant de prendre inscription dans un temps utile à ses intérêts.

Il y a des jugemens qui portent des condamnations à des sommes déterminées ; et ceux-là sont, sans difficulté, pour l'inscription : mais d'autres condamnent à remettre des titres ; à rendre des comptes, à restituer des fruits, à payer des dépens, à payer des dommages et intérêts qui doivent être donnés par déclarations, ou dont la liquidation est ordonnée, ou sous des conditions et alternatives, ou enfin à une garantie dépendante des événemens pour son existence ou sa quotité ; dans tous ces cas, il n'y a rien de fixé par le jugement. Cependant il est juste que le créancier éventuel puisse assurer son hypothèque par une inscription, quand le débiteur éventuel et indéterminé est encore solvable : c'est alors à l'inscrivant à déterminer lui-même, dans l'inscription, la somme à laquelle il évalue sa créance ou sa réclamation, sans préjudice au débiteur prétendu à faire radier ou réduire l'inscription. Mais j'observe, en attendant, que si les demandes de ce genre se portent en général au tribunal de l'arrondissement dans lequel l'inscription est faite avec élection de domicile, ou dans lequel se poursuit la vente de l'héritage hypothéqué, ce cas-ci doit y faire exception, et que la demande en radiation ou en réduction doit être renvoyée au tribunal dont est émanée la condamnation éventuelle ou vague ; car c'est à lui à évaluer provisoirement une condamnation dont il doit fixer le montant en définitive ; et l'inscription étant une partie essentielle de l'exécution du jugement, la connaissance en appartient à celui qui, l'ayant prononcé, en connaît le mieux le sens et l'étendue probable, en attendant une liquidation précise.

Voilà tout ce qu'il y a d'essentiel sur la publicité de l'hypothèque et sur la détermination de son étendue.

Maintenant l'inscription nécessaire, et de laquelle part l'hypothèque, aura-t-elle, pourra-t-elle avoir lieu de droit sur tous les biens présens du débiteur? aura-t-elle, pourra-t-elle avoir lieu encore sur ses biens à venir? $\quad$ 2122,— 2123— 2129

Dans les débats qui ont eu lieu au Corps-Législatif sur le Code hypothécaire, les uns ont dit que la spécialité des biens hypothéqués était liée essentiellement au principe de la publicité, puisque l'hypothèque publique ne s'effectue que par une inscription sur un fonds déterminé. Les autres ont répondu que l'inscription, à la vérité, est toujours spéciale; mais que si les actes qui donnent le droit de s'inscrire, donnaient celui de prendre inscription sur chacun de tous les biens du débiteur, sur chacun des biens non-seulement présens, mais même à venir, il se trouverait qu'à la fois l'hypothèque inscrite serait spéciale, et que le droit d'inscription serait général : en sorte que ces deux idées, généralité d'une part, publicité de l'autre, n'ayant rien d'incompatible, il n'est pas vrai de dire que la spécialité dans le sens de restreindre le droit d'inscription à certains héritages déterminés, soit liée essentiellement à la publicité.

Il paraît que la liaison réelle de la spécialité avec la publicité n'a pas été saisie sous son véritable aspect.

Quel est le but que l'on a eu en vue, en établissant la publicité? c'est de mettre chaque prêteur ou contractant à portée de connaître ce qu'il y a de libre dans chaque bien de l'emprunteur, et d'être assuré par là de prendre une hypothèque efficace pour sa créance; c'est, d'un autre côté, de donner à l'emprunteur, des moyens certains de faire connaître les domaines qu'il possède libres de tout engagement, et d'user, sans obstacle, de la plénitude de son crédit réel ; c'est, enfin, de ne faire concourir sur le même objet qu'un nombre limité de créanciers hypothécaires, en sorte qu'il n'y ait jamais lieu à une discussion générale dé biens, à un réglement général de droits et de rangs entre tous les créanciers d'un même débiteur, et que par là les poursuites de saisie réelle et d'ordre ne soient plus une source de profits odieux pour les gens d'affaires, et de ruine déplorable pour les débiteurs et les créanciers.

Voilà les bienfaits et l'objet essentiel de la publicité.

Voyons donc si cela peut se concilier avec la généralité du droit de prendre inscription hypothécaire sur tous les biens présens et futurs, même sur tous les biens présens du débiteur.

Je suppose que ce droit appartienne à tous les créanciers par le seul effet d'un acte notarié. Ils vont tous concourir, par leur inscrip-

tion, sur le même bien dont l'expropriation est poursuivie; et quelque bien qu'on veuille prendre, ce concours sera le même. Ainsi, le
plus ancien inscrit de tous les créanciers d'un propriétaire se trouvera
là, et il demandera à toucher le premier sa créance sur le prix; le second s'y trouvera de même, et demandera la seconde place; il en
sera ainsi du troisième, du quatrième, du vingtième, jusqu'à ce que
le prix soit épuisé; et tous, y compris le premier, ne recevront qu'a-
près l'entier acquit des frais : si quelques-uns des titres sont susceptibles de difficultés, même de chicane, tous les créanciers qui doutent
de leur collocation utile, auront intérêt de contester, et leurs avoués
et conseils n'y manqueront pas. Nous voilà donc rentrés dans une
discussion générale, dans les frais de procédure, dans les contradic-
tions et les débats, dans tous les maux résultant de l'intérêt qui anime
les gens d'affaires à la curée des débiteurs poursuivis : les créanciers,
non payés par ces causes et par leur rang infructueux, n'ont plus
d'autre parti à prendre que de suivre l'expropriation d'un autre bien,
où se renouvelleront les mêmes scènes de combats, de scandale, de
ruine et de désespoir, jusqu'à ce que le débiteur, agonisant sous ces
coups redoublés, soit dépouillé de son dernier héritage, par cela seul
qu'un premier a été soumis à la poursuite. Et dès là, par l'effet im-
médiat et nécessaire de la généralité du droit d'inscription, je vois la
France retombée sous le fléau le plus dévorant de l'ordre judiciaire;
ce que l'on voulait éviter.

Par contre-coup infaillible de ces malheurs prévus, tout capitaliste
à qui le propriétaire s'adresse, ne voit plus ni sûreté ni clarté dans les
gages qu'on lui présente : au lieu d'une sûreté complète, il conçoit à
peine une espérance; au lieu de clarté, il se trouve dans l'épaisseur
des ténèbres que répand sur la solvabilité la plus notoire la seule idée
d'une discussion générale, des incidens et des frais qu'elle entraîne;
quelque bien qui lui soit offert, il trouve assise sur ce bien la main de
créanciers supérieurs en masse à sa valeur. Les mêmes se retrouvent
sur tous les autres biens dont on lui propose l'hypothèque. Il ne veut
et souvent il ne peut pas reconnaître l'identité des personnes et des
créances sur chacun des objets hypothéqués : il sait que, quel que soit
à l'échéance de son droit le bien qu'il préférera de faire mettre en
vente, il n'en touchera pas le prix, qui sera absorbé par tous les
créanciers antérieurs, et qu'il ne lui restera qu'à en saisir un autre
dont peut-être la valeur lui échappera de même; et que le troisième,
le quatrième ou le dixième domaine poursuivi sera le seul qui puisse
lui répondre de sa créance, si même les frais auxquels il aura donné
lieu n'ont pas exercé une hypothèque privilégiée égale ou supérieure
à toutes les autres. Dans cet état, s'il prête, il s'expose aux plus
grands dangers, malgré la publicité des hypothèques : s'il ne prête
pas, ce qui sera le parti le plus sage, le but de la loi n'est plus rempli; le propriétaire n'obtient point de secours; il n'a qu'un crédit

fondé en calcul certain, mais anéanti par l'effet : et tel qui possède dix domaines de 10,000 liv. chacun, et qui ne doit que 30,000 liv. en six parties de 5000 liv. chacune, ne trouvera pas un écu à emprunter ; tandis que, si chacune de ces dettes était portée sur chaque domaine, il aurait quatre domaines parfaitement libres, 3 à 4,000 liv. à hypothéquer sur chacun des autres avec pleine certitude, ample exercice d'un crédit manifeste de 50 à 55,000 livres, et point de discussions ni de frais à craindre ni pour lui-même ni pour ses créanciers. Voilà un tableau vrai et sensible, qui, s'il ne prouve pas qu'il y ait physiquement liaison essentielle entre la spécialité du droit d'inscrire l'hypothèque et la publicité, démontre au moins que le but que la loi se propose par la publicité, ne peut être atteint qu'en ôtant à tout créancier authentique la faculté de porter de plein droit ses inscriptions sur chacun des biens présens et des biens à venir du débiteur.

Certainement le débiteur, ou plutôt le propriétaire, qui traite d'un emprunt à faire, est autorisé à consentir que les prêteurs s'inscrivent sur chacun des biens qui lui appartiennent au moment de l'acte ; et s'il y consent, il se trouvera dans la position que j'ai peinte d'abord. Probablement même, s'il a grand besoin du secours qu'il sollicite, et si ce secours ne lui est offert qu'à cette condition, il y consentira. Mais, dans ce cas, il ne pourra imputer son mal qu'à lui-même, ou à la nécessité rigoureuse des circonstances. D'ailleurs, il arrivera bientôt que les capitalistes sentiront qu'il leur est bien plus avantageux de n'avoir qu'une hypothèque déterminée sur un bien libre, ou qui n'est engagé que pour un quart ou un tiers de sa valeur modérément estimée ; qu'il est, par ce moyen, bien plus sûr et bien plus facile d'être payé, qu'en prenant hypothèque sur tous les biens, en concurrence avec tous les créanciers antérieurs et postérieurs, quoique, sur le total, il reste une masse libre d'une valeur considérable. Dès qu'un prêteur sage aura ainsi calculé sa véritable utilité, tous les autres seront conduits à faire de même ; l'hypothèque, bornée à un ou deux domaines libres ou suffisans, deviendra un principe de bonne et sage économie ; et c'est alors qu'on pourra dater l'éminent avantage que la loi se promet de la publicité des hypothèques : leur spécialité, si elle n'est pas essentielle à cette publicité, en est et la conséquence naturelle, et l'accompagnement le plus propre à en développer et à en assurer les effets salutaires.

On a fait, contre ce principe de la spécialité, les objections les plus violentes et les plus opiniâtres ; et cela se conçoit aisément, puisque la généralité du droit d'inscription ressusciterait en grande partie, malgré la publicité, les abus si lucratifs de l'ordre judiciaire, en fait de poursuite, de saisie réelle et d'ordre de créanciers. Cela se concevrait aisément, dis-je, si ces objections ne s'étaient pas rencontrées dans la bouche d'hommes très-purs et très-éclairés. Voici ce qu'on a dit :

PREMIÈRE OBJECTION.

Un créancier peut avoir pour gage un objet insuffisant; il peut avoir un bien qui périt, comme une maison qui serait incendiée, un bien qui se dégrade par défaut de culture, négligence, invasion d'un fleuve, inondation, ensablement, un bien dont la valeur vénale s'altérerait par le cours du temps ou la survenance d'une révolution : si on lui refuse toute autre hypothèque que celle qui a été spécifiée, il se croira sûr de son paiement, et il ne l'obtiendra pas.

Je réponds que, si l'emprunteur n'avait pas de biens suffisans et libres pour la garantie du nouveau prêt, le capitaliste a pu refuser de prêter; et s'il en avait assez, le prêteur a pu en exiger l'hypothèque. Il doit imputer à lui seul l'insuffisance du gage. Rien que la raison, son véritable intérêt, le désir sage d'avoir sa sûreté à part et dégagée de toute concurrence, n'a pu borner, à cet égard, la liberté qu'il a d'exiger celle que l'emprunteur a de consentir une hypothèque plus étendue, puisqu'il est permis de stipuler et d'accorder l'hypothèque même de tous les biens présens. La loi n'a point à veiller quand la partie est douée par elle du droit d'exercer elle-même sa vigilance. Rien n'empêche le créancier de demander à l'appui de l'hypothèque d'une propriété périssable par accident, telle qu'une maison, une autre hypothèque sur des biens plus solides et moins susceptibles de ruine ou de dégradation. Un héritage sujet à des débordemens, aux ravages des eaux, ou des sables et des ouragans, a moins de valeur que des domaines exempts de ces fléaux; et le créancier exige, en ce cas, une garantie plus étendue qui compense le risque des accidens.

Quant à la négligence d'entretien de la part du propriétaire de la chose hypothéquée, le créancier hypothécaire veille; il a action pour contraindre ce propriétaire à faire ce qu'il doit pour la conservation de la chose et de sa valeur.

A l'égard de la dépréciation amenée par le cours des temps et des circonstances, outre que jamais l'hypothèque stipulée ne sera précisément égale au montant de l'obligation, que toujours elle sera, de quelque chose, supérieure à cette obligation; si l'on considère que cette dépréciation des héritages met toujours le créancier à portée de faire avec moins d'argent un emploi aussi avantageux, et que cependant, après avoir reçu le prix de la chose hypothéquée et vendue, il conservera pour l'excédant de sa créance une action personnelle contre le débiteur, laquelle ne sera stérile qu'en cas d'une absolue insolvabilité, on voit que ces risques supposés du prêteur, ou sont des hypothèses chimériques, ou ne peuvent être imputés qu'à son imprudence, contre laquelle la loi ne lui doit d'autre préservatif que la liberté d'être sage et raisonnable.

Au reste, j'observe que dans tous ces inconvéniens de destruction, de dépérissement ou de dégradation, il n'y a rien qui ne soit applicable à l'hypothèque la plus générale ; telle masse de créanciers, ou tels créanciers, sont sûrs que tous les biens d'un débiteur suffisent à leur paiement intégral, et se trouveront sans garantie par de semblables accidens. Or, une objection commune à tous les systèmes n'est bonne contre aucun.

Je vais plus loin, et je pense que, soit que le gage ait péri, soit qu'il se dégrade, ou par accident, ou par sa nature, ou par la négligence du propriétaire, la loi doit établir que la créance deviendra exigible, si le débiteur ne peut pas ou ne veut pas accorder au créancier un supplément d'hypothèque.

On me dira que ce supplément peut être impossible à donner, parce que le débiteur aura consenti au profit d'autres, depuis le précédent acte, de nouvelles hypothèques, et qu'il n'a plus de biens libres ; au lieu que si tous les biens avaient été affectés dans l'origine, le créancier, dont l'un des gages s'est dégradé, aurait eu recours sur les autres à la date même de son inscription : mais cet avantage eût été général et réciproque ; si l'un avait eu hypothèque sur le gage des autres, ceux-ci auraient eu hypothèque sur le gage du premier ; des créanciers antérieurs à lui, qui à présent n'attaquent que leur gage particulier, se seraient fait payer les premiers sur le sien, et ils tomberaient tous dans l'inconvénient d'une discussion générale, d'un ordre général, d'une contestation générale sur tous les titres, et des frais dévorans que cette procédure entraîne au préjudice de tous ; et cela au premier signal de l'inquiétude, de l'ébranlement, de la poursuite d'un seul de tous ces créanciers. Il n'y a rien à faire de bon, si l'on conserve le principe de ces abus ruineux ; et tout se réduit à savoir s'il ne vaut pas mieux pour tous et pour chacun, de se borner, en contractant, à un, à deux, à trois gages suffisans, plus que suffisans, solides et invariables, autant que le peut juger la prudence humaine, se suppléant l'un l'autre en cas d'accident sur l'un d'eux, et fortifiés encore de l'espérance, incertaine il est vrai, mais probable, qu'arrivant la dégradation, il y aura moyen d'en réparer l'influence, soit par l'exigibilité de la dette, soit par une nouvelle hypothèque ; si, dis-je, cela ne vaut pas mieux qu'une hypothèque universelle pour tous, qui, en paraissant les servir tous, ne sert réellement personne, et les expose tous au contraire, 1°. à l'incertitude en contractant, s'ils ne parviennent pas à la recherche et à l'estimation, très-difficile, de tous les biens du débiteur, à quelque distance qu'ils soient placés, 2°. à la privation de leur paiement sur chaque bien mis en vente, par l'exercice de créances antérieures, 3°. aux longueurs et aux frais d'une discussion générale, d'où s'ensuivent le dégoût des placemens sur la plus solide des propriétés, les biens-fonds, et le discrédit, désastreux pour les citoyens et pour l'État, qui s'attache aux propriétaires les plus solvables.

Quant à l'hypothèque des biens à venir, outre que rien n'est plus incertain que les biens à venir, outre qu'il est contraire à tout principe qu'un homme puisse disposer d'une propriété qu'il n'a pas et n'aura peut-être jamais, outre que cela est même immoral s'il s'agit de l'espérance d'une succession à échoir, outre que la facilité de consommer par anticipation jusqu'à ses espérances, souvent vaines et illusoires, est un principe de désordre dans l'âge des passions, de cupidité et d'usure dans les impitoyables capitalistes, de désespoir dans l'âge mûr écrasé par les folies de la jeunesse, toutes raisons qui suffiraient pour proscrire à jamais ce système; considérons que celui qui a fourni ses deniers à un homme sans fortune a suivi sa foi, et n'a prêté que comme il aurait fait à un commerçant sur sa probité et ses mœurs, et qu'il n'a pas dû compter sur ce qu'il pourrait posséder un jour; chance incertaine, qui ne peut pas fonder une spéculation raisonnable et morale. Considérons que ces possessions futures, l'emprunteur les aura acquises ou par hasard ou par son travail, et sa loyale industrie; si c'est hasard, quel capitaliste, qui a prêté auparavant, pourrait dire qu'il n'a prêté sans gage qu'en considération du hasard qui pouvait lui en donner un! si c'est travail et industrie, sa créance est assurée par la solvabilité de l'emprunteur, indépendamment de toute nouvelle hypothèque: dans le cas, au contraire, où l'obligé avait de la fortune et des biens libres, son créancier a pu en traitant s'assurer des gages suffisans; s'il ne l'a pas fait, il doit se l'imputer; s'il l'a fait, il n'a pas besoin de nouveaux gages. Ce n'est donc que lorsque le gage stipulé en prêtant aura péri, ou dépéri notablement, que le créancier aura le droit de demander son paiement, même avant l'échéance, sinon, le supplément de l'hypothèque, lequel pourra lui être fourni par le débiteur, en biens qui lui seraient survenus ou qu'il aurait acquis depuis, et qui seraient libres entre ses mains.

L'hypothèque sur les biens à venir aurait, indépendamment de ses inconvéniens propres et particuliers, les mêmes dangers et les mêmes conséquences fâcheuses que j'ai fait remarquer dans l'hypothèque générale de plein droit.

Il y a des natures de créances privilégiées qui se forment indépendamment de toute stipulation relative aux intérêts pécuniaires, et par conséquent sans qu'il soit possible d'indiquer les biens qui doivent leur servir de gage.

Telles sont les créances des mineurs sur les biens de leurs tuteurs; celles de la république sur les administrateurs comptables; celles qui résultent d'un jugement de condamnation.

Toute stipulation dans ces cas étant impossible, il faut bien que le créancier puisse user de son droit d'hypothèque sur tous les biens de son débiteur qu'il jugera à propos de frapper d'une inscription. Il paraît, à l'égard de la condamnation judiciaire, que, comme le créancier a suivi la foi de son débiteur en traitant par acte qui n'emportait pas d'hypothèque, et comme il n'a requis une condamnation que parce que ce débiteur a violé la foi promise en ne payant pas à l'échéance de l'exigibilité, l'hypothèque qui résulte de la condamnation ne peut excéder celle que le débiteur pourrait accorder lui-même ; or il ne pourrait la donner que sur ses biens présens : là se borne donc l'effet de l'hypothèque judiciaire. On veut qu'il en soit autrement de l'hypothèque légale des femmes, des mineurs et de la république, et que ces sortes de créanciers puissent avoir hypothèque sur les biens qui adviennent aux maris, aux tuteurs, aux comptables, à la charge de prendre inscription sur ces biens, à mesure qu'ils entrent dans la propriété des débiteurs. Cela peut être fondé sur la faveur extrême de ces créances, mais cela contrarie le principe général.

Il me semble, d'un côté, que celui qui a obtenu condamnation sur un homme qui n'a pas de biens présens libres qui garantissent l'effet de la condamnation, doit pouvoir exiger une hypothèque sur les biens qui surviendront au débiteur, si celui-ci a obtenu du créancier la surséance à l'exécution dont le jugement lui donne le droit. Il est constant en effet qu'en vertu de ce jugement, celui qui l'a obtenu peut saisir et poursuivre la vente du bien acquis. Qui peut le plus, peut le moins : non qu'il s'ensuive de là qu'il ait de plein droit l'hypothèque et puisse prendre inscription ; mais s'il consent à faire grâce en suspendant l'exécution, il est juste qu'il ait la faculté d'y mettre pour condition que l'hypothèque lui en sera expressément accordée : et alors son inscription a d'autant plus d'avantage, qu'il est sûr de ne rencontrer personne qui eût droit avant lui de s'inscrire sans convention, à l'exception des femmes, des pupilles ou de la république, à l'égard du comptable. Le créancier par condamnation n'a donc pas intérêt d'avoir l'inscription de droit sur les biens à venir; et il a intérêt, au contraire, à ce qu'aucun autre, à deux ou trois exceptions près, n'ait cette hypothèque de plein droit en se faisant inscrire.

D'un autre côté, il me paraît que le condamné qui a obtenu du temps de son créancier doit pouvoir lui proposer un gage déterminé, libre et suffisant qui doit raisonnablement être accepté par ce créancier ; et dans le cas où il n'y aura qu'un simple jugement de reconnaissance d'un acte privé, sans condamnation exécutoire, le débiteur doit pouvoir offrir des hypothèques suffisantes, que le juge obligera le créancier d'accepter, si elles excèdent en biens libres le montant de la créance, d'un quart ou d'une moitié, selon que le gage sera impérissable ou sujet à accidens.

Rien n'empêcherait non plus que la famille, en déférant la tutelle d'un mineur, ne délibérât sur les offres du tuteur, et ne déterminât ceux de ses biens qui seraient hypothéqués au reliquat de la gestion, selon l'importance de cette gestion et la probabilité des événemens.

Quant à la femme mariée, s'il y a contrat de mariage, on pourrait aussi, eu égard à l'importance de la dot, des donations mobilières qui lui seraient faites, soit entre-vifs, soit en cas de survie, de la nature des échoites mobilières qu'on pourrait probablement prévoir, on pourrait, dis-je, régler les biens du mari sur lesquels porterait la garantie de ses reprises et conventions; car par rapport aux aliénations des biens de la femme ou à ses engagemens contractés pendant le mariage , comme il est indispensable, pour éviter des fraudes odieuses, que l'hypothèque contre le mari ne date que de l'époque de ses actes purement volontaires et potestatifs, les biens sujets à l'hypothèque devraient être déterminés par les actes mêmes.

SECONDE OBJECTION contre la nécessité des gages déterminés d'hypothèque.

2123   On dit : Un homme qui a obtenu une condamnation judiciaire peut l'exécuter sur tous les biens libres du condamné, même sur tous ceux qui lui adviennent depuis cette condamnation ; comment donc n'aurait-il pas le droit, beaucoup moindre, de prendre sur ces biens une inscription hypothécaire ?

    La réponse est simple. Ou le porteur de condamnation a pris inscription sur des biens présens du condamné, et dans ce cas il doit porter son exécution sur ces biens avant d'en attaquer d'autres ; il n'aurait donc pas le droit d'exécuter sur les biens à venir, si ce n'est après avoir épuisé la solvabilité des biens hypothéqués : ou il n'a pas de gages acquis par l'inscription, et dans ce cas il peut prendre de deux partis l'un, ou porter son exécution sur les biens survenus, ou en faire grâce au condamné, sous la condition de lui livrer cette hypothèque ; ce qui, pour les deux cas, remplit toute l'étendue de son droit. Il y a cette raison de différence entre le droit d'exécution et celui de simple inscription, que le premier ne peut être exercé que sur une portion de biens suffisante pour opérer le paiement, et non pas sur tous ensemble ; au lieu que le second, si on le lui accordait, serait général, embrasserait tous les biens à venir, et porterait dans les affaires et les autres transactions du débiteur, une gêne et un embarras très-dangereux d'après tout ce que j'ai dit.

TROISIÈME OBJECTION.

2129   Quel avantage résulte-t-il de la spécialité des hypothèques fondées sur actes volontaires, tandis qu'on est obligé d'admettre le droit de s'inscrire sur tous les biens présens, dans la femme du débiteur, dans son pupille, dans la république, s'il est comptable, tandis que pour ces personnes on propose de l'admettre même sur les biens à venir ; tandis, enfin, qu'on l'accorde à tous les créanciers qui ont obtenu condamnation, au moins sur les biens présens? Il importe peu qu'il y ait inscription sur tous les biens pour les créances seulement de la femme, du pupille, de la république, des porteurs de condamnation, ou qu'il y en ait de pareilles pour toutes les dettes.

    Réponse. Je crois avoir prouvé que si toutes les dettes créées par actes sont inscrites sur tous les biens sans distinction, les fruits les plus précieux de la publicité des hypothèques, l'évidence de la situation du débiteur, la sûreté des prêteurs, la plénitude du juste crédit de l'emprunteur, le préservatif des discussions générales, l'épargne des frais qui ruinent tout le monde, créanciers et débiteurs, la promptitude des liquidations et des paiemens, sont perdus à jamais ; nous retombons dans toutes les anciennes horreurs que la législation nouvelle a pour but unique de supprimer pour toujours.

Si tel est le résultat de la généralité des hypothèques et du droit d'inscription, le plan qui repousse cette généralité doit donc être constamment maintenu ; d'autant plus qu'il est démontré que la détermination spéciale des hypothèques pour les obligations par actes, ne cause aucun préjudice réel, et procure un avantage inappréciable aux créanciers eux-mêmes, qui bientôt apprendront à la préférer à l'hypothèque générale, qui n'a qu'un avantage apparent et des inconvéniens réels.

Ainsi, il importe peu que certaines créances soient d'une telle nature, qu'il faille leur attribuer le droit d'hypothèque ou d'inscription générale ; ce mélange de deux sortes de droits différens n'empêche pas qu'il ne faille tenir essentiellement à la désignation précise des gages, dans toutes les occasions où cela est possible.

Les obligations par conventions volontaires, et la garantie qui en est assurée par des actes, sont de tous les momens et de toutes les positions respectives où l'état social met les hommes entre eux. On se marie une ou deux fois dans sa vie ; on est rarement chargé d'une tutelle ; peu d'individus ont l'état d'administrateur comptable : mais les hommes commercent, négocient, s'obligent, promettent tous les jours ; et c'est à cette succession continuelle d'actes et de stipulations, qu'on doit appliquer les règles les plus salutaires pour la sûreté des créanciers, pour le crédit des débiteurs, la circulation et l'emploi des fonds, le flux et reflux des richesses, qui donnent la vie au corps politique.

Qu'un homme qui veut traiter avec un autre, sache que celui avec qui il contracte est engagé dans les liens du mariage, il en conclura qu'il peut être soumis envers sa femme à des obligations qui prendront, par l'inscription qu'elle en a faite, un rang avantageux parmi ses dettes. Mais il s'informe ; il connaît et la conduite du mari, et les droits apparens de sa femme, et la probabilité de ses droits éventuels ; il peut même obtenir d'elle-même un consentement à la préférence de la dette que le mari va contracter envers lui, si cette dette est utile au mari, et par suite à la femme elle-même. Mais ce mari est rarement à la fois ou tuteur ou comptable, et plus rarement encore il est l'un et l'autre.

Ainsi fort peu de circonstances concourent ensemble, qui donnent à la généralité de l'hypothèque les inconvéniens que j'ai détaillés ; et presque tous les créanciers, presque tous les débiteurs, sont dans le cas de recueillir les avantages qui résultent de la spécialité. Ces avantages sont immenses, puisque c'est à la spécialité seule qu'on devra la clarté dans les affaires d'un emprunteur, la sûreté du prêteur, sa disposition à faire un placement aussi certain, l'usage plein du crédit que donne à l'emprunteur une solvabilité démontrée, la simplicité de la discussion, la netteté de l'ordre qui se trouvera tout fait par l'inscription même entre trois ou quatre créanciers au plus hypothéqués sur le même immeuble, la tranquillité des autres créanciers dont la créance ne sera pas échue, ou qui se reposeront avec sécurité sur la foi de leur hypothèque particulière, avec laquelle celles des autres créanciers n'ont rien de commun. Comparez cela à l'état d'un débiteur et de ses créanciers, si, par l'effet de la généralité de leurs inscriptions, à la mise en vente d'un seul héritage, il faut examiner, discuter, vérifier, ranger les titres des inscriptions de vingt, trente, cinquante, cent créanciers, éprouver les lenteurs et supporter les frais dont l'ancienne expérience des saisies réelles peut donner une juste idée : c'est alors que la moindre poursuite d'un créancier pressé de toucher son argent deviendra, comme autrefois, le signal d'un éveil général de tous les créanciers, et qu'une vente qui se ferait paisiblement et sans trouble, entraînera forcément l'expropriation universelle de tous les biens, sonnera le tocsin judiciaire sur le malheureux débiteur, et abîmera dans le même gouffre le saisi très-solvable, et les créanciers armés de la plus ancienne hypothèque.

A l'égard de la généralité de l'hypothèque qui résulte de la condamnation judiciaire, elle ne fournit pas davantage d'objection raisonnable contre les fruits que produit la spécialité de l'hypothèque par acte : car, ou ces condamnations sont en petit nombre; et alors elles troublent peu, par leurs inscriptions universelles, la marche de l'hypothèque spéciale et ses bons effets : ou les condamnations sont en grand nombre; et alors elles prouvent que le débiteur est, par sa faute ou par ses malheurs, dans un véritable état de détresse et de ruine qui l'empêche de satisfaire à ses dettes échues. C'est aux approches de sa faillite que ces actions des créanciers et ces jugemens de condamnation se multiplient. Si les inscriptions qui en résultent sont faites dans le délai réprouvé par la loi avant la faillite, elles ne produisent aucun effet et ne dérangent rien aux droits acquis antérieurement à d'autres inscriptions : si celles des porteurs de condamnations sont antérieures à ce délai, elles approchent au moins du moment d'un discrédit véritablement fondé sur l'embarras des affaires. A cette époque, personne ne traite avec le propriétaire obéré, personne ne souffre de ces inscriptions judiciaires : elles sont les dernières de toutes celles qui frappent sur le bien du débiteur ; elles peuvent être inefficaces pour ceux qui ont obtenu les condamnations, et ne nuisent pas à ceux qui ont pris des inscriptions plus anciennes.

Remarquez encore que presque tous ceux qui font condamner un débiteur veulent être payés, et poursuivent l'expropriation ; ce qui ouvre, sur le bien qui en est l'objet, la réclamation des créanciers inscrits, sans leur porter préjudice. Presque aucun de ces porteurs de condamnations ne veut en faire grâce, et attendre son paiement, à l'abri d'une inscription générale, il est vrai, mais tardive, qui n'arriverait que sur des biens ordinairement épuisés par des hypothèques précédentes.

En un mot, nul capitaliste ne prête à un homme écrasé sous une multitude de condamnations auxquelles il ne satisfait pas ; et la sagesse le veut ainsi. Ce n'est pas à un propriétaire réduit à cet état déplorable que la loi veut procurer un crédit qu'il ne mérite plus d'avoir, et qu'on voudrait lui rendre en vain. Il est donc vrai que les droits attachés aux condamnations judiciaires n'apportent aucun dérangement aux règles sages que la loi établira pour la spécialité des hypothèques, et des inscriptions à prendre sur des obligations stipulées par des actes.

QUATRIÈME OBJECTION *contre la détermination des domaines hypothéqués.*

On dit :

Un prêteur de dix mille francs ne se contentera pas d'une hypothèque spéciale sur un héritage de dix mille francs ; il lui en faudra au moins un de quinze mille francs. Dix créanciers de même somme couvrent donc de leurs hypothèques cent cinquante mille livres de domaines, qui forment la fortune du débiteur. Voilà son crédit épuisé ; et cependant il a encore cinquante mille livres de propriétés libres, qui sont perdues pour son crédit et pour la circulation. S'il avait pu donner une hypothèque générale sur tous ses biens, il aurait emprunté cinquante mille écus, et tout le monde aurait eu sa sûreté.

Je réponds : 1°. C'est une véritable illusion de prétendre que dans cent cinquante mille livres de biens, il y aurait eu sûreté suffisante pour cent cinquante mille livres de dettes, et pour les frais entraînés par une discussion générale.

2°. Il est plus vrai de dire que les domaines pris un à un pour chaque créancier, pourront supporter une masse de dettes approchant de leur valeur, et qu'on pourra sagement lui prêter encore trois à quatre mille livres sur les cinq mille qui restent libres de chaque domaine : car les frais d'expropriation et ceux d'ordre, entre deux à trois créanciers seulement, sont simples, modiques et clairement déterminés, sans aucun moyen possible de les enfler. Ainsi c'est dans le cas de la spécialité, et non dans celui de la généralité, que le plein usage du crédit dans toute son étendue est praticable. L'argument proposé, non-seulement est vicieux, mais même il se rétorque contre ses auteurs.

3°. On suppose, dans l'objection, que la législation hypothécaire défendra aux emprunteurs ou contractans propriétaires de donner hypothèque sur tous les biens qu'ils possèdent. C'est une erreur. A l'exception des biens à venir, qui ne sont rien, tout propriétaire peut accorder le droit d'inscription sur tous ses héritages, en les désignant au prêteur qui les exige pour son gage. Si donc les créanciers veulent une hypothèque générale, ils l'auront, ou l'emprunteur renoncera à leur secours, présenté sous cette condition. L'objet de la loi n'est pas de gêner la liberté des conventions, mais d'exiger qu'elles aient été faites. Par là, tout créancier qui voudra avoir hypothèque sur tout, l'aura, ou ne contractera pas. Mais la loi prévoit que bientôt les créanciers, les prêteurs, reconnaîtront qu'il leur est utile, autant qu'au débiteur lui-même, de n'avoir qu'une hypothèque déterminée, mais suffisante, mais proportionnée à la créance et à la solidité plus ou moins grande du gage, mais assurée dans ses effets. C'est alors que la loi considérera le système hypothécaire comme ayant atteint le degré de sa perfection, et d'autant plus solidement, qu'elle n'aura rien ordonné, et que la bonne pratique sera l'effet de la volonté des parties et de leur intérêt bien combiné. Concevez que cela arrivera bientôt et certainement. Un prêteur demandera l'hypothèque générale ; ce sera, avant la réflexion, son premier instinct, qui tiendra pour beaucoup aux anciennes habitudes. L'emprunteur lui offrira, pour une créance de dix mille francs, un domaine, même d'abord deux domaines de quinze à dix-huit mille francs chacun ; il lui en prouvera la pleine franchise ; il le priera de s'en contenter. Le prêteur hésitera d'abord ; mais quel homme dur et en même temps insensé insistera pour avoir le gage universel de tous les biens partagés avec huit ou dix créanciers en concours, de préférence au gage spécial d'un ou deux domaines plus que doubles de la créance en valeur, et d'une nature impérissable, sur lesquels l'inscrit aura des droits sans discussion, sans contestation, sans vérification contradictoire avec personne. Il est visible que l'usage du gage limité s'établira de lui-même, et en peu de temps.

CINQUIÈME OBJECTION.

Un billet ou autre acte sous-seing-privé sera préféré par presque tous les créanciers, parce qu'une condamnation obtenue sur ce billet donnera l'hypothèque générale. Cette préférence d'un billet sur un acte authentique, est une absurdité que la folie de la loi pouvait seule créer, et qui prouve en même temps que la loi de spécialité sera le plus souvent éludée, et par conséquent toujours inutile.

RÉPONSE. Il faut supposer, dans cette objection, que le créancier par billet n'ait pas obtenu une condamnation en paiement du billet devenu exigible : car, comme je l'ai déjà dit, à celui qui a obtenu une telle condamnation, ce n'est pas une hypothèque qu'il lui faut, c'est son paiement ; il ne s'inscrit pas, il exproprie ou saisit. Il s'agit donc, dans l'hypothèse supposée, non d'une condamnation, mais d'une reconnaissance judiciaire de signatures vis-à-vis d'un autre que d'un commerçant (car la déclaration de 1717, qui subsiste, défend une pareille reconnaissance entre négocians avant les échéances); ou bien il s'agit du cas où le débiteur et le créancier sont de concert.

Mais, premièrement, le titre judiciaire ne donne l'hypothèque générale que sur les biens présens, et non sur ceux à venir. Or le propriétaire emprunteur peut accorder l'hypothèque sur tous les biens présens, en les désignant tous; le prêteur peut l'exiger comme condition essentielle de son prêt : il n'y aura donc jamais d'intérêt à prendre le circuit d'un billet et d'un jugement, pour obtenir ce qu'on aurait directement par un acte notarié, qui ne coûtera pas plus qu'un jugement.

J'ai dit que la loi, en soumettant à la désignation des biens, n'a pour objet que d'apprendre aux contractans, par leurs réflexions et par l'expérience, qu'il y a pour eux plus d'avantage à se borner à l'hypothèque de biens suffisans pour la garantie de la dette, et à la préférer à une hypothèque indéfinie de tous les biens en concours avec tous les créanciers. Il est clair que si le prêteur et l'emprunteur dont on parle ici, sont convaincus de cette vérité, ils ne prendront pas le circuit qu'on imagine; et que s'ils n'en sont pas convaincus, ils n'auront pas besoin de le prendre, ayant un moyen plus direct et plus simple d'assurer à la dette le gage de tous les biens présens. Au surplus, que nous importera qu'ils l'aient pris ou non, ce circuit, puisque cela aboutit au même résultat? Cependant, j'ajouterai que les parties aimeront mieux aller en droiture à ce but si elles le veulent; car entre le billet et le jugement à obtenir, le débiteur pourra contracter des hypothèques intermédiaires, qui nuiront au porteur du billet, et qu'il aurait primées au contraire, si les hypothèques avaient été stipulées par l'acte même. Si l'on convient de ne livrer l'argent qu'après le jugement, il faudra donc, dans l'intervalle, une contre-lettre au billet; s'il y a des hypothèques nouvelles contractées dans cet intervalle, il faudra donc convenir qu'alors le prêt n'aura pas lieu, que les billets et contre-lettres seront supprimés, que le jugement ne sera pas obtenu ou sera sans effet? Que de précautions et de peines, quand il suffisait, au contraire, de désigner à l'hypothèque, dans un acte authentique, tous les biens du débiteur! L'objection est donc nulle, et n'a été produite que par les contorsions de tout genre que les adversaires de la spécialité se sont données pour inventer des inconvéniens chimériques.

SIXIÈME OBJECTION:

On a dit encore que dans le pays de nantissement, la spécialité des hypothèques n'était pas toujours jointe à la publicité.

Je réponds que le système hypothécaire proposé ne mettant aucun obstacle à l'engagement de tous les biens présens du débiteur, pourvu qu'il les déclare, il n'en résulte, pour le créancier qui l'exigera, aucune différence d'avec le droit qu'on lui donnerait par le seul fait de l'obligation de faire inscrire son titre sur tous les biens en général, ainsi que dans la plupart des pays de nantissement ; la nécessité de désigner ces biens n'étant qu'un avertissement utile donné aux contractans , de réfléchir à ce qui leur est réciproquement le plus avantageux, et d'accorder la préférence à l'espèce de convention qui , en assurant également la garantie de la dette de la manière la plus solide , joindrait à cette garantie l'avantage d'une plus grande clarté dans les droits, d'une moindre concurrence de prétendans sur le même bien , d'une plus grande facilité de réaliser le paiement et de distribuer les valeurs entre eux , sans lenteur et sans frais.

Pour les biens à venir, outre qu'il n'y a pas, dans les pays de nantissement , une jurisprudence uniforme , il y a , comme je l'ai observé, une si révoltante immoralité à spéculer sur la mort de ses parens et à dévorer leur succession d'avance ; la cupidité qui se crée un patrimoine anticipé des espérances incertaines des prodigues et des mineurs, au moins des émancipés , est si odieuse ; les occasions qu'elles fournissent aux dissipateurs sont pour eux un piége si dangereux , et une source de désespoirs si amers et si longs ; les autres casualités éventuelles de bénéfices futurs sont si incertaines , qu'il n'y a que le vice qui puisse profiter de la liberté qu'on laisserait à cet égard , ou la déraison et la folie qui puissent y fonder la sécurité de leurs engagemens. D'ailleurs , comme je l'ai dit encore , on peut accorder au créancier qui a vu périr ou diminuer le domaine hypothéqué , au porteur de condamnation qui n'a pas trouvé d'hypothèque solide dans les biens présens du condamné , le droit d'exiger sur d'autres biens , même sur ceux qui sont survenus depuis, un supplément d'hypothèque ; et le débiteur, menacé par la loi de se voir exproprié s'il n'y consent pas, délivrera infailliblement cette hypothèque , autant qu'il lui restera des biens libres, dans quelque temps qu'il en soit devenu propriétaire ; et s'il n'en a pas à présenter, il sera juste qu'il subisse le sort auquel il est condamné par sa faute ou par ses malheurs ; l'objet de la loi étant de le faire jouir de tout le crédit qu'il doit avoir, et non d'un crédit que sa position réelle ne lui permet pas de conserver.

Observez que l'on convient que dans les pays de nantissement, quoiqu'à la publicité des hypothèques ne soit pas jointe la loi de spécialité, cependant l'usage l'a introduite , et que les créanciers ne se font nantir, dans le fait, que sur une certaine quantité de domaines suffisant à leur garantie. Ainsi s'est opéré l'usage salutaire que les bons esprits espèrent encore plus de cette règle une fois établie , quoique rien ne s'oppose légalement à l'indication de tous les biens présens.

SEPTIÈME OBJECTION.

Il est dans la nature des choses, que tous les biens d'un débiteur répondent de ses dettes. Cette règle naturelle s'applique aux biens qui surviennent, comme aux biens présens. Pourquoi donc l'hypothèque ne pourrait-elle pas frapper sur ces biens?

Je réponds que, sans doute, un créancier peut poursuivre son paiement sur tous les biens, même sur ceux qui parviennent au débiteur; mais l'humanité, la justice et la loi veulent qu'il mette en vente d'abord les domaines hypothéqués à sa créance, et que, s'ils suffisent, il laisse le débiteur tranquille dans ses autres possessions. Les mêmes principes moraux et légaux veulent aussi que, s'il poursuit des propriétés non hypothéquées, il ne les poursuive que successivement, et seulement autant qu'il lui en faut pour être payé : il n'y a donc aucun rapport entre ce droit de poursuite limité, et un droit prétendu d'hypothèque sur tous les biens à venir, qui les frapperait tous à la fois par l'inscription, et qui paralyserait, ou du moins affaiblirait, sans aucun intérêt réel, le crédit que le débiteur aurait le juste espoir de fonder sur ces biens.

D'ailleurs, si les biens qui surviennent sont la garantie naturelle et générale des dettes, ils le sont en même temps de toutes les dettes existantes au moment de l'échoite. Les dettes sont contemporaines à l'égard de ces biens survenus, puisqu'elles n'avaient point le gage quand elles ont été contractées; lorsque le gage devient possible, elles sont toutes formées par des titres, dont le rang et la date sont indifférens par rapport à des biens qui n'existaient pas, et qui n'ont pu raisonnablement influer sur la confiance ni par conséquent sur les droits des contractans.

HUITIÈME OBJECTION.

Il est impossible à un prêteur de fonder sa sécurité sur l'hypothèque d'un immeuble qu'il ne connaît pas, qui souvent est très-éloigné de son domicile et de ses habitudes, et sur lequel il ne peut que difficilement prendre des renseignemens capables de le satisfaire.

Je réponds que c'est à chacun à faire ses affaires comme il l'entend, et à les faire avec prudence et discrétion. Cette ignorance qu'on suppose au créancier sur la valeur d'un héritage que le débiteur lui propose pour gage de sa créance, on peut la supposer de même sur la totalité des biens-fonds qu'il s'agirait de lui hypothéquer d'une manière générale. Il est même à croire qu'il sera toujours moins éclairé sur la valeur de la fortune entière de celui qui traite avec lui, et sur la surabondance de cette valeur en masse au-delà des créances dont l'hypothèque les a frappés; il sera toujours moins trompé sur un seul domaine qui lui est offert comme libre ou suffisant, que sur l'universalité des propriétés : presque toujours il traitera en aveugle à ce dernier égard. Au contraire, par rapport au bien déterminé, il dépendra de lui de recueillir au moins quelques lumières et de motiver sa confiance. L'objection est donc une de ces considérations vagues qu'on peut toujours opposer aux meilleures lois, et qui, si on s'y arrêtait, repousseraient toujours ce qu'il y a de plus sage et de plus avantageux pour la société.

NEUVIÈME OBJECTION.

Il en est de même de celle-ci. On dit que le conservateur, qui doit être garant de l'exactitude de ses inscriptions et des certificats qu'il en donne, a bien plutôt fait d'inscrire une créance sur la totalité des biens du débiteur compris dans son arrondissement, que de spécifier un héritage certain, sur lequel l'hypothèque est assise par le contrat : on ajoute que souvent les noms sont mal indiqués ; que quelquefois le nom des domaines varie ; que si on le caractérise par sa culture, cette culture change souvent ; que les tenans et aboutissans éprouvent aussi des changemens ; que quelquefois même les noms vulgairement connus dans le peuple ne sont pas ceux qui désignent les domaines dans les titres ; et que de toutes ces causes il pourra résulter, soit que l'inscription ne sera pas clairement appliquée à son objet, soit que le conservateur se trompera sur le relevé qu'il portera dans le livre de raison, ou sur le certificat qu'il délivrera des inscriptions ; d'où pourra résulter la ruine du conservateur par l'effet de la garantie, sans que sa fortune puisse suffire à l'indemnité des dommages que ses erreurs auront causés ; et de là on conclut qu'il ne faut pas spécialiser les inscriptions, malgré l'utilité même évidente qui doit résulter de cette forme.

Il me semble que cette conséquence est bien légèrement tirée. Les propriétés même des domaines ne sont transmises et constatées que par de semblables énonciations ; elles n'ont pas d'autre gage de leur sûreté, et ce gage suffit. On voit rarement des acquéreurs qui prétendent avoir acquis un autre héritage que celui que les vendeurs ont eu l'intention de vendre. Il ne sera pas plus difficile de bien désigner celui qu'on voudra soumettre à l'inscription : si la désignation est fausse ou obscure, le conservateur, qui l'aura inscrite dans les termes propres de l'acte, ne sera jamais en faute ; il en sera de même que du cas où l'individu grevé est mal désigné (art. 16 de la loi du 11 brumaire an VII), et de celui où l'erreur provient d'une désignation insignifiante qui ne peut être imputée au conservateur (art. 52). Sa responsabilité est alors à couvert ; personne ne peut être dispensé par la loi de veiller à ses affaires ; et la possibilité de quelques erreurs n'est point un argument proposable contre une bonne loi.

Dans la vérité, on ne peut se dissimuler que les erreurs dont on parle arriveront très-rarement. Un bien-fonds est toujours, dans une commune, facile à nommer, avec l'arrondissement et le département auquel elle appartient : si c'est un domaine entier soumis à une seule exploitation, ce domaine porte un nom connu qui n'est pas aussi sujet aux variations qu'on le prétend, puisqu'au contraire il est très-rare qu'il varie ; un fermier, un métayer, un colon l'exploite, et leur nom fournit un autre renseignement aisé : si c'est un héritage, une pièce de terre isolée, les tenans et aboutissans le limitent et le caractérisent : si c'est un bâtiment, il n'y a rien d'embarrassant à le dire. En un mot, il me semble qu'une telle difficulté proposée contre une loi, est de la classe de celles que la critique trouvera toujours, et que le législateur ne doit considérer jamais.

DIXIÈME OBJECTION.

L'habitude de stipuler des hypothèques spéciales, dit-on, et les leçons des gens de loi qui prescriront cette règle à leurs cliens, feront que peu de créanciers ou de prêteurs consentiront à ne pas exiger, pour leur créance seule, l'intégrité d'un domaine libre de toute hypothèque, et à se contenter, pour gage de l'excédent de valeur libre, d'un domaine déjà affecté, pour un tiers ou une moitié de sa valeur totale, à une créance antérieure. Cependant, il y a un grand nombre de propriétés importantes, indivisibles, ou difficiles à diviser, dont on ne peut tirer parti par voie d'hypothèque, qu'en les engageant successivement à plusieurs. Si les hommes s'accoutument à refuser une seconde, une troisième, une sixième hypothèque sur ces vastes domaines, et s'ils resserrent leurs fonds jusqu'à ce qu'un emprunteur ait à leur offrir le gage d'une propriété isolée sur laquelle ils n'auront point de concurrens; s'ils adoptent pour principe de s'éloigner de toutes les transactions que les auteurs de l'objection appellent *vivifiantes*, qui savent se passer d'une sûreté mathématique, et qui sont inspirées par une honnête confiance dans l'hypothèque générale, qu'arrivera-t-il?

La défiance viendra par la loi même qui aura établi des moyens de sûreté infaillibles; la circulation se resserrera par la prudence qu'on aura enseignée aux capitalistes; une partie du crédit motivé sur les meilleures raisons, sera perdue pour les propriétaires; et tel qui, avec quatre domaines de dix mille francs chacun, aurait eu, par l'hypothèque générale, des secours de trente-cinq mille francs, peut-être n'obtiendra, par les quatre hypothèques spéciales, que des crédits de six à sept mille francs chacun, ou de vingt-cinq à vingt-six mille francs au total.

Cette objection prouve bien qu'il est des choses sur lesquelles on peut imaginer et dire tout ce qu'on veut, sans qu'il y ait un moyen précis de réfutation et de conviction, quoiqu'on sente le vide de l'argumentation.

On pourrait dire de même que la publicité des hypothèques n'est pas un moyen de prévenir les fraudes que facilite un faux crédit d'opinion ; qu'elle ne sert pas à rassurer les prêteurs et à maintenir l'usage loyal du véritable crédit : et c'est ainsi que l'évidence deviendrait un problême, quand les préjugés, les habitudes anciennes, les intérêts de profession et d'état, le voudraient ainsi.

Est-il possible de penser que l'on ne voudra pas prendre pour gage d'une seconde créance de dix mille francs, un domaine de quarante mille qui n'est hypothéqué qu'à une première créance aussi de dix mille francs, surtout quand, par la spécialité de l'hypothèque, les concurrences des droits sont restreintes, et quand l'expropriation, le paiement et la distribution du prix doivent se faire sûrement, promptement, failement et sans frais? Est-ce une chose au-dessus de la pénétration des gens qui ont de l'argent à placer, de sentir qu'une telle affectation en second ordre, évidemment utile, est aussi une hypothèque spéciale? Sera-t-on long-temps à concevoir qu'un placement ainsi appuyé vaut mieux que la transaction *vivifiante*, signée par l'imprudence, qui vous met en concours avec une foule de prétendans et de leurs avoués, conseils et gens d'affaires; qui fait naître tant d'examens, de vérifications, de contestations sur les titres de chacun; qui ne *vivifie* que les agens de la justice; qui tue si souvent les contractans, et dont l'usage a été jusqu'ici signalé par tant de désordres, de ruines et de brigandages, qui sont de nature à n'être de long-temps oubliés?

Qui peut croire qu'offrir un moyen de traiter avec certitude, soit un motif de ne plus traiter; que si l'on se dégoûte de ces transactions *vivifiantes*, dont déjà on n'est pas trop content, on ne se portera pas vers une forme parfaitement sûre et pleinement tranquillisante?

Il n'y a donc plus de raison, pas même de calcul d'intérêt parmi les hommes. On craint de livrer son argent sans une sûreté suffisante; de là tant de malheurs sans secours, avec une solvabilité réelle. La loi offrira une sûreté entière: et l'on veut nous faire accroire qu'on aura moins de confiance quand on n'aura plus rien à craindre; qu'on prêtera moins que quand on risquait, de toutes les manières, de perdre ses fonds; et que lorsque tous les gens sages et raisonnablement intéressés feront couler sans inquiétude leurs fonds dans les canaux de la circulation, il faudra regretter les temps où, par une confiance insensée qu'on appelle loyale et franche, un petit nombre d'imprudens les livraient au hasard d'en être dépouillés par la fraude d'un débiteur ou par les hommes de loi! Non, je ne puis concevoir une telle objection, à laquelle il est plus aisé de sourire que de répondre en règle, parce que la vérité, que l'on sent, n'a souvent d'autre arme contre le sophisme, que de se remontrer une seconde fois, et de se taire.

ONZIÈME OBJECTION.

On prétend que la règle de spécialité a d'autant moins d'application, que toutes les créances, ou conventionnelles, ou éventuelles, ou non déterminées quant à la somme, doivent avoir, même dans le systême de spécialité, une hypothèque générale, un droit d'inscription sur tous les biens présens et même à venir; d'où il suit, dit-on, qu'ajoutant aux hypothèques légales des femmes, des mineurs et de la république, les hypothèques judiciaires résultant des condamnations et des reconnaissances par jugement, tous les actes, même volontaires, dans lesquels on contracte des obligations éventuelles, telles que des garanties en matière de vente ou de partage, ou indéterminées, comme celles qui résultent soit d'une gestion plus ou moins fidèle, plus ou moins scrupuleuse, plus ou moins sage, soit d'une indemnité non liquidée pour dommages, les quatre cinquièmes de tous les genres d'obligations emportent cette hypothèque indéfinie, et que c'est à la fois une bigarrure importune et une législation inutile d'ordonner la spécialité pour les obligations présentes, certaines, déterminées et liquides, qui ne forment pas le cinquième des divers engagemens entre les hommes; et qu'il dépend encore des contractans, avec une formalité simple et facile, de s'acquérir, même pour ces dernières obligations, l'avantage d'une hypothèque générale.

J'ai déjà prouvé que, ni les obligations appuyées d'hypothèque légale, ni celles qui sont reconnues ou prononcées par jugement, ne forment, dans chaque discussion de bien, ni une aussi grande concurrence de droits qu'on se l'imagine, ni une difficulté sérieuse contre la règle de la désignation des héritages hypothéqués aux engagemens par actes volontaires. J'éviterai de me répéter; mais j'ajoute ici que c'est une erreur de croire que dès qu'il s'agira de créances conditionnelles et éventuelles ou indéterminées, la généralité de l'hypothèque doive être admise.

La garantie des évictions, dans les partages faits devant notaire ou dans les ventes authentiques, est l'une de ces obligations éventuelles, et non moins indéterminées pour le temps de l'action que pour l'étendue de l'indemnité: mais il n'en résulte pas que les héritages qui composent les lots, et qui doivent répondre de cette garantie, ne doivent pas être désignés à l'hypothèque; et qu'en s'inscrivant pour l'acquérir, les copartageans ne doivent pas déterminer l'évaluation qu'ils donnent à ce droit certain; sauf aux possesseurs des biens affectés à cette obligation, à faire réduire l'estimation qu'on y donne. Les lots sont bien chargés de droit de la garantie, de même que l'héritage vendu est débiteur par privilège du prix de la vente: ces deux hypothèques sont légales et même privilégiées, mais sur des biens particuliers. Le conservateur doit inscrire d'office l'héritier créancier d'une soulte sur les biens du lot qu'il doit, comme il inscrit le vendeur pour son prix sur l'héritage qu'il a vendu: mais c'est au copartageant à requérir, pour sa garantie, l'inscription sur les biens partagés, ainsi que sur ceux qui lui seraient indiqués par l'acte, si l'on en a hypothéqué d'autres; ce n'en est pas moins une hypothèque et une inscription spéciale. Il en est de même de toutes les créances soit éventuelles, soit indéterminées: la règle de la spécialité subsiste à leur égard. L'objection pèche donc par son principe; ainsi, elle ne prouve rien contre la législation qu'elle attaque.

DOUZIÈME OBJECTION.

Reste une douzième et dernière objection, sur laquelle on a fortement insisté; c'est celle qu'on tire de l'impossibilité prétendue de passer des lois et usages de l'ancien régime des hypothèques à ceux du nouveau, en établissant ou en conservant la règle de la spécialité des hypothèques.

Voici comment on pose l'objection. On convient que la généralité de l'hypothèque légale et judiciaire ne nuit pas aux droits qu'exercent les créanciers en vertu de l'hypothèque spéciale; on reconnaît qu'étant tous obligés à l'inscription, et l'hypothèque ne datant que du jour qu'elle est faite, le créancier hypothécaire légal ou judiciaire ne peut jamais, par l'inscription à laquelle il est tenu comme les autres, enlever le droit acquis par l'inscription antérieure de l'hypothèque spéciale.

Mais, dit-on, il en est autrement des créanciers généraux formés sous l'ancien régime des hypothèques. Il a fallu, pour ne pas donner à la nouvelle loi une rétroactivité inique, non-seulement autoriser ces anciens créanciers à s'inscrire, mais attribuer à leur inscription, lorsqu'elle est faite dans le délai prescrit par la loi, l'effet de conserver l'hypothèque précédemment acquise à sa date primitive.

Ainsi, tous les créanciers qui, depuis la publication de la loi jusqu'à l'expiration du délai dont je parle, auront pris inscription pour leur hypothèque spéciale, seront déplacés de leur rang, et rejetés dans une classe postérieure par toutes les créances anciennes inscrites le dernier jour du délai, si les créanciers intermédiaires n'ont pu obtenir et exercer qu'une hypothèque particulière sur tel ou tel autre domaine; et si tous les domaines sont frappés de l'inscription des hypothèques générales antérieures, ou si l'ancien créancier choisit pour s'inscrire le domaine frappé de l'inscription spéciale, il en résultera que le créancier qui aura obéi à la nouvelle loi de spécialité, sera exclu par un autre du gage qu'il avait stipulé, et n'aura, en remplacement, aucune autre hypothèque, ni générale, puisqu'il n'a pu la stipuler, ni spéciale, puisqu'il ne l'aura pas stipulée. Le voilà donc exposé à perdre sa créance, malgré la sûreté qu'il a pu et dû requérir, et qui ne lui servira de rien. Il en sera de même si l'ancien créancier général fait choix de l'héritage soumis à l'hypothèque spéciale, pour en poursuivre l'expropriation.

Je réponds que cette difficulté, qu'on présente comme invincible, n'a plus d'objet au moment actuel. En effet, la loi qui a établi le nouveau régime des hypothèques, est du 9 messidor an III; elle a subi différens changemens depuis; mais elle subsiste quant à l'inscription à prendre, dans un délai fixé, par les créanciers antérieurs. Ainsi le porte l'article 37 de la loi du 11 brumaire an VII, qui confirme l'effet des inscriptions prises en exécution de la loi du 9 messidor, et ne prescrit un nouveau délai de trois mois, à partir du 11 brumaire, que pour les hypothèques anciennes qui n'auraient pas été inscrites selon la loi précédente.

Ainsi, toutes ces inscriptions sont faites, et l'effet qu'elles ont dû produire est épuisé entièrement ; les dommages qui ont dû en résulter pour les nouveaux créanciers spéciaux, sont pleinement opérés et soufferts ; il ne faut plus les considérer comme un obstacle à l'introduction d'une meilleure législation.

Mais si, l'inconvénient dont on parle, je le considère à sa naissance et dans son principe, il n'est pas à beaucoup près aussi redoutable qu'on le dit. Pendant trois mois, et pendant les délais successifs qu'on a accordés depuis la loi du 9 messidor an III, et pendant les nouveaux trois mois accordés par la loi du 11 brumaire an VII, la vérité est qu'on n'a pas pu connaître la véritable situation des débiteurs, ni les charges auxquelles leurs biens étaient affectés, et que les nouveaux contractans ont traité avec eux dans la même ignorance où l'on était autrefois sur les hypothèques existantes au moment de l'acte d'obligation. Ce n'est là qu'un temps d'obscurité très-court qui continue d'exister après des siècles de la même obscurité qui ont passé sous le règne de l'ancienne législation. Or, on a peine à concevoir que la nécessité de laisser subsister quelques mois, même quelques années, un mal très-nuisible, soit une raison pour ne pas le détruire et le corriger à jamais après ces premiers délais expirés. C'est une idée qui se reproduit presque toujours dans la bouche des ennemis des nouveautés les plus utiles ; ils se font un rempart des embarras du passage d'un état à l'autre : ils renoncent au bien perpétuel de la société humaine, pour éviter le mal momentané de la réformation ; souvent même, dans ce mal, après qu'il a passé, et qu'on en a subi tout le poids sans retour, souvent, dis-je, attribuant à la loi nouvelle, quelque bonne qu'elle soit, les inconvéniens qui n'étaient attachés qu'à la fatigue et au désordre passager du changement, ils voudraient en faire conclure qu'il faut en revenir à la loi qui était vicieuse en soi, subir de nouveau pour un temps les maux semblables d'un second passage rétrograde, et rentrer ensuite pour toujours sous le joug des anciennes erreurs.

Je suis fortement opposé à cette manière d'argumenter, dans laquelle les préjugés et l'intérêt seul agissent, sous le voile d'une philantropie chimérique et prise à contre-sens.

Quel est donc le résultat des difficultés que le passage dont il s'agit présente ? c'est que, durant le délai déterminé, et tant qu'a duré l'ignorance de la situation du débiteur, il a dû y avoir un intervalle de stagnation ou de refroidissement dans les transactions et dans les affaires. S'il avait été permis de prendre dans cet intervalle des hypothèques générales, je crois bien que les nouveaux contrats eussent été faits, à cette condition, avec tout aussi peu de sûreté et tout autant d'inconvéniens qu'autrefois : ces hypothèques étaient défendues, non par la loi du 9 messidor, mais par celle du 11 brumaire ; ainsi la difficulté ne subsistait que pour les négociations qui ont été faites dans les trois mois qui ont suivi la loi du 11 brumaire.

A cette époque, presque toutes les hypothèques anciennes étaient connues ou devaient l'être : celles antérieures au 9 messidor, par les inscriptions faites dans les délais successivement accordés ; celles postérieures, jusqu'au 11 brumaire, par les inscriptions qui ont dû être prises à mesure des actes. Ainsi les embarras étaient déjà bien diminués au 11 brumaire ; mais il y en avait encore, puisque, dans l'opinion qu'on avait, et qu'on excitait suivant l'usage, que la loi du 9 messidor serait rapportée, et, comme on dit, *qu'elle ne pourrait pas tenir,* beaucoup de créanciers avaient négligé de s'inscrire, persuadés que plus le nombre des désobéissans serait grand, plus la loi serait près de sa chute.

Mais à cet embarras la loi fournissait le remède ; car si elle défendait l'hypothèque vague et générale, elle permettait l'hypothèque spécialisée sur tous les biens présens du débiteur ; ce qui, à l'exception de l'espérance incertaine des biens à venir, remplissait, à l'égard de ceux des contractans qui s'étaient fait accorder tous les biens en détail pour hypothèque de la créance, précisément le même effet que l'ancienne hypothèque générale. Par là, si les anciens hypothécaires se retrouvaient partout par leurs inscriptions, les nouveaux s'étaient fait donner aussi le droit de se trouver partout par les leurs.

Si les anciens hypothécaires n'étaient venu se placer que sur un bien spécialement hypothéqué, le nouveau créancier, qu'ils écartaient de là, reprenait son droit sur les autres biens dont il avait aussi stipulé l'hypothèque spéciale. Ce monstre si effrayant de difficultés invincibles s'évanouit donc et disparaît : mais il faut revenir à dire que le mal, s'il était aussi réel qu'il l'était peu, est passé ; il est épuisé, il ne reviendra plus. Il n'y a plus rien à en conclure contre l'établissement durable d'une législation plus judicieuse et plus salutaire.

tit. 18
ch. 6 Il ne me reste plus qu'à examiner une des branches de cette législation ; c'est la disposition qui donne à l'acquéreur ou à l'adjudicataire d'un bien hypothéqué à des dettes à terme, ou à des rentes rachetables à volonté, le droit de jouir des délais qu'avait le débiteur principal, et par là le moyen de mettre à la chose vendue ou adjugée, le prix le plus haut possible, au grand avantage du débiteur et de ses créanciers.

Je commence par avouer que c'est dans cette partie que je suis le plus frappé des objections qu'on a proposées, et je me hâte de les expliquer.

On ne peut pas disconvenir que, sous le point de vue de cette facilité du paiement et du prix plus haut qu'on peut retirer de la vente, cette loi n'ait beaucoup d'utilité ; mais on trouve qu'il en résulte et des injustices réelles, et des inconvéniens très-dangereux.

On avoue encore que lorsque la totalité du domaine ou des domaines hypothéqués à une créance à terme, est vendue, le créancier conservant l'hypothèque sur ce bien dans la main de l'acquéreur, ne perdant rien de la sûreté que lui donne ce gage, obtenant un second débiteur dans la personne de cet acquéreur sans perdre le premier, qui ne peut être réellement libéré que par le paiement effectif, il est possible, sans beaucoup d'inconvéniens, d'accorder les mêmes délais au nouveau possesseur.

Cependant c'est, dit-on, un mal, et même une injustice, de laisser l'ancien propriétaire, premier débiteur, sous le joug d'une dette qui, à son égard, doit être comme acquittée par l'expropriation de l'héritage sur lequel elle était appuyée; autrement ce propriétaire primitif serait, quoique dépouillé de la propriété, dépendant de la ruine, de la dégradation, de la dépréciation d'une chose qui n'est plus à lui : c'est contre lui qu'elle périrait ou diminuerait de valeur, quoiqu'il n'en fût plus le maître; il serait même garant de l'infidélité de son acquéreur dans ses engagemens, de son inexactitude à payer les arrérages, de son insolvabilité, de sa négligence à entretenir et à réparer l'héritage engagé; il pourrait voir, faute de paiement définitif de la part de l'acquéreur, ses biens personnels, même ceux qui n'ont pas été hypothéqués, mis en expropriation forcée sur lui; ce qui créerait, pour ce premier débiteur, une situation cruelle, et introduirait la nécessité très-fâcheuse des soins, de la vigilance sur la conduite d'un tiers, des actions pour le contraindre à l'entretien, des recours de garantie en cas de manquement à ses engagemens. Voilà de grands inconvéniens, dans la supposition même d'une vente ou adjudication de la totalité du gage.

Mais ce serait bien pis si la vente et l'adjudication ne frappaient que sur une partie de la chose hypothéquée ou sur l'une des choses hypothéquées.

L'acquéreur ne devrait jamais que jusqu'à concurrence de son prix, insuffisant pour acquitter toute la dette, si, pour cette partie seulement, il avait droit d'user du délai stipulé pour le premier débiteur; l'autre portion de la dette serait encore à la charge seule de l'ancien propriétaire comme détenteur, et dans la proportion de ce qui resterait des biens hypothéqués, et il demeurerait encore garant de celle dont l'acquéreur serait grevé. Le créancier aurait affaire à deux débiteurs; il verrait son action morcelée; il aurait à demander la moitié de sa rente ou des intérêts de la dette à l'acquéreur, l'autre moitié au contractant originaire; ou s'il poursuivait celui-ci pour le tout, cette poursuite engendrerait un recours et un circuit d'actions qu'il faut toujours éviter.

Ainsi, outre l'injustice d'établir qu'un débiteur restera encore poursuivable après l'aliénation du fond destiné à payer la dette, il y en a une particulière, en cas de vente d'une partie de l'hypothèque, en ce qu'elle divise l'action du créancier pour une même créance.

D'ailleurs, il en résultera que ce créancier, qui n'est pas payé, même en partie, par l'acquéreur, attendu qu'il userait du délai accordé au premier débiteur, devra être colloqué pour le tout sur le surplus de son gage, ou sur les autres gages stipulés, lorsqu'ils seront vendus ; ce qui est une injustice contre l'ancien propriétaire et ses créanciers, puisqu'alors leur droit se réduira à un recours à exercer contre l'acquéreur de la première partie. Si, au contraire, on regarde comme payé le créancier, parce qu'il est utilement colloqué sur le prix de l'aliénation précédente, et quoiqu'il ne soit pas payé en effet, il faudra donc que les autres créanciers ne puissent recevoir le prix du second gage, qu'à la charge de donner caution de rapporter ce prix jusqu'à concurrence : or, l'on sait quel embarras et quels frais occasionnent ces cautionnemens, cette suspension, ces recours ; sans compter que le créancier se trouve forcé de changer un droit certain et immobilier, contre une action purement personnelle et mobilière, qui dépend de la solvabilité contingente de celui qui aura reçu à sa place.

Exigera-t-on qu'avant de poursuivre le premier débiteur pour la partie dont il n'est pas payé par l'acquéreur, le créancier soit tenu de discuter cet acquéreur, et surtout l'immeuble qu'il a acquis ? ce sera une chose injuste à l'égard du créancier. Le dispensera-t-on de cette discussion ? ce sera une injustice à l'égard du premier débiteur.

En accordant à l'acquéreur la faculté d'user des délais, le paiement à faire reste incertain : le vendeur ou l'ancien propriétaire restera chargé d'une dette éventuelle qu'il a réellement acquittée par la délivrance de la chose destinée à la payer. Ce propriétaire perdra les moyens de subsistance, son crédit et ses ressources, par l'effet de cette faveur accordée à l'acquéreur ; il sera même ruiné en effet par les coupes de hautes futaies, la chute des maisons, les dégradations de mauvais entretien de la part de l'acquéreur : la vigilance presque impossible sur son administration, et la garantie de ses fraudes comme de sa négligence seront pareillement l'effet de la même faveur. Tout cela est évidemment injuste, ruineux pour tous, fertile en procès de tout genre, et par conséquent mauvais.

On va plus loin ; on suppose qu'un débiteur voulant frauder son créancier des sommes non actuellement exigibles, s'accorde avec un homme insolvable pour acheter ou pour enchérir, à un prix très-exagéré, une partie du gage du créancier : il est colloqué utilement sur cette vente ou adjudication ; il est colloqué en totalité, à raison de l'énormité du prix stipulé ou promis. Mais l'acquéreur use des délais de l'exigibilité ; il ne paie pas : on a soin de lui fournir des deniers pour l'acquit des intérêts ; aucune action ne s'ouvre en faveur du créancier contre le débiteur originaire, pendant qu'il est servi de ses intérêts. Mais enfin le terme arrive, et l'acquéreur insolvable ne paie rien : le bien, vendu à son véritable prix, ne suffit pas au paiement de la moitié de la dette ; le premier débiteur doit le surplus : mais cependant les autres biens hypothéqués ont été vendus ou adjugés ; d'autres créanciers en on touché le prix, ou le propriétaire l'a consommé, et est lui-même insolvable. Que fera le créancier qu'on a cru payé sur le premier gage, où il n'était que colloqué ? Il n'a plus, pour le reste de sa créance, ni biens engagés, ni débiteur en état de payer ; il perd son droit sans remède. Dira-t-on que tant qu'il n'était pas réellement payé sur le premier bien hypothéqué, il conservait sur les autres biens du débiteur son hypothèque pour le tout, comme cela est évident ? Alors il en résultera, contre le débiteur primitif, les injustices qui ont été ci-devant exposées ; alors aussi le créancier n'aura pour ressource que d'exiger des emplois ou des cautionnemens, soit du propriétaire, soit des créanciers qui toucheront le prix des secondes ventes. Pour le cas de la garantie éventuelle de sa collocation sur la première, il faudra qu'il exerce une action en rapport du prix des ventes postérieures, et qu'à la place d'une hypothèque qui paraissait sûre, il n'ait plus pour ressource que la solvabilité de ceux qui ont touché, et de leurs cautions.

Combien voilà-t-il d'embarras, de procès, de recours, de contre-recours et de frais ! Tout cela ne paraît pas tolérable.

Telles sont les objections qui ont été faites, représentées dans toute leur force. Tant de difficultés ne tiennent qu'à une seule idée, bonne en apparence, puisqu'elle tendait à augmenter le prix des ventes et adjudications, mais dont on n'avait pas bien calculé toutes les funestes conséquences.

Cette idée, c'est la concession qu'on fait aux acquéreurs, du droit d'user des termes d'exigibilité de la dette hypothéquée.

J'avoue que je n'y sais pas de bonne réponse, et que je crois qu'il faut imposer à tout acquéreur, à tout adjudicataire, l'obligation de payer, dans un délai très-court, le prix de son acquisition, dût-il en résulter une diminution sur ce prix.

On peut se convaincre, par les considérations précédentes, qu'il n'est pas indifférent pour un créancier de changer de débiteur, même en conservant les mêmes hypothèques ; il sera même nécessaire que si un créancier de sommes à terme voit vendre une partie de son gage ou de ses gages, et touche sur le prix une partie de sa créance, il ait le droit d'exiger le surplus avant le terme, et de faire vendre, pour être payé, les autres portions de ses hypothèques, parce que sa créance est essentiellement indivisible, et ne peut être échue pour une partie et à terme pour une autre, quand la stipulation primitive n'établissait pas cette distinction. L'effet de ce droit ne peut être empêché que par les volontés réunies du débiteur et du créancier.

Ainsi, je crois qu'il est difficile d'adopter l'article 15 de la première loi du 11 brumaire an VII.

Je n'ai plus que quelques observations importantes à faire sur cette matière des hypothèques.

Iʳᵉ. OBSERVATION.

C'est un droit reconnu dans la main des créanciers d'une succession, même purement chirographaires, de pouvoir demander la séparation des patrimoines; c'est-à-dire que les créanciers de l'héritier ne puissent pas prendre hypothèque sur les biens de la succession, ni en poursuivre la vente, avant le paiement intégral des dettes du défunt sur ces mêmes biens. Ce droit est de la plus souveraine justice, et ne peut être altéré : cependant les chirographaires de la succession n'ont pu prendre inscription sur les héritages qui la composent. Voilà donc un cas où l'héritier ne peut conférer aucun droit sur ces héritages, ni y consentir inscription, au préjudice des créanciers héréditaires, qui sont pourtant ignorés. A cet égard, la loi du 11 brumaire an VII, article 14, reconnaît le droit de ces créanciers : aucun de ceux qui ont pu traiter avec l'héritier ne peut s'en plaindre ; car il faut bien qu'avant de recevoir hypothèque sur un bien, il s'assure de sa propriété sur la tête du débiteur ; il faut qu'il voie les titres et qu'il les juge. Il saura donc que le bien proposé provient d'une succession échue au débiteur ; et, par cela seul, il sera suffisamment averti de ne pas le recevoir pour son gage, s'il n'a pas préalablement l'assurance, ou qu'il n'y a pas de créanciers de la succession, ou qu'ils sont payés.

Au reste, il faut que cette entrave ne puisse pas durer éternellement, et que la loi fixe un terme court à la demande des créanciers héréditaires pour la séparation des patrimoines. Il est juste que le droit de s'inscrire pour ce privilège, sur les biens héréditaires, ne dure que six mois depuis l'ouverture.

IIᵉ. OBSERVATION.

2101   Il y a de certains privilèges qui ont semblé au législateur ne devoir pas être assujétis à la nécessité de l'inscription.

Tels sont, les frais de scellés et inventaires ;

La dette de la contribution foncière pour un temps déterminé et très-court ;

Les frais de dernière maladie et d'inhumation ;

Les gages de domestiques pour peu de temps.

Ces privilèges ne présentent qu'un médiocre inconvénient aux créanciers qui se seront fait inscrire, attendu les bornes très-resserrées dans lesquelles ils sont renfermés, et qui ne portent aucun désordre important dans les spéculations de sûreté calculée par les prêteurs.

IIIᵉ. OBSERVATION.

Les rentes, même perpétuelles, soit constituées, soit foncières, sont déclarées, par le Code civil, faire partie des biens-meubles ; elles sont déclarées non susceptibles d'hypothèque par l'article 7 de la loi du 11 brumaire an VII : cela est fondé sur ce qu'elles sont rachetables. Tant qu'elles le seront, cela est inévitable ; mais si la faculté pure et simple de rachat est abrogée pour les rentes foncières, et si la libération du débiteur ne peut s'opérer que par voie de licitation, il s'ensuivra qu'on doit changer ce principe : car elles seront considérées comme équivalentes à une copropriété dans des immeubles ; et le créancier, étant vu comme copropriétaire, devra jouir de tous les avantages que la loi attache, pour l'usage du crédit réel, aux propriétés immobilières.

IVᵉ. OBSERVATION.

Les femmes, même mineures, et les mineurs en général, étant obligés de s'inscrire pour avoir hypothèque sur leurs maris ou leurs tuteurs, et cette hypothèque ne partant que du jour de l'inscription, ce qui en rend la date extrêmement importante, il se trouvera qu'un grand nombre sera privé de toute sûreté par la négligence de ceux qui sont chargés du soin de l'inscription ; et peut-être la responsabilité des père et mère de la fille mariée, ou des parens de cette fille mineure, ou de son tuteur, ainsi que celle de parens et *amis* du mineur en général qui auront fait la nomination de la tutelle, sera une ressource insuffisante, soit pour assurer l'inscription, soit pour répondre de l'omission de cette forme.

J'observe d'abord que cette difficulté se trouve dans l'ancien régime des hypothèques, au moins en grande partie ; car l'oubli de l'opposition aux lettres de ratifications que prendraient les acquéreurs sur les biens vendus par les maris et les tuteurs opérerait aussi la perte de tous droits d'hypothèque, sauf le recours contre les tuteurs et parens, ou contre les maris, lequel pouvait de même être insuffisant. Or, comme je l'ai déjà dit, une objection commune aux deux systêmes est nulle contre chacun.

Il y a plus : il est plus facile de faire les inscriptions au moment des actes de mariage ou de tutelle, que de s'assurer qu'on veillera à la vente et à l'affiche au greffe des contrats de vente faits par les maris et les tuteurs. L'habitude d'inscrire les actes au temps de leur formation, s'établira comme celle de l'enregistrement, dont les officiers rédacteurs avertissent les parties. J'avoue qu'on pouvait aussi autrefois former opposition aux hypothèques au temps des obligations, et par là prévenir le défaut de vigilance à l'époque des ventes et affiches des biens hypothéqués : mais l'idée qu'on avait de ce pouvoir de former opposition dans un temps postérieur, donnait lieu de la négliger dans le premier temps ; au lieu que l'importance, la nécessité même de faire et de hâter l'inscription, garantit bien plus sûrement l'observation de cette formalité indispensable. Dans la vérité même, la mise d'un contrat au greffe, son affiche dans un greffe, et cela pendant deux mois seulement, à une époque incertaine, non prévue, souvent couverte d'un mystère affecté, avertissent moins sûrement les intéressés que la disposition de la loi qui les prive de toute hypothèque, si ce n'est à compter du jour de l'inscription. Il est donc vrai que les femmes mariées et les mineurs, dans le nouveau régime, sont moins exposés que dans l'ancien à la perte de leur hypothèque.

Ve. OBSERVATION.

Il est possible qu'entre un contrat d'obligation et son inscription, l'obligé ait ou passé un autre contrat inscrit, ou que l'inscription d'un contrat antérieur ait été faite, et que par là le nouveau créancier soit privé de la sûreté sur laquelle il avait compté. Mais il dépend toujours de celui qui traite, de ne consommer son acte par la délivrance des deniers qu'au moment de l'inscription, et d'en faire dépendre la validité et l'exécution, de la somme d'engagement constatée par le certificat du conservateur au jour de la passation de l'acte ; on peut même, si les deniers avaient été imprudemment délivrés avant l'inscription, stipuler que l'emprunteur sera contraignable par corps, s'il y a des inscriptions intermédiaires dans les huit jours de l'acte, outre un jour par cinq myriamètres du lieu où l'acte est passé, au lieu de la situation des biens. D'ailleurs, si l'on compare cet inconvénient avec celui qui existait, il n'y a pas à balancer sur la préférence due au nouveau régime. Vous, créancier, vous aviez, il est vrai, l'hypothèque du jour de l'acte ; mais vous ignoriez ce qu'il y avait d'actes et d'hypothèques avant votre date ; et un contractant frauduleux pouvait, à votre insçu, signer, la veille de votre acte, une obligation qui dévorât toute sa fortune, sans que vous eussiez aucun moyen pour le connaître. A présent, au contraire, vous n'avez à craindre que le cas très-rare où détenteur de vos deniers, qui satisfont à ses premiers besoins, il s'en procurerait d'autres par une obligation inscrite avant la vôtre : et vous avez moyen d'y remédier, soit par la célérité de vos inscriptions, soit par la suspension de la délivrance des deniers jusqu'à l'inscription, soit par le caractère conditionnel que vous imprimerez à l'acte en le faisant dépendre de l'inscription même, soit par la contrainte par corps que vous imposerez au débiteur, et que la loi peut autoriser, dans le cas où il surviendrait une inscription sur tels biens avant trois, huit, dix, quinze jours, à compter de la date de l'acte.

VIe. OBSERVATION.

Les obligations éventuelles, conditionnelles et indéterminées des maris envers leurs femmes, et des tuteurs envers leurs pupilles, restent nécessairement ce qu'elles sont, c'est-à-dire indéterminées dans les inscriptions : elles donnent, dit-on, peu de lumières aux contractans postérieurs.

Mais ces créances indéterminées existaient autrefois comme aujourd'hui. Elles partaient du jour des actes ; elles étaient totalement ignorées de ceux qui ne prenaient pas des renseignemens qu'il est en leur pouvoir de prendre également aujourd'hui. Aujourd'hui on connaîtra précisément les sommes déterminées, telles que la dot et les donations de valeurs fixes : on saura qu'un gain de survie, montant à telle valeur, aura lieu en cas de prédécès du mari ; on saura que le mari est chargé de rendre toutes les sommes mobilières qui pourront échoir à la femme, et on les évaluera, vaguement comme autrefois, d'après les circonstances et les probabilités : enfin, on aura quelques lumières qu'on ne possédait pas ; on aura toutes celles qu'il est possible d'avoir ; et puisqu'il ne l'est pas de supprimer les droits indéterminés, puisqu'ils avaient le même inconvénient, avant ou depuis le nouveau régime, quant à la sûreté des contractans postérieurs, peut-on dire raisonnablement contre le nouveau, ce qu'on ne disait pas contre l'ancien ? Est-ce une objection à tirer de ce qu'on n'acquiert pas une connaissance pleine, entière et impossible, lorsqu'on obtient toute celle que la loi peut administrer, en sortant d'un régime qui n'en donnait aucune ?

Quant aux obligations conditionnelles et indéterminées qui résultent des actes ou des jugemens, comme la garantie des évictions en matière de vente ou de partage, le reliquat de l'administration d'un mandataire, les engagemens contractés sous une condition incertaine, les condamnations à des restitutions de fruits à liquider, ou à des dommages et intérêts à donner par déclaration, ou à faire ou ne pas faire telle chose à peine de dommages et intérêts non fixés, la loi veut que l'inscription porte une somme précise à laquelle le créancier éventuel fixera son droit d'hypothèque, sauf au débiteur éventuel à faire réduire l'inscription, si elle paraît provisoirement exagérée. Il y a donc ici un avantage marqué dans le nouveau régime, en faveur des tiers, qui ignoraient ou pouvaient ignorer parfaitement, et l'acte, et la condamnation même, et le montant éventuel des obligations. A présent, l'acte et la condamnation sont connus ; la détermination que le créancier en a faite est connue ; et il ne reste à évaluer raisonnablement que la probabilité, plus ou moins grande, de l'événement qui doit donner lieu à la créance. Les tiers n'ont pas tout, mais ils ont beaucoup ; et n'oublions jamais qu'ils sortent d'un état de législation où ils n'avaient rien.

VIIe. OBSERVATION.

Tout acte translatif de propriété doit être transcrit, suivant la nouvelle loi, sur le registre du conservateur de la situation des biens. Il suit de là que les actes qui ne transfèrent pas la propriété, tels que des transactions par lesquelles on règle des propriétés réellement litigieuses, des partages qui ne sont que déclaratifs de propriété, ne sont pas soumis à la transcription ; et il y en a une raison décisive.

2181

L'acquéreur d'un bien, qui ne fait pas faire la transcription de son titre, reste assujéti à toutes les hypothèques assises sur le bien acquis, au-delà même du prix de son acquisition, et indéfiniment. La transcription seule n'opère pas même l'extinction de ces hypothèques : il faut que le contrat, la transcription, les inscriptions hypothécaires, soient notifiés aux créanciers inscrits, dans le délai fixé par la loi ; et c'est par cette notification seulement que les hypothèques sont réduites au montant du prix de l'acquisition, sauf le droit des créanciers de faire mettre le bien acquis aux enchères, s'ils le jugent vendu à vil prix.

La transcription, suivie de notification, sans surenchère survenue, a donc et l'effet d'effacer toutes les hypothèques dernières, en ce qu'elles excèdent le prix dû par l'acquéreur, et de réduire au montant de ce prix, les hypothèques entre lesquelles il se distribuera suivant leur rang. C'est le même objet et le même effet que ceux des anciennes lettres de ratification, qui, comme on dit, purgeaient les hypothèques ; mais toujours sous l'exception du prix que devait l'acquéreur et qui restait hypothéqué, en premier ordre, sur l'héritage, pour être distribué par rang d'hypothèques.

Pour le dire en passant, cette ressemblance parfaite entre l'effet de la transcription et des notifications et celui des lettres, paraît n'avoir pas été remarquée par le législateur dans la discussion sur la loi de brumaire. Les défenseurs de l'article 15 de cette loi, qui donne à l'acquéreur le droit d'user des délais accordés aux débiteurs originaires, se fondaient sur ce que l'hypothèque du créancier à terme était conservée par la transcription, au lieu qu'elle ne l'était pas par les lettres de ratification. Elle est conservée seulement sur le prix et jusqu'à concurrence du prix ; mais elle l'était de même, et jusqu'à la même concurrence, après les lettres ; ce qui n'empêchait pas que la créance à terme ne devînt exigible : et il me semble, par les raisons que j'ai développées plus haut, qu'elle doit être exigible après la transcription et la notification, comme depuis les lettres de ratification.

Je reviens. Comme l'effet de la transcription suivie de notification, est de réduire au montant du prix les hypothèques établies et inscrites sur la chose acquise, il s'ensuit que les actes simplement déclaratifs de propriété, n'ont pas besoin de transcription ; car il décide que la propriété a toujours appartenu à un tel, et que nul autre, par conséquent, n'a pu contracter sur ses biens, les engager, les hypothéquer. Celui à qui un domaine est adjugé, n'est pas tenu des dettes de celui qui le possédait sans être propriétaire ; le lot d'un copartageant n'est pas grevé de celles de son cohéritier : où il n'y a point d'hypothèque à effacer ou à réduire, il n'est pas besoin de transcription.

VIII°. OBSERVATION.

Sur les inscriptions d'office ordonnées au conservateur, et sur l'effet, contre un acquéreur, des inscriptions prises non-seulement contre son vendeur, mais de celles qui l'ont été précédemment contre le vendeur de celui-ci.

Il a été sage à la loi (article 29) d'imposer aux conservateurs l'obligation d'inscrire les créances, non déjà inscrites, du précédent propriétaire, pour le prix qui lui est dû, en tout ou partie, lorsque cette dette est constatée par le titre de mutation qui vient d'être transcrit : cela doit comprendre toutes les créances résultant du titre, c'est-à-dire, même les soultes dues par un copartageant à l'autre, qui, dans ce genre d'opérations, a réellement transmis une partie de sa propriété, moyennant un prix qui, dans la circonstance, prend le nom de *soulte*.

Mais, dans le cas où *A* a vendu à *B* un héritage et est resté créancier du prix, si *B* a fait transcrire, la créance de *A* a dû être inscrite ; si au contraire la transcription n'a pas été faite, il n'y a pas eu d'inscription d'office. Si en même temps *A* n'a point inscrit sa créance, et que *B*, dans cet état, ait vendu à *C*, qui lui doit le prix aussi, et qui fait faire la transcription de son contrat, le conservateur, qui ne voit que le titre de *C* ne peut inscrire d'office que la créance de *B*. Mais que deviendra, dans cette espèce, la créance de *A*? L'hypothèque en est perdue, mais par sa faute, puisqu'il a négligé de prendre inscription, et qu'il devait y veiller, sans se reposer sur la vigilance du conservateur, qui n'a pas lieu de s'exercer lorsqu'il ne procède pas à la transcription du contrat qui constate la dette.

Il y a une espèce différente et qui mérite attention. Un créancier de *A* a fait inscrire sa créance sur lui et sur tel héritage déterminé ; car l'article 16 de la loi exige que l'inscription ne se fasse pas seulement sur l'héritage, mais nominativement sur tel débiteur, dont les nom, prénom, profession, domicile ou désignation spéciale doivent être dans l'inscription, pour que le conservateur puisse reconnaître et distinguer, dans tous les cas, l'individu grevé. Il en était de même des oppositions à former en vertu de l'édit de 1771 : elles devaient aussi indiquer le débiteur ; et les difficultés et observations sur le cas que j'examine, sont communes aux deux régimes.

A vend l'héritage hypothéqué et frappé d'inscription, à *B*, qui ne fait pas transcrire son contrat, et qui reste chargé, par conséquent, de toutes les hypothèques dont son vendeur était grevé.

Dans cette position, *B* a aussi des créanciers qui prennent inscription sur lui, et frappent de cette inscription l'héritage qu'il a acquis : ils auraient pu, dans l'ancien régime, mettre opposition aux hypothèques sur *B* ; ce qui avait le même effet, et présentait la même question.

B, dans cette hypothèse, vend le même héritage à C, qui fait transcrire; la créance de B, pour le prix de la vente, est inscrite d'office sur C. Celui-ci lève le certificat des inscriptions prises sur son vendeur; il y voit les noms des créanciers de B, et la somme de leurs créances; il les paie jusqu'à concurrence de son prix: mais le conservateur ne lui délivre pas le certificat des inscriptions prises sur A, vendeur de B, duquel C a acheté. C'est la même chose que si, dans l'ancien système, les créanciers de B eussent formé opposition sur lui, et si les créanciers de A, vendeur de B, se reposant sur l'opposition qu'ils avaient formée sur A, n'en eussent pas réitéré sur B.

Que deviendra, dans ce cas, l'hypothèque du créancier de A? Elle n'a pas été purgée ou réduite à la valeur du prix de l'achat fait par B, puisqu'il n'a pas fait transcrire.

Elle subsiste donc.

Mais elle n'est pas connue de C, acheteur de B, puisqu'il n'y a pas, sur B, d'inscription pour la créance du créancier de A, et que le conservateur ne lui doit déclaration que des inscriptions faites sur son vendeur. En donnant exactement cette déclaration, il a fait tout ce qu'il a dû; il n'y a contre lui aucune garantie, pour avoir omis de déclarer une inscription qui n'était pas faite sur B, et qu'il a pu ne pas reconnaître comme frappant sur le même héritage, puisqu'elle avait pour objet un autre débiteur.

Cependant la loi dit avec raison que la transcription faite peut effacer ou réduire les hypothèques du vendeur; que, jusqu'à la transcription, il n'y a pas de vente à l'égard des tiers, et qu'ils peuvent contracter valablement avec ce vendeur (article 26.) Le bien vendu, et dont la vente n'est pas transcrite, est toujours censé appartenir au vendeur, et grevé de l'hypothèque de ses créanciers, même de celle qui est acquise depuis la vente jusqu'à la transcription.

Cela posé, il faut considérer B, puisqu'il n'a pas fait de transcription, comme étant le même que A son vendeur; et les hypothèques des créanciers de A restent entières, d'autant plus qu'ayant pu ignorer la vente non transcrite, ou dont la transcription ne leur est pas notifiée, ils n'ont pas pu réitérer leur inscription sur C, acquéreur de B.

Aussi, d'une part, le conservateur n'est pas garant de l'omission d'une hypothèque sur A dans le certificat donné à C, second acquéreur des hypothèques sur B; d'une autre part, l'hypothèque du créancier de A ne peut être perdue ni par l'acquisition faite par B et non transcrite, ni par la transcription de la vente à C par ce même B, dont le droit était ignoré du créancier de A. C'est donc à C, second acquéreur, à s'imputer d'avoir acquis de B sans s'assurer que le titre de B avait été transcrit et notifié aux créanciers inscrits sur A, vendeur de B. C a dû ou ne point acquérir, ou faire transcrire à la fois le contrat de B et le sien propre; et s'il l'eût fait, il aurait eu du con-

servateur le certificat des inscriptions faites sur ce premier vendeur,
et ensuite de celles faites postérieurement sur *B*, deuxième vendeur.
Le prix de la dernière vente aurait été distribué en première ligne aux
créanciers de *A*; en seconde ligne, et jusqu'à concurrence, aux
créanciers de *B*; et toute justice aurait été remplie. C'est donc une
règle certaine, et qu'il faut spécifier dans la loi, que la transcription
doit se faire non-seulement du contrat, mais de tous les titres translatifs de propriété immédiatement antérieure, s'ils n'ont pas été transcrits et notifiés aux créanciers des vendeurs, à peine, par le dernier
acquéreur, de demeurer chargé des hypothèques des créanciers d'un
précédent propriétaire, sur l'héritage dont la vente intermédiaire n'a
pas été transcrite.

Il en était de même dans le régime de 1771. L'acheteur qui pre-
nait des lettres sur son contrat, devait de même en prendre sur les
contrats antérieurs qui n'avaient pas été purgés par des lettres de ratification, ou bien il demeurait chargé des hypothèques qui n'avaient
pas été effacées par cette formalité. Des lettres prises sur un contrat
ne purgeaient pas les hypothèques sur un débiteur dont l'acheteur
n'avait pas consolidé son acquisition. Tous les contrats successifs,
non suivis de lettres, doivent être mis au greffe et affichés, et les
lettres prises sur tous.

Il y aurait peut-être de l'inconvénient à chercher un remède à ces
difficultés, en ordonnant que les inscriptions fussent faites sur les biens
mêmes, et non sur les débiteurs, de sorte qu'elles suivissent les biens,
dans quelques mains qu'ils passassent : il faudrait pour cela que les
biens fussent décrits de manière à ne pas s'y tromper, malgré les changemens de culture et des tenans et aboutissans. Cette désignation ne
pourrait jamais être parfaitement claire; les conservateurs ne pourraient
jamais s'assurer de l'exactitude de leurs déclarations; et il y aurait injustice à les en rendre garans, et danger à les dispenser de la garantie.

IXᵉ. OBSERVATION.

La forme pour purger les hypothèques, ou plutôt les réduire à la
concurrence du prix d'achat, est la plus simple et la plus juste possible (article 30).

tit. 18
ch. 8

Si le prix d'achat est insuffisant pour couvrir toutes les hypothèques inscrites (ce qui, d'après la huitième observation, comprendra
les inscriptions faites sur débiteurs dont les acquéreurs n'auront pas
purgé), l'acheteur notifie, *dans le mois* de la transcription, aux
créanciers, aux domiciles élus (en ajoutant deux jours par cinq myriamètres du lieu de l'élection au lieu du vrai domicile) le contrat
(ou les contrats), le certificat de la transcription de ce contrat (ou
de ces contrats), les charges et hypothèques dont est grevée la propriété par les inscriptions (faites soit sur un, soit sur plusieurs débiteurs.), avec déclaration qu'il paiera sur-le-champ (et non dans les

termes et de la manière qu'elles ont été constituées) toutes les dettes , jusqu'à concurrence seulement du prix par lui stipulé.

Il pourrait souvent arriver que le prix fût inférieur à la vraie valeur, et les créanciers ne doivent pas en souffrir.

L'édit de 1771 l'avait prévu , et avait autorisé les créanciers à surenchérir d'un dixième , ensuite d'un vingtième l'un sur l'autre ; mais il n'avait autorisé que les créanciers eux-mêmes ; ce qui, exécuté à la rigueur, pouvait être injuste par l'état de la fortune des créanciers , leur impuissance , ou leur inconvenance d'acquérir pour eux-mêmes ; ce qui , d'un autre côté , était bien facile à éluder, soit en faisant arrangement avec un tiers , pour lui transmettre ou l'adjudication , ou le bien adjugé , après lui avoir prêté son nom pour enchérir.

L'article 31 de la loi est plus simple et plus raisonnable. Les créanciers inscrits ne sont pas seulement autorisés à surenchérir, mais à requérir la mise aux enchères et adjudication publique ; à la charge de le déclarer à l'acquéreur dans un mois de sa notification , de se soumettre à porter ou faire porter le prix à *un vingtième* au moins en sus du prix stipulé : sinon le prix reste fixé à celui du contrat (article 32).

La revente aux enchères a lieu suivant les formes des expropriations forcées (article 33). Outre le prix de l'adjudication, les frais et loyaux-coûts du premier contrat, ceux de sa transcription, même les frais pour parvenir à la vente , sont restitués au premier acquéreur par l'adjudicataire.

L'édit de 1771 autorisait l'acquéreur à conserver l'immeuble , en payant le plus haut prix auquel il aurait été porté. Un commentateur trouve cela et judicieux et juste. Je ne le crois pas; car quel créancier ou quel étranger se résoudrait à enchérir et à donner à l'immeuble tout son véritable prix, s'il était au choix de l'acquéreur ou de laisser la chose à l'adjudicataire, ou de la prendre pour soi au même prix ? Cela était moins déraisonnable quand on n'avait affaire qu'à des créanciers enchérisseurs, et non à des étrangers; car les créanciers, en enchérissant, avaient un double intérêt; l'un, d'acquérir la chose à un tel prix; l'autre, qui même était le principal, d'avoir une plus forte somme pour garantie de leur créance ; et cet intérêt était rempli par la soumission de l'acquéreur au prix le plus haut qui eût été offert.

Mais pour des étrangers, il faut avouer que cette option de l'acquéreur serait une règle décourageante, et le plus sûr moyen d'empêcher, soit naturellement, soit par convention secrète, que la chose ne parvînt à son véritable prix. Il ne faut certainement pas que le seul désistement du créancier, qui a requis la mise aux enchères, suffise pour empêcher qu'on ne procède à l'adjudication : car alors le mois serait expiré pour les autres créanciers; ils ne pourraient plus faire cette réquisition ; et l'acquéreur, en désintéressant le premier requérant, ou en faisant avec lui quelque autre arrangement moins dispendieux encore , obtiendrait le désistement, et préjudicierait toujours

par le vil prix à l'intérêt des créanciers. Il faut donc qu'en cas de désistement, les autres créanciers puissent, dans un délai de huitaine
après la notification du désistement, se subroger au premier requérant, et suivre l'adjudication publique.

Il faut qu'en cas de mise aux enchères, l'acquéreur ne puisse rester
propriétaire qu'en se rendant dernier enchérisseur; ou bien que, s'il
veut empêcher absolument la mise aux enchères, il paie tous les
créanciers hypothécaires.

Xe. OBSERVATION.

Quant aux demandes en radiation d'inscription,

1°. L'assignation en radiation doit se donner au domicile élu; tit. 18
mais il faut joindre un délai légal, de deux jours par cinq myriamètres ch. 5
de distance du lieu du domicile, ou plutôt du tribunal au lieu du domicile réel; et de même de toute citation quelconque donnée au domicile élu.

2°. Il faut que le tribunal où l'on citera soit déterminé. Ce peut
être celui du domicile élu ou de la situation, toutes les fois qu'il s'agit
d'un acte ou d'un jugement clair, déterminant une somme fixe.

3°. Quant aux créances éventuelles et indéterminées, si elles résultent d'une condamnation vague émanée sur procès pendans dans un
autre tribunal, c'est à ce tribunal, qui connaît mieux le vrai sens de sa
condamnation, et dont le jugement a été exécuté par l'inscription,
c'est là, dis-je, que la radiation doit être poursuivie.

4°. Il est à observer qu'en matière de créance éventuelle et indéterminée, on peut demander ou la radiation ou la réduction de l'inscription, si elle paraît exagérée : or, dans ce cas, il est encore plus
clair que c'est le tribunal, auteur de la condamnation, qui doit être
juge de cette demande, puisque lui seul peut évaluer provisoirement
la valeur que les circonstances ou les probabilités peuvent donner dès
à présent à une créance indéterminée.

RÉDACTION PROPOSÉE.

TITRE VI.   tit. 18

Des privilèges et hypothèques.

DISPOSITIONS GÉNÉRALES.

ART. 1er. Quiconque s'est obligé personnellement, est tenu 2092
de remplir son engagement sur tous ses biens mobiliers et
immobiliers présens et à venir.

2. *Les biens du débiteur sont le gage commun de ses créan-* 2093
ciers, et le prix s'en distribue entre eux par contribution, à moins

qu'il n'y ait, entre les créanciers, des causes légitimes de préférence.

2094 3. Les causes légitimes de préférence sont les privilèges et les hypothèques.

ch. 2   CHAPITRE PREMIER. — *Des privilèges.*

2096 4. *Entre les créanciers, les privilèges ne produisent d'effet à l'égard des immeubles, et les hypothèques ne prennent rang, qu'autant qu'ils sont rendus publics par inscription sur les registres du conservateur des hypothèques, de la manière déterminée par la loi, et à compter de la date de cette inscription, sauf les seules exceptions que la loi établit expressément.*

5. *La protection accordée par la loi aux privilèges, consiste, à l'égard de quelques-uns, dans les précautions prises par la loi pour leur assurer l'avantage de la première inscription; et, à l'égard de tous, en ce que les créanciers ont le droit de faire inscrire les privilèges sans qu'il soit besoin du consentement du débiteur.*

6. Tout acte translatif de propriété d'un immeuble, doit être transcrit sur les registres du conservateur : jusque-là il ne peut être opposé aux tiers. Les actes d'aliénation ou d'hypothèque consentis par le nouveau propriétaire avant cette transcription, sont comme non avenus à l'égard de ceux qui auraient acquis des propriétaires précédens un droit quelconque sur cet immeuble, et qui auraient fait faire l'inscription ou la transcription de leurs titres.

2099 7. Les privilèges peuvent avoir lieu sur les immeubles et sur les meubles.

SECTION Iʳᵉ. — *Privilèges sur les immeubles.*

2103 8. Les créanciers privilégiés sur les immeubles sont :

1°. Les créanciers et légataires d'un défunt, sur les biens de la succession.

Ils conservent ce privilège par les inscriptions faites sur chacun de ces biens, dans les six mois à compter de l'ouverture de la succession.

Avant l'expiration de ce délai , aucune hypothèque ne peut être consentie avec effet sur ces biens par les héritiers , au préjudice de ces créanciers ou légataires.

2°. Le vendeur, sur l'immeuble qu'il a vendu pour le paiement du prix en tout ou en partie.

Ce privilège est conservé par la transcription du titre qui a transféré la propriété à l'acquéreur , et qui constate la dette de la totalité ou de partie du prix ; à l'effet de quoi le conservateur fait d'office l'inscription sur son registre, des créances non encore inscrites qui résultent de ce titre : le vendeur peut aussi faire faire la transcription du titre de l'acquéreur, et par suite inscription de ce qui est dû à lui-même sur le prix.

3°. Le cohéritier ou copartageant, sur les biens de chaque lot, ou sur le bien licité pour la soulte et retour de lots , ou pour le prix de la licitation.

Ce privilège se conserve par l'inscription faite, à la diligence du cohéritier ou copartageant, dans les quatre décades du jour de l'acte du partage ou de l'adjudication par licitation ; durant lequel temps aucune hypothèque ne peut être consentie par le propriétaire du bien chargé de soulte , ou adjugé par licitation au préjudice du créancier de la soulte ou du prix.

4°. Ceux qui ont fourni les deniers pour le paiement du prix de la vente ou de la soulte ou de la licitation.

Sont conservés à leur profit, par les mêmes moyens , les droits et privilèges du vendeur et du copartageant, pourvu que la destination des deniers soit constatée par acte authentique d'emprunt, et que l'emploi en soit constaté par quittance authentique.

5°. Les architectes, entrepreneurs, maçons, et autres ouvriers employés pour édifier , reconstruire ou réparer un bâtiment quelconque, et ceux qui ont, pour les payer et rembourser , prêté des deniers dont la destination et l'emploi soient authentiquement constatés.

Ce privilège se conserve par l'inscription, et à compter de la date de l'inscription sur le bien amélioré ou réparé, d'un premier procès-verbal dressé par un expert nommé d'office par le tribunal de la situation, qui constate l'état des lieux et l'utilité des ouvrages à faire ; pourvu que cette inscription soit suivie de celle d'un autre procès-verbal de réception, dressé de même, qui constate la réalité et la valeur des travaux, dans les quatre mois de leur perfection.

Le montant du privilège ne peut excéder les valeurs constatées par ce second procès-verbal, et il se réduit à la plus-value existante à l'époque de l'aliénation de l'immeuble, et résultant des travaux qui ont été faits.

2105   6°. Les frais de la dernière maladie et de l'inhumation ;

Les fournitures des choses nécessaires à la vie, et les gages des gens de service pendant la dernière année ;

Une année échue et l'année courante de la contribution foncière de chaque immeuble.

Ces créances privilégiées sont payées immédiatement après les privilèges ci-dessus, par concurrence entre elles, mais subsidiairement seulement en cas d'insuffisance des meubles.

Ces privilèges sont reconnus et produisent leur effet sans qu'il soit besoin d'aucune inscription.

7°. Les frais de scellés et d'inventaires.

Le privilège de ces frais s'exerce, à défaut du mobilier, sur les immeubles, en premier ordre et sans avoir besoin d'inscription.

9. Les cessionnaires de ces diverses créances privilégiées exercent tous les mêmes droits que les cédans, en leur lieu et place.

2103 3°   10. Quant à l'action des cohéritiers et copartageans sur les biens partagés pour la garantie de leurs lots, en cas d'éviction ou de charges découvertes depuis le partage, le privilège n'est conservé, à l'égard des tiers, qu'autant qu'il est ainsi convenu par l'acte, et jusqu'à concurrence de la somme qui y est déterminée expressément, en prenant inscription pour cette somme dans les quatre décades du jour de l'acte, sans que les hypothèques consenties durant ce délai par le propriétaire sur les biens de son lot, puissent nuire ni préjudicier à ce privilège.

11. Toutes les créances privilégiées soumises à la formalité de l'inscription, à l'égard desquelles les conditions ci-dessus prescrites pour conserver le privilège n'ont pas été accomplies, restent néanmoins hypothécaires; et cette hypothèque ne date, à l'égard des tiers, que de l'époque des inscriptions qui en auront été faites.

SECTION II. — *Privilèges sur le mobilier.*

12. (*Le 8ᵉ. du Projet.*) 2101—2102

13. (*Le 9ᵉ. du Projet.*) 2098

CHAPITRE II. — *Des hypothèques.*

14. L'hypothèque est un droit réel sur les immeubles affectés à l'acquittement d'une obligation. 2114

Elle est, par sa nature, indivisible, et subsiste en entier sur tous les immeubles affectés, sur chacun et sur chaque portion de ces immeubles.

Elle les suit, dans quelques mains qu'ils passent.

15. L'hypothèque n'a lieu que dans les cas et suivant les formes autorisés par la loi. 2115

16. Elle est légale, ou judiciaire, ou conventionnelle. 2116

17. L'hypothèque légale ou tacite est celle qui existe en vertu de la loi. 2117

L'hypothèque judiciaire est celle que la loi attribue aux jugemens ou actes judiciaires.

L'hypothèque conventionnelle est celle que la loi fait dépendre des conventions, et de la forme des actes et contrats.

18. Sont seuls susceptibles d'hypothèques, 2118

Les biens immobiliers qui sont dans le commerce, et leurs accessoires réputés immeubles;

L'usufruit et droits de jouissance emphytéotique des

mêmes biens et accessoires pendant le temps de leur durée.

2119   Les meubles n'ont pas de suite par hypothèque.

2120   19. Il n'est rien innové par le présent Code aux dispositions des lois maritimes concernant les navires et bâtimens de mer.

SECTION Ire. — *Hypothèques légales.*

av.—
2121   20. Dans les cas où la loi donne le droit d'hypothèque, sans convention expresse relative à ce droit, l'inscription prise par le créancier sur les registres de chaque conservateur, affecte tous les immeubles présens du débiteur, compris dans l'arrondissement du bureau, même les portions indivises appartenant au débiteur, dans une succession non partagée, dont il est cohéritier. Le créancier est de plus autorisé, sans préjudice aux inscriptions antérieures à la sienne, à faire inscrire sa créance sur chacun des biens-fonds qui surviennent au débiteur, soit que la créance soit pure et simple ou conditionnelle, fixe ou indéterminée.

ib.   21. Si cependant, par convention entre les parties, les biens sujets à l'hypothèque ont été spécifiés, ou si le droit d'hypothèque à réaliser par l'inscription, pour la créance conditionnelle ou indéterminée, a été fixé à une certaine somme, le créancier ne peut prendre inscription que sur les biens indiqués, et jusqu'à concurrence seulement de la somme qui a été réglée.

ib.   22. Dans le cas où, n'y ayant point de convention de cette espèce, le créancier aura pris inscription sur une masse de biens excessive eu égard au montant des créances fixes et à la valeur estimative des créances conditionnelles ou indéterminées, le débiteur est autorisé à demander et obtenir en justice la réduction des inscriptions, et leur radiation en partie, jusqu'à concurrence de ceux des domaines frappés d'inscription qui excéderaient la proportion convenable entre les créances et les inscriptions.

2121   23. Les droits et créances auxquels l'hypothèque légale est attribuée, sont, ceux des femmes mariées qui ont un contrat authentique de mariage sur les biens de leurs maris ;

Ceux des mineurs et interdits, sur les biens de leurs tuteurs et subrogés tuteurs ;

Ceux de la nation et des établissemens publics, sur les biens des receveurs et administrateurs comptables.

24. L'hypothèque est acquise aux femmes et à leurs héritiers ou ayant-cause, à compter du jour de l'inscription de leurs droits et créances, sur les biens des maris, ou sur ceux de leurs biens qui ont été désignés par le contrat de mariage, pourvu que dans l'inscription soient exprimés le montant des créances déterminées, ainsi que la condition éventuelle dont elles peuvent dépendre, et pareillement le montant de la valeur estimée des créances indéterminées, dans le cas où elle aurait été réglée par convention, quant à l'étendue de l'hypothèque accordée. *ap. — 2121 et 2135*

25. Les inscriptions pour les femmes mariées, sur les biens de leurs maris, seront faites à la diligence des femmes elles-mêmes, sans qu'il soit besoin de l'assistance ou de l'autorisation de personne, ou à celle de leur père ou mère. *2136*

26. Si les femmes mariées sont mineures, leurs père, mère, tuteurs, parens, sous l'autorisation desquels le mariage aura été contracté, requerront les inscriptions, sous peine de répondre du préjudice qui résulterait de leur négligence : l'inscription se fera aussi sur la réquisition des femmes mineures elles-mêmes, sans aucune autre formalité. *ib.*

27. Quant aux créances des femmes pour remploi de leurs biens aliénés, ou pour indemnités des dettes contractées par elles avec leurs maris, elles n'auront hypothèque qu'à compter du jour de l'inscription qui en aura été faite postérieurement à la date de ces actes. Quant à l'indemnité des dettes, elle sera censée faite, pour la femme, du jour de l'inscription que le créancier envers qui elle se serait obligée aura prise sur les biens du mari. *2135*

2135   28. Les mineurs et interdits ont, à compter de la date de l'inscription, hypothèque sur les biens de leurs tuteurs, pour sûreté des créances qui pourront résulter de leur administration, et sur ceux de leurs subrogés tuteurs, quant aux actions qui pourront résulter de leur négligence, sans préjudice de la limitation qui serait établie dans les actes de tutelle ou de confirmation, soit à l'égard de l'évaluation des créances éventuelles, soit par rapport aux biens hypothéqués, et sans préjudice de la réduction des inscriptions, qui pourra, s'il y a lieu, être obtenue par les tuteurs et subrogés tuteurs.

2136   29. Les inscriptions sont faites à la diligence des mineurs, sans qu'il soit besoin d'assistance ou d'autorisation; ou à celle des tuteurs eux-mêmes, comme aussi à celle des subrogés tuteurs, et des parens qui ont concouru à la nomination de tutelle, lesquels seront tenus, chacun individuellement; sous leur responsabilité solidaire, et sauf le recours des parens contre les subrogés tuteurs, de requérir lesdites inscriptions, ou de veiller à ce qu'elles soient faites en temps utile.

2121   30. La nation et les établissemens publics ont hypothèque, à compter de la date des inscriptions, sur les biens des receveurs et administrateurs comptables, pour sûreté des créances qui pourront résulter de leurs recette et administration, et pareillement sur ceux des cautions qui se seront obligées pour eux, jusqu'à concurrence du montant du cautionnement; et à l'égard des cautions, pour les biens seulement qu'elles auront soumis à l'hypothèque, sans préjudice de l'exécution des conventions faites avec les comptables eux-mêmes, soit sur la valeur estimée des créances éventuelles, soit sur les biens nommément désignés pour l'hypothèque, ainsi que de la réduction des inscriptions, s'il y a lieu, à défaut de convention.

ap.—   31. S'il n'y a point eu de convention, la nation et les éta-
2121 blissemens publics auront privilège sur les biens immeubles

acquis à titre onéreux par les comptables depuis le commencement de leur administration ; et pour assurer l'effet dudit privilège, il est accordé à la nation et aux établissemens publics un délai de deux mois, à compter de la transcription des contrats d'acquisition faits par les comptables, pour prendre inscription sur les immeubles acquis ; et aucune autre inscription prise durant ce délai, ne pourra obtenir la préférence sur celles faites dans le même délai pour la nation et les établissemens publics, bien que celles-ci fussent postérieures en date.

SECTION II. — *Hypothèques judiciaires.*

32. Les jugemens, soit contradictoires, soit par défaut, définitifs ou provisoires, emportent, en faveur de celui qui les a obtenus, le droit de s'inscrire pour acquérir hypothèque, à compter de la date de l'inscription, sur tous les biens présens du débiteur condamné ; et chaque inscription, sans qu'il soit besoin de désignation spéciale des biens, affecte tous ceux qui sont compris dans l'arrondissement du conservateur, même les portions indivises appartenant au condamné dans une succession dont il est cohéritier. 2123

Les hypothèques, soit judiciaires, soit légales, sur ces portions indivises, n'ont aucun effet sur les biens de la succession qui seront échus à l'autre copartageant, qu'autant qu'il les aura acquis à titre de licitation, ou à la charge d'une soulte envers le débiteur sur qui l'inscription aura été prise.

33. Si les biens présens du débiteur ne sont pas trouvés suffisans pour la sûreté des condamnations, le créancier peut poursuivre dès à présent le paiement même des condamnations à terme, ou en faire inscrire le montant sur chacun des biens qui surviendront au débiteur, à mesure qu'il en deviendra propriétaire ; sauf à statuer sur les demandes en réduction ou radiation, qui pourront être formées par celui-ci dans le cas du présent article et du précédent. ib.

2233   34. L'hypothèque des condamnations inscrites ne subsiste qu'autant que les jugemens sont confirmés sur l'opposition ou sur l'appel, et seulement jusqu'à concurrence des dispositions confirmées.

ib.   35. Les reconnaissances ou vérifications faites en jugement, des signatures apposées à un acte obligatoire sous seing privé, emportent pareillement, et aux mêmes conditions, hypothèque, à compter de la date des inscriptions, sur les biens immeubles de l'obligé.

ib.   36. Les jugemens qui établissent des gardiens, séquestres ou cautions judiciaires, emportent également, sous les mêmes conditions, hypothèque sur leurs immeubles, à compter de la date des inscriptions.

Elles sont faites à la diligence des parties; et si la nation y est intéressée, à celle des préfets et sous-préfets, auxquels dans ce cas il est sur-le-champ donné avis de ces jugemens par le commissaire du gouvernement près les tribunaux.

ib.   37. L'hypothèque pour supplément de prix d'une vente d'immeubles, auquel un acquéreur est condamné, n'a d'effet qu'en vertu et à la date de l'inscription du jugement de condamnation.

ib.   38. Aucune inscription ne peut être faite sur les biens personnels d'un héritier, donataire ou légataire universel, pour obligations même hypothécaires de leur auteur, avant un jugement de condamnation qui ait déclaré les titres exécutoires contre eux.

ib.   39. Les jugemens contenant condamnation d'intérêts en vertu d'obligations qui n'en portaient pas par elles-mêmes, ou au-delà de la portion d'intérêts à laquelle la loi attache l'hypothèque de l'obligation principale quand elle est dans le cas d'en produire, ou de dommages et intérêts non stipulés et déterminés par l'obligation même, n'emportent hypothèque qu'à compter de la date de l'inscription des jugemens,

ib.   40. Les jugemens qui se bornent à ordonner l'exécution d'un titre authentique donnant droit d'hypothèque et d'inscription, ne changent rien à ce droit, ni pour l'étendue ni pour la forme; il reste le même qu'il était par l'effet seul du titre.

41. Quant aux décisions arbitrales, elles n'emportent hypothèque qu'autant qu'elles sont revêtues de l'ordonnance judiciaire d'exécution, et à compter seulement du jour de l'inscription qui en est faite ensuite. *2123*

42. Il ne peut pareillement être fait inscription des condamnations portées par jugemens rendus en pays étranger, qu'après qu'ils ont été déclarés exécutoires par un tribunal français. *ib.*

SECTION III. — *Hypothèques conventionnelles.*

43. Les hypothèques conventionnelles ne peuvent être consenties que par ceux qui ont la capacité d'aliéner les immeubles qu'ils y soumettent. *2124*

44. Ceux qui n'ont sur l'immeuble qu'un droit, suspendu par une condition, ou résoluble dans certains cas, ou sujet à rescision pour cause de nullité de forme, ne peuvent consentir qu'une hypothèque soumise aux mêmes conditions, aux mêmes événemens ou à la même rescision. *2125*

45. Les biens des mineurs, des interdits, et ceux des absens, tant que la possession n'en est déférée que provisoirement, ne peuvent être hypothéqués que pour les causes et dans les formes établies par la loi ou en vertu de jugemens. *2126*

46. L'hypothèque conventionnelle ne peut être consentie que par acte passé en forme authentique devant deux notaires, ou devant un notaire et deux témoins. *2127*

47. Les contrats passés en pays étranger ne peuvent donner d'hypothèque sur les biens de France, s'il n'y a des dispositions contraires à ce principe dans les lois politiques ou dans les traités. *2128*

48. Il n'y a d'hypothèque conventionnelle valable que *2129*

celle qui, soit dans le titre authentique constitutif de la créance, soit dans un acte authentique postérieur, déclare spécialement la nature et la situation de chacun des immeubles actuellement appartenant au débiteur, sur lesquels il consent l'hypothèque de la créance. Chacun de tous ses biens présens peut être nominativement soumis à l'hypothèque.

Les biens à venir ne peuvent pas être hypothéqués.

2130   49. Si cependant les biens présens et libres du débiteur sont insuffisans pour la sûreté de la créance, il peut, en exprimant cette insuffisance, consentir que le créancier puisse s'inscrire sur chacun des biens à venir, à mesure de leur acquisition, sans préjudice du droit de faire réduire les inscriptions excessives que le créancier aurait faites en conséquence.

2131   50. Pareillement, en cas que l'immeuble ou les immeubles présens assujétis à l'hypothèque eussent péri ou éprouvé des dégradations, de manière qu'ils fussent devenus insuffisans pour la sûreté du créancier, celui-ci pourra ou poursuivre dès à présent son remboursement, ou obtenir un supplément d'hypothèque, ou s'inscrire sur chacun des biens à venir, à mesure qu'ils surviendront au débiteur, sans préjudice de la réduction des inscriptions s'il y a lieu.

2132   51. L'hypothèque conventionnelle n'est valable qu'autant que la somme pour laquelle le droit d'inscrire est accordé, est certaine et déterminée par l'acte : si la créance résultant de l'obligation est conditionnelle pour son existence, ou indéterminée dans sa valeur, le droit du créancier, quant à l'hypothèque, n'en doit pas moins être réglé à une somme fixe.

A défaut de convention qui le règle, le créancier ne peut faire l'inscription que jusqu'à concurrence d'une valeur estimative, par lui déclarée expressément, que le débiteur aura droit de faire réduire s'il y a lieu.

ap.—
2132   52. Si, par l'événement, l'obligation devient définitive,

ou parvient jusqu'à une valeur fixe, supérieure à la valeur estimative qui a fait l'objet de l'inscription, le créancier peut en faire une autre pour l'excédant; mais l'hypothèque pour cet excédant n'a effet que de la date de la nouvelle inscription.

53. L'hypothèque acquise par l'inscription s'étend de droit à toutes les améliorations survenues à l'immeuble hypothéqué, sauf le privilège des ouvriers, s'il y a lieu. 2133

54. Aucune inscription ne peut conférer d'hypothèque, si elle est faite dans le délai pendant lequel sont déclarés nuls les actes faits avant l'ouverture des faillites. 2146

Il en est de même entre les créanciers d'une succession, si l'inscription n'a été faite par l'un d'eux que depuis l'ouverture, et si la succession n'est acceptée que par bénéfice d'inventaire.

CHAPITRE III.—*Mode d'inscription des privilèges et hypothèques.*

55. Les inscriptions se font au bureau de conservation des hypothèques dans l'arrondissement duquel sont situés les biens soumis au privilège ou à l'hypothèque. 2146

56. Tous les créanciers inscrits le même jour, exercent, en concurrence, une hypothèque de la même date, sans distinction entre l'inscription du matin et celle du soir, quand cette différence serait marquée par le conservateur. 2147

57. Pour opérer l'inscription, le créancier représente, soit par lui-même, soit par un tiers, au conservateur des hypothèques, l'original en brevet ou une expédition authentique du jugement ou de l'acte qui donne naissance au privilège ou à l'hypothèque. 2148

Il y joint deux bordereaux écrits sur papier timbré, dont l'un peut être porté sur l'expédition du titre; ils contiennent,

1°. Les nom, prénom, domicile du créancier, sa profession s'il en a une, et l'élection d'un domicile pour lui dans un lieu quelconque de l'arrondissement du bureau;

2°. Les nom, prénom, domicile du débiteur, sa profession s'il en a une connue, ou une désignation individuelle et spéciale, telle que le conservateur puisse reconnaître et distinguer, dans tous les cas, l'individu grevé d'hypothèque;

3°. La date du titre, ou, à défaut de titre, à l'égard des inscriptions prises sur les comptables, l'époque à laquelle l'hypothèque et le droit d'inscription ont pris naissance;

4°. Le montant du capital des créances exprimées dans le titre, ou évaluées par l'inscrivant, pour les rentes et prestations, ou pour les droits éventuels, conditionnels ou indéterminés, dans les cas où cette évaluation est ordonnée; comme aussi le montant des accessoires de ces capitaux, et l'époque de l'exigibilité;

5°. La désignation claire des biens sur lesquels il entend conserver le privilège ou l'hypothèque.

Cette dernière disposition n'est pas nécessaire dans le cas des hypothèques légales ou judiciaires, lorsqu'à défaut de convention, une seule inscription, pour ces hypothèques, frappe tous les immeubles compris dans l'arrondissement du bureau.

2149   58. Les inscriptions à faire sur les biens d'une personne décédée, pourront être faites sous la simple dénomination du défunt.

2150   59. Le conservateur fait mention, sur son registre, du contenu aux bordereaux, et remet au requérant, tant le titre ou l'expédition du titre, que l'un des bordereaux, au pied duquel il certifie avoir fait l'inscription.

2151   60. Le créancier inscrit pour un capital produisant intérêt ou arrérages, a droit de venir, pour deux années seulement, au même rang d'hypothèque que pour son capital; sans préjudice des inscriptions particulières à prendre, portant hypothèque à compter de leur date, pour les arrérages échus depuis, à mesure de leur échéance, et non prescrits.

2152   61. N'est loisible à celui qui a requis une inscription, ainsi qu'à ses représentans ou cessionnaires, de changer sur le registre des hypothèques le domicile par lui élu, à la charge d'en choisir et indiquer un autre dans le même arrondissement.

62. Les droits d'hypothèque purement légale de la nation 2153 et établissemens publics sur les comptables, des mineurs ou interdits sur les tuteurs et subrogés tuteurs, des femmes mariées sur leurs époux, seront inscrits sur la représentation de deux bordereaux, contenant seulement,

1°. Les nom, prénom, profession et domicile réel du requérant, et le domicile qui sera par lui élu dans l'arrondissement ;

2°. Les nom, prénom, profession, domicile ou désignation précise du débiteur ;

3°. La nature des droits à conserver, et le montant de leur valeur quant aux objets déterminés, sans être tenu de le fixer quant à ceux qui sont conditionnels, éventuels ou indéterminés.

63. Les inscriptions conservent les privilèges et hypo- 2154 thèques, à compter du jour de leur date, pendant tout le temps que dure l'obligation et l'action personnelle contre le débiteur, ou pendant tout celui que dure l'action hypothécaire contre le tiers détenteur, quand le bien chargé d'hypothèque est dans ses mains.

64. Les frais des inscriptions sont à la charge du débiteur, 2155 s'il n'y a stipulation contraire ; l'avance en est faite par l'inscrivant, si ce n'est quant aux hypothèques légales, pour l'inscription desquelles le conservateur a son recours contre le débiteur : il en est de même des frais de transcription qui peut être requise par le vendeur ; ils sont à la charge de l'acquéreur.

65. Les actions auxquelles les inscriptions peuvent donner 2156 lieu contre les créanciers, seront intentées devant le tribunal compétent, par exploits faits à leur personne, ou au dernier des domiciles élus sur le registre ; et ce, nonobstant le décès

soit des créanciers, soit de ceux chez lesquels ils auront fait élection de domicile.

Il sera ajouté aux délais des assignations, deux jours par cinq myriamètres de distance entre le domicile réel du créancier, et la commune où se trouve le domicile élu, quand l'exploit sera fait à ce dernier lieu.

CHAPITRE IV. — *De la radiation et réduction des inscriptions.*

2157　66. Les inscriptions sont radiées du consentement des parties intéressées, ou en vertu d'un jugement exécutoire qui l'ordonne.

2158　67. Dans l'un et l'autre cas, ceux qui requièrent la radiation, déposent au bureau du conservateur l'expédition de l'acte authentique portant consentement, ou celle du jugement.

2159　68. La radiation non consentie est demandée au tribunal dans le ressort duquel l'inscription a été faite, si ce n'est lorsqu'elle l'a été pour sûreté d'une condamnation éventuelle ou indéterminée, sur l'exécution ou liquidation de laquelle le débiteur et le créancier prétendu sont en instance ou doivent être jugés dans un autre tribunal; auquel cas la demande en radiation doit y être portée ou renvoyée.

2160　69. La radiation doit être ordonnée par les tribunaux, lorsque l'inscription a été faite sans être fondée ni sur la loi, ni sur un titre, ou lorsqu'elle l'a été en vertu d'un titre soit irrégulier, soit éteint ou soldé, ou lorsque les droits de privilège ou d'hypothèque sont effacés par les voies légales.

2161　70. Toutes les fois que les inscriptions prises par un créancier qui, d'après la loi, aurait droit d'en prendre sur les biens présens ou sur les biens à venir d'un débiteur, sans limitation convenue, seront portées sur plus de domaines différens qu'il n'est nécessaire à la sûreté des créances, l'action en réduction des inscriptions, ou en radiation d'une partie en ce qui excède la proportion convenable, est ouverte au débiteur. On y suit les mêmes règles de compétence établies dans l'article précédent.

71. Sont réputées excessives les inscriptions qui frappent 2162 sur plusieurs domaines, lorsque la valeur d'un seul ou de quelques-uns d'entre eux excède de plus d'un tiers en fonds libres le montant des créances en capital et accessoires légaux.

72. Un autre excès qui donne pareillement lieu à la ré- 2163 duction, est celui qui résulte d'une évaluation faite par le créancier, des créances qui, en ce qui concerne l'hypothèque à établir pour leur sûreté, n'ont pas été réglées par la convention, et qui par leur nature sont conditionnelles, éventuelles ou indéterminées.

73. L'étendue convenable à donner à ce genre de créances 2164 pour en régler les sûretés hypothécaires, est arbitrée par les juges d'après les circonstances, les probabilités des chances et les présomptions de fait, de manière à concilier les droits vraisemblables du créancier avec l'intérêt du crédit raisonnable à conserver au débiteur, sans préjudice des nouvelles inscriptions à prendre avec hypothèque du jour de leur date, lorsque l'événement aura porté les créances indéterminées à une somme plus forte.

· 74. La valeur des immeubles dont la comparaison est à 2165 faire avec celle des créances et le tiers en sus, est déterminée par quinze fois la valeur du revenu déclaré par la matrice du rôle de la contribution foncière, ou indiqué par la cote de contribution sur le rôle, selon la proportion qui existe dans les communes de la situation entre cette cote et le revenu pour les immeubles non sujets à dépérissement, et dix fois cette valeur pour ceux qui y sont sujets; sans préjudice néanmoins aux juges, de s'aider, en outre, des éclaircissemens qui peuvent résulter des baux non suspects, des procès-verbaux d'estimation qui ont pu être dressés précédemment à des époques rapprochées, et autres actes semblables, et d'évaluer le revenu au taux moyen entre les résultats de ces divers renseignemens.

CHAPITRE V. — *De l'effet des privilèges et hypothèques contre les tiers détenteurs.*

2166　75. Les créanciers ayant privilège ou hypothèque inscrite sur un immeuble, le suivent en quelques mains qu'il passe, pour être colloqués et payés suivant l'ordre de leurs créances.

av.—
2167　76. Si le tiers détenteur prend les formes qui vont être prescrites pour consolider et purger sa propriété, les capitaux aliénés et les créances à terme, hypothéqués sur l'immeuble qui lui a été transféré, deviennent tous dès à présent exigibles.

2167　77. S'il ne remplit pas ces formalités, il jouit des mêmes termes et délais accordés au débiteur originaire; mais, par l'effet seul des inscriptions, il demeure obligé, comme détenteur, à toutes les dettes hypothécaires.

2168　78. Le tiers détenteur est tenu, dans ce cas, ou de payer tous les intérêts et capitaux exigibles, à quelque somme qu'ils puissent monter, ou de délaisser l'immeuble hypothéqué, sans aucune réserve.

2169　79. Faute par le tiers détenteur de satisfaire pleinement à l'une de ces obligations, chaque créancier hypothécaire a droit de faire vendre sur lui l'immeuble hypothéqué, trente jours après commandement fait au débiteur originaire, et sommation faite au tiers détenteur de payer la dette exigible ou de délaisser l'héritage.

2170　80. Néanmoins le tiers détenteur qui n'est pas personnellement obligé à la dette, peut s'opposer à la vente de l'héritage hypothéqué qui lui a été transmis, s'il est demeuré d'autres immeubles hypothéqués à la même dette dans la possession du principal ou des principaux obligés, et en requérir la discussion préalable selon la forme réglée dans le titre *des cautionnemens.*

81. Quant au délaissement par hypothèque, 2172

Il peut être fait par tous les tiers détenteurs qui ne sont pas personnellement obligés à la dette, et qui ont la capacité d'aliéner.

82. Il peut l'être même après que le tiers détenteur a re- 2173 connu l'obligation ou subi condamnation en cette qualité seulement; il n'empêche pas que jusqu'à l'adjudication sur le délaissement, le tiers détenteur ne puisse reprendre l'immeuble en payant toute la dette et les frais.

83. Le délaissement par hypothèque se fait au greffe du 2174 tribunal de la situation, et est reçu en jugement.

Sur la pétition du plus diligent des intéressés, il est créé à l'immeuble délaissé un curateur sur lequel la vente de l'immeuble est poursuivie dans les formes qui seront prescrites pour les *expropriations*.

84. Les détériorations qui procèdent du fait ou de la né- 2175 gligence du tiers détenteur au préjudice des créanciers hypothécaires ou privilégiés, donnent lieu contre lui à l'indemnité; mais il ne peut répéter ses impenses et améliorations que jusqu'à concurrence de la plus-value.

85. Les fruits de l'immeuble hypothéqué ne sont dus par 2176 le tiers détenteur qu'à compter du jour de la sommation de payer ou de délaisser, et si les poursuites commencées ont été abandonnées pendant trois ans, à compter de la nouvelle sommation qui sera faite.

86. Les servitudes et droits réels que le tiers détenteur 2177 avait sur l'immeuble avant sa possession, renaissent après le délaissement ou après l'adjudication faite sur lui.

Ses créanciers personnels, après tous ceux qui sont inscrits sur les précédens propriétaires, exercent leur hypothèque à leur rang sur le bien délaissé ou adjugé.

87. Le tiers détenteur qui a payé la dette hypothécaire, 2178 ou délaissé l'immeuble hypothéqué, ou subi l'expropriation de cet immeuble, a le recours en garantie, tel que de droit, contre le débiteur principal.

2179　88. Le tiers détenteur qui veut consolider et purger sa propriété en en payant le prix, observe les formalités qui seront établies dans le chapitre VII.

CHAPITRE VI. — *De l'extinction des privilèges et hypothèques.*

2180　89. Les privilèges et hypothèques s'éteignent,

1°. Par l'extinction de l'obligation principale;

2°. Par la renonciation du créancier à l'hypothèque;

3°. Par la prescription;

Elle n'est acquise, quant aux biens étant dans les mains du débiteur, que par le temps fixé pour la prescription de l'action personnelle;

Elle s'acquiert, quant aux biens qui sont dans les mains d'un tiers détenteur, par le temps réglé pour la prescription de la propriété au profit du tiers détenteur, mais seulement à compter du jour où il a fait transcrire son titre de propriété sur les registres du conservateur;

Les inscriptions prises par le créancier n'interrompent pas le cours de la prescription établie par la loi en faveur du débiteur ou du tiers détenteur;

4°. Par l'accomplissement des formalités et conditions prescrites aux tiers détenteurs pour purger les biens par eux acquis, des privilèges et hypothèques;

5°. Par les adjudications des biens hypothéqués sur expropriation.

CHAPITRE VII. — *Mode de consolider les propriétés, et de les purger des privilèges et hypothèques.*

2182　90. La simple transcription des titres translatifs de propriété sur le registre du conservateur, ne purge pas les hypothèques et privilèges établis sur l'immeuble.

Il ne passe au nouveau propriétaire qu'avec les droits qui appartenaient au précédent, et affecté des mêmes privilèges ou hypothèques dont il était chargé.

2183　91. Si le nouveau propriétaire veut se dispenser de payer l'intégralité des dettes hypothécaires ou privilégiées, et se

garantir de l'effet des poursuites autorisées dans le chapitre V, il est tenu, soit avant les poursuites, soit dans le
mois, au plus tard, à compter de la première sommation qui
lui est faite, de notifier, par extrait, aux créanciers, aux
domiciles par eux élus dans leurs inscriptions,

1°. Son titre;

2°. Le certificat de la transcription qu'il en a faite;

3°. L'état des charges et hypothèques dont l'immeuble est
grevé;

4°. Le prix stipulé dans l'acte, avec toutes les conditions
faisant partie du prix; ou, si le titre est gratuit en tout ou
partie, le prix auquel il évalue l'immeuble;

5°. Une déclaration qu'il est prêt à acquitter sur-le-champ 2184
les dettes et charges hypothécaires, jusqu'à concurrence
seulement du prix.

92. Ne seront énoncés, dans l'extrait du titre, que la date 2183
et la qualité de ce titre, le nom et la désignation précise du
précédent propriétaire, la nature, situation, étendue et
désignation précise de l'immeuble;

Dans l'extrait des inscriptions, que leurs dates, les époques
des hypothèques, les noms et désignations des créanciers
inscrits, les sommes pour lesquelles ils sont inscrits en capital et accessoires, ou la nature de celles des créances
éventuelles ou indéterminées qui ont pu être inscrites sans
évaluation.

93. Lorsque le nouveau propriétaire a fait cette notifica- 2185
tion dans le délai fixé, tout créancier dont le titre est inscrit, peut requérir la mise de l'immeuble aux enchères et
adjudications publiques; à la charge,

1°. Que cette réquisition sera signifiée au nouveau propriétaire dans quarante jours, au plus tard, de la notification faite à la requête de ce dernier, en y ajoutant deux
jours par cinq myriamètres de distance entre le domicile élu
et le domicile réel de chaque créancier requérant;

2°. Qu'elle contiendra soumission du requérant, de porter

ou faire porter le prix à un vingtième en sus de celui qui aura été stipulé dans le contrat, ou déclaré par le nouveau propriétaire;

3°. Que la même signification sera faite dans le même délai au précédent propriétaire, débiteur principal;

4°. Que l'original et les copies de ces exploits seront signés par le créancier requérant, ou par son fondé de procuration expresse, lequel, en ce cas, est tenu de donner copie de sa procuration. Le tout à peine de nullité.

2186   94. Faute d'exécution de ces formalités dans le délai, la valeur de l'immeuble demeure définitivement fixée au prix stipulé dans le contrat, ou déclaré par le nouveau propriétaire, lequel est, en conséquence, libéré de tout privilège et hypothèque, en payant ledit prix aux créanciers qui seront en ordre de recevoir.

2187   95. En cas de revente sur enchères, elle aura lieu suivant les mêmes formes qui sont établies pour les expropriations forcées, à la diligence soit du créancier qui l'aura requise, soit du nouveau propriétaire.

Le poursuivant énoncera dans les affiches le prix stipulé dans le contrat ou déclaré, et la somme en sus à laquelle le créancier s'est obligé de la porter ou faire porter.

2188   96. L'adjudicataire est tenu, au-delà du prix de son adjudication, de restituer au tiers détenteur dépossédé les frais et loyaux coûts de son contrat, ceux de la transcription sur les registres du conservateur, ceux de notification, et ceux faits par lui pour parvenir à la revente.

2190   97. Si le nouveau propriétaire veut conserver l'immeuble mis aux enchères, il n'a que deux voies; l'une de solder toutes les dettes hypothécaires et les frais, l'autre de se rendre dernier enchérisseur;

Sans que le désistement du créancier requérant, même en payant le montant de sa soumission, puisse empêcher l'adjudication publique, si ce n'est du consentement exprès de tous les autres créanciers hypothécaires.

98. Le nouveau propriétaire aura son recours tel que de 2191
droit contre celui qui lui a transmis la propriété, pour le
remboursement de ce qu'il aura payé ou dû payer au-delà
du prix stipulé par son titre, et pour l'intérêt de cet excédant, à compter du jour de chaque paiement.

Les diligences autorisées dans le présent chapitre, ne préjudicient en rien à l'action personnelle que les créanciers
non payés conservent contre le débiteur, ni à l'action hypothécaire qu'ils peuvent avoir sur ses autres biens.

99. Si les titres des précédens propriétaires n'avaient pas ap.
été purgés des hypothèques et privilèges, ils ne peuvent plus
l'être par eux; mais le nouveau propriétaire qui voudra s'en
libérer, sera tenu de faire transcrire tous les titres antérieurs aux siens qui ne l'ont pas été, et de faire les notifications prescrites à tous les créanciers inscrits sur chacun des
anciens propriétaires; faute de quoi leurs privilèges et hypothèques subsisteront sur l'immeuble.

100. A l'égard des créanciers privilégiés qui sont dispensés ib.
de l'inscription de leurs droits, ils sont tenus, à peine de
déchéance de leurs privilèges, de produire la déclaration de
leurs créances, et les titres et pièces à l'appui, au greffe du
tribunal civil de la situation de l'immeuble, dans les quarante jours des notifications faites par le nouveau propriétaire aux créanciers inscrits.

Cependant la production sera reçue, et aura son effet
pour leur paiement, tant que le nouveau propriétaire n'aura
pas soldé son prix, et, en cas de revente sur réquisition
des créanciers, tant que l'ordre ne sera pas arrêté et homologué.

101. L'ordre et la distribution du prix entre les créanciers, ib.
en cas de revente aux enchères, se feront ainsi qu'il sera
réglé dans le titre *des expropriations forcées*.

102. Dans le cas où le titre du nouveau propriétaire com- 2192
prendrait des immeubles et des meubles, ou plusieurs immeubles, les uns hypothéqués, les autres non hypothéqués,

situés dans le même ou dans divers arrondissemens de bureaux, aliénés pour un seul et même prix, ou pour des prix
distincts et séparés, soumis ou non à la même exploitation,
le prix de chaque immeuble, frappé d'inscriptions particulières et séparées, sera déclaré dans la notification du nouveau propriétaire, par ventilation, s'il y a lieu, du prix total
exprimé dans le titre : le créancier surenchérisseur ne pourra,
en aucun cas, être contraint d'étendre sa soumission ni l'adjudication, sur le mobilier, ni sur d'autres immeubles que
ceux qui sont hypothéqués à sa créance et situés dans le
même arrondissement ; sauf le recours du nouveau propriétaire contre ses auteurs, pour l'indemnité du dommage qu'il
éprouverait, soit de la division des objets de son acquisition,
soit de celle des exploitations.

CHAPITRE VIII. — *Publicité des registres, et responsabilité des
conservateurs.*

2196   103. Les conservateurs des hypothèques sont tenus de
délivrer, à tous ceux qui le requièrent, copie des actes
transcrits sur leurs registres, et celle des inscriptions subsistantes, ou certificat qu'il n'en existe aucune.

2197   104. Ils sont responsables du préjudice résultant,
1°. Du défaut de mention sur leurs registres, des transcriptions d'actes de mutation, et des inscriptions requises
en leurs bureaux ;
2°. De l'omission qu'ils feraient dans leurs certificats,
d'une ou de plusieurs des inscriptions existantes, à moins,
dans ce dernier cas, que l'erreur ne provînt de désignations
insuffisantes qui ne pourraient leur être imputées.

2198   105. L'immeuble à l'égard duquel le conservateur aurait
omis dans ses certificats une ou plusieurs des charges inscrites, en demeure, sauf la responsabilité du conservateur,
affranchi dans les mains du nouveau possesseur, pourvu qu'il
ait requis le certificat depuis la transcription de son titre :
sans préjudice néanmoins du droit des créanciers, de se

faire colloquer suivant l'ordre qui leur appartient, tant que le prix n'a pas été payé par l'acquéreur, ou tant que l'ordre fait entre les créanciers n'a pas été homologué.

106. Dans aucun cas, les conservateurs ne peuvent refuser ni retarder la transcription des actes de mutation, l'inscription des droits hypothécaires, ni la délivrance des certificats requis, sous peine des dommages et intérêts des parties ; à l'effet de quoi, procès-verbaux des refus ou retardement seront, à la diligence des requérans, dressés sur-le-champ, soit par un juge de paix, soit par huissier audiencier du tribunal, soit par un autre huissier ou un notaire assisté de deux notables communaux. 2199

107. Tous les registres des conservateurs destinés à recevoir les transcriptions d'actes et les inscriptions des droits hypothécaires, sont en papier marqué, cotés et paraphés à chaque page par première et dernière, par l'un des juges du tribunal dans le ressort duquel le bureau est établi. 2201

Les conservateurs sont tenus d'observer cette règle, et de se conformer, dans l'exercice de leurs fonctions, à toutes les dispositions du présent chapitre, à peine d'une amende de 200 à 1,000 francs pour la première contravention, et de destitution pour la seconde, sans préjudice de la responsabilité, qui est préférée à l'amende. 2202

108. Les inscriptions et transcriptions sont faites sur les registres, de suite, sans aucun blanc ni interligne, à peine, contre le conservateur, de faux, de 1,000 à 2,000 francs d'amende, et de dommages-intérêts des parties, payables par préférence à l'amende. 2203

TITRE VII. (VIIIe. DU PROJET.)

De l'expropriation forcée, et des ordres entre les créanciers.

CHAPITRE PREMIER. — *De l'expropriation forcée.*

SECTION Ire. — *Des cas où l'expropriation a lieu, et des biens qui en sont l'objet.*

ART. 1er. L'expropriation forcée, dont il est question dans 2204 ce chapitre, n'a lieu qu'à l'égard de la propriété ou de l'usu-fruit des immeubles, et de leurs accessoires réputés im-meubles.

2205   2. La part indivise d'un cohéritier dans les immeubles d'une succession, bien que susceptible d'hypothèque judi-ciaire ou légale, ne peut néanmoins être mise en vente par ses créanciers personnels, avant le partage ou la licitation qu'ils ont droit de provoquer.

2206   3. Les immeubles d'un mineur, même émancipé, ou d'un interdit, ne peuvent être mis en vente avant la discussion du mobilier ;

Sans néanmoins que le retard de la présentation du compte, ni les débats sur ce compte, dans le cas où le reliquat li-quide serait insuffisant pour acquitter la dette, puissent sus-pendre l'expropriation, qui, dans ce cas, est autorisée par simple ordonnance de justice.

2207   4. La discussion du mobilier n'est pas requise avant l'ex-propriation des immeubles possédés par indivis entre un ma-jeur et un mineur ou interdit, si la dette est commune, et aussi dans le cas où les poursuites ont été commencées contre un majeur, ou avant l'interdiction.

ap.—
2207   5. L'adjudication de l'immeuble d'un mineur ou interdit, sans discussion de son mobilier, ne peut être annullée, qu'au-tant qu'il serait prouvé, qu'à l'époque des affiches, le mineur ou l'interdit avait des meubles ou deniers suffisans pour ac-quitter la dette.

L'action en nullité ne peut être par eux exercée après l'an-née révolue, du jour où ils ont acquis ou recouvré l'exercice de leurs droits.

2208   6. L'expropriation des immeubles conquêts de commu-nauté se poursuit contre le mari débiteur seul, quoique la femme soit obligée à la dette.

Celle des immeubles de la femme, propres de communauté, se poursuit contre le mari et la femme, laquelle, au refus du mari de procéder avec elle, peut être autorisée en justice.

En cas de minorité du mari et de la femme, ou de minorité de la femme seule, si son mari majeur refuse de procéder avec elle, il est nommé par le tribunal un tuteur à la femme, contre lequel la poursuite est exercée.

7. Le créancier peut poursuivre l'expropriation de chacun des immeubles de son débiteur, sous les réserves suivantes : 2209

1°. Celle des immeubles non hypothéqués ne peut être poursuivie qu'à la suite, et en cas d'insuffisance de celle des immeubles hypothéqués, et seulement dans le cas où la dette, qui donne lieu à la poursuite, est de plus de 400 fr. en capital;

2°. La vente forcée des biens, situés dans différens arrondissemens, ne peut être provoquée que successivement, à moins qu'ils ne fassent partie d'une seule et même exploitation ; auquel cas elle est suivie dans le tribunal dans le ressort duquel se trouve le chef-lieu d'exploitation, ou, à défaut de chef-lieu, la partie de biens qui porte le plus grand revenu d'après la matrice du rôle. 2210

8. Si les biens hypothéqués au créancier, et les biens non hypothéqués, ou les biens situés dans divers arrondissemens, font partie d'une seule et même exploitation, la vente des uns et des autres est poursuivie ensemble, si le débiteur le requiert; et ventilation se fait du prix de l'adjudication, s'il y a lieu. 2211

9. Si le débiteur justifie, par baux authentiques, que le revenu net et libre de ses immeubles, pendant une année, suffit pour le paiement de la dette en capital, intérêts et frais, et s'il en offre la délégation au créancier, la poursuite peut être suspendue par les juges, sauf à être reprise s'il survient quelque opposition ou obstacle au paiement. 2212

10. La vente forcée des immeubles ne peut être poursuivie qu'en vertu d'un titre authentique et exécutoire pour une dette certaine et liquide. Si la dette est en espèces non liqui- 2213

dées, la poursuite est valable ; mais l'adjudication ne pourra être faite qu'après la liquidation.

11. Le titre émané d'un défunt ou d'un mari , ne peut autoriser la poursuite d'expropriation sur les biens personnels de l'héritier ou de la veuve commune, qu'après qu'il a été déclaré exécutoire contre eux.

2214   12. Le cessionnaire d'un titre exécutoire peut poursuivre l'expropriation comme le cédant, après que la signification du transport a été faite au débiteur.

2215   13. La poursuite peut avoir lieu en vertu d'un jugement provisoire ou définitif, exécutoire par provision nonobstant appel ; mais l'adjudication ne peut se faire qu'après un jugement définitif en dernier ressort, ou passé en force de chose ugée.

La poursuite ne peut s'exercer en vertu de jugement par défaut , durant le délai de l'opposition.

14. Si le jugement est en forme exécutoire, ou si l'acte authentique et exécutoire est dûment légalisé, l'expropriation peut être poursuivie en quelque lieu du territoire de la république que les immeubles du débiteur soient situés.

2216   15. La poursuite ne peut être annullée, sous prétexte que le créancier l'aurait commencée pour une somme plus forte que celle qui lui est due.

2217 SECTION II. — *De la procédure sur la poursuite en expropriation.*

16. La poursuite en expropriation d'immeubles est précédée d'un commandement de payer, fait à la diligence et requête du créancier, à la personne du débiteur ou à son domicile, par le ministère d'un huissier, sans qu'il soit besoin d'assistance de témoins.

Il ne pourra être sursis à la poursuite sur la simple opposition formée au commandement par le débiteur, sans préjudice de ses moyens au fond contre l'action du créancier.

17. L'original de l'exploit de commandement sera visé gratuitement, dans les vingt jours, par le juge de paix, dans

l'arrondissement duquel est le lieu où l'exploit aura été signifié et il en sera laissé à ce juge une seconde copie.

18. En tête du commandement est la copie des titres de
créances ; et il y est déclaré que, faute par le débiteur de
payer, il y sera contraint par la vente que le créancier entend
provoquer de tels immeubles du débiteur, lesquels seront
désignés.

19. Si la vente est provoquée par une surenchère de créanciers, à qui le tiers détenteur a notifié qu'il n'entend rembourser que jusqu'à concurrence du prix stipulé par le contrat
ou déclaré par lui, alors le commandement au débiteur est
remplacé par la signification faite, à la requête du créancier
requérant, au précédent propriétaire, aux termes de l'article 93 de la première section, n°. 3. Vingt jours au moins,
et trente jours au plus après le commandement, il sera notifié par extrait aux fermiers, exploitans ou locataires, avec
défenses de se dessaisir des fermages ou loyers entre les
mains de qui que ce soit, autre que celui ou ceux qui seront
déclarés par jugement y avoir droit.

20. Après un intervalle de quarante jours, à compter soit
du commandement mentionné en l'article 16, soit de la signification de la réquisition du créancier dans le cas prévu
en l'article précédent, il sera procédé à l'apposition des affiches tendant à l'adjudication.

21. Faute par le créancier requérant la revente sur le tiers
détenteur, de faire procéder à l'apposition d'affiches dans ce
délai, tout autre créancier hypothécaire est autorisé, en
son lieu et place, à les faire apposer.

22. S'il y a six mois expirés depuis le jour du commandement ou de la signification ci-dessus, sans que les affiches
aient été apposées, il ne peut plus être procédé à cette apposition, qu'après un nouveau commandement ou une nouvelle signification au débiteur.

23. L'adjudication de l'immeuble, au plus offrant et

dernier enchérisseur, est publiée et annoncée par des affiches imprimées, contenant:

1°. Le tribunal où elle sera faite, avec indication du jour
et de l'heure, lesquels auront été indiqués par le président
personnellement, au pied d'une pétition du poursuivant. Ce
tribunal est celui dans le ressort duquel l'immeuble, ou les
immeubles, ou la partie des immeubles qui rapporte le plus
de revenu, sont situés;

2°. Le département, l'arrondissement et la commune de
la situation des biens à vendre, avec les tenans et aboutissans par orientation, autant qu'il est possible: s'il s'agit d'un
ou de plusieurs corps de domaine compris dans la même
exploitation, il suffira de les désigner par leur nom, la situation du chef-lieu d'exploitation, la qualité des différentes
espèces de culture, la consistance et l'étendue exprimées
généralement;

3°. Les noms des locataires, fermiers ou exploitans; et si
c'est une maison, le lieu et la rue dans lesquels elle est située, et le numéro, si les maisons sont numérotées dans la
commune;

4°. Les noms, profession, domicile du débiteur et du
poursuivant, et ceux du tiers détenteur s'il y en a un;

5°. Les conditions de l'adjudication à faire, et la première
mise à prix, déterminée soit par soumission du créancier
requérant, dans le cas de l'article 19, soit, dans les autres
cas, à douze fois le revenu évalué dans la matrice du rôle,
si c'est un fond de terre, ou à huit fois si c'est un immeuble
sujet à dépérissement, et à la moitié seulement s'il s'agit de
la vente d'un usufruit ou d'une nue propriété;

6°. L'élection de domicile par le poursuivant, en la demeure d'un avoué qu'il déclarera constituer, à l'effet de
poursuivre en son nom et de recevoir la signification de tous
les actes relatifs à la poursuite.

24. Les affiches sont apposées,

1°. A l'extérieur du domicile du débiteur;

2°. Dans le cas de l'article 19, à l'extérieur du domicile du tiers détenteur;

5°. A l'extérieur des domiciles des fermiers exploitans ;

4°. A l'extérieur des édifices à vendre, s'il y en a;

5°. Aux lieux destinés à recevoir les affiches publiques dans les communes de la situation des biens, de la demeure du juge de paix, du chef-lieu de l'arrondissement, du bureau des hypothèques, et du chef-lieu du département;

6°. A la porte extérieure et à celle de l'auditoire du tribunal civil qui doit faire l'adjudication.

Il est en outre déposé deux exemplaires au greffe de ce tribunal, l'un pour servir à l'adjudication, l'autre qui sera affiché par le greffier dans l'intérieur de l'auditoire.

25. L'apposition d'affiches vaut saisie des biens qui y sont détaillés.

26. Elle est constatée par simple certificat daté et signé par l'huissier, au pied d'un exemplaire d'affiche, pour chacun des lieux mentionnés en l'article précédent.

27. Dans le délai de cinq jours de la dernière apposition, il est signifié, à la requête du poursuivant, au débiteur, au tiers détenteur s'il y en a, à chacun des fermiers et exploitans ou locataires, à leur personne ou domicile, et aux créanciers inscrits, à leur domicile élu, que tels jour et heure il sera procédé à l'adjudication de tels immeubles, dans tel tribunal, sur les affiches apposées dans tels et tels lieux, à telle date, et que les affiches et certificats d'apposition sont déposés au greffe.

28. Dans les communes mentionnées en l'article 24, il sera fait, à son de tambour, aux lieux et en la manière accoutumés, une publication de l'affiche. Cette publication, dans chaque commune, sera faite cinquante jours au plus et quarante jours au moins avant celui de l'adjudication, sans exception des jours fériés, et simplement certifiée par le maire de chaque commune, au pied d'un exemplaire d'affiche que l'huissier signe avec lui.

29. Il ne peut y avoir ni moins de trois mois, ni plus de quatre, entre la dernière des notifications prescrites en l'article 27 et le jour indiqué pour l'adjudication.

30. Si plusieurs créanciers provoquent la vente des mêmes biens, l'adjudication se fait sur la poursuite de celui qui, après le délai prescrit depuis le commandement, aura fait procéder le premier à l'apposition d'affiches : si l'un d'eux a dirigé la poursuite sur des biens différens, cette poursuite est continuée séparément.

S'il a fait afficher la vente d'autres biens avec la totalité ou partie des biens déjà saisis, ces affiches ne valent, et les frais n'en sont alloués, que pour les biens non compris dans les précédentes affiches, sans retardation de la première procédure; et sauf au tribunal, si les biens nouvellement saisis sont aussi hypothéqués aux mêmes créanciers, à ordonner la jonction des deux poursuites, pour la procédure être, en ce cas, continuée sur le tout par le premier poursuivant.

31. S'il y a plusieurs corps de domaine saisis, le débiteur est autorisé à requérir qu'ils soient adjugés séparément, à régler l'ordre des adjudications, et à s'opposer à toute vente ultérieure, lorsque le prix des biens adjugés sera suffisant pour le paiement des créanciers et des frais.

32. Pendant toute la durée des poursuites, le débiteur ou le tiers détenteur qui n'a pas fait le délaissement, restent en possession des immeubles mis en vente, qu'ils exploitent ou font valoir par eux-mêmes; sans préjudice du droit de chaque créancier, de faire procéder aux saisies mobilières conformément aux lois.

33. Ils ne peuvent faire aucune coupe de bois, ni commettre aucune dégradation, sous peine de dommages et intérêts, au paiement desquels ils seront contraignables par corps.

34. A compter de la notification des appositions d'affiches, ils ne pourront disposer de la propriété de la chose saisie,

si ce n'est du consentement de tous les créanciers inscrits,
ou bien à tel prix qu'il suffise pour les payer tous.

35. Il ne pourra être formé aucune demande en nullité,
quant à la forme, que contre le commandement, les appositions et notifications d'affiches : cette demande sera formée
dans les vingt jours qui suivront la date du commandement
et celle des notifications d'affiches ; passé lesquels délais,
toutes demandes en nullité seront non recevables.

Elles seront jugées dans les dix jours ; et si elles sont fondées, le tribunal ordonnera la réparation de ces nullités,
dans un délai fixé à la moitié de ceux qui ont été prescrits
ci-dessus.

Il ne sera reçu aucune opposition aux jugemens par défaut
rendus sur ces nullités : l'appel n'en pourra être interjeté que
dans les dix jours de la prononciation, si le jugement est
contradictoire, et de la signification, s'il est par défaut : il
sera relevé dans le même délai ; et la cause sera portée au
rôle des causes urgentes du tribunal d'appel.

36. Au jour indiqué pour l'adjudication, les enchères seront reçues après lecture faite, par le greffier, de l'affiche
contenant les conditions de l'adjudication et la première
mise à prix.

Il sera allumé, successivement, des bougies préparées de
manière que chacune d'elles ait une durée d'environ cinq
minutes.

37. S'il s'éteint deux bougies sans qu'il soit survenu des
enchères qui aient porté le prix à quinze fois le revenu
évalué comme il a été dit, ou à dix fois ce revenu pour les
biens sujets à dépérissement, le tribunal est tenu de remettre l'adjudication à un jour qui soit éloigné d'un mois au
moins, et de quarante-cinq jours au plus, pendant lequel
temps le poursuivant fera apposer et publier, à son de tambour, des affiches dans les lieux et selon les formes mentionnées ci-dessus, deux décades au moins avant l'adjudication, sans qu'il soit besoin de nouvelle notification.

38. Dans le cas où, soit à la première séance, soit à la suivante, il y aurait, pendant la durée des deux premières bougies, des enchères qui eussent porté le prix aux sommes indiquées par l'article précédent, il en est successivement allumé jusqu'à ce qu'il s'en soit éteint une sans qu'il soit survenu de nouvelle enchère; et l'adjudication est sur-le-champ prononcée au profit du dernier enchérisseur.

39. Au jour indiqué pour la remise, s'il ne se trouve pas d'enchérisseur au-dessus de la mise à prix, il y a une seconde remise à tel jour qu'il plaira au tribunal d'indiquer, lors de laquelle l'immeuble sera toujours adjugé, pourvu que la plus forte enchère ne soit pas au-dessous des trois quarts de la mise à prix.

40. Les enchères ne peuvent être au-dessous de dix francs lorsque la première mise à prix est de deux mille francs ou moindre, ni au-dessous de vingt-cinq francs lorsqu'elle est de plus de deux mille francs jusqu'à vingt mille francs, ni au-dessous de cent francs pour les objets dont la mise à prix est de plus de vingt mille francs.

41. Dans la poursuite en expropriation contre le débiteur, la mise à prix faite par le poursuivant n'emporte contre lui aucun engagement.

42. Quant aux adjudications poursuivies sur la soumission d'un créancier, d'augmenter ou de faire augmenter le prix stipulé dans le titre de propriété, ou déclaré par le tiers détenteur, cette soumission tient lieu de première enchère; l'adjudication se fait toujours au jour indiqué par les affiches, sans remises.

Elle se fait soit au dernier enchérisseur, soit, s'il ne s'en présente pas, au créancier provoquant.

Si celui-ci ne se présente pas, ni personne pour lui, à l'effet de la requérir, le tribunal, après l'extinction de trois feux consécutifs, déclare que le créancier demeure déchu du bénéfice de son enchère, et que l'acquéreur continuera de demeurer propriétaire moyennant le prix stipulé ou déclaré.

Le créancier surenchérisseur est en même temps condamné aux frais, et en outre à payer, comme excédant de prix, la somme dont sa soumission était au-dessus : cet excédant tourne au profit des créanciers, et, s'ils sont payés intégralement, au profit du tiers acquéreur.

43. Les enchères sont mises, pour chacun, par un avoué près le tribunal.

Il est tenu de faire, dans les vingt-quatre heures, au pied du procès-verbal d'adjudication, sa déclaration des noms, profession et domicile de la personne pour laquelle il s'est rendu adjudicataire; sinon il est réputé adjudicataire en son propre nom, tenu de satisfaire à toutes les charges et suites de l'adjudication.

44. Il en est de même s'il s'est rendu adjudicataire pour une personne notoirement insolvable, ou n'ayant aucun domicile connu, ou du nombre de celles à qui la loi interdit la faculté de se rendre adjudicataires.

Dans ces cas, l'avoué est, en outre, tenu des dépens et dommages et intérêts; il y est condamné, faute de paiement du prix dans quinzaine; et, après deux mois écoulés sans y satisfaire, un second jugement ordonne que la condamnation sera exécutée par corps.

45. La partie saisie ne peut être adjudicataire de son immeuble mis en vente : le poursuivant et les autres créanciers le peuvent.

46. Chaque enchère portée par le greffier sur le registre d'audience ne peut plus être rétractée; l'enchérisseur cesse d'être obligé, si son enchère est couverte par une autre plus forte, lors même que cette dernière se trouverait nulle.

47. Le saisi ni les créanciers ne pourront opposer, après l'adjudication, aucun moyen de nullité, ni aucune omission de formalités dans les actes de la poursuite, pourvu néanmoins que la nullité ne résultât pas du défaut de comman-

dement ou de notification des appositions d'affiches ; auquel cas les moyens de nullité seraient toujours recevables.

48. Le jugement d'adjudication ne peut être attaqué par la voie d'appel ; il peut, en cas de contravention formelle à la loi, ou de vice de forme, être attaqué en cassation.

49. Les frais ordinaires faits pour parvenir à l'adjudication, sont à la charge de l'adjudicataire, et par lui payés au poursuivant.

Les seuls frais ordinaires sont ceux du commandement ou de la signification qui en tient lieu en cas de surenchère, des affiches et publication, et de l'adjudication : la taxe en est faite par le tribunal lui-même.

50. Faute par l'adjudicataire de satisfaire aux conditions de l'adjudication, et de payer, tant le poursuivant quant aux frais, que tous les créanciers, aux termes et de la manière qu'ils y ont droit, sur la dénonciation que ceux-ci en font au poursuivant, il est, en vertu du même jugement d'adjudication, procédé à la revente à la folle enchère, sur deux simples publications à l'audience, de dix jours en dix jours ; préalablement apposé, aux lieux et en la manière accoutumés, dans la commune où siége le tribunal, placards indicatifs du jour que le tribunal aura fixé pour ladite revente.

L'ordonnance qui indique ce jour, est notifiée au seul adjudicataire, au domicile de son avoué, et ne peut être attaquée par aucune voie ; le seul paiement intégral peut en arrêter l'effet.

51. Si le prix de l'adjudication sur la folle enchère est inférieur à celui de la première, le fol enchérisseur est garant du *déficit* : s'il y a excédant, il n'en profite pas ; cet excédant tourne au profit des créanciers, et au profit du débiteur saisi ou du tiers acquéreur, après que les créanciers sont pleinement désintéressés.

SECTION III. — *Des revendications.*

52. L'adjudication définitive transmet à l'adjudicataire la propriété pleine des biens et droits adjugés, affranchis de toute action en revendication, de toutes servitudes, charges, dettes et hypothèques, en payant, dans les termes prescrits, le prix de l'adj u ication et accessoires.

. Sont exceptés les services fonciers, patens et continus, ainsi que les charges et services établis par la loi, lesquels ne sont point effacés par l'adjudication.

53. Ceux qui ont des droits, charges réelles, ou servitudes occultes ou non continues, à exercer sur les héritages à adjuger, les conservent en intervenant dans la procédure d'adjudication, et en les revendiquant selon les formes ci-après.

54. L'exploit d'intervention sera signifié, sans qu'il soit nécessaire de citer au bureau de conciliation, tant au poursuivant, à son domicile élu, qu'au saisi, avec déclaration, de la part du requérant, qu'il fera statuer sur la revendication, à la première audience qui se tiendra après la décade à compter du jour de l'exploit, ou à l'audience indiquée pour l'adjudication, si elle est plus rapprochée.

55. Le même exploit contiendra l'énonciation sommaire des titres justificatifs de la revendication, et copie du certificat que le greffier aura donné du dépôt de ces titres au greffe, où les parties intéressées pourront en prendre communication.

56. Si la revendication n'a pour objet que la propriété ou l'usufruit d'héritages particuliers, et non un corps de domaine compris dans une même exploitation, l'exploit contiendra l'indication exacte du département, de l'arrondissement, de la commune, et de la situation de chaque objet revendiqué, avec mention de sa nature actuelle, de sa consistance, et de ses confins par tenans et aboutissans : si c'est un corps de domaine, il sera désigné par son nom, ses espèces de cul-

ture, sa qualité, consistance, étendue et situation, et les noms des fermiers exploitans ou locataires.

57. Le tribunal prononcera, si faire se peut, sur la revendication, au jour indiqué, sinon à l'audience suivante, après avoir entendu le commissaire du gouvernement, soit que la revendication porte sur la totalité ou partie des biens mis en vente.

En cas d'appel, il y sera statué comme en matière provisoire, et sans attendre le tour de rôle.

58. A défaut d'observation des formalités ordonnées par les articles 54, 55 et 56, il sera passé outre à l'adjudication, comme s'il n'y avait pas eu de revendications, à moins que le poursuivant ne s'y oppose.

Toutes les fois, au contraire, que l'action en revendication aura été formée conformément aux articles ci-dessus, il sera sursis à l'adjudication des objets revendiqués.

Mais, en ce cas, le tribunal, après avoir entendu les parties qui seraient présentes, et le commissaire du gouvernement, pourra ordonner l'adjudication, en tout ou en partie, des objets non revendiqués; à la charge de prononcer, à cet égard, par jugement séparé de celui relatif à la question de revendication.

59. Lorsque l'adjudication n'aura été que retardée par une revendication jugée, sans que du jugement il résulte aucun changement sur les biens à adjuger, il suffira de deux publications faites, de dix jours en dix jours, à l'audience, et d'une apposition faite quinze jours d'avance, aux lieux accoutumés de la commune où siége le tribunal, de placards indicatifs du jour et heure de l'adjudication.

Si les objets à mettre en vente sont changés ou diminués, il ne pourra être procédé à l'adjudication qu'après l'apposition de nouvelles affiches dans les lieux et suivant les formes énoncés dans les articles 23, 24 et 26; mais les délais prescrits dans les articles 27 et 29 seront réduits à moitié dans ce cas, et il ne se fera aucune nouvelle notification.

Il n'est pas besoin de renouveler le commandement, à moins qu'il ne se soit écoulé plus de six mois depuis le jugement qui aura statué sur la revendication jusqu'à la continuation des poursuites.

60. Si la revendication n'a pour objet que des services fonciers, et s'il n'a pu y être statué avant le jour indiqué pour l'adjudication, il ne pourra être sursis à cette adjudication, ni prononcé aucune remise; mais les charges ou services réclamés seront déclarés, par jugement, charges éventuelles de l'adjudication.

61. Si la revendication n'a pas été poursuivie, ou si elle n'a pas été exercée valablement avant l'adjudication, et si elle n'a pas été réservée, le réclamant est privé de toute action contre l'adjudicataire; mais cette réclamation peut être exercée pendant trois ans, tant contre le débiteur saisi que contre les créanciers qui ont touché le prix en tout ou en partie; et en cas de succès définitif de la part du réclamant, il se fait une ventilation du prix des objets dont il est reconnu et déclaré propriétaire, eu égard au prix total de l'adjudication : le montant de cette ventilation est par lui répété, d'abord contre l'adjudicataire, jusqu'à concurrence de ce qu'il pourrait devoir encore sur le prix de l'adjudication, ensuite sur le débiteur exproprié; et en cas d'insolvabilité, sur ceux des créanciers qui ont touché, en commençant par les derniers, et remontant successivement aux plus anciens : sans que le poursuivant puisse, en cette qualité, être soumis à aucune répétition, si ce n'est dans le cas où le débiteur saisi n'aurait pas été, quant aux objets revendiqués, imposé à la contribution foncière, et sauf le recours, tel que de droit, du poursuivant, en ce dernier cas, soit contre le saisi, soit contre les créanciers qui auront touché, ainsi qu'il vient d'être dit.

CHAPITRE II. — *De l'ordre et distribution du prix entre les créanciers.* tit. 19 ch. 2

62. L'ordre et la distribution du prix des immeubles ad-

jugés seront faits dans le tribunal civil chargé de procéder à l'adjudication ;

63. A cet effet il est ouvert, au greffe du tribunal, un procès-verbal, à la première réquisition d'un des créanciers, et sur la remise qu'il est tenu de faire en même temps d'un état certifié par le conservateur des hypothèques, de toutes les inscriptions existantes sur les immeubles aliénés ou mis en vente.

64. Ce procès-verbal peut être ouvert à quelque époque que ce soit de la procédure.

65. Le procès-verbal d'ordre est ouvert et dressé par un commissaire nommé par le tribunal.

66. Il ne pourra être clos que cinquante jours après que son ouverture aura été déclarée, tant aux créanciers inscrits qu'à la partie saisie.

67. L'état mentionné en l'article 63, tient lieu de production de la part des créanciers privilégiés et hypothécaires inscrits : néanmoins, sur la réquisition, soit d'un créancier, soit de la partie saisie, ils sont tenus de justifier des titres de leurs créances, et de les produire et déposer au greffe.

68. Les créanciers privilégiés, dispensés de la formalité de l'inscription, sont tenus de le déclarer et d'en produire au greffe les titres et pièces dans les cinquante jours, depuis la notification aux inscrits de l'ouverture du procès-verbal : ils seront néanmoins admis jusqu'à sa clôture, s'ils présentent leurs pièces avant le jour de l'homologation de l'ordre ; mais après cette homologation ils seront, faute d'avoir fait cette déclaration, déchus de leur privilège.

69. Celui qui est créancier en sous-ordre d'un créancier hypothécaire, peut faire sa déclaration, et sa production à la charge de la notifier au créancier direct, pour être, le montant de la collocation, réparti au marc le franc entre les créanciers de chaque créancier direct ; sans qu'il puisse en résulter aucune retardation de la procédure.

70. Les créanciers purement chirographaires du saisi,

peuvent aussi, jusqu'aux mêmes époques, faire les mêmes déclaration et production de leurs titres, pour être payés, par contribution, au marc le franc, sur ce qui restera de denier après l'acquit des dettes privilégiées et hypothécaires; sans préjudice du droit de saisir et arrêter les mêmes deniers qui resteraient entre les mains de l'adjudicataire.

71. Il est loisible à tout créancier, et à la partie saisie, de prendre communication, pendant le même délai de cinquante jours, du procès-verbal de l'ouverture d'ordre, de l'extrait des inscriptions, des déclarations des autres créanciers, et des titres et pièces qui ont été produits, de faire sur le tout les observations qu'ils jugeront convenables, et qui seront consignées sommairement sur le procès-verbal; faute de quoi l'ordre sera dressé d'après l'extrait des inscriptions et les titres et pièces produits.

La confection de l'ordre sera commencée le quarante-cinquième jour depuis l'ouverture du procès-verbal.

72. En cas de contestation, le procès-verbal en fera mention, et le commissaire renverra au tribunal, pour y être statué entre le réclamant et ceux dont il conteste en tout ou en partie la collocation.

73. Le jugement des contestations, et l'homologation de l'ordre dans le cas même où il n'y a pas de contestations, seront portés à la première audience qui suivra l'expiration du délai de cinquante jours, sans qu'il soit besoin d'assignation à la partie saisie ni aux créanciers, et sauf l'appel, nonobstant lequel seront exécutées les collocations qui n'auraient pas été contestées, et qui seraient antérieures à celle qui fait l'objet de la contestation, comme aussi toutes celles, même postérieures, dont l'exécution serait indépendante de l'événement quelconque de cette contestation.

74. Si le jugement des contestations et l'homologation de l'ordre ne peuvent être terminés à l'audience où l'appel de la cause aura lieu, elle pourra être successivement continuée à jours fixes: toutes les parties intéressées seront censées

II. 44

avoir connu ces remises, sans qu'il soit besoin d'aucune signification; et l'adjudication ne sera différée à raison d'aucune des difficultés sur l'ordre.

75. Ceux des créanciers directs, ou en sous-ordre, qui succomberont dans les contestations élevées entre eux, en supporteront les frais, sans recours contre le saisi.

Les frais nécessaires, au surplus, pour la confection de l'ordre, seront prélevés par préférence à toute créance, et colloqués au profit du poursuivant.

76. Tout jugement rendu, toute signification faite, tout acte de procédure quel qu'il soit, au-delà de ce qui est prescrit ci-dessus, ne pourront passer en taxe, et demeureront à la charge personnelle des avoués qui les auront faits, sans répétitions contre leurs parties.

77. Le jugement d'homologation de l'ordre ordonnera la délivrance, par le greffier, de simples bordereaux de collocation à ceux qui viendront en ordre utile, pour le montant en être acquitté par l'adjudicataire, s'il n'existe au greffe aucune déclaration de créance en sous-ordre justifiée et allouée, ni aucune saisie ou opposition entre les mains de l'adjudicataire sur le créancier colloqué.

78. Les bordereaux énoncent la nature et la somme de la créance, et de ses accessoires ayant le même rang d'hypothèque; ou si c'est une créance chirographaire, la somme à laquelle le créancier a droit pour sa contribution. Le bordereau de cette dernière espèce ne peut être réglé, s'il y a lieu quant à la somme, qu'après l'adjudication.

79. Le jugement, ou un autre subséquent, détermine celles des inscriptions qui ne viennent pas en ordre utile sur le prix de l'adjudication, et ordonne que la radiation en sera faite par le conservateur des hypothèques, en ce qu'elles frapperaient sur l'immeuble aliéné ou adjugé.

80. Si les créances sont ou à terme, ou pour rentes autres que des rentes foncières ou viagères, elles sont colloquées comme exigibles, par l'effet, soit de la vente forcée,

soit des formalités remplies par le tiers détenteur pour purger l'immeuble.

81. Les rentes foncières inscrites demeurent, après l'adjudication, charges réelles de l'immeuble qui en est grevé.

82. Si les créances venant en ordre utile sont soumises à une condition, la portion du prix qui doit servir à les payer, restera dans les mains de l'acquéreur ou de l'adjudicataire, qui en paiera l'intérêt aux créanciers immédiatement postérieurs, sans pouvoir leur en délivrer le capital avant l'époque où, par l'événement, il sera devenu constant que la créance conditionnelle n'existera pas.

83. Si néanmoins cette créance est purement éventuelle, comme serait un recours en garantie, en cas d'un trouble ou d'une éviction qui ne sont annoncés par aucune circonstance après un temps de possession considérable, le jugement d'homologation pourra, en ce cas et autres semblables seulement, ordonner que, nonobstant la collocation de cette créance en ordre utile, les créanciers qui la suivent, ou qui sont au même rang, seront payés, à la charge de rapporter s'il y a lieu, en donnant bonne et suffisante caution, si mieux ils n'aiment consentir à l'emploi.

84. Si les créances consistent en rentes viagères, il est ordonné qu'entre les mains de l'acquéreur ou de l'adjudicataire il restera un capital, ou sera fait un emploi suffisant pour que les intérêts, déduction faite de la contribution alors existante, égalent le montant annuel de la rente viagère à payer, et que la distribution du capital ainsi laissé ou employé pour le service de chaque rente, se fera, lors de la mort de chaque rentier, aux créanciers postérieurs venant en ordre utile, et sur lesquels les fonds auront manqué momentanément.

85. Si néanmoins, malgré ces mesures, l'emploi fait au profit du créancier de la rente viagère n'est pas suffisant par l'événement pour le service annuel de la totalité de la rente, il reste annuellement créancier de la somme à la-

quelle s'élève le déficit, et cette somme est reprise sur le capital dont il devient chaque année propriétaire, jusqu'à due concurrence ; et à l'époque de son décès, le créancier qui le suit n'a plus à recevoir que le restant du capital.

86. S'il s'agit d'une aliénation volontaire, dont le prix, payable par le tiers détenteur, soit à distribuer entre les créanciers, il est libre à celui-ci de faire procéder en justice, à l'ordre et distribution de ce prix suivant les mêmes formes, tant avec le débiteur qu'avec le créancier, devant le tribunal civil de la situation des immeubles. Si par le même acte il a été aliéné des biens assujétis aux mêmes hypothèques, qui soient situés dans plusieurs ressorts, le tribunal est celui dans le ressort duquel se trouve la partie des biens à laquelle la matrice du rôle attribue le plus de revenu.

87. Si, dans quelque cas que ce puisse être, des créanciers ont procédé entre eux à l'amiable, à l'ordre volontaire du prix des biens de leur débiteur, vendue dans la forme convenue avec lui, cet ordre ne devient exécutoire que par un jugement d'homologation rendu à la diligence soit des syndics et administrateurs, soit de l'un des créanciers, contradictoirement avec les créanciers réclamans, sur la seule production de leurs titres et pièces, et sans autre procédure que l'assignation qui leur est donnée sans citation au bureau de paix.

Le tribunal qui rend ce jugement, est celui de l'arrondissement où se trouve la partie des biens vendus qui rapporte le plus de revenu.

Quelque convaincue que soit la majorité de la commission que le système hypothécaire qu'elle soutient doit être préféré, elle ne croit pas moins de son devoir de faire des observations rapides sur divers articles de l'autre projet.

TITRE VI.

Privilèges et hypothèques.

(*Art.* 8e. *du Projet.*) Le privilège des fermages, en cas de baux 2101 — non authentiques, paraîtrait devoir être accordé pour une année et 2102 l'année courante ; et la même extension semblerait convenable pour les gages dus aux gens de service.

(*Le* 11e. *du Projet.*) Si le changement sur l'article 8 pour les 2104 gages des gens de service était adopté, il en entraînerait un dans la rédaction de l'article 11 pour ces mêmes gages.

(*Le* 15e. *du Projet.*) Si l'on adopte des rentes foncières non ra— 2118 chetables, elles seraient susceptibles d'hypothèques.

(*Le* 19e. *du Projet.*) La commission pense, quant à l'hypothèque 2121 — de la femme, que si elle a un contrat, soit qu'elle soit ou non sé— 2135 parée de biens, ce contrat lui donne hypothèque pour sa dot, ses reprises et ce qui lui écherra ; mais que, soit qu'il y ait contrat ou non, soit qu'elle soit commune ou séparée, on ne doit lui accorder d'hypothèque pour indemnité des dettes par elle contractées avec son mari, ou pour remploi des propres aliénés, que du jour des obligations ou ventes. Quelle source de fraude que cette faculté d'un mari, de faire primer tous ses créanciers par des obligations auxquelles il fait consentir sa femme !

(*Le* 21e. *du Projet.*) Il semblerait qu'un mariage passé en pays ap. — étranger ne doive emporter hypothèque au profit de la femme, du jour 2135 de la célébration, qu'autant que les mêmes hypothèques seraient établies par la loi sous laquelle il aurait été contracté ; et qu'au cas où cette loi n'accordât point l'hypothèque, elle n'ait lieu en France que du jour de l'enregistrement en France du contrat de mariage ou acte de célébration.

(*Le* 23e. *du Projet.*) C'est le solde du compte et la remise des 2121 — pièces qui doivent faire cesser l'hypothèque des mineurs et interdits 2135 sur les biens de leurs tuteurs.

Dans le système du projet, on désirerait qu'au nombre des hypothèques légales, il en fût déclaré une au profit des créanciers chirographaires d'un défunt, qui, courant du jour du décès, ne pourrait être primée par les créanciers de l'héritier. L'acte sous signature privée du défunt n'a-t-il pas date certaine et authentique du jour de sa mort ?

(*Le* 32e. *du Projet.*) Ne semble-t-il pas que ce soit *l'acceptation* ap. — plutôt que *la nomination* des séquestres et gardiens, qui doive soumettre 2123. leurs biens à l'hypothèque ?

(*Le* 35e. *du Projet.*) La reconnaissance d'un écrit sous signature 2123. privée, faite devant le juge de paix, ne devrait-elle pas emporter hypothèque ?

2123   (*Le* 37e. *du Projet.*) Une simple ordonnance suffit–elle pour déclarer exécutoire un jugement rendu en pays étranger? ou faut–il que
le tribunal français compétent prononce parties présentes ou appelées?
Pourrait-on, en ce cas, remettre le fond de l'affaire en contestation?

2127   (*Le* 40e. *du Projet.*) Un acte ne peut–il être authentique sans être
passé avec *minute?*

2132   (*Le* 44e. *du Projet.*) C'est une règle qui paraîtrait devoir être
énoncée généralement et sans restriction, que l'obligation, contractée
sous une condition, emporte hypothèque du jour du contrat, le cas
de la condition arrivant.

fin de   (*Le* 57e. *du Projet.*) C'est au titre *du Cautionnement* et non
sect. 3 *des Conventions* que cet article peut se référer.

ap. —   (*Le* 77e. *du Projet.*) Cet article paraîtrait devoir être ainsi conçu:
2180   « Le créancier qui ne signe que comme témoin, n'est point censé
» renoncer à son hypothèque, si ce n'est que le contrat porte, de
» la part du débiteur, une déclaration de *franc et quitte* de toute
» *hypothèque;*
       » Si la déclaration de *franc et quitte* n'est relative qu'à un im-
» meuble, le témoin n'est censé avoir renoncé à son hypothèque
» que sur cet immeuble. »

ib.   (*Le* 78e. *du Projet.*) Le notaire qui signe en second, est – il
frappé par la disposition de cet article?

TITRE VII.

Des lettres de ratification.

2154   (*Le* 14e. *du Projet.*) Cette nécessité de renouveler les oppositions tous les cinq ans ne peut avoir qu'un motif bursal; pourquoi
l'opposition ne vaudrait-elle pas dix ans?

       (*Le* 24e. *du Projet.*) On se demande comment un intérêt pure-
ment éventuel, tel que celui dont il s'agit dans l'article, peut autoriser une opposition qui alors est nécessairement indéfinie.

       (*Le* 38e. *du Projet.*) Pourquoi cet article ne paraît–il pas distin-
guer, comme l'article 13, le cas où une ferme dont les bâtimens sont
dans un arrondissement comprend des terres situées dans un autre
arrondissement?

       (*Les* 43e. *et* 45e. *du Projet.*) L'acquéreur, au moment où l'envi-
sagent ces articles, n'a pas encore *pris* ses lettres de ratification; il
en poursuit l'*obtention.*

       (*Le* 56e. *du Projet.*) Est–il bien juste que l'acquéreur soit tenu
de souffrir la division de son contrat?

       (*Le* 59e. *du Projet.*) Aux risques de qui est un immeuble après
une enchère? aux risques de qui en serait la perte, si elle survenait
avant adjudication?

TITRE VIII.

De la vente forcée des immeubles.

(*Le* 7e. *du Projet.*) La commission a proposé, au titre *des Tu- telles* , de ne pas distinguer les comptes d'*instruction* des comptes de tutelle. 2206.

(*Le* 10e. *du Projet.*) Ne faudrait-il pas exprimer que *le jour du terme est compté* , puisqu'il paraît qu'on n'adopte qu'à l'égard du jour dont on part, l'ancien adage : *Dies termini non computatur in termino?* 2208.

(*Le* 21e. *du Projet.*) Pourquoi doubles significations? La cons- titution d'avoué devrait emporter nécessairement une élection de do- micile ; et dès ce moment, nulle autre signification à personne ou domicile propre du saisi ne devrait être encore nécessaire.

(*Le* 24e. *du Projet.*) Pourquoi cet article, qui est une règle gé- nérale à toute procédure?

(*Le* 26e. *du Projet.*) N'y ayant plus d'*assesseurs* de juge de paix, on peut peut-être substituer ici le maire ou l'adjoint de la commune : observation qui s'applique à l'article 33 et à l'article 99. 2217

(*Le* 27e. *du Projet.*) Il ne serait peut-être pas inutile de déclarer qu'aucune opposition ne peut être formée à un commandement ni en arrêter l'effet. Il est absurde qu'il faille plaider pour faire rejeter une opposition formée à un commandement fait en vertu d'un titre authen- tique et exécutoire ou d'un jugement. tit. 19.
fin du
ch. 1er.

(*Le* 28e. *du Projet.*) Il semblerait que la saisie réelle devrait être poursuivie devant le tribunal de la situation des biens.

(*Le* 29e. *du Projet.*) Qu'entend-on par le *nom* du tribunal?

On proposerait ici d'établir la nécessité de nommer un avoué au saisi, au domicile duquel toutes significations seraient valablement faites, jusqu'à ce que le saisi dénonçât la constitution qu'il jugerait à propos de faire d'un autre avoué.

L'usage de cette formalité a appris, dans les lieux où elle était établie, qu'elle épargnait bien des lenteurs et des frais nécessités par les significations à domicile.

(*Les* 30e. *et* 31e. *du Projet.*) Qu'entend-on par tenans et abou- tissans? faut-il désigner les *propriétés* ou les *propriétaires* voisins? S'il s'agit d'un corps de ferme, faut-il énoncer en détail chaque pièce de terre qui en forme l'exploitation? et le saisi, qui croirait que les détails de la saisie ne sont pas suffisans, ne devrait-il pas au moins être uniquement autorisé à demander, non la nullité de la saisie, mais de plus grands renseignemens dans les affiches?

(*Les* 35e., 36e. *et* 37e. *du Projet.*) Ces articles deviendraient inutiles, si l'on admettait la nécessité d'une constitution d'avoué em- portant élection de domicile.

(*Le* 41e. *du Projet.*) Cet article, ainsi qu'une foule d'autres qui précèdent et qui suivent, sont effrayans pour les frais qu'ils entraînent. Avec tant de formalités, il ne faudrait pas permettre les saisies réelles pour deux cents francs, comme le propose le projet de Code.

(*Le* 44e. *du Projet.*) Cet article n'appartient-il pas au Code criminel? et le délit ne devrait-il pas plutôt être puni par une amende que par un emprisonnement, sauf à déclarer l'amende exigible par la contrainte par corps?

(*Le* 55e. *du Projet.*) Le tribunal compétent ne sera-t-il pas nécessairement celui qui aura nommé le séquestre?

(*Le* 58e. *du Projet.*) Un extrait ne suffit-il pas au séquestre? et qu'y a-t-il à notifier aux fermiers, que l'ordonnance qui nomme le séquestre?

(*Le* 63e. *du Projet.*) Un séquestre ne peut être chargé de faire exploiter; il faut le soumettre à faire procéder à un bail : le plus bas prix vaudra mieux qu'une exploitation faite par un séquestre.

(*Le* 78e. *du Projet.*) La poursuite contre le séquestre prévaricateur doit être exercée devant le tribunal qui l'aura commis.

(*Le* 107e. *du Projet.*) Pourquoi le poursuivant, dont la réclamation est si bien connue, serait-il encore obligé de former opposition?

(*Le* 118e. *du Projet.*) Il semblerait qu'on devrait exprimer ici que les revenus antérieurs à la saisie sont, comme les deniers restans, après les créanciers privilégiés et hypothécaires acquittés, distribués par contribution entre les créanciers chirographaires.

(*Le* 128e. *du Projet.*) Entend-on seulement qu'on peut procéder à l'ordre aussitôt que le délai de quatre-vingt-dix jours est expiré? ou entend-on que les créanciers qui ont passé ce délai, et qui se présentent cependant avant que l'ordre soit arrêté, ne peuvent y être compris?

(*Le* 130e. *du Projet.*) Ne conviendrait-il pas de déterminer le délai à un mois?

(*Le* 132e. *du Projet.*) Le second travail du commissaire ne pourrait-il pas être exigé dans les dix jours?

Et le renvoi à prononcer ne pourrait-il pas être fait à la chambre du conseil, plutôt qu'à l'audience?

(*Le* 145e. *du Projet.*) Ne pourrait-on pas se borner à exiger le dépôt au greffe, dans les trente-cinq jours d'après le congé d'adjuger, des procès-verbaux d'affiches et la publication dont le saisi prendrait communication sans déplacer, pour, au quarantième jour, proposer des reproches contre la procédure, et, passé ce délai, encourir fin de non-recevoir?

(*Les* 146e. *et* 147e. *du Projet.*) Pourquoi supposer que tout ce que le saisi peut avoir à reprocher entraîne nécessairement nullité? ne serait-il pas possible qu'il y eût seulement imperfection ou omission de quelque formalité? Pourquoi faudrait-il, en ce cas, tout recommencer? ne suffirait-il pas que le tribunal, en admettant ce qu'il trouverait de bon dans les moyens du saisi, ordonnât seulement de faire ce qui aurait été omis, de réparer ce qui aurait été fait imparfaitement, sauf à fixer de nouveau un jour pour l'adjudication, et à ordonner que le jugement contenant cette nouvelle fixation, serait affiché et publié dans tous les lieux où le congé d'adjuger aurait été affiché et publié?

(*Le* 152e. *du Projet.*) *Quid juris*, si on ne trouvait pas les trois quarts de la mise à prix de l'immeuble saisi?

TITRE VIII (IXe. DU PROJET).

Des donations entre-vifs et du testament.

DISPOSITIONS GÉNÉRALES.

ART. 1er., 2 et 3. (*Les trois articles du Projet.*) 893 à 895

CHAPITRE PREMIER. — *De la capacité requise pour donner ou recevoir.*

4. (*Le* 4e. *du Projet.*) 901 — 902

5. Le mineur, *âgé de dix-huit ans*, ne peut disposer que 904 par testament, et jusqu'à concurrence seulement de la moitié de la portion dont la loi permet au majeur de disposer, sauf l'exception portée en l'article ci-après.

(*Le* 5e. *du Projet.*) La commission, qui n'a pas pensé que l'âge de dix-huit ans dût émanciper de droit, admet cependant que cet âge peut autoriser la faculté de tester. Il a cependant été observé, par un membre de la commission, qu'il lui paraissait extraordinaire et dangereux de donner au mineur, âgé de dix-huit ans seulement, le droit de disposer par la voie la plus exposée à la séduction et à la fraude.

6, 7, 8, et 9. (*Les* 6e., 7e., 8e. *et* 9e. *du Projet.* 905 à 907 et ap. 906

10. La disposition par testament est annullée par la mort ap. 906 civile du donateur, survenue *dans l'année* de la date de l'acte, et encore subsistante au jour de son décès.

(*Le* 10e. *du Projet.*) La mort civile ouvre la succession de celui qui en est frappé : pourquoi les légataires se trouveraient-ils exclus par la circonstance que c'est une mort *civile* plutôt qu'une mort *naturelle* qui ouvre la succession? Au moins faut-il restreindre l'article, de manière qu'on puisse supposer que les dispositions testamentaires ont pu être faites en raison de ce que celui qui les a faites prévoyait qu'il serait dans le cas d'encourir la mort civile.

Il faut avouer que le remède que présente cet article, est surtout nécessaire dans le système des auteurs du projet, qui veulent que la mort *civile* ne coure que du jour de l'*exécution* du jugement, et non du jour de la *prononciation*. Le testament que le condamné aura fait, dans cet intervalle, se trouvera nul; mais pourquoi pas des ventes, des obligations, un mariage? Combien il serait plus expédient de faire courir la mort civile du jour de la prononciation du jugement.

ib. et 908   11, 12 et 15. (*Les* 11e., 12e. *et* 13e. *du Projet.*)

909   14. Le malade, dans le cours de la maladie dont il décède, ne peut faire, à l'officier de santé qui le traite, un don ou legs *excédant le triple de ce qui pourrait lui être légitimement dû.*

(*Le* 14e. *du Projet.*) Un legs non excessif paraît devoir être autorisé, de la part du malade, envers l'officier de santé qui l'a traité.

902— 912   15. (*Le* 15e. *du Projet.*)

Le titre *des successions* n'a pas de dispositions auxquelles ait paru se référer la restriction indiquée à la fin de cet article.

CHAPITRE II. — *De la portion des biens dont il est permis de disposer, et de la réduction en cas d'excès.*

SECTION 1re. — *De la portion disponible.*

913 à 916   16. Les donations, soit entre-vifs, soit à cause de mort, ne peuvent excéder le quart des biens du donateur, s'il laisse, à son décès, des enfans ou descendans; la moitié, s'il laisse des ascendans ou des frères et sœurs; les trois quarts, s'il laisse *des oncles* ou des neveux ou nièces, enfans, au premier degré, d'un frère ou d'une sœur.

A défaut de parens dans les degrés ci-dessus exprimés, les donations peuvent épuiser la totalité des biens du donateur.

(*Le* 16e. *du Projet.*) Un membre de la commission proposait, sur cet article, de distinguer les donations entre-vifs de celles à cause de mort, et de restreindre celles-ci plus que les premières; il proposait de graduer la faculté de donner, sur le plus ou moins grand nombre d'enfans ; il proposait d'étendre à des degrés de parenté plus éloignés que ceux indiqués par le projet, le droit de rendre une portion quelconque de succession indisponible : mais la commission ne s'est arrêté qu'à un seul point ; c'est qu'un *oncle*, étant au même degré qu'un neveu, ne puisse pas, plus que lui, être absolument dépouillé par des donations.

Observation d'un membre de la Commission, sur l'égalité des partages.

L'égalité entre les enfans d'un même père est de droit naturel.

Une sage égalité, fondée uniquement sur les besoins ou infirmités, ou sur le mérite personnel et la piété filiale de chaque enfant, est de justice et de convenance ; et l'on ne peut choisir un meilleur juge de ces considérations que le père lui-même.

Il s'ensuit de là qu'à la règle générale, qui ne peut être que l'égalité parfaite, une loi judicieuse peut et doit admettre des exceptions confiées à la prudence du père, desquelles on se flatte, avec raison, que le plus grand nombre des pères n'abusera pas.

Mais si le législateur a cru convenable d'accorder au père le pouvoir de disposer d'un quart de ses biens pour acquitter les dettes soit de la bienfaisance, soit de la reconnaissance, soit de l'amitié, envers des parens ou des étrangers, il n'en faut pas conclure qu'on doive laisser au père de plusieurs enfans, la faculté de donner ce quart en entier à un seul d'entre eux, outre sa part héréditaire dans le surplus : il le faut d'autant moins, lorsque l'on est sorti avec peine et tout récemment d'un état de choses, regretté par un grand nombre, où les préjugés, les habitudes et les passions violentes d'ambition et de vanité avaient introduit la plus révoltante inégalité dans les familles.

Car, d'un côté, l'on ne peut plus accorder à la justice des pères une confiance indéfinie, lorsqu'elle est altérée par des causes d'une aussi grande force que le sont les préjugés et les passions habituelles.

D'un autre côté, un père de six enfans (pour ne pas faire de suppositions exagérées), ayant 120,000 fr. de biens, donnant 30,000 fr. à un des six, et lui faisant, en outre, son sixième de 15,000 dans les 90,000 qui restent, se trouve avoir fait un aîné possesseur de 45,000 f., contre cinq frères n'ayant chacun que 15,000 fr.

Cela excède évidemment ce qu'il faut pour récompenser et pour encourager les respects, les services, la piété filiale, ou pour récompenser les disgrâces de la nature ; et cela égale ou excède les anciens droits d'aînesse de presque toutes les coutumes, lorsqu'il n'y avait pas de biens féodaux.

Il y a donc de l'excès, sans précaution, dans la loi qui donnerait le même droit au père pour chacun de ses enfans ou pour un étranger.

La confiance dans la sage impartialité des pères , quelque présomption favorable qu'on s'en forme , serait ici exagérée ; et , en cela comme en toute autre chose , la bonne législation n'est que dans un juste milieu qu'il faut saisir et fixer.

Je pense donc et j'insiste fermement à ce que la loi déclare qu'un père ne peut distribuer entre ses enfans le quart disponible , que de manière qu'aucun d'eux ne puisse , en aucun cas , réunir, comme donataire et comme héritier, plus que la valeur de deux parts héréditaires : c'est assez pour tout ce qu'on attend de la justice des pères et de l'émulation des enfans ; et cette règle prévient des excès d'inégalité qui répugnent au droit naturel , à nos principes actuels.

Observez que , dans l'exemple que j'ai donné , je n'ai pas tenu compte de la faculté accordée au père, par le projet du Code, de faire d'ailleurs , entre ses enfans, un partage qui sera inattaquable, tant qu'il ne privera pas l'un des enfans , ou chacun d'eux, de plus du quart de sa portion. Si cela subsistait , il en résulterait que le père pourrait encore ôter à chaque enfant moins chéri , 3,750 francs , les réduire chacun à 11,250 francs, et porter sur la tête de l'avantagé encore 18,750 fr ; en sorte qu'il aurait 63,750 fr. contre 11,250.

Ceux que ce résultat ne révolterait pas , feraient bien mieux de ne prescrire aucune règle aux successions , et de les abandonner pleinement à la volonté pure et simple des pères , par suite du profond respect dont ils font profession pour leur sagesse.

L'égalité constitutionnelle s'en arrangera comme elle pourra.

917—
919

17 et 18. (*Les* 17e. *et* 18e. *du Projet.*)

Un membre de la commission a vivement réclamé contre cet article. « A l'égard des héritiers qui acceptent une succession, a-t-il » dit, il y a une raison particulière de réduire les libéralités qui peu» vent leur être faites ; c'est le respect pour l'égalité dont il faut , » dans ce cas, éviter que l'on ne s'écarte, au moins d'une manière » trop choquante.

» L'égalité est ce qui paraît à tous les hommes le plus néces» saire et le plus juste dans le partage d'une succession ; l'inégalité » est ce dont ils sont le plus choqués. On se révolte contre ce qui » blesse cette égalité : nous calculons tous avec amertume , moins nos » pertes, que l'injustice des préférences accordées à ceux qui nous « sont égaux en droits. »

D'après ces motifs, ce membre de la commission proposait qu'au moins il fût décidé que la donation à un successible, soit qu'il renonce ou qu'il accepte, ne pût excéder deux portions héréditaires.

Mais la majorité de la commission s'est attachée aux principes des auteurs du projet, et a voté le maintien de l'article 18.

919   19. Cette donation n'est pas rapportable par *le donataire*

venant à succession, pourvu qu'elle ait été faite expressément
à titre de préciput et hors part.

SECTION II. — *De la réduction des donations, de la manière
dont elle s'opère, et de ses effets.*

20 et 21. (*Les* 20ᵉ. *et* 21ᵉ. *du Projet.*)   920
                                                                 et ap.

22. Au décès du donateur, la réduction de la donation,   921
soit entre-vifs, soit à cause de mort, ne peut être deman-   et ap.
dée que par ceux des héritiers venant à succession, au profit
desquels la loi a restreint la faculté de disposer, et que proportionnellement à la part qu'ils recueillent dans la succession.

Ainsi les créanciers donataires et légataires du défunt, ne
peuvent demander cette réduction; *et si elle l'a été par un
héritier bénéficiaire, il n'est pas tenu de rendre compte de la
portion qu'il recueille à ce titre, laquelle tourne à son profit
personnel, sans charge de dettes, sauf les hypothèques sur les
biens recueillis.*

Dans les cas où la loi partage la succession par moitié
entre les deux lignes paternelle et maternelle, la réduction
n'a lieu que pour la moitié de la quotité fixée par la loi, s'il
n'y a que l'une des deux lignes dans laquelle se trouvent des
héritiers ayant la qualité à laquelle la loi attache le droit de
demander la réduction.

Dans le cas où, suivant *les règles prescrites au titre des
successions,* les frères ou sœurs consanguins ou utérins,
concurremment avec des frères germains, ne partagent que
dans la portion attribuée à leur ligne, la réduction de la
donation se partage entre eux dans la proportion de leurs
portions héréditaires.

(*Le* 22ᵉ. *du Projet.*) Dans le systême de représentation, tel que le
propose la commission, il n'y a pas de cas où des héritiers aient le
droit d'opérer réduction concurremment avec d'autres parens n'ayant
pas ce même droit: donc, le quatrième alinéa de l'article 22 du
projet doit être supprimé; il doit même l'être, dans le sens des
auteurs du projet, d'après les dispositions de leurs articles 49 et 51.

Quant à l'addition proposée au second alinéa, c'est une consé-quence nécessaire du principe posé par les auteurs du projet eux-mêmes : mais la question a donné lieu à plus d'un procès; il est utile de la décider formellement.

922   23. Pour déterminer la réduction dont peuvent être sus-ceptibles les donations, soit par acte entre-vifs, soit par acte de dernière volonté, on forme une masse de tous les biens existans au décès du donateur; on y réunit fictivement toutes les donations faites entre-vifs d'après l'état dans *lequel étaient les biens donnés* à l'époque de la donation, et d'après leur valeur à l'époque du décès du donateur; on fait dé-duction de toutes les dettes; et, comparativement à la va-leur du patrimoine net du défunt, on vérifie, eu égard à la qualité des héritiers qu'il laisse, quelle est la portion dont il a pu disposer.

923 à
926   24, 25 et 26. (*Les* 24e., 25e. *et* 26e. *du Projet.*)

928   27. Le donataire ne restitue les fruits de ce qui excède la portion disponible, *qu'à compter du jour de la dénonciation à lui faite de la demande en réduction.*

(*Le* 27e. *du Projet.*) Jusqu'à la demande, le donataire est pos-sesseur de bonne foi, et fait les fruits siens.

929   28. (*Le* 28e. *du Projet.*)

29. *Si une demande en réduction n'autorisait la revendica-tion que de moins de moitié d'un immeuble donné, le donataire aurait droit de retenir l'immeuble entier en payant la valeur de la portion indisponible.*

Le motif de la disposition de l'article proposé en addition, se pré-sente de lui-même.

930   30, 31 et 32. (*Les* 29e., 30e. *et* 31e. *du Projet.*)

CHAPITRE III. — *Des dispositions réprouvées par la loi.*

896—
898—
900   33. (*Le* 32e. *du Projet.*)

En ajoutant au deuxième alinéa : *sans préjudice de ce qui a été réglé au titre* des Dispositions officieuses.

34 et 35. (*Les 33ᵉ. et 34ᵉ. du Projet.*)

910—911

36. Sont réputées personnes interposées, les pères et mères, les enfans et descendans, l'époux de la personne incapable, *ceux dont elle est l'héritière présomptive, ou qui sont ses héritiers présomptifs.*

911

(*Le 35ᵉ. du Projet.*) La qualité d'héritier présomptif d'une personne incapable est reconnue, par les auteurs du projet eux-mêmes (article 163), devoir faire réputer personne interposée.

57. (*Le 36ᵉ. du Projet.*)

ap. 911 et 918

CHAPITRE IV. — *Des donations entre-vifs.*

SECTION Iʳᵉ. — *De l'irrévocabilité des donations.*

38 à 46. (*Les neuf articles du Projet.*)

943 à 952

47. *Toute donation faite dans le cours de la maladie dont décède le donateur, ne peut être considérée que comme donation à cause de mort.*

Il est sensible que la donation faite dans le cours de la maladie dont le donateur vient à décéder, lui a été dictée par la considération d'une mort prochaine.

SECTION II. — *De la forme des donations entre-vifs.*

48. (*Le 46ᵉ. du Projet.*)

931

49. (*Le 47ᵉ. du Projet.*)

932

En ajoutant au premier alinéa, *du vivant du donateur.*
L'acceptation étant requise pour former le contrat, c'est *du vivant du donateur* qu'elle doit avoir lieu.

50 et 51. (*Les 48ᵉ. et 49ᵉ. du Projet.*)

933—934

52. (*Le 50ᵉ. du Projet.*)

935

En ajoutant au premier alinéa, *ou curateur.*
La mention du *curateur* est nécessaire pour le cas où le mineur est émancipé.

53 à 56. (*Du 51ᵉ. au 54ᵉ. du Projet.*)

935 à 938—

57. (*Le 58ᵉ. du Projet.*)

ap. 942

Placé le dernier de la section, comme dans le projet, cet article

prononcerait la nullité absolue d'une donation, non-seulement pour
défaut de minute et d'acceptation, mais encore pour défaut d'insinuation. Or, ce défaut d'insinuation peut rendre une donation nulle relativement à des tiers, mais non pas absolument à l'égard du donateur
et de ses héritiers.

939 **58.** (*Le 55e. du Projet.*)

Les tiers qui auraient contracté avec les *héritiers* du donateur, doivent être dans la même position que ceux qui auraient contracté avec
le donateur même.

Dans le système hypothécaire proposé par la commission, il est
sensible que toutes donations, même réciproque, rémunératoires, et
aussi celles faites par contrat de mariage, doivent être transcrites,
pour dépouiller le donateur et être opposées aux tiers.

Ajouter au dernier alinéa, *ou ses héritiers.*

940 —
942   **59 et 60.** (*Les 56e. et 57e. du Projet.*)

SECTION III. — *Des cas auxquels la donation entre-vifs peut
être révoquée.*

953   **61.** (*Le 59e. du Projet.*)

955   **62.** (*Le 60e. du Projet.*)

En ajoutant : 3°. *S'il lui intente un procès criminel ou diffamatoire.*

Un procès criminel ou diffamatoire, intenté par un donataire contre
le donateur, ne caractérise-t-il pas assez l'ingratitude pour déterminer
la révocation de la donation?

956 —
957   **63, 64 et 65.** (*Les 61e., 62e. et 63e. du Projet.*)

958   **66.** (*Le 64e. du Projet.*)

En ajoutant pour quatrième alinéa : *L'objet donné est repris par
le donateur, en l'état où il est au moment de la demande.*

L'addition proposée part du même principe qui a dicté les diverses
dispositions de l'article.

954 —
959 et
suiv.   **67 à 70.** (*Du 65e. au 68e. du Projet.*)

CHAPITRE V. — *Des testamens, ou donations par acte de
dernière volonté.*

SECTION Ire. — *De la forme des testamens.*

968 —
969   **71.** (*Le 69e. du Projet.*)

72. La donation faite par acte public est reçue par deux 971 à
notaires, ou par un notaire et deux témoins qui sachent et 974
puissent signer.

Elle est écrite *par le notaire ou l'un d'eux,* telle qu'elle est
ctée par le donateur ; il lui en est fait lecture *en présence
du second notaire,* ou des témoins ; il est fait du tout mention expresse.

Elle est signée par les notaires, ou par le notaire et les
témoins.

Le donateur la signe; ou s'il déclare qu'il ne peut ou ne sait
signer, il est fait mention expresse de sa déclaration, ainsi
que de la cause qui l'empêche de signer.

(*Le 70e. du Projet.*) On ne peut prescrire avec trop de soin
toutes les formalités qui assurent la vérité d'un testament.

73 et 74. (*Les 71e. et 72e. du Projet.*) 970—
976—
979
75. (*Le 73e. du Projet.*) 975—
980

Sauf le quatrième alinéa à restreindre ainsi : *Les donataires à
quelque titre qu'ils le soient, leurs ascendans, descendans et frères,
et leurs alliés au même degré.*

L'incapacité des témoins a paru devoir être restreinte ; surtout qu'on
ne distingue pas les témoins assistant à la présentation d'un testament
cacheté, de ceux assistant à la confection du testament lui-même.

76. Aucune donation à cause de mort n'est valable, s'il ch. 5
n'y a *vingt* jours francs entre sa date et le décès du donateur. fin de
sect.1ro

(*Le 74e. du Projet.*) L'intervalle de six jours proposé par le
projet a paru trop court à la commission pour remplir le but qu'on
paraît se proposer.

77, 78 et 79. (*Les 75e., 76e. et 77e. du Projet.*) ib.

80. *Les testamens ne vaudront que pendant cinq ans, à
compter de leur date, s'ils sont faits par acte public, ou de
celle de leur présentation s'ils sont sous seing privé, s'ils n'ont
été confirmés ou renouvelés dans l'une des formes prescrites
pour la validité des dispositions testamentaires.*

N'est-il pas trop certain qu'il ne faut pas plus de cinq ans pour

II. 45

que les facultés ou les relations d'un testateur aient assez changé pour qu'on puisse douter raisonnablement que sa volonté soit encore la même ? Et que d'exemples n'a-t-on pas vu de testamens oubliés, même de leurs auteurs, que la justice a été obligée de maintenir, faute d'une règle qui l'autorisât à les annuler ?

981 à
984—
998—
999

81 à 86. (*Du* 78e. *au* 83e. *du Projet.*)

985

87. Les donations testamentaires faites dans un lieu avec lequel toute communication est interceptée à cause de la peste, peuvent être faites devant le juge de paix *ou tout autre fonctionnaire public, même devant un officier de santé,* en présence de deux témoins.

(*Le* 84e. *du Projet.*) Tous fonctionnaires publics, même un officier de santé, paraissent devoir être appelés à recevoir un testament dans le cas de l'article.

985 à
989 —
994 à
997 —
1001

88 à 97. (*Du* 85e. *au* 94e. *du Projet.*)

98. *Ceux qui ont prêté leur ministère à la confection d'un testament, sans avoir vu et entendu le testateur, sont poursuivis et punis comme faussaires.*

SECTION II. — *De l'exhérédation.*

La commission qui a proposé, au titre *de la Puissance paternelle,* de lui confier le droit d'exhéréder, a dû présenter ici le mode de prononcer l'exhérédation.

99. *L'exhérédation des enfans ne peut être prononcée que par un testament revêtu de toutes les formes.*

100. *La cause de l'exhérédation doit être formellement exprimée dans le testament qui la prononce.*

101. *L'enfant exhérédé pour cause légale, pourra exciper d'une réconciliation postérieure, soit au fait qui aurait motivé l'exhérédation, soit à l'exhérédation prononcée, pourvu qu'il en justifie par preuves écrites, auquel cas l'exhérédation ne produira aucun effet.*

102. *Sera réputée preuve écrite de réconciliation, toute disposition de bienfaisance non qualifiée alimentaire, que le père*

aurait faite au profit de son enfant, postérieurement, soit à l'exhérédation prononcée, soit au fait sur lequel elle aurait été motivée.

103. *Les effets de l'exhérédation ont été déclarés au titre* de la puissance paternelle.

SECTION III. — *De l'exécution des donations à cause de mort, et des exécutions testamentaires.*

104 et 105. (*Les* 95ᵉ. *et* 96ᵉ. *du Projet.*)   1014—1015

106. Si le don ou legs est d'une rente ou pension, les ar-   1015
rérages en sont encore dus au légataire, à compter du jour
du décès du donateur, sans qu'il soit *besoin, pour opérer cet*
effet, d'une demande en justice.

(*Le* 97ᵉ. *du Projet.* (L'épithète *viagère* semble faire équivoque
dans l'article du projet.

Lorsque les arrérages d'une rente même non viagère sont l'objet
direct d'un legs, ils appartiennent au légataire du jour du décès ; mais
la demande en justice n'en est pas moins nécessaire pour se les faire
délivrer.

107 à 110. (*Du* 98ᵉ. *au* 101ᵉ. *du Projet.*)   1016 à
1018

111. (*Le premier alinéa du* 102ᵉ. *du Projet.*)   1019

Il en est autrement des embellissemens ou des constructions nouvelles faites sur le fonds légué, *ou d'un enclos légué*
sous cette désignation, et dont le donateur aurait augmenté
l'enceinte.

(*Le* 102ᵉ. *du Projet.*) Si un testateur a dit : *Je lègue à Paul*
l'enclos qui m'appartient, l'augmentation de l'enceinte profite au légataire ; il en serait autrement s'il eût dit : *Je lègue à Paul les dix*
arpens qui m'appartiennent et qui sont enclos.

112. *Si la chose léguée se trouve grevée d'un usufruit ou*   1020
d'une rente foncière au moment du décès du donateur, le do-
nataire supporte l'usufruit, ou sert la rente sans recours contre
l'héritier.

113. *Si la chose léguée se trouve engagée par une hypothè-*   ib.
que, l'héritier n'est pas tenu de la dégager, à moins qu'il

45.

n'ait été chargé de le faire par une disposition expresse du testateur; sauf le recours du donataire contre l'héritier, en cas que ce donataire fût obligé de payer la dette hypothécaire ou de déguerpir.

(*Le* 103e. *du Projet.*) La dette hypothéquée sur un immeuble légué, n'a pas paru devoir être confondue, comme dans l'article du projet, avec l'usufruit. L'usufruit est une véritable diminution de la chose léguée. En cas d'hypothèque, l'immeuble n'est que cautionnement.

1009 à
1013—
1021 à
1034

114 à 132. (*Du* 104e. *au* 122e. *du Projet.*)

133. *Les fonctions d'exécuteur testamentaire doivent être exercées gratuitement, sauf le don qui pourrait être fait à son profit par le testament.*

N'est-il pas conforme aux principes reçus jusqu'à ce jour et bons à conserver, de déclarer que la fonction d'exécuteur testamentaire est essentiellement gratuite, sauf les legs que le testateur a pu lui faire.

SECTION IV. — *De la révocation des donations à cause de mort, et de leur caducité.*

1035   134 et 135. (*Les* 123e. *et* 124e. *du Projet.*)

1036   136. *Tout testament postérieur révoque de droit celui ou ceux faits antérieurement, s'il n'en contient expressément la confirmation.*

(*Le* 125e. *du Projet.*) L'article du projet pourrait donner lieu à bien des procès sur le plus ou le moins de différence des clauses de deux testamens, sur le plus ou le moins de contrariété entre leurs dispositions, sur la possibilité ou impossibilité de les concilier. Le dernier testament doit être supposé la dernière volonté du testateur toute entière, s'il n'y rappelle en tout ou en partie un testament précédemment fait.

1020—
1037 à
1041

137 à 141. (*Du* 126e. *au* 130e. *du Projet.*)

1042   142. Le legs est caduc, si la chose léguée a totalement péri pendant la vie du testateur.

Il en est de même si elle a péri depuis sa mort, sans le fait et la faute de l'héritier, *à moins qu'il ne fût en retard d'en faire la délivrance.*

(*Le* 131e. *du Projet.*) Pourquoi l'héritier ne souffrirait-il pas la perte de la chose léguée lorsqu'il est en retard de la délivrer? Est-il possible d'être jamais certain que la chose eût également péri entre les mains du légataire? celui-ci n'eût-il pas pu la vendre à l'instant même où elle lui aurait été délivrée?

143. (*Le* 132e. *du Projet.*)   1043

144. *Il y a lieu à accroissement au profit de colégataires,* 1044 *soit qu'une même chose naturellement non susceptible de division ait été léguée à deux ou plusieurs individus, par une ou diverses dispositions, soit qu'un objet naturellement susceptible de division ait été légué à deux ou plusieurs par une seule et même disposition, sans assignation de la part de chacun des colégataires dans cette chose.*

(*Le* 133e. *du Projet.*) La conjonction *re* a paru à la commission devoir opérer accroissement en cas de défaillance d'un des colégataires, d'après les principes connus du droit romain.

145 et 146. (*Les* 134e. *et* 135e. *du Projet.*)   1046 et av.1047

SECTION V. — *De l'interprétation des dispositions à cause de mort.*

147 et 148. (*Les* 136e. *et* 137e. *du Projet.*)   fin du ch. 5

CHAPITRE VI. — *Des partages faits par père, mère, ou autres ascendans entre leurs descendans.*

149. Les père, mère et autres ascendans, *qui n'ont fait* 1075. *aucun don à titre de préciput à un de leurs enfans ou descendans,* peuvent faire entre eux la distribution et partage de leurs biens.

(*Le* 138e. *du Projet.*) La majorité de la commission a pensé que l'ascendant qui avait fait don par préciput à un de ses descendans, avait manifesté une prédilection d'après laquelle il y avait à craindre qu'il n'observât point l'égalité qui doit présider à un partage ; et il a déjà été observé à quel point pourrait être porté l'abus, si le père cumulait le droit de donner un quart, avec celui de faire un partage qu'aucun autre enfant ne pourrait attaquer qu'en cas de lésion de plus du quart. Un patrimoine de 96,000 francs pourrait être divisé de telle manière entre six enfans, que l'un aurait 51,000 francs, et chacun des cinq autres 9,000 francs, sans que ceux-ci eussent droit de réclamer.

1076—
1077
    150 à 153. (*Du 139e. au 142e. du Projet.*)

1078
    154. Si le partage fait, soit entre-vifs, soit par testament, ne rappelle pas tous les enfans vivans *à l'époque du décès*, ou les descendans de ceux prédécédés, le partage est nul pour le tout : l'enfant ou descendant qui n'y a reçu aucune part, en peut provoquer un nouveau en la forme légale.

    (*Le 143e. du Projet.*) Ce sont tous les enfans vivans *à l'époque du décès* qui doivent être rappelés dans un partage pour sa validité.

1079
    155. Le partage fait par l'ascendant ne peut être attaqué que dans le seul cas où l'un des copartageans allègue et offre de prouver qu'il contient une lésion *de plus du quart* à son préjudice.

    (*Le 144e. du Projet.*) Le second alinéa de l'article du projet doit être supprimé, si l'on admet ce que propose la majorité de la commission, que l'ascendant qui a fait don à un descendant successible, ne puisse faire le partage du surplus de ses biens.

1080
    156. (*Le 145e. du Projet.*)

    La disposition de cet article ne devrait-elle pas être étendue à toute réclamation contre toute espèce de partage ?

CHAPITRE VII. — *Des donations faites par contrat de mariage aux époux, et aux enfans à naître du mariage.*

1081
    157. (*Le 146e. du Projet.*)

    En ajoutant, fin du premier alinéa, *sauf celle de l'acceptation.*

1082—
1087
    158. (*Le 147e. du Projet.*)

    En supprimant du dernier alinéa les mots, *elle est sujette à la formalité de l'acceptation.*
    Toute donation en contrat de mariage étant faite en contemplation du mariage, la célébration de ce mariage n'est-elle pas une acceptation formelle du donataire ? Aussi l'ordonnance avait-elle dispensé ces sortes de donations de la formalité de l'acceptation, et la commission propose de les en dispenser encore.

159 à 163. (*Du 148e. au 152e. du Projet.*)

CHAPITRE VIII. — *Des donations entre époux, soit par contrat*
de mariage, soit pendant le mariage.

164. (*Le 153e. du Projet.*)   1091

165. Toute donation entre-vifs, faite par contrat de ma- 1092
riage par un époux à l'autre époux, n'est point censée faite
sous la condition de la survie du donataire, si cette condition n'est formellement exprimée : *il en est autrement s'il y a*
donation réciproque entre les époux, quand même elle serait
inégale; en ce cas le survivant seul profite du don.

(*Le 154e. du Projet.*) Si les donations réciproques entre époux
n'étaient pas censées faites sous condition de survie, il s'ensuivrait
un échange absolu de propriété, tel, que les biens du mari passe-
raient de droit aux héritiers de la femme, et ceux de la femme aux
héritiers du mari. Lorsqu'il y a réciprocité, il est évident que l'intention des parties a été que celui des époux qui survivrait, resterait seul
propriétaire tant de son patrimoine que du patrimoine du prédécédé.

166. La donation de biens à venir, ou de biens présens 1093
et à venir, faite entre époux par contrat de mariage, soit
simple, soit réciproque, est soumise aux règles établies par
le chapitre précédent à l'égard des donations pareilles qui
leur sont faites par un tiers; *sauf qu'elle ne s'étend point* aux
enfans issus du mariage en cas de décès de l'époux donataire
avant l'époux donateur.

167. L'époux peut, soit par contrat de mariage, soit pen- 1094
dant le mariage, donner à l'autre époux *l'universalité de ses*
biens en toute propriété, dans le cas où il ne laisserait pas
d'enfans ni descendans.

(*Le deuxième alinéa de l'article 156 du Projet.*)

(*Le 156e. du Projet.*) La commission a pensé qu'au cas où il
n'y a pas d'enfans, rien ne doit limiter la faculté de donner entre
époux.

168 et 169. (*Les 157e. et 158e. du Projet.*)   1095
                                                         et ap.
170. Toute donation faite entre époux pendant le ma- 1096.
riage, quoique qualifiée entre-vifs, est toujours révocable.

La révocation ne peut être faite que par acte authentique.

Elle peut être faite par la femme sans y être autorisée par le mari ni en justice.

(*Le 159ᵉ. du Projet.*) La commission a regretté de ne pouvoir proposer un moyen pour que la révocation d'une donation faite par un époux à l'autre époux, fût connue de celui-ci : au moins faut-il que la révocation soit faite par acte authentique.

1097   171. (*Le 160ᵉ. du Projet.*)

1098   172. L'homme ou la femme qui convole à de secondes ou subséquentes noces, ayant enfans ou descendans d'un précédent mariage, ne peut donner à son nouvel époux qu'une part d'enfant légitime le moins prenant, et en usufruit seulement.

Néanmoins la réduction d'un don excédant cette part ne pourra être réclamée que par l'enfant du premier lit, existant au moment du décès du donateur.

(*Le 161ᵉ. du Projet.*) L'enfant du premier lit, au profit duquel est prononcée la prohibition portée en cet article, doit seul être autorisé à en réclamer l'effet s'il existe au décès du donateur.

Le second alinéa de l'article du projet a paru à la commission devoir être supprimé, comme contenant une espèce de substitution.

1099—
1100   173 et 174. (*Les 162ᵉ. et 163ᵉ. du Projet.*)

CHAPITRE IX. — *Des donations faites par un français en pays étranger.*

999—
1000   175 à 179. (*Les cinq articles du Projet.*)

TITRE IX. (Xᵉ. DU PROJET.).

Du contrat de mariage et des droits respectifs des époux.

CHAPITRE PREMIER. — *Dispositions générales.*

1387—
1388—
1390
1389   ART. 1ᵉʳ. et 2. (*Les 1ᵉʳ. et 2ᵉ. du Projet.*)

3. Toute convention ou toute renonciation faite par les époux, ou l'un d'eux, dont l'objet serait de changer l'ordre légal des successions, est nulle, sans préjudice des donations

entre-vifs, ou à cause de mort, qui sont autorisées par
a loi.

(*Le 3e. du Projet.*) La commission propose de supprimer les
exemples portés dans l'article du projet; ils semblent limitatifs, et ne
comprennent pas surtout les renonciations des époux aux successions
qui peuvent leur échoir.

4 à 10. (*Du 4e. au 10e. du Projet.*) 1393 à 1398

CHAPITRE II. — *De la communauté légale.*

SECTION Ire. — *Quand et comment la communauté légale se
forme.*

11, 12 et 13. (*Les trois articles du Projet.*) 1393— 1399

SECTION II. — *De ce qui compose la communauté, activement
et passivement.*

14 à 22. (*Les neuf premiers articles de la section du Projet.*) 1401 à 1409

23. La communauté n'est pas tenue des dettes mobilières 1410
contractées avant le mariage par la femme, si elles ne résultent d'un acte authentique, ou ayant reçu une date certaine par l'enregistrement *ou autrement.*

(*Les deux autres alinéas du Projet.*)

(*Le 23e. du Projet.*) L'enregistrement n'est pas la seule manière
par laquelle un acte puisse acquérir date certaine.

24 à 29. (*Tels qu'au Projet.*) 1411 à 1420

SECTION III. — *De l'administration de la communauté, et de
l'effet des actes faits par l'un ou l'autre époux relativement
à la société conjugale.*

30. (*Le 30e. du Projet.*) 1421.

31. Il ne peut disposer entre-vifs, à titre gratuit, des im- 1422
meubles de la communauté, si ce n'est pour l'établissement
des enfans communs.

Il ne peut même faire une donation entre-vifs du mobilier,
à moins qu'il ne la consomme par une tradition réelle.

(*Le* 31e. *du Projet.*) La réserve d'usufruit suppose que la tradition réelle d'un mobilier donné n'est pas effectuée : en faisant ici de la tradition réelle une condition nécessaire pour une donation de mobilier faite par un mari, ce qu'ont entendu sûrement les auteurs du projet, il est inutile de parler de la réserve d'usufruit.

1423   32. (*Le* 32e. *du Projet.*)

1424   33. Les amendes encourues par le mari peuvent se poursuivre sur les biens de la communauté; sauf la récompense due à la femme, *pour celles résultant de délits soumis aux peines criminelles ou correctionnelles :* celles encourues par la femme *pour ces mêmes délits,* ne peuvent s'exécuter que sur la nue propriété de ses biens personnels, tant que dure la communauté, *qui supporte les amendes prononcées contre la femme par simple police.*

(*Le* 33e. *du Projet.*) Lorsqu'un mari commet des délits susceptibles de peines *correctionnelles ou criminelles,* il est évident qu'il n'administre pas la communauté.

1425 à   34 à 49. (*Les seize articles suivans du Projet.*)
1439

SECTION IV. — *De la dissolution de la communauté.*

ARTICLE PRÉLIMINAIRE.

1441   50. (*Le* 50e. *du Projet.*)

DISTINCTION 1re. — *De la dissolution de la communauté par la dissolution du mariage.*

1442   51 à 55. (*Les cinq premiers articles de la section du Projet.*)
et ap.

1452   (*Le* 56e. *du Projet.*) La commission n'a pu admettre que la mort civile n'eût pas l'effet de donner ouverture au gain de survie. Les héritiers naturels du mari ne viennent-ils pas à cette époque partager la communauté, suivre l'existence de l'homme mort civilement? On a donc pensé qu'il fallait supprimer cet article, et exprimer formellement, au chapitre *de la Mort civile,* qu'*elle donne ouverture aux successions et au gain de survie.*

DISTINCTION II. — *De la séparation de biens demandée par la femme pendant le mariage.*

1443   56. La femme peut, pendant le mariage, former contre le mari une demande en séparation de biens, toutes les fois que sa dot est mise en péril par la mauvaise conduite du mari, que le désordre de ses affaires fait craindre que ses biens ne soient pas suffisans pour remplir les droits et reprises de la femme, ou, *enfin, que la femme a été mise, par son mari, dans le cas de saisies mobilières.*

(*Le* 57e. *du Projet.*) Une femme qui essuierait diverses saisies mobilières, devrait-elle avoir d'autres preuves à faire pour obtenir sa séparation? La jurisprudence a toujours admis ce motif.

57 à 61. (*Du* 58e. *au* 62e. *du Projet.*) 1443 à 1445

62. La séparation de biens ne donne point ouverture aux ap.— droits de survie de la femme; mais elle conserve la faculté 1445 et 1452 de les exercer dans le cas de la mort naturelle *ou civile* de son mari.

(*Le* 63e. *du Projet.*) La mention de la mort *civile* sera nécessaire dans cet article, si l'on admet l'observation de la commission sur l'article 56.

63 à 69. (*Du* 64e. *au* 70e. *du Projet.*) 1446 à 1451

(*Le* 69e. *du Projet.*) Cet article se référera à celui du système hypothécaire qui sera adopté.

SECTION V. — *Du droit qu'a la femme d'accepter la communauté ou d'y renoncer, et des conditions de sa renonciation.*

70. (*Le* 71e. *du Projet.*) 1453

71. Soit que la femme ait survécu à son mari, ou soit ap.— décédée avant lui, si ses héritiers ne sont pas d'accord sur 1453 l'acceptation ou la renonciation à la communauté, *il en est référé au tribunal, qui statue en la chambre du conseil.*

(*Le* 72e. *du Projet.*) N'est-il pas nécessaire de déterminer par qui et comment sera réglé le différend entre les héritiers de la femme?

72. La femme survivante qui s'est immiscée dans les biens 1454 de la communauté *sans inventaire préalable*, ne peut plus y renoncer; il en est de même si elle a pris dans cet acte la qualité de commune.

(*Le* 73e. *du Projet.*) N'est-ce pas le défaut d'*inventaire préa- lable* qui doit faire perdre à la femme qui s'immisce dans les biens d'une communauté, le droit d'y renoncer?

1445   73. Elle ne peut se faire restituer contre la qualité de commune qu'elle a prise étant majeure, quand même elle l'aurait prise avant d'avoir fait inventaire; *sauf les cas où il échoit restitution en faveur d'un majeur contre l'acceptation d'une succession.*

(*Le* 74e. *du Projet.*) Il paraît juste d'accorder à une femme qui a accepté une communauté, tous les moyens de restitution accordés aux majeurs contre l'acceptation d'une succession. Pourquoi les au- teurs du projet semblent-ils n'admettre que *le dol des héritiers?*

1456— 1457   74 et 75. (*Les* 75e. *et* 76e. *du Projet.*) -

1458   76. La femme peut, suivant les circonstances, demander au tribunal civil une prorogation *des délais prescrits par les articles précédens* pour sa renonciation, en la faisant or- donner contradictoirement avec les héritiers du mari, ou eux dûment appelés.

1459   77. La femme qui n'a point fait sa renonciation dans le délai ci-dessus prescrit, n'est pas déchue de la faculté de re- noncer, si elle ne s'est point immiscée *avant inventaire :* si elle a fait inventaire, elle peut seulement être poursuivie comme commune jusqu'à ce qu'elle ait renoncé; et elle doit les frais faits contre elle jusqu'à sa renonciation.

Elle peut être également poursuivie après l'expiration des quarante jours depuis la clôture de l'inventaire, s'il a été fait et clos avant les trois mois.

1460   78. La veuve survivante qui a diverti ou recélé quelques effets de la communauté *avant l'inventaire,* est déclarée com- mune, nonobstant sa renonciation; et elle est en outre privée de sa portion dans les effets divertis ou recélés.

(*Les* 78e. *et* 79e. *du Projet.*) Il est bon que ces deux articles rap- pellent qu'ils n'ont lieu que faute d'inventaire préalable.

1460— 1464— 1466   79, 80 et 81. (*Les* 80e., 81e. *et* 82e. *du Projet.*)

SECTION VI. — *De l'acceptation faite par la femme ou ses héritiers, et du partage de la communauté.*

82. (*Le* 83e. *du Projet.*) 1467

DISTINCTION 1re. — *Du partage de l'actif.*

82 à 95. (*Les treize articles du Projet.*) 1468 à 1481

DISTINCTION II. — *Du paiement des dettes de la communauté.*

96 à 104. (*Les neuf articles du Projet.*) 1482 à 1491

SECTION VII. — *De l'effet de la renonciation de la femme ou de ses héritiers.*

105 et 106. (*Les* 106e. *et* 107e. *du Projet.*) 1492— 1493

107. Elle a droit d'être nourrie et ses domestiques aux dépens de la communauté, pendant les trois mois et quarante jours qui lui sont accordés pour faire inventaire et délibérer. ap.— 1493— 1465

Elle ne doit aucun loyer à raison de l'habitation qu'elle *continue*, pendant ce délai, *dans la maison qu'elle occupait conjointement avec son mari.*

(*Le* 108e. *du Projet.*) L'avantage accordé à la femme par cet article, semble devoir être modifié, et restreint au cas où elle ne fait que continuer l'habitation qui lui était commune avec son mari.

108 à 111. (*Du* 109e. *au* 112e. *du Projet.*) 1489— 1495

CHAPITRE III. — *Des diverses conventions par lesquelles les conjoints dérogent à leurs droits légaux, et de l'effet de ces conventions.*

112. (*Le* 113e. *du Projet.*) 1497

SECTION 1re. — *Des conventions exclusives de toute communauté.*

113 à 123. (*Les onze articles du Projet.*) 1530 à 1539— 1549— 1554— 1574 à 1576— 1498

(*Le* 117e. *du Projet.*) N'y aurait-il pas quelque raison de décider 1537

qu'à défaut de conventions particulières, chacun des époux doit contribuer aux frais du ménage, soit par égales portions, soit proportionnellement à leurs facultés respectives?

SECTION II. — *Des conventions qui modifient la communauté*
légale, ou de la communauté conventionnelle.

1497   124. (*Le* 125e. *du Projet.*)

DISTINCTION Ire. — *De la clause qui exclut de la communauté*
le mobilier, en tout ou en partie.

1500 à
1503   125 à 128. (*Du* 126e. *au* 129e. *du Projet.*)

1504   129. Le mobilier qui échoit à chacun des deux époux
pendant le mariage, doit être constaté par un inventaire.

Faute d'inventaire, l'époux à qui est échue une succession,
et qui survit, ne peut reprendre sur la communauté que ce qu'il
justifie par titre lui être échu : s'il prédécède, ses héritiers,
lorsqu'il y a lieu de croire que l'inventaire n'a été omis que
dans la vue de procurer à l'autre conjoint un avantage indirect,
sont admis à faire preuve, par commune renommée, de la
valeur du mobilier qui lui est échu.

(*Le* 130e. *du Projet.*) Les mots *s'il est prédécédé*, dans le second alinéa, fourniraient une équivoque ; et la rédaction proposée
semble rendre précisément le vœu des auteurs du projet, que le conjoint survivant souffre seul du défaut d'inventaire du mobilier à lui
échu pendant la communauté.

DISTINCTION II. — *De la clause d'ameublissement.*

1505 à
1509   130 à 134. (*Les cinq articles du Projet.*)

DISTINCTION III. — *De la clause de séparation des dettes.*

1510 à
1513   135 à 138. (*Les quatre premiers articles du Projet.*)

ap. —
1513   139. Ni l'époux qui a été déclaré franc et quitte, ni ses
créanciers, n'ont le droit de forcer les parens, qui ont fait
cette déclaration, de payer les dettes qui en font l'objet ;
l'action qui en résulte n'appartient qu'à l'époux au profit
duquel la déclaration a été faite, et à ses héritiers.

DISTINCTION IV. — *De la faculté accordée à la femme de reprendre franchement et quittement son apport.*

140, 141 et 142. (*Les trois premiers articles du Projet.*) 1514

143. La faculté accordée *à la femme,* ou *à elle et à ses* ib. *héritiers,* peut être exercée par les créanciers de la femme, ou par ceux de ses héritiers qui en ont été saisis.

DISTINCTION V. — *Du préciput conventionnel.*

144. (*Le premier alinéa du* 145e. *article du Projet.*) .1515

Néanmoins, la femme survivante a droit au préciput, *s'il est expressément stipulé au contrat de mariage, qu'il lui appartiendra, même en cas de renonciation.*

(*Le* 145e. *du Projet.*) Le léger changement proposé ne peut que rendre avec plus de précision le seul sens que les auteurs du projet puissent avoir eu en vue, que la femme survivante n'ait droit au préciput, en renonçant, que s'il a été expressément stipulé qu'il aurait lieu, *même en cas de renonciation.*

145. (*Le* 146e. *du Projet.*) 1516

146. Le préciput n'a lieu qu'en faveur du conjoint sur- 1517— vivant, et dans le cas où le mariage est dissous par la mort 1518 naturelle *ou civile* de l'un des époux.

(*Le* 147e. *du Projet.*) La commission rappelle toujours la mort *civile* comme donnant ouverture au gain de survie.

147 et 148. (*Les* 148e. *et* 149e. *du Projet.*) 1515— 1519

DISTINCTION VI. — *Des clauses par lesquelles on assigne à chacun des conjoints, des parts égales dans la communauté.*

149. (*Le* 150e. *du Projet.*) 1520

150. (*Le premier alinéa du* 151e. *du Projet.*) 1521

La convention serait nulle, *en ce qu'elle obligerait* l'époux, ainsi réduit, ou ses héritiers, à supporter une plus forte part; *ou en ce qu'elle les dispenserait* de supporter une part dans les dettes égale à celle qu'ils prennent dans l'actif.

(*Le* 151e. *du Projet.*) La convention, dans le cas supposé au second alinéa, ne paraît pas devoir être absolument nulle, mais seument en ce qu'elle s'écarterait de la règle tracée par le premier alinéa.

1522   151. Lorsqu'il est stipulé que l'un des époux ou ses héritiers ne pourront prétendre qu'une certaine somme pour tout droit de communauté, la clause est un forfait qui oblige l'autre époux ou ses héritiers à payer *au conjoint, à l'égard duquel a été faite la stipulation, ou à ses héritiers,* la somme convenue, soit que la communauté soit bonne ou mauvaise, suffisante ou non pour acquitter la somme.

(*Le* 152ᵉ. *du Projet.*) La stipulation pouvant être faite par l'un ou l'autre époux, il ne faut pas supposer qu'il n'y ait lieu à l'anéantir qu'envers *la femme ou ses héritiers.*

1523 à
1525   152, 153 et 154. (*Les* 153ᵉ., 154ᵉ. *et* 155ᵉ. *du Projet.*)

DISTINCTION VII. — *De la communauté de tous les biens présens et à venir.*

1526—
1527   155 et 156. (*Les deux articles du Projet.*)

DISTINCTION VIII. — *Dispositions communes aux sept distinctions précédentes.*

1527—
1528   157 et 158. (*Les deux articles du Projet.*)

TITRE X. (XIᵉ. DU PROJET.)
De la vente.

CHAPITRE PREMIER. — *De la nature et de la forme de la vente.*

1682 à
1588   ART. 1ᵉʳ. à 7. (*Du* 1ᵉʳ. *au* 7ᵉ. *du Projet.*)

1589   8. La promesse de vendre vaut vente lorsqu'il y a consentement réciproque des deux parties sur la chose et le prix, *si la convention est prouvée par écrit, ou par témoins, dans les cas où ce genre de preuve est admissible.*

1590   9. Si la promesse de vente *n'est assurée que par une tradition d'arrhes,* chacun des contractans est maître de s'en départir :

Celui qui les a données, en les perdant ;

Celui qui les a reçues, en restituant le double ;

Et néanmoins, tant que l'abandon des arrhes n'a point été notifié, ou la restitution du double offerte, l'engagement subsiste, et la chose est aux risques de l'acheteur.

(*Les* 8e. *et* 9e. *du Projet.*) Il a paru utile d'exprimer ce qui peut motiver la distinction des cas dans ces deux articles, et pourquoi, dans l'un, la convention est absolue, tandis que dans l'autre elle est résoluble : c'est que dans le premier, elle est pure et simple, et justifiée légalement ; dans le second, la tradition d'arrhes est moins considérée comme une preuve du contrat que comme une espèce de convention, qu'en cas qu'on ne remplisse pas la promesse, on en serait quitte pour perdre les arrhes ou les restituer au double.

La commission a pensé aussi qu'il n'était pas inutile de déterminer au risque de qui était la chose dans l'intervalle de la promesse de vendre faite avec arrhes, jusqu'à la résolution ou complément de la convention.

10 et 11. (*Les* 10e. *et* 11e. *du Projet.*) 1591—1592

CHAPITRE II. — *Qui peut acheter ou vendre.*

12 et 13. (*Les* 12e. *et* 13e. *du Projet.*) 1594—1595

14. (*Les quatre premiers alinéas du* 14e. *du Projet.*) 1596

Les *préfets, sous-préfets* et autres officiers publics, des biens nationaux dont les ventes se font par leur ministère ;

Les juges, les commissaires du gouvernement et les greffiers, des immeubles dont la vente forcée se poursuit devant eux.

(*Le* 14e. *du Projet.*) Quoique le ministère des préfets ou sous-préfets n'intervienne pas directement dans la vente des biens nationaux, cependant, comme ces ventes se font sous leur surveillance, ils paraissent devoir être compris dans la prohibition d'acheter de ces sortes de biens dans l'étendue de leurs départemens ou arrondissemens respectifs.

15. (*Le* 15e. *du Projet.*) 1597

CHAPITRE III. — *Des choses qui peuvent être vendues.*

16 à 20. (*Du* 16e. *au* 20e. *du Projet.*) 1598 à 1600 et 841

21. Si l'un des héritiers prend cession d'une créance sur l'héritage commun, *avant le partage, ou même après s'il n'y* ap.—1600 et 841

II. 46

a pas eu division des dettes, il peut être contraint, par ses cohéritiers, d'en faire rapport à la masse, moyennant le remboursement de ce qu'il a réellement payé.

(*Le 21ᵉ. du Projet.*) Le cohéritier qui, avant le partage, prend cession d'une créance sur l'hérédité commune, doit être dans le cas du rapport, quand bien même le partage, qui serait postérieur, ferait division des dettes.

ap.— 1600 et 841

22. Si, au moment de la vente, la chose vendue était périe en totalité, la vente serait nulle.

Si une partie seulement de la chose est périe, *la vente pourra, sur la réclamation de l'une ou l'autre des parties, être annullée, ou le prix réduit à la valeur de la portion qui subsiste, laquelle sera déterminée par une ventilation.*

(*Le 22ᵉ. du Projet.*) En cas de la perte d'une partie seulement de la chose vendue, pourquoi l'acquéreur seul aurait-il le droit de maintenir ou d'abandonner la vente pour la partie conservée ? Le vendeur ne doit-il pas avoir la même faculté ?

CHAPITRE IV. — *Des obligations du vendeur.*

1602— 1603

23 et 24. (*Les 23ᵉ. et 24ᵉ. du Projet.*)

SECTION Iʳᵉ. — *De la délivrance.*

1505— 1506

25 et 26. (*Les 25ᵉ. et 26ᵉ. du Projet.*)

1607

27. La tradition d'un droit incorporel, comme d'une hérédité, d'une servitude, se fait *par l'acte même qui la transfère ou la constitue.*

(*Le 27ᵉ. du Projet.*) Pourquoi n'appliquerait-on pa, à la vente d'un droit incorporel, la règle adoptée pour la délivrance d'un immeuble vendu ?

1608

28. (*Le 28ᵉ. du Projet.*)

1609

29. La délivrance doit se faire *au lieu où était, au temps de la vente, la chose qui en a fait l'objet,* s'il n'en a été autrement convenu.

(*Le 29ᵉ. du Projet.*) Le changement proposé fait concourir la disposition de cet article avec la règle générale posée en l'article 140 du titre II pour les conventions en général. Il ne paraît pas y avoir de motif pour y déroger à l'égard des ventes.

30. Si le vendeur manque à faire la délivrance dans le temps convenu entre les parties, et qu'il s'agisse d'un immeuble, l'acquéreur pourra, à son choix, demander la résolution de la vente;

Ou sa mise en possession, si le retard ne vient que du fait du vendeur;

Ou ses dommages-intérêts, si l'obstacle à l'exécution vient du fait d'autrui.

1610

(*Le* 30e. *du Projet.*) La commission ne peut admettre en aucun cas que le juge puisse rien changer aux conventions des parties, qui font loi à leur égard.

31 à 45. (*Les quinze derniers articles de la section du Projet.*) *1610 à 1624*

(*Le* 40e. *du Projet.*) La latitude de la différence d'un dixième en plus ou en moins n'est-elle pas trop étendue?

SECTION II. — *De la garantie.*

46. (*Le* 46e. *du Projet.*) *1625*

DISTINCTION Ire. — *De la garantie en cas d'éviction.*

47 à 52. (*Les six premiers articles du Projet.*) *1626 à 1631*

53. Si néanmoins les dégradations ont été faites par l'acquéreur, et qu'il en ait tiré un profit, le vendeur a droit de retenir, sur le prix, *une somme égale au profit qu'a fait l'acquéreur.* *1632*

(*Le* 53e. *du Projet.*) C'est le profit qu'a fait l'acquéreur qui doit être la mesure de la rétention à exercer à son égard.

54 à 61. (*Tous les autres articles de cette distinction du Projet.*) *1634—1635*

(*Les* 55e. *et* 56e. *du Projet.*) Par quel motif peut-on mettre quelque différence, à l'égard de l'acquéreur évincé, entre le vendeur de bonne foi ou de mauvaise foi? L'article 55 n'assure à l'acquéreur évincé que le remboursement des améliorations utiles si le vendeur a été de bonne foi; il n'accorde le remboursement des améliorations voluptuaires à un acquéreur évincé, que si le vendeur a été de mauvaise foi : la bonne ou mauvaise foi du vendeur devrait-elle influer sur le plus ou moins de répétition de la part de l'acquéreur évincé?

DISTINCTION II. — *De la garantie des défauts de la chose vendue.*

1641 à   62 à 70. (*Les neuf articles du Projet.*)
1649

(*Le* 64°. *du Projet.*) L'expression *excepté que* paraîtrait devoir être remplacée par celle *à moins que.*

CHAPITRE V. — *Des obligations de l'acheteur.*

1650—   71 et 72. (*Les* 71°. *et* 72°. *du Projet.*)
1651

1652   73. L'acheteur doit l'intérêt du prix de la vente jusqu'au paiement du capital, dans les trois cas suivans :

S'il a été ainsi convenu lors de la vente;

Si la chose vendue produit des fruits ou autres revenus;

S'il a été sommé de payer.

Dans ce dernier cas, l'intérêt ne court que du jour de l'interpellation.

(*Le* 73°. *du Projet.*) Une sommation est un acte extrajudiciaire. Une interpellation judiciaire serait une demande introductive d'instance. Les auteurs du projet paraissent avoir voulu ne pas rendre ici la demande nécessaire pour faire courir les intérêts; il faut donc supprimer de leur article les mots *judiciaire, judiciairement.*

1653 à   74 à 78. (*Les cinq articles suivans du Projet.*)
1656

CHAPITRE VI. — *De la nullité et de la résolution de la vente.*

1658   79. Indépendamment des causes de nullité ou de résolution déjà expliquées dans ce titre, et de celles qui sont communes à toutes les conventions, le contrat de vente peut être résolu par l'usage de la faculté de rachat, et *pour la* vileté du prix.

SECTION Iʳᵉ. — *De la faculté de rachat.*

1659 à   80 à 87. (*Les huit premiers articles du Projet.*)
1666
1667   88. Si l'acquéreur à pacte de réméré, d'une partie indi-

vise d'un héritage, s'est rendu adjudicataire du total sur
une licitation provoquée contre lui, il peut obliger le vendeur à retirer le tout, lorsque celui-ci veut user du pacte,
*pourvu toutefois que la poursuite de licitation ait été dénoncée
à ce vendeur antérieurement à l'adjudication.*

(*Le* 88e. *du Projet.*) Il paraît juste que celui qui a vendu à pacte
de réméré, soit prévenu avant que sa condition puisse être changée.

89 et 90. (*Les* 89e. *et* 90e. *du Projet.*) 1668—
1669

91. Mais, dans le cas des deux articles précédens, l'ac- 1670
quéreur peut exiger, s'il le juge à propos, que tous les co-
vendeurs ou tous les cohéritiers soient mis en cause, afin
de se concilier entre eux pour la reprise de l'héritage entier ;
*et, faute par eux de se concilier sur ce point, l'acquéreur est
renvoyé de la demande.*

92. (*Le* 92e. *du Projet.*) 1671

93. (*Le premier alinéa du Projet.*) 1672

*Mais s'il y a eu partage de l'hérédité, et que la chose ven-
due soit échue au lot d'un des héritiers, l'action en réméré peut
être intentée contre lui pour le tout.*

(*Le* 93e. *du Projet.*) Il est évident que pour que l'action de
réméré puisse être intentée pour le tout contre un seul héritier, il faut
le concours de deux circonstances, qu'il y ait eu partage, et que la
chose vendue soit échue au lot de cet héritier.

94 à 97. (*Les quatre articles suivans du Projet.*) ap. —
1672 et
1673

SECTION II. — *De la rescision de la vente pour cause de lésion.*

98 à 106. (*Les neuf articles du Projet.*) 1674 à
1676—
1681 à
1685

CHAPITRE VII. — *De la licitation.*

107 à 109. (*Les trois articles du Projet.*) 1686 à
1688

CHAPITRE VIII. — *Bail des immeubles à rentes foncières.*

L'utilité des baux à rentes foncières a été reconnue de tout temps :
ils favorisent l'agriculture ; ils multiplient la classe précieuse des pro—

priétaires ; le cultivateur hors d'état d'acheter une propriété peut la prendre à bail à rente foncière.

Mais l'impossibilité de pouvoir jamais se libérer a paru à quelques personnes contraire aux principes plus favorables que jamais de libération. Il s'agissait de trouver un mode qui, en laissant la faculté de se libérer au débiteur de la rente, ne traitât pas cependant le créancier comme celui d'un *capital d'argent*. En considérant le bailleur et le preneur à rente foncière comme deux copropriétaires, ayant l'un à l'égard de l'autre la faculté de demander la licitation de l'héritage indivis entre eux, la commission a pensé avoir tout concilié.

110. *Le contrat de bail à rente foncière est celui par lequel le propriétaire vend son immeuble moyennant une redevance annuelle déterminée soit en argent, soit en denrées, qui tient lieu de prix.*

111. *Ce contrat a tous les mêmes caractères et est soumis à toutes les mêmes règles que le contrat de vente, sous la réserve des dispositions suivantes.*

112. *L'acquéreur à rente foncière peut s'affranchir de l'obligation de payer la rente à l'avenir, en abandonnant l'immeuble au vendeur, et payant tous les arrérages dus pour les années durant lesquelles il a perçu les fruits.*

113. *L'aliénation de l'immeuble par l'acquéreur, le transfère grevé de la rente qui lui a été imposée ; les tiers détenteurs, à quelque titre que ce soit, restent personnellement débiteurs de la rente, tant que l'immeuble demeure en leur possession.*

114. *L'acquéreur ni les tiers détenteurs ne s'affranchissent par le déguerpissement, qu'autant qu'ils n'ont pas contracté personnellement des obligations de payer la rente, d'améliorer l'héritage, ou de faire quelque autre chose indépendante de leur qualité de détenteurs.*

115. *Celui qui a vendu à rente, demeure copropriétaire de l'immeuble jusqu'à concurrence de la valeur de la rente, et dans la proportion qu'elle avait avec le produit annuel de l'immeuble au moment du bail à rente ; il peut, ainsi que le preneur à rente, en provoquer la licitation, pour le prix en être partagé dans cette proportion.*

Cette licitation ne peut être provoquée qu'après au moins vingt-sept ans révolus du jour du bail.

116. *Les améliorations faites par l'acquéreur, autres que celles qui ont été convenues par le bail à rente, sont prélevées à son profit, sur le prix de la licitation, jusqu'à concurrence seulement de la plus-value de l'immeuble, résultant de ces améliorations.*

Si les améliorations convenues par le bail n'ont pas été faites par l'acquéreur dans le temps qui a été fixé, l'estimation de la plus-value qui aurait dû résulter de ces améliorations, est jointe au prix de la licitation; et le bailleur à rente reçoit, sur le prix de la licitation ainsi augmenté, la part proportionnelle qui lui revient.

117. *Si l'acquéreur ou les tiers détenteurs dégradent l'immeuble, de manière qu'il paraisse d'une valeur insuffisante pour supporter la charge de la rente imposée, le bailleur à rente a droit de demander la résolution du contrat, et la rentrée en possession de l'immeuble; sans préjudice de l'action pour les arrérages du passé, pour l'indemnité des dégradations, jusqu'à concurrence de la perte qu'il éprouve sur la rente réservée.*

118. *L'hypothèque privilégiée du bailleur à rente sur l'immeuble ainsi vendu, n'a lieu à son profit contre les tiers que du jour de l'inscription qu'il prend sur cet immeuble; laquelle inscription est faite d'office par le conservateur à l'instant même de la transcription du bail à rente.*

119. *La rente foncière est de sa nature irracquittable, sauf les moyens de libération, soit par voie de déguerpissement lorsqu'il est permis, soit par voie de licitation.*

120. *Néanmoins il est permis de stipuler la faculté de rachat: cette faculté stipulée est imprescriptible; elle s'exerce au taux convenu; et, lorsqu'il n'est pas fixé, à raison de trente fois la rente. Dans le cas du présent article, il n'y a jamais lieu à licitation.*

121. *La rente foncière stipulée rachetable n'en conserve pas*

moins tous les caractères de ces rentes, et n'en est pas moins soumise aux mêmes règles.

122. Si néanmoins la vente est faite moyennant un prix déterminé, et si, pour ce prix, l'acquéreur s'oblige à payer une rente au vendeur, cette rente n'est pas réputée foncière, mais simplement constituée.

123. La rente foncière est immeuble et susceptible d'être hypothéquée.

CHAPITRE IX. — Des transports de créances et droits incorporels.

1689 à 1695

124 à 130. (Du 110e. au 116e. du Projet.)

1699

131. Celui contre lequel on a cédé un droit litigieux, peut s'en faire tenir quitte par le cessionnaire, en lui remboursant le prix réel de la cession, avec les frais et loyaux coûts, et avec les intérêts, à compter du jour où le cessionnaire a payé le prix de la cession à lui faite.

(Le 117e. du Projet.) Les intérêts semblent devoir courir moins du jour de la cession que de celui du paiement du prix pour lequel il pourrait avoir été accordé un délai.

Les frais et loyaux coûts de l'acte paraissent devoir aussi être remboursés avec le capital et les intérêts. Il faut que l'acquéreur du droit litigieux soit parfaitement indemne.

1700—1701

132 et 133. (Les 118e. et 119e. du Projet.)

TITRE XI. (XIIe. DU PROJET.)

De l'échange.

1702 à 1706

1 à 6. (Les six premiers articles.)

ap.—1706

7. La rescision pour lésion d'outre-moitié a encore lieu dans l'échange, lorsque l'un des échangistes a reçu en argent ou effets mobiliers une soulte supérieure à la valeur de l'immeuble à lui donné en contre-échange.

Dans ce cas, la voie de rescision pour lésion ne peut appartenir qu'à celui qui a reçu la soulte.

(Le 7e. du Projet.) Pour déterminer le cas où un échange prend le caractère de vente, il paraît que le rapport à vérifier est celui qu'il y a entre l'immeuble donné par un des échangistes, et l'argent ou les effets mobiliers livrés par ce même échangiste : l'argent ou les effets mobiliers excéderaient-ils en valeur l'immeuble, c'est une vente ; et cette vente sera susceptible de lésion, si le tout ensemble n'atteint pas la moitié de la valeur de l'immeuble donné en contre-échange.

Les termes du projet semblaient présenter un contre-sens ; car où il y aurait soulte excédant de plus de moitié la valeur de l'immeuble cédé en échange, pour celui à qui la soulte est due, comment y aurait-il action en lésion d'outre-moitié au profit de celui qui aurait reçu la soulte ?

8. (*Le 8ᵉ. du Projet, moins le second alinéa.*)   1707

TITRE XII. (XIIIᵉ. ᴅᴜ Pʀᴏᴊᴇᴛ.)

Du louage.

DISPOSITIONS GÉNÉRALES.

1ᵉʳ. et 2. (*Les 1ᵉʳ. et 2ᵉ. du Projet.*)   1708—1709

3. Le louage d'ouvrage est un contrat par lequel l'une des   1710
parties *s'engage envers l'autre à faire quelque chose*, moyennant un prix convenu entre elles.

(*Le 3ᵉ. du Projet.*) Dans le louage d'ouvrage, le bailleur est celui qui *s'engage à faire quelque chose.*

4 et 5. (*Les 4ᵉ. et 5ᵉ. du Projet.*)   1711—1712

CHAPITRE PREMIER. — *Du louage des choses.*

6. On peut louer toutes sortes de biens meubles et im-   1713 et ap.
meubles, excepté ceux qui se *consomment* par l'usage seul qu'on en fait.

(*Le 6ᵉ. du Projet.*) *Consomment* paraît plus exact que *consument.*

SECTION Iʳᵉ. — *De la forme et de la durée des baux.*

7. (*Le 7ᵉ. du Projet.*)   1714

8. Si le bail fait sans écrit n'a encore reçu aucune exécu-   1715
tion, et que l'une des deux parties le nie, *la preuve n'en peut être reçue par témoins, dans le cas même où on alléguerait qu'il y aurait eu des arrhes données, qu'autant que les loyers réunis*

des années pour lesquelles on prétendrait que la convention aurait été faite n'excéderaient pas 200 francs.

L'affirmation peut seulement être déférée à celui qui nie le bail.

(*Le 8e. du Projet.*) Pourquoi, en cas de bail comme en cas de toute autre convention, la preuve testimoniale ne serait-elle pas admissible, lorsque l'obligation en résultant n'excéderait pas le taux de la loi pour cette espèce de preuve?

1716   9. (*Le 9e. du Projet.*)

1717   10. *Le preneur, soit d'un bien rural, soit d'une usine, soit d'une maison d'habitation ou d'un appartement, n'a pas le droit de céder son bail à un autre, ni même de sous-louer, à moins que cette faculté ne lui ait été formellement consentie.*

11. *En cas de contravention à la prohibition portée en l'article ci-dessus, le propriétaire a le droit de demander la résiliation du bail, et de se faire payer par le preneur le prix du bail pendant le temps nécessaire pour la relocation suivant l'usage des lieux.*

(*Le 10e. du projet.*) Dans tous les baux, la considération de la personne du preneur entre nécessairement dans les motifs de la convention; il paraît donc naturel d'en conclure que lorsqu'il n'y a pas convention contraire, le bailleur n'est pas censé avoir entendu accorder la faculté de céder son bail ni de sous-louer.

Cette règle admise rend inutile les articles 11, 12 et 13 du projet; et l'article 11 de la commission applique à la contravention faite en prohibition de la loi, ce que l'article 14 du projet appliquait à la contravention faite à la clause prohibitive que ce projet supposait nécessaire.

1718—
1736 à
1740—
1757 à   12 à 23. (*Du 16e. au 27e. du Projet.*)
1758—
1759—
1774 à
1776

SECTION II. — *Des obligations du bailleur.*

1719 à   24 à 32. (*Les neuf articles du Projet.*)
1725

SECTION III. — *Des obligations du preneur.*

1728—
1729—   33 à 39. (*Du 37e. au 43e. du Projet.*)
1752—
1754—
1766

40. *Le curement des fosses d'aisance, non plus que celui* 1756
des puits, ne sont point des réparations locatives, mais seule-
ment l'entretien des cordes et les seaux des puits.

(*Le 44ᵉ. du Projet.*) Le curement des puits ne paraît pas devoir
être mis au rang des réparations locatives; l'encombrement peut pro-
venir des faits des locataires antérieurs, et est peu facile à reconnaître
lorsqu'on entre en jouissance : un puits n'est-il pas souvent commun ?
L'entretien des cordes et des seaux paraît devoir seul être à la charge
des locataires.

41 à 44. (*Du 45ᵉ. au 48ᵉ. du Projet.*)   1730 à
                                                   1735

45. Il répond de l'incendie, à moins qu'il ne prouve qu'il   1733
est arrivé par cas fortuit ou force majeure;

Ou par un vice de construction, soit d'une cheminée, *soit*
d'un four;

Ou qu'il a été communiqué par une maison voisine.

(*Le 49ᵉ. du Projet.*) Le vice de construction d'un four ne doit-
il pas être assimilé au vice de construction d'une cheminée, pouvant
amener les mêmes accidens?

(*Le 50ᵉ. du Projet.*) L'objet de cet article a été rempli au titre 3,   1734
section *des Quasi-délits.*

46. (*Le 51ᵉ. du Projet.*)   1768

SECTION IV. — *De la résolution du louage.*

47. (*Le 52ᵉ. du Projet.*)   1741

48. Le bail passé par un usufruitier finit avec l'usufruit;   ap.—
et il ne dure que le reste du terme commencé, d'après les règles   1741
prescrites pour un bail sans écrit.

(*Le 53ᵉ. du Projet.*) Après l'extinction du bail fait par un usufruitier, par la fin de l'usufruit, au moins faut-il que le fermier continue
sa jouissance d'après les règles prescrites pour les cas où la jouissance
a lieu sans bail écrit.

49 à 59. (*Les onze articles suivans du Projet.*)   1742 à
                                                            1751—
                                                            1761—
                                                            1762

SECTION V. — *Des règles particulières à la ferme des biens*
ruraux.

60 à 71. (*Les douze articles du Projet.*)   1769 à
                                                     1773—
                                                     1777—
                                                     1778

CHAPITRE II. — *Du bail à cheptel.*

1800 à 1803　72 à 75. (*Les quatre articles du Projet.*)

SECTION Ire. — *Du cheptel simple.*

1804 à 1817　76 à 92. (*Les dix-sept articles du Projet.*)

SECTION II. — *Du cheptel à moitié.*

1818 à 1820　93, 94 et 95. (*Les trois articles du Projet.*)

SECTION III. — *Du cheptel donné par le propriétaire à son fermier ou colon partiaire.*

1822 à 1830　96 à 103. (*Les huit articles du Projet.*)

CHAPITRE III. — *Du louage d'ouvrage et d'industrie.*

1779　104. (*Le 109e. du Projet.*)

SECTION Ire. — *Du louage des domestiques et ouvriers.*)

1780 et ap. 1781　105 à 108. (*Du 110e. au 113e. du Projet.*)

apr— 1781　109. Si hors le cas de cause grave le maître renvoie son domestique ou son ouvrier avant le temps convenu, il doit lui payer le salaire entier de l'année, ou du temps pour lequel il l'avait loué.

(*Le 114e. du Projet.*) Celui qui renvoie sans cause grave son domestique ou son ouvrier avant le temps convenu, ne paraît pas devoir être autorisé à exercer aucune déduction sur ce qu'il a à payer.

ib.　110. Si c'est le domestique ou l'ouvrier qui quitte sans cause légitime, il doit être condamné envers le maître *à l'indemnité du dommage qu'il lui a causé par son abandon.*

(*Le 115e. du Projet.*) C'est le dommage causé par l'abandon qui doit être la mesure de l'indemnité due au maître par le domestique ou ouvrier qui, sans cause légitime, quitte avant le temps convenu.

ib.　111. L'ouvrier employé à la journée n'est pas tenu de la mal-façon de son ouvrage.

(*Le 116e. du Projet.*) Pourquoi la distinction d'un ouvrier *artiste*? La règle doit être générale.

SECTION II. — *Des voituriers par terre et par eau.*

112 à 117. (*Les six articles du Projet.*) 1782 à
1786

SECTION III. — *Des devis et marchés.*

118. (*Le 123e. du Projet.*) 1787

Les deux premiers alinéas de l'article.

Substituer au troisième : *Dans le second, c'est un contrat mêlé de vente et de louage.*

La *vente d'une chose une fois faite* ne paraît pas présenter une idée bien nette ; il paraît plus exact de dire qu'ici il y a *contrat mêlé de vente et de louage.*

119 à 130. (*Les douze articles suivans tels qu'au Projet.*) 1788 à
1798

(*Le 124e. du Projet.*) L'observation sur l'expression *excepté que,* se reproduit ici.

TITRE XIII. (XIVe. DU PROJET.)

Du contrat de société.

CHAPITRE PREMIER. — DISPOSITIONS GÉNÉRALES.

1er. à 6. (*Du 1er. au 6e. du Projet.*) 1732 à
1734

(*Le 4e. du Projet.*) On se demande sur cet article, s'il faut, pour que le mineur puisse former une société relative à son commerce, que déjà il soit en possession de cet état de commerçant, ou s'il peut commencer un commerce, étant mineur, par un acte de société ?

(*Le 5e. du Projet.*) La commission rappelle qu'elle a proposé de porter à 200 francs la somme jusqu'à laquelle la preuve, en matière de conventions, sera admissible par témoins.

CHAPITRE II. — *Des diverses espéces de sociétés.*

7, 8 et 9. (*Les 7e., 8e. et 9e. du Projet.*) 1735 à
1738

(*Le 10e. du Projet.*) La commission propose la suppression de 1739 cet article, ne pouvant concevoir qu'une société soit contractée sans que l'objet en soit déterminé.

10. **Ceux qui leur échoient pendant la société, par suc-** ap. —
et 1737 cession, donation ou legs, n'y tombent en aucune manière.

11 à 16. (*Du 12e. au 17e. du Projet.*) 1841 et
fin du
ch. 2

CHAPITRE III. — *Des engagemens des associés entre eux et vis-à-vis des tiers.*

SECTION Ire. — *Des engagemens des associés entre eux.*

1843 à 1845   17 à 21. (*Les cinq premiers articles du Projet.*)

1846   22. L'associé qui a promis de mettre une somme dans la société, en doit les intérêts *du jour auquel il est tenu de la fournir.*

Il doit également les intérêts des sommes qu'il a prises dans la caisse sociale, du jour qu'il les en a tirées.

(*Le 23e. du Projet.*) Ce n'est pas du jour où l'associé s'est obligé que les intérêts doivent courir, mais du jour auquel il s'était engagé de réaliser le versement des sommes par lui promises.

1847 à 1851   23 à 27. (*Du 24e. au 28e. du Projet.*)

1852   28. Un associé peut être créancier de la société. non-seulement des sommes qu'il a déboursées, mais encore de *l'indemnité* des obligations qu'il a contractées de bonne foi pour les affaires de la société, *et de toutes pertes que lui a fait éprouver sa gestion.*

(*Le 29e. du Projet.*) La société doit *garantie* à l'associé qui a contracté, pour les affaires communes, quelques obligations; elle lui doit *indemnité*, si, dans sa gestion, il a éprouvé non pas seulement des *risques*, mais des *pertes.*

1853   29. (*Le 30e. du Projet.*)

1854   30. Si les associés sont convenus de s'en rapporter à l'un d'eux, ou à un tiers, pour le réglement des parts, ce réglement ne peut être attaqué *que par celui des associés qui prouve qu'il lui fait préjudice de plus d'un quart.*

(*Le 31e. du Projet.*) C'est quelque chose de bien vague que de supposer un réglement *contraire à l'équité.* N'est-il pas plus expédient d'assimiler ici ce réglement à tout partage qui n'est susceptible d'être attaqué que pour lésion de plus d'un quart?

1855 à 1859   31 à 36. (*Du 32e. au 37e. du Projet.*)

1859   37. 3°. Chaque associé a le droit d'obliger ses associés à faire, avec lui, les dépenses nécessaires pour la conservation des choses de la société, *ou pour l'exécution des entreprises qui ont été l'objet de la société.*

(*Le 38e. du Projet.*) C'est aussi une des principales obligations de tout associé, de répondre aux appels de fonds nécessaires pour suivre les entreprises qni ont été l'objet de la société.

38 à 43. (*Les six autres articles du Projet.*)

1859 à 1861 et fin de s. 1re.

SECTION II. — *Des engagemens des associés vis-à-vis des tiers.*

44 à 52. (*Les neuf articles du Projet.*)

av.— 1862 à 1864

CHAPITRE IV. — *Des différentes manières dont finit la société.*

53, 54 et 55. (*Les 54e., 55e. et 56e. du Projet.*)

1865 1866

56. *S'il a été contracté société pour l'exploitation d'une usine, et que cette usine périsse, la société est éteinte.*

1867

(*Le 57e. du Projet.*) L'exemple d'une usine périe et entraînant la dissolution de la société formée pour son exploitation a paru plus sensible que celui proposé par l_ projet, qui présente une hypothèse extraordinaire.

57 à 64. (*Du 58e. au 65e. du Projet.*)

av.— 1868 à 1871

65. Il y a juste sujet, pour un associé, de dissoudre la société avant le terme convenu, lorsqu'une infirmité habituelle l'empêche de vaquer aux affaires de la société qui exigent sa présence ou ses soins personnels; *lorsqu'un des associés a un caractère insociable;* lorsqu'un ou plusieurs des associés manquent à leurs engagemens.

1871

La légitimité de ces causes et autres semblables dépend des circonstances, et est, en cas de contestation, laissée à la prudence des arbitres et des juges.

(*Le 66e. du Projet.*) Le caractère fâcheux d'un associé a toujours été compté parmi les causes légitimes d'une demande en dissolution de société.

66 et 67. (*Les 67e. et 68e. du Projet.*)

1869— 1872

TITRE XIV. (XVe. DU PROJET.)

Du prêt.

1874
et ap.

1er. et 2. (*Les 1er. et 2e. du Projet.*)

CHAPITRE PREMIER. — *Du prêt à usage ou commodat.*

SECTION Ire. — *De la nature du prêt à usage.*

1875 à
1879

3 à 7. (*Les cinq articles du Projet.*)

SECTION II. — *Des engagemens de l'emprunteur.*

1880 à
1886

8 à 14. (*Les sept articles du Projet.*)

SECTION III. — *Des engagemens de celui qui prête à usage.*

1888 à
1890

15, 16 et 17. (*Les trois articles du Projet.*)

CHAPITRE II. — *Du prêt de consommation.*

SECTION Ire. — *De la nature du prêt de consommation.*

1892 à
1894

18, 19 et 20. (*Les 18e., 19e. et 20e. du Projet.*)

1895

21. *Si ce sont des lingots, ou des marcs, ou des denrées, qui ont été prêtés, quelle que soit l'augmentation ou la diminution de leur prix, le débiteur doit toujours rendre la même quantité et qualité, et ne doit rendre que cela.*

(*Le 21e. du Projet.*) L'article du projet décide une question controversée depuis long-temps ; mais la commission n'a pu partager les principes qui en ont dicté la solution : et quelle règle à établir sur un point que décidera toujours la force ? comment se résoudre à consacrer en principe ce qui vient de ruiner tant de familles, ce qui a tant favorisé la mauvaise foi, ce qui a moins bouleversé les fortunes que toute idée de justice et de morale ?

SECTION II. — *Des obligations du prêteur.*

1898 à
1901

22 à 25. (*Les quatre articles du Projet.*)

SECTION III. — *Des engagemens de l'emprunteur.*

1902 à
1904

26, 27 et 28. (*Les trois articles du Projet.*)

CHAPITRE III. — *Du prêt à intérêt.*

29 à 38. (*Les dix premiers articles du Projet.*) 1905 à
1912

(*Les 33e.; 34e., 35e. et 36e. du Projet.*) Un taux légal d'intérêt est sans doute nécessaire à établir pour les cas où il n'y a point de conventions des parties, pour ceux où l'intérêt court de droit, pour ceux où la justice en adjuge ; mais doit-il être prohibé d'en stipuler un plus fort ? La commission craint bien que ces dispositions ne soient plus nuisibles qu'utiles : 1°. elle présume qu'il n'en sera ni plus ni moins ; 2°. elle observe que le taux dépend des circonstances que les lois ne peuvent suivre du même pas ; 3°. elle craint que ce qui peut servir à rendre les prêteurs odieux, ne rende aussi l'argent plus cher.

39. (*Les trois premiers alinéas de l'article 41e. du Projet.*) 1913
Le capital de la rente constituée devient exigible pour le tout.

(*Le 41e. du Projet.*) La rente doit devenir exigible pour le tout. Celui qui prête est toujours présumé de droit avoir voulu que son remboursement soit intégral, et que son capital ne soit pas morcelé.

40 et 41. (*Les 42e. et 43e. du Projet.*) ap.—
1913 et
1154

TITRE XV. (XVIe. DU PROJET.)

Du dépôt et du séquestre.

CHAPITRE PREMIER. — *Du dépôt en général, et de ses diverses espèces.*

ARTICLE PREMIER. (*Le premier du Projet.*) 1915—
1916

Les deux premiers alinéas seulement.
A quoi bon le troisième, qui *raisonne* et ne *dispose* pas ?

CHAPITRE II. — Du dépôt proprement dit.

2. (*Le 2e. du Projet.*) ch. 2
et 1920

SECTION Ire. — *De la nature et de l'essence du contrat de dépôt.*

3. (*Le 3e. du Projet.*) 1918

4. Il est *ordinairement* gratuit. Si le dépositaire reçoit un salaire, *c'est un dépôt auquel se joint un contrat de louage.* 1917

(*Le 4e. du Projet.*) S'il était exact qu'il n'y ait plus de dépôt, la nature des obligations du dépositaire changerait ; ce qui n'est pas : elles deviennent seulement plus rigoureusement exigibles.

5 à 13. (*Les neuf articles suivans du Projet.*)

(*Les 12ᵉ. et 13ᵉ. du Projet.*) Le taux de 150 francs devrait être porté à 200 francs, si l'on admettait le changement ci-dessus proposé par la commission.

SECTION II. — *Des obligations du dépositaire.*

14 à 20. (*Les sept articles tels qu'au Projet.*)

21. Si la chose déposée a produit des fruits qui aient été perçus par le dépositaire, il est tenu de les restituer; il ne doit aucun intérêt de l'argent, sinon du jour où il a été mis en demeure de le restituer.

(*Le 21ᵉ. du Projet.*) Les expressions du projet, que le dépositaire ne doit point l'intérêt de l'argent qu'il n'a pas pu employer à son usage, semblent supposer qu'il faille une impossibilité de fait de trouver emploi ; mais c'est de droit que le dépositaire est dans l'impossibilité d'user de l'argent déposé, ce qu'il n'est pas nécessaire de rappeler ici.

22. (*Le 22ᵉ. du Projet.*)

23. Il ne peut pas exiger de celui qui a fait le dépôt, la preuve qu'il en était propriétaire.

Néanmoins s'il découvre que la chose a été volée, il doit en faire sa déclaration au magistrat de sûreté, et ne peut remettre le dépôt et s'en faire décharger que d'autorité de justice.

(*Le 23ᵉ. du Projet.*) Le dépositaire qui, découvrant que la chose a été volée, ne la dénoncerait pas à justice, se rendrait coupable de recélé, soit qu'il gardât sciemment la chose volée, soit plus évidemment encore s'il la rendait au déposant.

24. (*Le 24ᵉ. du Projet.*)

25. Si le dépôt a été fait *par un tuteur pour son pupille, par* un mari *pour sa femme*, ou *par* un autre administrateur *pour l'administré*, il ne peut être remis qu'à celui que cet administrateur représentait lorsque sa fonction a cessé.

(*Le 25ᵉ. du Projet.*) Il paraît évident que l'article a pour objet le dépôt fait, non pas *à* un tuteur, *à* un mari, *à* un administrateur, mais *par* eux.

26. (*Le* 26ᵉ. *du Projet.*)

27. Si le contrat n'indique pas le lieu auquel le dépôt doit   1943
être rendu, la restitution en doit être faite *au lieu où existe
la chose déposée.*

(*Le* 27ᵉ. *du Projet.*) Si le dépositaire a été forcé de transporter la
chose déposée, pourquoi serait-il chargé d'aller la restituer au lieu où
le dépôt a été fait? Dans ce contrat gratuit de la part du dépositaire,
on ne doit lui imposer que les charges inhérentes à la nature de l'engagement qu'il contracte.

28. *Le dépositaire peut toujours se libérer à volonté du dépôt*   1944
par la restitution de la chose déposée ; elle doit être également
rendue au déposant aussitôt qu'il la redemande, quand
même le contrat porterait un temps déterminé pour sa restitution, à moins qu'il n'existe entre les mains du dépositaire une saisie-arrêt, ou une opposition faite sur le propriétaire.

(*Le* 28ᵉ. *du Projet.*) La faculté de résoudre le contrat de dépôt
doit être réciproque ; et le dépositaire doit être le maître de se libérer
à sa volonté, comme le déposant de reprendre la chose déposée.

SECTION III. — *Des obligations de celui par qui le dépôt a
été fait.*

29. (*Le* 29ᵉ. *du Projet.*)   1947—
                                                                   1948

SECTION IV. — *Du dépôt nécessaire.*

30 et 31. (*Les* 30ᵉ. *et* 31ᵉ. *du Projet.*)   1949 à
                                                                   1952

32. *S'il s'agit néanmoins d'effets que leur volume permet et*   1953
*que les voyageurs sont dans l'usage de transporter dans l'inté-
rieur de la maison, la responsabilité n'a lieu qu'autant qu'ils
ont été remis à la garde personnelle de l'aubergiste.*

(*Le* 32ᵉ. *du Projet.*) L'hôtelier ne paraît devoir être responsable
des effets qui ont été apportés par le voyageur, mais non remis à sa
garde personnelle, qu'autant qu'il s'agit de ceux que tout voyageur
est dans l'usage d'abandonner aux soins des gens de l'auberge, tels
que chevaux, voitures, et malles chargées sur ces voitures : mais un
sac de nuit qui contiendrait quelque chose de précieux, un nécessaire,
de l'argent, de l'argenterie, etc., etc., il serait juste de n'en rendre

responsable l'hôtelier qu'autant qu'on a spécialement confié ces sortes d'objets à sa garde personnelle.

1953—
1954
33, 34 et 35. (*Les 33e., 34e. et 35e. du Projet.*)

CHAPITRE III. — *Du séquestre.*

1955 à
1963
36 à 46. (*Les onze articles du Projet.*)

Les légers changemens apportés à l'article 43 de ce titre, ainsi que ceux proposés aux articles 13 et 28 du titre XVI, et autres articles 4 et 13 du titre XVIII, s'expliquent d'eux-mêmes.

TITRE XVI. (XVIIe. DU PROJET.)

Du mandat.

CHAPITRE PREMIER. — *De la nature et de la forme du mandat.*

1984 à
1989
1 à 12. (*Les douze premiers articles du Projet.*)

ap.—
1989
13. On peut donner mandat pour gérer l'affaire d'un tiers. Dans ce cas, le mandant s'oblige et envers le tiers et envers le mandataire.

CHAPITRE II. — *Qui peut être constitué procureur.*

1990
et av.
14 à 17. (*Les quatre articles du Projet.*)

CHAPITRE III. — *Des obligations du mandataire.*

1991 à
1998
18 à 28. (*Les onze articles du Projet.*)

CHAPITRE IV. — *Des obligations du mandant.*

1997 à
2002
29 à 34. (*Les six articles du Projet.*)

CHAPITRE V. — *Comment le mandat prend fin.*

2003 à
2010
35 à 43. (*Les neuf articles du Projet.*)

DISPOSITION GÉNÉRALE.

ap.—
2010
44. (*Le 44e. du Projet.*)

TITRE XVII. (XVIIIe. DU PROJET.)

Du gage et du nantissement.

2073—
2074—
et ap.
1, 2 et 3. (*Les 1er., 2e. et 3e. du Projet.*)

741

4. Les immeubles incorporels, tels que les créances mo- 2075
bilières, peuvent être donnés en nantissement, pourvu qu'il
en soit fait acte devant notaire, avec minute, portant que
le billet ou autre titre de la créance active a été transporté
en nantissement, et remis à ce titre entre les mains de celui
auquel le gage est donné.

5 à 12. (*Les huit articles suivans du Projet.*) 2075 à
2082

13. Le gage est indivisible, quoique la dette *soit divisible* 2083
entre les héritiers du débiteur ou ceux du créancier. L'héritier, etc. (*Le surplus de l'article du Projet.*)

14. (*Le 14ᵉ. du Projet.*) 2084

TITRE XVIII. (XIXᵉ. du Projet.)

Des contrats aléatoires.

ART. 1ᵉʳ. *Le contrat aléatoire est celui par lequel les con-* 1964
tractans ne s'obligent l'un envers l'autre que sous une condition
réciproquement incertaine, ou par lequel l'un des contractans
ne donne ou fait, ou ne s'engage à donner ou faire, que
moyennant un bénéfice casuel ou incertain.

(*Le 1ᵉʳ. du Projet.*) La définition proposée par la commission
n'est-elle pas plus rigoureusement exacte ?

CHAPITRE PREMIER. — *Du jeu et du pari.*

2. (*Le premier alinéa du Projet.*) 1965—
1966
A l'égard de ces sortes de jeux, le juge peut réduire à 500
francs la réclamation de celui qui a gagné, quelle qu'ait été la
condition du jeu ou du pari.

(*Le 2ᵉ. du Projet.*) Les jeux admis par les auteurs du projet leur
ont paru à eux-mêmes dignes d'être encouragés : n'est-il pas nécessaire d'admettre quelque proportion entre ce qui peut être gagné à ces
sortes de jeux, et les frais qu'ils entraînent ?

3. Dans tous les cas, la loi refuse au perdant la répétition 1967
de ce qu'il a volontairement payé.

Néanmoins, l'action en répétition est admise, quand il y a
eu, de la part de l'un des joueurs, dol ou escroquerie.

CHAPITRE II. — *Du contrat de rente viagère.*

DISTINCTION Iʳᵉ. — *Entre quelles personnes il peut avoir lieu.*

com. du
ch. 2

4. (*Les deux premiers alinéas tels qu'ils sont.*)

Les personnes qui sont *respectivement* incapables de recevoir et de donner, ne peuvent aussi contracter ensemble à ce titre.

DISTINCTION II. — *Des conditions requises pour la validité du contrat.*

1968

5. (*Le 5ᵉ. du Projet.*)

1969 —
1970

6. Elle peut être aussi constituée à titre onéreux, par donation entre-vifs ou testamentaire. En ce dernier cas, elle doit être revêtue des formes prescrites par la loi; elle est sujette à réduction; *et entre personnes incapables de se donner ou de recevoir l'une de l'autre, elle ne peut avoir lieu.*

1971 à
1973

7, 8 et 9. (*Les 7ᵉ., 8ᵉ. et 9ᵉ. du Projet.*)

1974

10. Tout *contrat* de rente viagère créée sur la tête d'une personne qui était morte au jour du contrat, est radicalement *nul.*

1975

11. Il en est de même du *contrat* de celle qui est créée sur la tête d'une personne qui *n'a pas survécu vingt jours à la date de l'acte; à moins que sa mort n'ait été subite, ou causée par quelque accident.*

(*Le 11ᵉ. du Projet.*) Un délai fixe paraît préférable à des circonstances toujours incertaines, telles que celles de savoir si la personne sur la tête de laquelle une rente est constituée, était dangereusement atteinte d'une maladie.

1976

12. La rente viagère peut être constituée au taux que les parties contractantes jugent à propos.

(*Le 12ᵉ. du Projet.*) La commission a expliqué, à l'occasion du prêt à intérêt, les motifs pour lesquels elle pense qu'il est préférable de laisser aux parties le droit d'en fixer le taux; et ces motifs ne peuvent que trouver une plus juste application aux rentes viagères.

ap. —
1976

13. Si la rente n'est constituée qu'au taux ordinaire de

l'argent, *ou ne l'excède pas de plus d'un tiers*, le contrat est réputé avantage indirect déguisé.

(*Le second alinéa tel qu'à l'article 16 du Projet.*)

(*Le 16ᵉ. du Projet.*) Ne vaut-il pas mieux déterminer le point au-dessous duquel le taux d'une rente viagère sera réputé avantage indirect, que d'employer une expression vague, susceptible d'arbitraire?

14 et 15, (*Les 17ᵉ. et 18ᵉ. du Projet.*)   ap.—
1976

DISTINCTION III. — *Des effets du contrat entre les parties contractantes.*

16 à 21. (*Du 19ᵉ. au 24ᵉ. du Projet.*)   1977 à
1982 et
588

22. Le propriétaire d'une rente *viagère* n'en peut de-   1983
mander les arrérages qu'en justifiant son existence ou celle de celui sur la tête duquel elle a été constituée.

RÉDACTION PROPOSÉE.

La double matière du titre suivant semble devoir faire partie nécessaire d'un Code civil; et la commission du tribunal de cassation a cru convenable de réparer l'omission des auteurs du projet.

TITRE XIX.   tit. 15

Des transactions et des compromis.

CHAPITRE PREMIER.

Des transactions.

ART. 1ᵉʳ. La transaction est une convention par laquelle   2044
deux ou plusieurs personnes, pour prévenir ou pour terminer une contestation judiciaire, règlent de gré à gré leur différent.

SECTION Iʳᵉ. — *Des personnes qui peuvent faire une transaction.*

2. Ceux-là seuls peuvent faire une transaction, qui sont   2045
capables de disposer de la chose qui est en contestation.

3. Les formalités nécessaires pour autoriser certaines per-

sonnes à l'aliénation ou disposition de la chose, sont également nécessaires pour valider la transaction qu'elles ont faite si elle contient abandon de cette chose.

4. Le mandataire ne peut transiger pour le mandant, si le pouvoir pour transiger n'est exprès.

SECTION II. — *Des choses dont on peut transiger.*

5. On ne peut transiger que sur un droit incertain.

2056   6. La transaction est nulle, si, au moment où elle est faite, la contestation était terminée par un jugement sans appel, même à l'insçu des parties.

ib.   7. Elle est pareillement nulle, si la contestation était décidée par un jugement, même susceptible d'appel, si ce jugement était connu de l'une des parties et ignoré de l'autre.

8. On ne peut transiger sur l'effet ou l'interprétation d'un acte qui n'est pas connu des parties, à moins qu'elles n'aient formellement déclaré qu'elles transigent sur l'existence même de l'acte, ou de certaines choses de l'acte, que les parties annoncent n'avoir pu se procurer.

2046   9. Les questions de droit public, telles que la validité d'un mariage, l'état des hommes, le divorce, l'action publique qui naît d'un crime ou délit, ne sont pas susceptibles de transaction; mais on peut transiger sur les intérêts civils qui en résultent.

SECTION III. — *Des effets des transactions.*

10. La transaction faite avec le débiteur principal sur la dette, profite à la caution; celle faite avec la caution sur le cautionnement, ne profite pas au débiteur principal.

2044   11. S'il n'y a aucune contestation subsistante ou prête à naître entre ces parties, les conventions qu'elles ont faites sous le titre de transactions, sont soumises aux règles communes des conventions, et n'ont pas le caractère de transaction.

2049   12. La transaction ne s'applique qu'aux objets de contestation énoncés dans l'accord ; et, quelle que soit la généralité des expressions de conciliation, elle ne s'étend à aucun autre, même à ceux dont la solution pourrait dépendre des mêmes motifs.

13. La transaction ne fait loi qu'entre ceux qui ont transigé ; elle ne préjudicie pas à ceux qui n'y ont pas été parties : si elle est faite seulement par l'un de ceux qui sont en contestation, les droits des autres restent les mêmes que s'il n'y avait point eu de transaction.

14. Si la transaction contient une peine en cas d'inexécu- 2047 tion, cette inexécution donne le droit d'exiger la peine convenue, à moins que la transaction ne soit annullée pour les causes qui peuvent en opérer la rescision.

15. Les sommes promises par transaction produisent intérêt, si cet intérêt a été stipulé, et du jour porté par la convention.

SECTION IV. — *Forme des transactions.*

16. Les transactions n'exigent aucune forme différente de 2044 celles des conventions ordinaires : on peut transiger devant le bureau de conciliation, ou en jugement, ou par acte authentique ou privé, ou même devant témoins ; mais dans ce dernier cas, la preuve n'est admissible que si l'objet est d'une valeur non excédant deux cents francs.

17. La transaction faite par personnes capables, n'a pas 2045 besoin, pour être exécutée, d'être homologuée par le juge, même saisi de la contestation.

18. La transaction passée par procureurs fondés du pouvoir des parties à cet effet, est aussi valable que celle qui a été passée par les parties elles-mêmes, pourvu que les objets sur lesquels la transaction a été faite, fussent précisément déterminés dans les procurations.

19. Les parties peuvent remettre les pouvoirs pour transiger, à ceux qu'ils nomment arbitres de leurs contestations ;

la transaction passée par eux entre les parties, n'en a pas moins tous les caractères d'une vraie transaction.

SECTION V. — *De la rescision des transactions.*

2052   20. Aucune transaction sur contestation réelle née ou à naître, ne peut être attaquée ni rescindée sous prétexte de lésion quelconque, et à quelque somme ou valeur qu'elle puisse monter.

2053   21. Les transactions obtenues, soit par violence, soit par le dol de l'une des parties, sont sujettes à la rescision sur la demande de la partie qui a souffert la violence ou le dol.

22. La simple erreur, même de fait, ne donne pas lieu à la rescision, si ce n'est lorsqu'il est intervenu sur la contestation un jugement sans appel, ignoré des parties, ou un jugement susceptible d'appel, connu de l'une et ignoré de l'autre;

2055   Lorsque la transaction a pour base des pièces fausses qui ont été considérées comme vraies;

Lorsque des pièces décisives ont été soustraites à la connaissance de l'une des parties par le fait de l'autre;

2045   Lorsqu'un mineur devenu majeur a transigé sur le compte que lui devait son tuteur, sans avoir vu les pièces;

Lorsqu'il y a erreur sur la qualité de la personne avec laquelle on transige en cette qualité.

ib.   23. Si néanmoins un mineur avait transigé sur une contestation, et s'il prouvait clairement que la transaction fait préjudice à ses droits, la lésion évidente suffirait pour prononcer la rescision.

Il en est de même de la transaction passée par la femme mariée, sans le consentement de son mari, et de celle du mineur émancipé, si elle portait aliénation d'immeubles.

24. Si la transaction, à l'époque où elle a eu lieu, était utile ou au mineur, ou à la femme, soit qu'elle ait été faite par eux-mêmes, soit qu'elle l'ait été pour eux par le tuteur ou le mari, elle sera maintenue.

25. La transaction ne peut être attaquée sur le fondement de l'incapacité des mineurs, des femmes mariées, des établissemens publics, ou des tuteurs, maris ou administrateurs, par ceux avec qui ils ont transigé.

26. Les transactions faites par le tuteur au nom du mineur, avec toutes les formalités requises pour l'aliénation de leurs biens, sont aussi inattaquables que les transactions des majeurs.

27. La prescription contre les actions soit en nullité, soit en rescision des transactions, est acquise par le cours de quatre années, à compter du jour de la transaction, entre majeurs; et du jour de la majorité, à l'égard des mineurs.

CHAPITRE II.

Du compromis.

28. Le compromis est un acte authentique ou sous seing privé, par lequel deux ou plusieurs personnes s'obligent de s'en rapporter, sur leurs contestations nées ou prêtes à naître, à un ou plusieurs arbitres convenus ou désignés par elles.

29. Ne peuvent compromettre que ceux qui sont capables de transiger; et on ne peut compromettre que sur les biens, droits et actions dont on a la libre disposition.

30. Le compromis sur les droits d'autrui n'est valable qu'autant que celui qui le souscrit était autorisé à le faire par une procuration spéciale.

31. Peuvent être nommées arbitres toutes personnes quelles qu'elles soient, même les femmes mariées ou non, les mineurs âgés de dix-huit ans, les étrangers.

32. Le compromis qui fixe un délai pendant lequel les arbitres doivent prononcer, est irrévocable pendant ce délai, si ce n'est du consentement commun de tous ceux qui l'ont souscrit.

Si le compromis n'a fixé aucun délai, ou si le délai convenu est expiré, chacune des parties a le droit de le révoquer, en faisant notifier aux arbitres qu'elle ne veut plus tenir à l'arbitrage.

33. Aucun compromis n'est valable qu'autant qu'on y a formellement exprimé le différent que les arbitres doivent régler; ces arbitres ne peuvent statuer sur des objets non spécialement déterminés au compromis.

34. Les arbitres ne peuvent commettre un greffier; la décision est rédigée et écrite par l'un d'eux, et signée par tous, même par ceux contre l'avis desquels elle a passé à la pluralité des opinions.

Si celui ou ceux qui ont été d'avis contraire refusent de signer après en avoir été requis par écrit, l'acte contenant cette réquisition sera joint à la décision; et celle-ci aura son effet étant signée des autres arbitres en plus grand nombre.

35. Les décisions arbitrales sont datées du jour et du lieu où elles sont rendues.

36. Les arbitres sont tenus d'exprimer sommairement les motifs de leurs décisions, dans le cas seulement où le compromis contient une réserve d'appel.

37. Si les arbitres sont partagés d'opinions, et qu'il n'ait pas été pourvu à ce cas par le compromis, les arbitres avertissent les parties du partage; celles-ci nomment un tiers arbitre, ou elles en défèrent le choix aux arbitres : dans tous les cas, le tiers arbitre doit être nommé dans le cours des deux décades qui suivent l'avertissement. Ce délai passé, si les parties, ou les arbitres autorisés par elles, n'ont pas choisi le tiers arbitre, il est nommé, sur la réquisition de la partie la plus diligente, par le juge de paix du canton dans lequel les arbitres se sont réunis.

38. Le tiers arbitre n'est appelé que pour lever le partage : les questions sur lesquelles s'est élevé le partage, doivent être énoncées dans la décision qui a pu statuer sur les autres questions; le tiers arbitre ne peut connaître que des questions partagées; il est tenu de délibérer et de prononcer avec

les autres arbitres sur ces mêmes questions, à peine de nullité de la décision : celle-ci doit être signée de tous, ainsi qu'il est dit à l'article 34.

39. Les décisions arbitrales sont déposées au greffe du tribunal de l'arrondissement dans lequel elles ont été rendues, dans le cours de la décade qui suit leur date ; le greffier en fait mention sur la minute.

40. Les décisions arbitrales sont rendues exécutoires par une simple ordonnance du président du tribunal de l'arrondissement dans le greffe duquel elles sont déposées.

41. Si les parties ne se sont expressément réservé le droit d'interjeter appel de la décision des arbitres, toute espèce de recours leur est interdite.

La clause qui ne réserverait ce droit qu'à l'une des parties, serait nulle, et comme non écrite au compromis.

42. Lorsque le droit d'appel est réservé aux parties dans un compromis, cette convention est irrévocable ; l'appel est porté au tribunal convenu entre les parties, et, à défaut de convention, au tribunal d'appel des tribunaux ordinaires du lieu où a été rendue la décision arbitrale.

Le tribunal quelconque auquel l'appel est déféré, prononce en dernier ressort ; et son jugement est susceptible du recours en cassation.

43. Si une partie se croyait en droit d'arguer de nullité une décision arbitrale, soit comme ayant statué sur des objets non exprimés au compromis, soit comme rendue sur un compromis nul, soit comme n'étant pas revêtue des formes prescrites aux articles 34, 35, 37 et 38, la contestation sera portée devant les tribunaux ordinaires de première instance, ou soumise à un nouvel arbitrage.

TITRE XX.

De la prescription.

(*Les trois premiers chapitres tels qu'au Projet.*)

2219 à
2241

CHAPITRE IV.—*Causes qui interrompent ou suspendent le cours de la prescription.*

SECTION Iʳᵉ. — *Des causes qui interrompent la prescription.*

2242   24. (*Le* 24°. *du Projet.*)

2243   25. Il y a interruption naturelle, lorsque le possesseur est privé, pendant *une année complète* et sans réclamation de sa part, de la jouissance de la chose, soit par l'ancien proprié-taire, soit même par un tiers.

2244   26. (*Le* 26ᵉ. *du Projet.*)

2245   27. La citation en conciliation devant le bureau de paix, interrompt la prescription du jour de sa date, lorsqu'elle est suivie d'une assignation en justice, donnée *dans le mois* de-puis la clôture du procès-verbal de non-conciliation.

Si l'assignation doit être donnée à domicile, à une partie dont l'habitation est à plus de cinq myriamètres de distance, il sera ajouté *au mois* un jour par cinq myriamètres.

(*Le* 27ᵉ. *du Projet.*) Le délai de huitaine après la clôture du procès-verbal de non-conciliation, pour donner la citation, n'est pas suffisant : à peine a-t-on pu obtenir la délivrance du procès-verbal.

2246   28. La citation en justice interrompt la prescription, quoiqu'elle se trouve donnée devant un juge incompétent.

Il en est de même d'une assignation qui ne serait nulle que par un vice qui ne toucherait pas à la certitude que la copie est parvenue à celui qu'on veut empêcher de prescrire.

(*Le* 28ᵉ. *du Projet.*) Pourquoi une assignation nulle par défaut de forme n'interromprait-elle pas la prescription, aussi bien que celle donnée devant un juge incompétent, pourvu que le vice de forme ne tombe pas sur ce qui constate que la copie est parvenue? Lorsqu'elle a été donnée, lorsqu'elle est parvenue, le réclamant a-t-il été négli-gent jusques au bout? le possesseur a-t-il cru jusqu'au dernier mo-ment être tranquille détenteur? Remarquons que nul jugement ne peut, en aucun cas, intervenir sur l'assignation donnée devant un juge incompétent, tandis qu'une assignation nulle par défaut de forme, peut, si la nullité est couverte, devenir la base d'une procédure, d'une condamnation, etc., etc.

2247   29. Si le demandeur se désiste de sa demande;

S'il laisse périmer l'instance , *le commandement* ou la saisie ,

Ou si le possesseur est relaxé de *la* demande ,

L'interruption est regardée comme non avenue.

3o. La prescription est interrompue ou couverte par la reconnaissance du droit du créancier ou propriétaire, par le possesseur ou débiteur, sans préjudice de l'exécution de l'article 7. 2248

31 et 32. (*Les 31ᵉ. et 32ᵉ. du Projet.*) 2249—2250

33. *Lorsque la prescription a été interrompue de l'une ou l'autre des manières énoncées en la présente section , le bénéfice du temps antérieur est absolument perdu pour le possesseur, qui ne pourrait réunir ce temps à une possession postérieure.*

La disposition nouvelle de cet article ajouté , paraît nécessaire pour ne pas laisser croire que , dans le cas d'une prescription interrompue , le temps antérieur à l'interruption puisse jamais se réunir à une possession qui reprendrait ensuite.

SECTION II. — *Des causes qui suspendent le cours de la prescription.*

34. La prescription *court* contre les mineurs et les interdits, *sauf leur recours : il n'y a d'exception que dans les cas où la loi a formellement déterminé que la prescription ne courrait que du jour de la majorité.* 2252

(*Le 33ᵉ. du Projet.*) Il n'a pas paru à la commission que les qualités des personnes , souvent ignorées des parties intéressées, puissent prolonger la durée de la prescription. Quelque favorables que soient les mineurs , les interdits , les femmes mariées, pourquoi leurs actions auraient-elles une plus longue durée au préjudice de la société entière? Ces personnes ont des administrateurs qui leur sont donnés par la loi ; elles auront contre eux, et pourront avoir contre leurs familles chargées de veiller à leurs intérêts, un recours en cas de négligence. On a vu des actions perpétuées pendant quarante , soixante , quatre-vingts ans par des minorités successives, à l'insçu des individus possesseurs des biens réclamés, et à plus forte raison de leurs héritiers. C'est là un mal vraiment intolérable, et qu'il faut retrancher en exceptant le seul cas où une loi expresse ne fait courir la prescription que du jour de la majorité.

2253   35. Elle ne court point entre époux.

2254 —
2256   36. (*Le 35ᵉ. du Projet.*)

2255   37. Si, par le contrat de mariage, il a été stipulé que tous les immeubles, ou partie des immeubles de la femme, seraient inaliénables, et qu'il en ait été aliéné, l'action pour les réclamer ne se prescrit point contre la femme pendant le mariage.

ap. —
2256   38. (*Le 37ᵉ. du Projet.*)

2257   39. Elle ne court point à l'égard d'une créance qui dépend d'une condition, jusqu'à ce que la condition arrive;

Contre une action en garantie, jusqu'à ce que l'action ait lieu;

Contre une créance à jour fixe, jusqu'à ce que ce jour soit arrivé;

Sans préjudice toutefois de la prescription quant à l'hypothèque en faveur du tiers détenteur;

ap. —
2257   Et celui qui a garanti la solvabilité du débiteur d'une rente perpétuelle, ne peut plus être recherché après vingt ans pour cette insolvabilité.

2258 —
2259   40 et 41. (*Les 39ᵉ. et 40ᵉ. du Projet.*)

CHAPITRE V. — *Du temps requis pour prescrire.*

SECTION Iʳᵉ. — *Dispositions générales.*

2260 —
2261   42 et 43. (*Les 41ᵉ. et 42ᵉ. du Projet.*)

SECTION II. — *De la prescription de vingt ans.*

2262   44. Toutes les actions, tant réelles que personnelles, *dont la durée n'est pas limitée par une disposition de la loi*, se prescrivent par *vingt ans*, sans que celui qui allègue cette prescription, soit obligé de rapporter de titres, ou qu'on puisse lui opposer de mauvaise foi.

(*Le 43ᵉ. du Projet*) Il y a une juste proportion à suivre dans la détermination du temps des prescriptions : il faut en accorder assez pour que toutes les actions puissent être exercées, et que le plus grand

nombre le soit en effet : mais ce qu'il y a de plus important, c'est de
n'en pas accorder trop ; car c'est par la grande durée des actions que
les propriétés demeurent incertaines, que les familles sont troublées
par de vieilles recherches, que la jouissance due à une longue possession s'évanouit, que les tiers enfin sont trompés par les apparences
de la fortune que leur présentent ceux avec qui ils contractent, et qui
disparaît par l'effet d'une réclamation imprévue qui prend sa source
dans des titres anciens et oubliés. Cette dernière considération tenant
à la tranquillité générale, au crédit des individus, à la sûreté des conventions, à la foi publique, paraît devoir l'emporter sur l'intérêt des
créanciers ou des propriétaires qui ont négligé d'exercer leurs droits,
pourvu que la loi leur laisse un temps suffisant pour veiller à leurs affaires : c'est à leur inertie qu'ils doivent imputer les pertes qu'ils
éprouvent. Ce n'est pas de la loi qu'ils peuvent se plaindre, mais
d'eux-mêmes ; au lieu que les tiers blessés par la longueur des prescriptions, n'ont aucun moyen d'éviter le danger auquel elle les expo-
serait, et seraient punis sans qu'on eût aucun reproche à leur faire.

Tels sont les motifs qui ont déterminé la commission à réduire à
vingt ans la plus longue des prescriptions.

45. (*Le 44ᵉ. du Projet.*)

ap. —
2262

SECTION III. — *De la prescription de dix ans.*

46. Celui qui acquiert de bonne foi, et à juste titre, un
immeuble, acquiert par dix ans *la prescription contre l'action
en revendication de la propriété, de l'usufruit, des servitudes,
et des hypothèques, privilèges, ou autres droits réels, sans distinction de l'absence ou de la présence de celui qui aura cette
revendication.*   2265

(*Le 46ᵉ. du Projet.*) La commission pense qu'il convient d'abolir
toute distinction d'absence ou de présence de celui contre lequel court
la prescription. La facilité des communications ne permet pas de supposer trop difficile de veiller à ses biens parce qu'on n'est pas dans le
ressort du même tribunal d'appel.

47. Le titre nul par défaut de forme, n'autorise pas la
prescription de dix ans.   2267

48. (*Le 49ᵉ. du Projet.*)   2268

49. (*Le 50ᵉ. du Projet.*   2269

50. (*Le 51ᵉ. du Projet.*)   2270

II.   48

ap.—   51. *L'action de l'architecte ou entrepreneur, soit qu'il y ait*
2270   *ou non devis et marché, se prescrit aussi par dix ans.*

La commission a trouvé convenable de renfermer l'action de l'architecte ou entrepreneur dans les mêmes limites du temps qui l'affranchit de la garantie des gros ouvrages par lui faits.

SECTION IV. — *Des autres prescriptions.*

2271 à   52 à 61. (*Les dix articles du Projet.*)
2280

APPENDICE AUX PRESCRIPTIONS.

fin du   62. *Les citations en justice sur lesquelles il ne s'est pas formé*
Code.   *d'instance, les commandemens et les saisies (dont il est parlé*
en l'article 26 du présent titre), se périment par un an, à
compter du jour de leur date.

63. *L'instance qui est formée en justice par la constitution*
d'un avoué pour le défendeur ou pour l'intervenant, dure au-
tant que l'action qui fait la matière de cette instance; elle se
périme de plein droit par le concours de la prescription de cette
action, et de la discontinuation de la procédure depuis un an
quand la prescription s'accomplit, ou pendant un an depuis
que la prescription est accomplie.

Les péremptions sont des espèces de prescriptions qui paraissent
devoir être consacrées par le Code civil; et l'article 29 déterminant
que la prescription n'est point interrompue si l'instance, la sommation
ou la saisie vient à se périmer, il s'ensuit que ce n'est que compléter
cet article que de fixer les règles des péremptions.

DISPOSITION GÉNÉRALE.

ib.   A compter du jour de la publication du présent Code, les
lois romaines, les ordonnances, les coutumes générales ou
locales, les statuts et réglemens, et *toutes lois publiées jus-*
qu'à ce jour, cesseront d'avoir force de lois générales ou
particulières dans les matières qui sont l'objet du présent

Code, conformément à ce qui est expliqué dans le livre préliminaire.

La commission a pensé qu'il fallait ajouter à l'énumération contenue dans cette disposition, *toutes les lois publiées jusqu'à ce jour,* ne fût-ce que pour entraîner tous ces décrets prodigieusement multipliés par les diverses assemblées qui se sont succédées depuis la révolution.

FIN DU DEUXIÈME VOLUME.